国家社科基金青年项目《冷战时期美国对南亚援助研究》
（项目批准号：11CSS017）研究成果

河南省高校科技创新人才支持计划

许昌学院科研创新团队（2022CXTD009)前期成果

冷战时期美国对南亚援助研究

尤建设 / 著

Research on the

U.S. Assistance
to South Asia

during the Cold War

中国社会科学出版社

图书在版编目(CIP)数据

冷战时期美国对南亚援助研究/尤建设著 . —北京：
中国社会科学出版社，2022.7
　ISBN 978 - 7 - 5203 - 9830 - 5

　Ⅰ. ①冷…　Ⅱ. ①尤…　Ⅲ. ①美国对外政策—对外
援助—研究—南亚　Ⅳ. ①D871.20

　中国版本图书馆 CIP 数据核字(2022)第 044342 号

出　版　人	赵剑英
责任编辑	宋燕鹏
责任校对	赵雪姣
责任印制	李寡寡

出　　　版	中国社会科学出版社
社　　　址	北京鼓楼西大街甲 158 号
邮　　　编	100720
网　　　址	http：//www.csspw.cn
发　行　部	010-84083685
门　市　部	010-84029450
经　　　销	新华书店及其他书店

印　　　刷	北京明恒达印务有限公司
装　　　订	廊坊市广阳区广增装订厂
版　　　次	2022 年 7 月第 1 版
印　　　次	2022 年 7 月第 1 次印刷

开　　　本	710×1000　1/16
印　　　张	30.5
插　　　页	2
字　　　数	515 千字
定　　　价	168.00 元

凡购买中国社会科学出版社图书，如有质量问题请与本社营销中心联系调换
电话：010-84083683

目 录
CONTENTS

绪　　论

一　选题缘起

南亚地区历史悠久，资源丰富，在国际政治、经济和战略格局中，占有重要位置。印度，是南亚次大陆最大的国家。它不仅是连接东亚和西亚乃至欧洲的陆路枢纽，而且是连接东西方的海上交通枢纽。它自古以来便在东西方的经济贸易中得到巨大利益。印度不仅地理位置十分重要，而且是世界四大文明古国之一，具有悠久的历史和光辉灿烂的文化。但是，到了近代，在"西势东渐"的背景之下，印度沦为英国的殖民地。印度人民经过艰苦卓绝的斗争，印巴分治，终于取得了国家独立。独立后的印度和巴基斯坦面临着巩固独立、发展民族经济的艰巨任务。在经济基础十分薄弱的情况下，为了迅速发展经济，维护国家安全，印度和巴基斯坦采取了积极利用外资和外援的方针。

美国，这个只有 200 多年历史的年轻国度，在开拓新大陆的过程中逐渐形成了独特的美国文化。这种文化"源于欧洲文明，但它不是欧洲文明的简单延长，而是欧洲文明与美洲荒原的新的历史的结合"。① 优越的地理环境，努力进取、创新和务实精神的美国文化元素以及历史机遇等综合因素，使美国一步步跨过两洋之隔，打破"孤立主义"传统，介入世界事务，在第二次世界大战后成为世界头号强国。战后，美国把外援作为外交政策的一种工具，提出了杜鲁门主义、马歇尔计划和"第四点计划"。从全球战略布局和国家安全利益出发，美国外援的项目重点、区域重点不断调整。而印度和巴基斯坦，在冷战背景下，被美国视

---

① 王晓德：《美国文化与外交》，世界知识出版社 2000 年版，第 7 页。

为其遏制共产主义、维护其南亚地区安全的两枚棋子，具有重要的作用。战后美印关系的发展，尽管在肯尼迪政府时期对印度进行了紧急军事援助，但在很大程度上还是一种经济关系的发展，而美国对印度的经济援助是美印经济关系的一项重要内容。美巴关系的发展，尽管美国对巴基斯坦提供了大量经济援助，但是因为美巴结盟以及美国的大量军事援助，通常被认为军事关系更为凸显。

笔者选择冷战时期美国对南亚援助研究，以印度和巴基斯坦作为研究对象是出于以下考虑。

首先，南亚国家印度和巴基斯坦在很多方面与中国有着相似之处。中国与南亚诸国交往的历史十分悠久，早在汉代，中国便通过陆路和水路与南亚建立了密切的联系，开展了广泛的交流。唐玄奘西天取经，渡过重重关山，克服艰难险阻，书写了古代丝绸之路中外文化与文明交流的佳话。中国和南亚国家都有着悠久的历史和灿烂的文化，在近代都经受了殖民主义的入侵，沦为殖民地或半殖民地。在反对帝国主义、争取民族独立的斗争中，中国与南亚各国人民互相支持，互相鼓舞，建立了亲密的友好情谊。新中国成立后，印巴是最早一批承认中华人民共和国的国家。1954—1956 年，周恩来总理和印度尼赫鲁共同倡导的和平共处五项原则，后来成为世界公认的处理国际关系的准则。长期以来，中国除了 1962 年与印度因边界问题发生过短期的不和外，与南亚国家始终保持着良好的关系。① 中国与南亚国家在独立后都面临着类似的发展任务。在云谲波诡的复杂国际背景下，印度和巴基斯坦在坚持独立自主的同时，积极从美苏等国争取援助，特别是作为小国能够在大国之间纵横捭阖，维护自身安全利益，努力发挥援助的最大效能。同样作为发展中国家，印度和巴基斯坦在利用外援和外资过程中的经验教训，可供中国参考借鉴。此外，印度和巴基斯坦是我国西南最大的两个邻国，是在南亚次大陆和亚洲具有重要影响的国家，美印关系、美巴关系的发展对我国外交以及国家安全具有不可忽视的影响。

其次，美国从战后的马歇尔计划开始，进行了大规模的对外援助，积累了丰富的组织管理经验，也留下了耐人寻味的教训。在冷战时期，美国把南亚视为遏制共产主义扩张的重要地区，与苏联在广大第三世界

---

① 薛克翘、赵常庆主编：《简明南亚中亚百科全书》，中国社会科学出版社 2004 年版，序。

争夺的重要地区，把民主的印度视为与共产主义的中国在不同道路之间竞争的具有示范性影响的重要国家，力图把援助作为对外政策的一种工具，服务于美国的全球战略和国家利益。在经济全球化日益密切的今天，如何使援助发挥最大效能，如何在援助过程中实现受援方和援助方的共赢，研究美国对外援助可以从中得到一些有益的启示，为中国的外援政策提供一定的借鉴。

最后，国内学术界对美国对南亚援助的研究比较薄弱。笔者在博士生学习阶段就美国对印度援助（1951—1971 年）进行了研究，在博士后流动站期间就美国对南亚援助（1951—1971 年）进行了初步研究，有一定的研究基础。把冷战时期美国对南亚援助整体上进行研究，是在原有研究基础上的拓展。从时间上来看，冷战时期，美国对南亚的援助，在不同阶段不同总统任期，其侧重点有所不同。笔者希望在借鉴国内外学者研究成果的基础上，利用美国外交文件等原始档案资料，厘清美国援助南亚的发展脉络，分析影响美国对南亚援助进程的各种因素，揭示其内在的规律性。

二　研究现状

（一）国内研究状况

国内对外援的研究近年来有了可喜的发展。中国社科院欧洲研究所所长周弘主编的《对外援助与国际关系》，是从国际关系角度研究发达国家对外援助具有开创性作用的重要著作。该书探讨了以国家利益为中心的国家援助观和以非国家行为体为中心的超国家外援理论，提出了国家内部政治、社会和文化进程对国家对外援助政策和行为的影响，分析了西方发达国家对外援助的历史沿革、发展特点和演化趋势。[①]国内研究日本政府的官方援助计划的较多，主要有金熙德《日本政府开发援助》[②]，张光《日本对外援助研究》[③]，贺光辉《美日对外援助之比较》等。

国内研究美国对外援助的研究，近来成为一个热点。张彩梅博士论文《杜鲁门时期美国对外援助政策研究》，主要研究杜鲁门时期美国对

[①]　周弘主编：《对外援助与国际关系》，中国社会科学出版社 2002 年版。
[②]　金熙德：《日本政府开发援助》，社会科学文献出版社 2000 年版。
[③]　张光：《日本对外援助研究》，天津人民出版社 1996 年版。

外援助政策是如何得以确立并实施的，作者通过对杜鲁门主义、马歇尔计划和"第四点计划"等对外援助活动的分析指出，全球扩张是杜鲁门时期以来美援的圭臬。① 王慧英《肯尼迪与美国对外经济援助》通过对大量原始文献的分析解读，指出肯尼迪政府时期美国对发展中国家的经济援助政策制度化、目标化和体系化；美国的国家利益，而不是发展中国家的经济发展，是促使美国实施对外经济援助的根本原因和目的，而美国总是根据变化了的国际形势和全球战略目标来改变对外援助的规模、构成和地域重点。② 刘国柱《美国文化的新边疆——冷战时期的和平队研究》对和平队的历史文化渊源、和平队与冷战的关系、和平队在第三世界国家开展的各项工作、和平队面临的问题及政策调整、和平队的功能与作用等做了深入的探讨，该论文是我国学术界第一部较为系统研究和平队的学术专著。③ 郭拥军博士学位论文《争取进步联盟研究》对冷战时期美国对拉美的大规模经济援助行动进行了分析，指出争取进步联盟计划在客观上对拉美的社会经济发展起到了一定的推动作用，但它主要是美国实现自身利益的工具，并没有从根本上给拉美带来经济发展和社会进步。④ 王昊博士学位论文《冷战时期美国对印度援助政策研究（1947—1971）》，主要从国际关系和外交政策的角度研究美国对印援助政策，并在此基础之上认识冷战时期美国对印度援助的基本情况和特征，全面地理解冷战的双重逻辑——国际性与本土性张力——在发展问题上的表现及其相互之间的关系，进而研判究竟是何种因素决定了美国援助政策的成败。⑤ 该论文与笔者的研究领域相同，但侧重点有所不同。李晓妮《美国对巴基斯坦政策研究（1941—1957）》，就第二次世界大战中美国对英属印度的政策、美国与巴基斯坦立国运动、第一届艾森豪威尔政府时期美国的巴基斯坦政策、艾森豪威尔政府时期美阿关系及对巴阿冲突的态度等进行了研究。⑥ 此外，还有一些博（硕）士学

① 张彩梅：《杜鲁门时期美国对外援助政策研究》，博士学位论文，南开大学，2002年。
② 王慧英：《肯尼迪与美国对外经济援助》，中国社会科学出版社2007年版。
③ 刘国柱：《美国文化的新边疆——冷战时期的和平队研究》，中国社会科学出版社2005年版。
④ 郭拥军：《争取进步联盟研究》，博士学位论文，南开大学，2003年。
⑤ 王昊：《冷战时期美国对印度援助政策研究（1947—1971）》，博士学位论文，华东师范大学，2008年。
⑥ 李晓妮：《美国对巴基斯坦政策研究（1941—1957）》，吉林大学出版社2010年版。

位论文，或从不同的时期，或从不同的视角对美国的对外援助进行研究。

但是，国内美国对南亚援助的专题研究还是比较薄弱，有些研究只是从不同的侧面对这一主题有所涉及。

（二）国外研究状况

国外关于外援的研究，成果丰硕。国外学者主要从国际政治学和发展经济学的角度对美国对印度的援助进行解读。发展经济学的代表人物之一罗斯托的著作《艾森豪威尔、肯尼迪和对外援助》，从"肯尼迪—库珀提案"入手，分析了美国政府的外援理念以及1945—1958年美国对外援助政策的发展变化。[①] 印度学者夏尔马（R. K. Sharma）所著《对印援助：经济学的研究》，分析了对印援助的不同来源，在多边和双边对印援助中的赠予成分，私人基金会对印度的援助，对印援助的一些束缚性条件以及外援对印度支付平衡的影响。作者通过分析认为，美国对印度的援助并不是像人们通常所认为的那样，只援助印度的私有部门；美国对印度的援助大部分用于印度的公有部门，尽管美国一直支持和鼓励印度私有部门的发展。[②] 美国学者钱德拉塞卡尔（S. Chandrasekhar）所著《美国援助与印度经济发展》从微观的角度，较为详细地分析了美国对印度的援助动机以及在农业、工业、医疗卫生、教育、交通运输等方面的援助概况，论述了美国一些私人组织和机构对印度的援助，分析了美国援助对印度经济的影响。[③] 丹尼斯·梅里尔（Dennis Merrill）的著作《面包与选票：美国与印度的经济发展，1947—1963》，是研究美国对印援助的权威之作。作者以大量的原始档案文献为据，分析了从杜鲁门到肯尼迪政府时期美国对印度开发援助政策的发展变化。[④] 沙里（M. Srinivas Chary）所著《鹰与孔雀——美国对独立后印度的外交政策》，侧重于双边经济关系的论述，认为美国对印度的经济援助是美巴结盟后保持美印正常关系的主要手段，时间跨度从

---

① W. W. Rostow, *Eisenhower, Kennedy, and Foreign Aid*, Austin: University of Texas Press, 1985.

② R. K. Sharma, *Foreign Aid to India: an Economic Study*, New Delhi: Inder Singh Marwah for Marwah Publications, 1977.

③ S. Chandrasekhar, *American aid and India's Economic Development*, New York: Praeger, 1965.

④ Dennis Merrill, *Bread and the Ballot: The United States and India's Economic Development, 1947-1963*, Chapel Hill and London: The University of North Carolina Press, 1990.

杜鲁门到里根。① 美国著名经济学家弗农·拉坦（Venon W. Ruttan）所著《美国发展政策：对外经济援助的国内政治学》，论述并分析了美国过去五十年内发展援助的历史，详细论述了国际开发署的演进以及双边援助和多边援助，指出国内政治利益对战后美国外援发展水平的不利影响，对美国援助政策的变革和重新定位进行了分析。② 布兰兹（H. W. Brands）的著作《印度和美国：冷和平》，论述了印度独立四十年来美印之间经历了冲突、误解、几近危机的发展过程，从整体上来看，美印关系的显著特点是紧张甚于合作，全球政治的不同考虑、文化上的差异、领导人个性的迥异等对美印关系的发展产生的重要影响。③ 甘古利（Shivaji Ganguly）的著作《美国对南亚的政策》，以南亚发生的重大历史事件为线索，分别论述了1962年中印边界战争、1965年印巴战争、1965—1967年印度粮食危机、1971年印巴战争等美国的反应。在1965—1967年的印度粮食危机中，美国采取"拉紧绳拴"的粮食政策，以期望印度支持美国的越南政策。④ 普林斯顿大学的访问学者约翰森（Robert C. Johansen）用世界秩序的观点对美国对印援助进行了研究，分析了美国对印度援助的人道主义动机、经济动机、安全动机，认为援助是遏制共产主义、保障美国安全的一种工具。⑤ 埃尔德里奇（P. J. Eldridge）所著的《援助印度的政治学》，分析了援助国的方法和目标、援助印度的政治影响、对印度的粮食援助以及外国私人资本的援助。⑥ 印度学者蒂瓦里（Madan Mohan Tewari）所著的《外部资源和印度经济发展》，从微观的视角分析了美国对印度的贸易和援助、美国援助对印度经济发展所起的作用等。⑦ 巴基斯坦学者巴贝尔（Sattar

① M. Srinivas Chary, *The Eagle and the Peacock：U. S. Foreign Policy Toward India since Independence*, London：Greenwood Press, 1995.

② Venon W. Ruttan, *United States Development Policy, the Domestic Politics of Foreign Economic Aid*, Baltimore and London：the Johns Hopkins University Press, 1996.

③ H. W. Brands, *India and the United States：The Cold Peace*, Boston：Twayne Publishers, 1990.

④ Shivaji Ganguly, *U. S. Policy TowardSouth Asia*, San Francisco：Westview Press, 1990.

⑤ Robert C. Johansen, *United States Foreign Aid to India：A Case Study of the Impact of U. S. Foreign Policy on the Prospects for World Order Reform*, Princeton University, 1975.

⑥ P. J. Eldridge, *The Politics of Foreign Aid in India*, London：Lowe & Brydone（Printers）Ltd. , 1969.

⑦ Madan Mohan Tewari, *External Resources & Economic Development in India（With Special Reference to U. S. Aid）*, Delhi：B. R. Publishing Corporation, 1982.

Baber）在《美国对巴基斯坦援助》一书中，分析了外援作为美国对外政策的工具对巴基斯坦内外政策的影响。①

此外，研究外援的相关著作还有：德斯特勒《制定对外经济政策》分析了美国对外经济政策的制定过程，并论述了 20 世纪 70 年代美国与俄国的粮食、谷物、大豆等贸易状况；约翰·怀特《外援政治学》从援助国、受援国、对外援助理论、对外援助的发展阶段、对外援助的制定等方面进行了分析；米克塞尔《外援的经济学》从宏观经济学的视角分析了发展援助理论、外援战略以及对外经济援助的目标等；辛格等所著《外援交易》从南北关系以及南南关系的角度分析了对外援助及其发展趋势；等等。②

三　创新点

本书的创新点主要有以下几点。

（1）在借鉴国内外学术研究成果的基础上，利用原始文献，解读美国对南亚援助的发展变化，探寻其内在的规律性。本书所述的冷战时期美国对南亚的援助，时间跨度长，其间国际形势云谲波诡，各国力量纵横捭阖，美、印、巴国内政治经济状况不断发展变化。通过对纷繁杂乱的史料的梳理，对美国外交文件档案等原始资料的解读，对前人研究成果的分析借鉴，笔者认为，在冷战背景之下，作为外交政策的一种工具，美国对外援助以美国国家利益为最高目标，随着世界形势的变化和美国全球战略的调整而不断发展变化。独立之后的印度和巴基斯坦，因为领土、宗教和国家利益等因素，彼此视为对手。美国对印巴一方援助的多寡、双边关系的亲疏，对另一方都会造成影响，美国全球战略利益与印巴自身和地区安全利益的结构性矛盾无法调和，往往陷入"南亚援助困境"。

（2）美国对外援助，体现了美国外交政策传统中的理想主义、现实主

---

① Sattar Baber, *U. S. Aid to Pakistan*：*A Case Study of the Influence of the Donor Country on the Domestic and Foreign Policies of the Recipient*, Karachi：Pakistan institute of international affairs, 1974.

② I. M. Destler, *Making Foreign Economic Policy*, Washington, D. C.：The Brookings Institution, 1980；John White, *The Politics of Foreign Aid*, London：The Bodley Head Ltd., 1974；Raymond F. Mikesell, *The Economics of Foreign Aid*, Chicago：Aldine Publishing Company, 1968；H. W. Singer, and Kunibert Raffer, *The Foreign Aid Business*：*Economic Assistance and Development Co - operation*, Brookfield：Edward Elgar, 1996.

义和人道主义的糅合。理想主义和现实主义的冲突，即意识形态考虑和现实利益考虑之间的矛盾是美国外交传统的重要特点。在对外援助中，美国往往打着维护"民主""自由"的旗帜，在意识形态方面遏制"共产主义"的扩张和对"自由世界"的威胁；出于现实主义的考虑，美国希望通过对外援助，获取受援国的原料，为美国企业打开或扩大在受援国的市场等。此外，由于粮食短缺等原因，受援国人民食不果腹，往往会导致饥荒和疾病流行。出于悲天悯人的情怀，从人道主义考虑，美国向受援国提供救济援助。需要说明的是，在通常情况下，美国的对外援助不是仅仅从某一种视角考虑，而是糅合了理想主义、现实主义和人道主义几种因素。理想主义、现实主义和人道主义相互渗透，共同服务于美国的国家利益。

（3）从发展的眼光来看，合作共赢是援助国（方）与受援国（方）双边关系发展的方向。以美国对印度的援助为例，笔者发现，尽管美国是印度最大的援助国，但是美国的援助往往并不能完全达到预期的目标。美国对印度的援助涉及面广，包括工业、农业、交通运输和基础设施、教育、医疗卫生等领域；援助数额巨大。但是，美国的援助为什么未能获得印度的好感呢？笔者认为，其原因是多方面的，包括美国和印度历史文化传统的差异、美印两国彼此的期望过高等因素。其中，美国未能认识到印度在国家主权和民族主义等方面的敏感性，在诸如克什米尔、果阿等问题上所采取的立场刺痛了印度敏感的神经，使美援所产生的亲善效应大打折扣。与之相对比，苏联对印度的援助主要集中在工业和军事装备等方面，援助数额相对较少，但却赢得了印度人民的好感。究其原因，苏联一方面在涉及印度国家主权等问题上采取支持印度的立场，不干涉印度的内政，另一方面在援助印度问题上采取务实、互惠的立场。同样，虽然美国对巴基斯坦进行了大量的军事援助，但是也很难令巴基斯坦满意；并且随着地区形势的发展，巴基斯坦时有"被抛弃"，更使巴基斯坦看清美国援助的本质与目的。从援助所产生的不同效果来看，援助应本着合作共赢的原则，互惠互利。

四　不足之处

美国对印度的援助，时间跨度较长，内容纷繁复杂，主要存在以下不足之处。

（1）对史料的分析与利用有待进一步深入。在收集和利用史料的过程中，笔者发现，在有些时间段史料非常丰富，而在有些时间段史料很少。特别是从 20 世纪 70 年代中后期以来，很多美国外交文件尚未解密，给利用原始文献带来困难，研究深度不够。这种情况就使得文中有时出现厚此薄彼的现象。留待笔者在以后的学习工作中对"厚"处进一步深入分析，对"薄"处进一步补充完善。

（2）理论分析的不足。本书主要侧重于史料的分析，理论分析是本书的薄弱环节。对发展援助理论的演进及其对决策层的影响有待进一步深入研究。

不当之处，敬请专家学者批评指正。

第一章　杜鲁门政府时期美国对南亚的援助

第二次世界大战后初期，美国把援助作为外交政策的一种工具，其战略重点在欧洲。南亚在美国的全球战略安排中并不具有优先性。印度、巴基斯坦刚独立之时，美国决策者把南亚视为属于英国影响范围，并有意听取英国的建议。随着冷战的扩展以及朝鲜战争的爆发，美国逐渐意识到南亚在全球"遏制共产主义"链条中的重要性。

第一节　战后初期美国的对外援助

第二次世界大战打破了传统的世界政治格局。经过战争的摧残，原来的英法等老牌帝国主义国家经济凋敝，已经沦落为二流国家。战争打碎了殖民主义的枷锁，亚非拉广大地区的民族民主运动风起云涌，诞生了许多新国家。苏联经过战争的洗礼日益强大，东欧国家建立了人民民主专政的政权，以新中国为代表的一些亚洲国家走上了社会主义的道路。美国在战争中迅速崛起，成为世界一流强国。战后初期，美国不仅在工业生产、黄金储备、军事力量等"硬实力"方面成为世界经济巨人和军事强者，而且在科技文化等"软实力"方面也强大无比。美国《幸福》《生活》和《时代》杂志主编亨利·卢斯先生在 1941 年的《美国世纪》一文中指出，"20 世纪是美国世纪……这是美国作为世界统治力量出现的第一个世纪"。① 第二次世界大战使美国彻底打破了孤立主义的思想束缚。"世界主义"的外交理论取代了"孤立主义"。美国凭借其强大的经济和军事实力，希望肩负起"领导世界"的责任，实现"美国治下

① http://www.usembassy-china.org.cn/jiaoliu/jl0499/jl0499-Henry%20Luce.html.

的和平"。

美国对外援助可追溯到 19 世纪，传教士崛起和传教士精神更广泛的传播，在诸如农业、健康、教育和医疗卫生方面所进行的文化交流和技术使团。美国在立国之后长期奉行孤立主义的对外政策，并未实行大规模的对外援助计划。第一次世界大战后，美国政府向西欧和苏联提供粮食，从事实质性的救济工作。1934 年进出口银行成立，在美国外贸扩张之下提供贷款。20 世纪 30 年代以来，随着国际经济政治关系的恶化，美国颁布了中立法案，禁止美国船只运送军火到交战国港口。1941 年美国又通过了租借法案。第二次世界大战中，美国对外大量赠予、扩大信贷以支持欧亚盟国；对拉美进行援助；等等。

第二次世界大战后的美国对外援助，深深地打上了冷战的烙印。美苏两国由战时的伙伴发展成战后政治上的对手。在冷战背景之下，对外援助，作为美国外交政策的一种工具，在战后美国的全球战略中发挥着重要作用。美国要实现称霸世界的全球战略，就要遏制苏联和共产主义的扩张，加强自己和盟友关系，争夺广大的亚非拉发展中国家。美国认为国际共产主义是对世界和平的一种威胁。美国对外政策的目的就是要通过重整军备、结盟和对自由国家的经济和军事援助计划来遏制共产主义。国务卿艾奇逊认为，共产主义是苏联政策中最狡猾的工具，是俄国帝国主义的另外一个称呼，这就是美国人阻止共产主义扩张的原因所在。[①] 美国决策者认识到，遏制苏联扩张符合美国及其盟国的自身利益，不能通过传统的外交方法或军事手段来达到遏制目的。经济援助被视为保障眼前的政治安全的一种方法，并从长远来看，被视为强化苏联周边的国家能力以抵制苏联经济和军事渗透的一种方法。[②] 随着杜鲁门主义、马歇尔计划和"第四点计划"的明确提出，外援逐步成为美国外交政策中的一个经常性的特征。

1947 年 3 月 12 日，美国总统杜鲁门在到国会特别咨文中，宣称希腊受到了几千名武装人员恐怖主义活动的威胁，其邻国土耳其也值得重视。如果这些国家丧失独立地位，不但对它们本身，而且对全世界都具有灾难性。同年 5 月 15 日，美国国会通过向希腊、土耳其两国提供 4 亿

---

① S. C. Tewari, *Indo-US Relations*, *1947-1976*, New Delhi: Radiant Publishers, 1977, p. 30.

② Vernon W. Ruttan, *United States Development Assistance Policy*: *The Domestic Politics of Foreign Economic Aid*, Baltimore and London: The JohnsHopkinsUniversity Press, 1996, p. 6.

美元援助法案。事后，杜鲁门解释说，这是美国外交政策的转折点，它意味着不论在什么地方，不论是直接或间接的侵略，只要威胁到世界和平，都与美国的安全利益有关。这套对外政策纲领后来被称为"杜鲁门主义"。① "杜鲁门主义"是美国对外政策的一大转折点，是美苏"冷战"正式开始的重要标志。

"杜鲁门主义"提出后不久，美国政府很快就发现，原来欧洲最大最稳定的一些国家，却处在它们历史上最严重的经济困难之中，经济濒于崩溃，粮食和燃料等物质极度匮乏，而其需要的进口量远远超过它的支付能力。如果得不到大量的额外援助，就会面临性质非常严重的经济、社会和政治的危机。1947 年 6 月 5 日，马歇尔在哈佛大学发表讲演，呼吁欧洲国家采取主动，共同制订一项经济复兴计划，美国则用其生产过剩的物资援助欧洲国家。该计划后来被称为"马歇尔计划"或"欧洲复兴计划"。1948 年 4 月 3 日，杜鲁门签署了《对外援助法案》，作为马歇尔计划的法律形式，并于第二天正式实施。这个法案规定：参加马歇尔计划的各受援国，需与美国就援助条件签订双边协定；援助方式分为美国出口货物、提供贷款或馈赠几种。计划原定期限 5 年（1948—1952 年），1951 年年底，美国宣布提前结束。美国对欧洲拨款共达 131.5 亿美元，其中赠款占 88%，余为贷款。马歇尔计划实施期间，西欧国家的国民生产总值增长 25%。② "马歇尔计划"是美国政府首次开展的大规模的外援活动，被认为是"在美国外援史上最成功的对外援助计划"③。它对西欧的联合和经济的恢复起到了促进作用，同时，也缓和了美国国内即将发生的经济危机。

美国官方承诺要对欠发达国家进行经济开发援助可追溯到"第四点计划"。1949 年 1 月 20 日，美国总统杜鲁门在就职演说中，提出美国全球战略的四点行动计划，并着重阐述了第四点，即对亚非拉不发达地区实行经济技术援助，这就是"第四点计划"。这是一项利用美国先进的科学和发达的工业来改进和发展不发达地区的新计划。6 月 24 日，杜鲁门在致国会的特别咨文中对"第四点计划"的概念作了详尽的阐述。根据

---

① http://www.lvyouzhe.org/usa, tourism/142.html.

② http://study.feloo.com/Article/happy/mr/200412/1524.html.

③ Robert A. Packenham, *Liberal America and the Third World: Political-Development Ideas in Foreign Aid and Social Science*, Princeton, N.J.: Princeton University Press, 1973, p.34.

"第四点计划"，美国国会于 1950 年 6 月通过了"援助不发达国家"的法案。到 1951 年年底"第四点计划"已扩展到 33 个国家。在美国的一份外交文件中明确提出，"第四点计划"的总体目标是通过加强自由世界来促进和平，并进而帮助建立最终将会导致全人类个人自由与幸福的环境。这个计划，目的是要通过物质的手段，如通过提高生活水平，帮助达到和平与自由的非物质的目的。①杜鲁门认为，"战争武器阻止不了肚子共产主义。我们必须用更合适的手段来迎接挑战，那就是'第四点计划'所做的"②。杜鲁门指出，"长期以来，我国同许多经济不发达地区保持着贸易和商业关系。今天，在许多方面，我们迫切需要它们的劳动成果和自然资源。如果这些国家的生产力以及购买力得到提高，那么我国的工农业会获得好处。我们的经历表明，我国与高度发达国家之间的贸易远超过了与生活水准低、工业落后国家间的贸易。提高欠发达地区的产量和国民收入也就是促进我国经济的稳定……此外，这些地区的发展还将加强联合国和世界和平的结构……鉴于上述原因，援助经济不发达的地区发展经济已经成为我国对外政策的一个重要组成部分"③。"第四点计划"重点强调的是要"帮助那些广大地区热爱和平的民族，那些地区仅仅间接地从战后我们对西欧的经济援助中受益"④。时任技术合作署署长的亨利·贝内特乐观地估计，"由于'第四点计划'的成功，各国政府将得到人民更广泛的谅解和支持，这将有利于稳定局势并有效地制止共产主义的宣传。这样，政府将更有可能采取提高各项标准和改善物质环境的开明政策，同时迫切需要为人民谋取幸福的责任感也将油然而生"⑤。

"第四点计划"是把欠发达国家的经济发展作为美国国家政策的第一个援助方案。国务卿艾奇逊把对欠发达地区的援助视为维护国家安全

①　Objectives and Nature of the Point Ⅳ Program, Washington, March 14, 1949, *FRUS*, 1949, Vol. Ⅰ, p. 776.

②　The Point Four Program: Reaching out to Help the Less Developed Countries, Dennis Merrill, ed., *Documentary History of the Trumen Presidency* (Vol. 27), University Publications of America, 1999, p. 776.

③　http://www.usembassy-china.org.cn/infousa/living_doc/GB/pointfour.htm.

④　Objectives and Nature of the Point Ⅳ Program, Washington, March 14, 1949, *FRUS*, 1949, Vol. Ⅰ, p. 777.

⑤　[美] 罗伯特·沃尔特斯：《美苏援助：对比分析》，陈源、范坝译，商务印书馆 1974 年版，第 50—51 页。

的措施，分享专门技能以及向海外进行资本投资是美国传统的一部分，认为"经济发展会给我们带来一定的实际利益"，并且"开辟新的我们所需原料和商品的来源，为我们的工厂所生产的产品打开新市场"①。艾奇逊也对欠发达国家的民主化表示关注。

但是美国的战略重点仍在西欧，"第四点计划"显得雷声大雨点小，象征意义大于实际效果。杜鲁门时期，"第四点计划"共拨款 2.765 亿美元，与马歇尔计划拨款的 170 亿美元相比，相差悬殊，简直是小巫见大巫，不可同日而语。②

尽管如此，不可否认"第四点计划"的提出具有重要的意义，它"轰动了全世界"③。与马歇尔计划对西欧发达国家的援助不同，"第四点计划"标志着美国对外援助的一个重大转变，即从几乎完全强调战后救济和重建到关注经济发展。"第四点计划"标志着美国开发援助政策的一个明显突破，标志着美国对不发达或欠发达地区的发展援助政策的开始。"第四点计划"以前，美国对发展中地区的援助一直时有时无，断断续续，以赢得政治支持、缓解一些国家的意外灾难或者帮助战后重建为有限目标。除了对东亚和拉美的援助，以前的援助没有把发展问题作为关注的一个焦点。一般认为，"第四点计划"是美国试图把马歇尔计划的成功扩展到发展中国家的一种尝试。"第四点计划"使美国对外援助拓展了新的地理空间，具有重要的里程碑式的意义。

第二节　战后初期美国的南亚政策

一　战后初期美国的南亚战略

美国多方面卷入南亚事务开始于第二次世界大战期间。作为亚洲战场和欧洲战场的连接处，南亚的地理位置非常重要。美国卷入第二次世

---

①　Dean Acheson，"Aid to Underdeveloped Areas as Measures of National Security"，*Department of State Bulletin*，Vol. XXⅡ，No. 562，10 April 1953，p. 553.

②　The Point Four Program：Reaching out to Help the Less Developed Countries，Dennis Merrill，ed.，*Documentary History of the Trumen Presidency*（Vol. 27），University Publications of America，1999，p. 864.

③　［美］威廉·曼彻斯特：《光荣与梦想》（上卷），朱协译，海南出版社、三环出版社 2004 年版，第 475 页。

界大战之后，英属印度成为盟军反抗日本在中国和东南亚的军事行动跳板。第二次世界大战结束后，南亚对美国而言，处于边缘的重要性，并不是一个具有决定性的因素。在英国从南亚撤离之后，美国仍然将南亚看作英国的势力范围。①

早在印度独立之前的 1945 年，大面积歉收使印度次大陆数百万人沦为饥民，英印当局于 1946 年年初向美国请求 140 万吨紧急粮食援助，但美国反应迟缓。1947 年 10 月，副国务卿罗伯特·洛维特称，由于马歇尔计划的庞大需求，美国不能满足印度的请求。当时美国视南亚为英国的势力范围，主张由英联邦负责次大陆的安全与和平。② 美国的主要精力集中于欧洲和东亚。绝大多数美国人对印度缺少了解，认为印度只是个遥不可及的神秘国度。在 1947 年以前，印度次大陆是处于英帝国的统治之下，美国外交政策很少关注这一地理区域。美国传教士，包括新教和罗马天主教，形成了两个国家间最广泛的纽带，但是这些联系并未激起对印度更大的兴趣。在两次世界大战之间，只有八所美国大学（哈佛大学、耶鲁大学、普林斯顿大学、哥伦比亚大学、宾夕法尼亚大学、约翰·霍普金斯大学、芝加哥大学以及加利福尼亚大学）保留有梵语讲座或印度语研究，注重在古典印度语言、文学和哲学等领域的研究。社会科学家对印度兴趣索然。结果，美国决策者几乎没有机会了解印度独特的发展需要。美国在印度的政治和经济利益较少，美国对印度的了解甚少，许多美国人则把印度看成婴儿、母牛和猴子、饥荒、大君、马球队员和眼镜蛇充斥，经济和政治问题都大得可怕。同样，许多印度人通过美国影片把美国看成骑马牧童、歹徒、中央情报局特工人员、百万富翁和电影明星的国土。③

美国认识到英国不会轻易接受美国在南亚扮演更显著的角色，因而在英国撤离之后采取了低调政策。这种选择部分是为了避免与英国关系的复杂化，但更重要的是因为苏联在欧洲以及土耳其和伊朗可能的威

---

① Shivaji Ganguly, *U. S. Policy Toward South Asia*, San Francisco: Westview Press, 1990, p. 22.

② Dennis Kux, *India and the US: Estranged Democracies 1941-1991*, Washington D. C., 1992, p. 69.

③ ［美］切斯特·鲍尔斯：《鲍尔斯回忆录》，复旦大学集体编译，上海人民出版社 1974 年版，第 235 页。

胁。因此，在 1947—1956 年，美国的南亚政策深受英国影响。①

对南亚，杜鲁门政府采取了一种间接影响的政策，通过英国和英联邦与印度联系，使之在该地区保持亲西方的权力平衡。尽管英国已经向印度和巴基斯坦移交政治权力，但是由于长期的商业和财政联系，它依然在该地区拥有相当的经济平衡力。英国通过向印度和巴基斯坦销售武器和派遣军事顾问与两国有军事联系。政治上，印巴两国都保留在英联邦之内，英国可以向两国政府施加一定的影响。文化上，英国保持一定的吸引力，特别是在印度的精英分子阶层。

美国希望在处理南亚的一些棘手问题，特别是克什米尔问题时，可以让英国冲锋陷阵。杜鲁门政府已经遭受一些反英人士的炮轰，他们指责美国被英国蒙骗，从事在希腊和土耳其的救济工作。政府官员希望在南亚问题上避免遭到类似的责备。② 此外，英国的世界影响力正江河日下，处理国际事务日益力不从心。美国对次大陆的袖手旁观政策会让英国放心，美国并无意把英国从这个曾是帝国核心的地区排挤出去。可以肯定的是，伦敦会鼓励美国承担一些吃力不讨好的事情，诸如调停克什米尔问题等，但英国不愿美国接管与印度关系中诸如武器销售这样报酬丰厚的事情。美国采取的为了欧洲安全的努力，如马歇尔计划，英国是重要的合作者。美国不希望破坏与英国的合作。在南亚，让伦敦自行其是是美国采取的一项支持欧洲以及印度的谨慎政策。由于以上种种原因，杜鲁门政府在次大陆问题上采取低姿态。在 1949 年 4 月的一份报告中，概括了这种政策。文件指出，在印度独立之前，英国充当南亚安全的主要保证人。在移交权力之后，直接的英国控制消失，留给了西方国家在苏联及其代理人进来之前填补真空的问题。幸运的是，英国历经几代人在该地区建立起来的多方面的经济文化联系使英国能够控制印度及其周围作为在南亚次大陆的一个西方的突出部分。当美国的资源已经变得稀少的时候，美国应该与英国一起，探寻一种途径，通过这种途径，它们可以继续承担责任满足南亚地区的军事需要。美国领导人应该努力

---

① Shivaji Ganguly, *U. S. Policy Toward South Asia*, San Francisco：Westview Press，1990，p. 22.

② H. W. Brands, *India and the United States：the Cold Peace*，Boston：Twayne Publishers，1990，p. 41.

说服英国，尽可能多地承担这种份额。①

1949 年 3 月 24 日的美国参谋长联席会议支持英联邦战略。会议指出，尽管印度对西方国家具有相对少的积极价值，但是如果印度丢失给共产主义将会对西方的安全构成沉重的一击。这主要在于它将为苏联人轻易地打开印度洋的通道，并将对中东和东南亚构成无休止的危害机会。巴基斯坦具有军事方面的重要性。空军把卡拉奇和拉哈尔视为潜在的军事基地，以反对苏联的中心地区和防御波斯湾油田。中央情报局希望把巴基斯坦培育成向俄国进行意识形态和情报渗透的发射台。会议认为，对次大陆的主要威胁不是来自入侵而是在印度和巴基斯坦积极活动的持不同政见者组织。他们认为，英国在该地区经验丰富，对该地区问题复杂性比较熟悉，在维持该地区安全方面可以提供有益的帮助，建议杜鲁门政府与伦敦合作协商来决定次大陆的安全需求，华盛顿应充分利用发掘英国可以满足这种要求的程度。②

冷战早期，美国决策者在谈及南亚时，是根据该地区对美国经济和安全利益的潜在价值来衡量的。与美国的全球目标相一致，美国决策者希望印度和次大陆的其他国家能够保持政治上的稳定，对外贸易和投资敞开门户，总体上与西方国家保持方向一致。国务院和中央情报局的报告注意到印度作为美国商品未来市场的重要性以及大量战略原材料储备的重要性。美国决策者深刻认识到，印度拥有世界上最广泛的锰储藏量。锰是一种合金元素，冷战以前主要由苏联向美国提供。早在 1946 年，国防部和参谋长联席会议就强调，印度次大陆毗邻苏联和富产石油的中东，特别是在将要成为巴基斯坦的卡拉奇—拉哈尔地区，可以为美国空军基地、海军港口以及监听站提供合适的场所。万一发生战争，印度还可以向西方提供重要的丰富人力资源。尽管印度有着巨大的潜力，美国官方并未马上对印度发起援助项目。1947 年和 1948 年早期，美国的注意力集中于欧洲、富产石油的中东、日本和中国，南亚很少被关注。③

①　H. W. Brands，*India and the United States：the Cold Peace*，Boston：Twayne Publishers，1990，p. 42.

②　H. W. Brands，*India and the United States：the Cold Peace*，Boston：Twayne Publishers，1990，pp. 42-43.

③　Dennis Merrill，*Bread and the Ballot：The United States and India's Economic Development，1947-1963*，Chapel Hill and London：The University of North Carolina Press，1990，p. 21.

　　由于美国认为应由英国承担南亚次大陆安全义务，故而美国在南亚政策的调整方面希望与英国协商。1950 年 9 月 16—23 日，助理国务卿麦吉（McGhee）与近东、南亚和非洲事务署的官员一行到达伦敦，与英国对外事务和殖民局的官员就近东、南亚和非洲共同关心的地区政治、经济和军事问题进行了磋商。①在 9 月 18 日的会谈中，英方成员斯库恩斯（Scoones）将军谈到南亚地区的军事需求时，概括了英国对南亚国家防御努力方面的援助。印、巴军队按照英国模式组建，使用英国的装备。英国继续在有限的能力内提供装备。但是，鉴于在目前的危急时刻对北大西洋条约国和英联邦的其他国家所承担的义务，英国被迫削减对印度和巴基斯坦的军事援助，如喷气式飞机的供应要被停止。与关注外部的威胁相比，印巴两国似乎更关注于彼方对自己的威胁。斯库恩斯将军认为，军事供应问题的症结在于英国向次大陆提供的装备不能保证用于英国所期望达到的目的。美国助理国务卿麦吉进一步详细阐述了那种想法，即印度和巴基斯坦能在南亚和东南亚的非共产主义国家的领土担保方面进行合作。斯库恩斯将军认为，对于这种特殊的问题，巴基斯坦不能提供更多的实际帮助，更多的担子落在印度身上。他对印巴两国分歧依旧的情况下在防御问题上能够实现有效合作表示相当的怀疑。麦吉解释了美国的政策一直是准予对印度和巴基斯坦极其少量军事装备的出口许可。虽然朝鲜战争期间美国的政策有所宽松，但其他更加危急的地区对美国军需品需求的增加，使印度和巴基斯坦的相对优先性地位下降，它们得到相当数量的美国供给的前景很有限。在此时刻，英国方面表示英国不能向次大陆提供更多的军事援助。美英双方一致同意，应鼓励印巴强大起来，进行自我保护。英国方面认识到印度在亚洲政治方面正在扮演着日益重要的角色；美国方面认为，美国充分认识到与印度合作的重要性，亚洲只有通过亚洲人自己才能摆脱共产主义，这最符合美国的利益，美国把希望寄托在印度身上。美英双方都同意，应为亚洲朋友的发展承担更大的责任，特别是印度，鼓励它们勇敢地面对即将解决的问题。②在另外一份报告中，美英双方估计南亚地区每年需要约 5 亿美元的援助。美国认为，在亚洲问题上，美国应与英国更加密

---

① Editorial Note, *FRUS*, 1950, Vol. Ⅴ, The Near East, South Asia, and Africa, p. 192.

② Record of Informal United States‑United Kingdom Discussions, London, Monday Afternoon, September 18, 1950, *FRUS*, 1950, Vol. Ⅴ, The Near East, South Asia, and Africa, pp. 196‑206.

切地协商。①

在很大程度上，美国继续把南亚视为英国所应承担义务的范围之内。国务院的一份文件指出，"记住美国在其他地方所作出的承诺，从全球视角来看，英国继续承担维护南亚地区国家和平与安全的极为重要的责任，看来是符合我们的利益的"②。可见，尽管英国已经从南亚撤退，但是美国依然把南亚看作英国的势力范围，实行英联邦战略，希望英国承担应有的义务，以应对南亚地区问题的复杂性。

二　援助"哲学"：短期的、国家安全的视角

在对外援助的问题上，出现两种援助"哲学"：一种是华盛顿的主导意见，从短期的、国家安全的角度来看待对外援助，认为外援应服从国家安全的需要；另一种是以驻印大使鲍尔斯（Bowles）为代表，他们认为应制订长期的援助计划，以促进自由的发展。但是鲍尔斯的想法并未得到广泛的认可。朝鲜战争爆发后，美国更加强调国家安全，在外援方面军事援助份额大增，并逐渐居于主导地位，正如美国学者约翰·斯帕尼尔所言："在1950年之后，朝鲜战争爆发时，美国的援助大部分成为军事援助。"③

从国家安全的角度来分析，美国担心共产主义在南亚建立统治会对西方国家带来不利的战略影响。1952年10月一份美国高层内部文件分析认为，南亚丢失给共产主义控制的最严重后果应是心理上的和政治上的。它会给苏联集团增加5个国家，其中两个具有潜在影响的，将使共产主义控制世界人口的近二分之一。没有了西方国家的重要制衡作用，共产主义对南亚的控制将迅速波及东南亚，使东南亚的大部分丢失给共产主义。南亚的丢失将极大地减少联合国对西方国家的有效性和自由世界阻止共产主义扩散的自信心。从经济方面来看，印度是排在苏联之后第二大锰金属原料的重要产地。在冷战加剧后，苏联限制对西方国家的战略原料出口，因而西方国家对印度锰原料的依赖性进一步加深。印度

---

① Oral Report on Trip to London, Paris, and Tangier, October 16, 1950, *FRUS*, 1950, Vol. V, The Near East, South Asia, and Africa, p. 215.

② M. S. Venkataramani, *The American Role in Pakistan*, *1947 - 1958*, New Delhi：Radiant, 1982, p. 21.

③ John Spanier, *American Foreign Policy since World War* II, Washington, D. C.：Congressional Quarterly, Inc., 1998, p. 146.

拥有优质的独居石矿砂，储量丰富。从独居石矿砂中可以提取对原子能具有潜在价值的钍以及稀土元素。锰矿石方面，印度当时提供非共产主义世界锰矿石消费量的约 25%，其中约 35% 由美国消费。印度是西方国家优质云母的唯一供应者。锡兰盛产优质石墨。在黄麻及黄麻制品方面，印度、巴基斯坦实际上提供世界贸易所有黄麻及黄麻制品。另外，印度是世界上优质蓝晶石的主要供应地，蓝晶石是高度的耐火材料，应用在电熔（炉）线、电子、化学陶瓷、火花塞等方面。印度提供世界上约 75% 的虫胶，出口相当数量的蓖麻和蓖麻油，向世界提供约 25% 用于医药目的的鸦片。印度和锡兰出口的茶叶占国际贸易的近 85%，黑胡椒占约 2/3。[1] 对西方国家来说，在冷战背景之下，共产主义对南亚的控制很可能会增加西方国家获取该地区主要战略原材料的困难，在战争时期肯定难以得到这些战略原料，其中云母、石墨、锰、黄麻、虫胶等对西方国家具有特别重要的战略意义。[2]

对美国而言，一个自由的印度不仅对世界稳定，而且对美国未来安全具有重要意义。只有从美国得到大量的技术和经济援助，印度的经济进步才能实现，而经济进步对保持印度内部政治稳定是必不可少的。对美国而言，巴基斯坦的地理位置符合美国遏制苏联和中国的设想，美国希望建立环绕苏联、中国和东欧的包围圈。[3] 并且，卡拉奇可以提供优良的港口，控制了通往石油储量丰富的波斯湾的要道，而西北边省和西旁遮普距离高度工业化的俄罗斯—土耳其斯坦地区仅几百英里。[4]

印巴独立后，美国决策者把南亚视为英国的势力范围，有意根据英国的建议采取行动，关心这一地区不要落入对手苏联的控制和影响之下。美国在次大陆事务中的利益较少。欧洲经济的恢复，西欧军事的复苏，遏制苏联的扩张，这些是最具优先性的考虑。

---

① Special Estimate: Consequences of Communist of Control over South Asia, Washington, Oct. 3, 1952, *FRUS*, 1952-1954, Vol. XI, Africa and South Asia, Part 2, pp. 1062-1072.

② The Secretary of State to the Ambassador in India (Bowels), Washington, Jan. 8, 1953, *FRUS*, 1952-1954, Vol. XI, Africa and South Asia, Part 2, p. 1684.

③ B. K. Mohapatra, *United States-Pakistan Military Alliance-A Study of Stresses and Strains*, Ajanta Publications, Delhi, 1998, pp. 6-7.

④ Sami Mustafa, *Pakistan—a Study in Underdevelopment*, South Asia Institute, University of The Punjab, Lahore, 1975, p. 8

三　战后初期美国的南亚政策

第二次世界大战后初期，美国忙于欧洲的重建，战略重点放在欧洲。美国对印度以及亚洲的政策，在 1949 年 12 月开始逐渐明朗。1949 年 12 月 23 日，国家安全委员会讨论了国务院起草的 NSC48/1 号文件——"美国对亚洲的政策"。文件指出，亚洲的政治动荡根源于殖民主义与民族主义的矛盾。"贫穷、民族主义、革命"是亚洲社会发展的特点和亚洲社会变革运动的内部根源。美国应该从"亚洲的角度出发"，制定新的亚洲政策，扶持亚洲那些"独立、友好、安定、自给自立的国家的发展"，而不介入亚洲大陆内部事务。亚洲是"美国必须与苏联直接、间接较量的几个前沿之一"，美国应该考虑亚洲在其全球战略中的相对地位，考虑实现有效防御的费用支出。该文件把亚洲不稳定的根源追溯为共产主义在该地区的蔓延，并认为该地区的共产主义运动不足为虑。由于注意到苏联与中国、北朝鲜，以及东南亚的共产主义组织有联系，文件认为俄国现在是一个亚洲国家，它正在亚洲大陆和太平洋地区扩展其影响和利益。从全球的假设出发，文件直接排除了支持印度作为美国政策重点的可能性。文件指出，印度拒绝与任何一个大国集团结盟，似乎渴望成立和领导一个地区集团或第三种力量，并且不十分重视共产主义的威胁。文件认为，把南亚，特别是印度，视为反对共产主义控制亚洲的堡垒显然是不明智的。经济援助或许可以加强印度作为一个不结盟国家，但是，所需的外部经济援助只能发挥有限的作用，以至于通过世界银行或进出口银行就可以充分地提供。因此，在不远的将来，对印度的援助将局限于贷款援助而不是像在马歇尔计划下援助欧洲国家那样的赠予援助。而且，世界银行已经表示同意向印度提供小额贷款，进出口银行还没有此计划。尽管杜鲁门政府决定不向印度提供重要援助，但决定要对亚洲进行更强有力的干预。文件号召采取一系列军事措施来遏制共产主义的扩张，"从合众国的战略观点来看，保全从日本至印度支那的海岸沿岸岛屿这一锁链，具有极大的战略重要性"，"东南亚是自日本南下至印度大陆遏制共产主义防线上绝对不可缺少的一部分"。如果共产党控制了东南亚，那么，中近东和澳大利亚则将被攻陷。美国在亚洲战略的根本目标是"遏制、削弱苏联在亚洲的力量和影响"。可见，文件重点强调东南亚在美国遏制共产主义扩张中的重要性，认为东南亚已成为从日本向南和印度半岛周围遏制共产主义扩张链条中的至关重要的部分。① 五角大楼对上述结论并不是都赞同的。结果，国家安全委员会责成国务院与国防部双方在 NSC48/1 号文件的基础上加以修改，修改后的文件就是 NSC48/2 号文件。1949 年 12 月 30 日，经国家安全委员会审议通过。与 NSC48/1 号文件相比，NSC48/2 号文件虽然在一些方面与 NSC48/1 号文件一致，如注重东南亚在美国亚洲战略中的地位、试图将日本与东南亚连接起来，但是，在美国亚洲政策的目标和策略问题上，NSC48/2 号文件主张"遏制苏联在亚洲的力量和影响"，美国不仅要提高在日本、冲绳、菲律宾的地位，保持亚洲大陆沿海岛屿防卫链的完整，而且还要通过政治、经济、军事等各方面的援助，加强亚洲非共产党国家的实力，促进这些国家的经济自立和政治稳定。NSC48/2 号文件指出，"认识到南亚的非共产党政府已经形成了反对共产党人在亚洲扩张的堡垒，美国应该利用每一次机会，增加目前该地区的亲西方立场，并且在我们的能力范围之内，援助其政府努力满足民众最低的渴望，保持内部稳定"。② 如果说 NSC48/1 号文件强调东南亚的重要性、忽视南亚的重要性的话，那么 NSC48/2 号文件则是在重视东南亚的同时兼顾南亚的重要性，保持遏制共产主义的防御链条的完整性，并且认识到要通过援助手段来保证亚洲非共产党国家的政治和经济稳定。

在美苏全球对抗进一步紧张的情况下，1950 年 1 月 31 日，国务院和国防部重新审议整个美国的防务以及外交政策，制定了美国战后早期最重要的文件之一，NSC68 号文件（United States Objectives and Programs for National Security），成为美国冷战时期整个全球战略的蓝图。NSC68 号文件对从世界冲突的历史到当前美苏各自的目标、意图，两种制度和两种意识形态矛盾的性质，二者力量对比和各自的潜力，在军事、政治、文化、制度等各方面的强点和弱点都做了详细的分析，并专门对两国核武器的发展趋势作了详细估算。文件整体上对苏联的力量和扩张意图估计甚高，贯穿文章的主导思想完全是两极思想，认

---

① Dennis Merrill, *Bread and the Ballot: The United States and India's Economic Development, 1947–1963*, Chapel Hill and London: The University of North Carolina Press, 1990, pp. 43–44.

② NSC48/2: The Position of the United States with Respect to Asia, Washington, December 30, 1949, *FRUS*, 1949, Vol. Ⅶ, The Far East and Australasia, Part 2, pp. 1215–1220.

为共产主义和自由世界势不两立，要准备全球性的长期斗争。1950年6月25日，朝鲜战争爆发。对于美国决策者而言，朝鲜成为显示他们抵制亚洲共产主义的决心的试验场。杜鲁门认为，朝鲜就是远东的希腊；如果美国现在足够强硬，那么，就不会有下一步的行动。朝鲜战争为实行 NSC68 号文件确定的方向提供了一次机会。随着对苏联威胁估计的增加，1950年12月产生了 NSC68/3 号文件，对美国的安全目标提出了一系列详尽的暂行方案，有军事、对外军援及经援、民防、储备、对外宣传、国外情报与有关活动，以及内部安全七个附件，由总统批准作为各政府部门遵照执行的行动方案。至此，美国的冷战战略和全面扩军备战的蓝图已制定。① 在谈到南亚问题时，文件指出，南亚次大陆的形势，到目前为止深陷于事实上的经济恶化之中，并且因为人口的增长超过生产力的预期增长，将来有继续恶化之势。除非外来援助能够注入来扭转这种趋势，否则，未来的继续恶化看来是不可避免的。扭转这种趋势符合美国重大利益。印度和巴基斯坦在亚洲政治关系模式中具有决定性的重要性。目前的印度政府和巴基斯坦政府在政策上对西方友好、温和。它们继续博得大多数民众的支持。然而，支持正在让位于冷漠，并且随着经济条件的继续恶化，有组织的极右和极左派别正在积聚力量。这些不利的政治和经济趋势或许现在通过一项美国援助计划（主要是用于提高农业产量）可以得到解决。但是，如果允许这种不利的趋势继续发展，或许会出现像中国那样的情况，那就只有通过超出美国能力之外的努力来进行弥补了。一项援助计划也将有助于说明美国对这个地区社会安定和人民的渴望感兴趣，因而在面对共产党的威胁时试图让它们与美国保持更紧密的结盟。② 文件在谈到经济援助和军事援助时，强调向北约成员国、东欧和中东国家（希腊、土耳其和伊朗）、远东和东南亚国家和地区（印度支那、印度尼西亚、泰国、菲律宾、中国台湾等）提供援助。可见，南亚在 NSC68 号系列文件中并不占有优先性。

---

① 资中筠主编：《战后美国外交史——从杜鲁门到里根》（上册），世界知识出版社 1994 年版，第 67—68 页。

② Annexes to NSC68/3: United States Objectives and Programs for National Security, Washington, December 8, 1950, *FRUS*, 1950, Vol. I, National Security Affairs, Foreign Economic Policy, pp. 447–448.

在 1950 年 10 月 9 日，美国南亚事务办公室准备的政策陈述中提到，该地区面临威胁稳定的诸多因素：大量文盲、地方自治主义、贫穷、疾病和在印度和东巴基斯坦大部分地区存在的饥荒。鉴于独立后人们对经济和社会生活的期望，这些威胁在印度和巴基斯坦更严重。印度和巴基斯坦关系的紧张和各种政治、经济争端是南亚稳定的最大危险。巴基斯坦和阿富汗的争端以及印度的严重粮食短缺问题也是地区稳定的重要危险。印度的粮食生产严重不足，需要进口大量粮食，这又加剧了本来就不充裕的外汇紧张。文件认为，共产主义不会马上威胁到南亚政府。尽管印度有共产党存在，但政府已经采取有效措施限制其活动和影响。然而，如果外部经济援助不能到来帮助它们遏制地区内在的威胁稳定的因素，现政府的地位将会日益不稳。英国依然在南亚地区拥有大量投资和商业利益，南亚的各国政府接受来自英国的军事、经济和其他援助。然而，南亚地区和英国的密切关系还没有导致南亚与西方民主国家公开结盟反对苏联帝国主义。特别是印度，公开承认希望在冷战中保持中立，希望发展与苏联集团和西方民主国家的友好关系。南亚的立场来自其聚焦于内部问题和决定阻止外部干涉其事务。该地区怀疑西欧和美国试图在亚洲保持帝国主义者的立场，怀疑它们歧视非白种人。因而，印度小心地渴望着领导一个南亚和东南亚的地区联盟，把这样的一个联盟视为在冷战中反对殖民主义和保持中立的天然平台。一些国内因素也限制了美国对南亚政策的有效性。美国不能凭一己之力承担保持或提高该地区生活水平和抵制入侵的所有责任。美国的资源虽然丰富，但也担负不起这个负担。美国种族歧视的存在是美国赢得南亚地区民族充分理解和信任的障碍所在。另外，美国公众对该地区兴趣有限，并且对该地区的问题的了解日益增多。现有的公众态度以下面的两种为代表：出于人道主义热心地渴望帮助该地区的穷困人民；或者急不可耐地要求南亚国家立即采取咄咄逼人的反共姿态。出于国家利益的需要，美国在南亚的目标应该是：与南亚国家发展可靠持久的友好关系；南亚国家非共产主义者的政府继续掌权，增强其维持和平和抵抗共产党人在亚洲的帝国主义的能力和决心；增加南亚国家参与和负责亚洲问题的解决；美国及其盟国在和平时期或者发生战争时从南亚国家得到便利的积极态度；打开通往南亚国家的资源和市场的通道；共同反对共产主义。要实现上述目标，美国应向南亚国家提供经济援助和技术援助，并在援助计划方面与英国、联合国、英联邦国家协商。①

随着朝鲜战争的扩大，美国对南亚的政策发生了转变。1951年1月5日，国家安全委员会草拟了美国对南亚的政策文件（NSC98），后经修改，编号为NSC98/1。美国的南亚政策正式出台。文件指出，"美国关于南亚的目标是提高美国的安全地位。在这一背景下，印度和巴基斯坦是这一地区的关键国家"。文件表明了美国对印度"丢失"给共产主义的担心，"从各种实际目的来看，印度丢失给共产主义轨道将意味着整个亚洲的丢失；这将对美国的安全形势构成严重的威胁"。随着新中国的成立和朝鲜战争的爆发和扩大，南亚的战略地位大大提升。"中国的丢失，对印支和东南亚平衡的直接威胁，入侵西藏，在朝鲜的颠覆，都极大地增强了南亚这些国家对美国潜在的政治、战略、人力和资源的重要性，并且因这些国家将站在美国一方而使之更加重要。特别是印度和巴基斯坦，拥有在整个亚洲范围内享有崇高威望的领导者。这些国家外交上的未来支持以及在联合国的支持非常重要。尤其是印度，拥有对我们国防非常重要的某些战略原材料。所有这些因素强调了南亚（特别是印度和巴基斯坦）自由、友好的非共产主义政府继续存在的必要性，以及强化该地区稳定的必要性。"为达到上述目标，应努力做到以下几个方面：①在美国与该地区各种类型的国家之间，发展健全、持久、友好的关系；②南亚国家的非共产主义政权继续掌权，增强它们单独的或集体的抵抗亚洲共产主义的能力和决心，在反共方面增强它们与美国以及志同道合国家的联合；③增加南亚对亚洲出现的问题的解决的参与、负责与贡献；④在南亚地区培育这样一种倾向，即帮助美国及其盟国获得和平之时所渴望的（或战时所需的）设备，以及阻止苏联从这些国家得到直接或间接的军事支持或帮助；⑤为美国以及友好国家打开该地区资源和市场通道，建立那种环境，即引导南亚政府反对将它们的资源给予苏联集团。文件建议，美英应该在南亚采取更加协调的政策和行动，如鼓励印度、巴基斯坦等南亚国家更直接更坦白地与美英协商，支持南亚国家加入联合国组织，并友好支持它们在这类组织中取得适当地位，提供经济援助——这将有助于该地区大致的稳定，并且特别有助

---

① Policy Statement Prepared in the Office of South Asian Affairs: Regional Policy Statement: South Asia, Washington, October 9, 1950, *FRUS*, 1950, Vol. V, The Near East, South Asia, and Africa, pp. 245-250.

于印度和巴基斯坦的经济进步，阻止经济恶化的趋势，增强印度的亲西方倾向，对美国的战略利益具有特别重要的紧迫性，尽可能采取与美国安全利益相一致的行动以阻止苏联及其卫星国和亚洲的共产主义地区经从南亚原料供应国获取战略原料或装备。① 很显然，从 NSC98/1 文件吸收了 1950 年 10 月 9 日美国南亚事务办公室准备的政策陈述中的建议。NSC98/1 文件于 1951 年 1 月 25 日被批准为政府政策。1951 年 5 月 10 日、11 月 13 日和 1952 年 4 月 23 日分别出台了该文件的三个进展报告。

1951 年 2 月 26 日至 3 月 2 日，美国外交和领事官员南亚区域会议在锡兰的努沃勒埃利耶（Nuwara Eliya）举行，英国也派代表出席会议。这次会议关注的是美国与南亚国家在政治、军事、经济、文化和劳工关系上所面临的问题。其中最重要的结论是：①承认技术援助和经济赠款援助作为执行美国政策和打击南亚（主要是印度）反西方主义的手段的重要性；②承认巴基斯坦在保卫南亚和中东方面潜在的军事重要性。②

从 NSC48/1 号文件到 NSC98/1 号文件的制定和演变，充分说明了美国从全球冷战的视角来制定对南亚的政策。中国的"丢失"、朝鲜战争的爆发和扩大，在一定程度上使南亚在美国全球战略中的地位提升。遏制共产主义、提高美国的安全是美国南亚政策的目标。在南亚这块战略棋盘上，印度和巴基斯坦是美国希望有效利用的重要棋子。为此，美国希望经济援助和技术援助可以作为促进南亚"自由、稳定和亲西方倾向"的重要工具。

第三节　杜鲁门政府对南亚的援助

一　独立后的印度、巴基斯坦概况

（一）印度

20 世纪前半期，印度资本主义有了较大的发展，但是，国家的经

---

① NSC98/1：The Position of the United States with Respect to South Asia，Washington，January 22，1951，*FRUS*，1951，Vol. Ⅵ，Asia and the Pacific，Part 2，pp. 1651–1652.

② South Asian Regional Conference of United States Diplomatic and Consular Officers Nuwara Eliya，Ceylon February 26 – March 2，1951，*FRUS*，1951，Asia and the Pacific，Vol. Ⅵ，Part 2，pp. 1664–1688.

济命脉仍由英国殖民者控制，具有明显殖民地经济的片面性：到第二次世界大战前，靠农业为生的人口仍然占 70% 以上，靠工业（包括近代工业和手工业）为生的人口只占 1/10，工业产值只占工农业总产值的 20%。第二次世界大战后到独立前夕，上述比例变化不大，印度仍然是一个落后的农业国；工业的发展主要集中在棉纺织、钢铁、水泥以及其他一些机器修理部门，机器制造业、重要的军工工业仍然没有建立起来。总的来说，轻工业得到片面发展，重工业十分落后，轻工业中工人数占全部工人总数的 80% 以上，而纺织业一项就占轻工业总人数的 70% 以上。①

1947 年 8 月 15 日，印度脱离英国殖民统治宣告独立。新独立的国家面临着一系列非常复杂的问题。它要整合国家统一，解决因印巴分治而造成的大量难民问题，打碎旧的在印度历史上存在已久的等级制度，实现印度的现代化。而普遍的贫穷是印度经济问题中的核心问题。1947 年 8 月 14—15 日，刚进行权力交接，社会暴乱就在整个次大陆发生。数以百万计的人们越过彼此疆界。难民问题成为这两个新独立国家的沉重负担。到 1948 年约有 1/10 的西巴人沦为难民。②

由于英国殖民者长期残酷的剥削和野蛮的掠夺，印度独立时，国民经济基础十分薄弱，主要经济命脉都操纵在英国垄断资本手中。 1947 年的印巴分治，打乱了社会经济的正常秩序，触发了破坏性极大的教派大冲突，造成严重的社会动乱。结果，农业凋敝，工业停滞，物价上涨，工人失业，人民贫困不堪。独立之初，印度基本上是一个农业国，工业基础薄弱。印度人口的 85% 生活在农村，工业部门只吸纳了 1/10 的劳动力。同时，农业部门相当落后。化肥、灌溉设施、现代农业方法的使用不甚普及。每年要进口二三百万吨的粮食，每日谷物消费量人均不到 9 盎司。文盲占全国人口的 84%，疟疾、天花和霍乱等传染病蔓延，死亡率 27‰，高居世界之首。1948—1949 年，印度生活水平低下，城市收入水平总体上高于农村，据估计，城市人均收入比农村高 2 倍多。农民平均每天收入不到 1 卢比。③ 印度在粮食生产方面远没有达到自给水平，

---

① 四川大学南亚研究所：《印度经济》，人民出版社 1982 年版，第 18—19 页。

② Wayne A. Wilcox, *India*, *Pakistan and the Rise of China*, New York, Walker & Co., p. 26.

③ S. Chandrasekhar, *American Aid and India's Economic Development*, New York：Frederick A. Praeger, Inc., Publishers, 1965, p. 16.

存在着普遍的营养不良，健康状况不佳，教育水平低下，出生率和婴儿死亡率与发达国家相比偏高，医疗卫生状况难以满足人们的需要。据资料显示，1951—1961 年，印度的平均出生率和死亡率分别为 40.7‰ 和 21.6‰，而在大多数先进国家，死亡率不超过 10‰。1951—1961 年，婴儿死亡率为 142.3‰（男）和 127.9‰（女），而在美国和西北欧国家则不足 25‰。在人均寿命方面，1961 年印度男子 41.68 岁，女子 42.06 岁，而美国白人男子 62.7 岁，女子 73.7 岁。在医疗卫生方面，1960 年印度有约 11854 所医院和药房，它们要治疗约 1300 万病人，还有上百万的病人得不到任何治疗。1960 年印度的病床数为每万人中有 0.4 张。1959—1960 年，登记注册的医生，每万人中印度有 2 人，美国有 13 人；护士，每万人中印度有 1 人，美国有 27 人。① 与之相比，独立之初的情况更为糟糕。

面对这种复杂艰巨的现实，如何尽快结束动乱，安定人心，恢复和发展经济，改变落后面貌，进一步取得经济上的独立，便成为刚刚诞生的印度政府最迫切的任务。为此，以尼赫鲁为首的国大党政府，在政治、军事和外交上采取一系列措施的同时，在经济上也逐渐提出了一整套发展国民经济的方针政策。

在经济上，提出要通过议会民主的道路发展一种"社会主义类型"的经济体制，壮大国家资本，鼓励私人资本，发展"混合经济"，实行计划调节，优先发展重工业，实现工业现代化，增加国民收入。② 实行计划经济、"混合经济"、土地改革，"既不全盘接受社会主义，也不全盘接受资本主义，而是在本民族传统基础上对二者进行融合，走所谓'第三条道路'或'中间道路'，以此来追求本民族国家独立与发展这两个互为因果、彼此依存的主流目标"③。

在一个开放经济中，若一国的经济发展受到国内资金不足的限制，可以通过引进外资、利用外国援助等途径从外部获得必要的资源。国外资源的流入，可以解决一国储蓄不足、外汇短缺、资本稀缺等问题，并

---

① India：1962，New Delhi：Ministry of Information and Broadcasting，1962；*Annual Report of the Directorate General of Health Services*，New Delhi：Ministry of Health，1960.

② 崔瑛：《尼赫鲁的发展战略和拉·甘地的新经济政策》，《南亚研究》1992 年第 2 期，第 7—14 页。

③ 尚劝余：《尼赫鲁经济思想及实践试探》，《西北大学学报》（哲学社会科学版）1995 年第 1 期，第 39—43 页。

引进先进的技术和管理方法，从而促进经济发展。成功利用国外资源促进经济发展的国家，如美国在南北战争前后、日本在"明治维新"之后，都曾大量引进外资来实现经济起飞。

独立初期印度经济军事软弱的现实与尼赫鲁实现印度"有声有色的大国"的理想之间存在巨大落差，阻碍了尼赫鲁的大国梦。尼赫鲁希望在东西方两大势力集团之间左右逢源，争取获得双方的经济援助，实现印度经济的迅速发展，在南亚以及亚洲扮演领导者的角色。独立后，印度虽然富有多种矿产资源，但是缺少技术、技术工人和资本资源，束缚着经济的发展，其中主要是缺乏资金。这是印度和许多欠发达国家所面临的共同问题。这些打破殖民枷锁取得独立的亚非拉国家，起步低，底子薄，发展经济困难重重。要解决这些困难就需要获得大量的外部援助。美国著名经济学家、后来的驻印大使加尔布雷思指出，"印度有受过高等教育和训练的精英和日益增加的有教养的人，有一流的管理，有大量的社会正义，良好的审判制度，有分期清晰的经济发展计划。除了所缺的外部资金，发展经济所需的国内因素几乎都存在。外援应该来填补这个缺口"。① 1948 年 3 月 8 日，尼赫鲁在印度制宪会议上说，"我们想得到其他国家的援助"，他强调印度在接受外援时不能倒向任何一方而使自己处境被动。他说，"印度在接受经济援助或政治援助时，把所有的鸡蛋放在一个篮子里是不明智的政策。我们不应该以牺牲自尊的代价获得援助，否则任何一方都不会尊敬你；我们也许会得到某些小的利益，但最终我们因此会遭别人的唾弃"②。尼赫鲁的这种援助指导思想，概括来说，就是在坚持独立自主的同时左右逢源。然而，尼赫鲁所坚持的争取外援的思想与美国把援助作为外交政策工具的理念之间，存在着巨大的差异和分歧，这在某种意义上也注定了印度争取美国援助的过程不会一帆风顺。③ 印度先后于 1948 年、1956 年和 1977 年颁布的 3 个工业政策决议和各个五年计划，都阐明外国资金对印度发展经济建设的作用。历

---

① S. Chandrasekhar, *American Aid and India's Economic Development*, New York: Frederick A. Praeger, Inc., Publishers, 1965, p. 44.

② The Prime Minister on the raison d'etre of an Independant Foreign Policy, 8 March 1948. A. Appadorai, *Select Documents on India's Foreign Policy and Relations*, *1947-1972*, Vol. 1, New Delhi, 1982, pp. 19-20.

③ 尤建设：《论 1949 年尼赫鲁访美对美国援助印度的影响》，《许昌学院学报》2009 年第 6 期，第 116—118 页。

届政府都奉行"不把所有鸡蛋放在一个篮子里"的原则，多方接受经济援助，以实现经济起飞。[1]

（二）巴基斯坦

独立后印度所面临的困难在巴基斯坦相同或相似地存在，在某些方面甚至比印度更为严重。巴基斯坦于 1947 年 8 月 14 日宣告独立。1948 年 9 月 11 日，巴基斯坦立国领袖、被誉为"巴基斯坦之父"的首任总督阿里·真纳病逝；1951 年 10 月总理阿里·汗被暗杀。两个核心人物的相继离世，使巴基斯坦政局陷于动荡。世俗政权与宗教势力、不同宗派之间的矛盾以及东巴（主张以孟加拉语为国语）和西巴（主张以乌尔都语为国语）因语言问题的冲突，使巴基斯坦不时发生流血冲突和政治危机。一系列的政治危机导致中央政府更迭频繁，自 1947 年独立到 1958 年秋，巴基斯坦五易总督，七易总理。[2]

根据印巴分治方案，巴基斯坦伊斯兰占多数，由东巴和西巴两部分组成，中间被印度隔开 1100 英里。农业一直是巴基斯坦民众的主要职业，有 85% 以上的民众从事农业。[3] 收成一直很低，耕作方式也原始粗放。由于盐碱浸泡、土壤侵蚀以及洪灾，土地恶化一直在持续。

教育状况低下，文化普及率低，技术教育基本上不存在。在旧印度的几所农业大学中，只有一所在巴基斯坦境内。旁遮普农业大学是建立和管理较为完备的一所。在达卡等几所学院招收学员从事一些研究；在西北边省白沙瓦的伊斯兰学院提供有限的农业培训。健康和社会福利措施不足，交通设施和通信手段落后，管理人才匮乏。

工业基础薄弱，工业原材料匮乏，资源有限，并且分治后大部分归入印度，最简单的制造业部件也需要进口。并且很少有被开发过的资源，诸如燃料、森林、矿产等。北部丰富的水资源也尚未被开发，有组织的国际贸易很少，农业信用设备不充分、市场设施不完备；交通和通信系统主要是为了用于军事用途的，而不是为了运送产品到市场；大约 70% 的国家预算是用于军事建设。分治之时，军火库、军事

---

① 薛克翘、赵常庆主编：《简明南亚中亚百科全书》，中国社会科学出版社 2004 年版，第 171 页。

② 薛克翘、赵常庆主编：《简明南亚中亚百科全书》，中国社会科学出版社 2004 年版，第 21 页。

③ Karl Knaus, *Beginning of Bilateral Technical Aid in Pakistan Agriculture*, Foreign Agricultural Service, United States Department of Agriculture, March 1953.

指挥学校不在巴基斯坦边界一方。那些被判给巴基斯坦的物品被印度控制，印方阻止把武器或装备分配给巴基斯坦。独立伊始，巴基斯坦就把印度视为它在南亚地区的主要对手和最大的安全威胁，并且由于地区力量不平衡而心理上时常有一种不安全感。尼赫鲁曾宣称，总有一天合并要到来，只是存在时间上的早晚问题。① 此外，巴基斯坦还担心苏联的意识形态渗透。但是，巴基斯坦"国防力量连最基本的国内安全都承担不起，更不用说迅速地满足不断升级的外部防御需要了"。② 克什米尔是印巴双方争端的核心问题。军事冲突的威胁迫使双方把大量的资金投入到国防，这反过来又对双方的经济产生了严重的影响。 1952年年初，外贸所依赖的产品黄麻和棉花的价格开始急剧下跌。从 1951 年6 月到 1952 年 12 月，商品物价总指数从 162 卢比跌到 123 卢比，纤维品从 193 卢比跌到 98 卢比。巴基斯坦外汇盈余从 1951 年 28.8 亿卢比下降为 1952 年 19.2 亿卢比。③ 外汇的短缺使局势更加恶化。

为了生存和自身安全需要，巴基斯坦一方面加强自身军事力量，另一方面积极寻求大国（特别是美国）的支持与援助。

二　对印度的援助

印度独立伊始，杜鲁门政府寻求发展美印两国间的紧密联系。在 1947 年 8 月 14 日的贺词中，杜鲁门对未来两国关系表示了极大的乐观，声称印度这个伟大的国家将会在美国找到坚定的朋友。尽管如此，美国援助并未立即到来。印度政府外交和联邦关系部部长吉尔贾（Girja）认为，印度在其经济和军事上发展和加强自身的首要目标上，不能指望得到苏联的有效援助。事实上，美国是唯一有能力援助印度的国家。④ 吉尔贾表示，印度希望在实施某些水电开发项目时得到美国的援助，尽管

①　A. M. M. Saifuddin Khaled, *A Policy of Balance between India and Pakistan：the Truman Administration and the Kashmir Dispute 1947-1952*, J. Asiat. Soc. Bangladesh. Hum. , Vol. 39, No. 1, June 1994, p. 104.

②　Robert. G. Wirsing, *Indian Pakistan and the Kashmir Dispute on Regional Conflict and Its Resolution*, New York：St. Martins Press, 1994, p. 87.

③　Sami Mustafa, *Pakistan—a study in underdevelopment*, *South Asia Institute*, University of The Punjab, Lahore, 1975, p. 7.

④　Memorandum of Conversation, by the Acting Secretary of State（Lovett）, ［Washington］, April 2, 1948, *FRUS*, 1948, The Near East, South Asia, and Africa, Vol. V, Part 1, pp. 506-508.

在这方面已经采取了一些办法，但还没有得到任何援助。① 在印巴之间，华盛顿更重视印度的重要性，因为印度拥有更为广袤的国土和更为众多的人口，以及相当大的经济军事潜力。美国在 1947—1949 年对巴基斯坦不甚感兴趣，延迟任命驻巴大使就是很好的明证（美国首任驻巴大使 1948 年 2 月递交国书，仅 5 个月后由于身体原因返回华盛顿，新的大使在 1950 年年初上任）。②

1949 年尼赫鲁访美为美国增加对印度的了解提供了一次很好的机会。在尼赫鲁访美前一周，驻印大使亨德森（Loy W. Henderson）返回美国帮助安排尼赫鲁访问事宜。亨德森主张对印度进行援助，提出了一项向印度提供为期 5 年 5 亿美元的经济援助计划，以无息贷款的形式帮助印度增加粮食产量；同时，他还支持印度提出的一百万吨小麦的请求。亨德森的主张和建议并未得到美国当局的立即采纳。1949 年 10 月 13 日，尼赫鲁在美国参众两院发表演说："尽管我们的经济潜力巨大，但是要将其转变为实现的财富，还需要大量的机械辅助设备和技术援助。因此，我们非常欢迎基于互利基础上的此类援助与合作……"③ 尼赫鲁的这次访问，可以说是不成功的。究其原因，美印双方高层在一些重大原则性问题上存在着明显的分歧。美国对印度放弃中立主义并与之结盟抱有不切实际的期望。而印度坚持不结盟，不同意美国关于苏联威胁性质的看法，认为对世界和平构成最严重威胁的不是共产主义而是殖民主义等，都暴露了双方原则分歧。1949 年尼赫鲁访美的不成功，失去了争取美国援助印度的一次机会，对短期内期望获得美国援助造成了不利影响。美国官方在会见了尼赫鲁并对其原则立场有了一定了解之后，就匆匆拒绝了向印度提供经济援助的主张。在尼赫鲁离开美国后仅仅一周，国务卿艾奇逊就通知驻印大使亨德森，国务院反对其向印度提供一项为期 5 年 5 亿美元的援助计划。艾奇逊认为，"正如过去那样，将来也是如此，对印度和其他国家的经济援助只有当印度的接受能力和我们自己的能力以及

---

① Memorandum of Conversation, by the Assistant Chief of the Division of South Asian Affairs (Mathews), [Washington], April 2, 1948, *FRUS*, 1948, The Near East, South Asia, and Africa, Vol. Ⅴ, Part 1, pp. 501–506.

② Department of State Policy Statement on Pakistan, July 1, 1951, *FRUS*, 1951, Vol. Ⅵ, Part 2, p. 2206.

③ Nehru's speech in the House of Representatives and the Senate, 13 October 1949. Rajendra K. Jain, ed., *US–South Asian Relations 1947–1982*, Vol. 1, Radiant Publishers, 1983, p. 124.

所提供的建设性目的相一致时，援助才有可能发生"①。考虑到美国对外政策的目标，在19世纪50年代早期，印度成为美国的主要受援国几乎不可能。②

1950年4月12日，美国驻印大使亨德森在致国务卿艾奇逊的电文中言道，近几个月以来，印度对美国的不友好的情绪一直在上升。这种对美国的不喜欢或怨恨，主要是由于印度人日益认为在其困难时期美国没有和无意提供大量经济援助。③"在我们看来，改善气氛的最有效的措施是表示我们愿意向印度提供大量的经济援助，这在最近的部门和使馆之间的往来电报中有所触及。除非我们表明我们愿意在物质上帮助印度的经济发展，或者除非国际共产主义进行新的冒险以恐吓印度领导人放弃他们目前所谓的'不结盟'的外交政策，否则我们相信很难实现在国际事务中美印之间的密切合作。"④ 国务卿艾奇逊指出，印度不断坚持所接受的任何援助不能有任何的束缚性条件，这种要求是不合理的，马歇尔计划的使用也有一定的限制。⑤ 印度一方面批评美国未能提供印度认为合理的美国外援份额，另一方面他们似乎忽视了印度领导人公开和私下声明：印度不需要援助；或者美国的援助是"美元帝国主义"的工具。⑥

1950年8月28日，负责近东和南亚事务的助理国务卿麦吉，向杜鲁门建议，要立即采取必要措施为南亚、阿拉伯国家和伊朗开展建设性的和实用性的援助计划。⑦ 麦吉从美国国家安全的视角谈到了该地区作为整体上对美国的重要性，同时指出，从埃及经阿拉伯国家和伊朗到印度

---

① The Secretary of State to the Embassy in India, Washington, April 21, 1951, *FRUS*, 1950, Vol. V, p. 1466.

② 尤建设：《论1949年尼赫鲁访美对美国援助印度的影响》，《许昌学院学报》2009年第6期，第116—118页。

③ Telegram from US Ambassador in India, Loy W. Henderson, to Secretary of State Acheson, 12 April 1950, *US-South Asian Relations 1947-1982*, Vol. 1, Radiant Publishers, 1983, p. 131.

④ The Ambassador in India (Henderson) to the Secretary of State, New Delhi, August 23, 1950, *FRUS*, 1950, The Near East, South Asia, and Africa, Vol. V, pp. 1469-1470.

⑤ Acheson's telegram to the US Embassy in India, 21 April 1950, *US-South Asian Relations 1947-1982*, Vol. 1, Radiant Publishers, 1983, pp. 132-133.

⑥ The Secretary of State to the Embassy in India, Washington, April 21, 1950, *FRUS*, 1950, The Near East, South Asia, and Africa, Vol. V, pp. 1464-1466.

⑦ Memorandum by Assistant Secretary of State for NEA McGhee to President Truman, 28 August 1950, *US-South Asian Relations 1947-1982*, Vol. 1, Radiant Publishers, 1983, p. 141.

和巴基斯坦的这一地区，还没有接收到来自美国的重要援助。①

新中国的成立以及朝鲜战争的爆发，使美国的亚洲政策发生了转变。1950 年 12 月 1 日，美国国务院关于印度的政策声明指出：希望现在的非共产主义政府在印度继续执政，并希望它在广泛的民众支持下，继续奉行与美国友好合作的政策；希望印度自愿地与美国和志同道合的国家联合起来反对共产主义。印度在增加农业和工业产出的计划中，必须依靠外部资本来源才能迅速取得进展。美国的政策是帮助印度在农业、公共卫生、教育、劳工、电力发展和交通等领域获得国外的技术援助；支持联合国对印度的技术援助计划；根据"第四点计划"，印度将获得分配给南亚地区的最大一部分资金。由于中国处于共产党的领导之下，苏联的势力现在已经侵占了印度次大陆的周边地区。印度凭借其相对的力量、稳定和影响力，已成为非共产主义亚洲的关键国家。综合各种因素，美国需要通过一项向印度提供财政和经济援助的方案。②

从援助类型方面，大致可以分为经济援助、技术援助（紧急粮食援助）、军事援助等。

（一）经济援助

印度独立后，美国开始考虑向其提供经济援助和技术援助。1950 年 12 月 1 日，美国国务院关于印度的政策声明指出，美国在印度的目标是：希望目前的非共产党政府继续掌权，得到广泛支持，奉行与美国友好合作的政策。希望印度在反对共产主义方面与美国等国家自觉地保持一致，希望印度国内政治稳定、经济进步，等等。为此，美国的政策是帮助印度在农业、公共卫生、教育、劳动力、电力开发、交通运输等领域从国外获得技术援助；支持联合国对印度的技术援助计划；根据美国的"第四点计划"，印度将接收到分配给南亚地区的最大资金比例。③

一份关于美国民众对美国援助计划的看法的报告认为，与中东国家相比，对援助印度的讨论一直有相当规模。尽管对印度在东西方斗争中

---

① McGhee's Statement During Discussions Between Department of State Officials and Leaders of the House of Representatives, 7 September 1950, *US - South Asian Relations 1947 - 1982*, Vol. 1, Radiant Publishers, 1983, pp. 142-143.

② Department of State Policy Statement, [Washington], December 1, 1950, *FRUS*, 1950, The Near East, South Asia, and Africa, Vol. Ⅴ, pp. 1476-1480.

③ Department of State Policy Statement on India, 1 December 1950, *US - South Asian Relations 1947-1982*, Vol. Ⅰ, Radiant Publishers, 1983, pp. 148-153.

的中立主义立场有所忧虑，有意见认为要通过第四点援助和其他开发援助来加强印度的力量。还有一种观点认为，美国援助虽然有用，但对于印度的需求来说无异于九牛一毛。① 美国在南亚的外交官员认为，自从它们宣称西方国家不是帝国主义国家以来，对南亚国家的经济援助提供了一种达到或强化这些国家亲西方立场的最佳方式……②

1951 年 9 月美国中央情报局的《国家情况评估报告》分析指出：印度目前决定不卷入东西方冲突的任何一方；印度的政策在不久的将来不可能因为苏联在欧洲和近东的入侵而变化，也不会因为共产主义力量在东南亚的进展而变化。共产主义对缅甸或者对印度本身的入侵可能会导致印度政府向西方寻求军事援助。印度经济形势的不断恶化，特别是如果得到中国共产党支持的话，最终可能会使印度共产党攫取对印度政府的控制。共产党对东南亚的统治威胁已经非常严重，如果共产党控制了印度，那么将几乎肯定会导致共产党对整个地区的控制。印度仅凭一己之力几乎不可能阻止其经济衰退，持续几年的大量外部援助可能会阻止这种经济衰退。外部经济援助似乎是阻止经济衰退的唯一可能的方式，否则将会对西方国家产生更大的困难，将会对西方在整个亚洲的形势产生更加严重的威胁。③

亨德森大使的继任者，鲍尔斯大使（1951 年 9 月—1953 年 3 月担任美国驻印大使），是美国著名的新政主义者和自由主义者，对刚刚走向世界舞台的第三世界兴趣浓厚，对最大的民主国家印度十分青睐，主张对印度提出的"一五"计划作出积极回应，通过扩大对印度经济援助来从经济上遏制共产主义。④ 在印度积极推行"社区开发计划"，改善农村教育、医疗卫生，增加农业生产，支持大量增加美国援助。鲍尔斯大使

---

①　Public Attitudes toward U. S. Aid Program, Special Report on American Opinion, prepared by the Division of Public Studies, 15 January 1951, *US-South Asian Relations 1947-1982*, Vol. 1, Radiant Publishers, 1983, p. 156.

②　Agreed Conclusions and Recommendations of the South Asian Regional Conference of US Diplomatic and Consular Officers held at Nuwara Eliya, Ceylon, 26 February-2 March 1951, *US-South Asian Relations 1947-1982*, Vol. 1, Radiant Publishers, 1983, pp. 171-174.

③　NIE-23: "India's Position in the East-West Conflict", prepared by the Central Intelligence Agency, 4 September 1951, *US-South Asian Relations 1947-1982*, Vol. 1, Radiant Publishers, 1983, pp. 187-192.

④　王昊：《切斯特·鲍尔斯与美国对印经济援助（1951—1953）》，《历史教学问题》2008年第 3 期，第 65—69 页。

认为，美国在欧洲采取的行动使欧洲稳定，但亚洲仍处于严重的风险之中。"我们可以在欧洲成功，如果我们在东方不能做正确的事情，如果我们不能在那里建立巩固的基础，我们在未来 5 年可能会失去东方世界并且整个自由世界将会崩溃。"谈到印度的贫穷和落后，鲍尔斯说，如果美国不关注印度的困境，那么共产主义分子将会对印度和美国造成危害。"共产主义分子不会创造贫穷，但他们肯定会利用贫穷。"因此，美国必须关注经济发展的基本问题，"对付共产主义的答案是向世界贫穷发起攻击"①。印度共产党利用粮食短缺和对其他一些问题的不满，在 1951 年年底和 1952 年年初的选举中，取得一些胜利。这令美国很吃惊。美国日益担心尼赫鲁的继任者会更糟糕。尽管认为尼赫鲁有种种不足之处，但是他们还是认为尼赫鲁是反对共产党在印度颠覆的最好保证。在 1952 年 1 月，鲍尔斯向参议院对外关系委员会解释了继续关注印度的重要性，他认为，美国的援助是达到这种目的的手段。鲍尔斯力图打造南亚版的"马歇尔计划"，强调援助印度的重要性。可是鲍尔斯的努力并未得到国会内民主党人的支持。民主党人西奥多·格林（Theodore Green）怀疑地表示，援助印度可能会像曾经援助中国一样得不到什么回报。民主党人、参议院对外关系委员会主席汤姆·康纳利宣称，"我们不能向整个世界提供资金，而且我们不能向印度提供资金。你知道，我们给他们的钱越多，他们就想要的越多"。②

往来于白宫、国务院以及驻印大使馆之间的电报表明，在当时情况下，鲍尔斯大使主张的向印度赠予 1.25 亿美元用于购买商品的做法是不可能被采纳的。NEA（近东、南亚和非洲事务局）认为，继续把 1953 财年对南亚援助 1.5 亿美元的项目作为努力的最低限度，例如，帮助南亚国家（特别是印度）强化其国家经济作为政治稳定的前提，防止一个包括近 5 亿人口、自然资源丰富的战略地区（在美国的国防计划中扮演重要角色）被颠覆。③ 鲍尔斯大使根据从华盛顿传来的信息认识到，1953

---

① H. W. Brands, *India and the United States: the Cold Peace*, Boston: Twayne Publishers, 1990, p. 65.

② H. W. Brands, *India and the United States: the Cold Peace*, Boston: Twayne Publishers, 1990, p. 67.

③ Memorandum by the Acting Assistant Secretary of State for Near Eastern, South Asian, and African Affairs (Berry) to the Deputy under Secretary of State (Matthews), Washington, Feb. 8, 1952, *FRUS*, 1952–1954, Vol. XI, Africa and South Asia, Part 2, p. 1633.

年印度援助计划不可能增加，尽管有关部门的高官认可关于目前印度形势危机的分析。① 1952 年 3 月 3 日，国务卿通知鲍尔斯，正在向国会提议 1953 财年 1.15 亿美元的援印计划。一个跨部门工作小组成立，研究形势，达成了以下共识：强调经济发展和政治稳定的相互关系，印度在遏制共产主义在亚洲侵略以及提高人民生活水平需求的重要性；美国援助计划的目的是直接惠及印度人民，而最有效的方式是在不久的将来通过援助印度政府增加粮食产量；美国支持的社区开发项目会对解决粮食问题作出重大贡献。② 在 1952 年 8 月 19 日 NSC98/1 文件第四个进展报告中，副国务卿戴维·布鲁斯（David Bruce）谈到，南亚与以前一样，需要外援来稳定经济状况。国会对 1953 财年南亚援助计划进行削减，从 1.5 亿美元减少到约 0.58 亿美元。总统指出，这种削减会对美国国家安全带来危险。③ 国会削减鲍尔斯请求的对印援助数额（2.5 亿美元）的近 60%，共同安全署预算和国务院削减到 1.15 亿美元，这个数字根据关于外援的立法又削减了 32%，为 0.77 亿美元。最后拨款给印度的数额仅有原来请求的 15%，合计为 0.34 亿美元。鲍尔斯担心国会此举可能会影响美印关系以及印度国内政治发展。④

　　鲍尔斯未能改变国会中大多数人的看法。白宫拒绝帮助，杜鲁门即将离任，不会把援助印度作为优先考虑之事，他把这些事情留给其继任者。⑤ 鲍尔斯还为印度获取尽可能多的美国经济援助而积极努力，但美国决策者从全球的战略布局来分配援助，西欧和东南亚比起南亚具有更重要的意义，印度并不具有优先性，因而鲍尔斯的努力往往收效甚微。［鲍尔斯大使 1953 年 3 月 23 日离任，由艾伦（George V. Allen）大使接任。艾伦大使 1953 年 5 月 4 日上任。］

---

　　① The Ambassador in India（Bowels）to the Department of State, New Delhi, Feb. 21, 1952, *FRUS*, 1952–1954, Vol. XI, Africa and South Asia, Part 2, p. 1635.

　　② Memorandum by the Secretary of State and the Director for Mutual Security（Harriman）to the President, Washington, Jun. 5, 1952, *FRUS*, 1952–1954, Vol. XI, Africa and South Asia, Part 2, pp. 1647–1648.

　　③ Memorandum by the Acting Secretary of State to the Executive Secretary of the National Security Council（Lay）, Washington, August 19, 1952, *FRUS*, 1952–1954, Vol. XI, Africa and South Asia, Part 2, p. 1057.

　　④ The Ambassdor in India（Bowels）to the Department of State, New Delhi, July 5, 1952, *FRUS*, 1952–1954, Vol. XI, Africa and South Asia, Part 2, p. 1655.

　　⑤ H. W. Brands, *India and the United States：the Cold Peace*, Boston：Twayne Publishers, 1990, p. 67.

美国经济学家沃尔夫（Charles Wolf），曾任研究美国军事援助计划的总统委员会顾问，在其著作《外援：在南亚的理论和实践》一书中指出，美国对 1953 财年援助南亚削减的原因有两点：其一，印度的对外政策，特别是对朝鲜的政策；其二，立法勉为其难。对南亚的援助计划是在国际开发法持续的授权之下实施的。有些国会议员抱怨说，印度对美国的国际问题既不表示同情也不表示理解，因而要求终止对印度的援助。① 这在一定程度上反映了国会以及印美在一些国际问题上的分歧对美国援助的影响。

（二）技术援助

"第四点计划"提出后，1950 年 12 月，一项 450 万美元的印美技术协定签署。

朝鲜战争的爆发使美国的对外援助政策发生了转变，转向关注"共同安全"。但是，美国的技术援助人员和顾问积极参与了受援国的经济开发。例如，由美国援助项目提供的化肥和竖井在下一个收获季节将增产南亚粮食产量约 400000 吨。4000 吨 DDT400 万片磷酸氯喹以及一些喷雾器和汽车，提供给印度国家项目以帮助它在五年之内消灭疟疾。美国援助刺激了印度政府开始一项基层社区开发计划（涉及约 22 个地区，包括 22000 多个村庄和 2100 万人口）。美国的计划也刺激了巴基斯坦和尼泊尔进行类似的社区开发。美国在管理和有效利用赫尔曼德河谷资源方面向阿富汗政府提供技术性建议，美国已通过进出口银行向阿富汗政府提供 2100 万美元投资贷款进行援助。美国援助计划试图向该地区的广大民众表明，美国愿意在其政府开发行为中提供帮助，以帮助减少他们与美国的心理障碍，尽管只有时间才能改变和治愈根深蒂固的偏见。美国对南亚国家的技术和经济援助仅仅是这些国家自身努力所花费量的极小的一部分。② 1950 年和 1952 年，美印根据"第四点计划"先后签署了《美印技术援助协定》《美印技术合作协定》和《美印技术合作补充协定》，美国向印度提供了 120 万美元赠款，并派出技术专

---

① Charles Wolf, *Foreign Aid: Theory and Practice in Southern Asia*, Princeton: Princeton University Press, 1960, p. 145.

② Study Prepared by the Staff of the National Security Council, Washington, Undated, *FRUS*, 1952-1954, Vol. XI, Africa and South Asia, Part 2, pp. 1116-1117.

家。① 1952 年，国务卿在谈到向南亚提供经济援助和技术援助时指出，
"贫穷、疾病、无知和对以前殖民剥削的愤恨是我们的敌人。……它们代
表了混乱的力量，共产主义正利用这种力量抓住每一个机会。为了达到
我们帮助这些地区的人们保持独立的、对我们友好的政府的目标，我们
必须理解亚洲正在发展中的这些力量，并且我们必须保证民族主义的力
量以及经济进步的驱动力与自由世界而不是与共产主义的其余部分相
联系"。②

　　1951 年印度发生饥荒，美国提供紧急粮食援助。

　　在印度独立之前，面对 1946 年的印度粮食危机，美国向印度提供
了粮食救济。"在美国港口装载了 87052 吨小麦，以便在 9 月运往印
度。……装载运往印度的粮食仍在不断增加。有一船货物正在奥尔巴尼
装船……已计划在 10 月初装载 117500 吨小麦运往印度……我们将继续强
调这批粮食的装载量，直到全部装运为止。"③ 1947 年至 1950 年早
期，印度没有从美国接受到直接的、双边的援助。1947 年 6 月 27 日，
美国驻印大使格雷迪（Henry F. Grady）拜会了尼赫鲁。尼赫鲁表示，
希望印度能够得到美国的专家援助。④ 1947 年 10 月 7 日，印度大使阿
里（Asaf Ali）向美国代理国务卿洛维特（Lovett）介绍了印度国内形势
以及印度的食品需求，表示印度对粮食进口的需求仍然很大，并且由于
重要粮食产区旁遮普省的动乱而使粮食进口需求增加了。他希望美国能
够增加对印度的拨款，这将是美国援助印度愿望的具体证明。洛维特指
出，由于谷物歉收，美国的粮食状况非常困难。⑤ 在美国当局中有一
种认识，认为印度太大、太遥远，无法提供帮助。⑥ 这个阶段，美国

---

①　孟庆龙：《从美印关系看印太战略的前景》，《学术前沿》2018 年 8 月（上），第 25 页。

②　Mutual Security Act of 1951, Senate Hearings, p. 5, Washington, D. C., 1952, 转引自
S. Chandrasekhar, *American Aid and India's Economic Development*, New York：Frederick A. Praeger,
Inc., Publishers, 1965, p. 75。

③　The Acting Secretary of State to the Agent General for India（Bajpai）, Washington, October 7,
1946, *FRUS*, 1946, Vol. V, pp. 94-95.

④　The Ambassador in India（Grady）1 to the Secretary of State, New Delhi, June 27, 1947,
FRUS, 1947, The British Commonwealth；Europe, Vol. Ⅲ, p. 157.

⑤　Memorandum of Conversation, by the Acting Secretary of State, ［Washington］, October 7,
1947, *FRUS*, 1947, The British Commonwealth；Europe, Vol. Ⅲ, pp. 167-169.

⑥　Memorandum of Conversation, by Mr. Joseph S. Sparks of the Division of South Asian Affairs,
［Washington］, December 26, 1947, *FRUS*, 1947, The British Commonwealth；Europe, Vol. Ⅲ, pp.
175-179.

决策者忙于欧洲，并根据马歇尔计划向欧洲提供了数十亿美元的经济援助。

1950 年年底至 1951 年年初，印度正面临着非常严重的粮食危机。这种危机是前所未有的灾难性的结果，这种灾难使原来已经危险的粮食状况更加严重。东北季风在正常情况下给马德拉斯邦的水稻田带来所需的降雨，但是已经连续四年没有带来所需的降雨。当临近结穗的水稻因几个月的滴雨未下而近绝收时，比哈尔邦的最后一丝希望也破灭了。而此时印度的灾难也接踵而至。阿萨姆（在印度东北部）的地震，旁遮普（在印度西北部）的洪灾，以及有些地方发生的蝗灾，更使印度雪上加霜。在政治上，有些共产主义组织利用形势，取得了农村地区自治的成功。印度政府粮食储备不足，外汇短缺，继续从国外购买粮食。

1950 年 12 月 16 日，印度大使潘迪特夫人正式向美国国务卿请求提供 200 万吨粮食的资金援助。① 由于严重的自然灾害，她强调印度粮食需求的急迫性。她认为，只有美国有足够的储备来满足印度的需要。

针对印度的援助请求，美国国务卿艾奇逊对印度政府目前的处境表示同情，并认为由于所需数额巨大，需要国会的批准。美国将对印度的状况进行深入研究，核对所需总费用，估计费用的来源。国务院近东、南亚和非洲事务局（NEA）的官员立即准备了一系列的备忘录，要求美国从长远的外交政策考虑作出积极的回应。

美国社会，无论是大多数普通民众还是宗教界、新闻界人士，纷纷对印度抱以同情，希望美国抛弃政治上的分歧，从人道主义考虑对印度进行援助。

美国公众大多支持对印度进行紧急援助。1951 年 1 月 4 日，美国紧急援助印度委员会成立，一些著名人士纷纷加入，包括前第一夫人埃莉诺·罗斯福，小说家赛珍珠，全国支持有色人种进步联盟执行长官怀特（Walter White）等。当天，美国紧急援助印度委员会会见了负责近东、南亚和非洲事务的助理国务卿麦吉。怀特指出，"我们应当援助印度，首先是出于人道主义的原因；其次是印度站在我们这一边还是同共产党为

---

① Memorandum by Mr. J. Robert Fluker of the Office of South Asian Affairs, Washington, January 15, 1951, *FRUS*, 1951, Vol. Ⅵ, Asia and the Pacific, Part 2, pp. 2085-2087.

伍，粮食缺乏与否将扮演重要的角色的原因"。民意测验显示，对印度的经济援助应当视印度与美国合作的情况而定的观点并不被大多数美国人所拥护，至少在援助关系的早期是这样。1951 年 4 月，在就印度粮食法案举行听证会的过程中，全国民意研究中心举行的一次民意调查显示，55%赞成援助，37%反对，8%不知道。①

美国宗教界、新闻界等基本上都支持向印度提供援助。美国各教会全国委员会总部 1951 年 1 月 17 日提出了一项建议，要求国会和政府，在美印两国政府都能接受的条款基础上，采取行动满足印度人民急切的粮食需求。② 有的教会成员指出，有人倾向于通过让印度人民忍饥挨饿来惩罚尼赫鲁在朝鲜问题上的立场，基督教的良心拒绝这种几乎不能容忍的态度。③ 在随后的几周内，全国教会委员会、基督教青年会、全国路德教会委员会等组织纷纷公开宣布支持对印度的饥荒救济。美国的许多报刊也纷纷发表文章，支持对印度的援助，如《纽约时报》《华盛顿邮报》《基督教科学箴言报》等。 1951 年 2 月 7 日的《基督教世纪报》刊发了一篇名为"停止在印度粮食问题上的争论"的文章。文章指出，尼赫鲁的独立政策不应该成为阻止美国向印度提供援助的理由，在这个问题上踟蹰不前是错误的。这样的一种态度，是与美国人民的人道主义传统背道而驰的。④《纽约时报》指出，"不应有政治问题和各种条件。我们要恩泽四方，对此事华盛顿不应有什么犹豫"。⑤《纽约时报》批评美国政府耽搁向印度运送粮食，指出印度在 1950 年 12 月 16 日就提出粮食要求，为什么这种请求迟迟没有得到接受和实施呢？建议如果美国给予粮食自由那将更好。⑥《纽约先驱论坛报》指出，美印双方在国际政策方面的分歧不应该导致这种考虑出现。⑦ 1951 年 1 月 29 日

① Harold A. Gould and Sumit Ganguly, eds., *The Hope and the Reality*: *U. S. -Indian Relations from Roosevelt to Reagan*, San Francisco: Westview Press, 1992, pp. 123-124, 183.

② *Congressional Record*, 82nd Congress, 1st session, Vol. 97, No. Ⅳ, P. A. 787. 转引自 S. C. Tewari, *Indo-US Relations*, *1947-1976*, New Delhi: Radiant Publishers, 1977, p. 120。

③ *Congressional Record*, 82nd Congress, 1st session, Vol. 97, No. Ⅳ, P. A. 787. 转引自 S. C. Tewari, *Indo-US Relations*, *1947-1976*, New Delhi: Radiant Publishers, 1977, p. 120。

④ *Congressional Record*, 82nd Congress, 1st session, Vol. 97, No. Ⅳ, P. A. 787. 转引自 S. C. Tewari, *Indo-US Relations*, *1947-1976*, New Delhi: Radiant Publishers, 1977, p. 120。

⑤ "Food for India", *New York Times*, January 15, 1951, p. 16.

⑥ "U. S-India Relations Grow Steadily Worse", *New York Times*, 9 Feb. 1951, p. 84.

⑦ *New York Herald Tribune*, 9 Feb. 1951.

的《明尼阿波利斯星报》指出，美印双方目前的政治分歧不应该成为美国向印度提供急需品道路上的障碍。①

一些重要的国会议员也加入到支持立即援助印度的行列。1951年1月8日，纽约州的代表雅各布·贾维茨（Jacob K. Javits）向国会提出"支持向印度共和国及其人民提供援助以应付其严重的粮食短缺危机以及1951年饥荒威胁"的联合议案。该议案迅速得到广泛支持，提交给众议院对外事务委员会和参议院对外关系委员会。明尼苏达州的参议员汉弗莱，对印度事务特别感兴趣，他和新泽西州的参议员斯密斯，就印度事务促使当局立即采取行动方面发挥了主导作用。1月30日，他们加入了由25名参议员和众议员组成的两党小组，联名向杜鲁门写信，要求总统支持对印度紧急粮食贷款。"除非我们迅速行动，否则数十万的印度人民将会面临饥饿。"在提到他们反对印度的一些对外政策之后，他们认为，阻止饥饿的需要完全与一切政治考虑无关。

在美国，大众对援助印度的支持更多的是基于人道主义而非战略考虑。美国前总统胡佛、宾夕法尼亚大学校长斯泰森都宣称他们支持向别国实行经济援助。来自俄亥俄州的参议员塔夫脱承认，尽管他没有调查印度饥荒这件事，但是如果出于阻止饥荒的必要，他倾向于赞成把粮食作为礼物送给印度人。②

对印度的紧急粮食援助并非如民所愿立即到来，而是充满了波折。国务院瞻前顾后，一些关键的国会议员反对。美国国会援助印度的立法久拖不决，引起印度方面的不满。1951年3月30日，苏联和中国宣布向印度提供紧急粮食援助。白宫和国务院向国会施压，要求迅速采取行动。一些人士指出援助久拖不决可能对美国带来的不利影响。一位国务院官员指出，"亚洲民众都将把美国对此的反应与美国对欧洲的慷慨相比较"。国务卿艾奇逊指出，进一步的拖延"将对我们在印度的形象造成损害，并且帮了共产主义者的忙"。③

---

① S. C. Tewari, *Indo - US Relations*, *1947 - 1976*, New Delhi: Radiant Publishers, 1977, p. 121.

② India Request for Food Grains: Political Considerations, Washington, January, 24. 1951, *FRUS*, 1951, Vol. Ⅵ, Part 2, p. 2103.

③ Robert J. McMahon: Food as a Diplomatic Weapon: The India Wheat Loan of 1951, *The Pacific Historical Review*, Vol. 56, No. 3. (Aug., 1987), pp. 349-377.

经过了漫长的等待和争论之后，参议院法案授权提供200万吨粮食，一半以赠予形式，一半以信贷形式，于4月20日被参议院对外关系委员会批准。众议院制度委员会于4月25日发布一项法案，授权向印度提供贷款用于购买200万吨粮食。针对美国国会关于援助印度是以贷款还是赠予方式的争论，尼赫鲁表示印度倾向于以贷款的方式获得美国的援助。尽管印度同意参众两院的法案条款，但是他更倾向于众议院的简单一些的、完全以贷款形式的条款。对于 H. R. 3791 条款要求印度用原材料形式支付部分粮食的偿还，尼赫鲁说，印度愿意支付能够支付的原材料，同时强调，那些涉及原子武器或类似武器生产的原材料，印度概不向外国提供。①

经过长达6个多月的争论，1951年6月15日，杜鲁门签署了对印度紧急粮食援助法案，向印度提供1.9亿美元贷款用于在美国购买粮食。7月中旬，经济合作署的一名代表加入了驻新德里的使馆工作，观察粮食分配情况，并执行该法的规定。至11月2日，大约有97艘船，运载用贷款购买的约845500吨粮食，离开美国港口前往印度。1951年印度紧急粮食援助法正在实现其目标。到1952年7月1日，购买价值1.9亿美元的粮食已在分发；到7月5日，贷款粮食运送累计总量已达2173695长吨——实际最终总数是2175000长吨（1吨=0.934长吨）。

1951年美国对印度的紧急粮食援助，具有政治的、经济的和人道主义的多重考虑，服从于美国的全球战略和国家利益。从实际效果来看，美国对印度的紧急粮食援助确实缓解了印度因饥荒带来的痛苦，有助于印度的政治经济稳定。然而，国会就援助印度的争论、对印度外交政策的抨击、要求援助的种种附加条件以及对印援助的耽搁延迟，不仅未明显改善两国关系，博得印度人民对美国的好感，反而在一定程度上加剧了两国关系的紧张。此时，美国的战略重点依然是西欧，朝鲜战争也耗费了美国不少的精力，印度在美国的外援计划名单中并不占有优先性。②

---

① The Ambassador in India（Henderson）to the Secretary of State, New Delhi, May 10, 1951, *FRUS*, 1951, Vol. Ⅵ, Asia and the Pacific, Part 2, p. 2161.

② 尤建设：《1951年美国对印度的紧急粮食援助》，《许昌学院学报》2013年第1期，第103—107页。

（三）军事援助

第二次世界大战后美国军事援助的主要对象是西欧和中东国家，南亚并不具有优先性。美国政府把武器援助和武器销售从根本上视为对外政策的一种工具，以施加地区性影响来强化联盟，反对共产主义力量的扩张。在第二次世界大战后，美苏关系由原来的合作共处走向对抗，集体安全成为美国保卫自由世界的战略。采取地区联盟共同防卫的形式，来抵御苏联的扩张主义和所谓的共产主义所支持的颠覆活动。因此，出于对共产主义的担心，导致美国以军事援助和大量经济援助的方式积极支持集体安全。鉴于印度次大陆因克什米尔和其他问题的争端而普遍存在的紧张局势，国务院建议暂停向印度和巴基斯坦出口武器、弹药和其他军用物资。1948 年 3 月 12 日，杜鲁门批准了此项建议。印度政府外交和联邦关系部部长吉尔贾敦促美国不要坚持这一政策，因为印度迫切需要加强防御。印度空军缺少轰炸机，还有许多其他基本的军事需要，只有靠进口才能满足。① 美方表示，"完全相同的政策"适用于巴基斯坦和印度。印度对美国的决定深感失望，批评美国没有提供更多的财政和技术援助。印度人普遍认为美国偏爱巴基斯坦，而不是印度，因为美国希望在与苏联的战争中在巴基斯坦建立基地。②

1948 年 8 月一份美国陆海空部际协调委员会（the State-Army-Navy-Air Force Coordinating Committee，SANACC）文件中，列出了享有援助优先性的地区和国家。文件指出，从长期军事观点来看，美国对各个地区军事援助的优先性顺序为：①欧洲、近东和中东；②远东；③西半球；④南非。从长期的政治观点来看，美国对各个地区军事援助的优先性顺序为：①欧洲、近东和中东；②西半球；③远东；④南非。军事和政治因素的相对重要性在不同的地区之间以及同一地区内部会时不时地发生变化。美国的决策，应根据当时的政治和军事形势综合考虑。比如，在 1948 年，综合考虑政治和军事形势，美国对各个地区军事援助的优先性顺序为：①欧洲、近东和中东。②远东。③西半球。④南非。

---

① Memorandum of Conversation, by the Assistant Chief of the Division of South Asian Affairs (Mathews), [Washington] April 2, 1948, *FRUS*, 1948, The Near East, South Asia, and Africa, Vol. V, Part 1, pp. 501-506.

② The Chargé in India, (Donovan) to the Secretary of State, New Delhi, September 29, 1948, *FRUS*, 1948, The Near East, South Asia, and Africa, Vol. V, Part 1, pp. 515-516.

一些国家，根据它们的自助能力和战略位置，应该被提供大量援助。另外有些国家，没有自助能力，因而应被提供有限的援助。文件指出，在目前情况下，这些国家按组分类，顺序如下：①比利时、荷兰、卢森堡三国经济联盟，加拿大，法国，英国，应被提供大量援助。②希腊、意大利、土耳其，应被提供有限援助。③丹麦、挪威、葡萄牙、西班牙和瑞典，应被提供有限援助。④伊朗、印度、巴基斯坦、沙特阿拉伯，应被提供有限援助。⑤中国，应被提供有限援助。⑥巴西、墨西哥，应被提供有限援助。⑦南非联邦，应被提供有限援助。① 由此可见，即便是在被提供有限援助的国家名单中，印度和巴基斯坦的排名也并不靠前。

1949 年美国军事援助计划的基本政策是向自由国家提供军事援助及其他援助。它们的安全对美国来说是至关重要的，美国要求它们具备更加强大的军事能力，在抵抗共产主义扩张中尽最大努力。军事援助政策是美国对外政策中的不可或缺的、完整的组成部分之一。② 这项政策的目的就是，帮助强化自由世界国家努力抵制苏联共产主义者的内部或外部入侵，帮助这些国家增加经济和政治的稳定，提高军事能力，这将会对美国的安全有重要贡献。③ 在援助的优先性方面，应掌握以下几点：①与美国有战略关系的地区或国家。②优先考虑援助苏联周边的国家。③美国目前的政策是在那些已经特别立法或政府保证的军事援助措施中，第一优先性的是应该给予西欧国家。④对巴西、加拿大和墨西哥的政府军事方面的保证。⑤美国承诺对一些特别的地区和国家提供军事援助，特别是希腊、土耳其、伊朗和朝鲜。⑥美国批准了里约热内卢条约，同意为签字国所接受的总原则，共同防御反对侵略。④ 由此可见，在美国对外军事援助的优先性名单中，印度和巴基斯坦并未赫然在列。

---

① SANACC 360/11：Military Aid Priorities, Washington, August 18, 1948, *FRUS*, 1949, Vol. I, pp. 261-263.

② Policy Paper Approved by the Foreign Assistance Correlation Committee：Basic Policies of the Military Assistance Program, Washington, 7 February 1949, *FRUS*, 1949, Vol. I, pp. 250-251.

③ Policy Paper Approved by the Foreign Assistance Correlation Committee：Basic Policies of the Military Assistance Program, Washington, 7 February 1949, *FRUS*, 1949, Vol. I, p. 252.

④ Policy Paper Approved by the Foreign Assistance Correlation Committee：Basic Policies of the Military Assistance Program, Washington, 7 February 1949, *FRUS*, 1949, Vol. I, pp. 253-254.

即便如此，南亚对美国国家利益的重要性不可低估。 1949 年 4 月，美国陆海空部际协调委员会批准的一份文件（SANACC360/14）指出，新兴的南亚国家对美国而言，具有重要的政治、经济和战略的重要性。南亚国家具有相当的经济和军事潜力，如果共产党人控制了该地区及其大量人口，将会严重影响美国的安全。如果这种可能性发生，将会妨碍这些国家与美国相一致的政治和经济原则的发展，并且会影响美国将来与这些国家的贸易和投资关系。而且，南亚国家向欧洲出口的大幅降低也会对欧洲复兴计划产生不利的影响。就南亚的地理位置而言，如果该地区的经济和军事潜力得以充分发展，它将会控制印度洋地区，并且还会对中东、中亚和远东产生强烈的影响，可以在卡拉奇、拉合尔、白沙瓦等地建立空军基地，对苏联的心脏地区进行空袭，或者保卫中东的石油。① 从美国国家利益出发，它要求南亚国家：①向美国和其他的西方民主国家的方向看齐，而远离苏联。②南亚国家的经济发展不仅有助于为对美国友好的、更加稳定和民主的政府提供一个平台，而且帮助这些国家对远东和世界经济的恢复作出贡献。为此目的，美国应弄清楚南亚国家的经济需求以及需求程度，向它们提供经济、技术和资金援助，特别是用于增加它们的粮食产量、改善它们的交通设施，增加美国所需的战略物资的出口，或者满足国际市场供应短缺的商品需求。③保持南亚国家内部稳定以及免于共产党统治。为此目的，美国应根据总的军事援助的需要，重新审视向南亚提供军事物资的能力。④与英国在南亚合作。为此目的，美国在作出向南亚国家提供军事和经济援助的决定之后，应与英国讨论。⑤南亚国家之间出于建设性的目的应该进行合作。美国应利用援助积极引导南亚国家进行合作。文件指出，美国关于南亚国家的基本战略目标是：①防止苏联的侵犯或控制。②防止苏联从这些国家得到军事支持或援助。③在这些国家中发展一种合作的态度；等等。②SANACC360/14 号文件，从冷战的视角分析了南亚对美国国家安全的重要性，指出为了遏制共产主义，美国应向该地区提供经济、技术和军事援助。

---

① SANACC360/14：Appraisal of U. S. National Interests in South Asia, Washington, April 19, 1949, *FRUS*, 1949, Vol. Ⅵ, pp. 16~17.

② SANACC360/14：Appraisal of U. S. National Interests in South Asia, Washington, April 19, 1949, *FRUS*, 1949, Vol. Ⅵ, pp. 9~10.

1949 年 5 月 25 日，对外援助相关委员会批准的政策文件指出，美国国家政策的军事目标，是为了充分地保卫其自身安全，援助所有的自由国家保卫其主权……美国的长期军事目标是要能阻止西欧和中东国家的丢失或破坏。短期军事目标是在最大限度上、尽早地实行提高西欧国家自身防御能力以及提高中东国家阻止针对该地区的敌对行动的能力。① 对外援助相关委员会 1949 年 7 月 1 日批准的政策文件指出， 1950 财年军事援助计划是充分考虑政治、军事、经济和心理因素，以美国世界范围的战略利益进行有计划的评估为基础的。在大多数情况下，基本的考虑是军事因素，援助被用以强化自由国家抵御侵略的军事立场。然而，在其他情况下，政治考虑也是极为重要的，提供军事援助以抵御共产主义授意的内部混乱，增强政治稳定。军事援助可以增加抵御的决心并且将会提高信心和军事恢复的水平，而且能使它们减少对美国的依赖。经济因素需要着重考虑，尤其是在那些受经济合作署指导的计划中的国家、处于恢复过程中的国家、受到战争摧残的国家，经济恢复与安全利益密切相关。军事援助能使这些国家继续恢复经济而不必被迫转移大量必需的人力物力来满足其重要的安全需求。② 对外援助相关委员会 1949 年 7 月 19 日批准的政策文件指出，美国对外援助的主要目标是取得和平与安全。军事援助仅仅是为此目的而采取的行动之一。其主要的贡献是在一定程度上可以起到阻止侵略以及提高安全感，这对政治和经济的稳定的建立和维持至关重要。③

1950 年 6 月 1 日，杜鲁门向国会提交了关于军事援助的特别咨文，建议为 1951 财年授权用于提供军事援助计划。请求 10 亿美元的资金用于北大西洋地区；1.2 亿美元用于希腊和土耳其；0.275 亿美元用于伊朗、朝鲜和菲律宾；0.75 亿美元用于"中国地区"（the general area of China）。他还要求对 1949 年共同防御援助法案进行修改，授权他可以掌握一小笔军事援助资金，从一个地区转移到另一个地区，以应付紧急形势的需要。参议院对外关系委员会和参议院陆海空三军联席委员会赞成该建议。授权

---

① MAP D-D/1：Objectives of the Military Assistance Program，Washington，May 25，1949，*FRUS*，1949，Vol. I，p. 314.

② MAP D-G/7：Relationship of the Military Assistance Program to U.S. Strategic Interests，Washington，July 1，1949，*FRUS*，1949，Vol. I，pp. 347-348.

③ MAP D-D/2：Strategic Objectives of the Military Assistance Program，Washington，July 19，1949，*FRUS*，1949，Vol. I，p. 358.

1951 财年总计 12.225 亿美元用于军事援助，包括 10 亿美元用于北约国家；1.315 亿美元用于希腊、土耳其和伊朗；0.75 亿美元用于"中国地区"；0.16 亿美元用于朝鲜和菲律宾。参议院于 6 月 30 日以 66∶0 的投票通过此项立法。众议院对外关系委员会于 6 月 5 日就军事援助问题举行了听证会。7 月 19 日，众议院以 362∶1 的投票赞成参议院的立法。杜鲁门 7 月 26 日签署生效。①

朝鲜战争爆发后，美国的军事援助所占比例增加，美国援助由原来的强调经济发展转向强调共同安全。1950 年 8 月 1 日，杜鲁门致信众议院主席要求国会批准用于军事援助的一项 40 亿美元的追加拨款。声称，"共产主义者对大韩民国的攻击对联合国的权威构成了挑战，并危及世界和平"，总统要求 35.04 亿美元用于北大西洋地区；1.93 亿美元用于希腊、土耳其和伊朗；3.03 亿美元用于南亚和东亚。他强调国会迅速采取行动的重要性。8 月 2 日和 3 日，众议院拨款委员会小组委员会就杜鲁门的请求举行了听证会。9 月 22 日，参众两院批准了总统的请求，为 1951 财年追加拨款 40 亿美元用于军事援助。9 月 27 日，经总统签署生效。②

朝鲜战争的爆发在一定程度上提高了南亚的战略重要性。1951 年 2 月 26 日至 3 月 2 日，美国外交和领事官员参加的南亚地区会议在科伦坡召开。美国负责近东、南亚和非洲事务的助理国务卿麦吉，美国驻印度、巴基斯坦、阿富汗、锡兰的领事和使团官员，美国驻伊朗、缅甸、印度支那、泰国和菲律宾的对外事务处的代表，英国代表，美国商务部、农业部、国防部、中央情报局、经济合作署的代表参加了会议。

会议认为，美国在南亚具有重要战略利益。南亚最有效的军事防御需要强有力的侧翼。土耳其、伊朗和巴基斯坦是西翼最重要的，印度支那是东翼最重要的。巴基斯坦可以提供地面部队，用于南亚或西翼。因而，通过向巴基斯坦提供军事装备援助建立巴基斯坦地面部队，对美英来说是有用的。印度也可能提供地面部队，但是，除非其对外政策发生变化，印度将不会在战争中给自由世界以军事援助。如果发生战争，印度起初可能会试图保持中立态度。如果印度政策在战前发生改变，那么

---

① Editorial Note, *FRUS*, 1950, Vol. I, pp. 321-323.
② Editorial Note, *FRUS*, 1950, Vol. I, pp. 352-353.

与对巴基斯坦相类似，对印度提供军事援助将是有用的。印度、巴基斯坦作为提供地面部队国家的可能性只有在通过解决克什米尔问题等途径以缓解印巴紧张局势之后方能实现。锡兰和巴基斯坦拥有一些军事基地，特别是空军基地和海军基地，这将从战争伊始就非常有助于自由世界的军事行动。来自印度和南亚国家的原材料和产品在战争期间可能会受到严格限制或终止。会议支持在共同防御援助法第 408e 款之下的向南亚国家提供非赠予军事援助的现行政策。

会议认为，印度的对外政策在该地区具有主导地位，其中的一个重要方面是印度对通过集体防御日益不感兴趣。目前促使南亚国家走西方道路或亲西方倾向的最好方式是向它们提供经济援助。美国认为，克什米尔问题仍是印巴之间核心的、最敏感的问题。在克什米尔问题的解决方面，英国应继续起带头作用。

会议认为，在南亚，特别是印度，出现了强烈的、范围广泛的反西方主义，嫉妒西方的成就和资源。技术援助和赠予援助计划可以作为与反西方主义作斗争的有效方式，因而建议政府实施上述援助。赠予援助、技术援助以及贷款，在南亚将会非常有利于政治目的。这些援助计划将会使目前存在的反美敌意和愤恨无效（美国被指控在该地区缺乏利益和关心），这些计划也会增加不断恶化的经济的稳定性，这种恶化的经济正为共产主义提供滋生的沃土。到目前为止，援助一直以“第四点计划”下的粮食和技术援助形式进行。被批准的对印度粮食计划，将会非常有助于经济发展。

会议建议：①鉴于南亚经济问题的程度以及从美国可获得的物资和技术援助的有限性，赠予援助计划的重点应放在对经济发展的内部刺激，作为给南亚人民希望的一种手段。②应在每一个渴望赠予援助的南亚国家建立美国赠予援助计划。应当以双边而不是多边为基础进行组织，应根据每个国家的不同需要而在程度和特征上有所变化。计划的操作必须考虑该地区政府的敏感性和脆弱性。③至于那些资金雄厚的国家，赠予仅仅是因为政治原因，技术援助计划应构成援助的很大比例。而且，有支付能力的国家，应尽可能地寻求国际贷款。④援助计划应尽可能地把经济赠予援助与技术援助整合。⑤在第一拨款时间，与受援国就我们所期待的援助计划进行商议讨论。⑥在执行援助计划的过程中，要特别注意增加为美国所需的原料生产，为美国购买这些原料提供便利。⑦双边援助应与其他援助计划（如联合国的和英国的援助计划）项目协调。认为很重要的一点，技术援助应当继续，并与将来的经济计划相合并。如果美国政府决定任命一个单独机构负责经济援助和技术援助，这个结果就会实现。① 这次会议的最重要的结论是：认识到技术援助和经济赠予援助作为实施美国政策和与该地区反西方主义作斗争的方式手段的重要性；认识到巴基斯坦在南亚和中东防御方面的潜在军事重要性。②

1951 年 5 月 24 日，杜鲁门向国会提交咨文，就共同安全法案提出一些建议。建议在 1952 财年，军事援助 62.5 亿美元，其中 52.4 亿美元用于欧洲；经济援助 22.5 亿美元，其中 16.5 亿美元用于欧洲。咨文指出，共同安全法案应整合各种外援方案，包括共同防御援助法案的武器援助，对欧洲的经济援助，根据"第四点计划"对欠发达地区的经济援助等。这些不同的方案应根据世界的紧急情况和对美国的特殊要求进行修正，援助的数量、地域以及目的都是尽可能大地增加美国和自由世界的安全。根据这一法案，美国将向欧洲和世界其他地区的一些自由国家派送坦克、枪炮和飞机，这些地区正在建立反对共产主义进攻威胁的武装力量。美国也会向一些国家提供包括机器和原料在内的经济帮助——这些机器和原料可以生产武器、种子、药品，以及技术援助，用以征服"共产主义的盟友"——饥饿和疾病。在管理方面，国防部将继续管理军事援助，经济合作署管理经济援助，技术合作署管理技术援助。③ 针对总统的建议，众议院提出要建立一个新的援助机构共同安全署来代替经济合作署。不同于众议院建立新的援助机构的意见，参议院草案规定继续由国务院、国防部、经济合作署各自负责，由独立的总统委员会直接授权。最终在 9 月 27 日，参众两院联席会议达成一致，削减了总统提出的援助数额（对印度的援助数额由 0.65 亿美元削减到 0.54 亿美元），经济合作署的职能转交给新的共同安全署，共同安全署署长有权协调整个共同安全计划，国防部继续管理军事援助，国务院管理对欠发达地区

---

① South Asian Regional Conference of U. S. Diplomatic and Consular Officers, Ceylon, February 26 –March 2, 1951, *FRUS*, 1951, Vol. Ⅵ, Asia and the Pacific, Part 2, pp. 1664-1688.

② Memorandum by the Acting Assistant Secretary of State for Near Eastern, South Asian, and African Affairs (Berry) to the Secretary of States, Washington, March 20, 1951, *FRUS*, 1951, Vol. Ⅵ, Asia and the Pacific Part 2, p. 1664.

③ Editorial Note, *FRUS*, 1951, Vol. Ⅰ, pp. 317-318.

技术援助的"第四点计划"。这一修正案于10月2日被参议院批准，5日被众议院批准，10日由总统签署成为1951年《共同安全法》。法案规定，"本法案的目的是维护美国的安全，促进美国对外政策的实现，其采取的途径是：授权对友好国家提供军事、经济和技术援助，以加强自由世界的共同安全以及单独的和集体的防务，为了这些国家的安全和独立以及美国的国家利益而开发它们的资源，促使这些国家积极地参加联合国的集体安全体系"①。根据1951年《共同安全法》规定，美国国会以前通过的《经济合作法》（1948）、《共同防御援助法》（1949）和《国际开发法》（1950）均包括在这个共同安全计划之内。它以通过向"友好国家"提供军事援助、经济和技术援助来达到"确保美国安全和促进其对外政策"的目的。因此，它是20世纪50年代美国对外援助的法律依据。该安全法于1961年年初被美国国会通过的《1961年外援法》取代。《共同安全法》体现了美国将经济援助和军事援助作为手段把受援国纳入其冷战体系的方针。此外，1951年6月还通过了基姆修正案（Kem Amendment，以密苏里州参议员Kem的名字命名），禁止向共产主义集团国家出口战略物资的国家进行经济援助。

美国一些观察家认为，印度面临众多的国内问题，美国有限的援助虽然有所帮助，但对印度的实际需求仅仅是杯水车薪。对印度的武器援助讨论虽然很有限，但也并非不赞成。对援助巴基斯坦的讨论较少，抱有同情。② 1951年3月16日，印美就共同防御援助协议达成共识，根据1949年修正的共同防御援助方案的第408e款，印度获得在可补偿基础上军事征购援助的资格。在这些协议下，印度可购买轻型坦克。印巴可在公开市场购买其他类型的军事装备。③

美国对印度的军事援助计划引起了巴基斯坦的担心。1952年11月，巴基斯坦大使阿里指出，巴基斯坦政府已经得到关于美国售给印

---

① 美国第八十二届国会第一会期：《1951年共同安全法》，第165号公法，第二款，见《美国对外关系文件》（1951），第128页。转引自［美］罗伯特·沃尔特斯《美苏援助：对比分析》，陈源、范坝译，商务印书馆1974年版，第9页。

② Special Report on American Opinion, Prepared by the Division of Public Studies, *FRUS*, 1951, Vol. I, pp. 270-275.

③ Memorandum by the Deputy Under Secretary of State（Matthews）to the Executive Secretary of the National Security Council（Lay）, Washington, May 10, 1951, *FRUS*, 1951, Vol. VI, Asia and the Pacific Part 2, p. 1693.

度 300 辆坦克的消息。这将对印巴之间的平衡产生不利的影响，给巴基斯坦带来不利。巴基斯坦认为，印度具有侵略巴基斯坦的意图，美国此举无异于助纣为虐。美国武装印度将被视为不友好的行动。美国助理国务卿声称，实际上，美国共同防御援助法第 408e 款与印巴都有协议，协议签约国政府保证它将不从事侵略。"至于 300 辆坦克的具体问题，据我所知，并没有对次大陆平衡造成真正的扰乱。如果印度要求大量喷气式飞机，那么我会关注其意欲何为。实际上，巴基斯坦从我们那里征购的数量比印度的要多。我们当然没有武装印度的计划。拒绝所要求的装备数量的援助是很困难的，因为我们认为共产主义威胁的真实存在将迫使各国保持其防御能力，并尽可能地提高这种能力。（保持次大陆平衡的）真正解决之道乃是在印巴之间建立友好真诚的双边关系。"[1] 有的国会议员认为，"1952 年的印度形势正如 1946 年的中国"[2]，如果没有美国的援助，一个稳定、可靠、民主的印度政府几乎不可能建立起来。[3]

三 对巴基斯坦的援助

早在 1947 年 7 月 17 日，国务卿马歇尔就建议杜鲁门，尽可能早地承认即将独立的巴基斯坦这个主权国家，符合美国的利益。[4] 8 月 14 日，杜鲁门致电真纳总督，向巴基斯坦的独立表示诚挚的祝愿。10 月 8 日，在接见巴基斯坦首任驻美大使递交国书时，杜鲁门表示，美国准备以一切适宜的方式援助巴基斯坦，这符合美巴两国及世界的利益。[5]

---

① Memorandum of Conversation, by the Assistant Secretary of State for Near Eastern, South Asian, and African Affairs (Byroade), Washington, November 5, 1952, *FRUS*, 1952–1954, Vol. XI, Africa and South Asia, Part 2, p. 1678.

② The Ambassador in India (Bowels) to the Department of State, New Delhi, Oct. 28, 1952, *FRUS*, 1952–1954, Vol. XI, Africa and South Asia, Part 2, p. 1670.

③ The Ambassador in India (Bowels) to the Department of State, New Delhi, Oct. 28, 1952, *FRUS*, 1952–1954, Vol. XI, Africa and South Asia, Part 2, p. 1677.

④ Memorandum of Secretary of State George C. Marshall to President Harry S. Truman, 17 July 1947. Rajendra K. Jain, ed. , *US–South Asian Relations 1947–1982*, Vol. 2, Radiant Publishers, 1983, p. 3.

⑤ Statement by President Truman on the occasion of the presentation of credentials by Pakistan's first Ambassador to the United States, 8 October, 1947, *US–South Asian Relations 1947–1982*, Vol. 2, Radiant Publishers, 1983, p. 4.

1949 年 11 月 23 日，杜鲁门致函阿里·汗，指出两国有共同利益，应为世界和平而共同努力，邀请巴基斯坦总理访问美国。① 阿里·汗接受了杜鲁门的邀请，于 1950 年 5 月 3 日开始访问美国。访美期间，阿里·汗在纽约市政厅、洛杉矶市政厅以及美国国会发表演说指出巴基斯坦在政治上、意识形态上和地缘战略上具有非常重要的地位，强调巴基斯坦具有坚定的不可动摇的民主信仰，声称巴基斯坦需要美国的武器和技术援助，并认为这种援助符合整个自由世界的利益。巴基斯坦总理的访问在美国留下了良好的印象，与 1949 年 10 月印度总理尼赫鲁访美形成了鲜明对比，纽约时报称赞巴基斯坦在国会的演说暖人心扉。②

在双边关系上，巴基斯坦在国际上积极支持美国的对外政策。巴基斯坦支持朝鲜战争中美国的对外政策目标，支持对日旧金山和约，使美国人认识到巴基斯坦比印度更具有积极合作和支持态度，使美巴关系进一步密切。美巴各有所需，这也是促使后来美巴结盟的重要因素。

从援助类型上看，美国对巴基斯坦的援助主要有经济援助、技术援助、军事援助等。

（一）经济援助

1947 年 9 月 2 日，巴基斯坦财长穆罕默德（Ghulam Mohammed）同美国驻卡拉奇临时代办刘易斯（Lewis）会谈时指出，希望美国提供财政援助以满足巴基斯坦政府的运行支出。同时指出，俄国正关注着印度，而巴基斯坦与其他伊斯兰国家一样，与俄国的意识形态格格不入。巴基斯坦已准备好尽己所能阻止俄国南下的企图。③

1947 年 10 月，巴基斯坦向美国寻求一项为期 5 年 20 亿美元的贷款，用以加速经济发展和改善部队状况。美国对此的反应是：美国并没有考虑有这样一大笔贷款资金用于必需的开发项目；美国进出口银行将会考虑适量的个人项目；巴基斯坦政府可以考虑向私人投资和（或）国际银行寻求大量贷款；鉴于巴基斯坦这个新国家的经济和财力相当混

---

① President Truman's letter to Prime Minister Liaquat Ali Khan, 23 November 1949, *US-South Asian Relations 1947-1982*, Vol. 2, Radiant Publishers, 1983, pp. 24-25.

② Dennis Kux, *The United States and Pakistan, 1947-2000: Disenchanted Allies*, Baltimore and London: The Johns Hopkins University Press, 2001, p. 38.

③ Message of the *Charge d' Affaires* in Karachi, Charles W. Lewis, Jr., to Secretary of State Marshall regarding his discussions with Finance Minister Ghulam Mohammed, 2 September 1947, *US-South Asian Relations 1947-1982*, Vol. 2, Radiant Publishers, 1983, p. 3.

乱，美国应该对巴基斯坦寻求紧急贷款的请求予以同情考虑。① 在援助请求未得到美国政府及国会批准同意之前，副国务卿向巴方代表建议，应寻求私人资金，以及向进出口银行或国际银行求援。②

1948 年 1 月 13 日，美国驻卡拉奇大使馆建议考虑向巴基斯坦提供一些财政援助，以便与该国就友好通商航海条约进行谈判。而美国驻印度代办多诺万认为，只要印度和巴基斯坦之间的关系继续紧张，美国向巴基斯坦提供的任何财政援助都将被印度视为不友好行为。这不仅会损害与印度就友好通商航海条约进行谈判的前景，而且会对美印关系产生不利影响，甚至可能产生更深远的国际影响。③ 在"第四点计划"提出以及美国国会于 1950 年 6 月通过了国际开发法之后，巴基斯坦接受的第一笔美国经济援助是 1950 年以项目援助方式提供的。美国在 1952 财年向巴基斯坦提供了 0.09 亿美元的开发援助。④

（二）技术援助

1950 年 1 月 28 日，美国农业部使团开始对近东、南亚进行了长达 3 个月考察，其中包括巴基斯坦。考察的直接后果是要求美国根据"第四点计划"派遣一名农业推广顾问，最终考察团成员、考察报告的作者克瑙斯（Karl Knaus）被挑选担任这一职位，于 7 月 15 日经夏威夷和菲律宾前往巴基斯坦。1950 年 12 月 23 日，美国和巴基斯坦代表在卡拉奇签署了美巴关于为教育交流计划提供资金的协议，并立即生效。根据"第四点计划"，美国帮助巴基斯坦获得技术援助。美巴"第四点计划"总的双边协定于 1951 年 2 月 9 日签署，提供 50 万美元援助用于技术合作，涵盖最需要援助的领域：农业、地质调查、交通、轻工业、公共卫生及管理等。1952 年 2 月 2 日，美国和巴基斯坦政府的代表在卡拉奇签署了一项补充协议，增加了美国根据"第四点计划"对巴基斯坦技术和经济开发

① US Response to Pakistan's Request of $ 2 Billion for Military and Financial Aid Contained in the Latter's Memorandum of October 1947 Conveyed to Laik Ali, Special Emissary of Jinnah, by State Department officials, 30 October 1947, *US - South Asian Relations 1947 - 1982*, Vol. 2, Radiant Publishers, 1983, p. 6.

② Telegram from Acting Secretary of State to the Pakistan Ambassador M. A. H. Ispahani, 17 December 1947, *US-South Asian Relations 1947-1982*, Vol. 2, Radiant Publishers, 1983, pp. 7-8.

③ The Chargé in India（Donovan）to the Secretary of State, New Delhi, January 26, 1948, *FRUS*, 1948, The Near East, South Asia, and Africa, Vol. V, Part 1, pp. 495-496.

④ "Program Operation Status Report", Office of the Controller, of USAID/Pakistan. Rashmi Jain, *US-Pak Relations, 1947-1983*, New Delhi, Radiant Publishers, 1983, p. 157.

的分担额，提供 0.1 亿美元的赠予援助。1952 年 6 月 30 日，在纽约签署了一项协议，列出了补充协议涵盖的具体项目。同时，美国向印度提供了 0.53 亿美元，阿富汗 34.9 万美元，尼泊尔 22.5 万美元。被批准的资金不仅包括专家的花费以及巴基斯坦人训练的费用，而且还包括用于支持某些具体的发展规划、购买机器和装备等。巴基斯坦人被送到国外进行训练以便他们回国后能够负责这些项目。[1]

在培训方面，建立了拉合尔亚洲培训中心。1950 年 10 月 2 日，在拉合尔进行了为期 3 个月的计划开发项目课程培训。由联合国组织，8 个国家的 55 名学员参加，其中巴基斯坦学员 15 名。[2]在孟加拉开展了关于黄麻监视员的学校培训。一年中定期有约 3500 名黄麻监督员从事这项工作，通常每人负责一个单位，5—10 个村庄。这些人一年中只有 4—6 个月是完全被雇用的。孟加拉农业局认识到要使几千名黄麻监督员更有效地从事工作，要进行大量的培训工作。为此，要求来自美国的技术推广顾问就推广方法和监督事宜进行培训，进行了 3 次授课，每次 3—5 天：1951 年 5 月 7—11 日在达卡，14—17 日在杰马勒布尔，21—23 日在杰索尔，参加总人数近 100 人。美国技术顾问的讲稿被整理，并于 1952 年出版，书中介绍推广方法的培训项目，对参加培训课的成员以及要从事培训课的人员特别有价值。[3] 此外，在西北边省，进行了关于农业和动物管理方面的培训。到 1952 年 6 月 30 日为止，在南亚的美国技术人员数，印度 82 人，巴基斯坦 15 人，阿富汗 3 人，尼泊尔 4 人；来自南亚的在美国训练人数，印度 108—129 人，巴基斯坦 65 人，阿富汗 6 人，尼泊尔 5 人，锡兰 3 人。[4]

在粮食援助方面，巴基斯坦 1951—1952 年发生了连续的干旱，导致严重的粮食短缺。为了应付严重干旱造成的粮食危机，1952 年 5 月 20 日，巴基斯坦政府请求美国提供 30 万吨小麦，以实物形式偿还。美国农

---

[1] Memorandum by the Acting Secretary of State to the Executive Secretary of the National Security Council（Lay），*FRUS*，1952-1954，Vol. XI，Africa and South Asia，Part 2，pp. 1060-1061.

[2] Karl Knaus，*Beginning of Bilateral Technical Aid in Pakistan Agriculture*，Foreign Agricultural Service，United States Department of Agriculture，March 1953，p. 26.

[3] Karl Knaus，*Beginning of Bilateral Technical Aid in Pakistan Agriculture*，Foreign Agricultural Service，United States Department of Agriculture，March 1953，pp. 36-37.

[4] Memorandum by the Acting Secretary of State to the Executive Secretary of the National Security Council（Lay），*FRUS*，1952-1954，Vol. XI，Africa and South Asia，Part 2，pp. 1060-1061.

业部认可这种需求的紧迫性，但不同意实物偿还。美国国务院认为，巴基斯坦的请求为美国提供了一个前所未有的机会，以切实展示其对巴基斯坦的友谊。如果不作出回应，巴基斯坦人可能会进一步怀疑美国是否真诚地表示友好。与此同时，苏联已经提出向巴基斯坦提供小麦，但尚未被接受。美国政府认识到提供粮食援助对维持巴基斯坦内部稳定以及为了巴基斯坦的安全和独立而开发其资源的能力至关重要，同意通过贷款向巴基斯坦政府提供援助。1952 年 9 月 17 日美国签署了关于向巴基斯坦提供贷款用于紧急购买小麦的协议。根据协议，美国提供总数不超过0.15 亿美元贷款援助用于在美国购买小麦，所有的交通费用由巴基斯坦承担。贷款由进出口银行负责。①

（三）军事援助

独立后的巴基斯坦缺乏军事装备和生产武器军火的工厂，认识到自身军事薄弱和对印度侵略的担心，不断向美国寻求政治、经济和军事支持。在 1947 年 9 月 7 日的内阁会议上，真纳坦言，"巴基斯坦是一个民主国家，共产主义不会在伊斯兰的土地上枝繁叶茂。因此，我们与两个伟大的民主国家——美国和英国，而不是与苏联，有更多的利害关系"②。1947 年 10 月，巴基斯坦政府向美国请求约 20 亿美元的贷款，为期 5年，以满足巴基斯坦的财政和军事需要。其中，7 亿美元用于工业发展，7 亿美元用于农业发展，5.1 亿美元用于建造和装备国防设施。在用于国防方面的 5.1 亿美元中，有 2.05 亿美元要用于解决军事预算的估计赤字，另外 3.05 亿美元是要用来购买各种军事装备（1.7 亿美元用于陆军，0.75 亿美元用于空军，0.6 亿美元用于海军）。③ 国务院拒绝了巴基斯坦的请求，不希望对巴基斯坦承担军事责任，并因克什米尔冲突在1948 年 3 月 12 日向印巴实行武器禁运，暂停向印度和巴基斯坦出口武器、弹药和其他军用物资。④ 巴基斯坦寻求的一笔 1000 万美元的战争资

---

① Editorial Note, Washington, August 27, 1952, *FRUS*, 1952 - 1954, Vol. XI, Part 2, p. 1821.

② Minutes of cabinet discussion, September 9, 1947, 67/CF/47, NDC. Dennis Kux, *The United States and Pakistan*, 1947-2000: *Disenchanted Allies*, Baltimore and London: The Johns Hopkins University Press, 2001, p. 20.

③ *FRUS*, 1949, Vol. VI, p. 25.

④ Memorandum by the Secretary of State to President Truman, Washington, March 11, 1948, *FRUS*, 1948, The Near East, South Asia, and Africa, Vol. V, Part 1, pp. 496-497.

产管理贷款被批准，用于医药和其他难民救济物资。巴基斯坦还向美国请求 30 架 AT-6 教练机，以及 AT-6 飞机零部件。经过深思熟虑，这些请求与禁运不抵触，因而得到批准。1948 年 5 月，英国政府请求美国政府批准从英国向巴基斯坦政府转让 0.30mm 口径弹药 5198000 发、0.50mm 口径弹药 1091000 发的库存租借物资。美国以这种转让会破坏非正式的武器禁运为由予以拒绝。①

印巴停火后，为了推动克什米尔地区的发展和改善印巴关系，1949 年 3 月 29 日，美国取消了对印度和巴基斯坦的武器禁运。② 然而，美国国务院向印度和巴基斯坦代表强调，印度政府和巴基斯坦政府现在不应抱有由于废除禁运从而早日收到大量战争物资的希望。③

1949 年 4 月 1 日，英国驻美大使弗兰克斯在致国务卿艾奇逊的电文中指出，巴基斯坦政府希望从英国政府那里购买 20 万发 75mm 口径弹药。这些弹药库存充足，并且在满足英国全部需求和西方联合防御组织的需求后，仍可满足巴基斯坦的需求。这些库存是租借物资，需要美国政府同意。英国政府认为，巴基斯坦政府的请求是合理的，应该予以满足。印度政府也向英国政府提出了 5 万发 75mm 口径弹药请求。如果巴基斯坦的请求被满足，那么印度的这种数量较少的请求不被满足是非常困难的。因此，建议印度的这种请求也被满足。④ 美国政府同意了英国政府的建议。

1950 年 12 月 15 日美巴共同防御援助协定生效。巴基斯坦是美国在南亚签署该协定的第一个国家。根据 621 公法（1949 年共同防御援助法案，1950 年 7 月 26 日修订）之第 408e 款规定，巴基斯坦开始接受采购援助，在可偿付的基础上购买美国的军需品、装备以及服务。

1951 年 8 月 25 日，巴基斯坦总理阿里·汗致函美国国务卿，请求美国提供防御装备援助。10 月 18 日，巴基斯坦驻美大使伊斯巴哈尼（Ispa-

---

① Action taken by the United States on Pakistan's request of October–November 1947 and subsequent requests for military material and assistance, November 1947–May 1948, *US-South Asian Relations 1947–1982*, Vol. 2, Radiant Publishers, 1983, pp. 9–10.

② *FRUS*, 1949, Vol. Ⅵ, p. 1696.

③ The Secretary of State to the Embassy in India, Washington, March 31, 1949, *FRUS*, 1949, The Near East, South Asia, and Africa, Vol. Ⅵ, p. 1696.

④ The British Ambassador（Franks）to the Secretary of State, Washington, 1st April 1949, *FRUS*, 1949, The Near East, South Asia, and Africa, Vol. Ⅵ, pp. 1696–1698.

hani）与美国南亚事务办公室主任肯尼迪（Donald D. Kennedy）会谈，谈及 10 月 16 日阿里·汗被暗杀后巴基斯坦面临的严重局面，请求美国给予援助，希望从美国得到 320 辆坦克。① 1951 年秋，巴基斯坦使团前往华盛顿寻求武器援助。面对南亚复杂的问题，美国也不希望与一方结盟而限制自己行动自由。国务院内部关于向巴基斯坦提供武器也存在争论和分歧。助理国务卿麦吉礼貌地拒绝了巴基斯坦的武器请求，认为美国已经有为世界上的一些地区（特别是韩国）的军队承担提供军事装备的任务，再为巴基斯坦提供武器是困难的。国务卿艾奇逊也持同样的观点。针对巴基斯坦愿意在中东防御中提供帮助的表述，杜鲁门政府反应谨慎，唯恐向巴提供武器使自己陷入印巴争端。仅仅是在阿里·汗遇刺之后，美国象征性地向巴基斯坦提供了适量的武器，作为对古拉姆·穆罕默德新政权的一种姿态，华盛顿认为新的政权会是亲美的，并且有意与美国在长期防御计划方面进行合作。1952 年 7 月，巴基斯坦再次向美寻求价值 2 亿美元的飞机、坦克、反坦克武器以及火炮等。美国国防部部长洛维特表示国防部将认真考虑此事。国务卿艾奇逊未予回应。8 月，助理国务卿白劳德（Byroade）正式通知巴基斯坦使团，美国将会满足其请求。② 助理国务卿白劳德表示，如果美国愿意向巴基斯坦提供足够的军事装备，巴基斯坦有可能会加入反共联盟。国务卿和国防部部长指出，加强在伊朗东部侧翼的巴基斯坦与西北部土耳其的力量联合，将会对该地区的稳定性产生影响。向巴基斯坦提供大量军事援助的首批军事装备应尽快地提供，这以不卷入与印度的难以处理的问题为前提。③

杜鲁门政府向巴基斯坦提供的粮食援助，受到巴基斯坦的欢迎和赞赏；经济援助和军事援助，并未达到巴基斯坦的期望。对印巴双方的武器禁运，巴基斯坦认为受到不公平待遇。禁运解除后的武器援助，踌躇不决，避免卷入印巴争端。巴基斯坦人民认为，美国对巴基斯坦的政策不仅仅是对美国而言其重要性微不足道，而且与对其他国家的政策相

---

① Memorandum of Conversation, by Mr. Thomas W. Simons of the Office of South Asian Affairs, October 18, 1951, *FRUS*, 1951, Vol. Ⅵ, Part 2, p. 2222.

② Dennis Kux, *The United States and Pakistan*, *1947–2000*: *Disenchanted Allies*, Baltimore and London: The Johns Hopkins University Press, 2001, pp. 46–49.

③ Rashmi Jain, *US-Pak Relations*, *1947–1983*, New Delhi: Radiant Publishers, 1983, pp. 8–9.

比，特别是印度，其重要性也相形见绌。① 1950 年 12 月 30 日，阿里·汗接受《纽约先驱论坛报》特邀记者采访时提到，在巴基斯坦，总的感觉是：西方集团一直不怎么重视巴基斯坦而正在讨好印度。巴基斯坦民众认为，美国并没有真正地给予巴基斯坦应有的考虑，巴基斯坦也发现，经常是尽管事实是正义在巴基斯坦一边，而天平总是偏向印度。②

冷战初期，在与苏联全球对抗的背景下，华盛顿的注意力集中于欧洲，南亚居于边缘的重要性。1949 年国际形势的变化使美国重新评估其南亚政策。特别是 1949 年 8 月 29 日苏联原子弹爆炸打破了美国的核垄断，10 月中华人民共和国的成立被美国认为是中国的"丢失"。美国于 1949 年 3 月 29 日解除了 1948 年 3 月 12 日对印度和巴基斯坦的武器禁运，但仍未向巴基斯坦提供大量的美国武器装备。

杜鲁门政府任期即将结束，向巴基斯坦提供武器依旧踌躇缓行。杜鲁门政府寻求与印巴两国都保持友好关系，避免偏袒任何一方。针对巴基斯坦不懈地寻求武器援助的努力，美国总是拖而不决，与巴基斯坦的关系是"朋友而非盟友"。武器援助的任务留给了艾森豪威尔政府，特别是国务卿杜勒斯，打破了诸如关注印度的敏感性等限制性因素，与巴基斯坦建立了坚强的军事同盟。

小　结

第二次世界战后初期，美国援助的区域重点是以欧洲为主，项目重点以经济援助为主。美国通过杜鲁门主义支援希腊、土耳其，通过马歇尔计划大规模援助西欧，通过"第四点计划"对欠发达地区进行技术援助。战后摆脱殖民统治的广大亚非拉国家面临着维护民族独立促进经济发展的重任，急需通过援助获得资金和技术，南亚的主要国家印度和巴基斯坦也不例外。为了迅速发展经济，弥补自身的资金、技术和外汇"缺口"，印度和巴基斯坦都积极争取外援，特别是美国的援助。美国于 1950—1951 年开始了对印巴等南亚国家的援助，主要是根据"第四点计

---

① Department of State Policy Statement on Pakistan，［Washington］1 July 1951，*FRUS*，1951，Asia and the Pacific，Vol. Ⅵ，Part 2，pp. 2206-2216.

② Liaquat Ali's interview with A. T. Steele，Special Correspondent of the New York Herald Tribune，31 December 1950，*US-South Asian Relations 1947-1982*，Vol. 2，Radiant Publishers，1983，p. 44.

划"提供技术援助以及具有人道主义性质的紧急粮食援助。

从 NSC48/1 号文件到 NSC98/1 号文件，充分说明了美国从全球冷战的视角来制定对南亚的政策。美国逐渐认识到南亚在遏制共产主义的亚洲链条中的重要性。随着新中国的成立和朝鲜战争的爆发和扩大，南亚的战略地位在一定程度上得以提升。美国对南亚的援助目标是采取尽可能的措施保持南亚内部安全；鼓励南亚国家的亲西方倾向而不是相反，阻止转向中立主义或苏联轨道；建立适合非共产主义政治制度发展的社会经济条件。① 美国希望经济援助和技术援助可以作为促进南亚"自由、稳定和亲西方倾向"的重要工具。

1951 年共同安全法，是 20 世纪 50 年代美国对外援助的法律依据，以通过向"友好国家"提供军事援助、经济和技术援助来达到"确保美国安全和促进其对外政策"的目的，体现了美国将经济援助和军事援助作为手段把受援国纳入其冷战体系的方针。

杜鲁门时期，美国对南亚这块英国的曾经殖民地开始逐渐了解，美国采取倚重英国的政策，不愿过多卷入南亚事务。尽管美国开启了战后对南亚的援助，但援助是有限的。在美国援助的全球战略棋盘上，此时的南亚并不具有优先性。

---

① Memorandum Approved by the International Security Affairs Committee: Guide Lines for Fiscal Year 1953 Foreign Aid Programs, Non-European Areas, *FRUS*, 1951, Vol. I, pp. 390–408.

第二章 艾森豪威尔政府时期美国对南亚的援助

尽管朝鲜战争在一定程度上提升了南亚的重要性，但是美国对南亚的援助政策并未发生根本性的变化。艾森豪威尔时期，军事援助优先于经济援助，对西欧和东南亚的重视优先于对南亚的关心。

第一节 艾森豪威尔第一任期美国对南亚的援助

一 国际与地区形势的变化

1953 年 3 月斯大林去世后，苏联领导人对西方采取更加调和的立场。苏联与西方国家的关系缓和，与西方贸易得到发展。朝鲜战争结束，奥地利实现中立，苏联对东欧的控制也有所放松。美苏在欧洲争夺的界限基本稳定下来。

随着冷战局势在欧洲的衰退，美苏的争夺转移到非西方世界。苏联对第三世界政策发生了很大的转变。从战后初期到 20 世纪 50 年代初，苏联是用怀疑和敌视的眼光看待新兴国家的，因为它认为这样的国家及其领导人仍然受西方的控制。尼赫鲁、苏加诺、纳赛尔和其他领导人一再被诽谤为"帝国主义的走狗"和"法西斯式的篡权者"。苏联受到斯大林把世界分成"两个阵营"理论的束缚，根据这个理论，在资本主义西方和以苏联为首的共产主义国家之间是不可能有中立国家存在的。从 1955 年起，苏联对新兴民族主义国家的评价有了很大改变。过去受诽谤的民族资产阶级领导人现在被当作英勇民族伟大的爱国领袖而大受赞扬，奉行中立政策的不发达国家在政治上也被承认是独立于西方的国家。苏联开始相信，某些国家出于本国的利益和信念，宁愿既不受制于西方又不同共产党阵营结盟，这样的国家至少在短期内是可以存在的。这种看法的转变必然要求放弃世界分成两大阵营的理论。1956 年苏共"二十大"提出了"和平地带"理论替代了"两个阵营"理论（"和平地带"是指苏联和不结盟的不发达国家在和平、开发、反殖民主义、反帝国主义以及裁军等问题上的共同立场）。随着上述对外政策方面的这种根本变化，苏联越来越多地依赖于经济手段来影响不发达国家。①正如赫鲁晓夫在回忆录中所言，"我们生活在资本主义的包围之中，但我们需要建立联系，想办法和这个世界搞好关系，建立经济关系和外交关系"②。

　　1953 年以后苏联展开了一次以大量签订贸易和援助协定为形式的对不发达国家的浩大"经济攻势"。1953 年 7 月 15 日，苏联驻联合国经济及社会理事会代表宣布，苏联将开始参加对不发达国家提供技术援助，拨出相当于 100 万美元的卢布作为对联合国技术援助扩大计划的捐款。此后 6 个月内，苏联同阿根廷、印度签订了贸易协定，同阿富汗签订双边经济援助协定。苏联通过技术援助、扩大贸易和信贷等手段，加强与第三世界的交流与合作。从 1953 年到 1956 年，苏联同第三世界国家共签订了近 100 个贸易协定，贸易额从 8 亿多美元上升到 14.4 亿美元。③ 到 1956 年，苏联向亚洲和中东 14 个国家派遣了技术人员，有 1400 多名技术人员在亚洲和中东国家工作。④ 苏联还为这些地区培训技术人员，提供优惠贷款和军事援助。有人认为美国援助计划一直得以维持是因为超级大国之间的竞争。不论什么时候美国不愿意向印度提供援助，苏联就会作为一个竞争对手出现。比如，在援建埃及的阿斯旺大坝和印度的波卡罗钢厂问题上。冷战的全球性影响使两个超级大国渴望填补由对方产生的经济或其他方面的真空。美国也意识到，美国的至关重要的利益，诸如安全、贸易、商业投资等方面，与低收入国家的经济健康状况

---

　　① ［美］罗伯特·沃特斯：《美苏援助：对比分析》，陈源、范坝译，商务印书馆 1974 年版，第 28—31 页。

　　② ［俄］尼基塔·谢·赫鲁晓夫：《赫鲁晓夫回忆录》（全译本），述弢、王尊贤等译，社会科学文献出版社 2006 年版，第 2571 页。

　　③ Richard T. Cupitt, *Reluctant Champions：U. S. Presidential Policy and Strategic Export Controls*, New York：Routledge, 2000, p. 105.

　　④ Burton I. Kaufman, *Trade and Aid：Eisenhower's Foreign Economic Policy, 1953 - 1961*, Baltimore and London：The Johns Hopkins University Press, 1982, pp. 63-64.

密切相关。许多学者认为，援助会带来政治稳定，会带来一国对西方和美国的友好态度。① 苏联发现，由美国和其他西方国家提供的经济援助，附带有苛刻的条款和条件，这令许多发展中国家，特别是不结盟国家备感尴尬。1956 年赫鲁晓夫代表中央委员会在苏共二十大报告中宣布了对不发达国家的贸易和援助："这些国家（指不发达国家）虽然不属于社会主义世界体系，但能凭借自己的成就去建设独立的民族经济并提高人民的生活水平。今天它们无须向过去压迫它们的人去乞求现代化的设备。它们可以从社会主义国家得到这些设备而不承担任何政治或军事义务。"② 苏联的"经济攻势"，对西方国家在发展中国家的影响构成挑战。

战后初期，美国在中东和南亚次大陆的战略是把英国视为西方利益的主要保证人。1950 年 1 月，英国打着抵御共产主义和提高东南亚各国人民生活水平的旗号组织英联邦国家向南亚和东南亚国家提供用于经济发展的援助，即科伦坡计划。实际上，企图保持和巩固战前英国对上述国家的殖民统治地位，③ 维护其传统影响；同时，与美国的"第四点计划"相抗衡。但是由于英国财力有限，力不从心，1951 年邀请美国加入。"朝鲜战争爆发后所造成的亚洲战略形势的改变，美国开始把科伦坡计划视为通过一种持续的援助计划来实现其亚洲地缘政治目标的工具，才决定支持并加入科伦坡计划。"④ 在反对共产主义，遏制苏联扩张这一方面，英美有共同的目标，同时美国希望利用科伦坡计划服务于自己的冷战战略。美国担心苏联会充分利用英国从苏伊士运河以东撤退所产生的权力真空。美国认为，亚非国家脆弱的经济最适合共产主义意识形态的滋长。⑤ 因而，美国设计了一种军事联盟体系以遏制苏联扩张的可能。1953 年 5 月，国务卿杜勒斯进行了中东和南亚之旅。谈及访问印

---

① Dilip H. Mohite, *Indo-US Relations*: *Issues in Conflict and Cooperation*, New Delhi: South Asian Publisher, 1995, pp. 60-61.

② ［美］罗伯特·沃特斯：《美苏援助：对比分析》，陈源、范坝译，商务印书馆 1974 年版，第 32 页。

③ L. P. 古纳蒂勒克：《"科伦坡计划"组织和执行情况》，《东南亚经济资料汇编》1960 年 3 月，第 46—50 页。

④ 孙建党：《冷战与科伦坡计划的起源》，《历史教学》（高校版）2007 年第 9 期，第 101—103 页。

⑤ Dilip H. Mohite, *Indo-US Relations*: *Issues in Conflict and Cooperation*, New Delhi: South Asian Publisher, 1995, p. 2.

象，杜勒斯称，有一个含糊的欲望要建立集体安全体系，在等待安全联盟正式建立的同时，美国可以加强这些国家的相互关联的防御，不是让它们相互反对或反对西方，而是抵御对整个自由世界的共同威胁——苏联共产主义的威胁。①

1954 年，法国在印度支那被击败以后，美国认为，共产主义已经控制了东南亚的一部分并威胁到其余部分，印度次大陆已经成为冷战的主战场。如果印度"丢失"给共产主义将会给美国及其盟国带来灾难性影响。印度掌握着从中东到远东的运输走廊，在这两个地区之间形成了"大陆桥"。印度拥有对现代战争非常重要的矿产资源，包括生产核武器的原料。在国际政治舞台上，特别是在新崛起的第三世界国家，印度的影响力日益扩大，得到新兴国家的拥护。美国希望印巴一起加入美国的集体安全体系。但印度不愿加入美苏任何一个集团，认为"把所有的鸡蛋放到一个篮子里是不明智的选择"。虽然巴基斯坦的安全对手是印度，但是在宣传上巴基斯坦一直强调共产主义的威胁，其真实意图是欲借美国之力提高自身的安全系数。一位巴基斯坦外交官向美国外交官保证，"巴基斯坦反对共产主义将战斗到最后一人"②。美国与巴基斯坦签订军事协定，不久巴基斯坦又加入东南亚条约组织和巴格达条约组织。在1954 年成立的东南亚条约组织马尼拉会议上，美国认为反"侵略"仅仅指的是反对"共产主义侵略"，而巴基斯坦认为，"侵略"不仅仅指"共产主义侵略"，而且还包括诸如印度对巴基斯坦的"侵略"。而美国驻印大使鲍尔斯善意提醒，美国与巴基斯坦发展密切关系会使美印关系处境尴尬。

美国和巴基斯坦关系的密切发展使印度感到不安。尼赫鲁抨击美巴关系，认为此举有可能使殖民主义的幽灵在亚洲复活。③ 美巴结盟使美印关系更加紧张。尼赫鲁认为，美国此举是把冷战带到印度次大陆的大门口，担心巴基斯坦会在克什米尔问题上采取侵略性行动。《纽约时报》分析了尼赫鲁反对美国武装巴基斯坦，"其原因首先是巴基斯坦是一个潜

---

① Sami Mustafa, *Pakistan—a study in underdevelopment*, South Asia Institute, University of The Punjab, Lahore, 1975, p. 9.

② M. S. Venkataramani, *The American Role in Pakistan*, *1947 - 1958*, New Delhi: Radiant, 1982, pp. 24-25.

③ "Nehru Denounces a U. S. -Pakistan Tie", *New York Times*, Dec. 24, 1953; ProQuest Historical Newspapers The New York Times (1851-2003), p. 1.

在的敌人；其次是尼赫鲁先生担心巴基斯坦与美国结盟会把冷战带到印度的边界……但是，更多的观察家感到，尼赫鲁先生反对的基本原因是一个更强大的巴基斯坦会威胁到印度在亚洲、近东和非洲的优势"[1]。印度坚持不结盟的外交政策，拒绝加入美国主导的集体安全体系。尼赫鲁怀疑亚洲一系列协议中的任何一个的真正安全价值。他痛批东南亚条约组织和巴格达条约组织，认为巴基斯坦加入这些组织并不是为了反对共产主义的安全需要，而是为了加强力量用以反对印度。[2] 尼赫鲁反对军事援助，声称印度将从来不会接受任何形式的军事援助。[3] 1954 年 2 月 28 日，尼赫鲁拒绝了艾森豪威尔提出的美国向印度提供军事援助的建议。

美印在一些国际问题上的观点差异，如印度在朝鲜问题、对日和约问题上的独立立场、杜勒斯对印度不结盟政策的生硬批评、印度批评美国氢弹试验、禁止在美国飞机上的法国伞兵飞越印度、美国反对印度在克什米尔问题上的立场等也对美印关系的发展产生不利的影响。最使印度人难以接受的是，国务卿杜勒斯认为在西方与共产主义的斗争中，中立主义在本质上是不道德的。美国认为，欠发达国家的经济发展最好由私有部门所掌握。美国国内"忠诚调查"以及麦卡锡主义反共的歇斯底里，对美国主流政治生活产生重要影响。反对尼赫鲁的情绪以至于达到了那种程度：一位印度的好朋友竟然宣称尼赫鲁是一位共产主义者，他的儿子是一位共产主义者。当被指出尼赫鲁没有儿子只有一位女儿时，这位印度的好朋友不失时机地说，那他的女儿一定是一位共产主义者！[4] 在殖民主义问题上，印度经历了殖民主义的压迫，旗帜鲜明地反对殖民主义；美国的立场有些软化，殖民主义国家多是美国盟友，美国顾及友情，希望它们一起抵抗共产主义。在果阿问题上，葡萄牙立场强硬。美国从未倾向于赞同印度在果阿问题上的立场，或许因为葡萄牙是北约成

① "U. S. Faces Decision on Major Asia Ties", *New York Times*, Dec. 9, 1953; ProQuest Historical Newspapers The New York Times（1851–2003），p. 3.

② "Memorandum of Conversations Between Secretary of State Dulles and Prime Minister Nehru", New Delhi, Mar. 9, 1956., *FRUS*, 1955–1957, Vol. Ⅷ, South Asia, p. 307.

③ "Nehru Bars Military Aid", *New York Times*, Jan. 1, 1954; ProQuest Historical Newspapers The New York Times（1851–2003），p. 3.

④ Harold A. Gould and Sumit Ganguly, eds., *The Hope and the Reality*：*U. S. –Indian Relations from Roosevelt to Reagan*, San Francisco：Westview Press, 1992, p. 38.

员国。在 1955 年苏联领导人贝尔加宁和赫鲁晓夫访印时，谴责欧洲的殖民主义，特别是葡萄牙在印度领土上的殖民主义。苏联领导人的发言刺激了美国人。美国国务卿杜勒斯与葡萄牙外长库尼亚（Paulo Cunha）对苏联领导人的评论进行了回击。在 1955 年 12 月 2 日的联合声明中，二人谴责了苏联的说法，宣称果阿是葡萄牙的一个省。这个声明在印度遭到激烈批评。印度政府、报界、各人民团体和政党纷纷批评美国在此事上的政策。印度政府对美国政府未能就联合声明一事进行令人满意的澄清以及美国在果阿问题上的立场表示遗憾。美国政府声明说，杜勒斯—库尼亚声明并不代表美国政府的立场，美国对果阿众所周知的立场并未改变。1956 年 3 月，杜勒斯在新德里向尼赫鲁保证，美国从来没有支持葡萄牙反对印度。①

美印关系紧张的同时，印苏关系却显著升温。在第二次世界大战结束之后和印度独立初期，印苏关系并不密切。苏联攻击甘地是反动的印度教领袖，尼赫鲁被描绘为"印度的蒋介石"，尼赫鲁的政策被指责为必然"导致对美国帝国主义阵营的屈从"。尼赫鲁对斯大林印象不佳，认为在他所见过的人中，"斯大林的面容最冷淡和最残忍"。斯大林去世后的苏联，调整对世界的看法和对印度的态度，向印度和其他不结盟国家示好。1953 年 8 月，马林科夫热情地谈到印度对结束朝鲜战争的贡献，并认为印苏关系将"继续发展和增强"。1953 年，印苏达成为期 5 年的贸易协议，1955 年苏联签订第一次对发展印度经济的贷款。1955 年 2 月 2 日，印度与苏联签署了关于建立比莱钢厂的协议，投资 1.4 亿美元建造一座亚洲最现代化的钢铁厂（比莱钢铁联合企业于 1960 年建成，年产近 200 万吨钢）。1955 年 6 月印度总理尼赫鲁访问苏联，1955 年 11 月 18 日—12 月 14 日苏联领导人贝尔加宁和赫鲁晓夫对阿富汗、印度、缅甸进行了访问。在印度，赫鲁晓夫批评了西方对苏联援助的指责，他说："对于那些这样认为的人，我们要说的是，或许你们愿意在与印度人建立友谊方面与我们竞争，那就让我们竞争吧。我们为什么来到这里？我们敞开心扉来到这里，我们带着诚挚的意愿来到这里。我们为之乐此不疲。或许你们还没有充分的经验，那好吧，向我们提出申请，我们会帮助你们的。你们想建电站吗？如果你们没有必要的技术，如果你们需要

---

① S. C. Tewari, *Indo - US Relations, 1947 - 1976*, New Delhi: Radiant Publishers, 1977, pp. 38-40.

技术援助，向我们申请吧，我们会帮助你们的。你们想要派遣你们的学生、工程师到我们国家进行培训吗？欢迎啊。"① 苏联向印度提供大量经济援助并支持印度在克什米尔问题上的立场。赫鲁晓夫在回忆录中谈到："英迪拉·甘地对我们在印巴争执中支持印度的政策给予很高的评价。过了段时间，她对我们说她父亲给她打了电话，但不是从德里，而是从另外一个地方打的；他向我们表达敬意，表示对我们的讲话非常满意。我们对此也感到非常满意，虽然知道巴基斯坦会很不高兴的。但我们和巴基斯坦没有直接联系，两国关系非常不好。我们倒是想改善和巴基斯坦的关系，并且做了种种努力，但巴基斯坦加入了旨在反对我们的军事组织。这方面我们毫无办法：巴基斯坦自己不接受我们伸出的友谊之手。而我们在印巴争端中和印度人保持一致的立场，更加促进了苏印友好关系的发展。……我们相信，总有一天，巴基斯坦会正确评价我们的政策，明白它应该与之友好的不是美国，而是苏联，因为只有苏联才会给予从殖民压迫下解放出来的人民以无私的援助。现在对印度就是如此。"② 苏联还同意印度分享苏联在工业和用于和平目的的核能发展方面的经验。在苏联领导人访印回国之前，送给价值 0.1 亿美元的农业机械作为礼物，用于拉贾斯坦邦的农场开发。从 1953 年至 1962 年，印苏贸易稳定增长。③ 印苏关系得到显著发展。

在美巴关系方面，艾森豪威尔第一任期，美国把巴基斯坦视为最仗义的亚洲盟友。国务卿杜勒斯，对印度的印象不佳而对巴基斯坦印象较好，认为尼赫鲁的中立主义对外政策很幼稚，更喜欢巴基斯坦的反共倾向。作为杜鲁门时期对日和约的磋商人，杜勒斯对尼赫鲁拒绝参加和谈、拒绝签署和约非常生气，而巴基斯坦对和约的支持印象深刻。1953 年 1 月 23 日，巴基斯坦就严重的粮食短缺请求紧急小麦援助。助理国务卿白劳德、国务卿杜勒斯、总统艾森豪威尔赞同向巴提供紧急粮食援助。在向国会提交了援助请求后两周，国会迅速批准了粮食援助的立法，1953 年 6 月 25 日总统签署生效，向巴基斯坦提供 100 万吨小麦援

---

① *The United States in World Affairs*, 1955, Published for the Council on Foreign Relations（New York：Harper Brothers，1957），p. 122.

② ［俄］尼基塔·谢·赫鲁晓夫：《赫鲁晓夫回忆录》（全译本），述弢、王尊贤等译，社会科学文献出版社 2006 年版，第 2588 页。

③ Jyotirmaya Bannerjee, *India in Soviet Global Strategy*, Calcutta：Minerva Associates（Publications），1977，p. 157.

助。与 1951 年对印度紧急小麦援助的拖沓形成鲜明对比。此外，美国与巴基斯坦还签署了一系列的援助协定，如对东巴的紧急粮食援助协议（1954 年 8 月 23 日），共同安全协定（1955 年 1 月 11 日，提供 0.6 亿美元防御支持援助），剩余农产品协定（1955 年 1 月 18 日），剩余农产品协定追加的紧急救济援助（1955 年 1 月 18 日），关于向巴基斯坦运送 165000 吨大米的紧急农产品协定（1956 年 3 月 2 日）等。

1953 年 5 月，国务卿杜勒斯开始中东、南亚之行。在访问了阿拉伯一些国家后，杜勒斯对建立中东防御组织几乎不抱什么希望了。在印度，杜勒斯与尼赫鲁进行了会谈，双方谈及中国问题、朝鲜问题以及一些冷战问题，进一步了解了印度的中立主义态度。谈及印度最关心的可能的美对巴军事援助问题，杜勒斯言称美国目前还没有计划与巴基斯坦发展军事关系。5 月 23 日，当杜勒斯到达卡拉奇机场时，受到了热烈的欢迎，与在印度受到的冷遇形成了鲜明的反差。巴基斯坦领导人强调共产主义的危险，并声称愿意加入自由世界的反共防御体系，而这正是杜勒斯愿意听到的。总督古拉姆·穆罕默德声称美国对巴基斯坦的军事援助不会被用来反对印度，如果印度受到攻击，巴基斯坦愿意向印提供援助。① 对巴基斯坦的访问使杜勒斯转变了原来的中东防御的看法，认为可以把巴基斯坦吸收到中东防御中来；而把尼赫鲁描述为"完全不切实际的政客"。② 随着 1953 年 5 月国务卿和共同安全署署长对中东的访问，美国对中东防御努力的关注也发生了变化，从中东防御组织的概念变化为关注中东北部边缘防御的思想。1953 年秋，巴基斯坦向美国作出了非正式和非官方的军事援助请求。国务院把巴基斯坦视为中东北部边缘防御的一部分，开始讨论向巴基斯坦提供一些军事援助。也有人担心如果美国向巴基斯坦提供武器印度的反应。③ 1954 年至 1959 年，巴基斯坦与美国签订了《共同防务援助协定》，加入了东南亚条约组织和巴格达条约组织，巴基斯坦成为美国在亚洲最密切的盟友之一。艾森豪威尔在其回忆录中谈到，"在我当政期间，北约扩大到

---

① Memorandum of conversation of Lt. Col. Stephen Meade with Governor-General Ghulam Moham-med, May 23, 1953, *FRUS*, 1952-1954, Vol. Ⅸ, Part 1, pp. 130-131.

② Minutes of June 1, 1953, meeting of National Security Council (NSC), *FRUS*, 1952-1954, Vol. Ⅸ, Part 1, pp. 379-383.

③ "Editorial Note", Washington, August 27, 1953, *FRUS*, 1952-1954, Vol. Ⅺ, pp. 1829-1830.

包括西德在内；东南亚条约组织建立起来了；中央条约组织——原先是巴格达条约（美国支持这一条约，但不是其成员）——诞生了，与日本、朝鲜和福摩萨达成了共同安全的双边协定。总计起来的最后结果是，这些条约使美国承担了义务去支持几乎每一个直接面对中苏集团的自由区域的防务"①。

二　"贸易而非援助"

艾森豪威尔政府对外援的态度经历了从"贸易而非援助"到"贸易与援助"并举的变化。艾森豪威尔第一任期美国对外援助的指导思想是"贸易而非援助"。

1953年1月，艾森豪威尔入主白宫。此时，欧洲形势基本稳定，东西方势力范围基本划定，而亚洲则面临着内战、革命等不稳定状况。亚洲引起美国决策者的关注。1952年国会选举，共和党人在国会两院赢得微弱多数。日益增长的保守主义局面逐渐形成。保守主义拥护遏制共产主义的政策，寻求军事盟友，以及在战略要地的外国的支持。艾森豪威尔是国际合作的主要提倡者，他认为，在一个相互依存的世界经济体系中，美国对促进建立和平、繁荣的世界负有主要责任。艾森豪威尔在竞选总统时提出"贸易而非援助"政策，即依赖私人商业和投资而不是公开支持资金投向发展中国家。

在1953年1月20日就职演说中，艾森豪威尔指出，"把我们同所有自由民族联系在一起的不仅是一种崇高的理想，而且还有一种简单的需要。任何自由民族，如果经济上与世隔绝，都不能长期保有特惠或享受安全；即使我国物力雄厚，我们仍然需要世界市场来销售农场和工厂的剩余产品。同样，为了这些农场和工厂，我们也需要遥远国家的重要原料和产品。这一相互依存的基本法则在和平时期的贸易中是显而易见的，在战争时期则更是经常适用。我们对那些经过现实的估计业已证明为自由之友的国家，将尽力帮助他们获得安全和幸福。同样，我们期待他们在能力所及的范围内，充分而公正地担负起共同保卫自由的责任。我们认识到，健全的经济是军事力量和自由世界的和平所不可或缺的基础，所以我们将尽量身体力行，而且在任何地方都努力促进那些能鼓励

---

① ［美］德怀特·D. 艾森豪威尔：《艾森豪威尔回忆录》（四），樊迪、静海等译，东方出版社2007年版，第160页。

生产及有利于贸易的政策"①。作为一个财政保守主义者，艾森豪威尔坚信，欧洲和世界其他国家的增长，可以以最少的公共援助来实现。他主张通过削减对外援助、依赖世界贸易的自由化和鼓励私人投资来保证世界经济的增长和繁荣。除了提供军事援助以阻止共产主义的扩张之外，艾森豪威尔的计划更多地关注欧洲而不是第三世界。他把"贸易而非援助"作为其世界经济计划的基础。

1954 年 3 月 30 日，艾森豪威尔在致国会的咨文中，简要地概括了他对不发达地区的经济政策："援助——我们希望削减；投资——我们希望扩大；（货币）可兑换性——我们希望便利；贸易——我们希望扩展。"②1953 年 4 月 16 日，艾森豪威尔第一次清晰地表达了包含发展中地区的一项政策。他说，本政府准备要求其民众与其他国家一起共同致力于把通过真正裁军所节省的大部分钱用于世界援助和重建基金。这项伟大工作的目的是，帮助其他国家开发世界的欠发达地区，刺激有利可图的公正的世界贸易，帮助所有民族认识到自由之福。③ 艾森豪威尔对 1954 财年的最终共同安全预算请求为 55 亿美元，比起杜鲁门时期的 76 亿美元预算请求下降。国务卿杜勒斯把预算削减描述成能够符合美国必不可少的安全的最小化。国会拨款 10 亿美元，少于政府的请求。1955 年，政府部门请求仅 35 亿美元，估计会授权 10%，并且主要以贷款形式而不是赠予形式，国会把贷款比例增加了 30%。④ 艾森豪威尔强调需要增加国际贸易的渠道和减少多种形式的对外援助。但是，艾森豪威尔并不是完全反对对外援助。他认为大量削减外援是"省小钱而吃大亏"⑤。

美国国家安全委员会希望以援助为手段来保障美国的国家安全。1955 年 11 月美国国家安全委员会第 266 次会议讨论了美国安全与世界形势。会议着重研究了苏联加强在自由世界欠发达地区尤其是近东和东南

① 陈家俦主编：《美国总统就职演说全集》，罗显华审校，四川人民出版社 1996 年版，第 880—882 页。

② W. W. Rostow, *Eisenhower, Kennedy and Foreign Aid*, Austin：University of Texas Press, 1985, p. 92.

③ W. W. Rostow, *Europe after Stalin：Eisenhower's Three Decisions of March 11, 1953*, Austin：University of Texas Press, 1982, p. 206.

④ Vernon W. Ruttan, *United States Development Assistance Policy：The Domestic Politics of Foreign Economic Aid*, Baltimore and London：The Johns Hopkins University Press, 1996, p. 71.

⑤ Burton I. Kaufman, *Trade and Aid：Eisenhower's Foreign Economic Policy, 1953–1961*, Baltimore and London：The Johns Hopkins University Press, 1982, p. 14.

亚扩大共产主义影响的问题。美国中央情报局局长艾伦·杜勒斯列举了已经接受苏联集团援助或苏联集团向其提出援助要求的国家名单，如印度、阿富汗、印度尼西亚、土耳其、伊朗、叙利亚、黎巴嫩、缅甸等国家。会议对苏联的经济援助、"政治渗透"和经济成就表示担忧，呼吁美国必须要充分重视苏联对自由世界欠发达地区的新政策。艾森豪威尔指出，美苏斗争的主要特征正在发生明显的变化，因此原来的斗争策略也应相应地随之变化；艾伦·杜勒斯认为，苏联正在由强调军援转向强调经援；国务卿约翰·杜勒斯指出，为了促进欠发达国家的经济发展，美国应该强调对这些国家的经援，相对降低对军援的关注程度。为了不增加援助负担，美国有必要建立一笔长期的发展基金，以此向欠发达国家提供贷款。

因此，尽管在艾森豪威尔第一任期，美国对外援的总的指导思想是"贸易而非援助"，但是世界形势的变化和苏联对第三世界政策的转变推动着 20 世纪 50 年代中期以后美国调整外援政策。

三　从 1953 年国家情报文件到 NSC5701 号文件

1953 年 6 月 30 日，一份国家情报文件对有关印度和巴基斯坦的非共产主义政府存续、印巴关系、该地区政府与苏联集团和西方国家的关系等问题进行了展望，得出以下结论：目前印巴的非共政权将在未来若干年继续执政。在印度，尼赫鲁的个人地位不可动摇，他领导的国大党比任何反对党或反对党联盟都要强大得多，在 1957 年的大选中非常有可能继续掌权。共产主义现在对现政权还构不成主要威胁。印巴两国都存在因政治、经济、社会落后而难以解决的很多问题。印度存在着因人口增长过快而带来的严重的经济问题。如果没有外援，印度发展经济的五年计划难以实行。即便有了外援，五年计划能否成功实行也不确定。即使目前的计划成功了，印度依然将面临加快经济发展的迫切任务。无论苏联还是西方采取什么行动，只要印度认为其利益没有受到真正威胁，它将几乎肯定在东西方斗争中保持目前的不结盟态度。印度可能继续努力缓和东西方之间的紧张局面，树立自己在亚洲独立国家中的领导者形象。巴基斯坦与西方国家之间的军事援助协定的结果将会使印度感到愤恨，增加次大陆的紧张。但是，它不可能导致印巴之间的战争或者印度与西方国家关系的破裂。南亚，作为自由世界一部分的继续存在，对美国的利益非常重要。这主要是因为，如果南亚丢失，被共产主义所控制，那么将对西方国家在心理上和政治上是沉重打击。另外，南亚对西方国家具有潜在的战略和经济价值。① 文件还对印度目前形势、政治经济状况、"一五"计划等进行了分析。

文件指出，印巴关系自独立以来一直紧张，最重要的是克什米尔问题。在经济、财政方面，印度与巴基斯坦也存在冲突。分治前，在巴基斯坦种植黄麻、棉花，在印度设置工厂；分治之后，由于两国关系恶化，原来统一的经济体被割裂，对印巴双方都带来不便。另外，分治产生了大量的难民，影响了南亚地区的社会稳定，在一定程度上激化了民族矛盾。在处理与南亚地区之外的国家关系方面，印度一直在东西方的争斗中追求不结盟的外交政策。尽管印度是英联邦成员国，在总体上与美国保持着友好关系，但是印度对美英的许多外交军事政策极力反对，拒绝支持。从长远来看，尽管印度奉行独立、不结盟政策，但在东西方争斗中，印度总体上的倾向将可能有利于西方。把巴基斯坦包含在西方地区防御与军事援助协议之内几乎肯定会激起印度强烈的愤恨，这不仅因为涉及克什米尔争端，而且因为这有可能增加苏联在次大陆的军事利益。西方平息印度的反应的努力不可能非常有效，尽管印度可能会被迫建立自己的军事力量以与巴基斯坦保持军事力量平衡，但它很可能拒绝西方国家提供与巴基斯坦同样条款的军事援助，因为它不想卷入军事、政治义务。文件指出，印度希望继续得到美国的经济援助，并希望与西方国家保持最低限度的友好关系。② 从事态的发展来看，这份国家情报文件估计准确到位，分析透彻入理。美国利用经济援助，促进印度经济稳定和发展、培育印度亲美态度的目的非常明确。

1954 年 1 月，NSC5405 号文件（U. S. Objectives and Courses of Action with Respect to Southeast Asia）指出，共产主义在印度支那的颠覆会导致该地区其他国家的归顺或与共产主义结盟。如果所有东南亚国家陷落，那么，印度将会与共产主义国家结盟，从更长远来看，中东（巴基斯

---

① "National Intelligence Estimate: Probable Developments in South Asia", Washington, 30 June 1953, *FRUS*, 1952–1954, Vol. XI, Africa and South Asia, Part 2, pp. 1073–1074.

② "National Intelligence Estimate: Probable Developments in South Asia", Washington, 30 June 1953, *FRUS*, 1952–1954, Vol. XI, Africa and South Asia, Part 2, pp. 1086–1087.

坦、土耳其除外）也可能步其后尘。要阻止这种情况的发生，要发挥地区防御机制的有效性。该文件建议美国采取有限的经济和技术援助计划，让非共产主义的亚洲国家的政府相信，通过与自由世界其他国家的紧密合作与联系，它们的安全和独立会受到最好的保护。① 这份文件明显体现了利用外援作为对外政策工具的思想。

1954 年 2 月，美国对南亚的重要政策文件 NSC5409 号文件（United States Policy toward South Asia）出台。NSC5409 号文件指出，因为南亚的战略位置、人力资源、自然资源以及在世界事务中不断增长的影响，美国深为关心南亚的未来。南亚是冷战的一个主要战场，在这里，诸如印度等一些国家的领导人在民主框架内用来满足民众基本需要的努力，一直被视为与中国的发展进行竞争。尽管现在还不明显，但假如印度"丢失"给共产主义控制，将会对西方在心理上和政治上是一个沉重的打击。所有的南亚政府都是独立的、非共产主义的、对美国基本友好的。尽管南亚被颠覆的可能性现在不严重，但是如果南亚国家没有取得经济和社会方面的进步，这种颠覆就有可能发生。美国的南亚政策必须对该地区的两个主要国家——印度和巴基斯坦给予足够的重视。印度，有 3.65 亿多人口，是南亚在政治、经济和军事方面最有实力的国家，是亚洲的一个重要工业国家，是南亚可能对自由世界作出长期的、建设性贡献的最具潜力的国家，尽管其不结盟政策妨碍了它与自由世界的密切合作。印度面临着一系列的严重问题，包括民众对提高生活水平的要求，增加粮食产量的愿望，得到经济发展的资金，以及印度人口的迅速增加——其增长率为 1.5%，平均近 500 万。美国援助一直大量致力于农业，多数直接增加粮食年产量。这也是印度五年计划的重要组成部分。巴基斯坦与土耳其相邻，对中东的防御最具现实潜力，印度、巴基斯坦都急切需要外部援助以实现其潜能。美国的紧急援助、发展援助以及技术援助，目前正加强南亚国家的政府和经济，在其民众中建立一种对美国更友好的感情，以有助于克服这些国家心理上反对与美国进行更密切的联系，尽管只有时间才能纠正他们心中某些深深的偏见。

文件指出，美国要取得的目标是：南亚国家强大的、稳定的、有

---

① "NSC5405: U. S. Objectives and Courses of Action with Respect to Southeast Asia", Washington, January 16, 1954, *FRUS*, 1952 - 1954, Volume ⅩⅢ, Indochina（in two parts）, Part 1, pp. 971 - 976.

责任的政府，对美国友好，并且有意愿和能力以抵制来自南亚国家内部和外部的共产主义威胁。要使它们充分认识到，南亚国家之间以及南亚国家与自由世界之间的更紧密地合作与联系，最符合它们的国家利益。南亚地区军事力量的布置应有助于地区稳定以及与自由世界的防御相适合。为此，美国对印度应该采取的行动是，努力通过官方声明和媒体交流使印度政府和人民充分认识到：共产主义对印度的威胁，美国支持印度独立，美国正在通过经济和技术援助致力于印度发展。① 显然，美国希望通过促进南亚国家经济和社会进步来阻止共产主义颠覆的可能性，而美国援助是培育南亚地区亲美情绪和实现上述目的的有效方式。

就南亚的战略地位，文件指出，南亚是东南亚国家与中东之间的大陆桥。南亚与苏联、中国有几千英里的共同边界，与共产主义控制的中亚十分靠近。南亚拥有海港和海军基地，控制了南亚，就可以控制经过波斯湾、阿拉伯海、孟加拉湾以及印度洋的船只。南亚的基地和通信设备可以保证欧洲与东南亚之间联系的畅通无阻。一些空军基地在战略空袭苏联的过程中价值不菲。为防止一场久战不决的战争，该地区拥有许多潜在军事据点，从这里盟国可以直接攻击苏联集团。如果南亚没有受到苏联统治，那么它的战略重要性在战争初期阶段可能不如欧洲、远东、东南亚、中东、北非那般重要。高山和海洋的阻隔使南亚分离于苏联集团，使该地区相对免遭严重的地面或海上攻击。距离遥远而且该地区工业目标相对不重要会使攻击代价昂贵却又无利可图。结果，该地区没有面临对欧亚大陆其他国家构成严重影响的攻击威胁。这种地缘上的免疫性的唯一例外是巴基斯坦，它有可能被拖入因苏联攻击伊朗边界而引发的全面战争。除了这些因素，英联邦的三个成员国，印度、巴基斯坦、锡兰，如果它们允许其基地和重要人力资源为自由世界所用的话，可能会在全球战争中对自由世界作出重大贡献。在人力资源方面，该地区有约 4.77 亿人口，第二次世界大战期间，印度军队、尼泊尔军队为战争作出了重要贡献。

在自然资源方面，南亚有多种自然资源，包括对美国国防非常重要的特殊原材料，其中包括锰矿石、云母、石墨、黄麻、蓝晶石、虫胶以

---

① "Draft Statement of Policy Proposed by the National Security Council", Washington, Feb. 19, 1954, *FRUS*, 1952–1954, Vol. XI, Africa and South Asia, Part 2, pp. 1091–1094.

及其他重要的冶金材料和可裂变材料，如绿柱石和独居石的衍生物。在世界事务中的影响方面，印巴两国在联合国事务中活动积极，经常对美国有所帮助，尽管印度在一些东西方之间的问题上弃权。印度在朝鲜停战协定谈判中扮演关键角色。在种族和殖民问题上，印度一般反对殖民列强的殖民政策以及美国的态度（尽管相对温和）。由 15 个阿拉伯和亚非国家组成的集团，印度和巴基斯坦都在其中扮演重要角色。南亚国家影响的扩大使美国与之友好合作更重要。① 在地缘政治、人力资源、自然资源、世界事务中的影响等方面，南亚对美国具有重要意义。

　　就民主与共产主义，文件指出，中国与民主框架下的一些南亚国家之间的竞争结果，它们哪一个更能满足人民的需要，将对整个亚洲产生深远影响。大多数南亚国家欠发达，人口过多，生活水平低，这些国家的现任政府，特别是印度和巴基斯坦，其主要任务就是要迅速发展经济以满足人民基本生活需求。相似的情况在中国也存在。"在南亚的多数国家，这项任务由实行西方民主制度的政府来解决，而中国的经济进步由极权主义方法来解决"。对南亚人民来说，他们认为独立会立即给本国带来进步和提高，他们所取得的成就与"共产主义集团"的报道相比相去甚远。共产主义政治组织和共产主义宣传不断强调斯大林、毛泽东给该国人民带来的巨大经济利益。南亚国家现政府的存续，依赖于在不远的将来通过民主方式取得经济进步的能力。如果它们不能取得成功，相信共产主义那套学说的民众就会增多。如果阿富汗、尼泊尔"丢失"给共产主义控制，那将会打开通往次大陆心脏的门户，给印度和巴基斯坦带来极大的压力。印度、巴基斯坦的"丢失"将会给自由世界带来严重颠覆，并且南亚其他国家几乎不可避免要跟随。锡兰的"丢失"将会非常严重，因为它是一个通信中心和海军基地。整个南亚"丢失"给苏联集团将会给整个世界产生严重的心理和政治影响。这样的"丢失"将会把共产主义扩大到世界人口的近一半。在其他自由国家，阻止共产主义扩张的自信能力将会极大地降低，联合国对西方的有效性将大大降低。由于缺乏决定性的西方的反制，共产主义对南亚的控制将会使东南亚大部分地区相继跟随，中东国家，特别是伊朗将会动摇。另外，"该地区的丢失，排除了利用该地区军力和设备为我所用的可能"，要求西方重新部署

---

① "Study Prepared by the Staff of the National Security Council", Washington, Undated, *FRUS*, 1952-1954, Vol. XI, Africa and South Asia, Part 2, p. 1096.

以满足世界力量新转变，而共产主义将攫取南亚丰富的经济资源。① 从丢失给共产主义所带来的灾难性后果的假设出发，文件强调在冷战背景下南亚的战略重要性。

NSC5409 号文件与以前的美国对南亚政策文件相比的主要区别是，它强调了与巴基斯坦结为军事同盟的重要性，同时也强调了对印度和其他南亚国家进行经济援助的重要性。文件认为，经济援助是决定南亚国家成为自由世界的一部分还是沦落为共产主义统治下的混乱状态的一个重要因素。1954 年 3 月 6 日，总统批准 NSC5409 文件，并任命工作协调委员会作为协调机构。1954 年 7 月 28 日，工作协调委员会批准了 NSC5409 号文件的第一份进展报告。该报告对美国在南亚的行动进行总结，并提出一些建议。报告认为，美国应积极努力，与该地区政府和人民保持诚挚友好的官方和个人关系。与此同时，白宫任命的对外经济政策委员会完成了一项特殊的研究，建议大幅削减外援，但并未被政府所采纳。尽管如此，艾森豪威尔政府对 1955 财年所请求的援助申请为 35 亿美元，比 1954 财年所请求的援助减少了 23 亿美元。1954 年的共同安全计划强调加强防御，80%的请求资金用于军事援助或军事目的，并且大量的比例安排给了第三世界国家，其中有近 10 亿美元军事援助用于东南亚和太平洋国家。1954 年共同安全计划要求 2.56 亿美元用于欠发达国家的经济援助。其中最大份额分配给印度，达 1.04 亿美元。尽管艾森豪威尔和杜勒斯把尼赫鲁看作一个"讨厌的人"，并且不看好印度领导人作为军事盟友的有用性，但他们还是认为亚洲的状况要求美国努力加强尼赫鲁的非共产主义政府。②

1954 年艾森豪威尔提出"多米诺骨牌"理论，强调东南亚在美国遏制战略中的重要性。与之相比，NSC5405、NSC5409 号文件精神的内涵，可视为南亚版的"多米诺骨牌"理论，强调了南亚在美国遏制战略中的重要性。

1957 年 1 月 10 日，艾森豪威尔批准了 NSC5701 号文件。NSC5701 号文件认为，南亚已经成为国际上举足轻重的地区。南亚次大陆的 5

---

① "Study Prepared by the Staff of the National Security Council", Washington, Undated, *FRUS*, 1952-1954, Vol. XI, Africa and South Asia, Part 2, pp. 1098-1099.

② Dennis Merrill, *Bread and the Ballot: The United States and India's Economic Development, 1947-1963*, The University of North Carolina Press, 1990, pp. 107-108.

个国家，有约 5 亿人口，占世界人口的 20%。它们代表着世界上新独立的、欠发达的、积极反殖民主义的国家中的重要一支。特别值得一提的是，印度作为最具代表性的亚非国家，是在亚洲与共产主义中国主要的政治竞争者。巴基斯坦积极追求穆斯林世界的领导权，是亚洲唯一具有东南亚条约组织和巴格达条约组织双重身份的成员。印度、巴基斯坦、锡兰这三个南亚国家，又是英联邦成员国。除了许多特殊的困难之外，南亚国家还展现了欠发达国家总体上所具有的许多政治特点，如不结盟、反殖民主义、渴望经济发展、地区内部争端。最严重的争端是印度与巴基斯坦之间的克什米尔问题，阿富汗与巴基斯坦之间的普什图族问题。巴基斯坦的东南亚条约组织成员国地位以及美国对巴基斯坦的军事援助，被很多人认为是美国为了巴基斯坦的利益介入这些问题。

文件指出，近年来，苏联和共产主义中国，都开展了紧锣密鼓的活动，以挤压自由世界在南亚的地位。苏联不再主要依靠实力弱小并且非法的共产党，而是开始积极而公开的外交、宣传以及经济活动，以增加其在该地区的影响力。在刚刚过去的几年时间里，数以百计的南亚政治领导人、技术人员、文化人士成为共产主义集团国家的座上宾。苏联领导人认为苏联政策与该地区反对殖民主义情绪相一致。他们对该地区强烈渴求和平以及不卷入世界冲突的愿望很感兴趣。最终，苏联通过特惠条款以及表面上不附加任何政治条件提供大量的援助、贸易、信贷，注入资本，迎合南亚发展经济的愿望。

关于印度，文件指出：印度在国内政治上取得一系列成功，如处理各土邦问题、国家选举、制定宪法、按语言重新划分各邦等。但是，印度面临着经济发展的巨大问题。尽管在 1951—1955 年的"一五"计划期间取得巨大的进步，但失业半失业问题依然存在，公众对经济进步的要求不断增长，这些要求对"二五"计划提出了更高的目标。印度经济开发项目也是国际政治的分支。共产主义中国与印度之间竞争的结果，谁能更好地满足人民对经济发展的渴望，将对整个亚洲和非洲有着深远的影响。① 同样，来自于苏联集团还是西方的经济合作的相关优势，将会被密切关注。印度一直关注的是保持目前的对巴基斯坦的优势。印度将

---

① "National Security Council Report：NSC5701（Statement of Policy on U. S. Policy toward South Asia）"，Washington，Jan. 10，1957，*FRUS*，1955-1957，Vol. Ⅷ，South Asia，pp. 30-31.

会继续从国外购买军事装备以实现其部队现代化，特别是考虑到由于美国援助而导致的巴基斯坦的战斗力估计值增加。

关于巴基斯坦，文件分析了巴基斯坦面临的国际国内形势、政治经济上取得的成绩和存在的问题。巴基斯坦在工业发展上已经取得了重要成绩，正准备开展新的五年发展计划，该计划将把重点放在农业、电力、交通运输等国民经济的基础性行业。该计划的目标是在较大程度上补救不断发生的粮食危机，特别是在东巴，市场化和储备设施不足、管理无能，这些更加恶化了因近年来农业歉收而引起的问题。巴基斯坦政府表面上采取的是基本亲西方、实际上总体亲美的政策，尽管它遵守巴格达条约和东南亚条约主要是因为印度占优的军事地位以及巴基斯坦自身与阿富汗尖锐的争端。美国需要向巴基斯坦提供军事援助。巴基斯坦将会继续在军事装备上投入庞大开支。军备的加强会增加巴基斯坦对付最初的苏联挑衅的能力，也会在一定程度上增加巴基斯坦抵御侵略以及为集体安全作贡献的能力。新的经济发展计划要求巴基斯坦在未来五年从外部获得约 5 亿美元的贷款或赠予。巴基斯坦，作为一个主要的伊斯兰国家，可能会对那些持极端民族主义和反西方的阿拉伯国家产生适度的影响。巴基斯坦在苏伊士运河问题上的立场对美国是有帮助的。继续要求巴基斯坦在中东事务中发挥积极作用符合美国的国家利益。

NSC5701 号文件得出的政策结论是，美国影响南亚事务的能力极为有限。在可预见的未来，美国不能指望坚持中立主义的四个南亚国家加入地区防御联盟。美国也不能指望该地区完全支持美国的政策，当这些政策触及其自由世界盟友的殖民主义问题时。美国也不能完全满足南亚国家对外部经济援助的需求。然而，美国可以做很多事情，以阻止南亚国家变得亲共产主义。美国可以在促进南亚国家抵御共产主义野心以及培育对自由世界利益共同体的认识方面取得进展。在南亚国家的独立、完整、稳定、和平发展方面，美国的政治利益关系是非常大的。如果印度和巴基斯坦处于共产主义影响之下，将会导致连锁反应，其影响可能会波及远至西欧。这些大国将会发生严重的政治不稳定，这将会在很大程度上增加共产主义在该地区的影响，或者会导致南亚的敌对。无论形势如何变化，将会使大国的利益集中于关注威胁世界和平这一点上。因此，美国依然有必要采取特定手段，尽可能有效地处理南亚问题。这将要求根据每个国家不同情况采取不同政策，也要求美国继续介入地区内部问题。巴基斯坦与印度和阿富汗的争执，将继续使美国与南亚的关系复杂化。克什米尔问题双方都能接受的解决方案以及其他争执的解决方案，必须是美国政策的重要目标。南亚国家参加地区组织，诸如科伦坡计划、亚洲远东经济委员会，特别是在经济和技术方面，印度、巴基斯坦、锡兰在英联邦的成员国关系，强化了南亚与自由世界其他国家的关系。鼓励南亚国家之间、南亚国家与其他自由世界国家之间更紧密的经济合作，最符合美国的利益。在美国领导下，南亚对原子能和平利用的开发与实施，对相关国家会有着潜在的统一的影响以及直接的利益，这一点特别重要。

当援助有利于发展地区计划，对该地区和亚洲其他自由世界国家具有经济上的重要性之时，应该扩大援助。印度的真正独立应该加强，一个温和的、非共产主义的印度政府应该成功地获得印度人民的拥护，这符合美国的国家利益。在追求这些目标时，美国的政策存在两难窘境。印度的不结盟政策有时会使自己与美国的计划和行动对立，并且一个强大的、不断取得成就的印度会加重这种对立。然而，从长远来看，一个积贫积弱的印度比起一个稳定而富有影响力的印度，对美国的安全而言，所冒的风险更大。一个积弱的印度有可能会导致南亚和东南亚丢失给共产主义。一个强大的印度将会是在亚洲环境下对共产主义而言另外一种选择的成功典范，并且印度将会不断强化其外部的安全利益，反对共产主义中国对南亚和东南亚的扩张。①"二五"计划为美国在独立而稳定的印度实现自己的利益提供了最好的行动机会。印度必须得到外部援助才能实现其预想的计划目标。除了美国之外，西方的援助似乎都达不到标准。印度基本实现五年计划的广泛目标符合美国的利益。巴基斯坦作为该地区美国的一个积极盟友，加强其独立，取得充足的经济进步以得到民众的拥护，增强其内部稳定和防御能力，这些符合美国国家利益。如果没有大量外部援助，巴基斯坦的有限资源不足以维持军事建设开支。如果美国不能实际担负起对巴基斯坦的责任，那么将会危及美国在该地区的政治地位，削弱意欲保护美国在中东利益的计划的防御，有可能使巴基斯坦从目前的反共亲西方政策中退却，疏远巴基斯坦军方，而在巴基斯坦社会中军方有可能是最稳定、最积极的合作因素。因此，

---

① "National Security Council Report: NSC5701 (Statement of Policy on U. S. Policy toward South Asia)", Washington, Jan. 10, 1957, *FRUS*, 1955-1957, Vol. Ⅷ, South Asia, pp. 34-36.

完成军事援助项目，代表着美国对巴基斯坦的责任，符合美国的国家利益。

文件指出，美国要达到的目标是：①非共产主义政府的存续，该政府乐于并能够抵制来自内部和外部共产主义者的诱骗和压力。②南亚国家和人民与自由世界日益密切的联系和认同。③为了增强南亚国家抵御共产党人的策略和增强它们与自由世界的联系，要减少南亚国家之间的紧张。④如果有可能的话，所有南亚国家的政府强大、稳定、深受拥护。⑤每个南亚国家的经济日益健全和发达。⑥该地区军事力量的情况要致力于地区稳定并且与自由世界的防御相适当。①

为此，美国应在政治、经济、军事等方面采取一系列措施。其中，在经济方面应采取的措施之一是援助该地区政府从事经济开发：①提供技术和发展援助。②培育更有利于私企参与经济开发的条件和政府政策，鼓励美国以及别的国家的私企到该地区投资；更好地理解私企对经济发展的贡献。③强调多边贸易的长期利益，反对双边协定贸易和贸易壁垒。④鼓励和援助南亚国家扩展彼此间的贸易，并开展同自由世界其他国家的贸易。在提供技术和开发援助中，不要给人留下这样的印象，即美国是在与共产主义集团的信贷、援助行为争风吃醋。具体到印度，美国应采取如下措施：支持现政府继续掌权；向印度提供经济和技术援助，支持"二五"计划，通过完善的贷款、480公法等措施达到此目的；继续向印度保证，美国向巴基斯坦提供军事援助以及支持其加入东南亚条约组织和巴格达条约，绝不是对印度不友好，完全是为了自由世界的安全利益以及反对共产主义集团。②

从1953年国家情报文件、NSC5405号文件、NSC5409号文件到NSC5701号文件，其主旨是一脉相承的，即希望遏制共产主义在南亚的发展、提高美国的安全。为此，美国应继续经济援助和技术援助，促进印巴经济的发展，希望印度在与共产主义中国的竞争中赢得胜利，为亚洲其他国家的发展树立一种有别于共产主义的发展模式。上述一系列文件提出的继续援助的主张与"贸易而非援助"削减援助的"哲学"形成

---

① "National Security Council Report：NSC5701（Statement of Policy on U. S. Policy toward South Asia）"，Washington，Jan. 10，1957，*FRUS*，1955-1957，Vol. Ⅷ，South Asia，p. 38.

② "National Security Council Report：NSC5701（Statement of Policy on U. S. Policy toward South Asia）"，Washington，Jan. 10，1957，*FRUS*，1955-1957，Vol. Ⅷ，South Asia，pp. 39-40.

了相互矛盾。在这种矛盾斗争中，艾森豪威尔第一任期继续着对南亚的援助。

四　对印度的援助

尽管美印双方误解不断，美国援助计划在 20 世纪 50 年代还是蹒跚前行。美国几任驻印大使积极努力，推动援助计划得以继续进行。许多有才能的美国技术人员、管理人员、专业人员来到印度，在美国援助项目下工作。1953 年美国援助计划，国会拨款约 45 亿美元，其中 70% 是直接军事援助，20% 是防御支持，在分配方面很明显从欧洲向亚洲转变。发展援助数量较少。1954 年，行政部门请求外援拨款仅 35 亿美元，国会仅拨款 24 亿美元，其中 86% 用于军事援助和防御支持。① 1954 年在外援方面有所倒退。1954 财年，国务院对南亚国家的教育交流项目中有如下赠予：167 个赠予名额，其中 117 个给了印度人，50 个给了美国人。这 50 名美国人中有 12 名是全印度大学合同项目中的授课专家，印度人中有 15 名是到美国的印度领导人。②

1953 年 6 月 1 日，国务卿杜勒斯就其对印度的访问进行了说明。双方共同回顾了对共同关心的国际问题的看法，包括朝鲜停战协定问题和对东南亚的威胁问题。双方观点不尽相同，但是消除了一些误解，美方更加清楚地了解印度的五年计划。印度是世界上最大的自治国家，它与共产主义中国有约 2000 英里共同边界。"这两个国家之间正在进行着一场竞争，究竟是自由方式还是极权国家方式能够取得更大社会进步。这种竞争直接影响两国 8 亿人民。从长远来看，结果会影响整个人类"。……要向印度提供技术援助和外部资源，使印度能够继续进行其五年计划。③

1953 年 10 月 7 日，副总统尼克松开始远东之行。除了访问远东各国之外，还访问了南亚。11 月 27 日至 29 日访问锡兰，11 月 29 日至 12 月 4

---

① W. W. Rostow, *Eisenhower, Kennedy, and Foreign Aid*, Austin: University of Texas Press, 1985, pp. 92-93.

② "Memorandum by the Acting Executive Officer of the Operations Coordinating Board (Morgan) to the Executive Secretary of the National Security Council (Lay)", Washington, July 29, 1954, *FRUS*, 1952-1954, Vol. XI, Part 2, p. 1140.

③ Statement by Secretary of State John Foster Dulles on his visit to India and Pakistan, 1 June 1953, *US-South Asian Relations 1947-1982*, Vol. 1, Radiant Publishers, 1983, p. 198.

日访问印度，12 月 4 日至 6 日访问阿富汗，12 月 6 日至 9 日访问巴基斯坦、伊朗之后，于 12 月 14 日返回华盛顿。尼克松在其回忆录中谈到对印度的访问，"在这次行程中我所遇到的最不友好的领导人是尼赫鲁……尼赫鲁过分地没完没了地谈及印度与巴基斯坦的关系。比起讨论美印关系或其他亚洲问题，他花费更多时间抱怨印度的邻居。他强烈反对有争议的美国对巴基斯坦援助提案……"①

1954 年通过的农产品贸易开发与援助法（480 公法），授权 10 亿美元，在 3 年时间处理美国剩余农产品。该法被美国高级官员认为是对科伦坡计划关于南亚、东南亚国家经济开发有价值的补充。480 公法于 1956 年应用到印度。在战略材料和东西方贸易方面，美国与印度就绿柱石和硝酸钍达成协议。1950 年 10 月 1 日，美印就绿柱石达成协议，美国购买印度生产的 25% 绿柱石，为期 5 年，可选择 5 年延长期。1954 年达成购买硝酸钍协议，12 月双方签署合同，美国购买 230 吨硝酸钍。艾森豪威尔在 1955 年春向国会提交了建立 2 亿美元亚洲发展基金的议案，其中很大一部分用于印度的发展。经过国会的激烈讨论，削减了费用的一半，通过了 1 亿美元的亚洲发展基金计划。1954 财年，美国行政部门提议的对印度的经济援助和技术援助，以百万美元计，各部门的分配是：农业 25.58，工业 61.15，交通运输业 0.64，健康方面 8.51，公共管理 0.08，教育 5.03，社区开发 8.76，各混杂项 0.25，共计 110。而最终在 1954 财年美国承担的资金，以百万美元计，各部门的分配是：农业 17.35，工业 35.33，交通运输业 21.97，健康 5.01，劳动力教育培训 0.1，公共管理 0.01，教育 0.86，社区开发 5.74，各混杂项 0.48，共计 86.85。② 1955 财年，美国行政部门提议的对印度的经济援助和技术援助，以百万美元计，各部门的分配是：农业 15.57，工业 19.11，交通运输业 15.12，健康方面 6.68，公共管理 0.17，教育 1.5，社区开发 6.35，各混杂项 40，共计 104.5。而最终在 1955 财年美国承担的资金，以百万美元计，各部门的分配是：农业 7.8，工业 17.42，交通运输业 18.55，健康 7.73，劳动力教育培训 0.7，公共管理 0.04，教育 0.73，社区开发

---

① Extracts from the *Memoirs of Richard Nixon* on his visit to India during November December 1953, *US-South Asian Relations 1947-1982*, Vol. 1, p. 199.

② Charles Wolf, *Foreign Aid*: *Theory and Practice in Southern Asia*, Princeton: Princeton University Press, 1960, pp. 166-169.

0.28，各混杂项 31.18，共计 84.43。[1] 1956 财年，美国行政部门提议的对印度的经济援助和技术援助，以百万美元计，各部门的分配是：农业 10.04，工业 23.19，交通运输业 6.15，健康方面 7.91，公共管理 0.17，劳动力教育培训 0.27，公共管理 0.14，教育 1.62，社区开发 1.43，各混杂项 34.25，共计 85。而最终在 1956 财年美国承担的资金，以百万美元计，各部门的分配是：农业 8.23，工业 5.92，交通运输业 14.19，健康 4.19，劳动力教育培训 0.37，公共管理 0.11，教育 2.02，社区开发 0.26，各混杂项 25.59，共计 60.88[2]。1957 财年美国承担的资金，以百万美元计，各部门的分配是：农业 2.13，工业 1.96，交通运输业 15.18，健康 8.1，劳动力教育培训 0.06，公共管理 0.11，教育 0.75，社区开发 2.23，各混杂项 38.2，共计 68.72[3]。总体来看，与 1954 财年和 1955 财年相比，1956 财年和 1957 财年对印度的经济和技术援助数额遭到严重削减。

美国向巴基斯坦提供军事援助项目以及通过军事协定而进行的集体安全政策，导致印美关系恶化。美印双方也为改善两国关系而积极努力。艾森豪威尔致尼赫鲁的信中谈道："我认为，美印之间有许多共同点。我们在一些问题上看法的差异不会对我们两国日益发展的友谊与合作构成任何障碍。"[4] 尼赫鲁在回信中谈道："我非常确信，美印之间有许多共同点。我也认为，每个国家因历史、经历不同而在某些问题上有不同的看法，这是很自然的事。但是，这种方法上的差异不允许出现在友谊合作过程中。"[5] 1955 年 5 月以来，美印关系的氛围得到了改善。尼赫鲁对美国集体安全政策的批评与近年来其他时期相比，少了一些感情用事。印度报界的态度也相应温和了一些。在 1956 年 7 月爆发的苏伊士运河危机中，印美两国在联合国密切合作，美国批评英法入侵埃及得到

---

[1] Charles Wolf, *Foreign Aid: Theory and Practice in Southern Asia*, Princeton: Princeton University Press, 1960, pp. 192-195.

[2] Charles Wolf, *Foreign Aid: Theory and Practice in Southern Asia*, Princeton: Princeton University Press, 1960, pp. 214-217.

[3] Charles Wolf, *Foreign Aid: Theory and Practice in Southern Asia*, Princeton: Princeton University Press, 1960, pp. 230-231.

[4] "President Eisenhower to Prime Minister Nehru", Washington, Nov. 30, 1954, *FRUS*, 1952-1954, Vol. XI, Part 2, p. 1786.

[5] "Prime Minister Nehru to President Eisenhower", New Delhi, Dec. 13, 1954, *FRUS*, 1952-1954, Vol. XI, Part 2, p. 1794.

了印度的支持。1956 年 12 月，尼赫鲁对美国成功地进行第二次访问。与 1949 年那次访问时的情形有所不同，尼赫鲁不但同艾森豪威尔建立了密切的关系，美国舆论的反应也空前热烈。① 印美关系得到改善，但是这并没有导致美国对印度援助的迅速增加。艾森豪威尔在与尼赫鲁会谈时指出，美国一直认为，美国援助巴基斯坦时并没有这种想法，即巴基斯坦对付印度的力量应当得到加强。无论什么时候美国卖给别国武器，都强调这种武器不要用于侵略。② 大约在印度开始第二个五年计划（1956—1961 年）时，美国对印度的经济援助开始日益增加。有些学者认为，苏联自 20 世纪 50 年代中期大量援助的注入导致了美国重新评估其对印度的援助。③

但是，总体来看，在艾森豪威尔第一任期，美印经济关系有弱化的趋势。行政部门请求了 0.195 亿美元的对印技术援助，国会划拨了 0.15 亿美元，并将这个数目削减到 0.1 亿美元（比上一年总数少了 1/3）。行政部门请求 0.7 亿美元的对印度开发援助，众议院削减到 0.6 亿美元，参议院削减到 0.5 亿美元，行政机构暂时削减到 0.4 亿美元（低于 1954 财年、1955 财年援助水平）。这些削减并没有受到印度政府的批评，但是毫无疑问引起了失望。而且，预算局的态度是国会有意用 480 公法剩余农产品援助取代 1956 财年的开发援助。印度会把美国开发援助的减少视为美国对印度态度的主要倒退。与此同时，印苏关系在许多领域也日益紧密。尼赫鲁在莫斯科受到异乎寻常的热情接待，印苏联合公报号召加强两国在经济文化、科学技术研究领域的交流合作。苏联援助印度建立钢厂，还在原子能领域、重工、采煤、采油等方面提供援助。苏联的卫星国也对印度援助，并在民航方面达成协议。这些都是与和平共处与合作政策相一致的。当然这些都没有偏离不结盟的基本政策。④

1956 年 3 月 13 日，美国驻印使馆对美国对印经济援助计划进行了分

---

① 《冷战初期印拒绝美国拉拢维护中国在联合国权益》，中国网，2008 年 1 月 21 日，http：//www. china. com. cn/military/txt/2008-01/21/content_ 9561285. htm。

② "Memorandum of a Conversation Between President Eisenhower and Prime Minister Nehru", The White House, Washington, Dec. 19, 1956, *FRUS*, 1955-1957, Vol. Ⅷ, p. 332.

③ P. J. Eldridge, *The Politics of Foreign Aid in India*, Delhi：Vikas Publication, 1969, p. 31.

④ "Instruction from the Department of State to the Diplomatic and Consular Offices in India", Washington, Jan. 20, 1956, *FRUS*, 1955-1957, Vol. Ⅷ, p. 304.

析。印度正在进行"二五"计划，该计划预计花费是"一五"计划的 2
倍。"二五"计划把重点调整到工业化上。要对美国外援政策重新评
估，必须把"共产主义"经济渗透计划考虑进去。分析认为，苏联通过
援助、贸易，充当欠发达国家利益的保护者。尽管印度在主要外交政策
方面不同意美国的看法，但是，印度是一个"民主国家"，是亚洲最大的
"自由国家"，拥有煤、铁、战略材料等丰富的自然资源。在某种意义
上，印度为民众取得的经济进步可以宣示在亚洲与"共产主义中国"的
竞争中"民主的优越性"。苏联对这些欠发达国家的经济福利表示关心，
向这些国家进行经济渗透。所以美国要对印度进行充分援助，使其通过
自身努力逐渐符合美国的短期和长期利益。

在"二五"计划期间，印度需要大量的援助以实现经济发展目标。
印度"二五"计划要投资 710 亿卢比（合 149 亿美元，其中约 100 亿美
元用于公有部门，49 亿美元用于几个特定的私有部门）。这是在 5 年之
内提高国民收入 25% 的宏伟计划。"二五"计划预计花费 480 亿卢比用
在公有部门，估计有 120 亿卢比（约合 25 亿美元）资金不足。因为该
计划所需的外汇不足，印度估计有约 17 亿美元的外汇缺口。在国际
复兴开发银行（IBRD）、科伦坡计划、苏联援助以及别的国家的共同
努力下，估计外汇差距可减少到约 11 亿美元。在该计划期间，印度
需要进口约 500 万吨钢材。全世界钢材短缺，价格持续上涨，印度面临
着超出其目前计划所估计的实际需求和外汇需求问题。一个为期 5 年的
完整对印援助计划，毫无疑问是可能的。这个对印援助计划包括：销售
美国剩余农产品，特别是小麦，在 3—5 年时间，价值约 3 亿美元；使
用印度援助贷款的美元支付，反对使用目前贷款卢比支付。一个有效的
计划并不意味着美国承担印度计划中所有的差额。一定量的差额应留给
印度，作为使其更加努力的刺激。美国的援助，应考虑外汇需要、印度
内部财政需要和可能的通货膨胀之下的政治经济因素。印度资金差额总
量约为 20 亿美元，估计外汇缺口约为 11 亿美元。在这种情况下，美国
应考虑长达 5 年的总计划，在经济开发援助方面约为 5 亿美元，在对印
剩余农产品方面最小销售额为 3 亿美元。1956 财年，国会授权开发援
助 0.7 亿美元，拨款了 0.5 亿美元（另外 0.1 亿美元分配给向印度技术
援助）。美国可能在接下来的 3 年依据 480 公法，向印度出售价值 3 亿
美元的剩余农产品。最少印度可消费 350 万吨小麦，这在当时对美国很

重要。① 该文件从遏制共产主义的冷战思维出发，分析了向印度提供经济援助的重要性。同时，该文件结合印度"二五"计划外汇缺口的实际情况，主张对印度进行长期援助，并向印度销售剩余农产品。

1956 年 3 月 30 日，工作协调委员会的进展报告指出，苏联正在加大拉拢印度、阿富汗等国家的力度，削弱它们与西方国家的关系。在果阿问题上，印度与美国关系紧张。在过去一段时间，主要由于冷战紧张局势的总体缓和，印美关系的氛围得到了一些改善。尼赫鲁对美国集体安全政策的批评不再感情用事。库珀大使与尼赫鲁建立了密切的个人关系，并给印度报界留下了很好的印象。另外，在解决印美基本差异方面没有取得任何进展。印度与中国的关系没有任何变化，与苏联的关系更为密切。由于苏联增强在印度的影响，西方的地位相对于"共产主义集团"来说恶化了，主要表现在苏联领导人贝尔加宁和赫鲁晓夫访问印度，以及印苏贸易不断增长的前景。苏联领导人在印度受到了热烈欢迎。在不断增长的印苏贸易中，苏联向印度提供优惠贷款。印度也对苏联领导人公开全面支持印度在克什米尔和果阿问题上的立场而欢欣鼓舞。还有一些对美国和西方发展不利的事件：印度对 1955 年 12 月 2 日的杜勒斯—库尼亚公报的反应过热，并且印度政府拒绝接受美国政府就此事作出的解释；通过把印度寿险公司等国有化运动可以看出印度可能不鼓励外来私人在印度投资；印巴关系恶化。这一阶段可能对美印关系发展有利的事件：艾森豪威尔与尼赫鲁就尼赫鲁访问热诚交换信件；马克斯韦尔·泰勒将军访印以及印度军队高官访美；尼赫鲁似乎决定准许美国情报局下属机构在印度从事有限活动；印度官方对在新加坡召开的科伦坡计划会议上美国声称经济援助印度表示非同寻常的热烈欢迎；印度参加促进地区合作活动，比如向缅甸贷款，提议在亚洲经济开发基金之下与日本合作。

报告指出，为了加强印度的国防力量，应对印度进行军事援助。在可偿还的军事援助项目下交付 17 架 C-119G 运输机。美国批准了一项英国请求放行"Green Statin"秘密雷达装备给印度，用于安装在英国有可能销售给印度的导弹上。印度有望购买 60 枚苏联激光导弹。报告认为，美国应采取以下措施强化印度经济：批准一项 0.5 亿美元用于开发援助

---

① "Paper Prepared in the Embassy in India", New Delhi, March 13, 1956, *FRUS*, 1955 - 1957, Vol. Ⅷ, pp. 312-316.

的赠予；赠予印度 2 万吨小麦和大米作为特殊水灾救济措施；赠予500000cc 微克血球蛋白以帮助应对史无前例的德里地区肝炎流行；可能进行一项为期 3 年的 4 亿美元 480 公法项目。①

苏联成功地不断扩大对一些地区的经济渗透，在印度的经济影响主要表现在：比莱钢铁厂，安排数百名印度技术人员在苏联培训，提供长期贷款，技术援助和不断扩大的贸易。美国正计划努力重新检查其对印度的经济援助政策，努力通过援助和投资行为对印度政治经济的未来施加最大影响。②

五　对巴基斯坦的援助

构建区域性集体安全防御体系。新中国的成立、朝鲜战争以及由于印支战争而造成的东南亚混乱形势，对美国亚洲军事和经济援助计划的转变有重要影响。1951—1952 年，埃及、伊朗等中东国家的革命或国内动乱，要求美国重新调整和加强亚洲西部地位。1953 年艾森豪威尔上台后，为了遏制苏联，美国寻求得到南亚国家印度和巴基斯坦的合作来达到其全球目标。而中东，作为连接欧亚非三大洲桥梁，拥有丰富的石油资源，对美国而言，具有地缘和战略方面的重要性，"莫斯科一旦控制住了中东的石油，那么它就扼住了欧洲的颈静脉"。③ 此外，加上苏联希望得到南部的温水港的意图等因素，促使美国开始考虑中东防御是否依赖区域性组织。印度拒绝加入美国的反共战线，坚持不结盟态度。巴基斯坦是一个较好的替代选项，并且巴基斯坦愿意加入军事条约以及与资源和稳定性相比在战略上具有优势。④ 美国驻巴基斯坦大使沃伦（Warren）认为，美国对巴基斯坦的政策，其基本的目标是要给予其帮助，使其能够向前发展。这种政策的基本手段是实施技术和经济援助的"第四点计划"。美国与巴基斯坦在 1951 年 2 月签署了"第四点

---

① "Progress Report by the Operations Coordinating Board", Washington, March 30, 1956, *FRUS*, 1955-1957, Vol. Ⅷ, pp. 3-7.

② "Progress Report by the Operations Coordinating Board", Washington, Nov. 28, 1956, *FRUS*, 1955-1957, Vol. Ⅷ, pp. 11-16.

③ John C. Campbell, *Defence of the Middle East*, New York, Published for the Council on Foreign Relations by Harper and Brothers, 1958, p. 131.

④ Aftab Alam, *U. S. Military Aid to Pakistan and India's security*, Delhi: Raj Publications, 2001, p. 45.

计划"总协议，并按照 1952 年制定的共同安全法，进行修订。"第四点计划"的各种项目，大概价值 1000 万美元，主要用于解决巴基斯坦国民经济的一些基本问题。① 1953 年 1 月由国务卿杜勒斯等人提交给国家安全委员会的一份报告指出，美国应该继续努力，组建中东防御组织，作为该地区一些国家实现初步政治合作的一种方式。在这个方向上的最初努力应该是关注埃及。之后，美国应考虑采取更加正式的承诺来支持中东和南亚的这些国家，这些国家表示决定自我防御，并愿意与西方合作。除了希腊、土耳其、伊朗等之外，美国应准备向有些中东国家提供赠予性的军事援助。可以相信，在中东防御中，可以获得巴基斯坦的积极合作，如果巴基斯坦没有陷入与印度难以解决的问题。在伊朗东翼巴基斯坦力量的增强，会同西北方土耳其强大，会增加伊朗的自信，并在该地区产生一种稳定性的影响。第一批对巴基斯坦的大量军事援助应尽早提供。② 1953 年 5 月，巴基斯坦总理阿里·汗在记者会上指出，美国认为，在联合国建立的集体安全的原则下，像巴基斯坦这类情形的国家，自然地会对意欲促进该地区集体安全的措施感兴趣。巴基斯坦既是一个中东国家，也是一个南亚国家。美国对中东国家的安全持续关注，同时也对可能会促进南亚和东南亚政治社会稳定的任何措施感兴趣。③

美国关于东南亚的目标，是阻止东南亚国家进入共产主义轨道，帮助它们进行发展，帮助它们增强抵制内部和外部共产主义的能力，为加强自由世界而作出贡献。美国认为，共产主义对整个东南亚的控制，不论以何种方式，无论短期还是长期来看，都将会严重危害美国的安全利益。④ 1954 年 9 月 8 日，东南亚集体防御条约签订，建立了由巴基斯坦、泰国、菲律宾、美国、英国、法国、澳大利亚、新西兰组成的联盟。各成员国有不同的目的。美国的目的是在该地区集体

① Address by Avra M. Warren, US Ambassador to Pakistan, before the Middle East Institute at Washington, 16 June 1952, *US-South Asian Relations 1947-1982*, Vol. 2, pp. 74-75.

② A Report to the NSC by the Secretaries of State and Defence and the Director of Mutual Security on Reexamination of US Programmes for National Security, *US-South Asian Relations 1947-1982*, Vol. 2, 19 January 1953, pp. 76-77.

③ Statement by Mohammad Ali, Prime Minister of Pakistan to the press, May 1953, *US-South Asian Relations 1947-1982*, Vol. 2, p. 77.

④ Statement of Policy on "United States Objectives and Courses of Action with respect to Southeast Asia", early 1952, *US-South Asian Relations 1947-1982*, Vol. 2, p. 73.

努力遏制共产主义的扩张，而其他东南亚条约组织的成员国目的各不相同。①

中东地区，由于大量的石油资源以及重要的战略地位，一直是美国极为关注的地区。第二次世界大战后，超级大国都为了自己的利益充分认识到石油的战略重要性，希望阻止对手得到重要的油品供应。艾森豪威尔甚至认为，没有什么地方在战略上比波斯湾更为重要。为了保护自身利益，以及朋友和盟友利益，在英国撤退之后，美国决定与该地区的国家建立军事联盟。共同安全署副署长伍德（Wood）认为，有一些中东国家，是值得信赖的国家，像沙特、巴基斯坦，还有别的一些国家。②1954 年 4 月 21 日与伊拉克签署了共同防御援助协定；随后，为了中东的集体防御目的，土耳其和伊拉克于 1955 年 2 月 24 日签署了相互合作协定。1955 年 9 月 23 日，巴基斯坦成为由英国、土耳其、伊朗和伊拉克等组成的另一个集体防御条约组织即巴格达条约组织的成员。1958 年 7 月伊拉克革命，伊拉克停止参加条约行动，因此 10 月司令部迁往安卡拉；1959 年 3 月伊拉克正式退出，8 月该组织被称为中央条约组织（CEN-TO）。虽然美国积极为巴格达条约游说，并且后来也参与了其中的工作，但它从未官方签署条约。其担心，正式加入条约可能会与埃及以及其他阿拉伯国家关系疏远。同时担心加入条约会激起以色列对着干（要求签署共同防御条约），从而影响下届总统选举。与以色列签订条约可能会导致包括伊拉克在内的阿拉伯国家拒绝与美国结盟，并且会使这些国家接受苏联的提议。③

巴基斯坦加入该条约比加入东南亚条约更有热情。巴基斯坦与伊斯兰国家一直有着特殊关系，巴基斯坦极力打造与中东的伊斯兰国家更为紧密的联系，把自己视为中东的一部分，热心参与涉及地区防御的计划。巴基斯坦也希望进一步消除存在的不安全感，至少是强化心理上对

---

① Aftab Alam, *U. S. Military Aid to Pakistan and India's security*, Delhi：Raj Publications, 2001, p. 50.

② Statement by C. Tyler Wood, Associate Director of the Mutual Security Agency, During the Hearings before the Senate Agency, During the Hearings before the Senate Committee on Foreign Relations (CFR) on the Mutual Security Act of 1952, 21 April 1952, *US-South Asian Relations 1947-1982*, Vol. 2, pp. 73-74.

③ Aftab Alam, *U. S. Military Aid to Pakistan and India's security*, Delhi：Raj Publications, 2001, p. 52.

印度的安全感。同时，还希望通过加入条约取悦于美国。① 正如巴基斯坦外长努恩（Firoz Khan Noon）所言，强大邻国的敌意迫使巴基斯坦加入防御联盟以捍卫其自由。② 一位巴基斯坦作家认为，"尽管这些条约表面上是针对共产主义的，但巴基斯坦加入主要是受其强烈的压制印度日益增长的军事力量的愿望所驱使"③。1956 年 3 月 20 日，国际合作总署署长霍利斯特（Hollister）在众议院对外事务委员会关于 1956 年共同安全法的听证会上指出，根据巴基斯坦在东南亚条约组织和巴格达条约中所承担的义务，其保持充分的防御和建立强大的经济的努力值得美国大力支持，因为巴基斯坦的强大和自由是保卫自由亚洲链条中的中心一环。④ 1956 年 4 月 24 日、25 日，负责近东、南亚和非洲事务的助理国务卿艾伦（George V. Allen），两次在众议院对外事务委员会听证会上强调了巴基斯坦对自由世界的重要意义。巴基斯坦加入东南亚条约组织和巴格达条约，而巴格达条约将西方的北约与东方的东南亚条约联系在一起，形成了战略防御边界。美国非常支持集体安全体系，通过提供经济和军事援助，帮助中东地区国家阻止苏联的渗透。美国对印度的援助是对巴基斯坦援助的 4 倍，因为印度的人口是巴基斯坦的 4 倍左右。1956 年美国对巴基斯坦的援助要比对印度的援助多 1.5 倍。⑤ 1956 年 5 月 14 日的国务院公报指出：巴基斯坦在无条件地反对共产主义侵略方面站在美国一边，采取鲜明的立场。巴基斯坦联合其他热爱自由的东方国家组成了东南亚集体防御条约，与西方国家组成了巴格达条约。巴基斯坦地域被 1000 英里的印度边界划分为两部分。其主要经济困难来自贫困、生产力低下、难民问题以及关键的预算和外汇状况。美

---

① Aftab Alam, *U. S. Military Aid to Pakistan and India's security*, Delhi：Raj Publications, 2001, p. 52.

② Aftab Alam, *U. S. Military Aid to Pakistan and India's security*, Delhi：Raj Publications, 2001, p. 53.

③ Aftab Alam, *U. S. Military Aid to Pakistan and India's security*, Delhi：Raj Publications, 2001, p. 53.

④ Statement of John B. Hollister, Director of International Cooperation Administration （ICA）, in the Hearings before the House CFA on the Mutual Security Act of 1956, 20 March 1956, *US-South Asian Relations 1947-1982*, Vol. 2, p. 117.

⑤ Statement by Assistant Secretary of State for NEA George V. Allen in Hearings before the House CFA, on the Mutual Security Act of 1956, 25 April 1956, *US-South Asian Relations 1947-1982*, Vol. 2, p. 122.

国援助巴基斯坦政府发展经济，重点是农业生产、矿业和林业开采、刺激新的工业和投资，以及提供关键性的原材料和消费品。美国也向巴基斯坦提供防御支持，主要是向巴基斯坦部队提供装备以及帮助发展其工业和交通运输业。西巴多干旱，东巴易遭受经常性的洪灾，美国所提供的水资源项目援助非常重要。巴基斯坦的通货膨胀问题及由此而引发的生活水平的压力，由于美国提供资金援助进口必要消费品和原材料而得以缓解。①

军事援助与美巴结盟。巴基斯坦自独立以来，由于地缘环境的制约，东巴和西巴相距 1000 多英里，中间是"敌对的"印度领土。1947 年次大陆分治时，大部分的工业、自然资源等都判给了印度。在巴基斯坦人的观念中，印度一直是巴基斯坦继续存在的最大威胁，印度拥有相对强大的经济和军事力量，在任何时候都有可能选择重新统一次大陆。② 大部分印度人的想法是，独立的伊斯兰国家巴基斯坦从来就不应该建立。③ 1947 年 8 月 14—15 日，刚进行权力交接之时，社会暴乱就在整个次大陆发生。数以百万计的人们越过彼此疆界。难民问题成为这两个新独立国家的沉重负担。到 1948 年，约有 1/10 的西巴人沦为难民。④ 印巴双方在克什米尔等问题上存在冲突和争端。在联合国，围绕克什米尔问题的争端，由于大国权力政治而复杂化。克什米尔问题军事冲突的威胁迫使双方把大量的资源投入到国防，这反过来又对双方的经济产生了严重的影响。此外，大量印度军队兵陈印巴边境。因为东巴的社会暴乱，1950 年 2 月 23 日，尼赫鲁警告巴基斯坦，如果不同意印度所建议的方法，那么印度可能不得不采取其他方法。这在巴基斯坦被认为是对其领土完整的公开挑战。⑤ 因此，国家安全和生存是巴基斯坦独立以来的头等大事。出于

---

① "Technical Cooperation in the Near East and South Asia", article by Stephen P. Dorsey, Deputy Regional Director for NEA, ICA, in *Department of State Bulletin*, 14 May 1956, *US–South Asian Relations 1947–1982*, Vol. 2, p. 123.

② Keith Callard, *Pakistan's Foreign Policy*, New York: Institute of Pacific Relations, 1957, p. 27.

③ Mechael Brecher, *India's Foreign Policy*, New York, Institute of Pacific Relations, 1957, p. 7.

④ Wayne A. Wilcox, *India*, *Pakistan and the Rise of China*, New York, Walker & Co., p. 26.

⑤ Sattar Baber, *U. S. Aid to Pakistan*: *A Case Study of the Influence of the Donor Country on the Domestic and Foreign Policies of the Recipient*, Karachi: Pakistan Institute of International Affairs, 1974, p. 41.

国家安全的考虑，巴基斯坦积极谋求大国的支持，加强国防和军事力量，一直热心与美国结成密切联盟。

美国希望巴基斯坦和土耳其可以成为中东地区遏制共产主义的坚强堡垒。出于对全球遏制共产主义的考虑，美国认识到印度不可能放弃不结盟的外交政策，而巴基斯坦则迎合美国结成军事条约的愿望，并且同意在其国土上建立监听站和通信设施。国务卿杜勒斯更看重巴基斯坦连接中东和东南亚的功能。国际政治理论现实主义学派代表人物摩根索教授认为，国务卿杜勒斯毫无异议地控制了美国对外政策，并且受到艾森豪威尔史无前例的威望的全力支持，不用担心国内的反对，去实行他所选择的任何对外政策。① 杜勒斯 1953 年就任国务卿之后的行动之一就是到中东和南亚进行实况考察访问。这次访问的主要目的就是要寻找遏制中国和苏联的可靠盟友。在他寻找反对共产主义的"方式和地点"过程中，巴基斯坦给他留下了十分深刻的印象。他感到，该民族强烈的忠诚和尚武精神将会使之成为反对共产主义的可靠堡垒。斯大林去世、伊朗摩萨台政权倒台以及苏联第一颗氢弹爆炸试验成功，使美国对巴基斯坦的军事援助计划进程大大加快。1953 年 6 月 1 日，国务卿杜勒斯就美国中东防御政策进行了说明。他说，中东防御组织是一个未来，而不是一个立即可能。许多阿拉伯结盟国家关注与以色列或者与英法的争吵，而对苏联共产主义的威胁关注甚少。……有一个模糊的成立集体安全体系的意愿。但是这种体系不能是外部强加，而应是内部设计和成长，源于共同的命运和共同的危险的感觉。在等待这种安全体系正式建立的同时，美国可以有效地帮助那些有意愿的国家强化它们相互间的防御。不是相互攻击或者攻击西方，而是要抵御对所有自由民众的共同威胁。美国未来与巴基斯坦的军事关系，或者是与该地区其他国家的关系，都是在这个框架内进行的。② 在 1953 年 6 月 3 日的参议院对外关系委员会会议上，杜勒斯指出，"我认为，沿着北部地区发展力量是可能的。那里存在对苏联的更大的担心。可以从那里得到一种机动（力量）部队。你会

---

① Sattar Baber, *U. S. Aid to Pakistan*：*A Case Study of the Influence of the Donor Country on the Domestic and Foreign Policies of the Recipient*, Karachi：Pakistan Institute of International Affairs, 1974, p. 19.

② Address by Richard H. Sanger, Public Affairs Adviser, Bureau of NEA, before the annual conference of the American Friends of the Middle East at New York, 29 January 1954, *US—South Asian Relations 1947-1982*, Vol. 2, pp. 88-89.

发现一种不同的价值观，并对苏联威胁有一种不同的认识，会对他们有所依赖。……土耳其是一个支撑点，巴基斯坦或许是另外一个。……目前，关于巴基斯坦的困难是我们还没有任何军事援助巴基斯坦的项目，因为我们考虑到印度的反应而不敢这样做"①。1953 年 9 月至 10 月，巴基斯坦陆军总司令阿尤布·汗将军访问华盛顿，巴基斯坦迈出了寻求美国军事援助的第一步。阿尤布·汗访美期间，国会、五角大楼、中情局、国务院的官员，对阿尤布·汗都颇有好感。9 月 30 日阿尤布·汗拜会国务卿杜勒斯，国务卿表示不论印度反应如何，他个人支持对巴基斯坦的武器援助，但需要总统来决定。接着，11 月，巴基斯坦总督古拉姆·穆罕默德（Ghulam Mohammad）在外长陪同下访美，会晤了国务卿、国防部部长和总统，就军事援助问题进行了进一步的磋商。古拉姆·穆罕默德的美国之行在印度引起了轩然大波。尼赫鲁警告华盛顿和卡拉奇，如果在美国金钱援助下巴基斯坦建立起强大的部队，那么会带来严重的后果，将会把冷战带到次大陆的门槛。② 国务院档案表明，在 1953 年秋，巴基斯坦向美国作出非正式军事援助请求。美国当局也开始考虑向巴基斯坦提供一些军事援助以防御中东。美国一直认同其反对共产主义的全球战略需要军事方面更加强大的巴基斯坦，但是担心冒犯印度。1953 年 10 月 30 日艾森豪威尔批准的国家安全政策指出，在中东，目前一个强大的区域性组织现在还不可行。为了保证在和平时期支持美国及其盟友得到资源（特别是石油），该地区的战略位置，以及不倒向苏联集团，美国应该依赖土耳其、巴基斯坦，如果可能还有伊朗，通过政治行动和有限的军事和经济援助，帮助他们在中东取得稳定性。③ 1953 年 11 月底 12 月初，副总统尼克松访问印度、巴基斯坦和其他亚洲国家。与国务卿杜勒斯一样，尼克松在印度受到冷遇而在巴基斯坦受到热情接待。尼克松把尼赫鲁描述为他所遇到过的亚洲最不友好的领导人。访巴期间，副总统尼克松在卡拉奇待了三天，与巴方政要举行了会谈。他说，他确信巴基斯坦人民有着坚定的信心阻止共产主义的野心，美国为在工

---

① Testimony by Secretary of State Dulles in the executive session of the Senate CFR, 3 June 1953, *US-South Asian Relations 1947-1982*, Vol. 2, p. 78.

② Dennis Kux, *The United States and Pakistan*, *1947-2000*: *Disenchanted Allies*, Baltimore and London: The Johns Hopkins University Press, 2001, p. 58.

③ "Basic National Security Policy", A Statement of Policy by the NSC approved by President Eisenhower on 30 October 1953, *US-South Asian Relations 1947-1982*, Vol. 2, pp. 82-83.

业发展和防御方面支持巴基斯坦而感到自豪。12 月 7 日，与巴基斯坦总督古拉姆·穆罕默德会谈。总督多次谈及军事援助问题，声称认为巴基斯坦会攻击有 0.4 亿穆斯林印度的想法是荒谬的，尼赫鲁也不会相信巴基斯坦会攻击印度。总督言称，如果美国提供军事援助，他将作为一位老朋友亲自飞抵新德里拜会尼赫鲁，重新向他保证，以免他对巴基斯坦使用军事装备意图的担心。总督指出，美国军事援助巴基斯坦的耽搁，会使尼赫鲁处理克什米尔问题更加困难，也会使美国更难以抉择。[①] 尼克松询问，如果不能得到军事援助会对巴基斯坦造成什么影响？总督回答道：灾难性的影响。谈到尼克松认为的苏联的殖民主义就是帝国主义时，巴方相信俄国努力寻求通往波斯湾的通道，通过伊朗、阿富汗和巴基斯坦，自由世界应察知其至关重要的急迫性。不管美国援助与否，巴基斯坦必将尽己所能阻止这种行为发生。尼克松在其回忆录中写道："在巴基斯坦，我会见了阿尤布·汗，他当时是巴基斯坦武装部队总司令，还没有掌握政治权力。我特别愿意与他会谈，因为他不像大多数本国人，他并不被巴印问题所纠缠困扰。他确实表示出了对印度人总体上的蔑视和不信任。但是，比起反对印度人，他更反对共产主义。他严重关切共产主义威胁，包括意识形态上的威胁和军事上的威胁，严重关切苏联利用印度作为傀儡在南亚建立主要存在的危险。在阿尤布·汗职业生涯的那个阶段，他强烈的亲美并认为巴基斯坦和美国应该是盟国和朋友。"[②] 在回国后，尼克松建议与巴基斯坦结盟，对巴基斯坦进行军事援助，并且认为，在这个问题上美国的决定应根据美国的最大利益，而不应根据担心印度的反应而发生偏斜。尼克松在国家安全委员会上令人印象深刻的两个小时的陈述使争论得到解决，并推动最终决定向巴基斯坦提供军事援助。[③] 美国驻巴大使希尔德雷思（Hildreth）认为，作为自由世界的积极参与者，巴基斯坦对中东防御的贡献这种优势超过了印度

---

① "Memorandum of Conversation, by the Ambassador in Pakistan（Hildreth）", Karachi, December 7, 1953, *FRUS*, 1952–1954, Vol. XI, pp. 1831–1832.

② Extracts from the *Memoirs of Richard Nixon* on his visit to Pakistan, 7–9 December 1953, *US-South Asian Relations 1947–1982*, Vol. 2, pp. 83–84.

③ Aftab Alam, *U. S. Military Aid to Pakistan and India's Security*, Delhi：Raj Publications, 2001, pp. 46–47.

的负面反应，因而值得冒险。① 美驻印大使鲍尔斯于 12 月 21 日和 23 日致函国务卿，指出美国与巴基斯坦签订军事条约的危险性，向巴基斯坦提供军事援助可能会被用来反对印度，并有可能加剧中东和南亚的更加不稳定。"我认为，印度政府和人民将会反应强烈，他们将会反对任何向巴基斯坦军队提供先进美国装备的计划，会认为这会用来反对印度。并且，苏联会作为一个诱人的替代者出现。苏联肯定会向印度提供军事援助以与美国向巴基斯坦提供的援助相匹敌。这可以从苏联对印度五年计划提供大量经济援助得以印证。因此，我认为，计划中的与巴基斯坦的军事协议，背离了我们在中东和南亚地区的国家目标，会急剧加重该地区已经存在的不稳定。计划中的美巴军事协定，实际上触发了一系列事件，这些事件可能会在未来十年内导致印度和南亚政治发展，会对我们与该地区以及实际上整个亚洲的关系产生严重的后果。"② 华盛顿拒绝了鲍尔斯的建议，认为如果全面战争爆发，巴基斯坦将会提供人力、资源和设施，加强与西方的共同防御。所以美国认为，鉴于巴基斯坦的态度及其在南亚国家中与西方合作的关键位置以及美国在巴基斯坦的利益，在提供军事援助方面要对巴基斯坦进行特殊考虑。③ 1953 年 12 月 23—24 日，尼赫鲁在人民院、联邦院发表声明，指出如果美国向巴基斯坦提供军事援助，那么会打乱目前次大陆存在的各种平衡。④ 巴基斯坦接受军事援助是一个严重的事情，意味着冷战来到了巴基斯坦，因此也来到了印度的东部和西部边界，所有边界。以美国对巴基斯坦援助的形式的任何发展，将会影响处理与巴基斯坦有关的所有问题，因为新的背景和环境改变了所有的这些问题。⑤

　　1954 年 1 月 5 日，在总统与国务卿等人参加的会议上，强调了以下

---

① "The Ambassador in Pakistan（Hildreth）to the Department of State", Karachi, December 8, 1953, *FRUS*, 1952–1954, Vol. XI, pp. 1833–1835.

② Letter of Chester Bowles, US Ambassador in India, to Secretary of State Dulles and his comments on the origin of the US military aid programme to Pakistan, 23 December 1953, *US–South Asian Relations 1947–1982*, Vol. 2, pp. 84–86.

③ NSC5409："United States Policy Toward South Asia", February 19, 1954, *US–South Asian Relations 1947–1982*, Vol. 2, p. 89.

④ Nehru's statement in Lok Sabha, 23 December 1953, *US–South Asian Relations 1947–1982*, Vol. 2, pp. 199–200.

⑤ Nehru's statement in Rajya Sabha, 24 December 1953, *US–South Asian Relations 1947–1982*, Vol. 2, p. 200.

两种思想：①对巴基斯坦的军事援助是土耳其、巴基斯坦等国发起的地区安全计划的一部分；②美国将会向印度说明，美国可以根据向巴基斯坦提供军事援助协议条款同等地向印度提供军事援助。① 在 1 月 8 日白劳德（Byroade）致国务卿的备忘录中指出，国务院官员正进一步思考如何开展计划中的武器项目问题，采取怎样的步骤付诸实施。1 月 15 日，美国重要决策部门对军事援助巴基斯坦可能造成的影响进行了分析。文件指出，美国决定向巴基斯坦提供军事援助将会有以下影响：①增加巴基斯坦政府在国内的威望，巩固巴政府目前与美方的友好关系；②在印度会引起严重的关切与愤怒并导致次大陆的日益紧张；③将会导致美印关系中已存在的分歧进一步加剧，可能会导致印度与苏联集团的关系更加友好，但可能不会导致印度对外政策的主要变化；④时间会逐渐平息印度人的暴怒情绪，然而美印之间的间隙可能会加重，这样的发展会使印度可能孤立于西方友好之外而易于屈服于共产主义的压力。文件同时指出，美国决定不向巴基斯坦提供军事援助将会有以下影响：①由于印度强烈抗议此种援助以及苏中的反对，这将意味着美国威望的丢失；②会引起巴基斯坦政府的严重失望，削弱目前可操控的亲西方温和势力的地位，并有可能导致包括总理在内的内阁变化，但不可能导致现有统治集团失去对政府的控制，此外巴基斯坦会对印度强烈愤恨，因为巴基斯坦领导人会把美国的否决归因于印度的压力；③美国不会向印度提供长期信贷，目前的印巴关系也不会有任何改善，印度领导人受此次鼓励会在其他场合使用压力手段反对美国。②

1954 年 1 月，巴基斯坦总理穆罕默德·阿里·博格拉（1953 年 4 月 17 日—1955 年 8 月 12 日在位）接受《美国新闻和世界报道》杂志采访时就美国军事援助与中东防御等有关问题进行了说明。关于与美国的军事援助协议，他指出，巴基斯坦大多数人认为，任何一种军事援助都受到欢迎，只要没有相关的束缚性条款，只要军事援助不涉及向外国提供军事基地，就会获得广泛支持。关于万一出现紧急情况美国是否可以使用巴基斯坦的基地，他认为，修建基地是为了保卫巴基斯坦，在紧急情况

---

① "Memorandum of Conversation, by the Secretary of State", Washington, January 5, 1954, *FRUS*, 1952-1954, Vol. XI, pp. 1838-1839.

② "Special Estimate: the Probable Repercussions of a US Decision to Grant or Deny Military Aid to Pakistan", Washington, January 15, 1954, *FRUS*, 1952-1954, Vol. XI, pp. 1839-1845.

下，没有什么可以阻止巴基斯坦邀请友邦，包括美国，来使用这些基地以帮助防卫该地区。关于是否需要美国的军事顾问，他认为，需要高水平的军事顾问给巴基斯坦人员提供建议并帮助训练指挥官。尽管巴基斯坦的士兵骁勇善战，是世界上最好的军队之一，但是巴基斯坦也不能进行长期的战斗来抵御俄国的现代化、机械化的部队。像印度这样的有 3.6 亿人口的国家，担心一个 0.76 亿人口的国家侵略，这是荒唐的。现在世界上有两大国家集团。它们几乎势均力敌。尼赫鲁是个中间派，他试图追求中立，并纠集了一些小国追随，形成了一个小集团。因为世界政治中的微妙平衡，西方因为担心把尼赫鲁推向俄国怀抱而不想招惹他。在势均力敌的两大国家集团之间，一个弱国可能起决定性作用。这也正是尼赫鲁所想的。通过控制权力的平衡，他想在两大国家集团中占有重要地位。如果有另一个国家，这个国家足够强大能够给其他小国起带头作用，那么尼赫鲁的讨价还价的地位将被削弱。这就是尼赫鲁为什么反对美巴军事援助协定的原因。如果巴基斯坦从美国得到军事援助，尼赫鲁也不会与共产主义集团通力合作，因为他不想成为俄国的卫星国。目前，巴基斯坦花费了预算的 60%—70% 用于军费。美国的军事援助能够使巴基斯坦从这些经费中拿出一部分用于工业发展。在整个自由世界防御链条中虚弱的一环就是容易破裂的地方，虚弱的一环就是在亚洲和中东。① 1954 年 2 月 22 日，巴基斯坦总理穆罕默德·阿里·博格拉在卡拉奇的记者会上宣布，在共同安全法的范围之内，巴基斯坦正式向美国请求军事援助。

为了缓解印度的担心，1954 年 2 月 24 日，就美国向巴基斯坦提供军事援助，艾森豪威尔致函尼赫鲁。"我决定向巴基斯坦提供军事援助，在众所周知之前我向您发送私人电文，因为我想让您直接从我这里得知：这一步无论如何不会影响我们对印度的友情，相反，我们会继续努力强化两国间这种温暖而持久的友情。……我们准备要做的，以及巴基斯坦同意做的，无论如何不是针对印度。我公开确认，如果我们对包括巴基斯坦在内的任何国家的援助，被误用和侵略另一个国家，我将会根据授权，在联合国内外立即采取适当的行动来阻止此类侵略。……我会向国会建议，为了印度的经济进步，继续向印度提供大量的经济援助和技术

① Interview of Prime Minister Mohammad Ali with Joseph Fromm, Middle East Regional Editor of *U. S. News & World Report*, 15 January 1954, *US-South Asian Relations 1947-1982*, Vol. 2, pp. 86-88.

援助……如果印度政府需要根据共同安全法所考虑的军事援助类型，那么我保证将予以最大同情地考虑您的要求。"① 对此，尼赫鲁回信表示感谢。但是，同时尼赫鲁也认识到，根据过去的经验，如果发生了侵略，并没有采取什么措施来阻止侵略，美国向巴基斯坦提供军事援助，有可能为鼓励侵略提供便利条件。② 综合利弊得失，1954 年 2 月 25 日，艾森豪威尔在华盛顿宣称，美国决定对巴基斯坦的请求作出积极回应，同意向巴基斯坦提供军事援助，"政府对中东地区防御能力的虚弱甚为关切"，正是为了帮助减少防御的虚弱，美国同意帮助中东地区的国家。同时，艾森豪威尔向印度保证，美国所采取的措施不会影响美国与印度的友好关系，"如果美国对巴基斯坦的援助被误用，我将采取措施阻止此种侵略"。他希望也向印度提供类似的军事援助。美国此举受到巴基斯坦的热烈欢迎，巴基斯坦总理穆罕默德·阿里·博格拉认为，美国的军事援助会使巴基斯坦获得充分的防御力量。陆军总司令阿尤布·汗等人认为，美国此举对巴安全是一个巨大的支持。

美国对巴基斯坦的军事援助在印度受到强烈抨击。1954 年 3 月 1 日，尼赫鲁强烈批评了美国对巴基斯坦的军事援助，拒绝艾森豪威尔向印度提供军事援助。他说，这种援助的目的以及在更广泛的方面将会影响整个亚洲。许多亚洲国家在多年的殖民压迫下后来恢复了自由，"我们珍视自由，任何限制自由的干预都会被我们认为是对自由与和平的危害"。尼赫鲁强调，对巴基斯坦军事援助赠予将会被解释为对印度造成严重局势。并指出，"如果我们反对向巴基斯坦提供军事援助而我们自己又接受这种援助，那么我们就是伪君子和无原则的机会主义者"③。苏联利用印度对美国的敌对情绪，颂扬其维护和平的努力，并指示印度共产党支持尼赫鲁政权，指控巴基斯坦为美国试图军事反苏的一部分，在克什米尔问题上苏联公开地支持印度。

为了加强区域性集体安全，遏制"共产主义的扩张"，美国积极拼凑双边和多边性的军事条约网。1954 年 2 月美国对南亚政策文件

---

① President Eisenhower's letter to Nehru on US military aid to Pakistan, 24 February 1954, *US-South Asian Relations 1947-1982*, Vol. 1, pp. 201-202.

② Nehru's reply to President Eisenhower, 1 March 1954, *US-South Asian Relations 1947-1982*, Vol. 1, p. 202.

③ Nehru's reply to President Eisenhower, 1 March 1954, *US-South Asian Relations 1947-1982*, Vol. 1, p. 47.

（NSC5409）指出，支持巴基斯坦现任政府，只要它对美国保持友好，努力确保继任政府不被共产主义控制并且对美国友好。在实施美国南亚政策过程中，要最大限度地利用巴基斯坦对西方的有利的态度。在面对共同的反对共产主义的问题上，寻求巴基斯坦更大的参与。鼓励巴基斯坦参加有利于美国利益的防御组织。应优先考虑巴基斯坦与土耳其之间这类协定的建立。努力确保万一发生全面战争的情况下，巴基斯坦可以提供人力、资源以及战略设施，与西方国家一起努力共同防御。鉴于在与西方军事合作方面的南亚国家中巴基斯坦的态度及关键地位，在提供军事援助，包括赠予方面，应给予巴基斯坦特殊考虑。[1] 1954 年 2 月 19 日，土耳其和巴基斯坦宣布，它们有意商讨达成两国间进一步合作的方法，包括加强和平与安全的方法。这一举动给予了把该地区作为一个整体进行积极防御希望的真正的推动力。助理国务卿白劳德（Byroade）认为，这是在中东影响最为深远、重要的建设性的一步，美国政府热烈欢迎土耳其和巴基斯坦的这一举动。美国总统也发表声明迅速予以回应，声称准备对巴基斯坦强化其国防的援助请求予以肯定的回应。[2] 艾森豪威尔强调，确保安全抵御入侵的地区组织，是保证生存与进步的最有效的方式，应当努力加强区域性的政治、军事和经济整合，根据国会授权答应巴基斯坦的军事援助请求，对所需的军事援助防御计划协定要进行谈判。美国政府对中东地区虚弱的防御能力一直颇为关注。出于帮助增加该地区防御潜力的目的，上届国会拨付资金用于帮助该地区渴望得到援助的国家。这些国家声称，它们愿意在联合国框架内促进国际和平与安全，并将会采取有效的集体行动以阻止和解决对和平的威胁。艾森豪威尔声称，"我们所提供的装备、物资以及服务，只能用于维护受援国内部的安全，用于合法的自我防御或者参与地区防御。任何受援国必须保证，它不能从事于反对他国的侵略行动。保证向所有国家提供充分的援助，不论其政治倾向、国际政策如何，美国提供的用于自由世界防御的武器绝不会威胁到它们自身的安全。如果我们对任何国家的援助，包括巴基斯坦，被误用于针对另一国的侵略，我会按照宪法授权，在联合国

---

① NSC 5409："United States Policy Toward South Asia", 19 February 1954, *US-South Asian Relations 1947-1982*, Vol. 2, p. 89.

② Statement by Assistant Secretary of State for NEA Henry A. Byroade before the Hellenic-American Chamber of Commerce, New York, 5 March 1954, *US - South Asian Relations 1947 - 1982*, Vol. 2, p. 92.

框架内外立即采取适当行动，来阻止这类侵略。我也会与国会商议采取进一步的行动。美国真心希望中东地区日益稳定强大，正如在自由世界其他地方所期望的一样"①。作为回应，巴基斯坦总理穆罕默德·阿里·博格拉声称，至今巴基斯坦仍然努力独立自主地建设国防。但是，鉴于现代战争的不断变化的需要，充分防御的要求正变得非常强烈，并且对国家经济造成日益严重的负担。因此，国家的资源开发，在相当大的程度上，必须致力于建立国防的首要需求。充分的国防用于捍卫安全和独立，致力于民众和物质财富的发展，以取得更大的经济稳定和繁荣。他强调，"从美国获得军事援助的决定，不是针对任何国家，巴基斯坦从来没有，也不会采取任何侵略意图"②。1954 年 3 月，代理助理国务卿杰尼根（Jernegan）表示，巴基斯坦拥有可以向自由世界提供的实际有用的东西……但是，巴基斯坦需要外部援助。巴基斯坦没有原材料和生产能力用以充分地武装自己来抵御外部入侵。③ 1954 年 4 月 2 日，土耳其与巴基斯坦签订了友好合作协定。1954 年 4 月，国务卿杜勒斯在众议院对外事务委员会就 1955 年共同安全计划进行说明。他说，1955 年共同安全计划应包括继续授权向巴基斯坦提供军事物质，使之能够在地区防御中发挥作用。巴基斯坦已经作出了明确的保证，它从美国接受的军事援助将只会用于防御目的。④

1954 年 5 月 19 日，经过数月的紧张谈判之后，美国驻巴大使与巴基斯坦外长在卡拉奇签署了共同防御援助协定，立即生效。规定美国政府将向巴基斯坦提供军事装备和培训等援助，巴基斯坦愿意在自由世界集体防御中发挥作用。协定声称，应巴基斯坦政府军事援助的请求，艾森豪威尔决定，巴基斯坦适合于 1951 年共同安全法条款所规定的此类赠予性援助。"巴基斯坦决定在自由世界的集体防御中扮演重要角色，

---

① Statement by President Eisenhower on the defence potential of Pakistan, 25 February 1954, *US-South Asian Relations 1947-1982*, Vol. 2, pp. 90-91.

② Statement by Prime Minister Mohammad Ali, 25 February 1954, *US-South Asian Relations 1947-1982*, Vol. 2, pp. 91-92.

③ "The Middle East and South Asia—The Problem of Security", article by John D. Jernegan, Acting Assistant Secretary of State, in *Department of State Bulletin*, 22 March 1954, *US-South Asian Relations 1947-1982*, Vol. 2, pp. 92-93.

④ Statement by Secretary of State Dulles before the House Committee on Foreign Affairs (CFA) on the Mutual Security Programme for 1955, 5 April 1954, *US-South Asian Relations 1947-1982*, Vol. 2, p. 94.

这一点已经通过最近它与土耳其签订的友好协定得到说明。在协定中，两个国家同意就在政治、经济和文化领域进一步密切合作共商对策，包括在中东地区加强和平与安全的方法。"① 规定巴基斯坦不能发动对任何其他国家的侵略行为，它仅仅能够将美国军事援助用于内部安全以及合法的自我防御，或者参加地区防御，或者参加联合国集体防御行动。巴基斯坦还同意，在美国同意之前不向任何国家转让根据协定接收到的美国武器。美国对巴基斯坦承担的军事义务不像对北约成员国那样，并没有把对巴基斯坦的攻击自动视为对自己的攻击，美国重视的只是共产主义的侵略。根据协议的有关条款规定，在巴基斯坦建立军事顾问援助团（MAAG），美国人员在巴基斯坦旅行享受特别优惠，不受当地法律法规约束，享有完全的外交身份。他们购买的或带来的商品，免收进出口税。有学者指出，美国军事人员可以自由进入巴基斯坦军队访问，这样的协议规定很难称得上是互惠的。② 军事援助协定的签署把美巴放在了军事伙伴的位置。根据1954年共同安全法，1955年开始了防御支持项目。1955年援助数额增加到2568万美元，1956年达到3830万美元，1957年3386万美元。随着通过开发贷款基金对项目提供资金，1958年在技术合作和国防支持项目的援助数量开始缩减。1958年降到2121万美元，1959年569万美元，1960年665万美元，1961年约800万美元。③

1954年9月东南亚集体防御条约签署，1955年9月23日巴格达条约签署。巴基斯坦是这两个条约组织的成员。1959年3月5日，巴美双方又签订了双边军事合作协定。这样，在艾森豪威尔任期内，巴美由数个条约联系在一起，巴基斯坦也成为美国在亚洲最密切的盟友。④

战后美国对外政策的主要目标是在全世界遏制共产主义，军事援助成为实现对外政策目标的重要工具。美国在欧洲阻止了共产主义的发展

---

① Department of State press release on the Mutual Defence Assistance Agreement with Pakistan, 18 May 1954, *US-South Asian Relations 1947-1982*, Vol. 2, pp. 95-96.

② Sattar Baber, *U. S. Aid to Pakistan: A Case Study of the Influence of the Donor Country on the Domestic and Foreign Policies of the Recipient*, Karachi: Pakistan Institute of International Affairs, 1974, p. 59.

③ Government of Pakistan Ministry of Finance, *A Review of Foreign Economic Aid to Pakistan*, Rawakpind, 1962, p. 9.

④ 杨翠柏、刘成琼编著：《巴基斯坦》，社会科学文献出版社2005年版，第239页。

之后，把注意力转移向亚洲。印度和巴基斯坦是美国可以结盟、在遏制共产主义进程中扮演重要角色的两个亚洲国家。起初，美国更倾向于与印度结盟，但印度奉行不结盟的外交政策。美国从遏制国际共产主义的全球政策出发，巴基斯坦从国家安全和防御出发，目的不同，各取所需而结盟。① 在冷战环境下，巴基斯坦多次在合适的场合和合适的时间利用机会。与印度相反，巴基斯坦在朝鲜战争，以及对日和约问题上全力支持美国立场。在关系到美国威望的紧急时刻，印度的直接反对与巴基斯坦的明确支持，给美国人心目中留下了深刻印象。这些也逐渐导致美国与印度的疏远和对巴基斯坦的友好。②

1954 年美国决定向巴基斯坦提供军事援助主要目标是为了遏制亚洲的共产主义，这可以视为受援国自我利益为动机。亨利·基辛格认为，"我们过高地估计了获得印度政治上赞许的可能性，同时又错误地判断了巴基斯坦军事努力的目标。我们对印度自称代表'世界舆论'过分敏感，而我们又想把巴基斯坦包含在它并不接受的遏制概念中去。我们以为共同防御的法律义务对共产党侵略是一种威慑，虽然有关联盟的成员几乎不能增强相互的力量，也很少有共同目标。巴基斯坦成了我们在东南亚条约组织和中央条约组织中的盟友，因此有资格获得美国武器援助。这种援助的目的是反对共产党侵略，但是印度怀疑它有其他更为可能的用途"③。在美国看来，巴基斯坦处在环绕中国和苏联的链条上，独特的地理位置使巴可以成为中东地区反对苏联的北方国家之一，同时在其侧翼提供保护东南亚，巴基斯坦可以成为美国全球战略的一部分，成为其战略布局的一个棋子，可以建立军事基地。而且，在巴基斯坦国内，政治形势不稳，在朝鲜战争之后的一段时间有严重的经济问题，美国认为，如果不给予援助，会造成严重的颠覆或革命威胁。④ 美国采取的一些援助措施使美巴两国关系更加密切，在公

① Aftab Alam, *U. S. Military Aid to Pakistan and India's Security*, Delhi: Raj Publications, 2001, pp. 151–152.

② Aftab Alam, *U. S. Military Aid to Pakistan and India's Security*, Delhi: Raj Publications, 2001, p. 152.

③ ［美］亨利·基辛格：《白宫岁月：基辛格回忆录》（第三卷），杨静予、吴继淦等译，上海译文出版社 2016 年版，第 1054—1055 页。

④ Sattar Baber, *U. S. Aid to Pakistan: A Case Study of the Influence of the Donor Country on the Domestic and Foreign Policies of the Recipient*, Karachi: Pakistan Institute of International Affairs, 1974, p. 110.

开与自由世界国家结盟的同时也增加了巴政府的期望以及产生了对美国的依赖感。

有学者认为在军事援助和美巴结盟问题上巴基斯坦的想法与美国有很大差异。它并不认为来自任何共产主义国家的意识形态或领土方面的威胁。在巴基斯坦与美国的关系中，能感觉到的印度的威胁一直是主要因素。这驱使巴基斯坦寻求盟友和军事援助。巴基斯坦政府希望通过寻求美国的军事援助，与印度的对抗中在军事方面强大自己。① 巴基斯坦希望，其与美国的盟友关系可以有以下几个方面的好处：反对印度侵略的保证；军事援助来建立与印度的平等；向印度施压以解决克什米尔争端。② 巴基斯坦的这种观点和态度，使其看上去亲西方和反对共产主义，放弃原来的不结盟政策，寻求和接受美国的军事援助，并最终加入东南亚条约组织和巴格达条约（中央条约组织）。这样做，一方面是与印度的对抗中在军事方面强大自己，另一方确保西方国家在克什米尔问题上支持自己的观点和立场。③ 关于美国是否加入巴格达条约的问题，有不同声音。有人担心美国加入会降低美国在缓和阿以紧张中的影响力。美国驻联合国军事参谋团主席、海军中将斯特鲁布尔（A. D. Struble）则认为，美国应立即加入巴格达条约，不能把自己关在门外。④ 美国战略家也把巴基斯坦视为其在苏联周边寻求全球性的盟友和基地的宝贵财富。在他们看来，共产主义在中国的成功已经增加了共产主义在亚洲扩张的威胁。

就美巴结盟而言，巴基斯坦在宣传上以及在外交行动上，一直与美国的反对共产主义的目标保持一致。当然，在冷战环境下，在美苏两大集团对立的情况下，面对次大陆虎视眈眈的具有压倒性优势的邻居印度，巴基斯坦借助美国之力，在名义上甚至在一定程度上反对共产主义，在本质上保持自身的独立与安全才是其真正目的。美巴结盟，可谓

---

① Aftab Alam, *U. S. Military Aid to Pakistan and India's Security*, Delhi：Raj Publications, 2001, p. 38.

② Aftab Alam, *U. S. Military Aid to Pakistan and India's Security*, Delhi：Raj Publications, 2001, pp. 38-39.

③ Aftab Alam, *U. S. Military Aid to Pakistan and India's Security*, Delhi：Raj Publications, 2001, p. 39.

④ "Letter of Vice-Admiral A. D. Struble, Chairman of the Military Staff Committee, US Delegation to the UN, to JCS Chairman Radford", 20 December 1955, *US - South Asian Relations 1947 - 1982*, Vol. 2, p. 114.

同床异梦，美国主要是根据其遏制国际共产主义的全球政策，巴基斯坦则是受国家安全和防御驱使。

1954 年 9 月，美国驻巴基斯坦大使希尔德雷思认为，巴基斯坦在世界上那些动荡扰攘的一个地区承担着领导地位责任。巴基斯坦明确地表示反对共产主义，共产主义与伊斯兰宗教原则格格不入。巴基斯坦政府最近宣布共产党为非法，并且强行限制苏联外交人员在巴的活动自由，这一点与苏联强行限制巴基斯坦外交人员在莫斯科的活动自由一样。但是，这并不意味着共产党放弃了它们在巴基斯坦的努力。拒绝共产主义很大程度上是基于宗教原因。很显然，巴基斯坦以很大的勇气和决心把自己的命运与西方世界连在一起，这鼓舞着整个西方世界。巴基斯坦领导人致力于奉行全面的伊斯兰原则，并愿意和渴望充分利用西方世界已经完成的、渗透于生活中方方面面的现代发展成果。巴基斯坦把自己命运与西方世界连在一起，巴基斯坦是美国的坚定朋友，美国已给予的和正在给予的帮助，不仅是欣赏，而且有助于建立一个这样的国家，即与美国在全世界所努力推行的价值观一样的国家。①

1954 年 10 月，巴基斯坦总理穆罕默德·阿里·博格拉向全国发表讲话指出，"在实行我们的工业计划时，我们必须向那些已经工业化的国家请求援助。在美国，在一些场合，我们有真正友谊的支持者，在自由和民主方面我们有很多共同之处。美国的民主方式与我们的伊斯兰价值体系相适合。我们都拥有与极权主义战斗的精神力量。因此，巴基斯坦并不相信中立主义，并认为在两大集团的冲突中超然于物外是不可能的。"② 1954 年 10 月，巴基斯坦总理访问美国，与美国总统、国务卿、国防部部长等高官会谈中谈及援助问题。关于军事援助，美国所做努力的首要目标是加强巴基斯坦现有的军事力量，这种军事力量对巴基斯坦自身安全是必需的。美国会努力促进军事援助，按照起初的构想在不到三年半的时间内依次得到 1.71 亿美元的援助。与起初计划的 0.29 亿美元相比，1955 财年美国将为巴基斯坦安排 0.5 亿美元的援助。关于经济援助，总数超过 1.05 亿美元，其中包括 0.055 亿美元的洪灾救济，0.053

---

① Address by Horance A. Hildreth, US Ambassador to Pakistan, at the Fletcher School of Law and Diplomacy, 23 September 1954, *US-South Asian Relations 1947-1982*, Vol. 2, p. 101.

② Prime Minister Mohammad Ali's broadcast to the nation, 1 October 1954, *US-South Asian Relations 1947-1982*, Vol. 2, pp. 101-102.

亿美元的技术援助，0.2 亿美元的防御支持基金用于经济开发，0.756 亿
美元消费品和工业原材料。美国认识到加快巴基斯坦经济发展努力的必
要性。美国同意满足巴基斯坦武装力量的不足，通过提供筛选过的装备
必需品用于五个半师，12 艘舰船（其中包括 6 艘驱逐舰、6 艘扫雷舰用
于海军），6 个飞行中队（用于空军）。① 发表美巴联合公报，重申在努
力确保和平与经济安全方面的共同目标。美国政府同意在 1954 财年向巴
基斯坦提供约 1.05 亿美元经济援助，其中部分以贷款形式。这个数字是
去年援助数量的 5 倍。为了满足巴基斯坦对消费品和工业原料的急切需
求，这个总数字也包括了一定数量的农产品。认识到巴基斯坦在共同防
御方面的努力以及按照 1954 年春天签订的军事援助协定，美国将会努力
增加对巴基斯坦的实质性的军事援助项目。②

　　1955 年 1 月，为了进一步致力于巴基斯坦维持其独立及安全能力的
发展，帮助巴基斯坦增强国民经济，美巴就美国防御支持援助方面达成
协议。协议规定，到 1955 年 6 月 30 日为止的这个阶段，美国政府准备向
巴基斯坦提供约 6000 万美元。为了确保巴基斯坦民众从协议提供的援助
中获得最大效益，巴基斯坦政府将继续尽最大努力：保证有效地利用所
得到的所有资源，并以此为基础促进巴基斯坦经济发展；保证专门物质
专用用途；促进和维持货币稳定及对经济状况的信心；尽可能采取实际
措施与他国合作，减少国际贸易障碍。提供约 2000 万美元贷款援助（总
量 6000 万美元）用于巴基斯坦经济发展。巴基斯坦政府要接受由美国政
府所派遣的、根据协议对美国政府负责的人员。巴基斯坦政府要允许这
些人员根据协议对援助项目进行不断的观察和评估，包括这些援助的利
用情况。③

　　1955 年 3 月 21 日，美国国务院公报指出：1954 年，美国进一步强化
了对付共产主义威胁的地区防御，与伊拉克和巴基斯坦签署了军事援助
协定。而且，美国在社会政策领域也采取了一些措施阻止共产主义颠覆
的威胁，通过采取一些建设性的方式，在征服疾病、无知和穷困方面唤

---

　　① "The Acting Secretary of State to the Embassy in Pakistan", Washington, October 22, 1954,
FRUS, 1952-1954, Vol. XI, Part 2, pp. 1869-1871.

　　② US-Pakistan Joint Communiqué on Defence Support Aid to Pakistan, 21 October 1954, *US-
South Asian Relations 1947-1982*, Vol. 2, pp. 102-103.

　　③ US-Pakistan Agreement on US aid Chapter 3— Defence Support-of Title I in the Mutual Security
Act of 1951, 11 January 1955, *US-South Asian Relations 1947-1982*, Vol. 2, pp. 103-105.

醒当地民众意识。①

1955 年 5 月，参谋长联席会议主席雷德福（Radford）在参议院对外关系委员会就 1955 年共同安全法听证会上进行说明：一个不容忽视的基本事实是，美国单独不会也不可能做到，在无限期内服现役，在人力资源方面维持必要的武力与共产主义集团在全球范围内每一个可能的侵略点进行竞争。"我们需要盟国的每一位成员，他们也需要我们，如果我们要保持国内稳定的经济，同时保持做好充分地抵御共产主义侵略威胁的准备，不是仅仅今年或明年而是一个无限期。没有我们的盟国，我们不可能安全，同样如果没有我们，他们也不可能安全。很显然，我们的利益相互交织。我们的安全与我们的盟国的安全实际上是同一个。正是认识到这样的一个事实，美国政府与全世界的我们的盟国签订了一系列的双边和多边协定……"② 1955 年 5 月 12 日，助理国务卿艾伦（George V. Allen）在参议院对外关系委员会听证会上就 1955 年共同安全法进行了说明。他指出，巴基斯坦在支持集体安全方面保持坚定立场，坚持马尼拉条约，与土耳其签订共同援助协定。美国与巴基斯坦签订共同防御援助协定。巴基斯坦现在面临着严重的经济困难，需要勇敢地克服。巴基斯坦民众和政府显示出为了经济发展而勒紧腰带的意志和能力。但是，巴基斯坦存在着严重的外汇短缺。这就限制了其为发展和必需品进口提供资金的能力。美国在目前的共同安全项目框架下，采取非常措施，向巴基斯坦提供急需品和其他援助。紧急援助、紧急洪灾救济、防御支持以及救济援助的数量价值约 0.72 亿美元。此外，在480 公法框架下，美国也提供了价值约 0.4 亿美元的农产品。为了最有效地开发使用外汇和巴基斯坦货币，继续向巴基斯坦提供商品援助作为增加的防御支持的一部分。长期以来俄罗斯的政策一直是向世界上该地区进行扩张。苏联的边界野心在于南面的波斯湾和印度洋。因此，这一地区在美国的政治和经济行为中不应被忽视的。巴基斯坦一直愿意加入

---

① "The Department of State, 1930–1955: Expanding Functions and Responsibilities, Part I", article in Department of State Bulletin, 21 March 1955, *US–South Asian Relations 1947–1982*, Vol. 2, p. 105.

② Statement by Admiral Arthur W. Radford, Chairman of JCS, in the Hearings before the Senate CFR on the Mutual Security Act of 1955, 9 May 1955, *US–South Asian Relations 1947–1982*, Vol. 2, p. 106.

集体安全协定，它也是东南亚条约组织成员，并且与土耳其也有条约协定。①

1955 年 9 月，巴基斯坦军事援助顾问团主任布朗（Brown）对巴基斯坦国防部部长穆罕默德·阿里（Mohammad Ali）说，参谋长联席会议已经同意一项联合的分阶段的军事防御援助计划，用于巴基斯坦陆海空三军，总数高达 1.71 亿美元的联合基金。需要指出的是，这仅仅是用于物资和训练计划的专项，并不包括直接武力支持计划框架下的用于提高巴基斯坦军事力量的美元或卢比花费。1.71 亿美元中，0.757 亿美元暂时被划拨给巴基斯坦陆军，0.3035 亿美元被分配给巴基斯坦海军，0.6495 亿美元被分配给巴基斯坦空军。②

1955 年 11 月 23 日，参谋长联席会议备忘录指出：对巴基斯坦的军事防御援助项目的目标，是与巴基斯坦接受和合理利用这些项目的能力相一致的。这些军事防御援助的目标，是提供所需的军事援助，以维持内部安全、帮助巴基斯坦装备部队（这也是地区安全计划所需）。实现上述目标的第一步，必须要加强现有的部队，这是巴基斯坦自身安全的需要。③

1956 年 3 月 21 日，国防部部长助理格雷（Gordon Gray）在众议院对外事务委员会就 1956 年共同安全法举行的听证会上指出：美国针对每个国家的项目，首先由与受援国代表一起工作的军事援助顾问团提出。然后，项目要经过由大使、经济使团负责人、军事援助顾问团（MAAG）组成的"国家队"的调整和审查。这些项目的军事方面，由可信赖的美国海外联合司令部审查，然后提交给华盛顿。在这里，这些项目被军事部门核查，以确保他们有能力从库存或新产品中提供所需要的物品。参谋长联席会议所进行的军事检查，确保这些项目与美国的军事目标相一致。经过由国防部部长办公室的最后细化（改进），项目与

---

① Statement by Assistant Secretary of State for NEA George V. Allen in the Hearings before the Senate CFR on the Mutual Security Act of 1955, 12 May 1955, *US - South Asian Relations 1947 - 1982*, Vol. 2, pp. 106-108.

② Letter of Chief of Military Assistance Advisory Group (MAAG), Pakistan, Rothwell H. Brown, to Minister of Defence Chaudhry Mohammad Ali, 29 September 1955, *US - South Asian Relations 1947 - 1982*, Vol. 2, pp. 112-113.

③ "Pakistan MDA Program", Memorandum for JCS Chairman Admiral Radford by Major General Robert M. Cannon, Special Assistant to the JCS for MDAP Affairs, 23 November 1955, *US - South Asian Relations 1947-1982*, Vol. 2, p. 114.

国务院和国际合作署协调一致，以确保这些项目符合美国的经济和政治政策。因此，从项目的开始到最后提交给国会，都考虑政治和经济的因素。①

1956 年 7 月，副总统尼克松访问巴基斯坦。在记者招待会上，尼克松谈道："我们高兴地看到，我们与巴基斯坦的伙伴关系，通过我们向巴提供一些援助，正在向提高人类幸福的目标而努力迈进。你们已经制定了 5 年计划，这令人鼓舞。我相信，我们两国将会长期合作，正像我们与亚洲其他自由国家一样，努力实现真正地和平和更好的生活。"②

1955—1956 年，美国对外援助表现平平。以前的军事援助和防御支持得以继续，日益集中于亚洲的部分地区：朝鲜、中国台湾和印度支那。1954 年国会选举，民主党重新控制了参众两院，这并未严重影响 1955 年国会在外援问题上的安排。尽管艾森豪威尔和杜勒斯日益意识到苏联对第三世界政策的变化，但 1956 年美国对外援助政策并没有什么实质性进展。

经济援助与技术援助。1953 年 6 月 22 日，巴基斯坦外长指出，巴面临着严重的外汇短缺以及经济发展任务，希望美国尽快提供经济援助。③巴基斯坦的对外贸易对黄麻和棉花等经济作物的依赖性很强。由于巴基斯坦棉花和黄麻这两种主要出口商品的减少，造成了外汇盈余急剧下降，消费品、工业原材料和工业零部件的稀缺，巴基斯坦面临严峻的经济危机。1954 年 8 月 23 日，在华盛顿美巴签署了紧急洪灾救济援助协定。美国决定向巴提供 0.75 亿美元的特殊商品援助，其中部分是以贷款形式。此外还有 0.25 亿美元的技术和发展经济援助，以及 0.05 亿美元的紧急洪灾救济援助。美国向巴承诺，1955 财年提供 0.3 亿美元的军事援助以加强巴军事力量，最终希望巴能够在中东地区防御中扮演重要角色。④ 美国援助缓解了东巴洪灾造成的影响。10 月 14 日，巴基斯

---

① Statement of Gordon Gray, Assistant Secretary of Defence for International Security Affairs (ISA), Department of Defence, in the Hearings before the House CFA on the Mutual Security Act of 1956, 21 March 1956, *US-South Asian Relations 1947-1982*, Vol. 2, pp. 117-118.

② Statement by Vice President Richard M. Nixon at a press conference in Karachi, 9 July 1956, *US-South Asian Relations 1947-1982*, Vol. 2, pp. 123-124.

③ "Memorandum of Conversation, by the Officer in Charge, Economic Affairs, Office of South Asian Affairs (Fluker)", Washington, June 22, 1954, *FRUS*, 1952-1954, Vol. XI, pp. 1849-1851.

④ "Memorandum by the Acting Secretary of State to the President", Washington, October 15, 1954, *FRUS*, 1952-1954, Vol. XI, pp. 1867-1868.

坦总理访美，与美国官员商谈经济和军事援助问题。1955 年 1 月，巴基斯坦签署了 PL665（1954 年共同安全法，1954 年 8 月 26 日批准）、480 公法协议（1954 年 7 月 10 日批准），是签署两个协议的第一个国家。

在技术开发援助方面，美国对巴基斯坦的技术开发援助从 1951 年开始稳步增加。1951 年批准了一个不到 50 万美元的项目。美巴于 1953 年 12 月签署了技术合作与经济援助协议。美国将要提供 2200 万美元的援助，用于支持技术合作与经济援助项目。其中，条款三规定，项目成立一项联合基金，由巴基斯坦政府代表和美国工作使团的董事共同作为联合工作项目的联合董事。联合基金的花费应依照联合董事达成的协议。这就赋予了援助国赞成或否决在受援国使用资金的权力。条款四为该项目所雇用的人员提供特别待遇。2200 万美元中的 300 万美元要花费在美国提供的技术人员和专家的薪水。随着巴基斯坦对美国援助的依赖性越来越强，美国技术顾问对巴基斯坦政治权威的影响也越来越具有实质性。顾问反对建立对巴基斯坦非常必要的重工业，甚至反对巴基斯坦建立黄麻工业，而 80% 的黄麻产自东巴。顾问们的这种态度很显然会与巴基斯坦内阁高官发生冲突。在很多情况下，巴基斯坦所请求的项目不被美国所接受，而在有些情况下，分配来的技术人员超出了项目的请求。技术援助项目要与美国提供装备挂钩，通常要比国际市场高出许多的价格购买。美国技术人员的花销通常比当地或其他国家的专家的花销要高得多。这些顾问的角色在很多情况下是控制而不是建议。巴基斯坦向美国专家提供了居住在经过特别装修、装有空调的房子里的优惠待遇。这些顾问进口所有东西，从旅行轿车到土豆泥。巴基斯坦给美国技术人员的薪水很高，每人平均在 20000—25000 美元/年，按照巴基斯坦的标准这是不可想象的薪水。①

从 1952—1955 年，每年的项目额度分别是：1060 万美元、1200 万美元、2290 万美元和 7250 万美元。② 改善农业生产条件一直是美国援助努力的主要目标。该领域的项目包括介绍和提高化肥的使用，在垦荒和灌溉方面提供援助，提高文化水平；在开发东巴林业资源方面提供帮助，

---

① Sattar Baber, *U. S. Aid to Pakistan: A Case Study of the Influence of the Donor Country on the Domestic and Foreign Policies of the Recipient*, Karachi: Pakistan Institute of International Affairs, 1974, p. 56.

② United States General Accounting Office, *Report on Audit of United States Assistance Program for Pakistan*, International Cooperation Administration, Department of State, 1955, p. 1.

提高牧业管理，介绍农业机械的维修、保养和制造。此外，技术援助的目标还包括提高健康和医疗条件，提供教育设施等。①

除了美国的援助，巴基斯坦还收到其他国家和组织的援助，包括国际复兴开发银行提供的3000万美元的贷款，用于修复铁路和开垦土地；还有福特基金会、科伦坡计划、瑞典、英国以及联合国提供的约5000万美元的赠予等。②

在20世纪50年代，只有少量的巴基斯坦工业项目接收到美国国际开发署的援助，并且国际开发署很少有美元支持给予公有部门项目或由政府持有所有权的地方金融机构。在进出口银行给予工业企业赠予贷款的地方，最大利率为5.75%。相比较而言，苏联给予巴基斯坦的开发贷款，主要用于建筑装备、电力、土地和机场改造以及工业机械，利率2.5%—3%。由中国提供的项目援助和日用品贷款，没有利息并且偿还期为10年。③

1955年，美国对巴基斯坦的技术援助总量达到530万美元，涵盖了所有领域中的50个项目协议。其中一半以上的资金被用于农业、自然资源、工业以及矿藏。1953年，0.737亿美元的一项专门的小麦赠予被用于缓解饥荒状况。1954年，提供了0.145亿美元的项目类型的经济援助。但是，大规模的经济类型的援助直到1955财年才开始实施。 1955财年，美国总的援助（不包括军事援助），达到1.142亿美元。在到1955年6月30日为止的6年内，美国向巴基斯坦提供了约3.6185亿美元的经济援助。因为其对援助的急切需要，在1955财年向巴基斯坦提供了约0.718亿美元（其中0.2亿美元是贷款），其中0.1亿美元用于日用品进口。该项目还包括：0.2亿美元用于防御支持， 0.055亿美元用于洪灾救济，0.053亿美元用于技术援助工程项目，0.01亿美元用于剩余农产品海洋运输的运费。1955年在巴基斯坦的技术援助项目包括，改善交通和工业发展的项目。在其他事情中，巴基斯坦国际航空公司与泛美航空

① United States General Accounting Office, *Report on audit of United States Assistance Program for Pakistan*, International Cooperation Administration, Department of State, 1955, p. 2.

② United States General Accounting Office, *Report on audit of United States Assistance Program for Pakistan*, International Cooperation Administration, Department of State, 1955, p. 3.

③ Sattar Baber, *U. S. Aid to Pakistan: A Case Study of the Influence of the Donor Country on the Domestic and Foreign Policies of the Recipient*, Karachi: Pakistan Institute of International Affairs, 1974, pp. 57-58.

公司在5月签署了一份协议，美国在提升巴基斯坦的航空运输系统方面提供技术援助，并派遣美国技术人员协助完成此项工作。美国技术人员也在农业生产、土地改良、公共卫生、职业教育，以及社区开发项目等方面进行合作。在5月，美国和巴基斯坦签署了一个协议，为私人在巴基斯坦投资提供可能的保证，以鼓励私人企业。①

巴基斯坦的东巴和西巴之间被1000英里的印度边界所间隔，行政管理人员和训练有素的技术人员有限。在过去的数年间，自然灾害和严重缺乏外汇阻碍了巴基斯坦的发展。巴基斯坦政府领导人努力维持政治稳定，发展国防军事力量，改善人民的生活水平。在技术合作项目框架下，1957财年请求了0.05亿美元援助，重点用于农业生产、矿业及森林开采，以及刺激新的工业和投资。技术援助的其他领域是疟疾和肺结核的控制，乡村环境卫生和教育。美国的防御支持项目主要是关注一个国家长期经济发展，提供必要的消费品和原材料用于紧急需要。反复发生的自然灾害不断继续阻碍着巴基斯坦的发展，因此外部的援助非常必要。1954年提供的紧急援助帮助克服洪灾和不利的市场状况的影响。1956年4月，国务院官员指出，目前，125000吨的赠送小麦正运往东巴，以缓解其所遭受的1955年洪灾。美国向巴基斯坦政府提供援助，以技术援助和防御支持的方式，希望不断发生的洪灾和干旱得到长期解决。在接受援助的国家中，巴基斯坦是美国坚定的盟友，在军事支持计划框架下，接受军事援助、防御支持、技术合作援助。巴基斯坦肩负着重大的军事义务。它受到地理上的地域划分的不利影响，也受到诸如1955年的洪灾等自然灾害的困扰。美国政府官员认为，虽然巴基斯坦一直努力促使其经济迅速和有效地发展，但是美国的援助实际上加速了这种发展。② 在1956财年，美国对巴基斯坦新的经济援助和技术援助达1.077亿美元。这样，自1952年与巴基斯坦的共同安全项目开始以来，美国对巴基斯坦总援助达3亿多美元。这还不包括军事援助。1956年，美国向巴基斯坦提供的资金，有一笔0.68亿美元是用于东巴多功能大坝

① "The Development of United States Policy in the Near East, South Asia, and African during 1955：Part Ⅲ", article by Harry N. Howard, United Nations Adviser for the Bureau of NEA, in Department of State Bulletin, 9 April 1956, *US-South Asian Relations 1947-1982*, Vol. 2, pp. 118-119.

② Statement by Stephen P. Dorsey, Acting Regional Director of the Office of NEA, ICA, in the Hearings before the House CFA on the Mutual Security Act of 1956, 24 April 1956, *US-South Asian Relations 1947-1982*, Vol. 2, pp. 119-121.

的开发，是巴基斯坦曾经接受的最大的单项工程，使用美国资金援助在东巴的卡纳夫里河（Karnafuli River）上建造多功能的水坝。按照最初 8 万千瓦的容量，大坝将会为工业和民用提供更为廉价的电力，增加控制洪水的措施，提供用于灌溉的蓄水量。这项工程位于孟加拉湾吉大港港口上游 30 英里，将在提高东巴民众的经济水平方面发挥重要作用。利用美国援助的一个重要项目是民航的发展，因为东巴和西巴的地域划分，改善空中交通对巴基斯坦的发展非常重要，这个项目将会改善东巴和西巴之间，以及西巴其他航线之间的服务。①

1955 年 5 月，美国海外工作总署（成立于 1953 年 8 月，其前身为美国共同安全总署，1955 年 7 月改组成为国际合作总署）代理署长西格（Seager）在听证会上就援助巴基斯坦进行了说明。他说，在华盛顿收到巴基斯坦遭受洪灾的第一份报告的一周之内，飞机、人员、食品、药品以及各种物资已经运送到达卡机场，在最需要的时候发挥了巨大作用，也因此获得了对美国的极大好感。同时美国派出了一个特别的经济使团，由海因茨（H. J. Heinz）率领，包括国务院官员和海外工作总署人员。他们对巴基斯坦的经济形势进行了深入调研，并建议美国继续向巴基斯坦提供物资以满足处于水深火热之中的民众最低的日用品需要。他们建议所需的计划，折合约 0.75 亿美元，已付诸实施。这些正在抵达巴基斯坦的允诺物资，对巴基斯坦的经济产生立竿见影的、有价值的影响。它阻止了巴基斯坦通货膨胀的趋势，使重要工业部门维持运行，也使巴基斯坦政府稳定，并继续推进其不断增加的经济发展项目。批准的1956 财年的资金，将会继续用于在巴基斯坦已经开始的那些项目。……技术合作项目是全国性的，包括在健康、教育、农业推广、矿产资源开发等方面的合作。南亚地区的国家包括阿富汗、印度、巴基斯坦、尼泊尔。已经批准的 1956 财年对该地区的援助总额是 1.81 亿美元。其中包括，对阿富汗的 0.02 亿美元的技术援助，对印度的 0.7 亿美元开发援助和 0.15 亿美元技术合作，对巴基斯坦的 0.2 亿美元的直接武力支持、0.63 亿美元的防御支持、0.09 亿美元的技术合作，对尼泊尔的 0.01 亿美元的技术合作及 0.01 亿美元的开发援助。1956 财年提议的项目，将会帮助巴基斯坦维持最低限度的消费品流动，维持工业生产水平，进而帮助

---

① "ICA Aid to South Asia in Fiscal Year 1956", *Department of State Bulletin*, 24 September 1956, *US-South Asian Relations 1947-1982*, Vol. 2, p. 124.

巴基斯坦达到更加强大的、更富有多样性的经济。对包括巴基斯坦长期发展计划等在内的项目计划实施援助，也将支持建立一个工业投资银行，以鼓励私人资本开发的扩张。① 总之，1955 年之前，美国政府以向巴基斯坦运送小麦的形式提供紧急援助，提供了 1500 万美元的贷款以及价值约 6800 万美元的 61.1 万吨小麦赠予。② 此外 1955 年 8 月 11 日，美巴就原子能开发、和平使用、民用达成协议，美国将向巴基斯坦提供专家和技术指导。③

巴基斯坦似乎一直是被国务院时不时所忽视的对象。位于卡拉奇的大使馆，因为没有合适人选好长一段时间没有大使。管理技术援助项目的机构，在人员招募和物资移交方面进展缓慢效率低下。一直缺乏真正合适的人员，负责大使馆、情报、技术援助和经济援助项目。从美国方面来讲，一直缺乏连续性的服务。其结果之一就是，物资、装备、日用品的供给经常胜过了巴基斯坦政府和美国使团的管理能力。例如，在小麦救济项目中，提供的超过一半的小麦 1954 年仲夏还存储在巴基斯坦的仓库内，而此时又一个丰收季节来临。杀虫剂和除草剂，被提供给一个与植物保护有关的项目，从 1954 年 8 月到 1955 年 7 月，允许存放在吉大港码头。而此时，这些杀虫剂和除草剂已经严重变质，基本上没有什么价值了。参议院外交关系委员会负责近东非洲事务小组委员会主席、参议员格林（Green）建议：美国应该坚持为美国人提供更大的管理职能，并且，美国人的选择权应得到来自华盛顿的更大的支持。④

1953 年粮食危机与对巴基斯坦紧急小麦援助法案（77 号公法）。1952—1953 年，由于严重的干旱以及灌溉用水量的不足，巴基斯坦面临着粮食短缺的形势。当年，小麦的收成不能满足国家的需要，价格高、恐慌，以及接近饥荒的状况流行。因此，巴基斯坦要从各国购买大

---

① Statement by Cedrie H. Seager, Acting Director for NEA, Foreign Operation Administration (FOA), in the Hearings before the Senate CFR on the Mutual Security Act of 1955, 12 May 1955, *US-South Asian Relations 1947-1982*, Vol. 2, pp. 108-109.

② United States General Accounting Office, *Report on Audit of United States Assistance Program for Pakistan*, International Cooperation Administration, Department of State, 1955, p. 3.

③ US-Pakistan Agreement for Cooperation Concerning Civil Uses of Atomic Energy, 11 August 1955, *US-South Asian Relations 1947-1982*, Vol. 2, pp. 110-112.

④ "Technical Assistance in the Near East, South Asia, and Middle East", A report by Senator Theodore F. Green, Chairman of the Subcommittee on near Eastern and African Affairs of the Senate CFR, 13 January 1956, *US-South Asian Relations 1947-1982*, Vol. 2, pp. 115-116.

量的小麦。朝鲜战争结束后的经济衰退，减少了巴基斯坦的外汇储备。
1953 年 1 月，巴基斯坦政府正式向美国政府提出请求，希望能够获得
100 万—150 万吨的粮食援助。①3 月 25 日，国务院分析了巴基斯坦对小
麦的需求，指出巴基斯坦 1953—1954 年小麦进口的需求可能在 80 万—
130 万吨，请求的美国援助可达 75 万吨，估计价值 7500 万美元。国务院
特别强调了粮食援助巴基斯坦的政治重要性。巴基斯坦对中东防御具有
潜在的重要战略价值，如果巴基斯坦政府在粮食危机中不能采取适当措
施，那么极有可能导致非常严重的内部混乱和困难，危及美国的安全利
益。如果美国不援助巴基斯坦以满足其粮食需求，那么美国不仅会被深
深误解，而且将会迫使巴基斯坦极力从俄国寻求小麦，结果会导致在这
整个地区美国威望的严重丢失。这样的冒险对美国而言太大而不能被接
受。② 向美国的援助请求收到了积极回应。权衡利弊得失，美国决策层
倾向于向巴基斯坦提供粮食援助。在 4 月 21 日的一份备忘录指出，在连
续两年的歉收之后，巴基斯坦正面临着真正的饥荒威胁。1951—1952 年
粮食危机通过进口小麦解决，1953 年粮食危机更加严重。巴基斯坦政府
希望从美国和其他国家获得小麦，但外汇短缺；美元贷款会加重巴基斯
坦的偿还压力，并且会削弱其用于经济发展方面的借款能力。仅有两种
方法可以避免巴基斯坦饥荒同时又没有严重阻碍经济增长：一种是通过
赠予援助，另一种是通过以谷类偿还的贷款。国务卿杜勒斯主张以美元
赠予的形式，"在未来几周内，巴基斯坦急切需要小麦。巴基斯坦政府对
我们非常友好，需要我们援助的立即保证，因此，强烈建议我们的援助
以美元赠予的形式"。③为了弄清楚巴基斯坦的粮食短缺问题，美国向巴
基斯坦派遣了特别调查团，从事现场调查和评估需要。调查报告指出了
援助的急切性以及对巴基斯坦经济发展的重要性，主张通过使用援助赠
予部分的对冲基金。④ 根据调查团的报告，1953 年 5 月 30 日，行政部门

---

① "Memorandum of Conversation, by Peter Delaney, Office of South Asian Affairs", Washington,
January 28, 1953, *FRUS*, 1952-1954, Vol. XI, pp. 1822-1824.

② "Memorandum by the Assistant Secretary of State for Near Eastern, South Asain, and African Af-
fairs (Byroade) to the Secretary of State", Washington, March 25, 1953, *FRUS*, 1952-1954, Vol.
XI, pp. 1825-1826.

③ "Memorandum by the Secretary of State to the President", Washington, April 30, 1953,
FRUS, 1952-1954, Vol. XI, pp. 1827-1828.

④ "Memorandum of Conversation, by the Derector, Office of South Asian Affairs (Kennedy)",
Washington, May 23, 1953, *FRUS*, 1952-1954, Vol. XI, pp. 1828-1829.

同意向巴基斯坦提供小麦援助。1953 年 6 月 1 日，国务卿杜勒斯指出，巴基斯坦是伊斯兰国家中最大的国家，并在伊斯兰世界占有崇高的地位。"强大的精神信仰和民众好战精神使之成为可以信赖的反共堡垒。新总理穆罕默德·阿里，曾任驻华盛顿大使，其间我们相熟，正精力充沛地领导新政府。严重而迫在眉睫的问题是小麦短缺。如果没有大量进口，饥荒蔓延的境况会接踵而至。去年我们帮助了出现类似的紧急情况的印度。我认为，美国迅速采取对巴基斯坦小麦援助是非常必要的。"①6 月 10 日，艾森豪威尔致函国会，要求向巴基斯坦提供充足的援助。巴基斯坦人民面临饥荒，他们请求美国的帮助以应对灾难。"此时，我们幸运地能够提供帮助，因为我们有大量的小麦。我坚定地认为，我们应当这样做。因而，我要求国会尽可能地向巴基斯坦运送高达 100 万长吨的美国小麦。饥荒将会削弱巴基斯坦人民所遵循的民主原则和制度。"这场危机很大程度上是自然灾害的结果。巴基斯坦在粮食方面自给自足，直到最近两年连续严重干旱影响了西巴小麦产区的产量。巴基斯坦的急切需要是从海外获得 150 万长吨小麦，用于消费以及一小部分用于未来 11 个月的周转储备。这个总量，巴基斯坦政府有望从其他援助方及国内得到约 40 万长吨。加拿大和澳大利亚都表示向巴基斯坦提供小麦。自由世界除了美国之外没别的重要的援助方能够提供余下的帮助。因此，巴基斯坦向美国请求 100 万长吨小麦。……美国人民期望美国政府迅速而有效地对巴基斯坦的请求作出反应。巴基斯坦努力使向美国请求援助维持在最低水准。共同安全署署长派遣了一支特别使团，由普渡大学农学院院长哈里·里德（Harry Reed）博士率领，研究巴基斯坦第一手粮食形势。国务卿杜勒斯等官员也在近两周内访问了巴基斯坦。在他们考察的帮助下，一直对里德使团的建议做仔细地考虑。巴基斯坦政府经历严重的财政困难。根据最乐观的估计，巴基斯坦需要 70 万长吨的美国小麦援助用于救济目的。里德使团建议，到 1953 年 8 月 15 日之时，美国应向卡拉奇运送 10 万长吨的美国小麦援助，以应对紧急需要。除此之外，巴基斯坦还需要 30 万长吨小麦作为必要的周转储备。美国目前确实有能力提供帮助。美国大量的小麦储备产生了严重的储存问题。因此，建议国会授权向巴基斯坦提供 100 万长吨小麦。及时向巴基斯坦提供充足的美国

---

① Address by Secretary of State John Foster Dulles on his visit to India and Pakistan, 1 June 1953. *US-South Asian Relations 1947-1982*, Vol. 2, p. 77.

援助，并且到这个月底开始运离美国港口是必要的。① 1953 年 6 月 12 日和 15 日，国务卿杜勒斯在参众两院关于向巴基斯坦提供小麦援助的听证会上，谈到访问巴基斯坦以及巴基斯坦在遏制共产主义战略中的重要性，进而指出在巴基斯坦困难之时施以援手提供援助。"1953 年 5 月 23—24 日我对巴基斯坦访问留下最深刻的印象之一是其领导人对美国的显著而真挚的友好。他们对世界问题的理解使我印象深刻。我相信，他们会根据其力量允许而抵抗共产主义威胁。你们知道，在联合国，美国和巴基斯坦在一些问题上持相同观点。巴基斯坦也是对日和约的坚定支持者。巴基斯坦具有战略位置重要性。共产主义中国与巴基斯坦北部疆界接壤，并且从巴基斯坦北部边界可以眺望苏联。巴基斯坦位于伊朗和中东的侧翼，并且守卫着开伯尔山口（Khyber Pass，历史上从北方侵略次大陆的路线通道）的门户。考虑到他们的宗教信仰和勇敢精神，巴基斯坦人民及其领袖正把他们的国家建设为真正的堡垒。堡垒应当得到加强，而我们提供小麦援助将会做到这一点。如果其民众饥寒交迫食不果腹，没有哪个国家或政府能够保持强大。我相信，巴基斯坦为了避免饥饿而对小麦的需求是重大而急切的。如果我们不能迅速地帮助巴基斯坦采取措施，那么等于默许灾难的发生。艾森豪威尔建议，我们立即采取的援助应该是赠予。我完全赞同。我认为，这是当前形势下唯一合情合理的途径。贷款，将来还需要巴基斯坦偿还，这只能会削弱巴基斯坦的经济。而美国的利益在于提供帮助使巴基斯坦强大起来。"② 6 月 16 日，国会通过了粮食援助的法案。6 月 25 日，艾森豪威尔签署了对巴基斯坦的紧急小麦援助法案，即 77 号公法。这项小麦援助法案规定，提供 70 万长吨的小麦赠予，并且如果有必要，额外再提供 30 万长吨的贷款，用于储备。还规定：①分配不能有歧视；②对于无力购买的民众，应免费提供小麦；③销售收益应被储存到一个特别账户；④5% 的销售收益要用于美国行政性和其他操作

---

① President Dwight D. Eisenhower's Message to Congress Requesting Emergency Wheat Shipments for Pakistan，10 June 1953，*US-South Asian Relations 1947-1982*，Vol. 2，pp. 78-81.

② Statement by Secretary of State Dulles in the Hearings Before the Senate and House Committees on Agriculture and Forestry on Wheat Aid to Pakistan，12 and 15 June 1953，*US-South Asian Relations 1947-1982*，Vol. 2，pp. 81-82.

性开支；⑤政府的操作性花费等包含在销售收益里面。① 船运安排非常迅速。第一批船运于 6 月 25 日，即总统批准后的当天就起运。其他船运也迅速跟上。物资的到达对巴基斯坦的粮食和总体经济形势有非常重要的影响。价格降下来了，恢复了信心，饥荒的状况得到了扭转。在船运进来的同时，小麦收成（1953—1954 年）也令人满意。令人感到整个数量或许不再必要。在运进了大约 61 万长吨之后，平衡严重被打破。1954年 4 月 21 日，巴基斯坦内阁决定该国不再需要已经批准的剩余的小麦运送。东巴以米饭为主食，为了满足其需要，33730 长吨小麦被售往西巴，另外购置大米，扭转了严重的形势。② 为了表示对紧急小麦援助的感谢，巴基斯坦政府提出愿意向卡拉奇美国大使馆的一栋新建筑物的完整建造提供必要的劳动力。

六　农产品贸易开发与援助法（480 公法）

1954 年农产品贸易开发与援助法是美国对不发达国家的一项粮食援助计划。1954 年 7 月，艾森豪威尔签署农产品贸易开发与援助法（The Agricultural Trade Development and Assistance Act of 1954），该法是美国第 83 届国会通过的第 480 号公法（Public Law 480，480 公法），通常被称为 480 公法。

法案的通过是由朝鲜战争后农产品价格危机引起的。该法的根本目的是要解决美国大量剩余农产品，满足美国农民把他们的产品推向国际市场的愿望。美国农产品价格下跌，从 1951 年的 125 下跌到 1954 年的 105（以 1967 年价格为 100 计算）。480 公法是要找到既缓解价格下降的压力又向发展中国家提供有用的资源的一种途径。诉诸一种扩大的粮食援助计划，反映了艾森豪威尔政府所持有的主要经济观点与所面临的经济政治形势之间的持续地不一致。基于对美国的贸易扩张和对发展中国家的"贸易而非援助"，艾森豪威尔政府要建立一种国际自由贸易秩序，但是这种贸易秩序的建立，与计划内农业政策相抵触，即尽管深深干预农产品市场，这种农业政策还是引起了堆积如山的农产品剩余。国会和

---

① Government of Pakistan Ministry of Finance，*A Review of Foreign Economic Aid to Pakistan*，Rawakpind，1962，p. 30.

② Government of Pakistan Ministry of Finance，*A Review of Foreign Economic Aid to Pakistan*，Rawakpind，1962，p. 30.

行政部门在如何解决农产品项目的矛盾问题上，诉求于向国际市场剩余农产品提供处理补贴，作为权宜之计。①

当该项法令制定时，剩余农产品数量之多使美国政府感到棘手，为了保存这些农产品，美国政府还必须向商品信贷公司付出大笔开支。正如艾森豪威尔在回忆录中所言，"1953 年 1 月以来，大量的过剩农产品曾经被搬出仓库，其中有许多被丢弃了。在那些年头里，我们曾为价值 40 多亿美元的农产品找到了销路——比最近历史上任何可比时期都要多得多——但即使如此，库存还是越来越大。每售出一蒲式耳或同等数量农产品，仓库里则又添进一蒲式耳半。把这些农产品锁起来也不是解决的办法。我们不能把食品或纤维永远搁在那里。如果我们把剩余农产品运往国外，我们就可能扰乱国外的贸易和价格，从而破坏友好国家的经济。如果我们设法把它们运往美国各地，它们将与正在出售的美国农场产品相竞争，从而压低价格"。②通过 1954 年的农产品贸易开发和援助法案，美国政府找到了一种办法，既能削减剩余农产品积存，减少库存费用，又能利用这些剩余物资解决不发达国家对农产品的真实需要。美国政府把减少农产品信贷公司的库存同开拓国外市场和推行对外政策结合在一起。因此，以优惠条件向不发达国家销售这些农产品使美国掌握了一种在国内早就得到很多人赞同的具有吸引力的援助手段。480 公法是减少美国政府剩余农产品库存开支的有效办法。480 公法旨在促进剩余农产品的贸易并为这些农产品寻找其他出路，向不发达国家提供援助只是第二个目的。向第三世界国家赠送剩余农产品，或者向那里低价销售，换取当地货币转作援助资金或美国驻那里的官方机构的开支。美国 20 世纪 60 年代的粮食出口几乎有 40% 是通过 480 公法进行的。但另一方面，这并不意味着 480 公法对受援国用处甚微或毫无用处。通过这个渠道向不发达国家提供价值达 133 亿美元的农产品，对促进很多不发达国家的经济增长，以及防止由于农业发展跟不上第三世界的人口剧增而造成的大规模饥馑确实有重大意义。1966 年的粮食用于自由法案表明，美国提供农产品援助时，曾力图做到首先考虑其对经济援助和开发工作所起的作

① "Memorandum by the Assistant Secretary of State for Near Eastern, South Asian, and African Affairs (Byroade) to the Deputy Assistant Secretary of States for Economic Affairs (Kalijarvi)", Washington, Nov. 29, 1954, *FRUS*, 1952–1954, Vol. XI, Part 2, p. 1784.

② ［美］艾森豪威尔：《艾森豪威尔回忆录》（三），东方出版社 2007 年版，第 150—151 页。

用。今后输送给不发达国家的粮食将直接和美国的农业生产相联系，而不是和剩余产品相联系，因为后者的积存大部分已经用罄。美国明显地认为，同第三世界的人口增长联系起来看，粮食生产问题是很严重的，美国今后粮食的运出以及对发展农业生产的支援在美国经济援助计划中将起到更大的作用。[1] 480 公法既解决了美国剩余农产品问题，又有助于缓解贫穷国家粮食紧缺，可谓"双赢"之举。

480 公法包括三项主要款目（Title）。Title Ⅰ：出售美国剩余农产品以换取当地的货币，所得的当地货币：①以赠予或贷款的方式退还给不发达国家用来开发经济或用于军事目的；②借给美国私人企业，在某些情况下借给外国私人企业；③由美国政府用来支付它在不发达国家内的部分行政开支和其他开支。Title Ⅱ：授权用剩余农产品救济灾荒或作为其他紧急援助。Title Ⅲ：授权粮食捐赠用于美国国内的紧急事件并允许向海外或美国的非营利性组织捐赠。实物交易计划，使美国能够以剩余农产品交换战略物资和其他材料。此外，480 公法还允许以赊账的形式出售这些剩余农产品，但必须以美元偿还。480 公法生效以后，行政部门把处理剩余农产品作为对外援助计划的主要部分。[2]

提供粮食援助一直是美国对印巴援助的重要内容之一。具体到印度而言，480 公法构成了美国对印度援助的最重要的因素。美国承诺在 1956—1961 年向印度提供价值近 20 亿美元的美国剩余农产品。根据 480 公法 Title Ⅰ，1956—1971 年，共达成 17 笔协议。480 公法销售收益的总额达到 22.430796 亿卢比。[3]

在 1956 年，480 公法已成为一项非常重要的农产品计划，占所有小麦出口的 27%，所有棉花出口的 22%，所有植物油出口的 47%。从 1956 年印度接受 480 公法援助以来至 1973 年，印度是接受 480 公法援助最多的国家（见表 2-1）。

从人均来看，480 公法援助的主要受援国（1954—1973 年）中得到援助最多的是以色列，人均 212 美元；因为印度人口众多，人均 10 美

① ［美］罗伯特·沃尔特斯：《美苏援助：对比分析》，陈源、范坝译，商务印书馆 1974 年版，第 76—77 页。

② Burton I. Kaufman, *Trade and Aid: Eisenhower's Foreign Economic Policy, 1953-1961*, Baltimore and London: The Johns Hopkins University Press, 1982, pp. 28-29.

③ Rajendra Kumar Jain, ed., *US-South Asian Relations, 1947-1982*, Vol. I, New Delhi: Radiant Publishers, 1983, p. 661.

元，位居第 45 位（见表 2-2）。

表 2-1　480 公法援助的 20 个主要受援国或受援方（1954—1973 年）

顺序	国家或地区	数额（百万美元）
1	印度	4718
2	巴基斯坦	1714
3	韩国	1677
4	南越	1281
5	南斯拉夫	1133
6	印度尼西亚	888
7	巴西	844
8	埃及	700
9	以色列	635
10	土耳其	553
11	意大利	465
12	摩洛哥	444
13	西班牙	438
14	突尼斯	398
15	中国台湾	338
16	哥伦比亚	269
17	菲律宾	265
18	希腊	247
19	智利	246
20	阿尔及利亚	177

　　资料来源：1971 年以前，美国国际开发署，分析和报道办公室，《由国际开发署及其前任机构负责的美国经济援助计划》，1948.4.3—1971.6.30；1971 年之后，美国国际开发署，分析和报道部，财务管理办公室，《来自国际组织的美国海外贷款、赠予及援助》，1945.7.1—1973.6.30 以及后来的几年。人均数量来自联合国《人口统计年鉴》。根据 Robert C. Johnsen, *United States Foreign Aid to India: a Case of the Impact of U. S. Foreign Policy on the Prospects for World Order Reform*, PrincetonUniversity: Center of International Studies, 1975, p. 46 整理。

表 2-2 以人均来算，480 公法援助的主要受援国或受援方（1954—1973 年）

顺序	国家或地区	数额（美元）	顺序	国家或地区	数额（美元）
1	以色列	212	22	巴拉圭	18
2	冰岛	110	23	土耳其	18
3	南越	80	24	牙买加	17
4	突尼斯	80	25	巴基斯坦和孟加拉	16
5	约旦	64	26	莱索托	16
6	韩国	60	27	哥伦比亚	15
7	南斯拉夫	60	28	斯里兰卡	15
8	琉球群岛	56	29	博茨瓦纳	15
9	布隆迪	46	30	几内亚	15
10	塞浦路斯	44	31	西班牙	14
11	多米尼加共和国	38	32	巴拿马	14
12	摩洛哥	34	33	厄瓜多尔	12
13	智利	31	34	中国香港	12
14	马耳他	30	35	葡萄牙	12
15	玻利维亚	28	36	奥地利	12
16	中国台湾	28	37	加纳	11
17	希腊	27	38	尼泊尔	11
18	黎巴嫩	26	39	叙利亚	11
19	埃及	23	40	冈比亚	11
20	乌拉圭	22	41	利比里亚	11
21	利比亚	22	42	秘鲁	11

顺序	国家或地区	数额 （美元）	顺序	国家或地区	数额 （美元）
43	阿富汗	11	45	印度	10
44	巴西	10			

资料来源：1971 年以前，美国国际开发署，分析和报道办公室，《由国际开发署及其前任机构负责的美国经济援助计划》，1948.4.3—1971.6.30；1971 年之后，美国国际开发署，分析和报道部，财务管理办公室，《来自国际组织的美国海外贷款、赠予及援助》，1945.7.1—1973.6.30 以及后来的几年。人均数量来自联合国《人口统计年鉴》。根据 Robert C. Johnsen，*United States Foreign Aid to India：a Case of the Impact of U. S. Foreign Policy on the Prospects for World Order Reform*，PrincetonUniversity：Center of International Studies，1975，p.50 整理。

480 公法的第 104（e）节，也被称为库利修正案（The Cooley Amendment，以众议院农业委员会前主席 Harold D. Cooley 的名字命名）。库利修正案规定：销售美国农产品的当地货币收益的一部分，可以贷款给两类私有部门：一类是在东道国的美国公司或它们的分支机构，或者是与美国公司有业务联系的东道国公司；另一类是与美国公司没有业务联系的东道国的公司，它们帮助处理美国农产品，比如当地存储粮食的仓库，或者加工粮食的面粉厂。

480 公法颁布后，美国对巴基斯坦的粮食援助在 480 公法框架内进行。480 公法，1954 年最初制定是为了处理剩余农产品问题，因为出口有限导致农产品每年不断积压以及农业产量超出国内需求。因此，美国向那些面临粮食短缺的国家大量销售库存，向因洪灾和其他自然灾害导致赤字的贫困国家免费赠予粮食。出口的剩余农产品由美国农业部提供。出口条款包括：1954 年 480 公法第一条款，以当地货币支付商业销售。根据这一条款，像小麦、大米、棉花、棉花籽、大豆油、烟草以及一些日用品，向巴基斯坦提供。第二条款，包括剩余农产品的赠予，以帮助满足那些受洪灾、干旱以及其他自然灾害影响的人们的需要。海洋运输费用由美国国际开发署支付，用以向巴基斯坦运输第二条款以及 PL77 商品。第三条款，包括赠予由四个自愿分配机构来发放，即美国援外合作署、基督教世界救济会、天主教救济会、联合国国际紧急基金。

480 公法就支付作出专门规定。在"外币的售卖"条款中规定，剩余小麦的销售由当地货币支付。贷方余额在巴基斯坦，但仍由美国控制。这笔资金可被用于各种目的，例如，美国大使馆的花费、美国技术或军事使团、开发项目，或者甚至对邻近国家进行援助。在此立法下赠予得到的商品，是用来向受洪水、干旱或其他灾难影响的民众提供救济。巴基斯坦在 1955 年、1956 年、1958 年受洪水严重影响，收到了此款目下美国用于救济目的的剩余品援助。这些商品的费用以及海洋运输费用由美国支付。这些物品要免费分发给受影响的民众。被售卖的销售收益部分被存储在一个单独的账户，被用于提供救济或用于向受到影响的民众提供工作和工资。①

艾森豪威尔第一任期，美国通过 480 公法，一方面解决了国内剩余农产品问题，另一方面满足了南亚等国家国外粮食需求；通过构建区域性集体安全防御体系和军事援助，以期实现其全球冷战目标。

第二节　艾森豪威尔第二任期美国对南亚的援助

第三世界力量的增强和苏联的"经济攻势"，使美国逐渐认识到第三世界的重要性。美国的对外援助政策在艾森豪威尔第二任期发生了重大变化，促进第三世界的经济发展成为外援的重要内容，开始强调发展援助的重要性。

一　国际和地区形势的变化

20 世纪 50 年代中后期，殖民体系进一步崩溃，新兴国家纷纷涌现，第三世界正成长为一支不可忽视的力量。从 1945 年至 1963 年，共有 48 个新独立的国家，加上第二次世界大战前的 22 个，共有 70 个发展中国家，从而形成了约占世界人口 3/4 和世界土地面积 3/5 的广大第三世界。20 世纪 50 年代中期以后，美苏争夺的范围逐渐转向广大的发展中国家。冷战形势的变化和苏联在第三世界的"经济攻势"使美国逐渐认识到第三世界的重要性。美苏将冷战争夺的重心转

---

①　Government of Pakistan Ministry of Finance, *A Review of Foreign Economic aid to Pakistan*, Rawakpind, 1962, p. 31.

移向第三世界。援建阿斯旺大坝的失败和苏伊士运河危机的爆发迫使艾森豪威尔更多地思考经济发展援助的必要性。在苏伊士运河危机之后,艾森豪威尔提出,中东地区现存的真空必须赶在俄国之前由美国来填补。而苏联正大力援助第三世界的事实则使这项选择不仅必要而且变得刻不容缓了。1957年10月4日苏联第一颗人造卫星的发射造成了美国人的心理恐慌。国务卿杜勒斯认为,苏联卫星会导致美国国会对军事拨款更加慷慨,甚至会对共同安全的军事方面更加慷慨,但会用削减经济援助的方式来抵消。这对美国来说具有同等重要性。[①]共和党人、后来任纽约州州长的纳尔逊·洛克菲勒指出,"我们应该把我们支持自由地区的经济努力制度化"。1958年,美国的经济形势恶化。失业率急剧上升到6.8%;联邦赤字迅速增加;在战后,第一次出现对美国支付平衡的担心。因为这种经济状况,众议院对援助的不同意见增加。1958年发展中地区的重重危机提高了美国对它的战略上和外交上的关注。在拉丁美洲,1958年5月8日,副总统尼克松在秘鲁首都利马被暴民袭击;5月13日,在委内瑞拉首都加拉加斯尼克松遇到更为严重的困难。艾森豪威尔提醒在加勒比海的海军,必要时用武力营救副总统。这更使美国认识到第三世界的力量和重要性,希望以开发援助为手段改善与第三世界的关系。在尼克松拉美遭遇之后,巴西总统朱赛里诺呼吁美国全面恢复泛美理想。美国明白,巴西总统是希望在经济政策方面给予拉美更多的支持,拉美在1951—1958年,贸易方面下降了34%,经济增长缓慢。1958财年,美国对拉美所作出的经济援助承诺仅为0.88亿美元(该年总外援为14.6亿美元)。[②] 1957年9月,美国继续其长期以来的反对美洲银行的概念。但在尼克松遭遇麻烦之后,这种想法发生了变化。 1958年,副国务卿狄龙宣布支持美洲银行,扭转了美国长期以来对拉美的政策。然而,对失业、联邦赤字以及支付平衡等的日益增长的关心,阻碍了在援助预算问题上的进一步增加。[③]1959年卡斯特罗领导古巴革命的胜利,对美国产生重要影响。美国政

---

① W. W. Rostow, *Eisenhower, Kennedy, and Foreign Aid*, Austin: University of Texas Press, 1985, p. 135.

② W. W. Rostow, *Eisenhower, Kennedy, and Foreign Aid*, Austin: University of Texas Press, 1985, p. 150.

③ Vernon W. Ruttan, *United States Development Assistance Policy: The Domestic Politics of Foreign Economic Aid*, Baltimore and London: The Johns Hopkins University Press, 1996, p. 75.

府和国会出乎寻常地一致同意加入新的美洲开发银行。针对印度有可能选择共产主义道路，参议院批准了肯尼迪—库珀提案，对南亚进行长期开发援助。参议员肯尼迪认为在 1958 年共产主义的一轮过去之后，1959 年必定是"我们的一轮"。参议员曼斯菲尔德在给总统的信中说，"我们现在又回到强调经济的一个时代"。美国两党对外援的支持主要是由于感觉到对美国安全的威胁。副总统尼克松说，近来的事件说明，绝对需要"把我们的共同安全掌控在一个有效的层次上"。28 位众议院民主党人，在写给艾森豪威尔的信中，对外交政策进行批评，但是他们承诺抵制在共同安全法拨款方面的不明智的削减，因为他们视之为"我们外交政策必不可少的一部分"。到 1960 年，经济援助成为美国对外政策中一项永恒内容。①

欧洲经过战后的重建，到 20 世纪 50 年代中期，经济已经恢复和发展。1948 年 4 月 16 日成立的欧洲经济合作组织（OEEC），其主要目的是确保各成员国实施美国财政援助，发挥各成员国的经济力量，促进欧洲的经济合作，为欧洲经济复兴作出贡献。1960 年 12 月 14 日，加拿大、美国和欧洲经济合作组织的成员等共 20 个国家签署公约，决定成立经济合作与发展组织，1961 年 9 月 30 日，欧洲经济合作组织正式改组为经济合作与发展组织（OECD）。其宗旨是促进成员国经济和社会的发展，推动世界经济增长，帮助各成员国制定和协调有关政策，以提高各成员国的生活水平，保持财政的相对稳定，鼓励和协调成员国为援助发展中国家作出努力，帮助发展中国家改善经济状况，促进非成员国的经济发展。日本在美国的扶植下也完全从战争的创伤中恢复过来，经济飞速发展，成为一个潜在的援助国而不是受援国。美国盟友的经济实力的增强，使之有可能与美国一起"分担责任"。1958 年 8 月底，由世界银行召集的援印国际财团会议在华盛顿召开。世界银行、美国、英国、西德、日本和加拿大发起了 3.5 亿美元的紧急援助，以帮助印度面临失败的"二五"计划。1960 年成立的国际开发协会（IDA），是世界银行软贷款的窗口，其宗旨是通过对低收入发展中国家提供长期无息贷款，作为世界银行的补充，以促进经济的发展。协会的贷款期限为 50 年并免收利息。每年只收 0.75% 的手续费。

---

① Vernon W. Ruttan, *United States Development Assistance Policy*：*The Domestic Politics of Foreign Economic Aid*, Baltimore and London：The Johns Hopkins University Press，1996，p. 76.

在上述形势下，艾森豪威尔政府采取措施，增加经济开发援助。

二 "贸易与援助"并举

1954 年夏到 1955 年夏，艾森豪威尔政府开始考虑转变原来的"贸易而非援助"政策，白宫已经认识到"共产主义扩张"引起的威胁以及原有的政策不能解决第三世界经济发展的急切问题。第三世界紧迫性的问题——经济发展、民族主义的高涨、贸易和私人投资的不足，加上苏联在欠发达地区的"经济攻势"，使艾森豪威尔逐渐改变了原来的主张。到 1955 年春，行政部门开始重新考虑几乎完全依赖通过低关税和私人投资来促进海外经济发展的政策。虽然白宫继续强调世界商业和私人资本在促进世界性的经济繁荣方面的重要性，但是，有人主张政府应制定更能反映欠发达国家经济发展特殊需要的对外经济政策。他们关注法属印度支那的丢失，担心其他第三世界国家，特别是在远东，或许会落入共产主义轨道，除非这些国家得到经济上的支持。他们尤其担心席卷亚洲和其他第三世界地区的正在兴起的民族主义潮流。针对共产主义在印度支那的胜利和在亚洲其他地区的扩张，他们号召增加对世界上大部分经济拮据地区的经济援助。[1] 麻省理工学院国际问题研究中心（CENIS）的罗斯托、米利肯等人呼吁将大量的贷款基金用于援助世界的穷困国家。他们认为，美国陷入了一种过于依赖军事和其他"消极"的政策之中，这已经使美国失去欠发达国家对它的信心。这些国家把共产主义世界看作是经济进步的模式。鉴于上述原因，罗斯托和米利肯提议建立一项用于欠发达国家的 200 亿美元的国际贷款基金，其中美国承担 100 亿美元，为期五年。这笔钱的大部分应该用于亚洲，该地区正处于经济发展阶段，援助会产生最大的效果。[2] 他们的建议对于促进政府转变对外经济政策起到了积极的作用。

此外，如前文所述，世界形势的变化和苏联对第三世界政策的转变也推动着美国调整外援政策。

1957 年 1 月 21 日，艾森豪威尔在连任就职演说中指出，"在这个

---

① Burton I. Kaufman, *Trade and Aid: Eisenhower's Foreign Economic Policy, 1953–1961*, Baltimore and London: The Johns Hopkins University Press, 1982, p. 49.

② Burton I. Kaufman, *Trade and Aid: Eisenhower's Foreign Economic Policy, 1953–1961*, Baltimore and London: The Johns Hopkins University Press, 1982, p. 50.

世界上，还有众多的地方存在着贫困、争执和危险。……遍及各大洲的近 10 亿人口在寻求，有时几乎是不惜一切地在寻求技术、知识和援助。有了这些，他们就能够运用自己的资源来满足全人类共同的物质需要。……我们必须运用我们的技术和知识，有时甚至运用我们的物质，去帮助其他国家摆脱痛苦，不论这些痛苦的所在地离我们的海岸有多远。……相互依存的经济需求促使任何国家都不得不放弃闭关自守的政策；如果其他国家的经济不景气，甚至美国的繁荣也不会持久。任何一个国家都不可能长久地保持一个独立、强大、安全的堡垒地位。……当他们面临贫困和危难而向我们寻求帮助时，他们能够体面地得到帮助"①。美国认识到，在相互依存的世界经济中，发展中国家经济的发展对美国经济和安全的重要性，而贸易和援助并举是促进发展中国家发展的重要手段。1957 年，"贸易而非援助"的政策调整为"贸易与援助"的政策。美国对第三世界的政策发生了显著的变化，更加关注于第三世界国家的经济发展。正如美国学者罗伯特·沃尔特斯所言，"美国和苏联确实已经认识到不发达国家的重要性。最能清楚地说明这一点的，就是它们把大量的经济援助提供给这些国家。……经济援助已经成为美、苏两大国图谋在第三世界建立密切联系并施加影响的一种主要手段。经济手段越来越多地被用来替换——即使不是取代——军事手段，以解决那些向来用军事手段才能解决的任务。美国和苏联似乎都心照不宣，认为能替他们在不发达国家中掌握权力铺平道路的，并不是耀武扬威，而是美元和卢布。在大国和不发达国家的关系中，胡萝卜已经越来越多地开始代替大棒"②。　1957 年 4 月 7 日，杜勒斯在谈到经济发展计划时指出，应该更加重视长期发展援助。参议员肯尼迪认为，美国的经济援助不仅仅是对别国发展努力的零修碎补，尽管这种"零修碎补"具有重要的、甚至决定性的意义。它可以打破外汇瓶颈，刺激某国采取更有效的发展计划的决定性因素。如果美国的发展援助要具备这种影响，那么必须做到下面两件事：①打破每年的授权和拨款的循环；②排除按国家进行的优先分配。肯尼迪认为，要取得这种更大效果的最好方式是建立经

① 陈家佶主编：《美国总统就职演说全集》，罗显华审校，四川人民出版社 1996 年版，第 893—895 页。
② ［美］罗伯特·沃尔特斯：《美苏援助：对比分析》，陈源、范坝译，商务印书馆 1974 年版，第 5—6 页。

济发展基金，用于通过比现有制度更优惠的方式提供贷款进行援助。这笔基金应该对申请国提出的特别计划或项目进行援助。① 肯尼迪的这种重视对发展中国家经济援助的思想在他当选总统后得以实施。

三　NSC5909/1 文件

与"贸易与援助"并举的援助"哲学"相一致，国家安全委员会文件在强调遏制共产主义的同时，强调了经济援助的重要性。1959 年 5 月 26 日，国家安全委员会计划委员会文件认为，在亚洲一个强大的印度和一个强大的日本能够更好地制衡中国。美国对日本的政策规定，"一个强大的日本，一个与美国坚定联盟的日本，一个在远东能更好地制衡中国的日本，一个有利于自由世界力量的日本，最符合美国的利益"。美国对印度政策规定，"印度的真正独立应被加强，一个温和的、非共产主义的政府成功地赢得了印度人民的拥护，这符合美国的利益"。在亚洲，一个强大的印度应该是除了共产主义之外的另一条可选之途的成功典范。鉴于因"中国共产主义力量"迅速增长而引起的对"自由世界"在亚洲利益的日益强大的威胁，美国对印度的基本目标应准确地表述为："一个强大的印度的发展，对美国更友好，更能制衡共产主义中国。"② 从遏制中国共产主义的冷战思维出发，美国认为，位于中国的东、西两翼——日本和印度的强大，更符合美国的国家利益。

1959 年，国家安全委员会计划委员会完成了 NSC5909 文件（U. S. Policy toward South Asia）草稿。NSC5909 文件于 8 月 6 日和 18 日在 NSC 会议上被讨论，21 日修改稿 NSC5909/1 被总统批准。NSC5909/1 文件认为：①中国共产主义力量的迅速增长和苏联对南亚经济渗透的加剧，这似乎有可能在下一个十年对自由世界在亚洲的利益造成严重威胁，从而强调了南亚发展的重要性。在亚洲，这是一种成功的替代共产主义的可行之道。印度、巴基斯坦、锡兰这些国家，存在着实现这个目标的相当大的潜力。②南亚国家拥有自由世界人口总数的约 1/4。南亚是联系中东和远东的海陆交通要道，战略位置重要。南亚拥有有价值的自然资源，包括

① W. W. Rostow, *Eisenhower, Kennedy, and Foreign Aid*, Austin: University of Texas Press, 1985, p. 129.

② "Paper Prepared by the National Security Council Planning Board", Washington, May 26, 1959, *FRUS*, 1958-1960, Vol. XV, South Asia, pp. 3-4.

印度储量丰富的铁、煤。印度、巴基斯坦继承了英国完备的管理和文官传统。共同的语言——英语，便于次大陆各种文化组织间的交流。印度也继承了广阔的铁路网。③然而，该地区国家之间尖锐的内部问题和冲突，对一个强大、稳定的南亚的崛起构成了严重障碍。尽管外部援助的数量给人印象深刻，但该地区继续为大量的政治、社会和经济问题所困扰，生活水平低下。要提高生活水平，受到下列因素的严重阻碍：不断迅速增长的人口，低生产力，财力不足，缺乏训练有素的人员，以及通货膨胀。④苏联已经把印度作为在亚洲的主要目标。苏联对印度政策的最终目标，是要维持一个深受苏联影响或控制的权力政府。苏联逐渐的经济渗透的目标在于取得对印度经济的发展和政策的方向施加最大影响。苏联渗透主要在三个方面，都是在印度最急需的某些方面注入资金。这些方面是：a. 大规模的项目援助计划，向印度人民和政府施加影响。b. 贸易计划，这在经济上、心理上意义重大，并有可能形成印度依赖于苏联的情形。c. 技术援助计划，这些计划是为了赢得大部分印度官员、科学家、工程师、学生和知识分子所设计的。新德里于 1957 年 7 月 29 日宣布，接受苏联提供用于支持印度"三五"计划追加的 3.78 亿美元。苏联集团向印度提供的信贷总数已达 7.2 亿美元。⑤除了巴基斯坦是东南亚条约组织和巴格达条约成员，该地区其他国家都采取中立主义政策。在印度、锡兰，共产主义势力是一个严重的问题。然而，这些国家的政府和主要政党似乎日益意识到在阻止共产主义颠覆和保持国内反共政策方面它们的自身利益。① 国内政治的一系列成功为印度民族国家奠定了基础：解决了土邦问题，完成了全国大选，制定了国家宪法。但是，地区分裂、语言、等级和宗教差异依然存在，尽管尼赫鲁在一定程度上成功地削弱之。国大党的内聚力和吸引力正随着共产党成为第二大党而逐渐削弱。

　　文件同时指出，印度面临着一个主要的经济发展问题。印度经济发展的程度也是国际政治的分支。亚非国家将会关注和比较印度与"共产主义中国"在迅速工业化和对人类自由和生活水平影响方面为其民众所取得的成就。一个强大的印度是在亚洲对共产主义的另外一种成功示范。另外，一个弱小的印度很难能够实行有效的影响来反制共产主义中

① "National Security Council Report：NSC5909/1（Statement of U. S. Policy toward South A-sia）"，Washington，Aug. 21，1959，*FRUS*，1958-1960，Vol. XV，South Asia，pp. 30-31.

国在南亚和东南亚的行动。① 文件对苏联在南亚的经济渗透表示担忧，认识到南亚面临着一系列的政治、经济和社会问题，担心如果南亚不能取得巨大经济进步而引起政治和经济的混乱。

经过分析，NSC5909/1 文件得出的政策结论如下：在所有南亚国家的独立与完整、稳定与和平进步方面，美国存在着政治上的利害关系，特别是在印度和巴基斯坦的利益很大。如果这两个国家中的一个处于共产主义影响之下，将会导致世界性的影响。它们严重的政治不稳定，都会极大地增加共产主义在该地区的影响，或者会导致在南亚的敌意。在很多情况下，美国直接影响南亚事务的能力是有限的。美国不可能在可预见的将来，期望南亚的四个中立主义国家在所有东西方问题上与美国立场一致。但是，一个温和的、非共产主义的政府符合美国的利益。尽管印度的不结盟政策有时会反对美国的计划和行动，并且一个强大的不断成功的印度会增加这种反对的力量，但从更长远来看，一个弱小的、易受伤害的印度对美国安全所带来的风险远比一个强大的、稳定的，甚至中立的印度所带来的风险要大得多。印度应继续采取有效措施解决其发展问题，这符合美国利益。因此，美国应继续密切关注印度开发计划的制订和实施，并支持这些计划的广泛目标，只要它们是实现美国在印度目标的最好工具，应鼓励其他自由世界国家给予类似的支持。②

文件认为，美国要取得的目标是：在南亚，一条成功的在亚洲替代共产主义的发展之路。非共产主义政府继续掌权将会抵制内部和外部共产主义的利诱和压力。不断加强南亚政府与人民和自由世界社会的联系和认同。为了阻止进一步军事竞争加剧，抵制共产主义，加强它们彼此之间以及与自由世界之间的联系，南亚国家之间应该缓和紧张。如有可能，在所有南亚国家建立强大、稳定、为人民所拥护的政府。在每个南亚国家，培育不断增长的、健全的、发达的经济。加强该地区的军事力量，将会有助于地区稳定，与自由世界的防御相一致。

为此，美国的主要政策导向应该是：在总的政治方面，培育南亚非

① "National Security Council Report：NSC5909/1（Statement of U. S. Policy toward South Asia）"，Washington，Aug. 21，1959，*FRUS*，1958-1960，Vol. XV，South Asia，pp. 31-32.

② "National Security Council Report：NSC5909/1（Statement of U. S. Policy toward South Asia）"，Washington，Aug. 21，1959，*FRUS*，1958-1960，Vol. XV，South Asia，pp. 37-38.

共产主义政府继续掌权，加强它们反对共产主义试图掌权。寻求发展地区国家间的理解，特别是印度和巴基斯坦，对它们安全的威胁不是来自其他南亚国家，而是在于中苏集团日益增长的威胁。鼓励南亚国家政府和民众扩大和加强它们与自由世界的联系。增加与南亚国家政府的协商，特别是印度和巴基斯坦，鼓励它们更坦诚地与美国协商。通过各种适当的方式寻求减少印巴之间的紧张与仇视，保持信息、文化与人员交流项目，以满足支持美国在该地区的目标。通过强化和提高在美国、东道国和第三国的训练项目，寻求增加本地的政府自治和经济增长能力。为防止共产主义公然入侵巴基斯坦，或共产主义从内部进行控制，在东南亚条约和双边协议之下，履行美国的义务。

在经济开发和贸易方面，为了帮助南亚经济发展，应该：①鼓励南亚国家尽最大努力发展自身经济，采取措施最大限度地吸引外部私人资本；②准备延长健全的开发贷款，与相应的美国贷款政策考虑相一致，以及美国的外交政策目标相一致。继续防御支持计划、技术援助计划以及特殊援助计划；③鼓励其他自由世界国家向南亚继续提供开发和技术援助；④通过与美国贷款政策相一致的国家机构向南亚贷款。在提供技术和开发援助过程中，不要给人留下这样的印象：美国在信贷和援助的规模等方面欲与共产主义一决雌雄。提醒南亚国家存在这种可能性，即中苏集团试图利用贸易和援助项目作为政治颠覆的技术手段，劝阻它们不要在某些特定的、可能会对其安全造成破坏的敏感领域接受中苏集团的援助。这些国家与中苏集团之间的贸易达到一种过分依赖的程度，会严重损害美国利益。劝告这些国家尽可能不要向共产主义集团运送战略原材料。为减轻严重的粮食短缺或自然灾害影响，尽可能迅速地向南亚国家扩大紧急援助。①

NSC5901/1文件表示了对共产主义力量的发展及其对南亚渗透的担心，强调了南亚在人口、资源和地缘政治方面对自由世界安全的重要性。文件认识到美国对南亚影响的有限性，强调通过援助等手段帮助南亚国家发展经济，支持印度的五年计划，使之走上一条有别于共产主义的发展道路。

---

① "National Security Council Report：NSC5909/1（Statement of U. S. Policy toward South A-sia）"，Washington，Aug. 21，1959，*FRUS*，1958-1960，Vol. XV，South Asia，pp. 40-43.

四　对印度的援助

美印关系在艾森豪威尔第二任期时期有进一步发展。1957 年印度在匈牙利事件上表现出更加客观的立场，杜勒斯在参议院对外关系委员会承认帮助印度发展民主体制本身将会遏制亚洲极权主义的扩张，以及在 1959 年杜勒斯去世后不久艾森豪威尔访问印度等，对美印关系的发展起到了积极的作用。在艾森豪威尔第二任期内，美国对印度进行大量经济援助。经济援助构成美国对印度政策的基本部分。很显然，外援被视为与抵制苏联在新德里和第三世界其他地方扩大影响的制衡工具。从 1951—1970 年，美国对印度的贷款和赠予共有约 80 亿美元，包括 43 亿美元的 480 公法农产品和 30 亿美元的低息贷款。可以说，在发展中国家，印度是美国援助的最大受援者。①

1956 年，为了保证经济援助项目的连续性，艾森豪威尔要求国会在援助项目上给予有限的授权以承担更长期的义务，但遭到国会拒绝。② 1956 年 7 月 7 日，参议院组成了一个特别委员会研究外援，委员会报告建议，应继续进行对外援助，并号召在军事援助、技术援助和开发援助之间作出明确区分。委员会还建议，相对于赠予援助，应更加强调可支付贷款，减少军事和支持援助。③ 麻省理工学院国际问题研究中心的米利肯（Max D. Millikan）警告说，放弃援助项目会导致欠发达国家转向苏联集团。他建议建立一个为期 10 年的 100 亿美元的经援项目，其中 80% 是贷款援助形式。1956 年 12 月 23 日，众议院外事委员会报告，主张削减而不是增加外援，非军事援助主要基于贷款形式。那些接受苏联援助的国家也应有资格接受美援。报告指出，外援看起来是用来影响别国的最有用的非军事措施。在另一项研究中，国际开发顾问委员会主张建立一项灵活、长期的经济开发项目基金，国会提供的资金应至少为期三年。1957 年 10 月，苏联成功地发射了第一颗人造卫星，在美苏竞争中，呈现在发展中国家面前的似乎是苏联的制度更具有优越性。1958 年 2

---

① Shivaji Ganguly, *U. S. Policy Toward South Asia*, San Francisco：Westview Press, 1990, p. 58.

② Vernon W. Ruttan, *United States Development Assistance Policy：The Domestic Politics of Foreign Economic Aid*, Baltimore and London：The JohnsHopkinsUniversity Press, 1996, p. 73.

③ Vernon W. Ruttan, *United States Development Assistance Policy：The Domestic Politics of Foreign Economic Aid*, Baltimore and London：The JohnsHopkinsUniversity Press, 1996, p. 74.

月，艾森豪威尔召开了关于发展援助的会议。会上，前总统杜鲁门声称，"我们可以对付扩军备战的唯一事情是要争取时间，我们为获得和平的最大希望之一是对别国的经济援助"。

　　1957 年 5 月，印度面临着严重的财政和经济形势，渴望美国提供进一步的援助。在"二五"计划期间，面临的外汇缺口总共有约 30 亿美元。通过获得外援和印度外汇储备的调整可能会把赤字减少到约 19 亿美元。如果把从国际复兴开发银行（IBRD）、美国、科伦坡计划、外国私人投资以及新的苏联信贷等有望获得的援助考虑进去，外汇差额可减少到约 7 亿美元。但是，国际复兴开发银行还没有作出资金承诺。有鉴于此，印度政府请求美国提供更多资金援助。印度财长尼赫鲁知道，任何支持印度的特别立法在国会都很难通过。他认为，进一步扩大 480 公法援助以及得到提议的开发基金中的大部分份额是可能的另一种选择。印度必须增加其计划中的粮食和农产品进口以满足消费者需求。480 公法援助因而会减少对外汇的需求。① 印度财长对与世界银行的谈判非常失望，他希望得到一笔 1.25 亿美元的贷款用于铁路建设，但世界银行反对该意见，提出 0.75 亿美元的贷款。② 1957 年 5 月，印度政府非正式地探寻美国政府就支持其五年计划增加援助的可能性。美国政府通过各部门特别工作小组调查情况，提出如下建议：①考虑修订 480 公法协议，以防止粮价进一步通货膨胀。②扩大用于可靠项目的来自新开发基金的贷款。③扩大来自进出口银行的贷款，特别是用于加强印度特定的私有企业。④支持印度申请来自国际复兴开发银行的贷款。在对巴基斯坦的军事援助方面，认为美国援助巴基斯坦，降低了印度对巴基斯坦的军事优势，因而导致巴基斯坦入侵印度的危险。美国认为，印度严重高估了美国军事援助巴基斯坦的水平，并不断向印度保证，如果发生巴基斯坦入侵印度，美国会帮助印度抵制入侵。③

　　1957 年 7 月 24 日，工作协调委员会提出了关于南亚的进展报告

---

　　① "Memorandum of a Conversation", Department of State, Washington, May 31, 1957, *FRUS*, 1955-1957, Vol. Ⅷ, South Asia, p. 345.

　　② "Letter from the Ambassador in India（Bunker）to Frederic P. Barthett, at London", New Delhi, Jun. 27, 1957, *FRUS*, 1955-1957, Vol. Ⅷ, South Asia, p. 351.

　　③ "National Security Council Report：NSC5701（Statement of Policy on U. S. Policy toward South Asia）", Washington, Jan. 10, 1957, *FRUS*, 1955-1957, Vol. Ⅷ, South Asia, p. 50.

（1957 年 1 月 10 日至 7 月 24 日）。在政治方面，1957 年大选，国大党继续控制印度政府和几乎所有邦立法议会。印度政府继续受到广泛拥护并日益稳定。共产主义分子在喀拉拉邦取得胜利。在尼赫鲁领导下，印度继续奉行独立的外交政策，与巴基斯坦关系继续紧张。印度重申，因为巴基斯坦是巴格达条约和东南亚条约组织的成员，美国在克什米尔问题上偏袒巴基斯坦。在经济方面，尽管五年计划遭遇重大困难，外汇储备继续下降，通货膨胀的压力越来越大，但是印度经济还是继续增长。在军事力量方面，印度军事力量可以满足内部安全以及抵御巴基斯坦（攻击）的安全。但是，由于美国军事援助巴基斯坦而使其军事力量非正常强大，因而印度开始感到不安。报告指出，总体而言，南亚国家：①反对西方的集体安全。印度政府继续反对东南亚条约组织和巴格达条约，因为这些条约组织增加了已有的紧张，并且把冷战带到了南亚次大陆。锡兰、尼泊尔可能继续追随印度的领导，反对自由世界集体安全的安排。美国继续在适当的场合，向该地区自由国家保证，这样一种集体安全的安排，不会对这些国家造成威胁，而会对这些国家本身以及它们反对侵略带来保障。②对核试验感到担忧。印度、锡兰是南亚反对继续核试验的主要国家。③面临着共产主义集团对该地区的渗透。自由世界将继续面临共产主义集团努力增加其在南亚影响的威胁。在外交政策方面，共产主义集团通过认同、支持亚洲民族主义和和平共处，在该地区继续享有威望。共产主义集团在次大陆的经济渗透，继续给自由世界带来严重的问题，苏联在印度经济影响体现在：比莱钢厂的建立，在苏联训练大量技术人员的安排，就以前提供的长期贷款使用范围进行讨论，技术援助，以及扩展中的贸易。印度在实施"二五"计划过程中所面临的外汇差额，将会被共产主义分子（国家）有效利用，如果它们增加其现有的援助规模。南亚国家与共产主义集团的贸易增加，经济联系更为紧密。美国关注该地区的发展问题，以决定采取何种方式使援助能更好地有利于该地区的稳定，努力营造私企参与该地区经济开发的条件和环境，鼓励该地区国家与其他自由世界国家扩大贸易和联系。①

在美国关注南亚地区经济发展的同时，印度政府也积极努力争取外

---

① "Progress Report by the Operations Coordinating Board: Progress Report on South Asia （NSC5701）", Washington, July 24, 1957, *FRUS*, 1955-1957, Vol. Ⅷ, South Asia, pp. 45-48.

援，以弥补经济发展的资金不足。1957 年 9 月，印度财长访美，寻求尽可能多的援助。在谈到为什么要帮助印度时，驻印大使邦克（Bunker）指出，印度经济发展的成功十分重要。"二五"计划的成功，可以使印度国内政治稳定和保持自由民主体制。这也是印度国会和政府可以打的唯一一张王牌，用以保持其内聚力和抵制语言、宗教、地方民族主义等离心力，这是反对集权主义统治的最有效的保障。印度有能力遏制和推翻印度共产党在喀拉拉邦的统治以及其他地方可能出现的统治。印度有能力向广大亚洲自由民众宣示，他们可以通过民主方式而不是集权方式更好地取得经济进步。① 驻印大使邦克认为，印度是美国政府和私人资本很好的长期投资场所。国务卿杜勒斯在 9 月 10 日的记者会上表示："我们已经知道，'二五'计划在外汇方面有一个发展缺口。在印度这一直被关注，同时它也引起我们这些希望看到该计划成功的人士的关注。现在，还没有来自印方明确的请求。有了这些，就会受到同情的考虑。当然，我们也有自己的财政问题。"② 行政部门要求国会为 1958 财年划拨 5 亿美元新的开发贷款基金，并授权 1959 财年额外 7.5 亿美元以及 1960 财年大抵相同的款额。国会仅为 1957 财年划拨了 3 亿美元。美国向印度的出口，1955 年达到 1.87 亿美元，1956 年达到 2.66 亿美元，1957 年上半年达到 4.72 亿美元。印度正努力扩大出口。茶叶和粗帆布稳步增长，纺织品出口有所波动。印度财长认为，如果印度接收到的仅仅是"正常"援助，其经济只能以 75% 的能力运营，实际上印度需要填补的外汇缺口是 14 亿美元。他并不期望这些全从美国得到。③

1957 年，印度北部季风的未能到来使对粮食进口的需求急剧增加，并且引起所有经济部门的紧张，五年计划接近崩溃的边缘。起初，尼赫鲁限制请求增加外援，希望以此表明印度的自给自足。当大米收成欠佳时，尼赫鲁号召印度人民食用小麦，不依赖外国的施舍，印度人民应该发展不同的饮食口味。但是到了 1957 年 9 月，尼赫鲁不再抵制对外援的需求。他告诉美国记者，印度欢迎美国提供援助，估计需要 5 亿美元的

---

① "Telegram from the Ambassador in India（Bunker）to the Department of State", New Delhi, Sep. 20, 1957, *FRUS*, 1955–1957, Vol. Ⅷ, South Asia, p. 371.

② "Department of State Bulletin", Sep. 30, 1957, p. 529. 转引自 *FRUS*, 1955–1957, Vol. Ⅷ, South Asia, pp. 373–374。

③ "Memorandum of Conversation", Department of State, Washington, September 25, 1957, *FRUS*, 1955–1957, Vol. Ⅷ, South Asia, pp. 373–375.

贷款。艾森豪威尔政府一直关注印度形势。认识到开发贷款基金不能满足印度的紧急需要，美国政府促使印度的其他贸易伙伴（主要是西德）采取措施减少印度的贸易赤字；美国政府通过美国进出口银行向印度提供资金。不包括欧洲国家的援助，美国共提供了 2.25 亿美元援助。在艾森豪威尔第二个任期内，美国对印度的经济援助不断增长。不包括五年计划的紧急救援，美国的赠予和贷款从 1958 年的 0.9 亿美元增加到 1959年的 1.37 亿美元，1960 年的 1.94 亿美元。两国政府还签订了一系列的国际商品协定，其中包括 1960 年 5 月签署的为期 4 年的价值 12.5 亿美元的商品协定。华盛顿还发起了印度 5 个主要贸易伙伴（英、美、西德、日、加）的援印国际财团，承诺到 1961 年援助印度近 10 亿美元。① 1958 年 1 月，进出口银行准备考虑一项 1.5 亿美元的信贷，开发贷款基金准备考虑 0.75 亿美元的信贷。② 除了进出口银行、开发贷款基金之外，美国政府也在考虑通过额外的 480 公法方式减缓印度粮食短缺。印度面临着严重的经济困难，外汇短缺约 10 亿美元。为此甚至要降低"二五"计划制定的目标。尽管美、印在对外政策方面有许多分歧，但是，美国认为，印度保持独立和免于落入共产主义控制符合自由世界的利益。如果印度能够取得经济进步，满足民众基本生活需要，共产主义控制印度的可能性就会减少。在一定程度上，印度保持稳定和独立，南亚、巴格达条约组织和东南亚条约组织的安全就会得到加强。③ 1958 年3 月 4 日，进出口银行和开发贷款基金宣布与印度达成贷款协议。进出口银行宣布向印度提供 1.5 亿美元的信贷，开发贷款基金宣布向印度提供0.75 亿美元的信贷。1958 年 3 月 19 日，印度副总统拉达克里希南拜会美国总统，对美国近年来给予印度的援助表示感谢。④ 在考虑了各种有保证的援助之后，估计 1958 财年至 1959 年 3 月 31 日印度赤字可达 6.17 亿美元。印度政府认为，1958 年经济形势恶化主要受到美欧经济衰退的影

---

① H. W. Brands, *India and the United States: the Cold Peace*, Boston: Twayne Publishers, 1990, p. 96.

② "Telegram from the Department of State to the Embassy in India", Washington, Jan. 10, 1958, *FRUS*, 1958-1960, Vol. XV, South Asia, p. 415.

③ "Telegram from the Department of State to the Embassy in the United Kingdom", Washington, Jan. 11, 1958, *FRUS*, 1958-1960, Vol. XV, South Asia, p. 418.

④ "Memorandum of a Conversation", White House, Washington, March 19, 1958, *FRUS*, 1958-1960, Vol. XV, South Asia, p. 427.

响，出口价值下降， 90%的支付承诺不能兑现。到 1958 年 4 月 1 日，
5.61 亿美元的外汇资源不能提供充分的毛利以满足赤字。估计外汇储备
到 1959 年 4 月 1 日下降到 2.1 亿美元。邦克大使强烈建议在 1959 财年向
印度援助 3 亿美元。①

　　1958 年 7 月 16 日，副国务卿狄龙认为，在 1958 年 7 月至 1959 年 6
月，1.25 亿美元的开发贷款基金的要求有些过高。有许多国家，包括土
耳其、伊朗、黎巴嫩等国家，也急需开发贷款基金的援助。即使国会
1958 年拨款 5 亿美元用于新的开发贷款基金，把其中的 25%给予一个国
家也是困难的。美国正在考虑给予 0.75 亿—1 亿美元。② 开发贷款基金
的第一笔贷款是用于对印度的五年计划。1958 年 8 月 25 日，为期三天的
向印度开发提供资金的会议在华盛顿召开。会议由国际复兴开发银行发
起，美、英、联邦德国、日、加拿大等参加。会议结果：国际复兴开发
银行和与会国同意，到 1959 年 3 月 31 日，向印度提供约 3.5 亿美元资金
以帮助印度弥补外汇差额。美国在会上表示准备提供 1 亿美元的开发贷
款基金援助，还准备给予 2 亿美元的 480 公法援助，并允许印度小麦贷款
延期付款。美国在印度的目标，从本质上说，是要保持一个稳定的、非
共产主义的政府，经济上稳健，有利于自由世界。这样有望建立一个反
对国际共产主义挑战的亚洲堡垒。因而，自由世界相对大量的对印援助
是必要的。③

　　1958 年 9 月 2 日，美国国家情报文件对印度财政问题的经济和政
治后果进行分析，认为：印度在 1957 年遇到严重的经济困难。1958
年 8 月底由美国和其他西方国家以及国际复兴开发银行承诺的 6 亿美
元的援助（包括 1958 年的 3.5 亿美元）有望满足印度的急切需求以
及在随后的 "二五" 计划几年时间里将差额减少到约 4 亿美元。然
而，印度将继续严重依赖外援。如果不能得到外援，印度将有可能完
不成目前已经削减了的计划指标，近来国大党遭削弱的趋势以及共产
主义力量加强的趋势几乎肯定会得以强化。此外，如果印度得到它所

---

　　① "Telegram from the Embassy in India to the Department of State", New Delhi, May, 29, 1958,
FRUS, 1958–1960, Vol. XV, South Asia, p. 429.

　　② "Memorandum of a Conversation", Department of State, Washington, July 16, 1958, *FRUS*,
1958–1960, Vol. XV, South Asia, p. 441.

　　③ "Telegram from the Embassy in India to the Department of State", New Delhi, Aug. 26, 1958,
FRUS, 1958–1960, Vol. XV, South Asia, p. 444.

需外汇的大部分，那么它就会取得重要经济进步，政治上议会制度将会加强。

尽管如此，要解决该国的主要经济困难、失业以及粮食或基本的政治经济问题，还有很长的路要走。印度一直奉行中立主义政策，在未来几年里，不管印度是否能从西方、苏联集团那里得到它所需的援助，其外交政策发生重大改变几乎不可能。然而，政治经济的不稳定将会导致印度易于遭到极权主义（特别是共产主义）的影响。印度面临的经济问题在过去几年里得到加强。干旱导致了 1957—1958 年相当程度的粮食减产。1958—1959 年的收成前景也不容乐观。在"二五"计划剩下的几年里，印度至少要进口原来所预计的 2 倍的粮食。1957 年还相对稳定的价格，主要由于担心可能的粮食短缺的缘故，在 1958 年又有所回升，尽管严重的赤字财政也是价格上涨的原因之一。1957—1958 年的工业生产率要比往年低。一些进口的原材料短缺，但总的进口增长迅速，这主要是由于大量购买粮食、防御装备以及生产资料的结果。出口有些下降，有可能在"二五"计划随后几年里慢慢回升。外汇储备比预计的整个计划阶段下降了 3 倍，已接近危险边缘。外汇短缺不仅对"二五"计划造成不利影响，而且还影响整个印度经济。原材料、半成品进口缩减，一些工厂减产，消费品进口也急剧缩减。"二五"计划缩减主要在社会服务领域。1957 年，该计划公有部门支出目标从 115 亿美元下调到 101 亿美元，1958 年又减少到 95 亿美元，其中 22 亿美元必须由外援提供。由于外援不足，公有部门可能只完成计划制定的 3/4 的目标。黄金和外汇储备已降到 5 亿美元。印度能从储备中拿出约 3 亿美元填补财政赤字。如果储备降到 5 亿美元以下，将会破坏货币自信，有可能导致资金外流。以目前的下降率，储备在年底可达 5 亿美元。以这样的储备使用推算，外汇差额在"二五"计划中的随后几年里几乎可达约 10 亿美元。印度财政最严重的问题是，截止到 1959 年 3 月 31 日，需要 3 亿—3.5 亿美元。在由国际复兴开发银行发起的 1958 年 8 月 25—27 日华盛顿会议上，加拿大、联邦德国、日本、英国、美国、国际复兴开发银行表示愿意在 1958 财年结束之前向印度提供约 3.5 亿美元的新的援助。另外与会成员表示，它们愿意在"二五"计划的最后两年提供另外 2.5 亿美元的援助。因此，印度外汇差额在"二五"计划后面两年时间里减少到估计 4 亿美元。

印度外汇问题因进口军事设施而更加严重。印度官方指出，在1957—1958 财年约 2 亿美元外汇用于军事目的。在后面的三年里，计划再花费约 4 亿美元用于军事方面。据印度官方报道，4 亿美元中的 0.2 亿美元按合同要在 1958 年 4 月 1 日之前交付，包括要在 1960 年交付给印度的英法喷气式飞机以及一架英国的运输机。除了外汇问题，印度军事项目也是一项内部资源的主要要求者。国防预算在1958—1959 财年约占普通预算的 35%，或包括开发费用的中央政府总预算花费的 18%。尽管印度可能在"二五"计划接下来的几年里削减一定数量的原定的军事开支，但是，除非与巴基斯坦关系有了重大改变，否则，它不可能大规模削减军事开支。实际上，印度还可能进一步加大军事开支，如果它认为巴基斯坦正在增加军事力量或认为巴基斯坦更好战，尽管印度目前拥有 450000 人的军事机构，是巴基斯坦的 2 倍多。

文件分析了援助的前景，指出：印度似乎可以肯定从西方获得至少 4 亿美元。印度已从苏联及其欧洲卫星国接受约 3.25 亿美元的长期贷款。它有可能继续接受该集团的援助。文件就印度的经济进行了展望，认为：不仅"二五"计划，而且整个印度经济的发展前景，严重依赖可获得的外汇以填补差额。如果印度不能成功地获得外援，可能必须作出进一步削减发展计划。原料进口要进一步削减。失业增加、卢比贬值、资本外流、总投资减少接下来都有可能发生。尽管在经济开发项目上已取得很大的进步并且可以肯定会取得更大的进步，但是经济发展的动力会减弱，并且计划可能达不到现在的目标。如果印度获得它所能得到的援助来填补外汇差额，那么可以取得经济进步。新建成的工厂有可能减少目前的许多进口需求，实际上可以减少每年花费 3 亿美元的钢材进口。这将会为经济现代化进程和印度迈向自我持续增长奠定基础。即便如此，印度要解决经济上的两个问题——提供充分就业和为民众提供充足的粮食，还有很长的路要走。

文件对印度的政治形势进行了展望，指出：在印度，政治稳定的前景在很大程度上依赖于经济发展进步。尼赫鲁和国大党支持发展项目，它们的政治运气要受"二五"计划结果的影响。文件就印度外交政策进行了展望，指出：印度在过去十年间如此彻底地奉行中立主义政策，以致在未来几年无论开发援助项目结果如何，外交政策发生重大变化几乎不可能。如果因为不能从西方获得必要的援助而使印度被迫进一步削减开发援助项目，几乎肯定会发生反西方的愤恨，可能会更多地关注苏联集团的援助。如果苏联集团也不能提供急需的援助，随之而起的政治经济不稳定将会加强国内分裂势力。在这种情况下，印度更容易受到极权主义（特别是共产主义）的攻击。① 文件分析了印度面临的经济困难和外汇缺口，指出美国援助对印度经济和政治稳定的重要意义。

美国对苏联在第三世界发动的咄咄逼人的"经济攻势"甚为担心。文件指出，苏联把印度作为在亚洲的主要目标，它们的援助努力精明而有效，成功的可能性很大。美国应抓住机会，扩大对印度的经济项目，阻止苏联达到其目的。文件认为，苏联在印度的最终目标是使印度政府深受苏联影响或控制。苏联经济攻势采取以下三种方案，都是向印度最关切的经济需求提供资本。①大规模项目援助计划，用以影响印度政府和人民。②贸易计划，在经济上、心理上具有重要意义。③技术援助计划，用来赢得印度官员、科学家、工程师、学生以及知识分子的最大多数人的同情。苏联准备在"三五"计划给印度"它所要求的任何东西"用于发展经济。估计苏联的这种援助在 6.5 亿—10 亿美元。这反映了美国对苏联政策估计的一个重要变化。美国曾认为苏联不希望印度经济发展取得成功。现在美国认为，苏联的政策是希望印度的第三个五年计划的目标能够实现，特别是在公有部门。苏联采取这一政策有许多优势：既然美国不准备直接向印度公有工业部门提供资金，既然用于公有企业的绝大部分资金都来自国外，苏联有极好的机会来影响印度工业基地的发展和成长。在过去不到四年的时间里，印度从苏联获得 3.5 亿美元的援助。在贸易方面，苏联对印度贸易攻势的目标，是要使苏联集团的经济和印度的经济"难以避免地卷在一起"，以使苏联能对印度经济和政治发展施加日益增长的影响。为达到此目的，苏联计划首先在 1959 年将印苏贸易水平比 1957 年翻一番，然后在此基础上，在接下来的 3—4 年里进一步发展贸易，以达到占印度外贸总量的 20%。苏联试图在购买和提供特定商品、对外贸易方面占据主导地位。在技术援助方面，苏联集团最经典的技术援助的一个例子是它们对印度石油工业的援助。为此目的而

---

① "National Intelligence Estimate: The Economic and Political Consequence of India's Financial Problems", Washington, Sep. 2, 1958, *FRUS*, 1958-1960, Vol. XV, South Asia, pp. 452-460.

答应的援助已达约 0.41 亿美元。仅三年之后，苏联集团已对印度石油工业发展产生有效的影响，博得了人们的政治同情。苏联对印度派送的钢铁工业的工程师在苏联进行培训，并计划向印度派遣优秀的技术人员和顾问。苏联在三个方面的经济攻势与苏联外交和宣传行为密切配合，构成了对西方的挑战。①

1959 年 5 月 28 日，国家安全委员会举行第 408 次会议，国务卿杜勒斯在影响美国安全的重要世界发展问题讨论中谈到印度的财政问题，就印度的三个五年计划进行了分析。他指出，印度非常担心在经济增长率方面落后于共产主义中国。"三五"计划是三个五年计划中雄心最大的，尽管"二五"计划可能只有 90% 的成功。即便"三五"计划成功完成，也不能解决印度所有的问题，因为并不是印度所有的问题都是经济方面的。1959 年 3 月 16—17 日，国际复兴开发银行发起了一个主要国家向印度提供财政援助的会议，目的是评估印度的财政问题。会上，美、英、联邦德国、日本、加拿大表示，它们原来承诺的向印提供总数额 1.75 亿美元的开发项目贷款从 1959 年 4 月 1 日开始实施。

1959 年 12 月 3 日，艾森豪威尔离开华盛顿开始全球之旅，在 3 周内访问 11 个国家，包括巴基斯坦、阿富汗和印度。艾森豪威尔 12 月 9 日到达新德里，14 日离开印度。艾森豪威尔在新德里发表演说，"当我一踏上印度这片热土，我正在实现我多年来的希望……总理阁下所写的《印度的发现》这本伟大的著作，我深感兴趣，但我要在这里的短短四天时间里，对印度进行一些'个人的发现'"②。在与尼赫鲁会谈时，艾森豪威尔向尼赫鲁保证，只要他还在台上一天，美国就不会允许巴基斯坦使用美国提供的军事装备侵犯印度，他也相信这适用于他的继任者。艾森豪威尔又说，巴基斯坦以及其他接受美国援助的国家，依赖美国军火。美国的支持，在任何情况下也不能实行超过一周的侵略行动，显而易见这是不可能出现的。印度和巴基斯坦的真正危险来自中苏集团。③ 在谈到集体安全时，艾森豪威尔对尼赫鲁说，他赞成集体安全，

---

① "Paper Prepared in the Embassy in India", New Delhi, May 12, 1959, *FRUS*, 1958-1960, Vol. XV, South Asia, pp. 483-486.

② "Speech in New Delhi", *New York Times* (1857-Current file), Dec. 10, 1959. ProQuest Historical Newspapers The New York Times (1851-2003), p. 16.

③ "Memorandum of a Conversation", New Delhi, December 10, 1959, *FRUS*, 1958-1960, Vol. XV, South Asia, p. 523.

认为这对世界自由的安全是必不可少的。当然美国并不要求尼赫鲁加入，艾森豪威尔只是希望尼赫鲁在这个问题上不公开反对。尼赫鲁表示对美国在这个问题上的观点有所理解，他会与内阁讨论这件事。① 在访问途中，艾森豪威尔呼吁两国进行大量的学生交流，以加强相互了解；号召发起对饥饿的世界范围的"战争"；而尼赫鲁则称赞艾森豪威尔是一个"伟大的人物"。② 艾森豪威尔对印度的成功访问，对美印关系的进一步发展起到了积极的作用。1960 年 9 月，艾森豪威尔在纽约会见了参加联合国大会的尼赫鲁，"我们谈到了关于分享印度河河水的卓有成效的谈判以及赤色中国渗入印度边界的问题。在讨论后面那个题目时，他态度异常平静，但他确实说了全印度是决心不惜任何代价保护它的领土的"③。

从 1956 年 8 月至 1960 年 5 月，在 480 公法 Title I 款目下，达成了五笔协议。农产品的种类有小麦、面粉、大米、玉米、高粱、棉花、烟草、脱脂奶粉、大豆油等。1956 年 8 月，印度与美国签署第一份 480公法协议，在这份协议下，进口商品的总价值为 3.5455 亿美元。1958年 6 月签署第二份协议，用来购买小麦和其他粮食，总价值 0.5528 亿美元。1958 年 9 月签署第三份协议，总价值 2.5981 亿美元。1959 年11 月签署第四份协议，总价值 2.9787 亿美元，包括 2997000 吨小麦（1 吨=1000 公斤），210000 吨大米，350000 包棉花，226 吨烟草，100000 吨粗粮。1960 年 5 月签署第五份协议，也是最大的一份农产品协议，总价值 13.7 亿美元，包括在 1960—1964 年提供 1600 万吨小麦和 100 万吨的大米。

这五个协议，印度从美国进口的总价值达到 23.37 亿美元，加上另外还有 3 个已经签署的协议，加起来总价值达到 24.283 亿美元（参见附录 D，表 D-1，表 D-2）。在 480 公法 Title II 款目下，印度接收到1956—1957 年紧急救济捐赠：小麦 10000 吨，大米 10000 吨，奶粉 3000

---

① "Memorandum of a Conversation between President and Prime Minister Nehru", New Delhi, December 13, 1959, *FRUS*, 1958-1960, Vol. XV, South Asia, p. 525.

② "Eisenhower Tells IndiaU. S. Is Ready to Guard Friends", *New York Times* (1857-Current file), Dec. 11, 1959. ProQuest Historical Newspapers The New York Times (1851-2003), p. 1. "Eisenhower Asks 'World – wide War against Hunger'", *New York Times* (1857 – Current file), Dec. 12, 1959. ProQuest Historical Newspapers The New York Times (1851-2003), p. 1.

③ ［美］艾森豪威尔：《艾森豪威尔回忆录》（四），东方出版社 2007 年版，第 437—438 页。

吨，总价值 490 万美元（相当于 2.3 千万卢比）。1961 年，印度收到用于洪灾牺牲者的 1250 短吨奶粉（1 短吨＝907 公斤）。在 480 公法 Title Ⅲ 款目下，1961 年 8 月 31 日，印度接受价值 1.168 亿美元的粮食、奶粉以及其他农产品捐赠，这些捐赠被志愿机构分配给了穷人。通过美国各地救济合作机构，美国民众在 1961—1962 年向印度马德拉斯邦的学校午餐计划捐赠了 3000 万卢比。当加尔布雷思大使把美国各地救济合作机构的第一批船运物资交给马德拉斯邦的主管领导时，他说，"毫无疑问，一顿午餐比最有效能的官员更能保证到校人数……很高兴我们的灯光已经照亮，更好的是我们也照亮了孩子们的眼睛……"在马德拉斯邦约有 27000 所学校 100 万名就学儿童接受了午餐计划的免费午餐。后来这一计划扩展到喀拉拉邦、旁遮普、安得拉邦、拉贾斯坦。这 5 个邦的 400 万入学儿童享受到该计划的待遇。到 1961 年 10 月 31 日，来自农产品销售的资金积累已经达到 570.1 千万卢比，其中 475.6 千万卢比作为贷款和赠予分配给了印度政府和私人企业。除了农业之外，到 1961 年 12 月 31 日， 480 公法赠予被用在了健康（根除疟疾，8 千万卢比；全印度医学机构 2.9 千万卢比）、工业（印度技术机构 0.45 千万卢比，印度投资中心 0.22 千万卢比，技工培训 1 千万卢比）、交通运输（国道 20 千万卢比）、高等技术教育（20 千万卢比）等方面。5.94 千万卢比被捐赠给河谷开发项目。北方邦农业大学，奶品开发，水土保持项目，地表水资源开发项目，都从 480 公法赠予中获益。在印度，土壤侵蚀问题严重。通过适当的土壤保护，冲进河谷项目的水库中的盐分数量会减少，水库中的有机生命会大大增加。来自 480 公法基金的 2000 万卢比赠予满足第三个五年计划中头两年为保护 1140000 英亩积水盆地的费用。据估计，在 3700 万英亩的各种河谷开发项目中，有 15 万英亩需要水土保护。美国对印度河谷开发项目进行援助，从 1951 年到 1963 年，美国对该项目的援助金额为 2.7321 亿美元。具体情况见表 2-3。

表 2-3　美国对印度河谷项目的援助，1951—1963 年（单位：千万卢比）

项　　目	数额
昌巴尔河（位于拉贾斯坦）	27.1
希拉库德水库（位于奥里萨）	4.6

续表

项　目	数额
达莫德尔河谷（位于比哈尔，西孟加拉）	7.5
Mahi Right Bank Canal（位于孟买）	2.0
Kakrapara（位于孟买）	3.0
Nagarjunasagar（位于安得拉邦）	29.5
Kosi（位于比哈尔）	17.0
Bhadra（位于密骚尔）	7.9
Tungabhadra（位于安得拉邦）	7.1
默哈纳迪三角洲灌溉（位于奥里萨）	5.2
Kundah（位于马德拉斯）	7.6
Koyna（位于孟买）	11.4
总计	130.0（129.9 美元）

资料来源：*Indo - U. S. Aid Programme*（New Delhi：USIS，1964）. 转引自 S. Chandrasekhar，*American Aid and India's Economic Development*，New York：Frederick A. Praeger，Inc.，Publishers，1965，p. 91。

　　1960 年 5 月 4 日，美国政府与印度政府签署粮食换和平协议。规定，在为期四年的一个周期内向印度销售 0.16 亿吨（约 5.87 亿蒲式耳）的美国小麦和 100 万吨（约 0.22 亿袋）美国大米。这些商品，加上海洋运输费用，印度将向美国支付 12 亿美元，根据 480 公法 Title Ⅰ 以卢比方式支付。①

　　美国顾问被派到印度粮农部的中心保护委员会和全国 7 个研究和培训中心。印度的灌溉用水，每年有 20% 来自地下水。TCM 已经拨款 18644842 美元在北方邦、比哈尔、旁遮普用于建造 3000 眼管井，这些管井约 300 英尺深，直径 16 英寸，用电动机抽水，每年可灌溉约 300 英

---

① White House announcement on the Food-for-Peace agreement with India, 4 May 1960, *US-South Asian Relations 1947-1982*, Vol. 1, pp. 245-246.

亩。在第二个 TCM 协议中，随着美国援助价值 400 万美元的装备和帮助培训大量的印度人员，各邦打了 287 眼探井。1955—1958 年，技术合作署达成了四笔协议，总金额 1.4812 亿美元，主要用于社区开发项目、控制疟疾、修复铁路、增加钢和化肥的提供、控制丝虫病、农村电气化、竖井工程、德里热电厂、商品援助和项目援助等（参见附录 D，表 D-3）。在艾森豪威尔第二任期，进出口银行对印度的贷款有近 10 笔，如果把 1962 年的对印度政府的第三笔信用额度贷款计算进去，总贷款额度达到近 2.72 亿美元（参见附录 D，表 D-4）。

1957 年，开发贷款基金（DLF）成立，其宗旨是向友好的发展中国家提供一种低息、长期的资金，使其进行一些不易取得贷款的经济发展计划，以协助该国经济的开发（基金贷款的对象包括政府、公民营机构及私人）。此基金并允许以借款国货币偿还。从 1958 年 6 月 23 日至 1966 年 6 月 16 日，开发贷款基金共向印度提供了 29 笔贷款，扣除取消部分后的协议贷款净额的总额达 5.0234 亿美元，其中"二五"计划贷款 21 笔，总额 3.9781 亿美元（参见附录 D，表 D-5）。

在军事援助方面，在美国同意向印度出售 29 架 C-119 运输机以及美国决定向巴基斯坦提供包括军援计划内的"响尾蛇"导弹和 F-104 战斗机之后，印度政府请求购买"响尾蛇"导弹。1960 年 4 月 25 日，邦克大使在拜会总统时指出，印度政府在得知美国向巴基斯坦提供"响尾蛇"导弹之后，会毫不犹豫地迫使自己购买类似装备。邦克大使指出，由英国制造的类似武器比"响尾蛇"导弹价格更昂贵，并且购买英国装备会给印度预算增加额外负担。[①] 考虑到向印度出售武器会对美国与巴基斯坦关系产生不利影响，故而没有向印度出售。美国希望印度从英国那里购买类似武器。1960 年 8 月 17 日，印度决定向苏联购买 Mi-4 直升机。来自印度的报告表明，苏联将成功地向印度政府销售 Mi-4 直升机，还有可能出售运输机，以便在边界道路开发项目中使用。从军事角度来看，参谋长联席会议认为，印度从苏联购买少量运输机和直升机，从短期、微观的视角来看，将产生很小的后果。

然而，从长期的、宏观视角来看，苏联飞机的购买或建造有着非常重要的意义。印度军方一直有强烈的亲西方倾向。获得苏联军事飞机，

---

① "Memorandum by the Officer in Charge of India, Ceylon, and Nepal Affairs (Fleck)", Washington, June 7, 1960, *FRUS*, 1958-1960, Vol. XV, South Asia, p. 542.

或者在许可协议下建造苏联军事飞机，都会出现印度传统上从西方选购军事硬件政策的倒退。因此，为以后的购买以及更大规模的许可协议制定了一个先例。苏联很清楚印度军方的西方倾向，努力在印军中形成一种信任和依赖感。苏联可能向印度提供一流的装备、服务和训练。经过英国培训的、亲西方的印度官员可能会退出舞台，取而代之的是不那么亲西方的、可能对苏联质优价廉的装备留下深刻印象的军事官员。苏联会通过向印度派遣军事技术人员加快这一进程。由印度所使用的大量军事装备，特别是飞机，用现代标准来看，都是过时的，在未来十年会被替代的。一旦印度把苏联视为可靠的、廉价的飞机来源国，苏联与印度做其他军事装备生意的机会就会提高，因而增加印度对苏联的依赖，就会促进印苏之间更紧密的军事技术关系，并会导致西方影响在印度军队中的下降。苏联以比西方低的价格向印度出售军事设备，这样做可能会得到印度商业上或政治上的好处。Mi-4 直升机表明苏联军事装备比西方具有优越性。美国"卡曼"（Kaman）直升机未被印度测试，并且价格要比它高出 40%。印度外汇短缺，容易受低价购买或不需外汇的军事装备生产的诱惑。印度政府对在贝蒂建造飞机非常感兴趣，这样可以减少对外国的依赖，促进印度经济发展，节约非常短缺的外汇资金。既然印度拒绝参加赠予性军事援助，美国几乎没有别的办法来阻止对苏联军事装备的购买。① 在对印度军事援助问题上，一方面，美国不愿看到印度从苏联购买军用飞机，以免苏联军事力量对印度产生长期的深远影响；另一方面，美国不愿向印度提供军事援助，以免引起盟友巴基斯坦的强烈反对。美国对印军事援助陷入南亚"安全困境"的"两难境地"。

五 对巴基斯坦的援助

与美国对印度提供大量经济援助相比较，人们通常认为美国对巴基斯坦提供大量军事援助更为显著。实际上，在经济援助方面，美国提供的援助数量也非常大。美国对巴基斯坦大量的经济援助仅仅是从 1954 年以来才开始提供，包括项目型援助。巴基斯坦的粮食状况，直到 1952—1953 年之前，是相当令人满意的，这时，由于持续的干旱，情况发生了

---

① "Memorandum from the Joint Chief of Staff to the Secretary of Defense（Gates）", Washington, Nov. 15, 1960, *FRUS*, 1958-1960, Vol. XV, South Asia, pp.575-577.

变化。当年，小麦的收成不能满足国家的需要，价格高、恐慌以及接近饥荒的状况流行。因此，巴基斯坦要从各国购买大量的小麦。朝鲜战争结束后的经济衰退，减少了巴基斯坦的外汇储备，用现金的进口变得事实上不可能。向美国寻求援助收到了积极地回应。一个美国特别调查团被委托从事现场调查和评估需要。根据调查团的报告，通过了紧急小麦援助法案，即 1953 年 77 号公法。这项小麦援助法案规定，提供 70 万吨的小麦赠予，并且，如果有必要，额外再提供 30 万吨的贷款，用于储备。船运安排非常迅速。第一批船运于 6 月 25 日，即总统批准后的当天就起运。其他船运也迅速跟上。物资的到达对巴基斯坦的粮食和总体经济形势有非常重要的影响。价格下降，信心恢复，饥荒的状况得到了扭转。东巴以米饭为主食，为了满足其需要，33730 吨小麦被售往西巴，另外购置大米，扭转了严重的形势。①

1957 年 2 月 22 日，巴基斯坦总理苏拉瓦底（1956 年 9 月 12 日—1957 年 10 月 17 日在任）在国会发表演说，谈到巴基斯坦加入东南亚条约组织和巴格达条约组织的必要性以及获取援助的必要性。他说，巴基斯坦资源有限，并且这些资源绝大部分被用于国民经济可以支撑的、纯粹出于防御目的的军队建设。因此，巴基斯坦有必要寻求朋友的支持。幸运的是，那些拥有相同生活态度和相似民主政府形式的国家满足了巴基斯坦的援助要求。"向我们的朋友、美国，请求军事援助是必要的，并且签订了协议。根据协议，我们接收到一定数量的军事援助。除了美国向四十多个不同国家发放的经济援助之外，我们所接受的援助尽管能够使我们足够强大抵御来自各方的侵略，但是这种援助在实施措施方面难以达成，除非我们对中东和平与安全作出贡献。因此，我们有必要利用土耳其与伊拉克之间的协议，加入巴格达条约。"②

1957 年 3 月 12 日，美国参议院对外关系委员会关于技术援助的最终报告指出：美国 1952 年开始在巴基斯坦进行技术援助。1955 年，数额达到 530 万美元，并且涉及各个领域的 50 个项目协议，其中一半以上的资金被用于农业与自然资源以及工矿业。1953 年，进行了 0.737 亿美元的

---

① Government of Pakistan Ministry of Finance, *A Review of Foreign Economic Aid to Pakistan*, Rawakpind, 1962. p. 30.

② Subrawardy's Statement During the Foreign Policy Debate in the National Assembly of Pakistan, 22 February 1957, *US-South Asian Relations 1947-1982*, Vol. 2, pp. 126-127.

一项特别小麦赠予，用于解决饥荒状况。1954 年，实施了 0.145 亿美元的项目类型的经济援助。但是，大规模的经济类型的援助直到 1955 财年才开始实施。该财年美国总的援助计划（不包括军事援助）达到 1.142亿美元。这些可观的援助分配却没有得到行政方面的以及政治上的全力支持，如果能够得到支持的话，能够使援助发挥出最大效能。如果从政治考虑要求继续对巴基斯坦的经济援助达到近来的水平，美国应该强化美国人的管理职能，这些上帝的选民美国人应该得到比原来从华盛顿得到的更多的支持。①

1957 年 3 月 14 日，美国代理副国务卿墨菲（Robert Murphy）在乔治城大学就国际关系问题发表演说指出，土耳其、伊拉克、巴基斯坦这些国家通过不同方式表达了它们与美国一道对阻止国际共产主义侵略的集体安全防御措施的需要。事实上，美国对这些北部国家近年来已经提供了超过 20 亿美元的经济和军事援助。美国的援助帮助这些国家取得了重大的经济成就，同时也强化了它们的军事防御效能。这些国家对美国而言是重要的盟国，其独立和稳定是美国的主要关切。②

1957 年 3 月 31 日，总统特使理查兹（James P. Richards），访问了卡拉奇，解释了由艾森豪威尔于 1957 年 1 月 5 日所提出的"美国主义"（艾森豪威尔主义）。总统、总理、外长、财长会见了特使理查兹。特使理查兹强调美国的中东政策并不是希望在中东建立任何方面的影响，它并不寻求在该地区填补权力真空，也不是要保障军事基地的安全。美国的政策仅仅是为了强化该地区国家的力量，以便他们可以维持其独立和领土完整。双方注意到，共产主义式的帝国主义，通过公然侵略或内部颠覆，对中东地区人们的国家愿望构成了直接威胁，如果任其发展，将会危及各地民众的独立和自由。特使理查兹再次强调，"美国主义"的目的是要使中东地区独立的国家能够自己抵御来自国际共产主义的直接或间接的威胁。巴基斯坦政府重申了对"美国主义"的支持，表达了与美国政府合作保障中东和平的愿望，在这一点上，巴基斯坦已经作为巴格达条约成员承担了义务。巴方很高兴地了解到，如果受到邀请美国决定

---

① Final Report of the Senate Committee on Foreign Relations on Technical Assistance, 12 March 1957, *US-South Asian Relations 1947-1982*, Vol. 2, p. 128.

② Address by Deputy Under Secretary of State Robert Murphy at the International Relations Enquiry at Georgetown University, 14 March 1957, *US-South Asian Relations 1947-1982*, Vol. 2, p. 129.

加入巴格达条约军事委员会。巴方也欢迎美国为保障地区安全而努力提供援助，不仅通过向中东地区国家提供军事和经济援助，而且为了防止国际共产主义力量的武装攻击在任何必要时候收到任何国家或者中东地区国家的请求而动用美国军队。双方政府重申了反对来自任何地区的侵略的决心。巴基斯坦政府向特使理查兹建议，在"美国主义"名义下提供一定的经济和军事项目，作为匹配的援助。特使理查兹同意在经济和军事领域提供援助。特别是，美国将会在不久提供资金帮助建造化肥厂。巴基斯坦政府也高兴地了解到，美国也准备为地区自然资源方面的几个联合项目提供资金，这些项目已经在巴格达经济委员会的考虑之列。①

1957 年 5 月 21 日，艾森豪威尔发表广播电视讲话。"尽管我们希望看到私人投资者和其他借贷机构尽可能多地提供外部资金，但是在共同安全框架下的我们的开发援助项目要扮演关键性角色。在这里，我确信，与赠予相比，我们将更多依赖借贷。对与我们一起努力的自由盟国而言，这是合理可行的方式，尊重和鼓励每个国家的尊严，激发每个国家内部更大的热情和责任感，鼓励周到的长期计划性的行动而不是慌乱的紧急性行动。"② 这一观点意味着美国更加重视开发援助项目。

1957 年 6 月 19 日，在众议院对外事务委员会关于 1957 年共同安全法听证会上，国际合作总署近东、南亚非洲事务办公室代理主任伯恩斯（Burns）指出，近东、南亚地区，从西部的希腊到东部的印度，绵延6000 英里，因其拥有 6 亿人口、与苏联集团毗邻的地理位置以及大量潜在自然资源，因而具有重要的战略意义。该地区拥有世界已探明的石油储量的 2/3，印度大量铁矿石储量、印度锰矿储量以及土耳其铬矿储量（美国从这里进口的两种矿产资源占美国该矿产资源总进口的 1/3）。扭转经济上的不利情况，帮助巴基斯坦政府推进经济开发项目、加强其军力，美国援助项目一直是一个主要因素。美国军事和防御支持援助加强了巴基斯坦的武装力量，鼓励巴基斯坦参加集体防御协定。从 1952 年到

① US-Pakistan Joint Communique, 31 March 1957, *US - South Asian Relations 1947 - 1982*, Vol. 2, pp. 129-131.

② President Eisenhower's Radio and Television Address to the American People on the Need for Mutual Security in Waging the Peace, 21 May 1957, *US-South Asian Relations 1947-1982*, Vol. 2, p. 131.

1956 年 6 月 30 日，共向巴基斯坦提供了 2.44 亿美元的防御支持援助、发展援助和技术援助。防御支持计划包括向特定项目提供援助、向用以支持经济发展的必需的生产资料和日用消费品进口提供资金等。 1957 年有 0.925 亿美元资金用于支持计划。①

1957 年 7 月 13 日，美巴发表联合公报。美国总统和巴基斯坦总理认为，国际共产主义继续对自由世界安全造成主要威胁。双方重申，决定支持和强化在亚洲形成的集体安全体系，决定反对侵略。东南亚条约组织、巴格达条约、美巴共同安全协定，在阻止共产主义侵略、促进条约地区的稳定等方面发挥了积极作用。巴基斯坦总理谈到与印度在克什米尔、印度河及其支流的河水分配争端，希望能够按照国际法、联合国决定和平地解决这些争端。美国总统希望根据联合国精神，迅速、公正、永久性地解决这些地区争端。关于印度河水，他们欢迎国际复兴开发银行为找到印巴双方都能接受的解决方案而作出努力。②

1957 年 7 月 17 日，艾森豪威尔就共同安全法案发表谈话指出，如果没有这种经济援助（防御支持援助），它们（韩国、越南、巴基斯坦、土耳其、中国台湾）自身的军事建设必然将会急剧下降，自由世界的其他国家，主要是美国，将不得不承担起日益增加的负担。上述 5 个国家或地区接受了 75% 的防御支持资金。③

1958 年 2 月 3 日到 12 日在巴基斯坦拉合尔召开太平洋学会第十三次代表大会。参加会议的有澳、加、美、日、法、印、菲、缅、巴、英和印度尼西亚 11 个国家和一些国际组织的代表和观察员，共约 80 人。这次大会讨论的题目是"南亚和东南亚国家的外交政策"。巴基斯坦财政部部长阿里致开幕词。他谈到，巴基斯坦是沟通东南亚和中东这两个世界上重要地区的桥梁。中东问题，因为其石油、与欧洲和苏联毗邻而更复杂。众所周知，巴基斯坦是巴格达条约成员。实

---

① Statement by Norman Burns, Acting Director of the Office of NEA Operations, ICA, in the Hearings before the House CFA on the Mutual Security Act of 1957, 19 June 1957, *US-South Asian Relations 1947-1982*, Vol. 2, pp. 132-133.

② US-Pakistan Joint Communique, 13 July 1957, *US-South Asian Relations 1947-1982*, Vol. 2, pp. 133-135.

③ President Eisenhower's Statement on the Mutual Security Bill, 17 July 1957, *US-South Asian Relations 1947-1982*, Vol. 2, pp. 135-136.

际上，巴基斯坦是东南亚防御体系与中东防御体系两者之间的连接纽带。而且，关于东南亚条约组织和巴格达条约组织，巴基斯坦在二者中均无条件保证，它们不针对任何国家，纯粹是防御协议，目的是成员国之间的经济和文化合作。巴基斯坦也一直在努力，认为这些国家的集体性的道义力量应该被用于进一步促进和平以及民众追求自由的权利。外资、援助、技术援助长期以来一直是争论的主题。巴基斯坦不仅仅是想从西方国家得到援助而与它们结盟。就巴基斯坦而言，事实上，从某国或某些组织得到援助，并不意味着在政治事务方面一定要与它们立场一致。在1954年与美国签订共同安全协定时，巴基斯坦的政治家已经公开声明。"为了证明，我敢说，如果分析联合国投票记录，就会发现，我们反对西方与我们支持他们一样经常。可能有一些国家，被迫追随那些施援国，在政治上与他们保持一致，但是我们不是这些国家之一。"①

1958年2月，美国审计总署下属机构官员在众议院对外事务委员会就1958年共同安全法举行的听证会上表示，美国支持这些国家的动力目标和设想，并不总是被受援国所接受，这些受援国有自己的目标，它们运用自己的资源来促进这些目标的实现，这在某种意义上，总体上或部分上使美国提供援助的目的落空。项目目标并不总是受军事考虑所驱动，或者局限于军事目的。动力目标建立在诸如亲西方国家这样的总体考虑之上。② 就军事援助巴基斯坦，国防部官员回应道，巴基斯坦要保持充足的防御设施，并且这些设施超出了该国本身的支持能力，只要这符合美国安全利益，美国必须继续提供巴方请求的援助。当然，这些援助支出，仅仅占美国在该地区建立驻军所承担支出的极小一部分。③ 随着美国的援助，巴基斯坦能够实施其防御计划，在过去的一年里适度增加资本投资率，进口充足的商品以维持小型工业部门的运行和充足的粮

① Inaugural address of S. Amjad Ali, Finance Minister of Pakistan, to the 13th Pacific Relations Conference, Lahore, 3 February 1958, *US-South Asian Relations 1947-1982*, Vol. 2, pp. 136-137.

② Statement by Charles M. Bailey, Assistant Director of the Defence Accounting and Auditing Division of the General Accounting Office (GAO), in the hearings before the House CFA on the Mutual Security Act of 1958, 18 February 1958, *US-South Asian Relations 1947-1982*, Vol. 2, pp. 137-138.

③ Answers by the Office of the Assistance Secretary of Defence (ISA) to questions presented to the Department of Defence by the House CFA relating to the reports of the GAO on the Military Assistance Programme, 25 February 1958, *US-South Asian Relations 1947-1982*, Vol. 2, p. 139.

食供应。然而，巴基斯坦的问题远没有得到解决。人口每年增加 100
万，工业产值非常低，人均粮食消费仍然是世界上最低的国家之一，
每年国防开支超过 2 亿美元，给国民经济带来沉重负担。1958 年的政
府开支预计超过 2 亿美元，粮食进口每年以 100 万吨的比例增加。在过
去两年多时间里，美国通过 480 公法销售承担了约 2/3 的粮食进口需
求。外汇储备在 1957 年下降了 0.82 亿美元，约 3.73 亿美元，1958 年
有望进一步下滑。缺乏外汇制约了总投资活力，降低了使用国内外资源
开发计划的效果。目前，粮食自足比较困难。约 2/3 的美国援助是以提
供日用品（商品）和所谓的非项目形式。这些援助的重要性也不能
高估。①

美国国家安全委员会文件指出，根据美巴双边条约以及巴基斯坦作
为东南亚条约组织和中央条约组织成员国，巴基斯坦有资格获得来自华
盛顿的大量军事援助和经济援助。1950—1958 年，美国对巴基斯坦军
事援助项目的总价值达 4.116 亿美元。这一时期，交付商品价值达
2.764 亿美元，到 1958 年 6 月 30 日未被送达的商品余额价值达 1.352
亿美元。② 大量现代化飞机和装备由美国提供给巴基斯坦，包括 B-57
喷气式轰炸机、F-86 军刀喷气式飞机、F-104 超音速星式战斗机。此
外，还有为 F-104 配备的超级雷达、M-47 坦克以及反坦克导弹、C-
130 涡轮喷气发动机、运输机等。美国还在巴基斯坦维持着一支约 100
人的军事援助顾问团。根据 1954 年、1960 年、1961 年、1962 年签署
的备忘录，美国同意为巴基斯坦军队 4 个特别分队装备提供全部援助。
到 1954 年，美国的援助在所有向巴基斯坦提供经济援助的国家中所占
比例仅仅为 0.2%。1958 年增加到 2.9%，1964 年增加到 7.9%。该援
助，相当于 1959—1960 年巴基斯坦 GNP 的 5%，1964—1965 年国民生
产总值的 6.3%。③

在 480 公法框架下，美国对巴基斯坦进行了大量的剩余农产品援

---

① Statement by James H. Smith, Jr., Director of ICA, before the House CFA, 4 March 1958, *US
-South Asian Relations 1947-1982*, Vol. 2, pp. 140-141.

② National Security Council, "US Foreign Policy Towards South Asia", NSC5909, July 22,
1959, Financial Appendix, *Documents of the National Security Council*. 转引自 Aftab Alam,
U. S. Military Aid to Pakistan and India's Security, Delhi: Raj Publications, 2001, p. 54。

③ Aftab Alam, *U. S. Military Aid to Pakistan and India's Security*, Delhi: Raj Publications, 2001,
p. 56.

助。480 公法 Title Ⅱ 下赠予得到的商品，是用来向受洪水、干旱或其他灾难影响的民众提供救济。巴基斯坦在 1955 年、1956 年、1958 年受洪水严重影响，收到了此款目下美国用于救济目的的剩余品援助。这些物品要免费分发给受影响的民众。被售卖的销售收益部分被存储在一个单独的账户，被用于提供救济或用于向受到影响的民众提供工作和工资。①

1954 年，受洪水的影响，东巴大米收成很差，国家一方面通过发放储备粮来应对形势，也需要钱来减轻那些由于遭受损失而经济状况恶化的民众。因而，在 1955 财年，美国向巴基斯坦提供了 8154 吨、42909 桶棉籽油和 18100 捆（包）原棉，目的是他们的销售收益能被用于救济目的。这些销售带来了 18923611 卢比的收入。史无前例的洪水在 1955 年夏末对东巴和西巴都带来了严重破坏。在进行现场调查之后，美国同意根据 480 公法 Title Ⅱ 提供约 125000 吨小麦和 60000 吨大米，价值 0.334 亿美元。这些粮食部分是免费的，部分是按照当时市场价格售卖的，收益 64243844 卢比。② 1957 年，西巴再次遭受洪灾，大部分地区遭到破坏，有些地方甚至超过 1955 年洪水。美国提供 50000 吨小麦，销售收益 1600 万卢比，其中部分救济受难者用于修复被破坏的财产，部分为在灾难中失去谋生手段的人提供工作和薪水。美国根据特别小麦援助法案和 480 公法 Title Ⅱ，向巴基斯坦提供了价值 13883 万美元的剩余品。这些剩余品部分免费分发给急需之人，剩余的以当时价格售卖。总量达 20420 万卢比。这些款项大部分被花费在救济以及其他急需工作上。③

480 公法项目在巴基斯坦开展之前，美国政府于 1954 年 8 月派遣由海因茨（Henry J. Heinz）为首的特别使团，来调查美国剩余农产品在巴销售的可行性。结果，双方于 1955 年 1 月签订了第一笔协议。随后，又签订一系列协议。具体情况如表 2-4、表 2-5 所示：

---

①　Aftab Alam, *U. S. Military Aid to Pakistan and India's Security*, Delhi：Raj Publications，2001，p. 31.

②　Aftab Alam, *U. S. Military Aid to Pakistan and India's Security*, Delhi：Raj Publications，2001，p. 32.

③　Aftab Alam, *U. S. Military Aid to Pakistan and India's Security*, Delhi：Raj Publications，2001，p. 33.

表 2-4　480 公法 Title Ⅰ 美国对巴基斯坦的剩余品援助状况①

（截至 1961 年 12 月 31 日）（单位：百万美元）

美国财年	物品	每笔协议的分配	每年价值（P. A. Value）（到 1961 年 6 月）	利用
1955	烟草	3. 35	3. 35	3. 35
	亚麻籽油	1. 15	0. 62	0. 62
	纺织品	22. 44	22. 38	22. 06
	酥油	2. 46	2. 45	2. 45
1956	大米	16. 90	16. 85	16. 85
1957	大米	25. 00	27. 39	27. 38
	小麦	25. 50	30. 01	30. 01
	烟草	1. 50	1. 50	1. 50
	原棉	7. 50	7. 40	7. 35
	乳制品	0. 10	0. 12	0. 09
	棉籽油	2. 40	2. 40	2. 40
	海洋运输	12. 40	5. 17	4. 31
1958	小麦	36. 60	40. 56	40. 48
	大米	14. 40	13. 69	13. 69
	动物脂油	0. 25	0. 27	0. 26
	酥油	2. 20	2. 20	2. 20
	海洋运输	11. 95	8. 68	3. 57

---

① Aftab Alam, *U. S. Military Aid to Pakistan and India's security*, Delhi：Raj Publications，2001，pp. 34-35.

续表

美国财年	物品	每笔协议的分配	每年价值（P. A. Value）（到1961年6月）	利用
1959	小麦和面粉	53.70	53.19	53.37
	大豆油	10.40	10.66	10.66
	大米	7.20	7.36	7.36
	棉花	1.70	2.07	1.80
	乳制品	0.15	0.20	0.17
	海洋运输	12.70	9.34	4.12
1960	小麦	21.50	20.32	20.41
	棉花	1.70	1.60	1.60
	脱脂奶粉	0.52	0.52	0.48
	大豆油	12.00	13.53	12.30
	烟草	1.00	1.01	0.82
	海洋运输	5.70	4.08	2.74
1961—1962	小麦和小麦产品	84.50	82.31	84.50
	大米	13.20	13.20	13.10
	棉花	2.94	2.03	0.69
	烟草	4.00	3.75	1.93
	棉籽油	6.90	6.90	3.74
	海洋运输	18.46	12.61	8.48
1955—1962 财年总计		444.37	429.72	406.84

表 2-5　480 公法 Title II 下美国对巴基斯坦的商品援助①

（单位：百万美元）

年份	商品	数量	分配数量	利用
1955	棉籽油	42909 桶、8154 吨	4.00	4.00
	原棉	18100 捆（包）	4.67	4.67
1956	小麦	124670 吨	16.98	16.98
	大米	58492 吨	16.42	16.42
1958	小麦	50000 吨	7.96	7.96
总数			50.03	50.03

从 1955 年到 1961—1962 财年，巴基斯坦签署了价值 4.4437 亿美元的美国剩余品购买协议。（这不包括 1961 年 10 月 14 日签署的价值 6.216 亿美元的协议。）到 1961 年 12 月 31 日，其实际利用为 4.0684 亿美元。这些援助帮助应对粮食短缺，减轻外汇资源的压力，支持经济的发展。②

美国向巴基斯坦提供了大量的经济援助，占当时巴基斯坦总预算额度的 40%。20 世纪 50 年代，美国对巴基斯坦经济援助的总量达到 9.6 亿美元，占总外援的 80%。美国双边援助计划在 1958—1968 年的十年间达到高潮，约 28 亿美元，占对巴援助总量的近 60%。20 世纪 60 年代早期，每年承担的援助达到 4 亿美元。"二五"计划（1960—1965 年）期间，美国提供了巴基斯坦接受外援总量的 55%。③ 早期的援助方案主要关注技术援助和灾难性救济，后来不断发展变化，特别是 1958 年之后主要关注资本援助，提供基础设施等。巴基斯坦在经济上严重依赖美国，巴基斯坦经济的增长在一定程度上得益于美国援助，大

---

① Government of Pakistan Ministry of Finance, *A Review of Foreign Economic Aid to Pakistan*, Rawakpind, 1962, p. 32.

② Government of Pakistan Ministry of Finance, *A Review of Foreign Economic Aid to Pakistan*, Rawakpind, 1962, p. 36.

③ Rashmi Jain, *US - Pak Relations，1947 - 1983*, New Delhi, Radiant Publishers, 1983, pp. 13-17.

量援助也增强了中央政府的管理能力。巴基斯坦的经济进步缓慢，棉花和黄麻价格低迷，造成了出口和外汇盈余不足。粮食产量不足，要依赖美国进口。私人美国援助团开始对巴基斯坦经济政策的制定产生重要影响。哈佛大学的开发咨询服务中心与巴基斯坦计划委员会密切合作制订了国家的发展计划。①

中印边界问题的恶化及冲突被美国认为是使印度与西方关系更加密切的一次机会，同时也是为了遏制所谓的中国共产主义的扩张，美国向印度提供了大量的经济和军事援助。美国自 1957 年以来对印度援助的急剧增加引起巴基斯坦的不悦。美国对印度的援助从 1956 年 0.928 亿美元增加到 1957 年 3.648 亿美元，而同期美国对巴基斯坦的援助仅仅从 1.625 亿美元增加到 1.707 亿美元。②

1957 年 7 月，巴基斯坦总理苏拉瓦迪访美。在会谈时，国务卿杜勒斯谈到，中东有些国家军费支出太多而忽视了经济发展。苏拉瓦迪回复到，巴基斯坦并不属于这一类，但是印度的消极态度使巴减少在武器上的花费是不可能的。美国官员对于巴总理根据军事援助计划尽早交付 B-57 轰炸机的请求未予积极回应。在这次访问中，最重要的事情莫过于巴总理通知艾森豪威尔，巴方同意美国在巴建立秘密情报站并允许 U-2 飞机从巴基斯坦起飞。这方面正式的谈判在访问之后，并于 1959 年签署协议。

1959 年 7 月 18 日，美巴同意在白沙瓦建立通信设施。巴基斯坦将向美空军提供十年的租期，在距离西北边省的首府白沙瓦十英里远的 Badaber 建立通信设施。空军通信站只是一个伪装，实际上，它是由一个负责收集通信和电子情报的半秘密组织，国家安全局负责，用来截听通信信息。距离苏联中亚很近，Badaber 位置非常理想，可以监听到苏联导弹测试点的信号并监听其他敏感信号。巴基斯坦也同意美国中情局可以使用白沙瓦空军基地作为 U-2 飞机飞往苏联的起飞点。在太空卫星开发出来之前，U-2 飞机拍摄的图片军事情报具有重要的价值。

但是，在 1957 年年底 1958 年年初，巴基斯坦对一些事情的发展感到越来越不安。美国对印度经济援助的稳定增长使巴感到愤愤不平，卡

---

①　Dennis Kux, *The United States and Pakistan*, *1947-2000*: *Disenchanted Allies*, Baltimore and London: The Johns Hopkins University Press, 2001, pp. 86-87.

②　S. M. Burke, *Parkistan's Foreign Policy*: *An Historical Analysis*, London, 1973, p. 257.

拉奇认为，来自美国和其他国家的大量外援资金的流入，使新德里可以买到更多的军事装备，因而增加了巴基斯坦的安全威胁。购自英国的"堪培拉"（Canberra）轰炸机和"百夫长"（Centurion）坦克就是明证。美巴关系因 1958 年 3 月 8 日巴总理努恩（Noon）的一番激烈言辞而紧张。努恩指责西方的经济援助正在为印度的经济扩张提供资金，并警告如果在解决克什米尔问题上没有取得进展，他将改变巴对外政策，废除曾签订的各种条约，与他人握手言欢。努恩的言论引起了华盛顿的愤怒，他们批评对巴的武器援助，特别是国会的自由民主党人。为平息此事，巴总统米尔扎（1956.3.23—1958.10.27）派遣以财政部部长阿里为首的使团前往华盛顿说明原委。此次访问美国同意加紧交付 B-57 轰炸机。①

1958 年 10 月 27 日，阿尤布通过军事政变上台。他重新确认了作为西方盟国的巴基斯坦承认东南亚条约组织和中央条约组织，继续加强与美国的联盟关系。在 1958 年 12 月的公开讲话中，阿尤布·汗指出："我们需要朋友们支持我们的安全。我们将巩固老朋友，寻求新朋友，因为朋友越多对我们国家越好。我们将信守承诺，证明我们是一个可信赖的朋友。"② 1959 年 3 月 5 日，伊朗、巴基斯坦、土耳其与美国签订双边合作协定。协议中条款规定，应各国政府的要求，为了援助各国政府，美国将会采取适当的行动，包括使用武力。7 月，美巴达成了一项协议，美国实现了长期追求的在白沙瓦建立通信站的梦想。此举使美国从其全球战略布局上加强了南亚中东地区薄弱地带的防御，同时得到使用白沙瓦空军基地以及建立情报监听站的权利。与巴基斯坦等国结盟也使得巴等国在很多国际事务上支持美国的立场。1959 年 9 月，阿尤布·汗向尼赫鲁提议，两国面对来自北方的威胁应考虑联合防御。印度的反应相当冷漠。1959 年 11 月商业友好条约的签署为美国私人资本和投资进入巴市场提供了便利。

作为美巴结盟的后果之一，巴基斯坦得到了超级大国的支持，这使巴基斯坦对印度持更加自信的立场。美国在克什米尔等问题上对巴基斯

---

① Dennis Kux, *The United States and Pakistan*, *1947-2000*: *Disenchanted Allies*, Baltimore and London: The Johns Hopkins University Press, 2001, pp. 94-95.

② Sattar Baber, *U. S. Aid to Pakistan*: *A Case Study of the Influence of the Donor Country on the Domestic and Foreign Policies of the Recipient*, Karachi: Pakistan institute of international affairs, 1974, p. 90.

坦予以政治上的支持。军事上，联盟为巴基斯坦提供直接的防御能力，美向巴提供了大量的军事援助。1954 年至 1965 年这一时期，美国安排直接转让国防原料和售后服务 6.72 亿美元。同一时期，巴基斯坦通过对外军事销售计划购买了 0.35 亿美元的军事原材料。① 巴顿坦克、现代火炮、榴弹炮以及最先进的通信运输装备极大地提高了军队的战斗力和现代化。F-86 战斗机飞行中队的到来创建了空军，美国军事小分队对巴基斯坦的访问极大地提高了其军事训练；大量的巴基斯坦人员也在美国军校受到特殊训练。巴基斯坦国防力量进一步加强，虽然在人数上比印度少，但是在装备和训练上要优于印度。美巴结盟对巴基斯坦的负面影响是增加了苏联的敌意，与中国的疏远，与印度关系的紧张，与阿拉伯国家、亚非国家和不结盟国家的孤立，与美国的安全关系在很大方面限制了巴基斯坦的自由度等。美国援助也导致巴地域分配的不平衡，大量的经济军事援助集中在西巴，加剧了东西巴之间的不平衡。

正如前文所述，美巴结盟，双方出于不同的考虑。对巴而言，主要考虑的是其时刻担心的印度威胁，期望通过联盟获得大量的经济援助以促进经济发展，获得大量军事援助以提供国防能力，寻求安全。此外，像巴基斯坦这样的欠发达国家存在着经济发展问题。"在杜勒斯时代及其以后，参加协定以帮助自由世界防御共产主义或许是确保得到经济项目援助的最好方法。这是巴基斯坦加入西方盟国的又一个原因。"② 对美国而言，不仅仅是为了安全，而且为了扩展国家力量，填补由于英国撤退而在亚洲造成的真空。对美国决策者来说，共产主义是对自由世界的严重威胁，美国的任务就是要抵制这种威胁。从遏制共产主义的全球战略出发，认为巴基斯坦位于苏联和中国的门槛，是围绕在"共产主义核心"的"边缘"国家之一，战略位置非常重要，可以作为基地和监听站。在人力资源方面，当时，巴基斯坦由超过 20 万人的素质优良军队以及近 1 亿的人口。作为巴格达条约和东南亚条约组织成员国，巴基斯坦连接了两个防御组织。该政府是美国的任何一个亚洲盟国中最可靠和最

① Rashmi Jain, *US - Pak Relations, 1947 - 1983*, New Delhi, Radiant Publishers, 1983, pp. 13 - 17.

② Sattar Baber, *U. S. Aid to Pakistan: A Case Study of the Influence of the Donor Country on the Domestic and Foreign Policies of the Recipient*, Karachi: Pakistan institute of international affairs, 1974, p. 113.

具有合作性的。[①] 但是，美国的这种全球性目标与巴基斯坦的以印度中心的地区性目标的结构性矛盾，为该地区带来了紧张并最终联盟破灭。美巴结盟，可谓"同床异梦"。

值得注意的是，美国发现印度不可能放弃不结盟政策之后，美国才与巴基斯坦结盟（巴同意在其国境内提供监听站和通信设施），也就是说，之前的印度一直是美国寻求结盟的优先选择对象。并且在美巴结盟后，美国也并没有抛弃印度。美国认为，印度经济的稳定是使其亲西方的有益因素。国务卿杜勒斯认为尽管美印在外交政策问题上有不同看法，但应对印继续经济援助，因为印度在与中国的经济竞争中失败，将意味着又有 3.5 亿民众"丢失"给共产主义，这将使追随共产主义的人数达到 12 亿之众，几乎占世界人数的一半。1957 年印度面临外汇危机时，美国向印度提供援助。1958 年援印财团成立，而在两年之后的 1960 年援巴财团才成立。

1959 财年，防御支持建议用于 11 个国家或地区：韩国、菲律宾、中国台湾、越南、柬埔寨、泰国、巴基斯坦、伊朗、土耳其、希腊、西班牙。除了西班牙之外，这些地方都是陆地和近海岛屿带，位于中苏集团最近的南边和东边。其中，只有柬埔寨与共产主义边界不接壤，但也很近。美国认为，与共产主义接壤使这些国家或地区对美国而言具有特别的战略重要性，但这种接近也使它们成为中苏集团的主要靶子，特别易于遭受到共产主义攻击。这 12 个国家或地区的正规军事力量总数约 300 万人。参谋长联席会议认为，维持这些军事力量，对美国自身的安全至关重要。但是，这些军事力量的维持也给这些国家或地区带来严重的问题。这些国家或地区中，大多数是相对不发达，没有充足的资源来支持准备为共同防御做贡献的军事力量的规模。有效的军事力量的长期维持，有赖于政治和经济一定程度的稳定。就巴基斯坦而言，其对共同防御的贡献是：有一支一定规模的职业军人队伍，开支约占整个国家预算的 1/3；真诚而明确地支持东南亚条约组织和巴格达条约。而导致巴基斯坦对防御支持需要的状况是：在粮食方面缺乏自给自足，这种情况由于每年人口增加约 100 万人而更加严重；国防开支达到整个国家预算的约

---

① Sattar Baber, *U. S. Aid to Pakistan: A Case Study of the Influence of the Donor Country on the Domestic and Foreign Policies of the Recipient*, Karachi: Pakistan institute of international affairs, 1974, pp. 50—51.

1/3；用于购买必需品的外汇短缺、外汇储备下降。① 就美国对巴基斯坦援助来说，在非军事领域，美方关注于加强巴基斯坦的经济；在军事领域，美方关注于缓解巴基斯坦的财政负担，这种负担是由于巴参与了自由世界防御义务而带来的。这种义务承担，包括巴格达条约和东南亚条约组织的成员国，给巴基斯坦有限的资源带来沉重负担。美方军事援助项目就是试图缓解这种负担压力。对美方向巴基斯坦提供军事援助的直率的理解就是其目的为了加强抵御共产主义霸权主义威胁的力量。②

　　1958年3月，负责近东、南亚和非洲事务局的助理国务卿朗特里（William M. Rountree）认为，当今世界没有哪一个地区不牵涉美国利益。近东和南亚引起美国的特别关注，是因为近来这一地区引起苏联的特别关注。俄罗斯在这一地区的利益既旧也新。多年以来，控制这一地区一直是沙俄的主要侵略目标。传统的沙俄目标被苏联得以承继。较新的苏联目标是要把这一地区置于国际共产主义控制之下。不论是从共同的商业利益还是保持与该地区自由国家的友好关系而言，与西方而不是与共产主义集团保持贸易是重要的。从上述的政治、经济和战略考量，近东和南亚对美国国家利益依然重要这一点毫无疑问。尽管很多近东、南亚国家差异性大，但是共同点是它们都贫穷、没有安全感。作为强烈的民族主义的一种后果，在发展经济改善民生过程中，这些国家中有的表现出政治不稳、缺乏耐心、情绪化、极度敏感。除了军事援助之外，美国计划在1958年向该地区的4个国家提供防御支持：希腊、土耳其、伊朗和巴基斯坦。如果没有美国帮助，这些国家将不能承担得起由于军费支出而带来的已经脆弱的经济负担。防御支持项目的目的是使集体安全和美方军事援助更有意义，通过满足这些国家最低限度的必要的经济需求。这些防御支持项目本质上是经济援助，但不能用于基本的经济开发。国务卿杜勒斯称，军事援助和防御支持的辅助项目是美国安全之门的基石。③

① Memorandum Submitted by the State Department to the Senate CFR During the Hearings on the Mutual Security Act of 1958, 24 March 1958, *US-South Asian Relations 1947-1982*, Vol. 2, pp. 143-145.

② Information Submitted by ICA During the Hearings Before the Senate CFR on the Mutual Security Act of 1958, 27 March 1958, *US-South Asian Relations 1947-1982*, Vol. 2, p. 145.

③ Statement by Assistant Secretary of State for NEA William M. Rountree in the Hearings Before the Senate CFR on the Mutual Security Act of 1958, 28 March 1958, *US-South Asian Relations 1947-1982*, Vol. 2, pp. 145-147.

利用与其他伊斯兰国家和其他亚非集团成员国的关系，巴基斯坦可以有效地倡导西方的政策，可以对该集团中的一些成员国的极端民族主义和反西方态度施加适度的影响。① 1958 年 5 月，国务院的一份关于巴基斯坦目前经济形势与前景的报告指出，巴基斯坦把 1/4 的预算用于国防，并且还寻求美国武器，其主要原因不是为了保卫这个国家免受苏联和共产主义中国的攻击，因为巴基斯坦的资源从来不充分；也不是为了维持内部安全，因为目前的军队过剩；其主要目的是支持巴基斯坦与印度相对比的处境。②

1958 年 3 月 28 日，国际合作总署负责近东、南亚和非洲事务的区域主管贝尔（John O. Bell）在参议院对外关系委员会就 1958 年共同安全法举行的听证会上指出，中苏集团超过 12 亿美元的经济援助和军事援助运用到近东和南亚的 7 个国家，给予苏联集团之外的国家的援助占总援助量的约 2/3。超过 1200 名苏联集团技术人员，不包括军事技术人员，在该地区工作；此外还有 1000 名领事人员、外交人员和管理人员。共同安全项目寻求鼓励该地区经济增长，帮助这些国家提升解决共同面临的问题，解决因分裂给经济增长造成的不利状况，帮助这些国家维持一支可以抵御苏联集团公然入侵再次发生和国内颠覆再次发生的军队。近 5 年来，在 GNP 方面，巴基斯坦增长了 15%，印度 18%，土耳其 22%，希腊 40%，以色列 58%。人均 GNP 方面，巴基斯坦增长了 6%，土耳其 6%，印度 10.5%，以色列 30%，希腊 33%。巴基斯坦、土耳其、希腊都接受了防御支持援助，印度和以色列接受了其他形式的经济援助，所有这几个国家都参加了技术合作项目。③ 1959 年 3 月美巴合作协议规定，巴基斯坦政府决意抵抗侵略。如果发生了针对巴基斯坦的侵略，美国政府根据美国宪法，会采取适当的行动，包括使用武力……根据双方政府同意，为了帮助巴基斯坦政府维护国家独立和完

---

① Extract from Hearings Before the House CFA on the Mutual Security Act of 1958, 15–16 April 1958, *US–South Asian Relations 1947–1982*, Vol. 2, p. 149.

② "Pakistan's Current Economic Situation and Prospects", Intelligence Report No. 7706 of the Office of Intelligence Research of the Department of State, 15 May 1958, *US–South Asian Relations 1947–1982*, Vol. 2, p. 150.

③ Statement by John O. Bell, Regional Director of NEA Operations, ICA, in the Hearings Before the Senate CFR on the Mutual Security Act of 1958, 28 March 1958, *US–South Asian Relations 1947–1982*, Vol. 2, pp. 148–149.

整、有效地促进经济发展，美国政府会继续向巴基斯坦政府提供军事和经济援助。①

巴基斯坦前外长努恩（Firoz Khan Noon）在回忆录中写道，从中央条约组织中获得的最重要的好处是经济上和通信上的联系。对后者而言，英国和美国都正在提供大量的援助。他同时表达了对美英在联合国未能全力支持巴基斯坦关于克什米尔问题的请求而流露的极度失望和沮丧。在1956年，努恩拜访了国务卿杜勒斯。"我与国务卿进行了争辩，我认为，巴格达条约不足以给我们安全感，帮助我们的唯一方式是给我们予以保证，即如果有人攻击我们，美国将保卫巴基斯坦。"巴基斯坦与美国的关系，在一定程度上由美国一直向巴基斯坦提供的援助所支配。美国是战后向许多国家提供大量经济和军事援助的第一个国家。这些援助，将美国直接卷入受援国的计划和管理。假设施援国给出的大量援助没有任何的束缚性，这是不现实的。它仅仅是一个程度问题。不可避免地存在着这样的非议，即如果不把援助中的大部分用于支付从美国来的顾问团成员的薪水，而把更多的钱花在项目上，那么援助将不仅更有效，而且从政治上来说更愉快。实际上，在国际开发署的美方人员的薪水只占他们所给予的总的援助量的11%—12%。其他的对美国援助的非议还有技术人员和国际开发署人员的标准问题。还有，这些人员无论他们去哪里，总会有少数美国人携带着冰箱、空调和进口优质食品。需要考虑的是，援助总量中只有少部分是赠予，其余都是贷款，也就是说，在未来许多年里，亚非人民要以他们的经济为抵押偿还这些贷款。在工业化过程中，巴基斯坦取得了相当大的进步。努恩对西方国家（美国和欧洲国家）热心于向巴基斯坦销售机械，而不热心于帮助巴基斯坦制造机械表示了不满。②

1959年5月，美国国防部部长麦克尔罗伊（Neil H. McElroy）（1957.10.09—1959.12.01在任）在参议院对外关系委员会就1959年共同安全法举行的听证会上指出，巴基斯坦正准备防御来自苏联与共产主义中国的威胁。因此，巴基斯坦军事援助项目适合于准备防御来自北方

---

① US-Pakistan Agreement of Cooperation, 5 March 1959, *US-South Asian Relations 1947-1982*, Vol. 2, pp. 156-158.

② Memoirs of Firoz Khan Noon, Former Foreign Minister of Pakistan, Relating to 1956-1958, *US-South Asian Relations 1947-1982*, Vol. 2, pp. 152-154.

的侵略，并不是与印度关系方面的任何冲突可能性。① 听证会上，参议员丘奇（Church）认为，军事援助项目目的是防御苏联侵略危险。美国向巴基斯坦提供大量金钱以维持一支军队，巴基斯坦的想法是威胁主要来自印度。对于花费大量美国资金用于武装一个盟友反对另一个盟友发起的威胁，这是否合宜深表怀疑。副国务卿狄龙（Douglas Dillon）指出，威胁来自印度，这是巴基斯坦的想法，美国并不认可这种想法。对巴基斯坦的援助与巴基斯坦加入巴格达条约相关，巴格达条约是针对苏联的防御性条约。美国参谋长联席会议主席认为，一旦美国在中东地区与苏联发生全面冲突，从美国的角度来看，这些军队武装将会是能起作用的、用得上的。美巴共同防御协定要求巴基斯坦专门使用这种援助以保持其内部安全、正当的自我防御，或者是允许其参加地区防御，或参加联合国家集体安全协定和举措，并且巴基斯坦不能对其他任何国家采取侵略行动。② 助理国务卿朗特里（William M. Rountree）认为，美国计划1960财年向这一地区的国家提供总值4.12亿美元的军事援助。这些资金主要会被用于向该地区与自由世界集体安全协定有关的四个国家（希腊、土耳其、伊朗、巴基斯坦）提供武器装备、零部件、维修设备以及军事建设。在许多国家，军事力量的维持造成了经济问题。过分强调军事对经济的损害是一个巨大的错误，要保持二者之间合理的平衡。在这些大多数国家中的该项目的军事成分对实现美国所寻求的目标是极端重要的。巴基斯坦参加东南亚条约组织和巴格达条约、决心与自由世界立场一致，是该地区形势非常重要的方面。在巴基斯坦的政策中，美国对其的鼓励也是非常重要的。现在，针对美国军事援助巴基斯坦存在大量的批评之音，大量的批评是不公正的。在这些组织中，巴基斯坦作为一个强大的盟友的价值是重大的。保持巴基斯坦必要的武装力量用于此类参与，美国对巴的援助是明智的。③ 国际合作总署负责近东、南亚和非洲

---

① Statement by Secretary of Defence Neil H. McElroy in the Hearings Before the Senate CFR on the Mutual Security Act of 1959, 6 May 1959, *US–South Asian Relations 1947–1982*, Vol. 2, pp. 161–163.

② Statement by Acting Secretary of State Douglas Dillon in the Hearings Before the Senate CFR on the Mutual Security Act of 1959, 13 May 1959, *US–South Asian Relations 1947–1982*, Vol. 2, pp. 164–166.

③ Statement by Assistant Secretary of State for NEA, William M. Rountree in the Hearings Before the Senate CFR on the Mutual Security Act of 1959, 14 May 1959, *US–South Asian Relations 1947–1982*, Vol. 2, pp. 166–167.

事务部主任巴罗斯（Leland Barrows）认为，巴基斯坦是需要防御支持的典型例子。作为东南亚条约组织和巴格达条约的成员国，巴基斯坦的军事承诺超出了其经济承受能力。资源短缺的日益增长的压力，部分是由于贸易条款的变化减少了巴基斯坦出口的价值，而自 1950 年以来进口的花费超过 50%，尽管可以利用防御支持援助，但是大量的援助还是以 480 公法提供的剩余农产品形式，以开发贷款基金以及其他贷款机构提供的大量贷款形式。巴基斯坦近两年的外汇储备已下降至警戒线。在这种情况下，防御支持援助对维持巴基斯坦防御力量是必不可少的。防御支持和其他形式的经济援助，不仅维持了巴基斯坦的军事地位，而且维持了一定程度的财政稳定和有限的投资增长。如果没有这些援助，要看到巴基斯坦是如何站在自由世界一方保持其强大而不妥协的立场，是困难的。① 前助理国务卿麦吉，曾经被派往过近东、南亚和非洲地区的国家，访问过希腊、土耳其、伊朗和巴基斯坦，这些是接受美国援助的主要国家。这一地区，锡兰和印度，没有从美国接受军事援助，阿拉伯国家也几乎没有；所以，这一整个地区真正问题是希腊、土耳其、伊朗和巴基斯坦。这些国家，当然都是所谓的"北部"国家，它们都位于俄罗斯周边。② 还有官员建议，要努力运用美国的影响使印巴两个国家走到一起，而不是因为美国的政策增加它们之间业已存在的紧张。这两个国家哪一个对美国都非常重要。③

巴基斯坦政府与美国政府于 1959 年 7 月 18 日在卡拉奇签订协议，将双方以前达成的协议正式化，在巴基斯坦白沙瓦建立并使用通信基地。该基地是美国全球性通信体系的一部分，将会把美国在中东和太平洋地区的基地连接起来。该基地位于白沙瓦城外，由美国空军人员组成。④

---

① Statement by Leland Barrows, Director of NEA Operations, ICA, in the Hearings Before the Senate CFR on the Mutual Security Act of 1959, 14 May 1959, *US-South Asian Relations 1947-1982*, Vol. 2, pp. 167-168.

② Statement by George C. McGhee, Former Assistant Secretary of State for NEA, in the Hearings Before the Senate CFR on the Mutual Security Act of 1959, 18 May 1959, *US-South Asian Relations 1947-1982*, Vol. 2, pp. 168-169.

③ Statement by W. Averell Harriman, Former Governor of New York and Mutual Security Director in India, in the Hearings Before the Senate CFR on the Mutual Security Act of 1959, 8 May 1959, *US-South Asian Relations 1947-1982*, Vol. 2, pp. 163-164.

④ Department of State Press Release on the Establishment of a Communications Facility at Peshawar in Pakistan, 18 July 1959, *US-South Asian Relations 1947-1982*, Vol. 2, p. 169.

1959 年 11 月 12 日，美巴友好通商条约签订。该条约的目的是加强传统的和平友好关系，鼓励两国民众之间更密切的经济和文化关系，营造更好的投资和商业交流环境。美国国务院声明指出：该条约是美巴两国之间第一部生效的此类型的条约，要提供一种综合的、全面的法律框架，在法律框架内两国间一般的经济关系与现代经济条件发展相协调。其中最重要的部分，为两国的国民和企业提供了基本的权利和优待。就巴基斯坦方面而言，包括鼓励外国私人投资和利用外国技术援助等。巴基斯坦商务部部长布托（Z. A. Bhutto），美国商务部部长米勒（Frederick H. Mueller），分别就该条约表达了类似的积极评价。①

1959 年 11 月，一份美国在亚洲的对外政策报告指出，可以预料到，巴基斯坦政府目前将会继续承担涉及美巴共同利益的军事责任。巴基斯坦承担这些责任部分是由于其对外政策与边界积极防御利害攸关，与志趣相投方协调一致；也是由于巴基斯坦觉得它需要来自美国的经济、军事和技术援助，以及用以增加巴在与印度关系中的力量的附加强度。在整个 1958 年，在美国对巴基斯坦援助的 10 亿美元中，军事援助占了很大比重。1958 年，来自国际合作总署的援助增加到 0.72 亿美元。巴基斯坦从国际银行以及开发贷款基金中有贷款份额，从 480 公法中获取资金支持，也从科伦坡计划中得到技术援助。巴基斯坦目前的具有军事特点的体制，一点也没有改变该国经济生活的基本事实。美国在巴基斯坦利益巨大，不仅因为在目前美国政策下巴基斯坦支持共同安全所承担的军事责任，而且因为在南亚的经济和政治稳定中，巴基斯坦可能扮演着令人尊敬的角色。在经济援助方面，印度在其经济发展阶段有能力吸收相对高水平的投资，美国应该弥补印度在第三个和第四个五年计划期间外汇的短缺。巴基斯坦在经济发展方面没有取得像印度那样快速的、重要的成绩，巴基斯坦也没有展示出有效实施其计划的能力，也没有展示出为此项任务的必要的管理技巧。对南亚国家而言，如果印度把巴基斯坦甩得太远，那将是最遗憾的事。要通过增加技术援助、经济援助等形式，鼓励巴基斯坦增加其发展的内在能力。②

---

① Department of State Announcement on the US-Pakistan Treat of Friendship and Commerce, 12 November 1959, *US-South Asian Relations 1947-1982*, Vol. 2, p. 176.

② "United States Foreign Policy in Asia", a Report Prepared by Conlon Associates Ltd. Under the Direction of the Senate CFR, November 1959, *US - South Asian Relations 1947 - 1982*, Vol. 2, pp. 177-180.

1959 年 12 月，艾森豪威尔访问巴基斯坦，成为访巴的第一位美国总统。12 月 7 日，到达卡拉奇机场受到阿尤布的热情迎接，在到达卡拉奇城的 15 英里的路途中，数十万民众挥舞旗帜迎接总统。会谈中，就世界形势和地区问题交换意见。阿尤布·汗称赞中央条约组织为地区盾牌，并希望得到额外的军事装备。为了证明对得到美国军事装备的正当性，阿尤布·汗强调来自中国的威胁。阿尤布·汗提到 F–104 问题，并强调巴强烈希望得到超音速战斗机。艾森豪威尔承诺将重新评估并进一步考虑此问题。① 艾森豪威尔指出，美国人民特别希望巴基斯坦与南亚其他国家努力实现提升彼此间的关系。"我与阿尤布及其阁僚的谈话，是基于我们是两个有着许多共同利益的国家，是有着共同目标和共同安全合作的国家。"② 12 月 8 日，美巴联合公报发表。两国总统完全同意，基于共同的安全利益，加强自由世界成员国之间的合作非常有必要。两国总统都认识到，巴基斯坦努力进行大量的开发项目，同时保持与国家安全相一致的武装力量，由此产生了沉重的财政负担。他们回顾了由美国提供给巴基斯坦的技术、经济和军事援助的各种因素。两国总统表示，他们相信，此次访问会进一步加深美巴两国之间的相互理解，加强两国间业已存在的紧密联系，强化两国间继续合作项目的必要性。③ 在其回忆录中，艾森豪威尔谈道："在巴基斯坦，穆罕默德·阿尤布·汗在机场迎接我们。天气晴朗，我们的车队直奔卡拉奇……街道两旁挤满了人（我们对这么大的人群已慢慢习惯），他们兴高采烈，高声呼喊……我们殷勤好客的主人把一切严肃的会谈推迟到次日早晨。巴基斯坦和印度之间最难解决的问题是克什米尔。当前的争吵是关于印度河河水的分配问题，两国都想从中取得巨量的灌溉和发电的水力资源……我告诉总统，后来也告诉了尼赫鲁，美国愿意给庞大的蓄水工程计划提供援助，以俾有效地利用印度河的河水，但是两国必须迅速确定一个彼此让步的计划。我表示深信，如果两国能接受世界银行的领导，相信它的公正和技术效能，那么在取得合理解决方面就不会碰到任何不可克服的困难。我高兴

---

① Dennis Kux, *The United States and Pakistan*, *1947–2000*: *Disenchanted Allies*, Baltimore and London: The Johns Hopkins University Press, 2001, pp.107–111.

② Statement by President Eisenhower at the Citizen's Welcome at the Polo Fields, Karachi, 8 December 1959, *US–South Asian Relations 1947–1982*, Vol. 2, pp.180–181.

③ US–Pakistan Joint Communique, 8 December 1959, *US–South Asian Relations 1947–1982*, Vol. 2, pp.181–182.

地发现双方在这件事情上都表现出一定的灵活性和和解精神（这后来成为圆满解决的开端，在我的任期结束之前，印度和巴基斯坦就河水的分配签署了一个友好的协议）。""不可避免地，美国援助的水平问题又被提出来讨论……对于那些愿意靠自己努力去提高他们的生活水平并抗击共产主义的国家，我们愿意加以援助。但是我说，大家都应当懂得，我们的资源有限，其他一些工业国也应帮助分担一部分费用，而且我们所有的人都应紧密合作，以最少的耗费去谋求最大的安全和进步。只有这样，最后才能取得真正的成果。""在我们的谈话中，我发觉阿尤布是一个亲切近人、精明干练和能言善辩的绅士……阿尤布是随和的和谦虚的，但很敏锐——这种特点使人们对他公开宣布的要在自己国家稳步发展健康的民主制度的目标感到真实可信。"① 在 1960 年 1—2 月，华盛顿关于对巴 F-104 飞机事宜还没有发生变化。但是在 2 月底和 3 月初，情况发生了变化。3 月 3 日，驻巴大使朗特里得到指示，告诉阿尤布·汗，根据巴基斯坦特殊的军事需求，决定向巴提供 F-104 飞机。阿尤布·汗要求大使转达向艾森豪威尔的深深谢意。在印度河水分配问题上，在美国的积极调停下，印巴达成协议。1960 年 3 月，国际合作总署署长在参议院对外关系委员会听证会上指出，印度河流域项目将会对印度和巴基斯坦有很大帮助。它预示着共同利益的认同，预示着次大陆为了经济稳定和进步的重要合作。印度河河水问题的解决意义重大，前景光明。它说明了由该委员会所强调的外援的三个原则：自助、地区合作以及其他发达国家的合作行动。② 艾森豪威尔就印度河流域条约发表谈话，"我热烈欢迎今日在卡拉奇由巴基斯坦总统阿尤布与印度总理尼赫鲁签订了印度河及其支流的河水使用。这也就解决了两国自 13 年前独立以来围绕主要分配比例问题的争论。由于该问题的解决，约 5000 万民众的生活得到改善……在多边援助下，这一棘手问题的友好解决，是在全世界公正地追求持久和平的情况下，国际合作以及友好之价值的显著事例"③。

1960 年 2 月，阿尤布谈到，如果巴基斯坦在未来 25 年里能够得到充

---

① ［美］艾森豪威尔：《艾森豪威尔回忆录》（四），东方出版社 2007 年版，第 325—327 页。

② Statement by James W. Riddleberger, Director of ICA, Before the Senate CFR on the Indus Basin, in Support of the Mutual Security Programme for FY 1961, 23 March 1960, *US-South Asian Relations 1947-1982*, Vol. 2, pp. 185-186.

③ President Eisenhower's Statement Welcoming the Indus Basin Treaty, 19 September 1960, *US-South Asian Relations 1947-1982*, Vol. 2, pp. 189-190.

分发展并且中产阶级出现，那么巴基斯坦就能够对共产主义产生免疫，现在是关键时刻。"如果巴基斯坦由于自己的愚蠢或者缺乏援助的原因不能够充分发展，那么，除了滑入共产主义的汪洋大海之外，我们别无选择，这是最可怕的。"① 1960 年 2 月，国际复兴开发银行宣布，一些友好国家的政府，如美国，准备参加一项计划，该计划向银行提供资金，意欲向印巴之间的印度河河水争端施加影响。澳大利亚、加拿大、德国、新西兰、英国也参加了这一计划。要解决这一问题，预计总费用相当于 10 亿美元，部分是以外汇形式，部分是以当地货币形式（其中，8.67 亿美元花费在巴基斯坦，1.75 亿美元花费在印度）。银行建议，美国提供 1.77 亿美元的赠予援助，1.03 亿美元的贷款（其中，巴基斯坦份额为 0.7 亿美元，印度份额为 0.33 亿美元），2.35 亿美元当地货币来自在巴基斯坦的美国各种项目的经营运作。②

1960 年 3 月，在就 1960 年共同安全法举行的听证会上，国际合作总署认为，尽管政治紧张、政局动荡、经济危机不断发生，巴基斯坦依然保持着令人鼓舞的国内稳定程度，依然是美国的盟友。如果没有美国的援助，（巴基斯坦的）生活水准会明显下降。美国自 1952 年以来的援助项目使巴基斯坦人均国民生产总值保持在一定水准成为可能。防御支持项目提供了进口必要的原材料和装备以保持经济运行。如果没有 480 公法项目下的大量粮食进口，已经是世界最低行列的营养标准将会进一步降低，本来就十分紧缺的外汇将会被用于其他必需品的进口。如果生活水平显著恶化，不断增加的政治稳定也不会维持很久。从 1952 年到 1959 年，对巴基斯坦的经济援助达到约 5.65 亿美元。③ 负责南亚、近东和非洲事务的助理国务卿琼斯（G. Lewis Jones），在听证会上指出，作为中央条约组织和东南亚条约组织的成员国，巴基斯坦持坚定的反共政策，同时取得了经济进步。通过提升巴基斯坦的经济和军事力量，以支持坚定的盟友巴基斯坦的独立，很显然符合美国利益。美国在这一地区的军事援助努力，是被用于强化自由世界的集体安全体系。因此，美国的花

① President Ayub Khan's Statement at the Confenrence of the ICA at Karachi, 10 February 1960, *US-South Asian Relations 1947-1982*, Vol. 2, pp. 182-183.

② Department of State Statement on the Indus Basin Project, 29 February 1960, *US-South Asian Relations 1947-1982*, Vol. 2, p. 183.

③ Information Supplied by ICA During the Hearings Before the House CFA on the Mutual Security Act of 1960, 21 March 1960, *US-South Asian Relations 1947-1982*, Vol. 2, p. 185.

费，不论是努力中的还是事实上的，都是对美国安全的直接贡献。除了用于该地区的2%的军事援助项目，其他都被用于支持希腊、土耳其、伊朗、巴基斯坦的军事力量。这些国家是北约、中央条约组织、东南亚条约组织的一个或多个成员。①

1960年5月，发生了U-2飞机事件。U-2飞机从白沙瓦起飞在苏联从事间谍活动被击落，飞行员被活捉。巴基斯坦政府对U-2飞机被苏联击落的第一反应是由外交部长在5月8日发表了一份声明。声明称，"我们没有收到能够断言美国飞机确实在白沙瓦偶然过访的任何信息。我们正在命令调查此事。如果属实，我们将向美国提出强烈抗议，这种事情不能再发生"②。赫鲁晓夫威胁到，"我们警告那些利用自己的领土为反苏提供飞机起飞的国家，不要玩火，土耳其、巴基斯坦、挪威政府必须明白，他们是这次事件的帮凶"。如果再允许美国飞机使用白沙瓦作为反苏基地，那么苏联将立即进行报复。③5月18日，阿尤布·汗谈到，"据我们了解，没有美国的军事飞机从巴基斯坦的任何地方起飞，前往俄国"。同时，巴基斯坦向美国抗议无权这样做，"不论在任何情况下，此类事情绝不能再发生"。针对苏联攻击威胁，阿尤布·汗表示了担心，"在巴基斯坦的朋友帮助到来之前，巴基斯坦可能已被可怕的核武器或火箭摧毁"④。U-2事件使巴基斯坦认识到，结盟利害并存，空军基地的存在，对巴基斯坦的实际安全造成了直接的威胁。巴基斯坦积极调整与中苏的关系，进一步改善同中国的关系，谋求同苏联关系的发展。

1960年7月，巴基斯坦驻美大使艾哈迈德（Aziz Ahmed）在美国政治社会科学院年鉴发表文章指出，巴基斯坦是美国亚洲盟友中联系最密切的，它与美国签订了很多共同援助协定。从战略上来讲，巴基斯坦是联系中东和东南亚的桥梁。而且，西巴与中国有共同边界，与苏联南部边界非常接近。因此，巴基斯坦对印巴次大陆来讲具有特别的重要性。西巴是历史上发生过的陆路入侵印巴次大陆进入山口的门户，实际上，

---

① Statement by G. Lewis Jones, Assistant Secretary of State for NEA, in the Hearings Before the CFR on the Mutual Security Act of 1960, 25 March 1960, *US-South Asian Relations 1947-1982*, Vol. 2, pp. 186-187.

② *The Times*, London, 9 May 1960.

③ Michael Beschloss, *Mayday: Eisenhower, Khrushchev and the U-2 Affair*, New York: Harper and Row, 1986, p. 60, p. 256.

④ *The Times*, London, 13 May 1960.

巴基斯坦构成了印巴次大陆西北边界的防护屏障，形成了进入南亚的大门。其强大和稳定，引起所有希望该地区和平与稳定人士的关注。鉴于此，以及当时的国际形势，1954 年，美国与巴基斯坦签订了共同防御援助协定。①

1960 年 10 月，巴基斯坦外长指出，"目前，我们没有别的选择，只有与西方保持友好。偶然地成为与西方结盟的最强大的非欧洲国家，我们要利用好这种形势，不仅要显示出来，还要给出坚定不移和可信赖的积极证据。我们将会面临非常困难的选择：惹恼中国或者是惹恼美国。我们必须在二者之间作出选择，情势要求我们支持美国"②。

1960 年 11 月的巴基斯坦内阁会议指出："在我们与印度的争端中，美国出于自身原因，并没有给予我们政治支持。确实如此。我们理解他们的困难，但是我们必须要在这一领域自谋生计。换句话说，我们对俄国和中国不应采取僵硬死板的态度。我们要说服美国，在目前形势下，在下一次开会时，我们要投票支持中华人民共和国进入联合国。"③

正如基辛格在回忆录中所言："在二十世纪五十年代和六十年代，美国不了解这些新成立的国家正在专心致志忙于自己的问题，总是用自己的先入之见看待他们。我们按照表面价值相信印度总理贾瓦哈拉尔·尼赫鲁自称为世界事务中不偏不倚的道义仲裁人的作用。我们几乎没有注意到这正是弱小民族为取得同其实力不相称的影响而奉行的政策，也没有注意到印度除了在它认为自己命中注定处于优势地位的次大陆外，很少愿意承担风险以适应它的国际抱负。至于巴基斯坦，我们只把它当作反对共产党侵略的潜在军事盟友，而不了解大多数巴基斯坦人恰恰是把印度看作对他们安全的真正威胁。我们把印度供奉在抽象道德的万神殿里，而印度则把我们武装巴基斯坦看成是一种挑战，从而破坏了我们希望博得它的好感的尝试。"④

---

① "American Alliances with Countries", Article by Aziz Ahmed, Pakistan Ambassador to US, in The Annals of the American Academy of Politial and Social Science, July 1960, *US-South Asian Relations 1947-1982*, Vol. 2, p. 188.

② Pakistan Foreign Secretary's Summary to the Cabinet, 24 October 1960, *US-South Asian Relations 1947-1982*, Vol. 2, p. 190.

③ Decisions Reached at a Special Cabinet Meeting of Pakistan, 18 November 1960, *US-South Asian Relations 1947-1982*, Vol. 2, p. 191.

④ ［美］亨利·基辛格：《白宫岁月：基辛格回忆录》（第三卷），杨静予、吴继淦等译，上海译文出版社 2016 年版，第 1054 页。

小　结

美国决策者从全球的战略布局来分配援助。艾森豪威尔第一任期，比起西欧和东南亚，南亚并不具有优先性。艾森豪威尔政府继承了前任政府从短期的、国家安全的视角来看待对外援助的观点，认为外援应服从国家安全的需要。朝鲜战争爆发后，美国援助的项目重点发生了变化，由强调经济发展转向强调共同安全。朝鲜战争的爆发在一定程度上提高了南亚的战略重要性。美国担心苏联会利用英国从苏伊士运河以东撤退所产生的权力真空，因而设计了一种军事联盟体系来遏制共产主义，以期保障自身和自由世界的安全。法国在印度支那被击败以后，美国认为，共产主义已经控制了东南亚的一部分并威胁到其余部分，印度次大陆已经成为冷战的主战场。为此，美国希望印度和巴基斯坦加入美国主导的集体安全体系。而印度坚持不结盟的外交政策，巴基斯坦由于国家安全的需要寻求与西方国家结盟。美巴结盟、美国向巴基斯坦提供军事援助、巴基斯坦加入了美国主导的区域性集体安全防御体系，美国与巴基斯坦的关系密切发展。

艾森豪威尔第二任期，美苏加紧了在第三世界的争夺。为了抵制苏联的吸引力，艾森豪威尔希望通过增加外援来促进新独立国家的经济发展，免于丢失给"共产主义轨道"，进而维护美国的国家利益。美国对外援助"哲学"也从"贸易而非援助"转变为"贸易与援助"并举。美国对外援助逐渐从短期的、国家安全的考虑向长期开发援助转变，更加关注发展中国家的经济发展。美国对外援助政策的转变，与苏联在第三世界的"经济攻势"以及第三世界重要性的日益增长有关。艾森豪威尔第二任期，美印关系日益发展，美巴双边关系也比较稳固。艾森豪威尔第二任期对印巴双策并举，重视支持印度的经济发展，同时增强巴基斯坦的国家安全。

第三章　肯尼迪—约翰逊政府时期
美国对南亚的援助

肯尼迪政府时期，对外援进行了全面的革新，美国对外援助进入了制度化、法律化的新时代。美苏在第三世界的争夺、中印边界冲突与战争的爆发，使南亚（特别是印度）成为美国关注的重点。约翰逊政府基本上继承了肯尼迪时期的外援政策。

第一节　肯尼迪政府时期美国对南亚的援助

一　国际与地区形势的变化

肯尼迪上台之前，美国经历了 1957—1958 年经济危机和 1960 年经济危机。肯尼迪在 1961 年 1 月 29 日的国情咨文中谈到，他是在七个月的衰退、三年半的停滞、七年的经济增长速度降低和九年的农场收入下降之后就职的。对美国而言，世界形势危机四起，时不我待：亚洲东南亚地区的危机，非洲刚果危机，拉美共产主义在古巴建立政权。肯尼迪认为，"在每一个主要的危机地区，时势的潮流一直在下落，时间并不是我们的朋友"。为了应付这些挑战，"绝不可有所偏废。在总统的那个盾形徽章上，美国之鹰的右爪抓着一根橄榄枝，左爪则抓着一束箭。我们打算给两者以同样的重视"①。肯尼迪—约翰逊政府的外交政策被称为灵活反应战略，其主要目标是在诉诸战争之前增加可选择性，这包括重视对

---

① ［美］约翰·肯尼迪：《扭转颓势》，约翰·加德纳编，沙地译，生活·读书·新知三联书店 1976 年版，第 15—23 页。

第三世界的经济援助。在1961年1月20日就职演说中，肯尼迪指出：“火炬已经传给新一代美国人……让每个国家都知道——不论它希望我们繁荣还是希望我们衰亡——为确保自由的存在和自由的胜利，我们将不惜付出任何代价，承受任何负担，应付任何艰难，支持任何朋友，反抗任何敌人”。对那些居住在茅舍和乡村、为摆脱普遍贫困而斗争的人们，“我们保证尽最大努力帮助他们自救，不管需要多长的时间——我们这样做，并不是因为共产党可能正在这样做，也不是因为我们需要他们的选票，而是因为这样做是正确的。自由社会如果不能帮助众多的穷人，也就无法保全少数富人”①。

1961年，肯尼迪宣布发动“发展的十年”。这一时期，在接受美国援助的国家中，印度是美国援助优先考虑的对象。虽然援助的水平增长缓慢，但是美国许诺给印度的每年的赠予和贷款到1963年已达4亿美元。到20世纪60年代早期，对印度的援助达到顶峰，印度位居美国经济援助受援国之首。肯尼迪认为，一个强大的印度对于一个自由的和政治上稳定的亚洲至关重要。大多数中立国家在军事上是软弱的，它们的外交政策往往只限于本国和本地区的一些问题。罗斯托认为，美国的利益首先在于加强中立国家的独立，把它们的精力引向国内发展，并引导它们建立同西方长期合作关系，这是对外援助的一项重大任务。② 在所有的中立国家中，肯尼迪对印度最感兴趣，他早就把它看作亚洲的“关键地区”。1959年，他说，印度和中国在经济和政治上为争取东方的领导权、争取全亚洲的尊敬而进行的斗争，将决定亚洲的未来，不应当由于印度奉行中立主义就对它敬而远之，“我们不要忘记，我们的国家在初创阶段，也采取过一种不介入十九世纪重大国际争端的政策”。但是，肯尼迪想要援助印度的愿望又和对印度领导的某些怀疑掺杂在一起。1951年，肯尼迪访问新德里时，尼赫鲁由于某种原因（也许因为在他看来肯尼迪不过是个不知名的年轻的国会议员）对他显然十分冷淡。这位访问者事先听人说过，尼赫鲁感到不耐烦的时候，总是眼睛望着天花板，不停地敲击着指头。肯尼迪后来常常喜欢回忆当时的情景：他到尼赫鲁的

① 陈家佶主编：《美国总统就职演说全集》，罗显华审校，四川人民出版社1996年版，第908页。

② ［美］小阿瑟·M. 施莱辛格：《一千天：约翰·菲·肯尼迪在白宫》，仲宜译，生活·读书·新知三联书店1981年版，第401页。

办公室大约才十分钟，尼赫鲁就开始敲起指头，心不在焉地凝视着客人头顶上的一个什么地方。此外，尼赫鲁在国际问题上的自以为是的才能，也使肯尼迪在某种心情下几乎把他看作个主张中立主义的约翰·福斯特·杜勒斯。① 即便如此，肯尼迪还是十分重视尼赫鲁和印度在地区和世界事务中所发挥的作用。肯尼迪作为参议员时，就积极主张援助印度，发起"肯尼迪—库珀提案"，主张对印度进行长期援助。肯尼迪当选总统任命哈佛著名经济学家加尔布雷思（Galbraith）为驻印大使，增加了印度的期望。加尔布雷思早年访问过印度，同尼赫鲁过去相识且对印度经济特别是五年计划有所研究。他对印度取得的经济进步印象深刻，积极主张增加对印度的经济援助，促成了支援印度发展的 5 亿美元的拨款。1961 年 4 月 18 日加尔布雷思上任。作为大使，他成功地促使美印两国关系更加密切。加尔布雷思说，"我在去印度的时候，就想着要办好几件事。首先要尽可能地在起码的、相互尊重和信任的基础上与贾瓦哈拉尔·尼赫鲁修好。其次要明确告诉尼赫鲁，告诉印度新闻界、知识界以及其他许多可能有时间研究这一主题的人：如今的美国已不是那个狭隘的、喋喋不休大谈反共的杜勒斯时代的美国了，它可以提供一些令人比较感兴趣的东西。……我们寻求和其他国家的友谊。我们不反对中立，也不反对不结盟。那是由印度决定的事，不是由我们决定的。……引导美国对印度进行大规模经济援助，现在新政府大大增加了援助，使其收到最大效果"②。

　　1961 年 3 月 22—24 日，哈里曼（Harriman）以无任所大使身份访问新德里，了解尼赫鲁对亚洲事务的看法。22 日，哈里曼与尼赫鲁第一次会谈，23 日第二次会谈，谈及中国问题，印巴关系，伊朗、刚果、老挝等问题。哈里曼谈到，美国反对红色中国进入联合国，决定继续承认福摩萨（中国台湾）。尼赫鲁认为，中苏关系会恶化，中俄间的历史性冲突迟早会削弱两国现有的同盟关系。24 日，哈里曼再次拜会尼赫鲁，递交了肯尼迪的一封信。信文表达了对老挝危险局势的关注，希望尼赫鲁采取外交措施，帮助阻止老挝内战。尼赫鲁回复到，他会尽其所能帮助实

---

　　① ［美］小阿瑟·M. 施莱辛格：《一千天：约翰·菲·肯尼迪在白宫》，仲宜译，生活·读书·新知三联书店 1981 年版，第 402 页。

　　② ［美］约翰·肯尼思·加尔布雷思：《我们时代的生活》，祈阿红等译，江苏人民出版社1999 年版，第 446 页。

现老挝停战。①

1961 年 5 月 10 日，副总统约翰逊离开华盛顿，进行为期 2 周的南亚、东南亚之行。约翰逊访问了越南、菲律宾、中国台湾、泰国、印度、巴基斯坦。在印度，约翰逊向尼赫鲁递交了肯尼迪写于 5 月 8 日的亲笔信。信中，肯尼迪希望尼赫鲁和约翰逊充分交流观点，希望约翰逊能观察和报道印度经济的进展。肯尼迪祝贺印度取得如此的进步，并提到其政府正在重新组织外援计划，以便能更长期地允许支持这种努力。他还对尼赫鲁支持努力达成老挝停火协议表示欣赏。约翰逊说，他是应肯尼迪的请求递交总统给尼赫鲁阁下的亲笔信，并与尼赫鲁讨论。美国在南亚和东南亚采取的一些行动，或许会对该地区人民和人类自由的目标有益。他来到此地，也是因为肯尼迪想使该地区人民知道，美国正在关注该地区经济进步的需要，想让该地区人民知道，美国决定与该地区的那些试图提高其民众生活水平的国家保持一种更亲密的合作关系。约翰逊说，肯尼迪政府认为，单单是军事力量从来不会构成反共的永久堡垒。共产主义行为在亚洲引起广泛不满，在某些情况下，导致暴力叛乱。他提醒到，他从来不会承诺美国参与开发项目的程度，因为只有国会才有权作出必要的拨款。他说到，他自信如果国会充分理解该地区的困难和挑战，可能会作出果敢的反应。尼赫鲁对肯尼迪的关心和慷慨表示感谢。尼赫鲁认为，贫穷是亚洲和非洲整个经济问题的核心，所有其他问题都是次要的，在很多情况下受其影响的。约翰逊和尼赫鲁谈到了"三五"计划。尼赫鲁说，这个计划取得的进展是要帮助 1600 万名失业人员，要把约 1300 万名失业人员吸收进该计划。但失业问题可能在五年计划之末更尖锐，因为发展计划跟不上人口增长。谈到教育以及如果国家能取得反对贫穷、无知和疾病的真正进步把它扩展到所有人口的必要性。尼赫鲁说，目前仅有 60% 的印度男孩和 20%—30% 的印度女孩在校读书。但他希望，在"三五"计划结束之际，可以为每一个 7—11 岁的孩子提供免费义务教育。与"二五"计划的 670 亿卢比（约合 135 亿美元）的投资相比，"三五"计划要投资 1020 亿卢比（约合 200 亿美元）。二人还谈到农场合作、土地改革、灌溉和农村电力，以及东南

---

① "Telegram from the Embassy in India to the Department of Statement", New Delhi, March 24, 1961, *FRUS*, 1961–1963, Vol. XIX, South Asia, p. 31.

亚、老挝问题。①

1961年8月8—9日，副国务卿鲍尔斯访问印度。就柏林问题、中国和西藏问题、贝尔格莱德会议、刚果危机以及拉美问题同尼赫鲁广泛交换了意见。美国认为，其在亚洲面临的核心问题就是共产主义中国的存在。美国必须促使印度认识到，在对付这一危险时美国的力量是有限的，因此印度必须采取主动行动以保证亚洲的安全。②

1961年11月，尼赫鲁访问美国。肯尼迪称其为"朋友和伟大的世界领导人"。他称尼赫鲁为世界人民的灵魂人物，是可比肩亚伯拉罕·林肯和富兰克林·罗斯福的领导人。③ 肯尼迪承认印度在与其对外政策有关的地理位置的重要性。肯尼迪说，美国很长时间以来也一直坚持中立主义。然而，美国希望印度在一些美国做错的问题上加以反对，在美国正确的问题上加以支持。尼赫鲁说，印度实质上是按事情的是非曲直寻求行动，重视采取行动的方法。他想建立那种感情——印度希望与别国友好，与别国合作，尽管在一些事情上看法不同。在美苏之间找一条折中方案并不是问题。冷战的最大错误在于，使人们思想僵化，因而使一方与另一方交易变得困难。如果通往战争之路受阻，那么就出现这样一种情绪：事情可以通过别的方法来解决，接近就容易些。肯尼迪说，美国对外政策支持民主制度国家，甚至从根本上说是支持主权国家。遗憾的是，美国所支持的政府，有时不完全被其人民所支持。然而，这是不容易撤退的。有时美国会认为，如果美国撤退了，共产主义会通过颠覆来掌权。肯尼迪指出，在许多地方，共产主义通过武力或颠覆取得政权。尼赫鲁认为，没有人会用恐怖主义战术来考虑，并且军事行动会导致不幸的结果。谈及老挝问题、越南问题，美国希望印度发挥作用。双方还谈到核试验问题、克什米尔问题、对印度和巴基斯坦的援助问题。军事援助巴基斯坦在印度引起很大反响（肯尼迪内阁中的国防部部长麦克纳马拉、国务卿腊斯克等人以及国会都受到杜勒斯时代冷战遗产的影响。这份遗产强烈支持忠诚的盟友，甚至肯尼迪也未能对此有免疫力，他上

---

① "Memorandum of Conversation", *New Delhi*, May 18, 1961, *FRUS*, 1961-1963, Vol. XIX, South Asia, pp. 41-42.

② "Memorandum of Conversation", *New Delhi*, August, 8-9, 1961, *FRUS*, 1961-1963, Vol. XIX, South Asia, pp. 80-86.

③ *The Washington Post*, 7 November 1961.

任之初就批准了艾森豪威尔政府许诺给巴基斯坦的一个中队的 F-104 飞机。1961 年 8 月，一批 F-104 超音速战斗机运抵巴基斯坦，这一消息在新德里闹得满城风雨。为保密起见，它们于深夜在卡拉奇卸货。华盛顿答应巴基斯坦，对飞机的数量进行保密。这一来反倒起了极大的负面作用，因为原本只有 12 架，可是印度却把这个数字说成了几百架①）。美国给印度 5 亿美元的经济援助，给巴基斯坦 12 架飞机。尼赫鲁说，在印度除了共产主义分子之外，没有人诽谤美国，印度毫不怀疑美国的意图，但是巴基斯坦依然是独裁政权，印度怀疑它意欲何为。②

小阿瑟·M. 施莱辛格在其回忆录中谈到，总统和总理之间的会谈并不融洽。尼赫鲁简直是惊人的冷淡，肯尼迪有时很难使谈话继续下去。肯尼迪关于越南问题谈得很多，可是尼赫鲁一直没有反应。在谈话中，尼赫鲁对于美国在裁军方面的主张表示怀疑，他引证了艾森豪威尔在告别演说中关于"军界—工业界集团"的警告。肯尼迪原本对这次访问寄予很大希望，希望能与尼赫鲁建立密切的私人信任关系。但他在会谈中却发现，美印双方在解决发展中国家贫穷的迫切性、共产主义影响扩大的意义、克什米尔等问题上有很深的分歧。此外，印度在越南和东南亚问题上也不愿追随美国的方针。在尼赫鲁访问美国之前，肯尼迪对印度曾抱有很大的幻想，但是结果却很令人失望。后来，肯尼迪把这次会谈说成"一次灾难……是我所遇到的最糟糕的一次国家首脑访问"③。

在 1961 年 11 月尼赫鲁访美期间，肯尼迪表示了对印度经济困难的关心，并再次向尼赫鲁保证，美国会与印度通力合作帮助印度完成"三五"计划制订的目标。然而，政府内部也有一部分人对印度持有相当的批评，因为它过于依赖计划以及拥护混合经济，强调重工业为经济发展的动力，接受苏联的援助等。安全并不是美国援助的唯一原因。在其他原因之中，有一种是希望"民主的印度"比"极权主义的中国"能成为更吸引人的发展模式。当然在美国有不少人怀疑一个有很大比重社会主义计划经济的国家是否可以称为民主的国家。肯尼迪认为，一个强大

---

① ［美］约翰·肯尼思·加尔布雷思：《我们时代的生活》，祈阿红等译，江苏人民出版社 1999 年版，第 456 页。

② "Memorandum of Conversation", Washington, Nov. 7, 1961, *FRUS*, 1961-1963, Vol. XIX, South Asia, pp. 129-134.

③ ［美］小阿瑟·M. 施莱辛格：《一千天：约翰·菲·肯尼迪在白宫》，仲宜译，生活·读书·新知三联书店 1981 年版，第 406 页。

的、独立的、坚定不结盟的印度比一个虚弱的、贫穷的、受束缚的印度更有利于美国利益。一个经济上虚弱、政治上不稳定的印度比经济上自力更生、政治上强大稳定的印度更容易受极权共产主义国家的诱惑。①

果阿事件使美印关系一度恶化。尼赫鲁离开美国后五个星期，便派军收复了位于印度西海岸的古老的葡萄牙殖民地果阿。果阿位于印度西岸，北临中央邦，东及南方与卡纳塔克邦接邻，西濒阿拉伯海。葡萄牙商人于 16 世纪抵达果阿，不久即占据该地，果阿沦为葡萄牙的殖民地。印度于 1947 年独立后，即向葡萄牙提出归还果阿为主的葡属印度的要求，但遭到拒绝。② 1961 年 12 月 17—18 日深夜，约 3 万名印度士兵进入果阿（Goa）、达曼（Daman）和第乌（Diu）三个殖民地。19 日，葡军投降，印度收复果阿。当时北约组织正在巴黎开会，在印军进入果阿前夕，国务卿腊斯克同葡萄牙外长进行了交谈。腊斯克国务卿对葡萄牙人永久控制果阿丝毫没有表示任何保留，甚至没有承认印度人对葡萄牙人占领果阿表示愤慨是有合法根据的。加尔布雷思大使认为，"既然我们过去随时都在向印度人表明我们反对侵略，我们也就必须随时向葡萄牙人表明我们反对殖民主义。我们认为葡萄牙在印度境内拥有飞地是一种时代错误，并希望能以和平方式结束葡萄牙在印度的殖民主义。如果我们在谴责侵略的同时，和葡萄牙帝国划清界限，那么我们对谴责就会更有力量"③。 但是国务院负责政治事务的官员不同意这样做，他们认为尼赫鲁一方面在非侵略问题上不断地伪装虔诚，一方面又极力奉行强权政治，这种十分滑稽的对照不能不引起人们的非议。小阿瑟·M. 施莱辛格略带嘲讽地指出，这有点儿像在鸡舍里抓到了正在偷鸡的传教士；同时这也说明，哈罗公学和剑桥大学在向尼赫鲁灌输英国美德的同时，并没有忘记教他如何伪善。④ 印度的行动在美国激起相当的批评。这冲销了几个月以前尼赫鲁访美带来的善意。在华盛顿，腊斯克国务卿

---

① Harold A. Gould and Sumit Ganguly, eds., *The Hope and the Reality*：*U. S. –Indian Relations from Roosevelt to Reagan*, San Francisco：Westview Press, 1992, p.71.

② S. C. Tewari, *Indo–US Relations*, *1947–1976*, New Delhi：Radiant Publishers, 1977, pp. 38–40.

③ ［美］小阿瑟·M. 施莱辛格：《一千天：约翰·菲·肯尼迪在白宫》，仲宜译，生活·读书·新知三联书店 1981 年版，第 406—407 页。

④ ［美］小阿瑟·M. 施莱辛格：《一千天：约翰·菲·肯尼迪在白宫》，仲宜译，生活·读书·新知三联书店 1981 年版，第 407 页。

对关于印军动向的第一份报告的反应是召见印度大使尼赫鲁，抗议诉诸武力。应葡萄牙政府的请求，联合国安理会 12 月 18 日开会讨论印度进入葡萄牙领地。美国驻联合国代表史蒂文森批评印度军事行动践踏了联合国宪章的主要原则，在争论过程中，史蒂文森提交了一份草案，呼吁停火、印度撤军、恢复谈判。该议案由法国、土耳其和英国共同发起，最后以 7∶4 被否决。史蒂文森对印度驻联合国代表克里希纳·梅农进行了嘲讽。他说，梅农由于鼓吹和平和不倦地力促别人寻求和解办法，而在这些会议厅中为人所共知，如今他却站在果阿的边境上指挥着他的军队在午夜发动进攻。尼赫鲁在致肯尼迪的信中抱怨美国对该事件的态度。他说："我国人民感到激动的是究竟为什么要受到美国最强烈的谴责？"他还说，史蒂文森先生对印度不同寻常的尖刻态度使他"非常伤心"。①

果阿事件还引起巴基斯坦对印度侵入克什米尔的担忧。一份近东和南亚事务局的文件指出，随着果阿事件、紧张的印巴和巴阿争端以及日益增加的中共和苏联南下能力，美国的基本利益依然是需要下面的政策：①强烈支持非共产主义政府的增长；②减少地区内部的紧张；③增加印巴参与对自由世界有益的事。南亚地区内部争端有巴阿争端、印巴争端。巴基斯坦担心印度在果阿的成功会导致印入侵克什米尔。同时，巴基斯坦希望美国把对印度经济援助限制到一定的水平，以防止印度过分地把大量资源投入到军事机器上。美国利用大量的经济援助计划和技术援助，帮助印度取得经济社会发展。美国的经济援助计划，用来阻止印度依赖集团国家向其提供外援的大部分。1962 年 1 月，国际援印财团推迟向印度作出进一步的承诺，美国推迟了有关援助项目的一些协议的签订。这在印度被普遍认为是由于美国对印度在果阿的行动感到不快所致。肯尼迪虽然未对印度的行为提出批评，但对尼赫鲁在访美时未予暗示有所不快。1962 年 1 月 18 日，肯尼迪在致尼赫鲁的回信中，表达了对印度反对殖民主义的理解和同情，但在果阿问题上，肯尼迪表示了对印度使用武力解决的不满，更对尼赫鲁访美时没有谈及此事表示遗憾。信中提道，"关于这个问题的殖民主义方面，我对你表示同情"。肯尼迪说，他非常关心果阿可能引起的连锁反应，担心果阿事件会使其他地方

---

① ［美］小阿瑟·M. 施莱辛格：《一千天：约翰·菲·肯尼迪在白宫》，仲宜译，生活·读书·新知三联书店 1981 年版，第 408—409 页。

更难坚定不移地维护和平。最后，他暗示说，使人感到为难的是，印度入侵果阿是在尼赫鲁访问华盛顿之后不久发生的。"我有这样一种感觉，就是我们当时本来应该讨论这个问题的。"特别是印度作为和平共处的提倡者而诉诸武力，令大多数美国人深感震惊。另外，这一行动发生在美印联合努力以和平方式解决刚果问题期间。批评者说："我们怎么能同你一起为刚果使用和平方式，而你却在果阿使用武力呢？"果阿行动也给联合国的力量和影响带来挫折。对援助拨款问题带来影响。① 整个果阿事件进一步削弱了肯尼迪认为印度会在维护和平的斗争中起重要作用的希望。

但是，不管美国是否应该通过削减未来的经济援助来表达对果阿事件的不满，鉴于美国在东南亚重要的安全利益，美国政府认为应该继续援助印度。在军事销售方面，自 1951 年以来，美国销售给印度相对少量的军事装备。印度现在对购买飞机、导弹和电子设备感兴趣。这些售卖会引起巴基斯坦的抗议，同时也会阻止印度从集团那里得到类似的产品。自果阿事件以来，美国已经非正式地暂停了向印度出售主要军事设备的可能性。建议在不久的将来，考虑到所有政治军事因素，如在西藏边境的军事形势，美国会以个案的方式重新进行这种售卖。②

二 发展援助："继往"与"开来"

肯尼迪政府在继承前任政府外援政策的同时，在某些领域又有所创新。

1961 年 3 月 22 日，肯尼迪向国会提出了对外援助的特别咨文。肯尼迪首先指出对外援助必须要面对的三个事实：①现有的援外计划和概念大都不能令人满意，不能适应美国的需要以及进入 20 世纪 60 年代的不发达世界的需要。②那些在持续的经济发展和经济混乱之间摇摆不定、自由然而又不发达的国家如果发生经济崩溃，将会危及美国的安全，损害美国的相对繁荣，并且也会使美国人的良心深感不安。③在 20 世纪 60 年代有一个历史性的机会，这就是工业化的自由

---

① "Letter from President Kennedy to Prime Minister Nehru", Washington, Jan. 18, 1962, *FRUS*, 1961－1963, Vol. XIX, South Asia, p. 198.

② "Paper Prepared by the Bureau of Near Eastern and South Asian Affairs: United States Relations with South Asia: Major Issues and Recommended Courses of Action", Washington, Undated, *FRUS*, 1961－1963, Vol. XIX, South Asia, pp. 186－188.

国家可以通过重大的经济援助帮助一半以上不发达国家的人民实行自力的经济发展，并使其余的人民也大大接近于不再需要外援的一天。① 接着，肯尼迪回顾了美国战后马歇尔计划和"第四点计划"对发达国家和不发达国家进行的援助，同时指出过去的工作做得还很不够，需要改组援助机构和更新基本概念，应对新的问题。过去的援外管理机构各自为政，调度不灵，行动缓慢，既无计划又不合理，权力重叠，互不协调和过时刻板，不能适应现实的需要。要建立一个新的高度专业化的、技术熟练的机构来管理外援，网罗人才，提高效率。要提高援助的效果，改变短期经济援助，制订长期经济援助计划。肯尼迪指出，发展中国家的发展同美国的安全、繁荣和利益息息相关。"我们六十年代援外计划的基本任务并不是消极地同共产主义作斗争。它的基本任务是要协助造成一种历史性的示范成就，用以说明在二十世纪也像在十九世纪一样，在南半球也像在北半球一样，经济增长和政治民主是能够齐头并进的。"20 世纪 60 年代能够而且必须是决定性的"发展的十年"，是许多不发达国家过渡到自力发展的十年。② 肯尼迪希望，发达国家联合起来，会同各受援国，共同协议制定一整套标准和一整套长期规划的目标，共同努力帮助那些不发达国家着手实现稳定的经济发展，最终达到这些国家能够自我持续发展而不再需要外援。肯尼迪认为，外援可以在扩展美国经济中扮演重要角色，尽早地接触美国商品和美国生活方式，有助于培养成对美国方式的持久的依恋，"甚至我们的援助结束了，对我们的产品的渴望和需求将会继续，并且贸易关系会在我们的援助结束之后持续很久"③。

为了使援外基金能够慎重和有效地加以使用，肯尼迪提出了一整套新的基本概念和原则：①统一的行政管理和援外活动——在华盛顿和受援国当地设立一个配备有一整套能灵活适应需要人员的单一机构，以代替几个互相竞争的和混乱的援外单位。②分国计划——拟订一项适应每一个具体国家的需要及其资源潜力、经过周密考虑的计划，以代替一系列孤立而没有联系的计划。③制订长期计划和提供长期资金。④为了更

---

① ［美］约翰·肯尼迪：《扭转颓势》，约翰·加德纳编，沙地译，生活·读书·新知三联书店 1976 年版，第 141 页。

② ［美］约翰·肯尼迪：《扭转颓势》，约翰·加德纳编，沙地译，生活·读书·新知三联书店 1976 年版，第 145 页。

③ *The New York Times*, 18 September, 1963.

有助于促进商业关系和互相尊重，要特别强调使用可以用美元偿还的发展贷款。⑤要特别关心那些极其愿意而且能够动员自己的资源，进行必要的社会经济改革，从事长期的计划工作，以及为实现自力发展而作出其他必要努力的国家。⑥要促进发展多边的关系，鼓励其他工业化国家积极参与援助计划。⑦要有一个拥有新人员的新机构，选拔目前在援外工作中最有能力和最忠诚的专业人员，并从全国各地征聘最优秀的人才。⑧经济援助和军事援助分开。肯尼迪强调，每一个受援国政府应认真调动本国的资源，进行自助和内政改革等工作，包括土地改革、税收改革、改进教育和社会正义，这些都是它本身发展所必需的，并将增加它吸收外来资本生产力的能力。肯尼迪认为，一项基于长期安排而不是临时的应急办法的计划，是不能依靠一种基于短期援助的财政支持的。长期的授权、计划和提供资金对整个计划的持续性和有效性至为重要。因此，他建议批准设立一个授权不少于五年的新的援外机构，它拥有为期也是 5 年的借款权，以便它可以在下列详细说明的范围内从事将来用美元偿付的美元援外贷款。①

1961 年 6 月 6 日，肯尼迪再次提及外援问题。他说，"我们当前有一个历史性的机会去帮助这些国家建设它们的社会，直到它们变得如此坚强，并且具有如此广泛的基础，以致只有外来的入侵才能把它们推翻，而这种外来的入侵，我们知道，是可以制止的。我们能够训练和装备它们的军队去抵抗由共产党支配的叛乱。我们能够帮助它们建立工业和农业的基础，从而建立起新的生活标准。我们能够鼓励它们进行更好的行政管理，更好的教育工作，更好的税收工作和更好的土地分配，并给人民带来更好的生活"②。 1961 年 6 月 16 日，肯尼迪在美国国际经济和社会发展会议上讲话中谈到，希望那些"要求有所作为"的人们，把他们的精力用于支持美国的新的援外法案，帮助防止那种足以引起颠覆和叛乱活动的社会不公平和经济混乱，鼓励那种能使新兴国家和脆弱政权得以稳定的社会经济改革和发展，以及训练和装备当地部队，因为要抗击共产党支持的地方游击队，这些部队肯定要承担主要责任。肯尼

---

①　[美] 约翰·肯尼迪：《扭转颓势》，约翰·加德纳编，沙地译，生活·读书·新知三联书店 1976 年版，第 147—149 页。

②　[美] 约翰·肯尼迪：《扭转颓势》，约翰·加德纳编，沙地译，生活·读书·新知三联书店 1976 年版，第 152—153 页。

迪指出，共产党人并不反对对外援助，他们对不发达国家的援助正在迅速增加，他们已经向那些地区派遣了约 8000 名技术人员，他们还在一个长期计划的基础上提供贷款，这样受援国就不会每年都要面临立法更新的难关。共产党集团的援助甚至扩展到西半球，诱惑着那些长期以来忠实于自由、但也渴望结束自己贫困的人们。①

曾任肯尼迪的参议员助理（1953—1961 年）和总统特别顾问（1961—1963 年）的西奥多·索伦森，追随肯尼迪左右达十一年之久，曾参与美国政府的重大决策，掌握许多重要的一手材料。其所著《肯尼迪》一书中谈到，肯尼迪进入白宫后，优先考虑的就是美国援助新兴和发展中国家的计划。他把使那些国家获得新的动力的经济援助计划看作是美国可以帮助他们从头干起的主要手段。这项计划不仅是理想主义或慷慨解囊的问题。这些幅员广阔的不发达的大陆在没有重大战争的情况下，是东西方冲突的关键地区。它们社会的现代化和成熟将会加强美国的安全。他认识到每一个穷国都处于不同的阶段，面临着不同的问题；除非受援国根据一个长期的经济计划利用本国的资源，否则任何数量的美国援助也不会是有效的。在对外援助问题上，肯尼迪说，任何国家如果在同贫困和绝望作斗争中就已耗尽了精力……就很难集中力量去对付外来威胁和颠覆的威胁。美国每年花五百亿美元去制止共产主义的军事扩张……而后又舍不得花不到这笔款子的 1/10 去帮助其他国家……消除共产主义一直赖以滋长蔓延的社会动乱……对美国来说，这样去对付共产主义的恐怖是毫无意义的。②

肯尼迪政府对第三世界奉行有别于艾森豪威尔政府的新方针。艾森豪威尔和杜勒斯把对欠发达国家的经济援助作为在第三世界建立军事联盟的手段。援助的目的是在意识形态、战略、外交方面以及第三世界的整个经济层面树立影响。但是，肯尼迪主要是以希望印度和其他第三世界国家取得经济进步和保证它们免受共产主义威胁为动力。肯尼迪过去长期坚持认为，对援助分配的政治约束应该最小化。援助应该以那样的一种方式来支付，即保证经济增长的平衡和长期发展。肯尼迪对约翰·

---

① ［美］约翰·肯尼迪：《扭转颓势》，约翰·加德纳编，沙地译，生活·读书·新知三联书店 1976 年版，第 154—155 页。

② ［美］西奥多·索伦森：《肯尼迪》，复旦大学世界经济研究所译，上海译文出版社 1981 年版，第 365—366 页。

福斯特·杜勒斯关于中立主义的陈规陋见彻底抛弃。杜勒斯认为，如果奉行中立主义的国家拒绝和美国结盟，或者在联合国内自行其是，或者一味激烈地指责西方，或者从事社会革命，那是由于它们固有的道德上的虚弱，又加上受到共产党魔鬼的奴仆们无休止地煽动。1956 年杜勒斯概括他的信条时，把中立主义原则描绘成"自以为一个国家不关心其他国家的命运就可以最有效地保证自己的安全"，并且把信守这个原则的国家当作"不道德的"而革出教门。杜勒斯主义虽然在实际应用时已大大冲淡，但是对美国政策产生了深远影响。肯尼迪政府时期美国对不结盟国家的态度彻底转变。肯尼迪在担任参议员时，就一直反对杜勒斯主义，认为它在道德上是自以为是的，在政治上是不攻自破的。因此，如果说杜勒斯把中立主义看作不道德的，肯尼迪却认为，新兴国家由于全神贯注于辛勤建设自己的国家，自然会对冷战中的"道德"问题漠不关心，正像美国人在类似的发展阶段中对待拿破仑战争的道德问题漠不关心一样。所以，中立主义的传播没有使他觉得意外，也没有使他感到惊慌。他说，"随着要求独立和自由的愿望，也产生了不愿充当苏联的卫星国或不愿同美国拴得太紧的愿望。我们不能不与这种现象共处。如果说中立是集中注意国内问题的结果，如提高人民生活水平等——尤其是在不发达国家——那么我愿意接受它。这也是我们自己一百多年来历史的一部分"①。

肯尼迪认为，第三世界目前已成为民主制度和共产主义之间的一个极为重要的战场，而杜勒斯用以反对中立主义的那一套经文法器，实际上只能损害美国的立场，并驱使发展中国家倒向莫斯科和北京。他认为目前的斗争不在欧洲，而是在亚洲、拉丁美洲和非洲。肯尼迪在对待反对殖民主义的问题上与杜勒斯的观点也大相径庭。杜勒斯只是赞成温和的反殖民主义，而肯尼迪则认为反殖民主义天然就不是温文尔雅的，可能和混乱、过火行为以及对西方的某种仇恨分不开的。他认为即使新兴国家拒绝采取自由企业制度或加入冷战，加强他们的独立对美国还是大有好处的。肯尼迪对殖民主义采取与艾森豪威尔政府不同的新态度：在关于安哥拉问题的决议问题上，肯尼迪支持反对殖民主义的决议案在联大通过，受到第三世界国家的欢迎。在老挝问题上，美国采取支持中立

---

① ［美］小阿瑟·M. 施莱辛格：《一千天：约翰·菲·肯尼迪在白宫》，仲宜译，生活·读书·新知三联书店 1981 年版，第 386—387 页。

主义的新政策。著名经济学家加尔布雷思认为，承认老挝中立或者印度中立，的确表明美国的政策已经从过去组织同盟并宣布中立主义是不道德的立场上来了一个改变。① 第三世界对这位年轻的、不受成见约束的新总统的当选感到鼓舞。肯尼迪改善美国同不结盟国家的关系的愿望，得到了白宫和国务院一些有识之士的支持。肯尼迪对第三世界的热情和了解程度远远超过一些专门负责第三世界事务的官员，以至于美国著名历史学家、曾任肯尼迪时期总统特别助理的小阿瑟·M. 施莱辛格认为，肯尼迪"实际上成了处理第三世界的国务卿"②。肯尼迪的第三世界政策，改变了前任政府对殖民主义和不结盟的态度，重新拟定了美国的经济援助计划。

在援外工作中，最能表达新边疆精神的是和平队。20 世纪 50 年代末期，参议院中的汉弗莱和理查德·纽伯格，众议院中的亨利·罗伊斯，都曾就派遣志愿人员到国外去从事技术援助工作的一般想法提出过各种意见。汉弗莱有时甚至使用了"青年和平队"这个词，并于 1960 年 6 月向国会提出了和平队的法案。詹姆斯·加文将军也竭力向肯尼迪提出类似的计划。肯尼迪本人在竞选期间对密执安大学的学生听众捎带试探性地提出过这种想法。反应是意想不到的热烈。后来，肯尼迪在加利福尼亚号召成立和平队，把汉弗莱原来的想法加以扩大，其成员不仅包括男人，而且包括妇女；不仅包括青年人，而且包括年纪大的人。就其来源来说，和平队无疑受到富兰克林·罗斯福 1933 年的民间护林保土队的启发，这种想法遭到共和党人的冷嘲热讽。艾森豪威尔把和平队说成是一种"幼稚的实验"，尼克松则讽刺道，肯尼迪"打算派遣一批他称之为志愿人员的青年人作为美国的代表到其他国家去，但这些人实际上在很多情况下都是企图逃避征兵的"。甚至有些民主党人也认为，这是为了竞选目的而抛出来的虽然美妙但却不切实际的想法。③ 但是，肯尼迪确信，美国的青年怀有为自由事业服务的理想，而和平队就是向全世界表明实现这种理想的一种手段。

---

① ［美］小阿瑟·M. 施莱辛格：《一千天：约翰·菲·肯尼迪在白宫》，仲宜译，生活·读书·新知三联书店 1981 年版，第 393 页。

② ［美］小阿瑟·M. 施莱辛格：《一千天：约翰·菲·肯尼迪在白宫》，仲宜译，生活·读书·新知三联书店 1981 年版，第 387—389 页。

③ ［美］小阿瑟·M. 施莱辛格：《一千天：约翰·菲·肯尼迪在白宫》，仲宜译，生活·读书·新知三联书店 1981 年版，第 484—485 页。

肯尼迪的妹夫萨金特·施赖弗负责和平队事宜。萨金特·施赖弗于1961年3月1日向肯尼迪提出一个报告，指出和平队的目的主要有：它有助于一些关键性国家和地区的开发；它能够增进国际合作和对美国朋友的友好；它也有助于教育美国，使之更加明智地参与世界事务。同一天，肯尼迪发布行政命令成立和平队，并向国会送交一份要求立法的咨文"我向国会建议成立一支永久性的和平队，由美国政府或私人机构和学术团体把汇合起来的、受过训练的美国男子和妇女派到海外去帮助外国，以满足那些国家对于熟练人员的紧急需要"。肯尼迪认为，在世界各地，新兴的发展中国家的人民正在为争取经济和社会进步而斗争，这种进步反映了他们最深切的愿望。美国本身的自由，以及全世界自由的前途，有赖于……他们建设自己日益强大和独立的国家的能力，在这些国家中，人们能够体面地生活，不受饥饿、愚昧和贫困的束缚。妨碍达到这个目标的最大障碍之一，就是缺少经过训练的男子和妇女，他们可以教给当地青年以熟练的技术，并帮助实施发展计划，他们有才干应付迅速发展中的经济所提出的各种要求，并且带着献身精神把这种才干用于许许多多正在斗争中的国家的农村、山区、城市和工厂的工作中。经济发展的巨大任务迫切需要有熟练技术的人员去从事社会工作：帮助在学校教课，设计发展规划，提供使农村卫生设施现代化的办法，并执行其他许许多多需要经过训练和具有高级知识才能完成的任务。肯尼迪指出，为了满足这种对熟练工作人员的迫切需要，建议成立一支和平队，这个组织将招募和训练美国的志愿人员，把他们派到国外去，同其他国家的人民一道工作。这个组织和现有的援助计划的不同点，在于如果这些国家在工作中需要技术咨询，和平队的成员将通过向新兴国家提供它们所需要的专门技术来补充技术顾问的不足。他们将帮助提供必要的熟练人员，执行当地政府拟定的发展计划。他们从事现场实际工作：在小学和中学任教，特别是作为全国英语教学计划的一个组成部分；参加世界范围的根除疟疾的计划；指导和执行公共卫生和保健计划；通过学校建设和其他计划帮助农村发展；帮助当地农民使用现代工具和技术，以提高农村的农业生产率。这些计划最初的重点将放在教学方面。①

---

① ［美］约翰·肯尼迪：《扭转颓势》，约翰·加德纳编，沙地译，生活·读书·新知三联书店1976年版，第156—157页。

　　肯尼迪列举了向新兴国家提供和平队人员的几种方式：通过执行国际援助计划的私人志愿机构；通过大专院校的海外计划；通过国际机构的援助计划；通过美国政府的援助计划；通过和平队本身主持的新计划；等等。肯尼迪指出，一笔甚至更有价值的国家资产，就是美国拥有大批具有献身精神的男女，他们不仅在美国各大专院校的校园里，也存在于各种年龄的人群中。他们已表明希望把他们的技能、他们的努力以及他们的生命的一部分，献给争取世界秩序的斗争。可以通过组织全国和平队来动员这些人才，征召所有那些愿意并且有能力帮助外国满足其对于有训练人员的迫切需要的人来服务。① 在和平队服务时间的长短，将根据计划的种类和国家而定，一般是两年到三年。和平队的队员往往在艰苦的物质条件下服务，同发展中国家的人民一起，过简朴的生活。对每一个和平队队员来说，服务将意味着在经济上作出很大的牺牲。他们没有工资，而只得到仅能应付基本需要和维持健康的津贴。和平队的队员在服务结束时将根据他们在国外服务时间的长短得到一小笔遣散费，用以帮助他们度过返回美国以后头几个星期的生活。参加和平队工作的志愿人员将不会免除选募兵役法规定的义务。② 和平队最初批准的名额是 500 人，到 1963 年 3 月发展到 5000 人，次年达到 1 万人，志愿人员很快就在 46 个国家中工作。国会从怀疑变为热情，为和平队喝彩。③他们大多数是年轻的志愿人员，把美国的活力和技术直接带给了贫穷国家的人民。他们在那些国家的村庄里同当地的人民一起生活，讲他们的语言，帮助他们开发自然资源和人力资源。和平队后来成为——至少在发展中的国家内——约翰·肯尼迪的希望与诺言中最鼓舞人心的象征。④

　　萨金特·施赖弗坚持保证和平队在国际事务和国内事务中都是非政治性的，并且表明和平队只开往那些明确地发出邀请的国家。中央情报局要利用和渗入和平队的企图遭到了坚决的、成功的抵制。申请参加和

---

　　① ［美］约翰·肯尼迪：《扭转颓势》，约翰·加德纳编，沙地译，生活·读书·新知三联书店 1976 年版，第 26—28 页。

　　② ［美］约翰·肯尼迪：《扭转颓势》，约翰·加德纳编，沙地译，生活·读书·新知三联书店 1976 年版，第 158—159 页。

　　③ ［美］小阿瑟·M. 施莱辛格：《一千天：约翰·菲·肯尼迪在白宫》，仲宜译，生活·读书·新知三联书店 1981 年版，第 487 页。

　　④ ［美］西奥多·索伦森：《肯尼迪》，复旦大学世界经济研究所译，上海译文出版社 1981 年版，第 365—366 页。

平队的人全经过仔细挑选和全面训练，不合适的人立即被淘汰。经历了产前的阵痛和成长中的苦楚之后，和平队终于茁壮地成长起来了。拨给和平队的款项逐年增加，反对的人也减少了。每一个驻有和平队志愿人员的国家都要求再多派去一些。这些志愿人员很少犯错误，也很少出事，他们比任何美国外交人员都更为人所熟悉。他们担任教师、医生、护士、农业人员、木匠以及各行各业的各级技术人员——他们成了美国最得力的理想主义使节。他们还使美国对世界上落后地区的生活状况有了充分可靠的了解。总统同和平队志愿人员之间产生了一条特殊的纽带。今天，他们在某些地区被人称作"肯尼迪的孩子"——而这个称呼也很确切地描写了他和他们之间的感情。有一个和平队队员后来写到，他是真正的"志愿人员"。而总统——他一有机会就要一批批接见他们——则说，和平队志愿人员对他的就职演说中关于"不要求任何报偿"的训谕，体现了最热烈的响应。① 肯尼迪特别助理小阿瑟·M. 施莱辛格写道，"我 1962 年在印度看到他们，1963 年又在委内瑞拉看到他们。在旁遮普邦，他们是一些农业专家，在乡村中同农民一道工作"。驻印大使加尔布雷思在《大使日记》中描述了和平队的情况，"1961 年 5 月 1 日，新德里，我与萨金特·施赖弗进行了会谈，并与和平队开了个 Party。他们慨然接受了我的建议，致力于农业。尽管他们不会改变印度的整个面貌，但是他们可能会对其所在一隅产生影响。5 月 4 日，我在新德里和平队住处共进午餐，与和平队队员会谈"②。美国政府任命在巴基斯坦的和平队一名负责人以及两名地区联络官，分别负责东巴和西巴。1961年，有 57 名志愿者到达巴基斯坦，其中，第一批 29 名志愿者在 1961 年10 月 28 日到达东巴，第二批 28 名志愿者 1961 年 12 月 9 日到达西巴。③美国驻加拉加斯大使阿伦·斯图尔特谈到和平队在委内瑞拉的情况时说，"它在这儿好极了，在改变委内瑞拉人对北美人的印象方面作出了奇迹。在和平队到来之前，穷苦的委内瑞拉人所看到的仅仅是那些开着卡迪拉克轿车到处兜风的美国人。他们以为美国人都是有钱的、自私的、

① ［美］西奥多·索伦森：《肯尼迪》，复旦大学世界经济研究所译，上海译文出版社 1981年版，第 367—368 页。

② John Kenneth Galbraith, *Ambassador' Sjournal：a Personal Account of the Kennedy Years*, Boston：Houghton Mifflin Co. , 1969, p. 100.

③ Government of Pakistan Ministry of Finance, *A Review of Foreign Economic Aid to Pakistan*, Rawakpind, 1962, p. 40.

冷酷的、反动的。和平队让他们看到了一种完全不同的美国人。这就转变了他们对美国的全部看法"。① 和平队员用自己的努力改变这个世界对美国的看法，把谦逊、友好、勤恳、乐观的精神传播到所在地的穷乡僻壤，让所在国人民不仅看到了美国的物质力量的强大，而且看到美国的思想和理想的价值。

制定外援法。1961 年外援法（*Public Law* 87-195），包括国际开发法和国际和平与安全法两部分。它减少了对共产主义在第三世界行动的关心，追求以社会经济长期发展计划为经济援助的基础。1961 年外援法规定：援助将以健全的计划和方案为依据，针对经济发展的社会方面和经济方面；与受援国动员本国的资源和自助的努力相呼应；认清妨碍它们发展的内外压力，并强调长期的发展援助作为这种发展的主要工具。关于作为国家发展过程的一个完整部分的农村发展，该法案规定：当总统断定任何国家的经济主要是农业经济时，重点应放在以从事农业工作或居住在农村区域的人民为目标的方案上面。② 肯尼迪强调，在所有发展中国家，农村规划具有头等重要性，这不但因为需要增加农业生产，而且因为大多数人民依靠土地为生。他建议，"凡具有迅速达成完整的经济和政治发展的才干和决心的国家，应给予最优先的考虑"。1961 年外援法取代了 1951 年共同安全法，使美国的对外援助开始制度化、法律化，美国对外援助进入了一个新的时代。

肯尼迪对原来的外援机构进行整合，建立国际开发署。肯尼迪之前的对外援助，组织机构重叠，效率低下，官僚主义严重，外援领导官员更换频繁。1950 年以来美国援助机构经历了下列机构的建立和撤销：技术合作署、共同安全署、外援事务局、国际合作署以及开发贷款基金。共同安全署和外援事务局是设立在白宫办公厅的独立机构，负责处理经济援助事务以及协调经济援助和由国防部主管的军事援助。1955 年设立国际合作署，主要是由于国会坚持要由一个常设的政府机构，而不是诸如外援事务局这样特设的独立机构来主管经济援助。国际合作署作为国务院内一个半自主的机构代替外援事务局，但其权能实质上仍与外援事

---

① ［美］小阿瑟·M. 施莱辛格：《一千天：约翰·菲·肯尼迪在白宫》，仲宜译，生活·读书·新知三联书店 1981 年版，第 487 页。

② ［美］切斯特·鲍尔斯：《鲍尔斯回忆录》，复旦大学集体编译，上海人民出版社 1974 年版，第 131—132 页。

务局相同。援助机构的屡经改革给机构内部带来严重的不利影响。每次改组后，机构内部人员所担负的新的职责必然会规定得不够明确，新援助机构和政府其他部门之间的关系也有待进一步澄清，这就极大地耽误了经济援助的规划和执行过程，使工作人员对援助计划丧失信心，而职责的经常变动也使这些人员士气大为低落。公众也对援助计划及其工作人员的质量和效能提出疑问，因为随着每次改组，旧的工作受到怀疑，而新的机构又被过分吹嘘，无法实现人们在其设立时所寄予的期望。援助计划的主管人更换得更加频繁。美国经济援助主管人员的迅速更换也产生了不利的结果。美国国际合作署新到任的负责某一国别的主管人在职未满二年至三年，通常是不可能充分熟悉业务和胜任工作的，而全面援助计划的主管人还没有几个能够任职那么长，其他那些人在短期任职后就离开了。援助机构频繁改组造成的普遍结果是，过多的注意力和对援助计划受阻的责难集中于援助计划的管理方式和管理人员身上，而不去注意诸如不发达国家在开发人力资源和创建学校方面所固有的困难这样更为重要的根本性问题。① 在艾森豪威尔当政的八年，援外机构经历过八任不同的领导，其中一位并不赞成援外，或者至少曾经在国会中投票反对过援外。到 1960 年，对外援助政策不论是在概念上还是在行动计划上，都一直停滞了近十年之久。小阿瑟·M. 施莱辛格在其著作《一千天：约翰·菲·肯尼迪在白宫》中谈到，国际合作署的主要职责是一项广泛而漫无目标的技术援助计划，办事散漫而疲沓，它有时帮助这里的农业学院，有时协助那里的农村发展计划，间或帮助一下某处的一所学校，支持一下某些摇摇欲坠的政府的预算，或者达到别的一些短期的政治目的。一个新边疆人员谈到国际合作署时说，"他们就像开了一片乡村商店"②。1961 年，肯尼迪对援外机构进行改革，把几种不同的援助机构整合为国际开发署（AID），作为对外援助的主要执行机构。

　　发展了农产品贸易发展与援助法，实行"粮食换和平"计划。在肯尼迪执政年代，根据 480 公法运往国外的物资，每年达 15 亿美元左右。这项援助不仅起到了显著的人道作用，使印度、埃及、阿尔及利亚和其

---

　　① ［美］罗伯特·沃尔特斯：《美苏援助：对比分析》，陈源、范坝译，商务印书馆 1974 年版，第 104—107 页。

　　② ［美］小阿瑟·M. 施莱辛格：《一千天：约翰·菲·肯尼迪在白宫》，仲宜译，生活·读书·新知三联书店 1981 年版，第 465 页。

他国家避免了大规模的饥荒，而且由于用粮食来支付工资，使它超出了一般的救济计划，在实际上成为一种为开发提供资金的手段。这个计划除了在国外产生了深远影响外，还大大缓和了美国农业生产力所造成的问题，减少了剩余粮食的存贮费用，增加了农业收入和农村购买力。而且，由于规定粮食应由美国船只运输，甚至还有助于对海运事业的补贴。正像休伯特·汉弗莱有一次说的，粮食用于和平计划是"二十世纪的炼金术"①。美国政府以一切可能的方法扩大它的"粮食换和平"计划。美国丰足的产品将能更有效地用于在全世界一切角落救济饥荒和帮助经济增长。②

肯尼迪政府的外援政策，推陈出新，继往开来。美国对外援助在肯尼迪政府时期达到新的高潮。

三 外援"哲学"：查尔斯河学派的影响

发展经济学家从更广泛的制度和文化渊源对经济发展和外援进行了分析研究。他们认为，生产量和生活水平的大大提高，需要整个社会结构以及思想方法和生活方式的现代化；而要做到这一点，仅有资金是不够的，正如印度经济学家库苏姆·奈尔所说，"有时，建立一座百万吨的钢铁厂……要比改变一个人对于使用灌溉、肥料和避孕用具之类的看法还来得容易"。 20 世纪 50 年代，美国哈佛大学和麻省理工学院的一批青年经济学家对不发达国家的发展进行研究，形成一套新的外援理论：对外援助的真正作用既不在于军事援助，也不在于技术援助，而在于有组织地促进国家的开发。因为哈佛大学和麻省理工学院位于马萨诸塞州的坎布里奇市和查尔斯河河畔，因而研究外援的这一学派被称为"查尔斯河学派"或"坎布里奇学派"。该学派主张改变美国外援只重军援和短期冷战目标的情况，而着眼于长期的开发工作。这批著名学者中，以麻省理工学院国际问题研究中心（CENIS）的米利肯、罗斯托和罗森斯坦·罗丹等人为代表。CENIS 成立于 1951 年，1952 年正式开始研究经济发展问题，包括对印度、印度尼西亚、意大利的典型研究。米利肯和罗斯托

---

① ［美］小阿瑟·M. 施莱辛格：《一千天：约翰·菲·肯尼迪在白宫》，仲宜译，生活·读书·新知三联书店 1981 年版，第 484 页。

② ［美］约翰·肯尼迪：《扭转颓势》，约翰·加德纳编，沙地译，生活·读书·新知三联书店 1976 年版，第 26—28 页。

于 1956 年 8 月完成《一项建议：有效外援政策的关键》一书，主张扩大发展援助。该著几经修改。1961 年肯尼迪上台后，在对外援助方面采纳了"查尔斯河学派"的观点。①

《一项建议：有效外援政策的关键》的思想可以概括如下：世界上大部分人口有史以来第一次卷入了革命性的变革之中。美国援助不是要打算确保友谊和感谢，不是使受援国能够承担反对共产主义武装力量的更大军事聚集的负担，也不是通过减少饥饿来阻止共产主义。美援的目的在于使"受援国以非暴力方式完成变革和谋求社会稳定发展"。这种判断直接来自美国国家利益的限定，这种国家利益是要保护世界环境，在这种环境下，美国的民主社会的形式能够得到存续和发展……来自这种限定的有两个优先性任务：其一，是要有效地抵制对美国安全的威胁，这种威胁由公然的军事入侵的危险所引起，主要通过维持或加强美国军事力量以及通过巩固与其他国家的联盟来抵制……；其二，是要促进世界的进化，在这个世界中，对美国安全的威胁以及在更广泛意义上对美国生活方式的威胁不再可能出现。这种任务的实现将意味着大量的资源不再用于军事而用于更具建设性的方面。更重要的是，它将意味着保护美国社会免受那种不可避免地与要塞国家有联系的压力，免受那种对美国最珍爱的价值构成威胁的压力。

《一项建议：有效外援政策的关键》认为，外部援助只有在社会努力走向政治成熟的情况下才可能有效。这意味着经济和社会的现代化过程必须满足六个条件：①必须使每一国家造就出具有挑战和创造精神的领导和人民，并提出着眼于其社会未来的内部建设任务。②（这些任务）必须与整个社会各阶层及各地区所提出的目标相呼应。③新的国家必须寻找到培养年轻而充满活力的领导人的方式。④新领导层的充实必须与社会、经济、政治机会的增加相适应。⑤与此相关联的是，要发现一种沟通受过西方教育的城市阶层与农村阶层之间所存在的裂痕的方式。⑥政治走向成熟最重要的条件是使新建国家的人民增强信心，这既包括国家的信心，也包括小群体中个人的信心。只有这样他们才可能通过自我努力跨越障碍。从技术方面来说，援助项目必须适应每个发展中国家的特殊的情况。一般来说，发展中国家被认为处于经济增长的不同

---

① ［美］吉拉德·M. 米耶、都德莱·西尔斯编：《经济发展理论的十位大师》，刘鹤等译，中国工人出版社 1990 年版，第 241 页。

阶段上。它们处于哪一个阶段决定着它们所能有效吸收的资本和技术援助的数量。通常来说，三个阶段比较显著：起飞前的阶段、起飞阶段、自我持续增长阶段。外援的适当的特征和规模将随着这些阶段而发生变化。处于起飞阶段，外援会上升并趋向多样化，而进入自我持续增长阶段后，外援会逐步下降，此时，发展中国家会依靠正常的国际金融的商业性资本。在这样的背景下，建议认为，应制订一项国际性的计划，开发充足的资源来满足对外援的需要。从管理方面来说，建议项目主要由现有的机构进行管理。但是世界银行应建立一个特殊的机构来协调信息，制订制度，保证投资项目标准被接受。① 经济增长与政治民主之间的关系不是简单的也不是自动实现的，必须提供大量的援助以解决资本缺乏所造成的增长瓶颈问题。

罗斯托的名著《经济成长的阶段——非共产党宣言》于 1960 年问世。他吸收了德国历史学派的经济发展阶段划分法、熊彼特的"创新"学说、凯恩斯的宏观经济分析、哈德罗—多马模式等理论和方法，从世界经济发展史的角度研究了经济增长的历史，把人类社会发展划分为五个阶段：传统社会、起飞的准备阶段、起飞阶段、向成熟推进阶段、高额群众消费阶段，1971 年又补充了第六个阶段，即追求生活质量阶段，并探讨了各个阶段的条件、特征、经济政策、增长的动力、出现的问题以及发展前景。在六个阶段中，起飞阶段、追求生活质量阶段是社会发展的两次"突变"，也是最有意义的阶段。

罗斯托特别强调"起飞"阶段，认为起飞阶段是一种产业革命，直接关系生产方法的剧烈变革，在比较短的时期内产生带有决定意义的后果。在他的心目中，"起飞阶段"是经济成长序列中一个最关键的阶段，实际上相当于资本主义发展史上的产业革命阶段。他相信，这一阶段经济的增长将会突破旧的障碍和阻力，突破传统的经济停滞状态，就像飞机起飞一样，一旦升上天空，就能顺利地高速航行。② 罗斯托进而认为，判断经济是否起飞的主要标志，是技术的"创新"和应用程度；而起飞阶段的重要特征，是一国开始实行工业化发展战略，走上了工业化

---

① W. W. Rostow, *Eisenhower*, *Kennedy*, *and Foreign Aid*, Austin: University of Texas Press, 1985, pp. 44–48.

② ［美］罗斯托：《经济成长的阶段——非共产党宣言》，国际关系研究所编译室译，商务印书馆 1962 年版，第 47 页。

的道路。①

　　查尔斯河学派的分析具有重要意义。首先，它为援助计划提供了其长期以来就缺乏的东西——援助的具体目标。查尔斯河学派经济学家认为，援助的目标就是要使不发达国家能够从"起飞"而进入自足的经济增长过程。他们认为，对大多数国家来说，这是办得到的事；而且，一旦达到这个目标，也就不再需要外部援助了。其次，他们指出，经济的和非经济的因素都决定着增长过程，如工业化、农业方法、能源、国内市场、通货膨胀、收支状况、结构改变、土地改革、公营和私营企业的作用、政治发展以及其他必要的社会和文化调整等。强调国家的开发，并不是要使对外援助脱离美国的政治利益。从长期而不是短期的政治效果着眼，要增强受援国的独立地位，使其不断地致力于国内事务、更加民主化以及长期同西方联合。加尔布雷思在 1961 年 4 月的《外交》季刊上发表文章，指出单靠资金援助无济于事的同时，着重强调以下四件事同样关系重大：国内达到相当高的教育水平，具有相当程度的社会正义，一个可靠的公共管理机构，一种目标明确的国家计划理论。正如加尔布雷思后来在印度说的，"在人的智力发展方面投资一美元或一卢比，比在铁路、水坝、机床或其他有形物品上投资一美元或一卢比，将会带来更多的国民收入"。同样他还特别强调了国家计划和社会改革的重要性，特别是在拉丁美洲。②

　　查尔斯河学派的经济学家对肯尼迪有着更直接的影响，因为肯尼迪是马萨诸塞州的参议员，而且在其他问题上肯尼迪一向也要征询他们的意见。由于米利肯、罗斯托、加尔布雷思等人的参加，查尔斯河学派在对外援助的顾问方面有充分的代表性。肯尼迪同意查尔斯河学派的这样一个论点：开发一些坚强和独立的国家，是最符合美国利益的。他知道钱是必不可少的，但他一再坚持说，光有钱还不够。他说，"如果我们本着错误的精神，或出于错误的动机，或采用错误的方法从事这项工作，那么我们的财政措施就会全然无效"。除了资金以外，他认为还需要教育和社会改革。他还感到，援助工作刻不容缓。1959 年，肯尼迪在提到美苏"导弹差距"的同时，提醒人们注意对美国安全构成同样明显而又现

---

　　① 刘大军主编：《现代西方经济思潮评介》，解放军出版社 1986 年版，第 334—335 页。

　　② ［美］小阿瑟·M. 施莱辛格：《一千天：约翰·菲·肯尼迪在白宫》，仲宜译，生活·读书·新知三联书店 1981 年版，第 466—468 页。

实危险的"经济差距"。他所说的经济差距，是指"稳定的、工业化的北部国家（不管他们是朋友还是敌人）同人口过剩、投资不足的南部国家（不管他们是朋友还是中立者）之间……在生活水平、收入和对未来的希望上的差距"。肯尼迪指出，正是这种差距，甚于当前的任何军事性挑战，今天对美国提出了最严重的挑战，正在改变着全球的面貌，改变着美国的战略、安全和联盟。对于这种经济上的挑战，美国的反应最零散、最胆怯而又不充分。他抨击艾森豪威尔政府对援外的做法是手忙脚乱的，零零星星的，而且是没有成效的。他认为任何解决问题的办法的核心，必须是有一个充分资本化的中央基金向不发达地区提供大量而长期的生产性贷款的计划。设立开发贷款基金的用意是不错的；但是，开发贷款基金从未实现它在参议院的倡议者的最起码的意图，更不用说长远的设想了。①

肯尼迪政府充分吸收了查尔斯河学派的援助思想，并将其运用于援助的具体实践之中。

四　对印度的援助

（一）军事援助

肯尼迪政府时期，为了防止苏联军事力量在印度产生的深远影响，肯尼迪政府继承了艾森豪威尔政府的阻止印度购买苏联飞机的努力；由于中印边界战争的爆发，美国对印度实施紧急军事援助；在中印边界战争结束之后，肯尼迪政府考虑对印度进行长期军事援助。

由于印度大量的军事装备过时，为了实现军事现代化，印度希望从苏联或西方那里获得军事装备。由于美国和西方担心其盟友巴基斯坦的反对，不情愿向印度提供现代化的军事装备，致使印度更倾向于获得苏联的军事装备，而"米格－21"飞机是印度最为青睐的获取目标。美国担心苏联的军事援助会对印度军界产生深远的影响，排挤印度军方的亲西方势力。因此，美国努力寻找"替代方案"，以阻止印度从苏联购买"米格"飞机。

印度称美国为世界上"最强的民主国家"，而美国则称印度为"最大

---

① ［美］小阿瑟·M. 施莱辛格：《一千天：约翰·菲·肯尼迪在白宫》，仲宜译，生活·读书·新知三联书店 1981 年版，第 469—472 页。

的民主国家"；实际上，早在 1957 年时任美国总统艾森豪威尔明确提出，"一个强大的印度在亚洲背景下，可能是替代（中国）共产主义的成功典范"。肯尼迪任美国总统后，愈加希望通过拉拢印度，在亚洲地区打赢冷战。当时正值中印关系因西藏暴乱、边界摩擦剧烈之际，尼赫鲁对访印的美国官员公然表示，相信"对世界的危险来自北京而不是莫斯科"。1961 年 5 月，美国副总统约翰逊访问印度，承诺美国可以帮助印度实现军事现代化。为此，美国向印度提供了数十亿美元的经济及军事援助，以促使印度成为美国遏制中国的战略伙伴。1962 年 3 月，在"联手对付中国"口号下，美国副国务卿鲍尔斯访问印度，并与印度鼓吹"前进政策"的时任印陆军参谋局长的考尔（Kaul）中将会谈；其间，考尔直截了当地问鲍尔斯，如果中国"公开入侵"，美国是否会向印度提供军事援助？鲍尔斯给予了肯定的回答。

　　1962 年 5 月 18 日，美国驻印使馆对印度形势进行了分析。在使馆致国务院的电文中，首先分析了尼赫鲁因年龄和疾病原因从政坛引退而带来的影响，希望阻止任何日益增加的对苏依赖及其政治后果，保护目前的亲西方军事力量是关键因素。电文还分析了印度的军备状况以及印度获得苏联军事装备的可能影响。电文指出，印度军方对目前过时的军事装备的严重不满。印度政府不能用外汇支付大量的现代军事装备，印度政府将不得不求助于苏联或西方。如果得不到美国政策的有力帮助，印度会向苏联寻求军事装备。如果印度政府获得"米格-21"和（或）其他来自苏联的主要军事装备，将会导致以下结果：①大量苏联技术人员会被介绍到印度国防部。②会出现比目前与苏联的军事力量更密切的合作。③那些目前亲西方的高级军官的职位和那些不想要苏联军事装备的人的位置将被削弱。④5—10 年，现在亲西方的高级军官将退隐，苏联培训的人员和技术顾问，他们赞同购买苏联装备，会不可避免地对年轻军官产生影响。⑤苏联会以反对印度边界敌人的捍卫者形象出现。这种感激和尊重将超过电厂、钢厂或别的经济援助。⑥由梅农领导的利益集团，寻求与美国关系破裂，与苏联更亲密的结盟。因此，为了抵制苏联军售，美国应向印度出售 F-104 飞机以及其他主要军事装备。① 从电文中可以看出，遏制苏联对印度的影响是美国向印度提供军事援助的一个

---

① "Telegram from the Embassy in India to the Department of State", *New Delhi*, May 18, 1962, *FRUS*, 1961-1963, Vol. XIX, South Asia, p. 697.

重要考虑。

但是，巴基斯坦对美国军事援助印度的敏感性也是美国不得不面对的一个事实。有关美国向印度提供军援的传闻引起了巴基斯坦的关注，巴驻美大使向美国国务卿询问详情。国务卿提醒大使，关于 F－104 飞机，肯尼迪于 1961 年向阿尤布作出承诺，美国在考虑改变对印度军事援助政策之前，会与巴基斯坦商议。他说，印度没有请求美国提供 F－104，美国也没有向印度提供这种飞机。①

就印度努力获得苏联"米格－21"以及英国提供一种替代方案的可能性，国务卿腊斯克请求总统授权向英国首相麦克米伦（Macmillan）发送秘密咨文。印度政府决定要掌握超音速战机的能力，为此目的，印度调查过美国的 F－104，英国的"闪电"，还有苏联的"米格－21"。印度似乎对"米格－21"更感兴趣。"米格－21"较早可以到货、以印度卢比支付以及苏联承诺援助在印度建造等，是印度青睐"米格"的原因所在。如果印度掌握了"米格－21"，印度空军将被迫建立其整个战斗机武器系统，其中战斗机本身仅是苏联系统中的一部分。这有可能会导致采用苏联炸弹和导弹系统，与西方的相比，这会更适合苏联战斗机。派遣大量的苏联技术人员到印度空军，会使西方人从这些领域撤退。这些领域会引起苏联人员的进一步渗透。如果此时这种可能性发生，美国认为，那将是极大的不幸。此时，基本上亲西方的高级军官将退休，崛起的新一代缺乏与西方密切联系的强有力的传统。加尔布雷思大使已从印度外长德赛那里得到保证，在二十天之内印度不会作出最终决定。然而，可以肯定的是，除非一个令人满意的西方替代可以提供，梅农将会做尼赫鲁的工作，使他同意"米格"交易。目前，F－104 不是一个可行的替代方案，因为如果这样做会严重破坏美国在巴基斯坦的重要利益。美国考虑其他可能的西方替代方案。首先考虑英国提供"闪电"的可能性，因为英国是印度现代武器装备的传统上的主要来源。鉴于事情的紧迫性和严重性，国务卿建议总统引起重视，授权国务卿转交总统致麦克米伦首相的密函。②

---

① "Memorandum of Conversation", Washington, May 28, 1962, *FRUS*, 1961-1963, Vol. ⅩⅨ, South Asia, p. 256.

② "Memorandum from Secretary of State Rusk to President Kennedy", Washington, June 1, 1962, *FRUS*, 1961-1963, Vol. ⅩⅨ, South Asia, pp. 259-260.

　　肯尼迪同意国务卿腊斯克的请求后，当天腊斯克就致电驻英使馆，请把总统的电文转交给麦克米伦首相。电文强调了替代"米格－21"的重要性。"我们认为，苏联如此这样进入印度军事领域对印度国内政治有严重的长期影响"。希望英国能提供"闪电"来替代苏联"米格－21"。"对这件事我思索良久，发现这是能解决我们双方所关心的问题的唯一之途。"① 在麦克米伦首相给肯尼迪的回信中提到，有关向印度出售战斗机一事的信函已于6月2日收到。"我们正急切地调查此事，希望不久有一个计划给你。我们的困难之一是要花一些时间来提高'闪电'的生产率。"② 肯尼迪致麦克米伦的回函中提到，"我对阁下6月4日关于售给印度战斗机一事表示非常感谢。如果我们共同制订计划，及时提供类似的替代物来阻止'米格'交易，那将是值得去做的"③。

　　1962年6月6日，国家情报机构对由美国或其他西方国家向印度提供超音速战斗机巴基斯坦的可能反应进行了分析，得出如下结论：①美国向印度提供F-104战斗机会招致巴基斯坦的强烈的负面反应。尽管美国认为巴基斯坦不可能因此事而断绝与西方的联盟，但它几乎肯定要在其对外政策中表明更加"独立"，表现在明显地增加对美国的不妥协。尤其是巴基斯坦几乎肯定不会同意美国特殊设备的扩散，并有可能对它们实施新的限制。②如果由英、法或别的西方国家向印度提供超音速战斗机，巴基斯坦可能不会反应那么强烈。③如果美国向印度的陆、海军提供大量长期援助，就如同向它提供F-104一样，巴基斯坦会强烈反应。④在目前情况下，美国怀疑印度会接受F-104或其他西方国家的超音速战斗机来代替"米格－21"。④

　　1962年6月7日，麦克米伦致信肯尼迪，指出：英方现在正非常全面地考察向印度提供战斗机的实际可行性。在英方看来，这个事情有两个方面。其一，在未来2—3年内，印度人将操作何种战斗机；其二，他

---

　　① "Telegram from the Department of State to the Embassy in the U. K. ", Washington, June 1, 1962, *FRUS*, 1961-1963, Vol. XIX, South Asia, p. 261.

　　② "Telegram from the Department of State to the Embassy in the U. K. ", Washington, June 4, 1962, *FRUS*, 1961-1963, Vol. XIX, South Asia, p. 261.

　　③ "Telegram from the Department of State to the Embassy in the U. K. ", Washington, June 4, 1962, *FRUS*, 1961-1963, Vol. XIX, South Asia, p. 262.

　　④ "Special National Intelligence Estimate", Washington, June 6, 1962, *FRUS*, 1961-1963, Vol. XIX, South Asia, p. 263.

们为自己未来的战斗机——"风神"使用何种引擎。英方认为，对整个自由世界来说，最重要的一点就是要确信，俄国人不能通过说服印度接受为"风神"设计的俄制引擎来保证其在印度工业和技术领域中的地位。替代方案是开发 Orpheus 12 引擎。这种开发费用可达约 300 万英镑，并且引擎的开发与"风神"本身开发阶段相一致。英方认为，应迅速与印度达成为"风神"提供 Orpheus 12 引擎的协议。并且，如果美国政府能修订协议，为引擎开发支付 3/4 的费用，英方就准备安装。麦克米伦希望，英美联合提供引擎能克服来自材料方面的主要危险。麦克米伦也担心，向印度提供先进战斗机会遭到巴基斯坦的强烈反对。此外，"闪电"的产量严重不足，难以满足英国本身的需要，更不用说帮助印度了。在中东和远东，一些国家购买了苏联的先进飞机，而英国皇家空军自身却还未能完全装备"闪电"，在与苏联的较量中显然已经处于下风。因此，只要"闪电" Mark Ⅱ一下生产线，英国就必须拥有。麦克米伦把皮球又踢给了肯尼迪，声称替代"闪电"的唯一可行的方案是 F-104 战斗机。麦克米伦向肯尼迪建言，"我知道印度人会说他们将不接受这些飞机，但我建议，你现在可以向印度施加强大的压力，使他们在自己的飞机没有到达之前接受 F-104 战斗机。毕竟，他们从你那里得到了从别人那里不能得到的大量金钱。你难道就不能向他们表明，如果他们接受俄国的提供物，国会可能抵制您的向印度提供经援的建议？我认为这是一个非常强有力的要求"。①

肯尼迪立即给麦克米伦回信说："我完全理解向印度提供'闪电'Mark Ⅱ 的难处。我也完全同意您的看法，即我们至少必须试图阻止印度生产'米格'。然而，从美国大众的观点以及国会的反应和对我们援助立法的影响来看，最初的'米格'购买是如此的糟糕以致它可能使我们大量援助印度的长期政策倒退到刚刚开始之时。我们再一次评论了 F-104 的可行性。但是，很遗憾，我们认为那样太过于冒险，巴基斯坦会对白沙瓦设施作出灾难性的反应。提供 F-104 也会在国内步履维艰。我们正努力和法国商讨幻影-Ⅲ，但是我们怀疑法国能否及时交付。"肯尼迪在列举了提供 F-104 的种种难处之后，又把皮球踢给了麦克米伦，"所有这些导致我再一次寄望于'闪电'，即使它不被接受，那至少也可以为我们

---

① "Telegram from the Department of State to the Embassy in the U. K. ", Washington, June 9, 1962, *FRUS*, 1961-1963, Vol. XIX, South Asia, pp. 264-265.

赢得了时间寻求其他的代替物。我向你保证，如果我不是强烈感到印苏'米格'交易对我们两国的利益造成最严重的负面影响，我是不会在此问题上再次烦扰你的"①。

在麦克米伦给肯尼迪的回函中指出，现在英国皇家空军中有三个飞行中队装备有"闪电" Mark Ⅰ，最不可能满足印度的需要。麦克米伦说，他不明白印度接受二手飞机的好处，他们要花时间去翻修。尽管飞行的范围比"米格"要短一些，但是"闪电" Mark Ⅱ因其优越的夜间飞行能力而相对性能良好。它要花费约 60 万英镑。英方作出仅能接受的牺牲是因为肯尼迪所提到的主要政治因素。英方会让印度得到刚刚生产出来的飞机数量的一半，到 1962 年年底，会给他们 8 架，此后每月 2—3架，要达到总数 24 架。为了避免英方与巴基斯坦出现困难，无论如何英国必须期望美国政府来满足这些飞机与俄国人提供给印度的"米格-21"在价钱方面的差异。麦克米伦认为最重要的是，印度人应该继续他们的生产"风神"的计划，并且因而英方会考虑开发 Orpheus 12 引擎作为与印度还价的非常重要的部分。另外，如果印度愿意购买"闪电" MarkⅡ，他们也应该需要购买 2 架训练机，装备有空对空导弹和飞行模拟仪器。这些额外的花费总价值 500 万英镑。很显然，要让印度支付给英方如此一笔飞机款项是不可能的。飞机、训练设备和军火，总数达 1200 万英镑。对肯尼迪来说，解决之道就是要满足支持飞机的所有费用。估计在任何情况下印度政府是不会接受该项建议的，除非他们认识到购买"米格"会冒着美国缩减或中断援助的危险。麦克米伦建议肯尼迪写信给尼赫鲁，警告他如果印度从俄国购买军火将有可能严重影响美国国会的态度以致使印度从美国继续获得目前程度的援助的前景堪忧。② 显然，麦克米伦十分不情愿向印度提供"闪电"，担心影响英国与巴基斯坦的关系；在算了一笔经济账希望美国进行买单之后，麦克米伦不忘来个"太极推手"，建议美国提醒印度，与苏联的"米格"交易可能会严重影响美国对印援助。

更令美国感到失望的是，法国大使馆于 1962 年 6 月 9 日通知美国国

---

① "Telegram from the White House to the Embassy in the U. K. ", Washington, June 9, 1962, *FRUS*, 1961-1963, Vol. ⅩⅨ, South Asia, pp. 265-266.

② "Telegram from Prime Minister Macmillian to President Kennedy", London, June 13, 1962, *FRUS*, 1961-1963, Vol. ⅩⅨ, South Asia, p. 266.

务院，法国在向印度提供支持两个飞行中队的幻影–Ⅱ方面存在困难，更不用说幻影–Ⅲ。法国担心以印度卢比出售或以软贷款出售不能保守住秘密，并对法国在世界其他地方的销售会起到不令人向往的影响。①

肯尼迪别无他法，只好接受麦克米伦的"好意"。在 1962 年 6 月 14 日召开的关于阻止向印度销售"米格"的会议上，大家反对向印度提供约花费 6000 万美元的资助以用卢比支付的方式向印度销售 2 个飞行中队的"闪电"Mark Ⅱ。总统赞成告诉麦克米伦，美方愿意以五五开的形式分担一个"闪电"飞行中队的硬通货费用，如果印度愿意接受英国的提供物，也愿意为 Orpheus 12 引擎的进一步开发提供 75% 的资金。总统指示加尔布雷思大使，向尼赫鲁坦言如果印度购买"米格"，有可能打击美国的援助前景。②

1962 年 6 月 14 日，肯尼迪致电麦克米伦，"我们非常赞赏您愿意提供'闪电'Mark Ⅱ，尽管需要作出一些真正的牺牲。我仍然认为，采取措施尽可能地阻止印度接受俄国成为印度武器主要供应国，符合我们共同的利益。即使我们这次努力失败，我们也想使印度敌对因素认为印度没有合理的可选之策的搪塞之词无法反驳。因此我们强烈支持提供 Orpheus12 引擎，并愿意提供 300 万英镑中的 75% 的资金"③。

1962 年 6 月 20 日，加尔布雷思大使拜见尼赫鲁。谈到"米格"购买问题时，尼赫鲁说，"米格"已经列入正常考察超音速战斗机的议事日程。调查的官员一点也不亲苏，在印度他们很单纯，比美国人、英国人和法国人更适合于从事制造。他对"闪电"表示特别怀疑。印度也被那种（低廉的）价格所吸引。尼赫鲁说，他欣赏美国的反应以及购买"米格"会给总统、国会以及大众带来的问题。谈到援助，尼赫鲁有些不热情地认为，这是一次商业购买，并且卢比不久就会用于日常事务中。他说他会考虑英国的提供物。④ 1962 年 6 月 26 日，尼赫鲁在议会发表演

---

① "Telegram 6624 to Paris", June 9, Department of State, Central Files, 791. 5622/6 – 962, *FRUS*, 1961–1963, Vol. XIX, South Asia, p. 268.

② "Memorandum of Conversation", Washington, June 14, 1962, *FRUS*, 1961 – 1963, Vol. XIX, South Asia, p. 269.

③ "Telegram from the Department of State to the Embassy in the U. K.", Washington, June 14, 1962, *FRUS*, 1961–1963, Vol. XIX, South Asia, p. 270.

④ "Telegram from the Embassy in India to the Department of State", New Delhi, June 20, 1962, *FRUS*, 1961–1963, Vol. XIX, South Asia, p. 282.

说，指责西方在克什米尔问题上不友好并且抱怨美国在"米格"问题上的压力。肯尼迪对印度人感到不高兴。[1]

美英意欲向印度出售战斗机一事引起了巴基斯坦的密切关注。1962年6月21日，巴基斯坦驻美大使阿齐兹·艾哈迈德（Aziz Ahmed）与负责政治事务的副国务卿麦吉谈及向印度售卖超音速战斗机一事。巴基斯坦大使认为，如果西方向印度提供超音速飞机，那么将会对巴基斯坦公众舆论产生负面影响。在任何情况下，如果印度接受西方的提供物，等于向印度赠予了大量军援。巴基斯坦人民也会把此事视为由英美两国渗透的不友好行为，而这两个国家又被视为巴基斯坦的盟友。巴基斯坦认为，如果印度决定要拥有超音速飞机，那么如果它是来自苏联而非西方会更好。这至少可以加速苏、中分裂。[2]

1962年8月4日，麦克米伦致函肯尼迪，指出英国政府得到消息印度政府已决定购买"米格"战斗机，再追求向印度出售"闪电"已经没有理由了。

1962年8月5日，尼赫鲁致函肯尼迪，对他给予印度的所有的同情和友谊，特别是关于发展援助方面，表示感谢。美国不仅仅给予印度慷慨援助，而且不怕麻烦，引导其他国家也这么做。尼赫鲁在信中说，"我和我的同僚特别渴望在我们面临艰巨任务时拥有美国的友谊，我认为这种友谊不仅有利于我们两国，而且有利于整个世界。这种友谊与援助无关，并且即使环境发生了变化，使美国帮助印度的发展变得困难，印度政府仍会珍惜美国的友谊，致力于两国间的密切合作。观点上的差异不会影响这种友谊。因此，我可以向你保证，不论发生了什么，我们的态度将会继续支持两国间的友好关系"[3]。

1962年9月19日，近东和南亚事务局的文件分析了印度需求"米格"谈判情况。印度对获得超音速飞机能力的兴趣尚未减退，这种能力看起来包括一定数量的超音速飞机、制造或模仿外国为印度设计的喷气式飞机的权利、印度自己设计的战斗机 HF-24 的制造以及在印度外国为

---

① John Kenneth Galbraith, *Ambassador's Journal: a Personal Account of the Kennedy Years*, Boston: Houghton Mifflin Co., 1969, p. 344.

② "Memorandum of Conversation", Washington, June 21, 1962, *FRUS*, 1961-1963, Vol. XIX, South Asia, p. 285.

③ "Letter from Prime Minister Nehru to President Kennedy", New Delhi, August 5, 1962, *FRUS*, 1961-1963, Vol. XIX, South Asia, pp. 318-319.

之设计的引擎。印度已经与苏联达成协议，在印度制造苏联飞机引擎用于印度设计的"风神"。印度与苏联有可能在年底以前就购买"米格－21"战斗机达成协议。但是，不太可能的是，在可预见的将来，印苏就苏联在印度制造"米格"达成协议。8月底，印度评估小组的所有成员已返回新德里。他们是去莫斯科调查购买"米格"以及在印度生产"米格"之事。美国了解到，小组领导积极支持此事，然而小组的一些成员认为"米格－21"存在一些严重缺陷。加尔布雷思大使报告说，尼赫鲁已经对"米格"交易日益冷漠，倾向于推迟或减少"米格"交易。然而9月9日在伦敦记者问到"米格"交易时，尼赫鲁说谈判已取得进展。印度把"米格"交易视为正常的商业往来，没有任何的政治含义。"米格"不太可能在印度生产的原因是：印度有人认为，在印度生产的"米格－21"到它们可以被操作时已经过时。苏联在技术方面和政治方面持怀疑态度。苏联怀疑印度能否掌握如此复杂的建造超音速飞机项目。苏联还遭到中国对在印度生产"米格"的强烈反对。在决定掌握超音速能力方面，印度人反复强调制造权是一项至关重要的因素。苏联则保留制造权利，或许对整个"米格"交易有影响。①

　　正在美英两国为印度购买"米格"飞机事宜愁结难解之时，中印边界战争爆发，印度向美英等国请求紧急军事援助，暂时缓解了"米格"的难题。

　　中印两国有着相似的历史经历，在争取民族独立和民主的斗争中，相互同情和支持。在新中国成立后不久，1950年4月1日，印度同中国建交，并积极支持新中国加入联合国。在朝鲜战争期间，印度作为调停者，在朝鲜半岛的恢复和平中作出了积极的努力。1953年12月31日，周恩来总理在接见印度政府谈判代表团时，提出了和平共处五项原则。1954年4月，中印签订了《中印关于中国西藏地方和印度之间的通商和交通协定》（以下简称《协定》），将和平共处五项原则明确写进了序言中。《协定》规定了两国互设商务代理及其待遇，互设贸易市场等事宜。1954年6月25日，周恩来总理访问印度，中印两国总理在联合声明中共同倡导和平共处五项原则。同年10月19—30日，尼赫鲁访华，受到北京50余万人民群众的热烈欢迎。毛泽东主席在会见尼赫鲁时说："我们所有

---

① "Paper Prepared in the Bureau of Near Eastern and South Asian Affairs", Washington, Sep. 19, 1962, *FRUS*, 1961–1963, Vol. XIX, South Asia, pp. 325–326.

东方人，在历史上都受过西方帝国主义的欺负……因此，我们东方人有团结起来的感情，有保卫自己的感情。"同年 12 月，印度和印度尼西亚、缅甸、锡兰、巴基斯坦等亚非会议发起国共同决定邀请中国出席1955 年 4 月在万隆召开的第一届亚非会议。周恩来总理出席会议并提出"求同存异"原则，为会议的成功作出了卓越贡献。在中印两国关系的黄金时期，"印地秦尼巴伊巴伊"（Hindi-Chini Bhaibhai，印中人民是兄弟）在两国人民当中广为流传。

　　但是，中印两国也存在边界历史遗留问题。中印之间虽然 1954 年提出和平共处五项原则，但边界问题一直都没有解决。印度以英国殖民者遗留的"麦克马洪线"为边界线，并且进一步提出该线中国一侧的领土要求。1958 年 12 月 14 日，尼赫鲁致函周恩来总理正式提出领土要求。周恩来总理在 1959 年 1 月 23 日的复函中指出："中印边界是从未经过正式划定的。在历史上，中国中央政府和印度政府之间从未订过有关中印边界的任何条约或协定。……麦克马洪线是英国对中国西藏地方执行侵略政策的产物……它从未为中国中央政府承认。"到 1959 年时，中印对沿喜马拉雅共同边界产生严重分歧。因 1959 年 3 月发生了西藏暴乱而使中印关系更加紧张。1959 年 3 月 10 日，印度支持中国西藏农奴主发动武装叛乱，收容叛乱分子并纵容他们在印度进行反对中国的政治活动。同年 3 月 22 日，尼赫鲁致函周恩来总理，不仅要求中国政府承认已经被印度占领的中印边界东段的中国领土是合法的，而且要求承认从来没有被印度占领过的中印边界西段的阿克赛钦地区是属于印度的。[①] 同时，印度推行"前进政策"，在边界地区将印方的哨所不断向中国实际控制线推进，甚至推进到中方哨所的后面，以武力迫使中国接受印度划定的边界。中印之间产生了武装冲突，1959 年 8 月东部朗久事件，1959 年 10 月西部空喀山口事件。1960 年 4 月，周恩来总理访问新德里，提出边界问题应该在公平合理的基础上解决，一时解决不了，应该维持业已形成的边界状况；为了避免冲突，应该隔离双方武装部队。但是印度政府的态度是要中国政府无条件地接受印度的领土要求，不容许有任何谈判的余地。印度军队不断越过实际控制线，侵占越来越多的中国领土，并于1962 年 10 月在中印边界东西两端发动进攻。中国边防部队 10 月 20 日开

---

　　① 薛克翘主编：《简明南亚中亚百科全书》，中国社会科学出版社 2004 年版，第 300 页。

始进行自卫反击。取得胜利后，于 11 月 22 日宣布全线停火；12 月 1 日起，从 1959 年 11 月 7 日实际控制线后撤 20 公里。① 导致中印 1962 年 10 月至 11 月发生战争的原因，有许多不同观点。印度认为，中国试图利用巴基斯坦对印度的反感来严重挑战自己。② 在肯尼迪政府时期，美国不仅接受了印度的不结盟，而且为印度的政治和经济稳定作出了承诺。中国认为幻想破灭的巴基斯坦是对印度施压的一种有效方式，在 1961 年中国愿意与巴基斯坦谈判边界问题。③

中印边界战争爆发之前，中苏关系已经恶化，印苏关系日益密切。苏联人对印度的看法和肯尼迪差不多：把它看作形成亚洲前途的一个异常重要因素和同中国相抗衡的一股力量。他们抓住机会，用苏联武器装备印度陆军和空军，扩大贸易计划和经济援助，大规模增加他们的文化交流计划。尽管大多数印度人和大多数俄国人之间缺乏自然的融洽，苏联人却比美国的政策制定者理解得更清楚，由于外国入侵者和英国人长期统治的结果，印度人怀着深刻的不安全感。为了故意竭力提高印度对自己国家重要性的感觉，苏联的高级官员、文化团体、舞蹈团和马戏班整年川流不息地到达印度的飞机场。在类似的文化交流活动中，苏联人现在花的钱比美国花的钱多 4 倍以上。④ 1958 年 4 月和 7 月，苏联向中国提出共建长波电台和联合舰队的建议遭到中国的拒绝。在此前后，中苏两国在美苏关系、苏东关系、社会主义模式、台湾问题、中印边界等问题上存在着不同的意见。中苏分歧逐渐公开化。1959 年朗久事件发生后，苏联马上声明"中立"，但实际上是偏袒印度。赫鲁晓夫在回忆录中言道，"我们认为印度是个友好国家……如果支持印度，那我们就得反对兄弟的中国……如果我们不支持中国，那么，在为进步的未来的斗争中，我们就会分散我们的努力。如果我们采取中立政策，那么这种中立的态度实际上对我们又很不利，因为它将伤及中国，伤及整个社会主义阵营……在这种情况下，苏联该如何表态？塔斯社只好发表一个声明，对两个伟大民族——我们的兄弟中国人民和我们既尊敬又友好的朋友印

---

① 薛克翘主编：《简明南亚中亚百科全书》，中国社会科学出版社 2004 年版，第 301 页。

② Shivaji Ganguly, *U. S. Policy Toward South Asia*, Westview Press, 1990, p. 62.

③ Shivaji Ganguly, *U. S. Policy Toward South Asia*, Westview Press, 1990, pp. 62-63.

④ ［美］切斯特·鲍尔斯：《鲍尔斯回忆录》，复旦大学集体编译，上海人民出版社 1974 年版，第 339 页。

度人民所发生的冲突，表示遗憾"①。西方新闻界评论说，苏联在一个共产党国家和一个非共产党国家之间的严重争端中保持明确的中立，就是在国际关系和意识形态上逃避兄弟般的团结的责任。② 1962 年 10 月 20日，中印边界战争爆发时，恰逢美苏古巴导弹危机发生，赫鲁晓夫试图改善中苏关系，表示在中印边界争端上支持中国，以换取中国在导弹危机事件上支持苏联。③ 10 月 22 日，肯尼迪政府因古巴导弹问题向苏联发出最后通牒。面对全面战争的风险，赫鲁晓夫认为最好还是同中国站在一起。25 日，苏共《真理报》在头版刊登文章说，"中印边界问题是英国殖民主义统治的遗产，中国从来没有承认过臭名昭著的'麦克马洪线'，它是被强加给中印人民的"。文章不仅没有提原来的中立立场，而且还指责印度受帝国主义的唆使，挑起武装冲突。文章表示，"在反对帝国主义阴谋的斗争中，苏联完全站在兄弟般的伟大中国的一边"。苏联的变化使印度非常不安，但是新德里很快就知道，苏联发表这一"坏文章"的原因是"古巴导弹危机造成的形势和战争威胁"④。尼赫鲁的中立主义伙伴纳赛尔建议由亚非人士调解这场争端。尼赫鲁非常失望，承认印度以前是"生活在一个梦境里"。（古巴导弹危机刚一收场，赫鲁晓夫就觉得可以抛弃中国了。11 月 5 日，《真理报》重新表示，苏联在中印冲突问题上持中立立场。⑤ 针对中印冲突之前印度要求苏联出售生产米格－21 歼击机的许可证、图纸、工艺和购买飞机等问题，在中印冲突之后，苏联"决定信守过去的诺言，办好手续，向德里运去了几架飞机。把这些飞机投入战争不会有什么意义，因为印度还没有能够迅速通晓这些飞机的干部"⑥。并公开宣布转让生产许可证。）

　　美国对 1962 年 10 月的中印战争的反应，可以分为两个阶段。第一阶

---

　　① ［俄］尼基塔·谢·赫鲁晓夫：《赫鲁晓夫回忆录》（全译本），述弢、王尊贤等译，社会科学文献出版社 2006 年版，第 2625—2626 页。

　　② 周桂银：《冷战时期中国周边安全环境的特征与启示》，《当代中国史研究》2002 年第 6期，第 79—80 页。

　　③ 刘晓：《出使苏联八年》，中共党史资料出版社 1986 年版，第 125 页。

　　④ 蔡佳禾：《肯尼迪政府与 1962 年的中印边界冲突》，《中国社会科学》2001 年第 6 期，第195 页。

　　⑤ 蔡佳禾：《肯尼迪政府与 1962 年的中印边界冲突》，《中国社会科学》2001 年第 6 期，第196 页。

　　⑥ ［俄］尼基塔·谢·赫鲁晓夫：《赫鲁晓夫回忆录》（全译本），述弢、王尊贤等译，社会科学文献出版社 2006 年版，第 2629 页。

段，作为对印度政府紧急请求的回应，以对印度紧急军事援助和政治支持为特点。第二阶段，根据感觉到的中国"威胁"，涉及制定美国军事援助项目的可能性。

最初，美国尽管对印度表示"同情"，但其态度是一如既往的超然与观望。除了中国大陆方面，中国台湾方面也不认可"麦克马洪线"。艾森豪威尔表示，美国对边界现状也不十分清楚，任何人都不曾准确知道"麦克马洪线"的精确地点，建议通过谈判解决争端。但在1959年12月访美时，艾森豪威尔用动听的言语表示对印度的支持，表明美国的态度在一定程度上发生了改变。后来当印度请求军事援助时，美国态度发生了变化。尽管美国愿意向印度提供军事援助，但是美国决策者表示在处理印度的请求时要谨慎有度。距离上的遥远也阻碍了华盛顿获得及时准确的信息。1962年7月23日，美国驻印大使加尔布雷思认为，"我们的政策就是要保持沉默"。[①] 肯尼迪把印度视为亚洲的关键地区，希望印度在与中国的竞争中取得政治上和经济上的胜利。但肯尼迪对印度的领导层有所怀疑。特别是与尼赫鲁的会晤以及果阿事件进一步加深了这种怀疑。肯尼迪政府起初也在观望印度与中国的冲突，不希望卷入其中，也有意避免与巴基斯坦之间产生不必要的麻烦。在战争爆发之后，印度向美国请求军事援助，美国开始向印度提供军事援助。美国这一举动引起了巴基斯坦的不满，巴抗议美向印度提供军事援助。

中印边界战争为美印关系的进一步密切发展提供了契机。中印边界战争爆发的第二天，美国国务院就发表声明称这是中国"对印度采取的暴力和侵略行动"，并对印度表示同情和支持。[②] 尼赫鲁积极向美国等西方国家请求援助。早在1962年1月6日，国家安全委员会成员罗伯特·科默（Robert W. Komer）致信负责国家安全事务的总统特别助理邦迪（Bundy），指出在过去的几年里，促使印度向美国靠近的因素不是在印度雄心勃勃的五年计划方面美国日益增加的慷慨支持，而是中国在印度东北边境的压力。随着时间推移，北京与新德里之间的利益冲突几乎一定会增加而不是减少，并且迟早印度会认识到，冲突的舞台不仅沿着

---

① Shivaji Ganguly, *U. S. Policy Toward South Asia*, Westview Press, 1990, pp. 63–65.
② 孙士海、江亦丽主编：《二战后南亚国家对外关系研究》，方志出版社2007年版，第64页。

喜马拉雅山脉，而且也在东南亚。① 在中印发生边境冲突时，印度就一直希望得到美国的军事装备。1962 年 10 月 2 日，印度外交部请求加尔布雷思大使援助印度紧急得到购买 C-119 运输机备用零件。尽管受到重重阻碍，空军决定印度所需物资应尽快送达。10 月 4 日，印度大使请求美国同意转交两架"驯鹿"（Caribou）运输机，由印度政府购买。国防部部长指示国防部同意印度的请求，国防部于 10 月 11 日通知印度大使馆，美国愿意印度购买此飞机，有望在 10 月最后一周交付。10 月 3 日，美国驻新德里大使馆通知国务院，印度国防部部长指示驻华盛顿大使馆紧急请求出口许可，同意购买 250 架 ANGRC-9 无线电，以用于中印边界。②
1962 年 10 月 15 日，加尔布雷思大使提出关于中印冲突的建议：对印度人民抱以同情，要限制美方的表达，不给中国人以任何借口；美方希望找到一个令印度可接受的方案；美方将不提供援助，要求援助那是印度的事，美方会同情地倾听这些请求。③

中印边界战争与古巴导弹危机在时间上几乎同时发生。1962 年 10 月 20 日，战争爆发之后，肯尼迪政府迅速作出反应，"对中国共产主义对印度的暴力侵略行为表示震惊"，并表示印度的任何请求"将会予以同情地考虑"④。10 月 23 日，印度外长德赛告诉美国驻印大使加尔布雷思，印度将不得不求助于美国提供实质性援助。同时，随着前线的迅速崩溃，印度被迫向美国、英国、苏联寻求军事装备。10 月 26 日，印度向所有国家的政府（除了葡萄牙和南非）普遍请求"同情与支持"，指出中印冲突的"这场危机不仅对印度而且对世界，将会在国际行为的标准以及世界和平方面产生深远影响"。驻华盛顿大使 B. K. 尼赫鲁向肯尼迪递交了尼赫鲁的求援信，希望给予"同情"和"支持"。驻华盛顿大使 B. K. 尼赫鲁解释说，尼赫鲁在中立主义的和平阵营待了这么多年后，觉得很难向美国直接提出军备武器的请求。不过他希望总统在复信中将在"同情"

①　"Memorandum from Robert W. Komer of the National Security Countil Staff to the President's Special Assistant for National Security Affairs（Bundy）"，Washington，Jan. 6，1962，*FRUS*，1961–1963，Vol. XIX，South Asia，p. 180.

②　"Memorandum from the Department of State Execute Secretary（Brubeck）to the President's Special Assistant for National Security Affairs（Bundy）"，Washington，Oct. 15，1962，*FRUS*，1961–1963，Vol. XIX，South Asia，pp. 340–342.

③　"Telegram from the Embassy in India to the Department of State"，New Delhi，Oct. 15，1962，*FRUS*，1961–1963，Vol. XIX，South Asia，p. 343.

④　Shivaji Ganguly，*U. S. Policy Toward South Asia*，Westview Press，1990，p. 69.

而非"联盟"的基础上提供"支持"，而不是提供"军事援助"。10 月
26 日，肯尼迪复函尼赫鲁，对其表示理解、同情和支持，并称他无意利
用印度的不幸而强人所难，美国将提供出于同情的支持，但并没有向印
度作出无限制的援助承诺，希望印度提供更加详细的军事援助请求。针
对尼赫鲁不断要求增加美国军事援助的要求，肯尼迪虽然没有完全同意
满足所有这些不切实际的要求，却迅速作出了反应，提供了大量轻武
器、迫击炮、弹药和其他装备。几天之内，他派遣了以艾夫里尔·哈里
曼为首的高级调查组，要他们提出确切的报告，在不把巴基斯坦赶入红
色中国怀抱的情况下，美国可以如何最大地发挥作用。此时，印度反美
人物克里希纳·梅农的国防部部长职务被撤，令肯尼迪非常满意。尼赫
鲁说，美国和英国（它也提供了军援）是他的真正的朋友，中国人再也
不能信任了，印度人民对美国提供援助的一切表示都感到高兴。1962 年
10 月 29 日，尼赫鲁明确表示请求美国军事援助。不久，梅农再次向加尔
布雷思大使表达了援助请求，强调对自动武器和远程迫击炮的急迫需
求。① 中印边界战争爆发后，美国和英国立即向印度提供价值约 6500 万
至 7000 万美元的军事装备。10 月底，美印达成了一项临时协定，包括向
印度提供现代飞机、12 个山地师的进一步装备和雷达网，为期 5 年，每
年 7500 万美元。鲍尔斯提醒尼赫鲁，南亚最不需要的东西是军备竞赛。
在军备上每用一美元，就意味着两国国内经济建设少花一美元。并且，
欢迎印度在东南亚问题上继续合作，继续发挥作用。（自 1954 年法国撤
退以来，印度对东南亚采取了稳健的立场。1961 年 11 月尼赫鲁到华盛顿
访问时，曾表示美国和印度在东南亚问题上大致是意见一致的。肯尼迪
向尼赫鲁保证，他在越南将迫使吴庭艳使他的政权自由化，他在老挝将
支持以梭发那·富马为首的联合政府。尼赫鲁则向肯尼迪保证，印度在
必要时将以其多年积累的政治资本支持富马，以促使老挝向非共产主义
的政治方向演变。肯尼迪从他同尼赫鲁这次早期谈话中推断，印度不会
公开反对美国在越南有一些军事顾问或军事装备，但会反对美国战斗部
队在越南进行干预。② 后来越南事态的发展印证了肯尼迪的推断，印度

---

① "Telegram from the Embassy in India to the Department of State", New Delhi, Oct. 29, 1962,
FRUS, 1961−1963, Vol. XIX, South Asia, p. 361.

② ［美］切斯特·鲍尔斯：《鲍尔斯回忆录》，复旦大学集体编译，上海人民出版社 1974 年
版，第 246—247 页。

政府反对约翰逊政府在越南的狂轰滥炸。)

在某些方面，英国首相麦克米伦在许诺实际援助方面比肯尼迪更迅速。中印边界战争爆发之后，麦克米伦就致函尼赫鲁表示同情。10月22日，英联邦事务部国务大臣桑迪斯（Sandys）不仅批评中国对印度的进攻，而且称赞印度的忍耐与克制，重申了英国对"麦克马洪线"的承认。10月27日，英国准备好向印度运送大量小型武器、自动步枪和军火，并于10月29日由两架英国皇家空军飞机将部分军火运抵新德里，是第一个西方援助抵达印度的国家。10月的最后一周，美国与印度的军事关系开始急剧升温。10月25日，加尔布雷思与印度财长德赛关于对印度军事援助项目的利弊举行了非正式会谈。此外，印度国防部部长梅农、印度东北边区部队首领考尔也与加尔布雷思进行了接触，强调了印度对武器供应的紧急需求。并且，印度决定与美国大使馆交流军事情报，这与印度以前与美国的军事关系保持距离形成了明显对比。肯尼迪政府对印度在"麦克马洪线"立场的认可，使更加密切的美印关系进一步提升。10月26日，加尔布雷思大使接到国务院指令，不支持"麦克马洪线"。但是，在10月27日，加尔布雷思大使首次代表官方承认"麦克马洪线"，声称"麦克马洪线是一条可以接受的国际边界线"，估计是受到白宫的指使。[1] 10月29日，肯尼迪致函尼赫鲁，表示愿意提供帮助。尼赫鲁向加尔布雷思表示，印度确实需要援助并希望得到来自美国的援助，但同时表示，希望这并不意味着美印之间的军事联盟。

美国希望在印度与中国军事冲突时，得到巴基斯坦的保证（不采取行动反对印度）。10月28日，肯尼迪致函阿尤布，告知经过深思熟虑美国准备向印度提供武器援助，并要求阿尤布·汗在克什米尔问题方面巴基斯坦的意图向尼赫鲁作出保证。在11月5日的复函中，阿尤布·汗表示不能给出保证，并对美国政府已经决定向印度提供武器援助而事先并未与巴基斯坦商讨表示非常失望。[2]

1962年11月3日，由美国国务院、中情局和国防部所做的对中印边界目前的行动和未来发展的估计的报告指出，印度正面临着独立以来最严重的危机。"中国共产党人在（印度边界）东北前线处的大规模进攻导致中共军队占据麦克马洪线以南约15英里的一些据点。"在拉达克

---

① Shivaji Ganguly, *U. S. Policy Toward South Asia*, Westview Press, 1990, p. 71.
② Shivaji Ganguly, *U. S. Policy Toward South Asia*, Westview Press, 1990, p. 74.

（Ladakh），中共军队已经征服印度前方据点，威胁到印度在那里的主要基地。而且，苏联支持北京的谈判提议，一些条款是印度所不能接受的。这些情况的发展，打击了印度的不结盟政策的要害，具有深远的国际后果。印度已经转向西方寻求援助以满足其军事需要。西方与印度更紧密关系的发展在巴基斯坦引起了几乎痛苦的反应。巴基斯坦在过去几年的对外政策在很大程度上都是通过与西方的特别结盟关系而改变与印度的不平衡的力量。中国先遣队迅速占领"东北边境特区"（NEFA）和拉达克，对印度政治思想产生深远影响。印度领导人被迫重新审视自己的政治主张。不结盟政策的有效性让人产生怀疑。苏联支持中共提出的一项让人不能接受的谈判解决冲突的方案，让印度人重新考虑他们的论题：他们可以指望苏联限制共产主义中国，指望苏联提供大量军事装备。这些发展会对印度内部权力机构产生深远影响。梅农从国防部部长降到国防生产大臣是这些变化中的一个显著例子。印度共产党的地位被削弱。非常重要的是，局势的发展会对印度经济造成沉重的负担，影响其经济发展目标。①

　　该报告对中印边界的情况进行了分析，并概括了美国和西方国家对印度援助。尼赫鲁请求美国援助后，美国于 1962 年 11 月 1 日开始向印度空运军用物资以加强印度在边界抵抗中共的实力。这些开始运送的物资有：40000 个杀伤地雷，1000000 发口径 30 毫米的弹药，200 个口径 30 毫米的带有装备和附件的机械手枪，54 个口径 81 毫米带有装备和附件的迫击炮，100000 发口径 81 毫米的弹药，500 个 ANGRC-10 无线电接收装置，250 个 ANGRC-9 无线电接收装置。此外，印度还向英、加、法等国寻求各种军事装备，主要是轻武器、步兵支持和反坦克武器以及必要的军火、通信装备、运输机和直升机。印度还请求迅速交付原来订购的设备。加拿大正准备向印度提供各式武器装备。英国已经空运了一小批自动步枪和军火，法国也空运了一小批轻武器。另外，土耳其向印度提供轻型山地炮和军火。美国试图与西方国家联合满足印度军事需要。除了军事支持以外，美国还试图让巴基斯坦人明白，他们有一个与印度改善关系的良机（这些努力尚未成功）；美国公开承认麦克马洪线是国际认可的国际边界线，向印度提供更多的共产主义中国的情报。报告详细说明

---

① "Report on Current Activity on the Sino-Indian Border and Estimate of Future Development", Washington, Nov. 3, 1962, *FRUS*, 1961-1963, Vol. XIX, South Asia, pp. 363-365.

了美国与印度的新关系。报告指出，美方的军事援助是要帮助一位朋友，而不是赢得盟友。西方的同情支持以及西方的军事装备将对印度的思想产生深刻影响。美方可以期望印度重新阐明其不结盟政策，但不会期望印度放弃其政策。尽管印度被迫要重新考察与苏联的关系，美方估计印度会努力避免做那些进一步限制苏联支持之事。印度需要苏联的经济援助，也希望苏联在联合国支持其在克什米尔问题上的立场，并希望得到数目有限的"米格—21"飞机。美国必须想方设法保护其在巴基斯坦的特殊利益，保持巴基斯坦与西方的亲密结盟。① 从 11 月 3 日起，美国开始向印度紧急空运武器弹药及通信装备，美军 C-130 大型军事运输机为这批价值数百万美元的物资起飞 60 架次。② 第一批军事物资从位于西德的美国库房抵达位于加尔各答的达姆达姆机场。这些武器包括，轻步兵武器、迫击炮、3.7 英寸榴弹炮、弹药、通信装置、运输机零部件、雪清理设备、冬装等。根据 1961 年对外援助法案第 503 项，美国对外军事援助授权总统在偶然特殊情况下在国会批准前利用美国现有的武器库存提供武器援助。1961 年对外援助法案的紧急条款，使肯尼迪能够对尼赫鲁的紧急请求作出迅速回应，进行道义上和物资上的援助。到 11 月 10 日，紧急武器空运结束，紧接着印度请求美国飞机以及生产机械。国务院表示，要予以同情之考虑。而肯尼迪的一些白宫幕僚则认为，尼赫鲁对各种美国武器的请求是"不切实际的"，认为肯尼迪政府已经提供了足够多的援助以使边界平静下来，因此，超过此种水平的援助将会引起一场"真正的战争"，并将"永远地疏远巴基斯坦"。他们认为，要进一步向印度提供武器援助要优先考虑对巴基斯坦的影响。11 月 14 日，美国对印度的国防援助由印度驻美大使 B. K. 尼赫鲁与美国助理国务卿塔尔博特（Phillips Talbot）进行正式换文。在接受美国武器援助的过程中，印度政府不仅同意允许美国外交人员驻扎印度以监督设备并获得其使用信息，而且保证不用于反对中国攻击的威胁之外。由此可见，肯尼迪政府关心消除巴基斯坦对印美在这一新领域互动的疑虑。11 月 17 日，国务院宣布，向巴基斯坦保证，如果印度"滥用"美国武器援助用于侵略目的，

---

① "Report on Current Activity on the Sino-Indian Border and Estimate of Future Development", Washington, Nov. 3, 1962, *FRUS*, 1961-1963, Vol. XIX, South Asia, pp. 366-367.

② 蔡佳禾：《肯尼迪政府与 1962 年的中印边界冲突》，《中国社会科学》2001 年第 6 期，第 192 页。

那么美国将采取"适当措施"来阻止此种侵略。与此同时，巴基斯坦要求肯尼迪政府向印度施压以解决克什米尔问题。加尔布雷思也要求肯尼迪让美国航母进入印度。但是，当"企业"号航母进入孟加拉湾时，印军已经溃败。

随着战事发展，11月16日，印度政府开始向美国、英国和苏联政府发送请求，要求各种武器援助。在这种背景下，印度新任命的供应协调员克里希纳马查里（T. T. Krishnamachari），向加尔布雷思大使请求美国提供战斗截击机以保卫加尔各答免受可能的中国空袭，此外，还请求5亿美元的贷款。而且，第二天印度还请求美国空运部队运往前线。印度在"东北边境特区"的溃败使它向华盛顿靠近，寻求更多的物资和道义支持。为了使华盛顿能集中精力处理导弹危机，美英两国决定在伦敦建立联合工作组，研究中印边界局势的发展。工作组的另一任务是为双方的对印长期政策进行评估。11月中旬，伦敦工作组建议，在今后数月内美国及英联邦国家为印度装备5个师的军队，这笔开支大约需要1亿美元。伦敦工作组的基本设想是，在得到这一援助后，印度在目前形势下能顶住中国的进攻。印度如果要"收复"所有被"占领"的地区，它必须调动部署在印巴边境的2/3的军队。伦敦工作组认为，西方的最佳方案是，在提供相当数量援助的同时，向印度施加压力，促使它改善与巴基斯坦的关系，解决克什米尔问题。在此之后，西方再考虑向印度提供长期军事援助。① 11月19日，尼赫鲁致函肯尼迪，请求大量援助。在尼赫鲁给肯尼迪的两封信中，把形势描述为"真正绝望"，请求立即派遣最少12个全天候超音速战斗机的空军中队，并建立雷达联系。美方必须给这些战斗机和装备配备人员，保护印度城市免受中国空袭，直到印方人员被培训完毕。如果可能，美方也应派遣由美方人员驾驶的飞机帮助印度空军与中国空军在印度领空进行空战。尼赫鲁也请求两个B-47轰炸中队，使印度可以打击中国基地和飞机场，但要驾驶这些飞机，印度飞行员和技术人员要立即被送到美国训练。所有这些援助和装备都将只会用来反对中国。1962年11月19日，国务院致电驻印使馆，指出美国准备立即派遣12个或更多C-130飞机援助阿萨姆（Assam）地区或拉达克，

---

① 蔡佳禾：《肯尼迪政府与1962年的中印边界冲突》，《中国社会科学》2001年第6期，第192页。

准备立即空运急需的 C-119 备件。① 1962 年 11 月底，随着印度军队的临近崩溃，尼赫鲁希望美国空军全面防御性干预，立即提供 14 个飞行中队来保卫印度北部城市，以及 3 个轰炸机中队使印度空军能够攻击中国的交通线。加尔布雷思大使努力劝说印度不要开始这样的空中行动。除了印度缺乏有效的空中力量来反击中国之外，尼赫鲁所追求的美国立即提供空中保护也存在技术困难。与此同时，加尔布雷思大使不仅要求向印度提供 12 架 C-130 运输机，而且要求派遣第七舰队前往孟加拉湾。② 但是 11 月 21 日，中国单方面宣布停火。这封信收到后三天，中国军队就开始撤退，所以从未作出决定。

肯尼迪不希望美国直接卷进同中国的一场战争，他认为美国的直接卷入对印度、对美国或对自由世界没有什么好处。印度军援计划的紧急阶段随着停火而宣告结束，但肯尼迪仍然面临着尼赫鲁提出的长期军事援助这一同样不切实际的要求。此外，美国与印度关系的改善带来了美国同巴基斯坦关系的恶化。肯尼迪在与尼赫鲁函件往来的同时给巴基斯坦总统阿尤布·汗的一封信中竭力向他保证，美国给印度的军援限于直接用于抵抗中国人，它将不会用去攻击巴基斯坦，同时也不会因为它而削弱阿尤布经常从美国得到的甚至更为大量的军援。在信中，肯尼迪建议阿尤布应再次私下向尼赫鲁作出保证，即尼赫鲁可以安全地撤出驻扎在克什米尔边界的军队，并用他们去打共产党人。总统强调说，这也许是一个使印度人最乐于同意解决克什米尔问题的好机会。③ 很显然，肯尼迪低估了南亚地区形势的复杂性和克什米尔问题对印巴两国的敏感性。巴基斯坦对美国给予印度武器的抱怨也有增无减。在军事援助的背后，折射着美英苏中各国的全球利益和南亚地区利益的纵横交织。

1962 年事件使印度对它自己和其他不结盟国家的看法发生了重大变化。其他不结盟国家只是表态说希望看到冲突结束。印度对缺乏其他不结盟国家的支持深感失望，感到在它最需要的时候被抛弃了。1962 年战争也使印度期望发展本国的国防工业。本国国防工业的发展可以使印度

① "Telegram from the Department of State to the Embassy in India", Washington, Nov. 19, 1962, *FRUS*, 1961-1963, Vol. XIX, South Asia, p. 397.
② Shivaji Ganguly, *U. S. Policy Toward South Asia*, Westview Press, 1990, pp. 78-79.
③ ［美］西奥多·索伦森：《肯尼迪》，复旦大学世界经济研究所译，上海译文出版社 1981 年版，第 502—503 页。

在危机时不再依赖外部供应，但是无疑增加了政府的军费开支。由于财政紧张和外汇短缺，军费开支的扩大在一定程度上影响了印度经济的发展。

在 1962 年战争失败后，印度政府向美英提出一项为期 5 年的联合防御计划，以实现军事现代化。这项计划要求美国每年提供 7500 万美元，英国每年提供 2000 万美元。美国在向印度提供这样大量的军事援助方面犹豫不决主要是担心向印度输送军事装备势将使巴基斯坦人感到不快，从而危及美国在巴基斯坦白沙瓦的军事基地。美国还希望在向印度提供这样大量的军事援助之前，印度在克什米尔问题上作出某些让步。尼赫鲁指出，因为巴基斯坦在战争中支持中国，对他而言就克什米尔问题在政治上作出让步那是不可能的。

鲍尔斯在其回忆录中指出，"当 1962 年秋天中国人入侵印度北部的时候，美国和英国都给予印度以有力的支持。但是，我们也曾——我想，多少是不适宜的——抓住印度迫切需要美国援助作为杠杆，去迫使印度人在克什米尔问题上对巴基斯坦作出让步，这是任何一个民主的印度政府都不可能这样做和存在下去的。既然巴基斯坦在印度受到攻击的时候直言不讳地支持中国，因此我认为这种努力是不起作用的。要是巴基斯坦当时采取中立的立场，或者更好地采取偏袒印度的立场，我相信两国之间的和解，包括克什米尔问题的解决办法，可能早已达成。遗憾的是，巴基斯坦的生硬的亲华立场，使可能达成这样一种协定的一切机会都被毁灭"①。实际上，由于印巴之间积怨甚深，巴基斯坦此时不可能采取亲印的立场。在印巴关系死结的克什米尔问题上，很显然，美国的看法过于简单化。

随着停火的发生，肯尼迪面临着尼赫鲁请求向印度长期援助以有效阻止中国进一步进攻、帮助其建立防御能力的任务。11 月 20 日，肯尼迪宣布向新德里派遣高级代表团以评估印度的需求。11 月 21 日，派出了以哈里曼（Harriman）为首的政治军事代表团，成员来自国务院以及国防部各部门。几乎同时，英国派出了由英联邦事务部国务大臣桑迪斯（Sandys）率领的政治军事代表团访印。哈里曼使团于 11 月 22 日抵达新德里，在次大陆停留了近十天。与桑迪斯使团一起，研究了印度的防御需求，

---

① ［美］切斯特·鲍尔斯：《鲍尔斯回忆录》，复旦大学集体编译，上海人民出版社 1974 年版，第 203 页。

并且使新德里认识到需要解决与巴基斯坦之间的克什米尔问题。哈里曼使团的目的之一，是强调美国对新德里的政治和军事支持。在讨论中，哈里曼反复提醒尼赫鲁及其他印度领导人，美国想要提供帮助，但是印度必须现实地认识现代国防的费用及复杂性。尽管印度有急切的国防需求，但美国对与巴基斯坦关系的敏感性似乎限制了其向新德里提供长期大量军事援助的能力。因此，美国政府在早已逾期的印度国防军队现代化问题上开始拖延。印度政府希望从美英获得财政援助以支持其为期五年的数额约五亿美元的防御计划。遗憾的是，美国国务院、国防部，以及白宫官员，如腊斯克、麦克纳马拉、邦迪等，都强烈反对这个帮助印度军队现代化的五年计划。他们的这种反对很大程度上是基于这样的假定，即这将会破坏美国与巴基斯坦的关系，并因此危及美国在白沙瓦的军事基地。哈里曼使团认为，在缺乏和解的情况下，美国向印度提供的军事援助越多，巴基斯坦越有可能亲近中国。[1]

1962 年 12 月 18—21 日，肯尼迪与麦克米伦在拿骚会晤，谈及次大陆的防御问题。英国方面认为，在次大陆，来自中国的威胁并不是主要的威胁。美国方面，除了加尔布雷思、塔尔博特和肯尼迪，其他人都不把防御援助项目视为印度和西方国家进一步密切联系的一个机会。美英双方同意向印度提供价值 1.2 亿美元的军事装备，美英各承担 50%。其基本特征是要帮助印度增强其山地师以及提供辅助性的战斗和工程设备。适度数量的援助表明对来自中国的威胁的关注度降低。

影响这一问题决定的是国务院和国防部内部巴基斯坦游说集团的压力。这两个部门都非常重视美国在巴基斯坦白沙瓦的空军基地。他们想把美国对印度的援助限定在这样的水平，即不会导致巴基斯坦撤销对基地设施的使用。[2]

尽管尼赫鲁对拿骚会谈的结果不十分满意，他依然希望有防空方面的安排。但是，在接下来的 11 个月期间（直到肯尼迪政府结束之时），美国对印度的进一步武器援助进展缓慢。

1963 年 1 月 7 日，国家安全委员会南亚问题小组委员会就美国军事援助印度和克什米尔问题的形势报告建议：①组建美英联合防空队。尽最快可能派一支队伍去考察防空需要，美国的队员要在 1 月 15 日离开美

---

① Shivaji Ganguly, *U. S. Policy Toward South Asia*, Westview Press, 1990, p. 87.

② Shivaji Ganguly, *U. S. Policy Toward South Asia*, Westview Press, 1990, p. 89.

国前往伦敦与英国队员会合。②组织美国防御生产队，研究印度需要开发什么样的防御生产设备以及为这种开发需要什么样的外援。③来自英联邦和西欧国家的援助。英国通知英联邦国家，拿骚会议决定向印度提供军援，正在寻求它们的援助合作。美国也正在寻求从法国、德国和意大利政府那里更积极地向印度提供军事援助。④美国船运情况。到目前为止，向印度军援约 0.22 亿美元。大致分为三类：空运装备（包括运费共 7 百万美元）、海运装备（0.124 亿美元）以及其他（2.6 百万美元）。最初空运的物资包括急需的地面军事装备，于 11 月 3—14 日运送。海运装备包括大量援助和步兵装备以及军火，由三艘船只运送，第一艘 1 月 4 日抵达，剩下的两艘估计 13 日抵达印度。其他种类包括：两架"驯鹿"运输机正在运往印度途中，C-119 运输机备件（大部分还未交付），50000 副雪地护目镜（正通过印度国际航空运送），25000 套冬衣（10000 套经空运于 1 月 3 日运达，剩下的经海运），还有各种管理和训练装备。另外，还有一项军事援助项目未被包括在上述费用之中，就是目前在印度的 12 架 C-130 飞机。① 尽管国务院最终拒绝了印度对美国飞机和飞行员的援助请求，但在印度、美国和英国之间达成了一项协议，向印度提供雷达、训练技术人员以及定期联合空中演习。 1963 年 1 月，美英联合飞行队到达印度。② 1963 年 1 月 29 日至 2 月 23 日，美英联合防空使团访问新德里，考察印度空军在万一遇到"中国进一步入侵"情况下组织有效防空的技术需求。

1963 年 2 月 16 日，国家安全委员会南亚问题小组委员会就美国军事援助印度和克什米尔问题的形势报告，谈到美国对印度的军事援助情况。在拿骚会议上达成的援助印度 6000 万美元的最高限额，还没有决定的几乎有 3800 万美元。主要有：1950 万美元的空运、海运（主要是步兵武器、军火、装备，还有两架"驯鹿"运输机），540 万美元用于 C-119 飞机备件（已经开始起运），310 万美元用于美方的 12 架在拉达克以及"东北边境特区"的 C-130 飞机操作费用，550 万美元用于轻武器、军火和通信、医疗设备，430 万美元用于有关工作和管理费用。③ 此外，

---

① "Memorandum for the Executive Committee of the National Security Council", Washington, Jan. 7, 1963, *FRUS*, 1961-1963, Vol. XIX, South Asia, pp. 468-469.

② B. M. Jain, *India and the United States: 1961-1963*, New Delhi: Radiant, 1987, p. 139.

③ "Memorandum for the Executive Committee of the National Security Council", Washington, Feb. 16, 1963, *FRUS*, 1961-1963, Vol. XIX, South Asia, p. 495.

美国还于 1963 年 2 月在新德里设立了 "美国对印度军备供应团"
（USMSM，1967 年撤销）。印美关系达到空前热烈的程度，两国政要频繁
互访。

1963 年 3 月，一份致肯尼迪的报告指出，在有关前线国家的评论
中，印度应予以特别关注，尽管它不是盟友。美国向印度提供经济援助
有一段时间了，大部分是以多边援助方式……近来美国同意与英国以及
其他英联邦国家一起向印度提供军事援助，但由于对印度外交政策和内
部哲学部分内容的过去印象，这个计划的重要性经常被误解。但是，印
度现在证明它决定维持独立免受共产主义控制……"为了我们的和自由
世界的安全，我们认为在目前形势下对印度和巴基斯坦的经济和军事援
助必须继续。"①

1963 年 3 月 22 日，肯尼迪致电加尔布雷思，谈到对克什米尔形势的
担心，唯恐印度在解决克什米尔问题上没有紧迫感。"我非常担心，唯恐
印度从我和腊斯克的讲话中得到这样的想法，即我们已决定长期军事援
助，因此他们可能在克什米尔问题上放松下来"。克莱报告（3 月 20 日
由克莱任主席的委员会报告，建议通过美国的军事援助和经济援助来加
强自由世界的安全）或许加深了他们的这一印象。② 美国认为，中国撤
退不大可能发动新一轮的攻击，因为中国后勤供给有困难，并且担心美
英介入，美国紧急军事援助发挥了一些作用。

1963 年 4 月，国务卿腊斯克在众议院对外事务委员会上指出，中国
共产主义对印度的入侵，对印度公众舆论产生深远影响，对印度政府政
策产生显而易见的影响。在去年秋天的危机时期，印度政府向美国以及
其他西方国家求助紧急援助，美国迅速反应，向他们提供军需品并空运
到东北边境特区。最近，受印度政府之邀，美国联合英国、加拿大、澳
大利亚向印度派遣调查团，调查假如中国共产主义空袭的话印度主要城
市有效防空问题。共产主义中国的入侵使美国援助政策的基础更加突

---

① *The Scope and Distribution of United States Military and Economic Assistance Programs*，Report of
the Committee to Strengthen the Security of the Free World to President Kennedy，20 March 1963，*US-
South Asian Relations 1947-1982*，Vol. 1，p. 268.

② "Telegram from President Kennedy to the Ambassador to India"，Washington，March 22，1963，
FRUS，1961-1963，Vol. XIX，South Asia，p. 523.

出，即在其与共产主义中国的竞争中美国必须援助南亚次大陆。① 4 月末，肯尼迪在他的办公室召开会议，参加会议的有国防部部长麦克纳马拉，国务卿腊斯克，负责南亚和中东事务助理国务卿菲尔·塔波特，乔治·邦迪，邦迪的助理罗伯特·科默，以及鲍尔斯。会议一致的意见（包括腊斯克和麦克纳马拉）是坚决反对帮助印度军队现代化的五年计划，主要理由是，这样做将破坏美国同巴基斯坦的关系。鲍尔斯持相反的意见。他认为，印度受到中国的严重威胁。巴基斯坦最近对中国人的支持增加了印度的忧虑。如果美国不准备这样帮助印度，印度除了转向苏联去寻求军事装备之外，别无其他办法。除了总统本人外，与会者几乎都不接受这种可能性。关于苏联在任何基础上都会给印度以军事装备的看法，他们认为不现实而不加理会。②

　　1963 年 4 月 26 日，肯尼迪认为，美国应该准备继续对印度予以军事支持；关于进一步援助的数量，美国认为在三年时间内从美英得到 3 亿美元的援助应是底线而不是封顶，而印度希望在这一阶段有 16 亿美元的援助；在进一步援助时，美国应拉拢英国一起，在 3 亿美元的项目上与英国五五开那是不现实的；要避免给印度政府留下那样的印象，即美国在援助问题上附加政治条件。③ 美国应就向印度大量军援弄清楚自己的想法，可能有以下因素：①遏制中国沿北部边境的新一轮攻击。②应付来自缅甸方面的军事威胁。③反对中国对东南亚或其他地方的威胁，获得一个事实上的盟友。④巩固自 1962 年中国攻击印度以来印度政治态度产生的变化。美国向印度军援可通过下列方法来支配：为防止新一轮中国的攻击，美方应提供迅速的大量的紧急援助，考虑援助的方式方法；美方应迅速准备把美英联合战斗机飞行中队介绍给印度，要安装雷达和通信设施；应向英国施压，使英国提供给印度的装备有最大可操作性；帮助印度改善公路、铁路等交通设施；印度需要对他们的高级军官进行

---

　　① Rusk's Statement Before the House CFA, 5 April 1963, *US-South Asian Relations 1947-1982*, Vol. 1, p. 269.

　　② [美] 切斯特·鲍尔斯：《鲍尔斯回忆录》，复旦大学集体编译，上海人民出版社 1974 年版，第 204—205 页。

　　③ "Memorandum for the Record", Washington, April 26, 1963, *FRUS*, 1961-1963, Vol. XIX, South Asia, p. 566.

现代训练。①

对美国而言，除了因担心引起巴基斯坦的反对而不情愿向印度提供致命性军事装备之外，关注的重点是在满足印度防御需求方面要走多远。实际上，考虑国内外的种种限制因素，华盛顿并不准备单方面或急切地支持印度，也不愿意作出明确的长期承诺，美国不愿意更深入地卷入印度的防御计划。对印度而言，因为中国对次大陆的压力，急切地需要有效的防空体系，因而需要美英的支持。显然，在印度的需求与美英的供给方面存在着差距。1963 年 5 月，腊斯克、加尔布雷思、桑迪斯与印度政府官员举行了一系列会谈，涉及印度的防御需求以及印巴关于克什米尔问题的会谈进展等。腊斯克在解释了美国的观点之后，指出中国的侵略扩张政策是对整个次大陆的威胁。因此，美国对促进印巴友好关系甚为关切。显然，美英与印度在军事援助数额以及对中国"威胁"的评价方面存在差异。

1963 年 4 月至 5 月，有两个重要的印度使团访问了华盛顿，寻求防御装备支持和援助，希望使印度军队现代化，特别是在空军方面希望得到超音速飞机，希望能从美国、英国及其他国家得到 15 亿美元的援助。尽管美国官方对印度的需求几乎没什么热情，美国还是同意向印度提供一些美国剩余的机床、提供一个小型兵工厂、技术咨询和技术培训中心。

1963 年 6 月初，印度总统拉达克里希南对美国进行国事访问。肯尼迪和拉达克里希南在联合声明中表明两国要共同阻止中国对次大陆入侵的意图。这一表达虽然令许多印度人感到高兴，但并未表示增加对印度的援助。在谈到援助问题时，肯尼迪说，美国渴望美国的援助能在经济和军事方面帮助印度，不足之处是在巴基斯坦引起了真正的危机。美国的援助，包括美国军事力量的存在、雷达援助等，所有这些因素都是中国要考虑的。②

1963 年 7 月 22 日，美、英、印三国政府就加强印度防空达成协议，采取措施防范未来中国可能的空袭。这些措施包括：美国政府向印度政

---

① "Note by Secretary of State Rusk", Washington, May 5, 1963, *FRUS*, 1961–1963, Vol. XIX, South Asia, p. 576.

② "Memorandum of Conversation", Washington, June 3, 1963, *FRUS*, 1961–1963, Vol. XIX, South Asia, p. 610.

府提供雷达及相关通信设备，起初是移动的车载装备形式，随后是固定的雷达装置；为了操作和维护这些装备，美国为印度的技术人员提供培训；美国空军、皇家空军、印度空军将定期在印度联合训练。这些措施，也是早些时候美英联合访印代表团就印度政府的防空请求作出的回应。① 在1963年3月5日，美国大使馆照会印度外交部，就三架美国军用飞机在印度从事与军事援助计划有关工作有时停留在印度民用机场请求印度免除征收着陆费、住房费、停机费等。7月22日，印度作出回应，答应了美方的请求。② 3月5日，美国大使馆还就美国空军军用飞机机组人员签证等问题提出豁免请求，8月29日，印度政府就此问题作出回应，没有同意美方的请求。

在加尔布雷思（1961—1963年）任期届满之后，鲍尔斯被任命为驻印大使，1963年7月中旬走马上任。鲍尔斯对印度非常了解，在杜鲁门政府时期曾任驻印大使。印度人和美国人都认为他是印度的朋友。他支持对印度继续援助，认为印度是南亚的主要力量。上任后，鲍尔斯设法解决印度请求的一项为期5年的5亿美元的国防现代化项目。鲍尔斯认为该项目相对适中，但是美国政府内部争议颇多。由鲍尔斯等人提议的军事援助协议，在印度国防部门的配合下暂时制定出来。该协议设想，提供现代飞机、进一步为山地师提供装备、提供雷达装置，为期五年，每年0.75亿美元。鲍尔斯还说服尼赫鲁与巴基斯坦就国防开支的上限进行谈判。肯尼迪对这种安排非常高兴，计划于1963年11月26日召开国家安全会议。1963年11月中旬，鲍尔斯向肯尼迪报告了他与尼赫鲁关于印度向美国请求军事援助的谈话。肯尼迪指示将全力支持鲍尔斯的建议，不论巴基斯坦出现什么情况，希望鲍尔斯在11月26日的国家安全委员会会议召开之前尽可能地在五角大楼和国务院中取得广泛支持。但是，11月22日，肯尼迪被暗杀，这不仅推迟了原来计划中的协议，而且要根据新总统的看法来对印度的需求进行新的评估。新任总统约翰逊决定派遣麦克斯韦尔·泰勒（Maxwell Tayor）将军前往新德里，对印度的国防需求进一步评估。但是，泰勒的报告并未促使美国决定加快支持印度防御需

---

① Statement by the Department of State on the Indo-US Agreement to Strengthen India's air Defence, 22 July 1963, *US-South Asian Relations 1947-1982*, Vol. 1, pp. 277-278.

② Agreement Effected by Exchange of Notes on Exempting Three US Military Aircraft from Landing and Housing Charges at Civilian Airports in India, 5 March, 22 July 1963, *US-South Asian Relations 1947-1982*, Vol. 1, p. 280.

求。新政府处于国务院、国防部和国会的院外援巴集团的沉重压力下，向印度提供军事援助问题拖延不决。美国政府采取拖延政策，大多数决策者没有预测到如果继续实行这种政策，印度政府或许会转向俄罗斯寻求军事装备。因为认识到巴基斯坦的重要性，考虑到美国在白沙瓦的基地，担心巴基斯坦的不良反应，美国政府感到在支持印度防御需求问题上采取重大步骤是困难的。而且，来自在国务院、五角大楼、国会的"巴基斯坦游说集团"的持续压力，迫使新政府推迟在向印度提供长期防御项目方面作出大量承诺的决定。①

1963年12月，鲍尔斯建议，美国应制订一个对印度的五年军事援助计划，用以交换印度决定控制其军力水平，缩减从苏联集团采购的军事装备，坚持从经济开发中转移外汇最小化，在印巴关系问题上保持克制，与美国合作遏制共产主义中国。国务院、国防部和国际开发署同意，如果美国同印度达成某种理解，那将是非常值得的。一种与印度稳定长期的军事合作政策，将会非常有助于稳定美印之间的关系，有助于促进美印更加密切关系的长期政治目标。印度建立中等军事力量的决定将会减缓印巴紧张。鲍尔斯大使指出，实际上美国已经取得了一些成就，阻止了苏联对印度军事的过分渗透。将会避免从经济开发中转移大量外汇。在过去的三年里，印度平均花费自己0.95亿美元的外汇用于国防，估计在1964财年，这个数字会增加到1.6亿美元，这实际上增加了印度开发项目的压力。美国应该更谨慎地行事，而不是一开始就亮出全部底牌。这样的战术会给美国带来更大的行动自由，可以探测巴基斯坦可能的反应以及在美国决定公开自己的究竟多少计划之前，看一看印度是否确实有充分的反应。美国正在制订一个内部为期五年计划，这个计划还没有透露给印度，就是一个军事援助项目，支持印度军队，抵御中国的威胁。② 到1964年3月中旬，美国政府决定，计划每年向印度提供1亿美元军事援助，为期五年（半送半卖），双方同意装备的数量和类型留待以后决定。但是，国务院和五角大楼还不准备冒丢失白沙瓦基地的风险而向印度提供它所需要的军事援助。

尽管存在这些障碍，1964年5月，鲍尔斯说服了华盛顿达成一项

① Shivaji Ganguly, *U. S. Policy Toward South Asia*, Westview Press, 1990, pp. 95-96.

② "Memorandum for the President", Washington, December 11, 1963, *FRUS*, 1961-1963, Vol. XIX, South Asia, pp. 697-699.

临时协议，大体上可以满足印度的要求。鲍尔斯立即回华盛顿进行最后协商，紧接着印度国防部部长恰范和印度国防部其他官员也到了华盛顿。经过两个星期的协商，美方制订了一项可令人接受的美国对印度军事援助计划，国务卿和国防部部长认为满意，印方也认为满意，约翰逊也准备接受这项计划，定于 5 月 28 日中午在白宫召开最后一次会议，把每件事情都敲定。但是 1964 年 5 月 27 日，尼赫鲁的突然去世打乱了计划，也打乱了原计划 5 月 28 日召开的白宫最终会议。五角大楼和国务院南亚司的官员抓住了尼赫鲁去世的机会，向总统和部长进言，最好的办法是拖下去，一直拖到"云开雾散"。① 但是，在那个时候，甚至是头脑清醒的国务院和白宫的官员也认为白沙瓦基地对美国安全是极端重要的。

在这种情况下，已经不耐烦地等了十八个月的印度政府，决定转向苏联寻求援助。中苏分裂使印度在苏联的全球战略中占有重要的地位。而印度也是善于在大国之间寻求自己的利益最大化。在同美国谈判未果的情况下，1964 年 8 月中旬，以印度国防部部长恰范为首的印度军事代表团前往莫斯科。"两星期后，他们回到印度，得到了他们所要的一切，并且还多一些。"② 苏联向印度提供了其长期以来所要求的"米格—21"飞机，后来还帮助印度建立生产米格飞机的制造厂。印度政府也认清了美国提供援助的适度性。③ 而且，不断增加的中苏分裂也使苏联决策者认识到印度的重要性，莫斯科对印度的请求作出了积极回应。

华盛顿高级官员中因巴基斯坦可能取消白沙瓦基地协定而产生的担心和混乱，无疑是军援协定拖延和最后被否定的最直接原因（尽管美国在政治上以及军事上为白沙瓦基地付出了沉重的代价，但是巴基斯坦于1968 年拒绝重订协议，美国于次年被迫迁出。苏联人成功地劝说巴基斯坦把美国赶出白沙瓦空军基地，而五角大楼曾错误地认为，通过给予巴

---

① ［美］切斯特·鲍尔斯：《鲍尔斯回忆录》，复旦大学集体编译，上海人民出版社 1974 年版，第 254—257 页。

② ［美］切斯特·鲍尔斯：《鲍尔斯回忆录》，复旦大学集体编译，上海人民出版社 1974 年版，第 257 页。

③ 关于此问题，参见尤建设《肯尼迪政府时期美国对印度的军事援助》，《史学月刊》2016年第 8 期，第 130—134 页。

基斯坦将近价值 10 亿美元的军事装备，它已经永久地获得了这个基地①）。还有一个更深刻更令人担心的因素：制定美国外交政策的主要负责人，不仅新总统，还包括腊斯克、麦克纳马拉和罗斯托在内，对亚洲的经济和政治问题理解得很少——不但对南亚如此，对美国卷入已造成可悲后果的东南亚也是这样。鲍尔斯大使反复强调的论点是：亚洲是另外一个世界；人民的希望和担心有着二百年殖民主义的根源；形成亚洲和非洲的力量，并非资本主义或共产主义，而是民族主义。除非美国抓住这些现实并据以制订计划，否则美国就决不会对印度、印度人民和印度将来在东南亚所起的潜在作用有必要的理解。鲍尔斯大使为此作出种种努力。他试图劝说美国高级新闻记者访问印度，了解印度的实际情况和印度人民面临的问题；邀请参众两院的议员们到印度考察实际情况；每两三个月准备一份供国会"内部参考"的综合性备忘录，谈到印度的政治发展、经济增长、印美关系和印度与其他邻国的关系等方面；每隔一定时间分寄给五六十位与大使本人熟悉的美国报界人士的类似的备忘录；给总统、国务卿腊斯克和国防部部长麦克纳马拉定期信函，谈到印度问题和东南亚的一些问题。尽管鲍尔斯大使非常努力，但是最终效果正如大使本人所言，"我必须伤心地承认，我能使其回心转意的人是很少的"。②

美国对印度的军事援助，主要集中在肯尼迪政府时期，与对巴基斯坦的大量武器援助相比，少之又少，简直是"小巫见大巫"（美国对印度和巴基斯坦的军事援助，参见附录 E，表 E-1，表 E-2）。

适度的美国对印度军事援助一直继续，直到 1965 年 9 月因为印巴战争的爆发才暂停。1962 年 10 月至 1965 年 9 月，美国向印度提供的军事援助数量，总数为 0.76 亿美元，还有 0.04 亿美元的赊销计划。这仅仅占印度防御需求的 4%—5%。比较而言，这一时期美国对印度的军事援助，仅仅是前十年期间美国对巴基斯坦军事援助的 1/20。③ 美国南亚政策没有发生结构性的调整变化。

① ［美］切斯特·鲍尔斯：《鲍尔斯回忆录》，复旦大学集体编译，上海人民出版社 1974 年版，第 339 页。

② ［美］切斯特·鲍尔斯：《鲍尔斯回忆录》，复旦大学集体编译，上海人民出版社 1974 年版，第 261 页。

③ Shivaji Ganguly, *U. S. Policy Toward South Asia*, Westview Press, 1990, p. 97.

美国政府不愿突破临界点而支持印度的防御计划。尽管美国也向印度提供了一些军事赠予以及军事销售信贷，但美国在尖端武器系统、先进战斗机等重要问题上及其他一些与国防相关问题上踟蹰不前。

（二）经济援助和技术援助

印度"三五"计划（1961—1966 年）的主要目标是保证国民收入每年增加 5%；增加农业生产，粮食达到自给自足，并满足工业和出口的需要，发展钢铁、化学、燃料和动力基础工业，为进一步工业化增强机器制造能力；减少收入和财富的不平等，最大限度地利用人力资源，保证大量增加就业机会。"三五"计划开始时，印度的计划制订者们认为，印度经济已进入"起飞阶段"，头两个五年计划已经建成经济发展所必需的体制结构。因此，"三五"计划的目标是建成自力更生的经济体系。但是，"二五"计划的实施情况也证明，农业生产的增长是限制印度经济发展的主要因素。"三五"计划提出增加农业生产，实现粮食自给，满足工业化需要的目标，但是实施过程中，继续优先发展重工业，农业没有受到真正的重视。"三五"计划期间重工业得到迅速发展，轻工业和消费品工业的发展严重不足，农业出现了负增长，通货膨胀进一步加剧，整个经济陷入困境。经过 1966—1969 年三个年度计划的调整，特别是实行了农业发展新战略，加强了农业生产，使经济得到一定程度的好转。"三五"计划指标完成情况：国民收入平均每年增长率指标为 5%，实际增长为 6.7%；农业生产平均每年增长率指标为 5.2%，实际平均每年下降 2.98%，工业生产平均每年增长率指标为 13.8%，实际增长 8.7%。① "四五"计划（1969—1974 年）确定了"稳步增长"和"逐步实现自力更生"两大主要目标。但实施的结果很不理想，通货膨胀继续加剧。

在肯尼迪看来，在亚洲与共产主义的长期斗争，依赖于印度怎样解决其问题。作为参议员时，1960 年 9 月肯尼迪就已经表达了其观点：如果印度解决其经济问题失败，如果其经济增长逐年落后，而在 1950 年与印度在同一水平的共产主义中国经济以 10%—12% 的速度增长，那么对于亚洲霸权的争夺将会失去。② 在其他场合，肯尼迪谈到，如果印度失

---

① 四川大学南亚研究所：《印度经济》，人民出版社 1982 年版，第 147 页。

② The Speeches, Remarks, Press Conference and Statements of Senator John F. Kennedy, August through 7 November 1960, Washington D. C. , *US Government Printing Office*, 1961, p. 353.

败，亚洲将会失败，如果印度失守，非洲将会失守。① 作出这样的评论，很显然说明美国不再遵循杜勒斯的地缘政治政策（强调巴基斯坦的战略重要性）。美国增加对印度的经济援助的其他主要因素是由于中国和印度之间边界摩擦。由于这些事件，在经济援助方面美国所支持的物质急剧增加。印度的对外政策也有相应的变化。在日内瓦举行的关于老挝问题的四国会议上，印度代表团强烈支持西方国家反对苏联（苏联在其和平计划中要求否决权）。1961 年，在刚果问题上，印度支持美国反对苏联。加尔布雷斯把这种动机部分地归因于美国慨然允诺武器交付。②

1961 年 5 月，美国副总统约翰逊访问印度。约翰逊向尼赫鲁表示，肯尼迪希望美国对印度"三五"计划的援助在数量上巨大，形式上有效。讨论了和平队。尼赫鲁强调了经过良好训练的和平队志愿者的重要性，对与和平队队长的会谈表示满意。③

1961 年 11 月，尼赫鲁访问美国。与肯尼迪会谈，内容涉及和平解决柏林问题、南亚和东亚人民的自由与和平保证问题、核试验与裁军的控制问题、美国与印巴关系问题、加强联合国作用问题等。

1963 年 4 月 23 日，负责非洲、亚洲和拉丁美洲事务的美国总统特别代表和顾问，在得克萨斯大学指出，如果没有美国的慷慨援助，印度民主的前景在今天不会那么光明。在过去 15 年，在经济援助方面美国提供给印度的赠予或贷款有 39 亿美元。其中约 55%是以剩余农产品方式，如小麦、棉花、玉米等。还有 42%以美元形式购买材料，钢铁、铁路运输设备、机械等，大部分是在美国制造并由美国工人生产的。剩下的是用于技术顾问与指导。"……我们期望，只有通过一个自由的、不断强大而自信的印度，才能看到在亚洲对共产主义中国的政治和军事制衡的发展。……巴基斯坦利用美国援助同样取得巨大进步，这两个国家是维持

---

① The Speeches, Remarks, Press Conference and Statements of Senator John F. Kennedy, August through 7 November 1960, Washington D. C. , *US Government Printing Office*, 1961, p. 345.

② Sattar Baber, *U. S. Aid to Pakistan: A Case Study of the Influence of the Donor Country on the Domestic and Foreign Policies of the Recipient*, Karachi: Pakistan Institute of International Affairs, 1974, p. 95.

③ Indo-US Joint Communiqué, 19 May 1961, *US - South Asian Relations 1947 - 1982*, Vol. 1, pp. 247-249.

未来南亚安全、抵御来自共产主义中国压力的关键。"①

1963 年 6 月 11 日，国务卿腊斯克就 1963 年对外援助计划进行说明。他指出，"就印度而言，直到最近美国援助一直以经济援助为主，1962 年中国入侵……西方国家提供了经济和军事援助。……有人担心美国援助花费太多，只会加强一个中立主义国家而使美国失去了真正的盟友巴基斯坦"。腊斯克指出，次大陆的安全是不可分割的，美国希望维持和提高与盟友巴基斯坦的关系。印度依然是不结盟但坚定地反对共产主义中国的威胁……自由世界的其他国家将会分担对印度和巴基斯坦的援助，美国继续要求它们这样做。②

1959—1963 年，美国提供了总价值 40 亿美元的经济援助；这同此前 1947—1959 年美国向印度提供的 17 亿美元援助形成了鲜明对比。③ 这还不包括美国向印度提供的数十亿美元的农业援助。1963 年 8 月 8 日，印美就塔拉普尔民用原子能合作达成协议，10 月 25 日生效。根据协议美国向印度的塔拉普尔核电站提供浓缩铀，为期 30 年。印度请求美国援助修建波卡罗钢厂，在 1963 年 9 月遭到美国国会反对后，撤回请求。肯尼迪年代大致与印度"三五"计划的前几年时间上一致，印度积极地寻求外资来实现"三五"计划的目标，两国建立起紧密的援助关系。印度计划投资 218 亿美元，其中 21% 资金需要外援来提供。肯尼迪认为，这样的援助从长期来看符合美国的安全利益。肯尼迪政府对外援助的一个突出特点是强调多边援助，"负担共享"，为此，肯尼迪政府积极推动国际援印财团等机构对印度的援助。

五　对巴基斯坦的援助

巴基斯坦注意到，国际形势的发展与 20 世纪 50 年代有所不同。阿里·布托（1957 年任巴基斯坦驻联合国大使，1958 年任商务部部长，1962 年成为巴基斯坦穆斯林联盟议会领袖，1963—1966 年任外交部部

① Statement by the President's Special Representative and Adviser on African, Asian, and Latin American Affairs at the University of Texas, Austin, Texas, 24 April 1963, *US - South Asian Relations 1947-1982*, Vol. 1, pp. 270-271.

② Statement by Secretary of State Rusk on the Foreign Aid Programme for 1963 before the Senate CFR, 11 June 1963, *US-South Asian Relations 1947-1982*, Vol. 1, pp. 274-275.

③ ［澳］内维尔·马克斯韦尔：《印度对华战争》（中译本），生活·读书·新知三联书店 1971 年版，第 231 页。

长），政府政策的负责人之一，当时就注意到杜勒斯时代已经结束，一种新的形势正在出现——这种形势要求实行一种比 1958 年之前更加灵活的外交。布托指出，面对日益变化的欧洲和苏联的发展，世界已经从"杜勒斯主义"发展到"戴维营精神"。这些变化在亚洲也可以看到，这就意味着美国对外政策的重新定位。①

对于美国总统大选，巴基斯坦认为共和党候选人、副总统尼克松是巴基斯坦的朋友，担心民主党候选人肯尼迪当选会加速对印友好。作为参议员，肯尼迪批评杜勒斯迷恋与第三世界国家的军事条约，并积极主张向印度提供长期开发援助。对于肯尼迪的当选，在巴基斯坦是不怎么受欢迎而在印度是受欢迎的。肯尼迪经常提及尼赫鲁的"伟大"，主张增加对印度的援助，依赖长距离的导弹而不是均势。所有这一切，都导致了巴基斯坦对华盛顿新政府的不安。肯尼迪任命密友、著名的哈佛经济学家加尔布雷思出任新的驻印大使，任命前驻印大使鲍尔斯为国务卿腊斯克的副手，总统本人对南亚事务非常感兴趣。国家安全委员会官员罗伯特·科默主张发展与印度更为密切的关系，并认为艾森豪威尔政府向巴基斯坦提供武器犯了大错。② 主要的民主党人又发出反对美巴军事联盟的声音。比如，切斯特·鲍尔斯就说："为了取悦 0.8 亿巴基斯坦人而疏远 3.6 亿印度人是一个糟糕的算法。"③ 巴基斯坦的政治观察家认为，随着肯尼迪的胜利，美国的南亚政策将会在很大程度上受鲍尔斯和斯蒂文森所指挥，这两人过去都是印度非常要好的朋友。

肯尼迪希望独立国家经济上强大，以便它们能够从"起飞"进入"自我持续经济增长"阶段，美国的军事力量就可以支持其反对共产主义的入侵。从军事援助向经济援助的转变是支持美国的兴趣从巴基斯坦向印度转变的主要因素。因此，肯尼迪试图向印度提供大量经济援助，为了使之成为反共产主义发展的橱窗。肯尼迪政府对巴基斯坦军事援助的请求依然冷漠。实际上，肯尼迪政府对中立国家采取同情态度，并且认为东南亚条约组织和其他军事联盟价值不大。巴基斯坦认为肯尼迪政

---

① Sattar Baber, *U. S. Aid to Pakistan*: *A Case Study of the Influence of the Donor Country on the Domestic and Foreign Policies of the Recipient*, Karachi: Pakistan institute of international affairs, 1974, p. 93.

② Dennis Kux, *The United States and Pakistan*, *1947-2000*: *Disenchanted Allies*, Baltimore and London: The Johns Hopkins University Press, 2001, p. 116.

③ Z. A. Bhutto, *The Myth of Independence*, Lohore: Oxford Univ. Pr., 1969, p. 57.

府将不再对巴进行充分帮助。①

　　1961 年 5 月，副总统约翰逊访问巴基斯坦。在卡拉奇的总统府，巴基斯坦总统阿尤布·汗与美国副总统约翰逊在坦诚友好的气氛中进行了会谈。副总统约翰逊代表总统肯尼迪和美国人民向阿尤布和巴基斯坦人民表达了友好祝福和温暖而美好的祝愿。约翰逊表示，美国期望着阿尤布·汗 11 月对美国的访问，并个人邀请阿尤布在美期间访问他位于得克萨斯的家庭牧场。阿尤布·汗愉快地接受了邀请。约翰逊向阿尤布·汗递交了肯尼迪的亲笔信，并指出肯尼迪希望他与巴基斯坦以及其他南亚和东南亚国家领导人进行讨论，采取进一步措施来强化自由与和平，提高人民福祉。双方深入交换了对地区和国际问题的看法。在会谈中，阿尤布·汗和约翰逊表示，双方有着许多共同的目标，需要进一步加强合作。双方讨论了向巴基斯坦派遣和平队队员计划。阿尤布对在健康、教育、农业领域工作的和平队队员特别感兴趣。② 会谈中，阿尤布·汗强烈要求美国利用其大量的经济援助项目以及印中矛盾发挥其平衡作用，使尼赫鲁在克什米尔问题上回到谈判桌前。约翰逊向肯尼迪汇报时称赞阿尤布是他遇到的印象最深刻、最负责任的国家领导人。 5 月 23 日，副总统约翰逊致总统肯尼迪的"出使东南亚、印度和巴基斯坦"备忘录中，对阿尤布·汗作了如下评价：巴基斯坦的阿尤布·汗给人留下了非常深刻的印象。他适合做那里的领导人而其他人却不（适合），他自信、直截了当、值得信赖。……阿尤布·汗非常聪明地意识到巴基斯坦的战略地位，他希望巴基斯坦军队更加现代化，希望解决克什米尔争端，把印巴军队解脱出来以遏制中国而不是相互敌对。③ 约翰逊的报告并未提高巴基斯坦在肯尼迪心目中的地位。世界银行组织的援巴财团 1961 年 6 月 5—7 日第一次会议，美国决定向巴提供 1.5 亿美元，德国和英国分别提供 0.25 亿美元和 0.196 亿美元，仅相当于援印财团提供量的

---

　　① B. K. Mohapatra, *United States-Pakistan Military Alliance-A Study of Stresses and Strains*, Ajanta Publications, Delhi, 1998, p. 69.

　　② US-Pakistan Joint Communique, 20 May 1961, *US-South Asian Relations 1947-1982*, Vol. 2, pp. 192-194.

　　③ Memorandum of Vice President Lyndon B. Johnson to President John F. Kennedy on his "Mission to Southeast Asia, India and Pakistan", 23 May 1961, *US-South Asian Relations 1947-1982*, Vol. 2, p. 194.

1/10。① 1961 年 6 月援巴财团会议，向巴提供援助保证从 3.2 亿美元急剧增加到 9.45 亿美元，其中美国在向其他国家施压增加援助方面起到了关键作用。对巴的军事援助继续维持在每年 0.5 亿美元的水平，与 1959 年艾森豪威尔政府采取的军售政策一致。在美国，特别是在军界和情报部门，巴基斯坦和阿尤布的威望依然很高。②

1961 年 6 月，负责国际组织事务的副助理国务卿加德纳（Richard N. Gardner）在参议院对外关系委员会就国际开发与安全问题举行的听证会上指出，美国参加了印度河流域发展基金，是对多边努力的支持，解决了印巴两个亚洲国家之间长期的分歧。……美国 1962 财年请求 0.169 亿美元，来满足美国承担份额。③ 负责近东和南亚事务的助理国务卿菲利普斯·塔尔博特在听证会上指出，1960 年巴基斯坦坚定地抵抗住了苏联的压力和威胁，特别是在 U-2 飞机事件后，经受了来自苏联集团和中立国家的充满敌意的宣传攻击。巴基斯坦政治家在私人场合以及各种世界论坛都强烈地为自由世界辩护。巴基斯坦依然是东南亚条约组织和中央条约组织的坚定成员。④

1961 年 7 月 6—10 日，阿尤布·汗访问美国前夕，召开由美联社、ABC、NBC 等媒体参加的记者会，谈了对国际局势、美巴关系和美印关系的看法。阿尤布·汗认为，美国希望支持那些依然想保持中立的中立国家，对此巴方能够理解。但是，如果美国的政策是要支持那些中立国家反对美国的朋友，那么这就非常值得关注。以美国对印度的支持来举例说明。巴方能够理解美国对印度的经济支持，尽力而为地帮助印度安置好并提高其民众的生活水平。但是，如果要采取进一步措施加强印度军事方面，尽管美国的意图是要使印度对抗中国，从巴基斯坦的经历而言，巴基斯坦与印度比邻而居，了解这个国家的一切，这个国家的军事

① Dennis Kux, *The United States and Pakistan*, *1947-2000*: *Disenchanted Allies*, Baltimore and London: The Johns Hopkins University Press, 2001, pp. 118-120.

② Dennis Kux, *The United States and Pakistan*, *1947-2000*: *Disenchanted Allies*, Baltimore and London: The Johns Hopkins University Press, 2001, pp. 127-128.

③ Statement by Richard N. Gardner, Deputy Assistant Secretary of State for International Organization Affairs, on the Indus Basin in the Hearings Before the Senate CFR on International Development and Security, 8 June 1961, *US-South Asian Relations 1947-1982*, Vol. 2, pp. 194-195.

④ Statement by Phillips Talbot, Assistant Secretary of State for NEA, in the Hearings Before the Senate CFR on International Development and Security, 12 June 1961, *US-South Asian Relations 1947-1982*, Vol. 2, p. 195.

力量是巴基斯坦的三倍之多，会被用于威胁和压迫巴基斯坦。巴基斯坦人民的感觉就是，美国在巴基斯坦周边的政策对增加巴基斯坦的问题有效果影响，巴基斯坦不知道美国在追求什么。巴基斯坦人民很困惑，他们不能理解这一点，也不能理解这一哲学和逻辑。①

1961 年 7 月，阿尤布·汗访问美国。其主要目的是企图影响美国改变其"重印轻巴"的政策。访问期间，阿尤布·汗表达了对美国南亚政策的深切关心。阿尤布·汗在美国国会发表演说，对美国向巴基斯坦的援助表示感谢。美国与巴基斯坦有许多共同利益，巴基斯坦在许多国际事务上坚定地支持美国。②"我向你们保证，我们对贵国事务表示最为深切的关心，我们希望你们对我国的事务表示同样的关心，因为如果遇到真正的麻烦，亚洲没有别的国家你们可以依赖。支持你们的民众，只有巴基斯坦人，如果你们准备支持他们。"③ 阿尤布·汗声称，他非常关心正在升温的印美关系。他不是反对一种亲印的政策，而是反对此政策可能对巴基斯坦造成的后果。他坦率地怀疑，通过增加对巴基斯坦安全的威胁，美国能够得到什么好处？"实际上，他们认识到可能会引起的全面后果了吗？并且，通过这一政策，他们的利益会得到提升吗？"在华盛顿举行的全国新闻俱乐部记者招待会上，阿尤布·汗表示，美国对印度日益增加的援助将会破坏美巴关系。如果要给予印度任何武器援助，巴基斯坦会自然而然地感觉到更加不安；而且在巴基斯坦自然而然的也会存在巨大的公众舆论压力反对此事，并且会对巴基斯坦与美国的友谊带来巨大的紧张。④ 肯尼迪与阿尤布·汗就两国政府共同关系的问题进行了友好坦诚的交流。这次访问也为两国总统提供了一次及时交流的机会，建立个人间的认识，交流彼此观点（在过去几个月通过通信来交流）。两国总统回顾了国际形势，认识到最近在柏林、东南亚（特别是在老挝）发生的事件的危险性。两国总统共同审视了对南

---

① Ayub's Interview with NBC Correspondent Welles Hangen in Karachi, 10 July 1961, *US-South Asian Relations 1947-1982*, Vol. 2, pp. 197-198.

② Ayub's Statement at a Joint Session of the US Congress, 12 July 1961, *US-South Asian Relations 1947-1982*, Vol. 2, pp. 198-199.

③ B. K. Mohapatra, *United States-Pakistan Military Alliance-A Study of Stresses and Strains*, Ajanta Publications, Delhi, 1998, p. 71.

④ Ayub's Press Conference at the National Press Club, Washington, D.C., 13 July 1961, *US-South Asian Relations 1947-1982*, Vol. 2, p. 199.

亚次大陆自由民众所造成的威胁，认为这一地区每个国家的完整和独立深深依赖于所有这些国家之间的友谊与合作。分歧问题的解决，需要各方有远见的政治家的才能，是一个迫在眉睫的需要。阿尤布·汗重申了巴基斯坦政府在相互尊重和巴基斯坦领土完整基础上与所有邻国保持友好关系的愿望与目标。肯尼迪表示美国希望看到克什米尔问题的令人满意的解决，但是拒绝使用经济援助作为杠杆在克什米尔问题上向印度施压。出于对肯尼迪政府正在考虑向印度提供军事援助的担心，阿尤布·汗警告说，这将会使巴退出条约和联盟。肯尼迪否认他正考虑此事，并承诺如果要考虑向印度提供军事援助他将会与阿尤布·汗商谈。"如果发生了诸如与中国迫在眉睫的战争之类的情形，印度向美国寻求军事援助，那么我们会与巴基斯坦商量并看看采取哪种方式最为合适。但是，我们现在无意向印度提供军事援助。如果美国的政策有变化，肯尼迪将首先与阿尤布商议。"① （但是， 1962 年 11 月，美国向印度提供武器，肯尼迪并没有与阿尤布·汗商量，使巴领导人非常生气。）关于经济援助，肯尼迪承诺，在下一次世界银行援巴财团会议上，美国将大量增加援助份额。美国国际开发署随后提供了为期两年 5 亿美元的援助。阿尤布·汗还谈到西巴灌溉排水设施落后，造成农产品减产，肯尼迪表示将派专家去了解一下情况看如何解决。阿尤布·汗访美非常成功，给美国总统、政府、民众及报界留下了良好的印象。阿尤布·汗的访问与美巴经济合作十周年巧合，提供了一个难得的机会对巴基斯坦的经济开发项目进行全面的回顾。两国总统讨论了在农业、工业生产、通信、教育，以及其他要为巴基斯坦民众带来更好生活的项目方面所取得的巨大成就。他们同意需要外部援助来满足实现目前的五年计划的资金需要，讨论了由国际复兴开发银行发起的即将召开的提供必要援助的财团会议。② 在 7 月 14 日由美国远东工商委员会主办的午宴上，阿尤布·汗发表讲话，"这是我第四次访美。此前三次，与军事事务有关，……主要由

---

① Memorandum of Conversation Between Presidents Kennedy and Ayub, July 11, 1961, *FRUS*, 1961–1963, Vol. XIX, p. 74.

② US Pakistan Joint Communique, 13 July 1961, *US–South Asian Relations 1947–1982*, Vol. 2, pp. 199–201.

我负责这一块"。① 在纽约的记者会上，阿尤布·汗指出，当木牌倒下时，巴基斯坦将会是在亚洲支持美国的唯一朋友……为了我们的利益，我们是你们真正的朋友；我认为，你们的利益也需要我们这些你们的朋友们来支持，我们是言而有信一诺千金的人"。②

阿尤布·汗访美引起印度统治者的不安，尼赫鲁带头发动反巴宣传，指责阿尤布·汗访美言行是"一出戏""不知羞耻""出于仇印和好战心理"，并在印占克什米尔地区加强了军事部署，引起印巴关系空前紧张局面。③

阿尤布在一些场合对美国正在放弃巴基斯坦这个好朋友的事实表示了愤怒。肯尼迪回复到，他保证美国没有放弃"朋友"。巴基斯坦的军事问题不会出现困难，并且在对这个地区给予军事援助之前要与巴基斯坦商量。④ 当印度军队开往果阿和其他几个葡萄牙属地，美国政府没有采取任何行动，巴基斯坦也非常不满。大多数巴基斯坦人开始认为，如果印度在巴控克什米尔地区也这样做，美国也不会介入，并可能找到各种不欲为之的种种理由。实际上，巴基斯坦领导人已公开的怀疑过联盟的价值和有效性，因为针对所谓的印度入侵的威胁美国未能提供适当的保护。⑤

1961年8月，阿尤布·汗在巴基斯坦国际事务学院发表演说，指出：巴基斯坦被分成两部分。西巴被三个强大的亚洲国家所包围着。"一个实际上是敌视我们的，其他两个与我们有意识形态的冲突。处于这样形势下，我们怎样得到安全保证呢？它不需要大量的军事知识、战略知识、地缘政治知识。在这种环境下能够保证我们安全的唯一之途是

---

① Ayub's Speech at the Luncheon Hosted by the Far East America Council of Commerce and Industry at the Waldorf-Astoria Hotel, New York, 14 July 1961, *US-South Asian Relations 1947-1982*, Vol. 2, pp. 201-202.

② Ayub's Press Conference at the Waldorf-Astoria Hotel, New York, 17 July 1961, *US-South Asian Relations 1947-1982*, Vol. 2, p. 203.

③ 《一九六一年巴基斯坦同印度的关系》（1961年1月1—12月31日），中国外交部档案馆解密档案，档案号：10501052-04。转引自韩晓青《20世纪60年代初期巴基斯坦从根本上改变巴中关系的原因探析》，《国际论坛》2011年第2期，第45—50页。

④ B. K. Mohapatra, *United States-Pakistan Military Alliance-A Study of Stresses and Strains*, Ajanta Publications, Delhi, 1998, p. 70.

⑤ B. K. Mohapatra, *United States-Pakistan Military Alliance-A Study of Stresses and Strains*, Ajanta Publications, Delhi, 1998, p. 70.

交朋友，交那些对我们的安全、自由、进步感兴趣的强大的朋友。因此，交朋友一直是我们努力和实践的目标。这也是为什么我们加入诸如中央条约组织和东南亚条约组织的原因，这也是我们为什么与美国结成军事盟友的原因。我们认为，他们对我们的安全感兴趣。我们认为，他们希望看到我们自由、繁荣昌盛。美国一直是在经济领域我们非常好的朋友。他们向我们提供军事装备，以使我们通过自己的努力能够保卫自己，这不仅是他们的努力也是我们大量努力。然而，希望他们在一些政治领域给予我们完全的支持是困难的。毕竟，他们也有自己的局限性。"①

1962 年 6 月，肯尼迪就 1961 财年共同安全计划致国会的报告指出：巴基斯坦，"二五"计划准备提供约 55 亿美元，是"一五"计划的二倍多。该计划要增加国民生产总值 20%，人均收入 10%，农产量 14%，在电力、交通、通信设施等方面取得巨大进步。在 1961 年，美国提供了 0.956 亿美元的防御支持用于为进口提供资金；提供 0.075 亿美元用于技术合作；0.272 亿美元开发贷款基金，贷款用于交通、电力、港口、水供给以及开发银行担保。此外，提供了价值 0.452 亿美元的剩余农产品，这些销售收入的大部分将会被用于为经济发展项目提供资金。印度河河水条约规定，要发展灌溉、电力、控制洪水项目，为印巴使用。伴随着印度河流域发展基金协定，世界银行、巴基斯坦、美国、加拿大、澳大利亚、德国、新西兰、英国，将会在 10 年期间提供 9 亿美元为发展提供资金。美国份额是 5.17 亿美元，包括从销售剩余农产品所得的一些当地货币。②

1962 年 6 月，巴基斯坦外长阿里指出，美国是对巴基斯坦经济发展显示具体兴趣的首批国家之一。巴基斯坦也从加拿大、澳大利亚、英国、德国、新西兰、瑞典等国家接受大量援助，从一些国际组织，如联合国、世界银行、福特基金会等接受援助。在强调国家经济发展重要性的同时，必须采取措施抵御外部危险。这实际上意味着为了保卫国家完整，必须建立自己的军事力量。最近十年是全球性冲突危险不断发生、

①　Ayub's Address at the Pakistan Institute of International Affairs, 25 August 1961, *US-South Asian Relations 1947-1982*, Vol. 2, pp. 202-203.

②　Report by President Kennedy to Congress on the Mutual Security Programme for FY 1961, 11 June 1962, *US-South Asian Relations 1947-1982*, Vol. 2, pp. 204-205.

日益增加的时期，很多国家在军备上花费巨大。以巴基斯坦有限的资源，绝不可能跟上其他国家军备建设的步伐。这也是巴基斯坦为什么要加入地区性的安全协定的主要原因。巴基斯坦的对外政策应该是灵活的，适应不断变化的形势，不能是僵硬死板的。巴基斯坦的对外政策应该是既不亲美、也不亲苏、不亲中，不亲任何西方或东方集团。但它肯定是亲巴基斯坦的。①

1962 年 7 月 12 日，国务卿腊斯克举行记者招待会。腊斯克指出，在许多问题上美国与巴基斯坦定期联系。……美国的两个朋友印度和巴基斯坦，他们之间存在问题，不可避免地会对美国与他们之间的关系造成紧张影响，但是总体来看，美国与巴基斯坦的关系情况良好。②

1962 年 9 月 24 日，肯尼迪与阿尤布·汗在罗得岛的新港举行了非正式会谈。两国总统继续了在 1961 年阿尤布·汗进行国事访问期间建立的个人友谊。两国总统坦诚友好地谈论了世界形势，就美巴共同关心的问题交流了看法。③

1962 年秋，阿尤布·汗参加联合国会议，与肯尼迪又一次会谈。在 9 月 24 日的会谈中，阿尤布·汗再次重申美国对印度的大规模经济援助会对巴基斯坦的安全造成威胁，印度可以通过它转移资源建立军队并在克什米尔问题上对巴采取强硬不妥协态度。肯尼迪再次拒绝了利用经济援助作为手段在克什米尔谈判问题上向印度施压。

中印边界战争爆发时，正值古巴导弹危机，美苏冷战紧张对抗。战争开始后，亲苏的印度国防部部长梅农被撤职，印度开始向西方寻求军事援助。美国南亚问题专家、国家安全委员会委员科默（Robert Komer）认为，中印边界战争为美印关系的发展提供了千载难逢的机会，要求对印度寻求军事援助作出积极反应，并主张向阿尤布·汗施压，要求阿尤布·汗向新德里保证，印度为与中国的冲突转移军事力量是安全的。④

---

① Statement by Foreign Minister Mohammad Ali in the National Assembly of Pakistan, 27 June 1962, *US-South Asian Relations 1947-1982*, Vol. 2, pp. 205-206.

② Secretary of State Dean Rusk's News Conference, 12 July 1962, *US-South Asian Relations 1947-1982*, Vol. 2, pp. 206-207.

③ US-Pakistan Joint Communique, 24 September 1962, *US-South Asian Relations 1947-1982*, Vol. 2, p. 207.

④ Memorandum from Robert Komer to Assistant Secretary Talbot, October 24, 1962, NSF, India, Memos and Misc., LBJL. Dennis Kux, *The United States and Pakistan*, *1947-2000*: *Disenchanted Allies*, Baltimore and London: The Johns Hopkins University Press, 2001, p. 130.

副国家安全顾问卡尔·凯森（Carl Kaysen）建议肯尼迪如果印度作出请求那么应向其提供军事援助，并要求阿尤布·汗作出一些重要姿态，如公开中断与中国的边界谈判。① 驻巴大使麦康瑙希（McConaughy）要求阿尤布·汗对印度作出同情和控制的积极姿态，认为这将会使印度在克什米尔问题上更易处理、更具灵活性。阿尤布·汗表示不会阻止印度人，但也不会对印度抱有多大同情，要求美国利用此机会向印度施压解决克什米尔问题。

　　1962 年 10 月，肯尼迪对由于中印边界冲突所引发的紧张局势表示惊慌，通知阿尤布·汗美国准备向印度提供力所能及的帮助以满足其紧急需求，并保证他们向印度提供的任何帮助都只会用于反对中国。……肯尼迪建议，巴基斯坦或许可以采取一种有效的方式，如阿尤布向尼赫鲁发送私人信件，表示巴基斯坦不会在边界采取令印度惊慌的行动。肯尼迪指出，他这样做是希望并相信，印度正在经历的痛苦会教育他们认识到，来自北方的威胁与次大陆内部的争吵相比，是多么的重要。② 美国对新德里的请求迅速作出回应，但是决策者忽视了肯尼迪曾经对阿尤布·汗作出的承诺。美国作出改变之前未能就决定向印度提供军事援助与阿尤布·汗商议，这深深地伤害了阿尤布·汗的感情。阿尤布·汗在11 月 5 日的复函中指出，15 年来，印度是巴基斯坦的主要军事威胁。配备美英装备的印度军队，是巴基斯坦军力的 3—4 倍，并公开宣称，巴基斯坦是它的敌人。印度 80% 或者更多的军队过去一直专门用来对付巴基斯坦，其中大部分集中于巴基斯坦的边界，十日之内可进入战备状态。这些年来，巴基斯坦一直暴露于这些侵略的图谋之中。因此，总体而言，这 15 年来巴基斯坦一直处于动荡状态，这种状态是印度强加于巴基斯坦的。紧接着，近来印中严重冲突导致了对巴基斯坦的进一步关注。根据巴基斯坦掌握的有限的信息，认为中国的意图似乎是要占有它们认为属于它们自己领土，这些领土中印之间存在争端。然而，从军事上来看，巴基斯坦认为中国不会让军队主力通过困难的喜马拉雅地区以取得决定性的结果来对印度施加影响，即使它有这种意图，它也会通过缅甸

---

　　① Memo from Kaysen to Kennedy, October 26, 1962, *FRUS*, 1961–1963, Vol. XIX, pp. 351–352.

　　② President Kennedy's Letter to President Ayub (Summarized by Ayub Khan in His Autobiography), 28 October 1962, *US–South Asian Relations 1947–1982*, Vol. 2, p. 208.

迂回包围印度。在巴基斯坦看来，这样做更简单、代价更低。如果中国意图不受此局限，它们要扩张到阿萨姆地区，巴基斯坦将会像印度一样关注，因为东巴将会直接受到影响。在次大陆以及印度周边发展成这样一种局势，是由于尼赫鲁及其阁僚歪曲错误思想的直接结果，是其奉行毫无根据的对外政策的结果。"总统先生，现在你要求我们向尼赫鲁先生作出一种保证，使他能够调动目前正针对我们的军队到其他地方。我非常吃惊对我们提出这样的要求。我们一直所做的，仅仅是遏制印度不断施加给我们的威胁。……对您所作出的向印度提供的武器不会用来反对巴基斯坦的保证，我非常感激。您非常慷慨，但要知道您所打交道的那个民族，其历史就是不断打破誓言的故事。我们相信，印度现在正从你们那里获得的用于反对中国的武器，毫无疑问一有机会就会用来反对巴基斯坦。根据您所作出的庄严承诺，即在你们向印度提供任何军事援助之前会与我们商量，我们的确期望现在正在向印度提供武器和装备的过程中，其种类和数量可以被商量被通知。很遗憾，这方面什么也没有做。"① 关于美国寻求巴基斯坦向印度的保证，11 月 12 日阿尤布·汗致电肯尼迪，"总统先生，要求我们这样做我感到非常吃惊，这个问题的答案不在于此而在于别处，在于建立一种使我们免于印度威胁的局面，在于印度人不要对我们有非分之想。而这些只有在克什米尔问题解决之后才能做到"。阿尤布·汗对肯尼迪违背诺言感到非常遗憾。关于美国作出的向印度提供的武器不会用来反对巴基斯坦的承诺，阿尤布·汗略带讽刺地说道，"你们倒是很宽宏大量，但是，我们了解我们正在打交道的那种人，他们的历史就是一部背叛诺言的连绵不绝的谎言史，印度现在从你们那里得到的用来反对中国的武器，毫无疑问只要一有机会就会首先用来反对我们"②。

1962 年 11 月，肯尼迪就向印度提供军事援助，向巴基斯坦作出保证，"我们向印度提供军事援助的时候，我们注意到与巴基斯坦的结盟。我们所有对印度的援助，是用于击败中国共产主义颠覆的目的。中国对次大陆的入侵，与对印度一样，对巴基斯坦也是一种威胁。印巴在反对

---

① Ayub's Reply to Kennedy's Letter of 28 October 1962, 5 November 1962, *US-South Asian Relations 1947-1982*, Vol. 2, pp. 208-209.

② State Department Telegram to Embassy Karachi, November 13, 1962, Transmitting the Text of Ayub Letter to Kennedy, *FRUS*, 1961-1963, Vol. XIX, pp. 377-380.

此类入侵方面有共同利益。……我们对印度的帮助绝不是减少或限制我们对巴基斯坦的承诺。这一点印巴两国政府都要搞明白"。① 巴基斯坦外长阿里在国民议会就美国向印度提供大规模武器指出，武器以异常的速度大规模涌入印度，而不是最初所探讨的尽可能地通过谈判解决，这多少令巴基斯坦有些遗憾。"我们感到，这将会加剧形势恶化而不是缓解。我非常愤慨而不是生气的要说，我们的盟友曾向我们许诺，在向印度提供任何武器援助之前，将会同我们商议。结果什么也没有做，对此我感到遗憾。""我们提出强烈的抗议。武器的涌入不仅构成了对巴基斯坦的明显的不友好行为，而且它危及追求世界和平特别是本地区和平的利益。""我们始终认为，冲突引发的边界争端并不像西方国家所想象的那些反映了政治上意识形态的冲突，在这一点上我们完全赞同中国提出的停止敌对行动的宣传。我们一直提倡以和平谈判的方式解决中印问题，反对任何导致紧张的敌对行动，同时，我们必须指出，通过在我国边境保持大量军队来牵制我们，印度采取了一种奇怪的抵制中国的方法。""我们正得到充分的保证，目前提供给印度的武器不会被用来反对我们。毫无疑问我们对这些保证表示欢迎。我们也理解背后的动机。但是过去的历史以及我们目前的经验使我们对此类保证感到不舒适不信任。"② 1954 年美国决定向巴基斯坦提供军事援助时，向印度政府保证，如果美国向包括巴基斯坦在内的任何一个国家提供的援助，被误用并直接侵略他国，美国将根据宪法权力，立即在联合国内外采取适当行动以阻止此类侵略。美国政府同样向巴基斯坦政府保证，如果美国向印度提供的援助，被误用并直接侵略他国，美国将根据宪法权力，立即在联合国内外采取适当行动以阻止此类侵略。毋庸讳言，美国在作出这些保证的时候，自信认为它所援助的任何一个国家都不会心怀侵略意图。③

1962 年 11 月 19 日，尼赫鲁致函肯尼迪，请求直接的大量的军事

---

① President Kennedy's Statement Against Assuring Pakistan About US Military Aid to India, 20 November 1962, *US-South Asian Relations 1947-1982*, Vol. 2, p. 212.

② Statement by Foreign Minister Mohammad Ali in the National Assembly of Pakistan During the Discussion on the Emergency Situation Arising out of Large-Scale Supply of Arms to India, 22 November 1962, *US-South Asian Relations 1947-1982*, Vol. 2, pp. 213-216.

③ Department of State Press Release Concerning Defence Assistance to India, 17 November 1962, *US-South Asian Relations 1947-1982*, Vol. 2, p. 212.

援助，请求 2 个飞行中队的 B-47 轰炸机，以及加紧训练印度飞行员，以便他们可以去轰炸西藏城市。还请求美国派遣 12 个飞行中队超音速战斗机，由美国飞行员驾驶，保护印度城市和设施免受中国空军的可能攻击。但不久中国宣布撤军。在当时情况还不明朗的情况下，肯尼迪决定派遣哈里曼使团前往次大陆了解情况。12 月 20 日，肯尼迪和英国首相麦克米伦在百慕大会议期间讨论南亚事务，同意向印度提供 1.2 亿美元紧急军事援助来装备 6 个山地师以应对来自中国的威胁。①

1962 年中印边界冲突和战争对南亚地区形势产生了重大影响。美国未同巴基斯坦商量，立即向印度提供大量武器援助，阿尤布·汗深感被抛弃。巴基斯坦认为，特别是在克什米尔问题依然悬而未决的时候，美国对印度的大量军事援助将会损害巴基斯坦的利益。② 1962 年 11 月 20 日，即中国宣布停火的前一天，美国向印度派遣了 12 架 C-130 军用运输机，这些飞机由美国飞行员驾驶。阿尤布·汗越来越懊丧地看到，美国尽管同巴基斯坦结盟，却在讨好印度。③ 12 月 22 日，肯尼迪致函阿尤布·汗，认为克什米尔问题的解决对于次大陆的安全将作出比其他事情更多的贡献，但明确表示美英军援计划不能取决于克什米尔争端的解决。1962 年 12 月，肯尼迪与麦克米伦在拿骚会晤，发表的联合公报污蔑共产主义中国进攻印度，提出美英要向印度提供援助阻止入侵。美英希望印巴在次大陆安全问题上的共同利益会导致印巴分歧的和解。④ 1963 年 1 月 2 日，阿尤布·汗分别致函肯尼迪和麦克米伦，对拿骚决定进行回应。坦言对肯尼迪和麦克米伦拟意向印度提供军援的规模表示"震惊"，使巴基斯坦深为忧虑，"你们已经在拿骚会议上决定向印度提供军援的数量，按照你们的全球战略而言似乎不多，然而我们担心它已达到足以改变巴印之间目前军事力量的对比，并增加对于我们安全的

---

① ［巴基斯坦］阿尔塔夫·高哈：《阿尤布·汗——巴基斯坦首位军人统治者》，邓俊秉译，世界知识出版社 2002 年版，第 140 页。

② Sattar Baber, *U. S. Aid to Pakistan：A Case Study of the Influence of the Donor Country on the Domestic and Foreign Policies of the Recipient*, Karachi：Pakistan Institute of International Affairs, 1974, p. 97.

③ ［巴基斯坦］阿尔塔夫·高哈：《阿尤布·汗——巴基斯坦首位军人统治者》，邓俊秉译，世界知识出版社 2002 年版，第 147 页。

④ Joint Communique of President Kennedy and British Prime Minister Harold Macmillan After Their Talks in Nassau, 22 December 1962, *US-South Asian Relations 1947-1982*, Vol. 2, p. 218.

危险。"① "只有克什米尔问题得到迅速公正的解决，才能够给我们予以保证，即印度军事力量的不断增加在将来不可能会被用来针对巴基斯坦进行部署。"② 英国和美国决定向印度提供军事援助的程度，目前没有与克什米尔问题的解决联系起来。在美英的全球战略背景下，似乎是要以必要的最小限度的援助使印度能够防御来自东北边境特区和拉达克方向的攻击。"我一直认为，防御次大陆安全的最有效的方式是逐渐裁减两国军队。克什米尔问题的解决会确保实质性裁军。如果该问题不解决，对印度的大量军事援助很有可能被用于部署针对巴基斯坦而不是为了防御东北或西北印度与中国的边境地区。公正而和平的解决之关键，在于麦克米伦与肯尼迪。"③

在中印边界问题上，阿尤布·汗拒绝了肯尼迪的建议，即巴保证在中印冲突中不制造困难而支持印度。他认为，不是中国侵略了印度而是印度实际上有可能侵略巴基斯坦，这才是真正的问题，并且美英军事援助加强了印度的军事力量而使之更有可能。在中印战争中，巴基斯坦通过坚持认为印度应为侵略负责，采取了亲中的立场，认为提供给印度与中国作战的武器将最终会用来反对巴基斯坦，并且美国将不能阻止印度这样做。巴基斯坦批评美国"放弃了对其好朋友的支持而支持那些将会被证明不是那么好朋友的人"④。

巴基斯坦认为，西方的军事援助对巴基斯坦的安全造成了极大的威胁。据观察，在中印边界战争期间，印度精锐部队正面对巴基斯坦军队而不是中国军队。巴基斯坦因而认为，印度将会使用援助的新武器反对巴基斯坦。巴基斯坦认为，西方的援助不应达到打破印巴平衡的数量，认为克什米尔争端应予以解决。西方国家虽然在克什米尔问题上进行了

---

① ［巴基斯坦］阿尔塔夫·高哈：《阿尤布·汗——巴基斯坦首位军人统治者》，邓俊秉译，世界知识出版社2002年版，第152页。

② Ayub's Letter to President Kennedy, 2 January 1963, *US-South Asian Relations 1947-1982*, Vol. 2, pp. 218-219.

③ Ayub's Letter to British Prime Minister Harold Macmillan, 2 January 1963, *US-South Asian Relations 1947-1982*, Vol. 2, pp. 218-219.

④ B. K. Mohapatra, *United States-Pakistan Military Alliance-A Study of Stresses and Strains*, Ajanta Publications, Delhi, 1998, p. 72.

努力，但是克什米尔争端的解决并未与援助联系在一起。① 在致麦克米伦的一封信中，阿尤布·汗陈述道，美国和英国向印度提供的军事帮助会给巴基斯坦的安全造成威胁；他强调，巴基斯坦民意已经达到了难以忍受的状态，尽管他可以保持耐心，但是很难要求民众也那样做。

作为美国与印度关系进一步密切以及美国军事援助印度的后果，巴基斯坦的对外政策经历了明显的变化。巴美关系恶化，巴基斯坦积极发展同中国和苏联的关系，培养与亚非国家的友谊。

美国对印度的大量军事援助是美巴关系恶化的主要原因。美国对印度的经济援助被巴基斯坦认为是间接的军事援助，因为它能使印度用这一部分钱购买武器。在艾森豪威尔政府时期，巴基斯坦也面临着军事援助数额被参议院的大量削减。尽管在 1957 年早期，美国决定提高用于向巴基斯坦提供武器装备的资金水平，但是 NSC 文件显示美国对巴武器援助的预算从 1958 年开始将会大幅度减少，到 1961 年美国军事援助实际上已经减少。巴基斯坦逐渐认识到，印度，作为一个中立国，受到美国更好的对待。1961 年民主党人肯尼迪掌权之后，随着美国对印度经济援助的增加，巴基斯坦的担心也与日俱增。阿尤布·汗努力改善不断恶化的美巴关系。在一些国际事务上诸如猪湾事件、柏林危机等问题上追随美国的立场。1961 年 7 月 13 日，阿尤布·汗访美结束时发表联合公报，肯尼迪声称，美国希望克什米尔问题得到令人满意的解决，美国会继续向巴提供军事援助以维护其安全。美国在维持与巴基斯坦的关系的同时，也赞赏印度在刚果危机等国际事务中的表现。同时，美国对中巴边界谈判表示关注。

巴基斯坦认为，来自印度的威胁比以前更加严重，于是加强与印度和美国的主要对手——中国更密切的关系。巴基斯坦认识到，它离不开美国的援助，但也开始认识到，严重和唯一地依赖美国并不是最好的利益选择。② 因此，它开始与中国以及另一个超级大国苏联发展更加密切的关系。1961 年 3 月，巴基斯坦与苏联签订了一份协议，苏联向巴

---

① Sattar Baber, *U. S. Aid to Pakistan: A Case Study of the Influence of the Donor Country on the Domestic and Foreign Policies of the Recipient*, Karachi: Pakistan Institute of International Affairs, 1974, p. 98.

② B. K. Mohapatra, *United States-Pakistan Military Alliance-A Study of Stresses and Strains*, Ajanta Publications, Delhi, 1998, pp. 74-75.

基斯坦保证提供技术援助、装备以及用于石油勘探的 3000 万美元的贷款，两国间文化上的交流联系也迅速增加。1962 年 6 月 27 日，外长阿里在国民议会演讲时声称，巴基斯坦正急切地发展与苏联的关系，希望苏联领导人理解在科学、经济、文化等领域建立具体关系的渴望。① 1963 年 8 月，巴苏物品交换协议签署，10 月航空协议签署。 1963 年 1 月 5 日，中巴贸易协定签署，3 月中巴边界协定签署同时支持中国在联合国的代表权问题，特别是在中印边界战争之后更进一步加速。② 同时，巴基斯坦收到了来自中国的防御援助。外长布托声称，如果万一遭到印度的攻击，亚洲最大的国家将会支持巴基斯坦的国防。实际上，阿尤布·汗认为，美国对印度的军事援助引起了亚洲新的紧张。1963 年 8 月 29 日，中巴签订了航空条约。对此，尼赫鲁说，他不允许中国飞机根据巴中航空协定飞越印度领空。巴中关系的加强又招致美国的尖锐批评。美国政府通过推迟签订为达卡机场改建提供 430 万美元贷款的协定来表示制裁。在华盛顿，巴中航空协定被称为"自由世界团结一致的不幸破裂"，阿尤布·汗为受航空封锁的中国人"在世界上开了个天窗"。③ 美国助理国务卿乔治·鲍尔在 1963 年 9 月初飞赴拉瓦尔品第，表达了美国对日益升温的巴中关系的关注。通过会谈阿尤布了解到，美国的政策是继续给印度武器援助，他们不会将武器援助同解决克什米尔问题挂钩。三天的高层谈判之后，巴基斯坦并没有保证结束与中国更为密切的计划，双方也没有发表最后的联合公报，这表明美巴会谈远非富有成果。④ 巴基斯坦阻止西方军事援助印度的所有努力也没有什么效果。随着事情的发展，美国没有能够帮助巴基斯坦解决克什米尔争端，巴基斯坦政府也失去了对其军事盟友的信心。巴基斯坦官员、媒体

---

① B. K. Mohapatra, *United States-Pakistan Military Alliance-A Study of Stresses and Strains*, Ajanta Publications, Delhi, 1998, p. 72.

② Rashmi Jain, *US-Pak Relations, 1947-1983*, New Delhi, Radiant Publishers, 1983, pp. 18-21.

③ ［巴基斯坦］阿尔塔夫·高哈:《阿尤布·汗——巴基斯坦首位军人统治者》，邓俊秉译，世界知识出版社 2002 年版，第 164 页。

④ Sattar Baber, *U. S. Aid to Pakistan: A Case Study of the Influence of the Donor Country on the Domestic and Foreign Policies of the Recipient*, Karachi: Pakistan Institute of International Affairs, 1974, pp. 105-106.

以及普通民众，几乎一致认为美国政府"背叛了巴基斯坦"。① 虽然巴
基斯坦有人赞成更加中立的立场，但是这一时期的另外一个事实是巴
基斯坦民意越来越高涨的反美情绪。巴美关系日益疏远，巴中关系进一步
密切。巴基斯坦迅速与中国形成一种特殊关系，1963—1965 年，巴基斯
坦的对外政策重新定位，更加独立自主。

1963 年 5 月，巴基斯坦驻美大使艾哈迈德，在美国罗德岛新港海
军战争学院发表演说。由于巴基斯坦的战略地位，一个强大的巴基斯坦
将会构成强有力的支持印度的防御屏障。一个不稳定的虚弱的巴基斯坦
将会是对南亚安全构成严重的威胁之源。很显然，为了自由世界的利
益，特别是印度的利益，巴基斯坦需要保持独立、强大和稳定。目前，
巴基斯坦是自由世界在亚洲最强大的堡垒之一。就人口而言，它是美国
在世界上最大的盟友。它确实是美国在亚洲最密切的盟友，与美国签订
了四个共同安全协定（共同防御援助协定，东南亚条约组织，中央条约
组织，相互合作双边协定）。尽管联盟正经受着压力和紧张，联盟的根
据依然有效。"我们坚定地支持联盟，尽管遭受强大的苏联压力。联盟
保持坚决有效对自由世界的安全至关重要。"美国一些利益集团把巴基
斯坦与中国的边界协定视为巴美关系疏远的证据。巴中协定的内容与巴
美关系一点也不相干。通过解决与中国的边界争端，巴基斯坦排除了一
种潜在的爆炸性局势，因此有利于南亚这一重要的战略地区的稳定。②

1963 年 6 月 30 日，肯尼迪与麦克米伦在英国苏塞克斯郡举行会谈，
发表了联合声明。肯尼迪与麦克米伦同意，继续奉行帮助印度的政策，
通过进一步提供军事援助以加强其防御中国共产主义发动的新一轮的攻
击威胁。他们对印巴经济进步和国防的重要性印象深刻。③

1963 年 7 月 24 日，巴基斯坦外长布托在巴基斯坦国民议会发表演
讲。"我们保持与印度的某种军事平衡，符合和平与安全利益。现在，这
种平衡正在被颠覆。如果西方国家希望看到次大陆的和平与安全的话，

---

① Sattar Baber, *U. S. Aid to Pakistan: A Case Study of the Influence of the Donor Country on the Domestic and Foreign Policies of the Recipient*, Karachi: Pakistan Institute of International Affairs, 1974, pp. 64–65.

② Address by Aziz Ahmed, Ambassador of Pakistan to US, at the Naval War College, New Port, Rhode Island, 14 May 1963, *US–South Asian Relations 1947–1982*, Vol. 2, pp. 220–221.

③ Joint Communique of President Kennedy and British Prime Minister Harold Macmillan on Their Talks at Sussex, 30 June 1963, *US–South Asian Relations 1947–1982*, Vol. 2, p. 222.

它应当认识到这样做导致的危险，应当采取某种措施恢复这种平衡。我们并不是说要请求额外的武器援助。"在防御联盟中巴基斯坦是西方国家的同伙。这些年巴基斯坦一直是其伙伴，一起经历了一系列危机，是西方国家的牺牲品。从白沙瓦起飞的 U-2 飞机，在俄罗斯境内被击落，赫鲁晓夫并没有说印度应该被消灭，他说巴基斯坦将会被消灭。巴基斯坦把自己的整个未来都赌注于与西方国家的联盟。两个集团之间万一发生冲突，巴基斯坦赌注于卷入一场核战争。然而，现在的情况是怎样的呢？用纯朴点的话来说，巴基斯坦正"被抛弃、被隔离"。"我们正在做的一切，是要西方国家重视这样的事实：印度日益增长的军事力量只会用来针对巴基斯坦。印度不断地说巴基斯坦是它的头号敌人。……我们经历过印度的入侵，所以仅仅是出于本性，我们期望西方帮助维持次大陆目前危险的力量平衡。"①

1963 年 9 月 17 日，助理国务卿菲利普斯·塔尔博特就美国对印度军事援助向巴基斯坦作出保证。"我相信，巴基斯坦政府领导人理解我们对巴基斯坦安全的关注，正如印度领导人理解我们对印度安全的关注一样。而且，我认为，印巴双方都会认识到，在美国看来几乎是不可能的事件：如果印巴两国中的一国进攻另一国，那么美国将会作出反应。"②

1963 年 11 月 22 日，肯尼迪被暗杀，12 月，参谋长联席会议主席马克斯韦尔·泰勒将军访问巴基斯坦，对这一地区的整体安全形势进行评估。会谈中，阿尤布·汗谈到，"巴基斯坦正面对可悲的困境，这就是忠于自己的国家同忠于自己的朋友越来越矛盾"。对于"美国如此轻视我们的安全"，巴基斯坦人民十分担忧和失望。使印度强大，等于是迫使本地区的小国去寻求中国的保护。泰勒将军表示，为了让印度免于丢失给共产主义轨道，美国将继续向印度提供援助。但是他强调，巴基斯坦的安全对美国政府来说是真正关注的问题。美国政府的政策制定者制定了在紧急情况下援助朋友的机动战略。阿尤布·汗认为，关键在于要认识到，由于美国向印度提供武器而导致巴基斯坦面临的威胁，这将大大加剧次大陆已经紧张的局势。美国政策的首要目标应是缓解这种紧

---

① Foreign Minister Z. A. Bhutto's Speech in the National Assembly, 24 July 1963, *US-South Asian Relations 1947-1982*, Vol. 2, pp. 222-223.

② Statement by Assistant Secretary of State Phillips Talbot assuring Pakistan about US Military Aid to India, 17 September 1963, *US-South Asian Relations 1947-1982*, Vol. 2, p. 224.

张。对于巴基斯坦来说，保证自身具有抵抗来自印度侵犯的能力是天经地义的事，而不是让美国背上从远方前来援助巴基斯坦的包袱，而且在巴基斯坦急需时，实际上事态的发展有可能不允许美国政府履行这一承诺。①

肯尼迪政府时期，美苏在第三世界的竞争加剧。印度被视为在亚洲与中国竞争的另一条道路选择，被视为"民主的橱窗"。美国借助中印边界战争之机向印度提供紧急军事援助。美国对印度的军事援助以及大量经济援助，对巴基斯坦的国家安全产生威胁，使盟友巴基斯坦深感被抛弃，美巴关系紧张。美国陷入"南亚援助困境"。

第二节　约翰逊政府时期美国对南亚的援助

约翰逊政府虽然继承了肯尼迪政府的对外援助政策，但是改变了前任政府的长期性、灵活性的开发援助策略，实行短期的、与外交政策挂钩的策略。

一　国际和地区形势的变化

约翰逊政府时期，美国深陷越南战争泥淖。美印关系、美巴关系的发展也深受越南战争的影响。第二次印巴战争期间，美国暂停了对印巴双方的援助，与印巴两国关系恶化。

尼赫鲁逝世后，美印关系的发展并非一帆风顺。1964 年 5 月 27 日，印度总理尼赫鲁逝世。1964 年 6 月 2 日，夏斯特里当选为国大党议会党团领袖，并受命组阁。6 月 9 日夏斯特里宣誓就任总理。1964 年 10 月，鲍尔斯大使积极推动夏斯特里访美。夏斯特里建议把这次会晤安排在 1965 年秋天，国务院和白宫希望安排在 1965 年春天。夏斯特里勉强同意。但是，1965 年 4 月中旬，约翰逊总统决定"不邀请"夏斯特里访问，这使印度政府颇为愤怒，夏斯特里也甚为尴尬，这对美印关系的发展产生了不利的影响。印度政府的愤怒在一项冷淡的新闻公报中反映出来，"美国大使迭次敦促总理到美国去访问。一月十八日鲍尔斯大使递交

①　[巴基斯坦] 阿尔塔夫·高哈：《阿尤布·汗——巴基斯坦首位军人统治者》，邓俊秉译，世界知识出版社 2002 年版，第 167—171 页。

了约翰逊总统的函件，具体建议把这次访问安排在三月中旬。后来由于总统的请求，改为六月初。现在邀请已被取消。我国驻华盛顿大使通知国务卿，采取这一步骤的不寻常做法将使印度产生误会"①。

1964年以后，印度又一次面临严重的经济危机。为了支持国防和工业发展日益增长的开支，印度政府实行赤字财政，结果造成了严重的通货膨胀。尽管在出口和利用援助方面有相对的增加，但是印度的外汇储备锐减，因为需要购买军事装备、机械、原材料和其他发展必需品。一些进口原材料和零部件的短缺限制了工业的发展和产量。要扭转这种日益恶化的形势，主要依靠得到更多的援助。印度过去的债务负担沉重，另外所得到的援助贷款的比例比赠予成分要大得多。外援中的赠予成分从"一五"计划时的36%下降到"三五"计划时的3%。② 1965年春已很明显，印度由于雨季干旱，来年将需要大量增加小麦的运进。美国驻新德里使团的想法是华盛顿将立即同意一项新的粮食协定，但是在这个问题上，美国驻新德里使馆所得到的复电不是推托就是置之不理。在鲍尔斯大使设法查询原因时获悉，直接原因是约翰逊对夏斯特里批评美国在越南越来越多的军事卷入感到生气，并对印度报纸批评他突然取消邀请夏斯特里的访问感到愤怒。在华盛顿报纸上甚至出现过这样一些消息："高级官员"等以"背景材料作为依据"在夸口说，在粮食上施加压力就会使印度人驯服。在此关键时刻，一位美国记者由于种种原因，包括电话服务不好，对印度不满，竟在火上加油。他以六个多月的时间，从随心所欲的印度报纸上收集了他能收集到的所有不利于约翰逊的评论，汇编成为一篇"新闻报道"拍回报馆，作为印度政府向美国总统脸上抹黑的"阴谋策划"的证明。这篇报道在美国见报后，引起了轩然大波。国务院发言人召集记者招待会，以"背景材料作为依据"，对印度的无赖行为进行了难以置信的分析。一位通常负责的总统幕僚打电报给鲍尔斯大使说，"总统不能让人把他作为讹诈和诬蔑的目标"。③

与美印关系发展并不顺利相对应的是，美巴关系自1962年以来有明

---

　　① ［美］切斯特·鲍尔斯：《鲍尔斯回忆录》，复旦大学集体编译，上海人民出版社1974年版，第278页。

　　② Shivaji Ganguly, *U. S. Policy Toward South Asia*, San Francisco: Westview Press, 1990, p. 163.

　　③ ［美］切斯特·鲍尔斯：《鲍尔斯回忆录》，复旦大学集体编译，上海人民出版社1974年版，第279—280页。

显的恶化。中印边界战争爆发后，巴基斯坦对大量武器流入印度表示关心，同时美国对巴基斯坦与中国日益升温的关系表示不悦。 1962 年开始，美巴联盟关系持续紧张。肯尼迪被暗杀后，美国在越南越陷越深，美国试图阻碍巴基斯坦与中国关系的发展。在不止一个场合，美国当局对巴基斯坦与北京发展密切关系表示不快。 1964 年 3 月 1 日，副国务卿乔治·鲍尔警告巴基斯坦，希望阿尤布·汗不要因发展与红色中国的关系而损害美巴联盟关系。几乎同时，国防部部长罗伯特·麦克纳马拉承认，美国对印度的军事援助给巴基斯坦带来了深深的苦恼，但是这对印度能够抵御"共产主义中国的侵略"又非常重要。美国强调，要平衡南亚关系中的方方面面。尽管美国向印度提供军事援助，但是印度还要继续依赖莫斯科提供大量武器装备。苏联与美国在某些方面利益一致，但是，在美国对印度提供援助背后的考虑之一就是减少印度对苏联的依赖。美国希望能够阻止印度和巴基斯坦分别与苏联和中国的密切关系。尽管面临着美国的政治压力和经济压力，巴基斯坦表示，它们不准备放弃与北京的新关系。美国在 1963 年秋暂停了对达卡飞机场的一项 430 万美元贷款项目。美国不赞成 1965 年 3 月阿尤布·汗对北京的访问。1965年 4 月 16 日，约翰逊又突然推迟了原定于 4 月 23 日阿尤布·汗对美国的国事访问。约翰逊对巴基斯坦的亲中行为以及作为盟友不能支持美国在东南亚反对共产主义威胁的努力表示日益生气。后来，1965 年 7 月，又推迟了援助巴基斯坦财团会议。具有讽刺意味的是，为了使总统的决定看起来不那么羞辱巴基斯坦，原定于 6 月印度总理夏斯特里对美国的访问也被取消。推迟或取消国事访问在印度和巴基斯坦都引起愤怒。印度严厉批评了约翰逊政府的越南政策，借以表达对美国的不满。

1965 年 1 月 13 日，美印关于美国对印度军事援助的协议换文生效。规定，应印度政府请求，美国将向印度政府提供赠予援助，用于防范来自中国的直接入侵。[1] 根据国会记录，军事援助包括"军事装备、训练及相关服务，以帮助那些国家免受外部攻击以及内部颠覆"[2]。1964 年 5 月和 6 月 6 日，印度国防部部长恰范与美国国防部部长麦克纳马拉就国防

---

① Agreement About Additional Understandings Relating to US Military Assistance to India Effected by Exchange of Notes, 13 January 1965, *US-South Asian Relations 1947-1982*, Vol. 1, pp. 302-303.

② *Summary Presentation to the Congress*, F. Y 1965, p. 30. 转引自 Aftab Alam, *U. S. Military Aid to Pakistan and India's Security*, Delhi: Raj Publications, 2001, p. 21。

援助问题举行了会谈。其间尼赫鲁突然去世（5月27日）。两国防长回顾了中国入侵对印度的威胁、印度的有关防御计划、未来美国对印度的军事赠予援助和信贷援助。美方同意继续向印度提供军事赠予援助，1965财年维持目前的水平，包括继续为印度山地师提供支持、防空通信装备、运输机支持以及道路修建装备。此外，美国同意立即向印度政府提供信贷，用于购买1964财年的国防物品和服务，如交通通信装备、军工厂现代化的一些装备等。麦克纳马拉还告诉恰范，美国计划在1965财年再向印度提供追加的军事销售信贷等。①

在印巴问题上，约翰逊政府面临着国会对该地区经济和军事援助项目日益增长的批评。约翰逊对印巴持续冲突以及欠佳的经济成就表示愤怒。美国日益陷入越战泥淖也牵涉其很大精力。因为美国对印度军事援助，巴基斯坦正试图进一步密切与中国的关系。

1965年8月，第二次印巴战争爆发。美国白宫和国会对印巴不断的争吵表示恼火。他们也认为，美国对这些国家的援助，要求其行为能够接受以及取得经济成就。国会不断发出威胁，如果印巴不开始做正事并解决好他们之间的争端，那么美国将减少甚至停止援助。但是，美国并没有认真考虑，也不准备采取严格措施来反对巴基斯坦，因为担心可能会失去其白沙瓦基地。正是因为美国在南亚有着矛盾的利益，所以它决定对1965年印巴战争不采取任何直接的积极主动行为。美国不断深陷越南，国会不断反对军事和经济援助，以及美国的地区利益，决定了美国对1965年印巴战争的反应程度。1965年冲突在政府内部产生了深深的迷惘，并且引起了对向印度和巴基斯坦提供军事和政治援助的严重怀疑。②在战争中，美国同时停止了对巴基斯坦和印度的经济和军事援助。此时，美国正在进一步卷入越南战争，美国决策者不想节外生枝。联合国安理会发挥了重要作用，积极促成印巴停火。出于各自不同的原因，美国和英国都不愿意采取积极行动来制定印巴争端的解决方案。对英国而言，由于威尔逊片面批评印度越过国际边界还击而失去了新德里对它的信任。至于美国，约翰逊政府决定避免直接的外交干涉。对美国政府而言，印巴这两个对美国都友好并且都接受美国经济和军事援助的国家，

---

① Communique Issued on Defence Minister Chavan's Defence Aid Talks in Washington in May 1964, 6 June 1964, *US-South Asian Relations 1947-1982*, Vol. 1, pp. 300-301.

② Shivaji Ganguly, *U. S. Policy Toward South Asia*, Westview Press, 1990, p. 131.

要作出选择是有难度的。苏联扮演了次大陆调停者角色。1966 年 1 月，苏联总理柯西金作为召集人，召开了塔什干会议。1 月 10 日，印巴双方签订了塔什干宣言。宣布放弃使用武力解决印巴争端，双方军队撤退到 1965 年 8 月 5 日以前控制地点，印巴双方外交关系正常化。1965 年印巴战争进一步加剧了印巴两国的经济困境。

1965 年印度总理夏斯特里在塔什干突发心脏病逝世后，尼赫鲁之女英迪拉·甘地于 1966 年 1 月 19 日就任印度总理职务。她表示将继续坚持其父尼赫鲁制定的不结盟政策，与美苏两国保持友好关系。

二 对印度的紧急粮食援助

粮食问题一直是困扰印度经济发展的重要问题。印度面临着不断发生的粮食不足问题，每年需要适量地进口粮食。1950—1951 年大范围的歉收使大量进口粮食成为必须，美国对印度进行了紧急粮食援助。印度"二五"计划的重点是发展工业，农业未予充分重视，农产量不断下降。480 公法成立于 1954 年 7 月，但 1956 年美印就 480 公法项目达成协议，美国向印度提供剩余农产品，以满足印度的粮食需要。从 1956—1957 年到 1965—1966 年，480 公法向印度的出口，占向该国整个农产品出口价值的 93.5%。到 1966 年，它占了印度从美国接受的援助总价值的约 2/3。[1] 到"二五"计划结束之时，尽管印度强调农业自足，但印度对农产品进口的依赖急剧增加。粮食进口占国内粮食总产量的比重，从 1961 年的 5.2%增加到 1964 年的超过 11%。[2] 粮食价格的不断上涨，迅速减少的粮食存储缓冲，外汇困难，促使印度寻求大规模的粮食援助。1960 年 5 月 4 日，美印签署了一项为期四年的协议。这是当时最大销售协议，总价值 136980 万美元，其中包括 20150 万美元用于海洋运输。这笔协议授权的小麦，占美国小麦产量的 1/5。由这些农产品在印度销售所产生的 85%的对冲基金，将会被重新投资到印度，用于经济开发。[3] 480 公法项目对印度和美国带来经济上的好处。一方面帮助美国处置了剩余农产品，另一方面帮助印度弥补了农产品的短缺并遏制了粮食价格的过

---

① Shivaji Ganguly, *U. S. Policy Toward South Asia*, Westview Press, 1990, p. 159.

② Shivaji Ganguly, *U. S. Policy Toward South Asia*, Westview Press, 1990, p. 160.

③ B. J. B. Krupadanam, *Food Diplomacy: A Case Study of Indo-US Relations*, New Delhi: Lancers Book, 1985, p. 103.

快增长。把粮食价格稳定在合理的水平，减少了不可控的政治紧张的可能性，提高了政府的稳定性。因为该项目减少了硬通货在粮食进口方面的外流，使可用的外汇用于关键的工业项目。由于向印度销售剩余农产品而产生的对冲基金，有助于为印度的开发项目提供资金。① 美国农业部长弗里曼（Orville Freeman）指出，480 公法项目首先是为解决剩余品提供了"合法的框架"，援助饥民和经济发展则是次要的。② 在肯尼迪政府时期，480 公法项目演化成粮食换和平，其用途和目的发生了变化。这也标志着美国粮食援助项目的演进的两个不同阶段。如果说 480 公法最初的目的主要是国内，是要减轻美国农产品过剩供应问题的话，那么粮食换和平强调的是粮食扮演着美国对外政策工具的一种角色。③ 1964年 9 月，又有一项价值 39830 万美元的协议签署，后几经修订，到 1966年年底，已增加到 188800 万美元。从 1956—1957 年到 1965—1966 年，480 公法项目对印度的出口占对该国总的农业出口价值的 93.5%。到1966 年，印度接受的来自美国的援助占总援助价值的约 2/3。尽管印度强调农业的自给自足，但到"二五"计划结束时，印度对农业进口的依赖增长迅速。粮食进口占国内粮食的总产量，从 1961 年 5.2% 增加到1964 年 11% 还要多。④ 1966 年，国务卿腊斯克强调，美国粮食援助是一种有价值的对外政策工具，因为它向积极的改变方面引导——加强民主政府，促进政治稳定，鼓励经济稳定，帮助物质发展。这是粮食援助在美国对外政策中所扮演角色的最详细陈述之一。⑤

在印度对美国粮食依赖日益增加的同时，美国自 1962 年以来剩余农产品不断减少，到 1966 年，剩余品处置问题基本上不存在了。这意味着美国不得不向印度发出信号，它将不再能够轻易地满足印度的不断增加的需求。美国政府开始强调"自我帮助"措施，并且印度主流的经济学家支持"自我依赖"战略。除了大量的粮食援助，美国也提供技术援助和资金援助，用于购买化肥，增加印度的农作物产量。

1964 年美国农业部部长弗里曼访问印度。弗里曼为印度农业发展开出的"药方"是需要由印度政府、美国和其他援助国一起实施一项"新

① Shivaji Ganguly, *U. S. Policy Toward South Asia*, Westview Press, 1990, p. 160.

② Orville L. Freeman, *World Without Hunger*, New York：Frederick A. Praeger, 1968, p. 29.

③ Shivaji Ganguly, *U. S. Policy Toward South Asia*, Westview Press, 1990, p. 161.

④ Shivaji Ganguly, *U. S. Policy Toward South Asia*, Westview Press, 1990, pp. 159-160.

⑤ Shivaji Ganguly, *U. S. Policy Toward South Asia*, Westview Press, 1990, pp. 161-162.

的、勇敢的"自我依赖方法，使印度从停滞状态中醒来。后来印度政府请求美国农业专家小组制定了价格支持的农业机制的细节。1965 年 1 月，在美国的技术援助下，印度农业公司成立。农业自我依赖思想逐渐在印度政府和经济学家中得到认可。印度农业部部长苏布拉马尼亚姆（Chidambaram Subramaniam）认为，通过价格水平的刺激、改善灌溉条件和信用设备、使用高产种子和化肥等措施来促进印度农业的现代化。其结果是在 1964—1965 财年印度粮食产量创造了纪录。但是由于前些年的粮食短缺和随后的几个月干旱，这并不足以满足印度的总需求。 1965 年战争之后，美国暂停对印度的经济和军事援助加重了印度的经济困难，自我依赖经济战略势在必行。而且，因为严重的干旱而引起的严峻的粮食形势迫使印度政府选择优先发展农业。

1965 年 11 月，印度农业部部长苏布拉马尼亚姆同美国农业部部长弗里曼在罗马达成协议。双方在自我帮助措施的重要性上达成共识，印度作了一些让步，作为回报，美国同意在 480 公法项目下派送更多的粮食。美国还同意提供经济援助增加印度的发电能力。苏布拉马尼亚姆非常欣赏美国坚持印度的农业自我帮助努力，认识到如果继续依赖外部粮食援助，印度不可能取得长期的发展目标。约翰逊和农业部部长弗里曼在此问题上不谋而合。他们都深信，"自我帮助"可以使发展中国家减少对美国粮食的大量依赖。参议员富布赖特批评约翰逊的越南政策和年度外援法案的各类目标。针对于此，约翰逊决定减少参议员对外交事务的控制。约翰逊决定在国务院和国际开发署之外另觅人选，掌管和协调粮食援助事宜。弗里曼符合约翰逊的条件，他立即把"自我帮助"作为对发展中国家粮食援助的基础。①

1966 年 2 月 10 日，约翰逊向国会提交特别咨文，提出了"粮食换自由"计划。在谈到原来的 480 公法情况的同时，约翰逊新命名的"粮食换自由"计划强调受援国的"自我帮助"努力作为接受美国粮食援助的条件。国务卿在谈到该计划时指出，"粮食换自由"计划可以强化印度的民主政府。该计划也考虑了美国农产品出口市场的发展和扩张并进而减少粮食援助的剩余品需求。约翰逊的计划受到国会内民主党和共和党成员的积极响应。他们支持发展中国家不应期望继续粮食援助的观点，并

---

① Shivaji Ganguly, *U. S. Policy Toward South Asia*, San Francisco: Westview Press, 1990, pp. 170-171.

于 11 月 12 日在国会通过并签署为法律。法案还规定，禁止美国对那些曾以任何方式与北越进行贸易或向古巴出售除药品、非战略用粮和农产品以外任何商品的国家提供粮食，凡属由美援提供资金购买的商品只要有美国船只可供利用，应以其半数由美国货船装运。印度为了获得急需的美国粮食，被迫接受了这些限制（1967 年 1 月印度大选中曾对这种"牺牲民族尊严"以取得美援的做法表示愤慨。印度总理英迪拉·甘地在反击这种反对意见时指出：印度过去没有和北越进行过贸易，只是向古巴出售过黄麻，而美国是把黄麻列为非战略物资的。因此她强调说，接受美国援助条件并不意味着改变印度一贯奉行的政策①）。

　　1966 年 2 月 25 日，国务卿腊斯克在众议院就关于农业方面的 1966 年粮食换自由法案进行说明。他指出，尽管美国在具体的外交政策问题上并不总是认同印度的观点，但是美国为它能够成功地坚持民主的概念与实践而喝彩。印度努力发展经济和社会力量，坚决反对外来共产主义入侵。有着 4.85 亿人口，是世界上最大的民主国家。现在，印度正遭遇20 世纪广泛的和前所未有的干旱，饥荒的前景威胁着数百万民众。约翰逊上个月向印度追加了 300 万吨粮食，使美国在本财年帮助印度政府填补粮食缺额总数达到 650 万吨，另外还有其他 18 个国家向印度提供了各种形式的援助。希望通过该计划来加强这一地区两个大国争取自由和民主的努力。无论从人道主义还是从自我利益出发，美国都有责任继续提供援助并使援助更加有效。② 影响美印关系的主要因素，其一，美国向印度提供援助，帮助印度应对粮食困境。其二，在 1965 年印巴冲突中，巴基斯坦使用美国援助的武器、飞机等。印度认为，巴基斯坦使用美国援助的武器"入侵"印度，这是与美国向印度作出过的保证相矛盾的。随后，美国暂停了向印度和巴基斯坦的所有武器援助。美国许诺对印巴两国的 1965—1966 财年的经济援助也停止。按照以前的协议，估计印度计划要接收的援助价值达 5.28 亿美元，480 公法粮食船运以月为单位进行。③

---

　　① ［美］罗伯特·沃尔特斯：《美苏援助：对比分析》，陈源、范坝译，商务印书馆 1974 年版，第 152—153 页。

　　② Statement by Secretary of State Rusk in the House Committee on Agriculture on the Food for Freedom Act of 1966，25 February 1966，*US-South Asian Relations 1947-1982*，Vol. 1，pp. 308-309.

　　③ Annual Report of the Ministry of External Affairs for the Year 1965-1966，March 1966，*US-South Asian Relations 1947-1982*，Vol. 1，pp. 309-310.

1964 年之后，印度又面临着严峻的经济危机。由于要支持在国防和工业开发方面而日益增长的费用而实行赤字财政，引发恶性通货膨胀。1964—1965 年，印度粮食进口数量就较大，必须用外汇支付。1965 年战争进一步加剧了印度的经济困境，西方国家暂停援助。1965—1966 年以及 1966—1967 年连续灾难性天气使粮食产量雪上加霜，特别是影响北方诸邦。印度面临着经济困难与粮食危机的双重压力。印度 1965 年雨季缺雨，当年几乎全部歉收，又遭遇 1966 年严重干旱。全国连续两年干旱，情况如果继续恶化，印度将出现饥荒，进而引发政治和经济问题。尽管"三五"计划强调农业自给自足，但印度的粮食增产并不迅速。实际上，甚至在 1965—1967 年灾难性的天气之前，印度的粮食产量仍然低于每年 1 亿吨的目标。粮食产量从 1950—1951 年的 5492 万吨增加到 1960—1961 年的 8202 万吨，此后几年基本维持在这个水平。1965—1966 年粮食总产量下跌到 7226 万吨，是 1957—1958 年以来的最低水平。[1] 1965—1966 年和 1966—1967 年连续两年的灾难性干旱使本来已经恶化的经济形势雪上加霜。受灾最为严重是比哈尔、北方邦、中央邦、拉贾斯坦、古吉拉特。印度农业部部长称灾难形势为近年来闻所未闻。印度总理英迪拉·甘地在 1966 年 11 月 16 日向全国发表的声明中称，数以百万计的家庭处于饥饿和困苦状态。她号召开展对干旱的一场战争，并成立一项总理干旱救济基金。[2]

在这种情况下，仅仅依靠正常情况下从 480 公法下得到粮食已经远远不够，解决之道就是请求美国提供小麦援助和大量经济援助。但是，印度当时的处境甚为尴尬。一方面，它极力批评美国未能约束巴基斯坦使用美国的武器攻击印度；另一方面，它依然要依赖美国的援助。此外，印度还批评美国在越南的军事卷入。正是在这样一种背景下，印度向美国求援。

1966 年 3 月 28 日，英迪拉·甘地访美。约翰逊表示愿意帮助印度渡过难关，并向印度总理表示，美国准备筹建印美基金会。他说："我们想知道，我们怎样才能对您有最好的帮助，我们的帮助怎样才能有最好的

---

① Shivaji Ganguly, *U. S. Policy Toward South Asia*, San Francisco：Westview Press，1990，p. 164.

② Shivaji Ganguly, *U. S. Policy Toward South Asia*, San Francisco：Westview Press，1990，pp. 166-167.

效果。贵我两国人民共有的信念是，不论问题多么困难，一个坚强有力的民主国家是没有什么问题不能解决的。"英迪拉·甘地对此表示感谢，并同意实施一些经济改革，包括在印度粮食采购和分配政策方面的变化、减少一些工业许可证以及卢比贬值。约翰逊答应向印度增拨 350 多万吨粮食，并提供 9 亿美元的援助。在越南问题上，英迪拉·甘地一改过去的立场，表示"理解美国在越南问题上的痛苦"①。发表了印美联合声明。约翰逊向英迪拉·甘地保证，美国政府和人民与国际社会一道，帮助印度提高民众生活水平。针对印度因干旱而面临的粮食困难，约翰逊表示，如果国会同意，美国将继续慷慨地与国际社会一起努力减轻印度当前粮食困境。②

美国对 1965—1967 年印度粮食危机提供了紧急粮食援助，可以分为两个阶段，第一阶段是约翰逊最初决定立即向印度提供紧急粮食救济，第二阶段约翰逊"勒紧绳拴"或"从船到嘴"的供应政策。针对印度不断的紧急粮食援助请求，起初，约翰逊决定向印度提供迅速的粮食救济。1965 年 12 月，约翰逊授权迅速延长与印度现有的 480 公法协议。同时，国务卿腊斯克在记者招待会上透露，为了促进印度的农业产量，美国已经同意向印度提供大量用于购买化肥的贷款。他强烈要求那些有剩余粮食、船运设备和化肥的所有国家，利用这些资源来应对印度的粮食危机。在英迪拉·甘地访美期间，约翰逊向她保证，美国将尽一切可能来满足印度对粮食的紧急需要。1966 年 3 月 30 日，约翰逊就印度紧急粮食援助计划致函国会，要求国会批准对印度的援助。在咨文中，约翰逊指出，印度面临着史无前例的干旱，如果世界不作出回应，印度将面临饥荒……在印度政府的积极努力以及美国的帮助下，到目前为止避免了饥荒。……1966 年 1 月至 12 月，印度至少需要进口 0.11 亿—0.12 亿吨粮食。世界范围内的收成普遍不太好，粮食不太容易找到。上一个财年，美国向印度提供了 600 万吨粮食。这一财年迄今为止，美国已经分配向印度船运 650 万吨粮食……其他物品方面，提议美国向印度拨付多达 20 万吨的玉米、1.5 亿磅的植物油、1.25 亿磅的奶粉。植物油和奶粉

---

①　孙士海、江亦丽主编：《二战后南亚国家对外关系研究》，方志出版社 2007 年版，第 66 页。

②　Indo-US Joint Statement, 29 March 1966, *US-South Asian Relations 1947-1982*, Vol. 1, pp. 313-315.

对于补充印度儿童饮食特别重要。此外，如果美国提供船运棉花和烟草的话，印度可以用自己的外汇资源购买粮食和肥料。建议提供325000—700000 包棉花，200 万—400 万磅烟草。这些物品美国相对来说比较丰富。总统要求国会迅速批准此项行动。① 总统提到，"印度是一个很好的和值得帮助的朋友。永远别让人说，面包竟如此昂贵，血肉之躯却如此低贱，以致我们对印度的急迫需要漠不关心"。② 约翰逊请求批准紧急船运 350 万吨粮食，附加到已经批准的到 1966 年 6 月 30 日为止提供 650万吨粮食的协议中。约翰逊极力游说，说服国会支持其紧急粮食请求。不久，约翰逊召集两党约 30 名参议员到白宫开会。他说，美国是一个拥有大量粮食储备的幸运的国家。美国人民是大方的人民，乐于分担世界的负担，参议院是否愿意支持一个运送粮食的巨大计划以帮助印度解决目前的困难？第二天，总统召集了 60 名众议员举行了类似的集会。他再一次根据美国非常优良的大方与民主的传统提出了这个问题。国会议员对总统的呼吁作出赞同的反应。为了增加外援的流入，印度放松了在一些工业方面的进口和许可证控制，也同意让一家美国石油公司在印度建立化肥厂。1966 年 3 月，国际开发署提议的 1967 财年经济援助计划指出，印度是亚洲第二大国家，有 4.9 亿人口，可能是南亚地区长期稳定和经济进步的关键。1962 年的中印冲突和 1965 年的印巴冲突，都使印度增加了国防开支，耗费了其有限的资源，减缓了其经济发展。1965 年印巴冲突，美国暂停了新的开发援助直到次大陆的稳定得到合理的保证。1965 年秋印度面临着数十年来最严重的干旱，比上一年的收成下降了0.12 亿吨。1965 年 12 月，美国已经批准了一项 0.5 亿美元的化肥贷款以帮助印度提高 1966—1967 年的粮食产量。1966 年年初批准了一项 1 亿美元的贷款用于购买经济发展必需的原材料和零部件。美国援助在由十国组成的援助印度财团、世界银行、国际开发协会框架下进行，帮助向印度提供重要的资源。印度的地理位置、经济潜力、幅员、成就等，使其成为美国援助的最大受援国。美国通过援印财团向印度提供贷款援助。在印度"三五"计划期间，援印财团许诺向印度提供平均每年超过 10 亿

① President Johnson's Message to the Congress on the Emergency Food Aid Programme for India, 30 March 1966, *US–South Asian Relations 1947–1982*, Vol. 1, pp. 315–316.
② ［美］切斯特·鲍尔斯：《鲍尔斯回忆录》，复旦大学集体编译，上海人民出版社 1974 年版，第 309—310 页。

美元，其中美国提供约 40%（不包括粮食换和平援助）。财团成员提供的援助大多是长期偿还的优惠贷款援助。① 这可以视为美国对印度粮食紧急状况反应的第一个阶段：反应迅速有力，积极主动，全面回应印度的请求，约翰逊迅速向印度派送了第一批粮食船运。

美国对印度粮食紧急状况反应的第二个阶段是被称为"勒紧绳拴"（short-tether policy）或"从船到嘴"，充满矛盾，故意耽搁。尽管美国于6 月 15 日宣布恢复经济援助作为回馈，但是大量美国援助的诺言并没有转化为物资。而且，季风再次没有到来，对印度来说形势更加恶化。到了 1966 年秋，约翰逊对紧急粮食援助的条件似乎更加苛刻，不能满足这些条件意味着向印度运送粮食暂停。这被称为"勒紧绳拴"或"从船到嘴"的行动，体现了在 1965—1967 年美国对印紧急粮食援助的矛盾性特征。这种方法以拖延决定、一旦作出决定在短时间内予以批准、以每月而不是以每年或几年为基础来评估印度的粮食需求。② 具体做法是压住对下一次装运粮食的批准，直到最后一分钟才予以放行。这使印度官员和美国使馆人员焦急等待，惶惶不安。这也使印度的配给制度处于紧张状态。只有粮船连续不断，平均每天有三艘到达印度港口，才能满足印度的需要，以致运粮工作被称为"从船到嘴"的行动。

1966 年秋，印度再次遭受严重干旱，印度政府又请求 200 万吨粮食。约翰逊的反应是进一步推迟粮食运送，因而开始了其"勒紧绳拴"的行动。对约翰逊这种政策的动机有不同的看法。美印两国对世界事务特别是越南问题的看法不同，美国对印度批评美国的越南政策甚为不满。1966 年 7 月 13 日，在英迪拉·甘地访问苏联期间，在莫斯科就越南问题发表的联合公报，除了号召美国停止在越南的轰炸之外，公报含糊地提及"帝国主义国家"的非法行径。这份公报显然破坏了约翰逊对印度所抱有的善意和同情。约翰逊大为光火，认为这是个人侮辱。尽管英迪拉·甘地和印度各级官员努力解释，试图忘却这段不愉快，但他们的努力是徒劳的。英迪拉·甘地在自己党内左派的攻击和反对日甚的情况

---

① Proposed USAID Economic Assistance Programmes for FY 1967，March 1966，*US-South Asian Relations 1947-1982*，Vol. 1，pp. 310-311.

② Shivaji Ganguly，*U. S. Policy Toward South Asia*，San Francisco：Westview Press，1990，pp. 176-177.

下，被迫重申对美国轰炸越南的批评。① 美国国会议员指责英迪拉·甘地接受美国小麦而"出卖"美帝国主义。英迪拉·甘地接着给胡志明发出了一封热情洋溢的生日贺电，作为抵制美国批评的抗争。美国政府特别是总统本人对此反应强烈。美国政府在致驻印使馆的信函中激怒地提到"那些忘恩负义的印度人"，小麦装船更加迟延了。美国官方的逻辑推理似乎是：印度是穷的，美国是富的，印度必须得到美国的援助。因此，如果印度不能支持美国的政策，它至少不应批评，不然就得承担后果。鲍尔斯大使在同一位白宫高级官员讨论英迪拉·甘地要求美国停止轰炸北越时说，英迪拉·甘地不过是重复吴丹和教皇说过多少次的话罢了。这位官员回答说，"但是教皇和吴丹并不需要我们的小麦"②。 1966年11月26日，英迪拉·甘地总理对印度新闻媒体说，因为美国在签署新的480公法协议上的耽搁，印度被迫从世界其他地方寻求粮食。她说，耽搁被谣传是因为印度没有采取足够的措施增加粮食产量。但是，她否认了这种说法。因为从外国进口的粮食减少，政府会考虑削减粮食配额。推测耽搁的原因之一就是英迪拉·甘地不客气地批评了美国在越南的政策。③ 约翰逊非常在意印度的批评，在1967年早些时候，他强调印度领导人不仅要停止进一步的批评，而且还要捐赠战地医院来显示对美国目标的支持。当然，这是不可能实现的。印度在越南问题上坚持自己的立场。

美国报界也对约翰逊的这种延迟行为的动机进行了分析。1966年11月29日《纽约时报》分析指出，"约翰逊总统在十二月中旬关于中断美国向印度运送谷物的决定，恰恰发生在印度受到饥荒威胁、临近关键性的选举时刻……这个情况使印度人怀疑搁置的部分原因，是由于约翰逊总统对印度总理甘地夫人最近呼吁停止在北越轰炸的不满而致"④。同年12月11日《华盛顿邮报》分析指出，"已经提出各种各样的解释，为推

---

① Harold A. Gould and Sumit Ganguly, eds., *The Hope and the Reality: U. S. -Indian Relations from Roosevelt to Reagan*, San Francisco: Westview Press, 1992, p. 88.

② ［美］切斯特·鲍尔斯：《鲍尔斯回忆录》，复旦大学集体编译，上海人民出版社1974年版，第313页。

③ "Telegram from the Ambassador to India (Bowles) to the President's Special Assistant and Chief of Staff (Moyers)", New Delhi, November 28, 1966. *RFUS*, 1964-1968, Vol. XXV, South Asia, pp. 767-769.

④ *The New York Times*, November 29, 1966.

迟运粮的决定进行辩解。一种解释是，总统想把它要苏联及其他国家参与帮助缺粮国家的愿望搞得富有戏剧性。另一种解释是，他要使印度感到震动，促使它进行更有意义的农业改革，并把它自己的粮食资源更公平地分配。……我们有充分理由希望印度继续成为亚洲比较稳定的'飞地'，我们愿意印度保持它基本上的民主的制度。不管我们的政策另外还要做些什么，它们一定不能危害这些长期的目标"①。有分析认为，在印度面临严重的经济困难的时候，约翰逊的最初意图是要用粮食援助作为诱饵，诱导印度人进行农业改革。后来，粮食援助被用来迫使印度政府至少在美国在越南的角色问题上保持沉默。从1966年8月到12月，暂停了对印度的粮食船运。

1967年1月10日，约翰逊在致国会的信函中指出，南亚这个伟大的次大陆生活着地球超过1/6的人口，"多年来，我们和其他国家向印度和巴基斯坦投资了大量资本和粮食。我们不希望看到我们的援助浪费在冲突之中，必须帮助这两个国家，我们的朋友，战胜贫困，进行和解与合作"……②约翰逊希望更多的国家参与合作，并承担更多的对印度的粮食援助责任。约翰逊请求世界银行采取一些行动。1月15日，约翰逊派遣负责政治事务的副国务卿尤金·罗斯托（Eugene V. Rostow）负责全球性开发支持印度的粮食需求。这种努力承担着在1967年印度进口1000万吨粮食，价值约7.25亿美元。尽管罗斯托和世界银行援印财团的其他成员积极努力，但也只是发动了价值2亿美元的援助。2月2日，就对印度的紧急粮食援助，约翰逊致函国会指出，美国支持对去年印度紧急情况作出多边反应。本世纪最大的干旱使数百万人遭受饥饿、疾病和营养不良。因此，建议国会议员批准一项向印度提供800多万吨粮食的计划。印度的粮食问题，需要美国以及其他发达国家作出努力……建议采取下列措施：①美国的基本政策是通过由世界银行任主席组织的援印财团来处理印度粮食问题。提议把粮食援助作为多边援助计划的一部分，更有效地安排多边援助，使印度粮食援助与更广泛的经济援助计划和对农业开发方面的资本和技术援助结合在一起。②如果这种计划确立的话，美

① 《华盛顿邮报》，1966年12月11日。转引自［美］切斯特·鲍尔斯《鲍尔斯回忆录》，上海人民出版社1974年版，第316页。

② President Johnson's State of the Union Message to Congress, 10 January 1967, *US-South Asian Relations 1947-1982*, Vol. 1, p. 319.

国将支持援印财团……③美国必须迅速采取行动帮助印度满足其紧急粮食需求。最好的估计是今年向印度提供 0.1 亿吨粮食或者价值约 7.25 亿美元的粮食……为了维持粮食在运输中，请求国会立即拨付 200 万吨，或者价值约 1.5 亿美元，帮助印度渡过难关；请求国会同意与国际社会一道，分担责任以满足印度剩下的 570 万吨粮食短缺，或者价值约 4 亿美元；请求追加拨付不超过 300 万吨……①

针对印度的粮食危机，约翰逊向印度派遣两个调查组（一个是由农业专家组成，另一个是由四名国会议员组成），考察印度的粮食状况。国会派出的委员会包括众议员罗伯特·波格，得克萨斯州民主党人，众议院农业委员会主席；众议员罗伯特·多尔，堪萨斯州共和党人，众议院农业委员会委员；参议员盖尔·麦吉，怀俄明州民主党人；参议员杰克·米勒，依阿华州共和党人，参议院农业委员会委员。该委员会深入印度全国各地农村，他们的报告是全面的、公正的和建设性的。他们一致地向总统报告说，应该继续向印度输送小麦。来自农业部的委员会同样做了一次认真的调查，不仅包括农村区域，还调查了配给机构和"从船到嘴"的分配系统。他们向总统报告说，驻印使馆远没有过高估计印度的粮食需要，而是可能低估了。1967 年 2 月 6 日，众议员波格和多尔向众议院提出了一项关于保证向印度输送粮食的议案。他们说："印度面临的粮食危机是很真实和严重的。印度需要帮助。我们感到今天我们提出的议案表达了国会两党的意见，要支持我们的政府在这个危急的缺粮时刻努力帮助印度人民。"众议员多尔的意见具有代表性："去年十二月，应总统的要求，来自得克萨斯州的波格先生和我访问了印度，发现那里粮食危机的范围是惊人的。照我看来，在这个受灾的国家中所正在进行的自助的努力，予人以真正的希望和鼓舞。印度政府越来越注重农业的发展。在第四个五年计划中，现在农业的优先地位被确定为仅次于国防，在第四个五年计划期间公众对农业的投资预定将比第三个五年计划增加一倍以上。在许多方面有令人鼓舞的迹象，如肥料生产，通过合作社提供更多的信贷，水利和土壤资源的开发，利用各种新的高产种子来增加产量，以及其他许多旨在增加粮食生产的计划，正在取得进

---

① President Johnson's Message to the Congress on Emergency Food Aid to India, 2 February 1967, *US-South Asian Relations 1947-1982*, Vol. 1, pp. 320-321.

展。依我看来，印度政府和印度人民自己争取资助的努力是认真和真诚的。"① 国会调查组后来建议，美国应在 1967 年 2—4 月提供临时 180 万吨粮食。即便如此，约翰逊不愿批准超过所建议数量的一半，并继续坚持"勒紧绳拴"政策。农业专家调查组对印度的粮食形势和粮食分配制度进行全面评估，并指出美国或许低估了印度的粮食需求。但这并未对约翰逊产生多大影响。对印度来说，幸运的是它能从加拿大得到 185000 吨小麦，从澳大利亚得到 150000 吨紧急供应，苏联也承担了 200000 吨粮食。

《纽约时报》再次评论说："如果印度在自助的措施中有严重的过失，那么在一个更顺利的时机可能有议论主张压缩一下援助。但是十月间美国政府有关部门的备忘录、十一月间的特别工作组和十二月间的国会访问团都表明印度执行计划的情况一般是令人满意的。甚至去年夏天主要的怀疑者农业部长弗里曼，现在也相信印度人正在作'认真的努力'。弗里曼先生指出，总统的主要目的是迫使苏联和其他国家分担美国援助的负担，而不是那么要向印度施加压力。这个目的是值得颂扬的。但是当次大陆正在过着'从船到嘴'的生活的时候，为了达到这个目的所采取的办法却涉及一场危险的赌博。这等于把英迪拉·甘地总理的温和的民主政府的生命，投入俄国的轮盘赌。莫斯科无疑已经注意到，赌博的败北将会是美国而不是俄国被指责为要对成千上万饿死的人负责。"②

在印度报界，白宫、国务院和农业部的能干的中层和下层人员，鲍尔斯大使及其使馆同事的积极推动和不懈努力下，最终到 1967 年 2 月，约翰逊决定同意一项更加全面的对印粮食船运计划。他认为，每个国家应该作为一项国际义务分担印度的紧急粮食需求。他立即向印度分配了 200 万吨粮食以克服危机。3 月 20 日，国会两院批准了对印度紧急粮食援助的联合决议案。4 月 1 日，约翰逊签署生效。"勒紧绳拴"政策失败。到 1967 年秋，印度粮食危机已逐渐平息。

约翰逊在其回忆录中谈到 1965—1967 年印度粮食危机。他批评了印

① ［美］切斯特·鲍尔斯：《鲍尔斯回忆录》，复旦大学集体编译，上海人民出版社 1974 年版，第 317—319 页。

② ［美］切斯特·鲍尔斯：《鲍尔斯回忆录》，复旦大学集体编译，上海人民出版社 1974 年版。

度政府不重视农业、把大量资源投入到工业方面的政策，导致经常粮食短缺需要进口，根据 1954 年 480 公法计划，印度习惯于每年接收几百万吨的粮食。随着美国剩余农产品的不断减少，为了满足不断增加的海外需求，美国必须扩大超出其自身商业需求的种植面积。用于对外援助的粮食，与其他形式的援助一样，与日俱增地花费掉纳税人辛苦挣来的钱……鉴于以上原因及其他原因，美国国会对外援也日益报以挑剔的眼光。1965 年印巴冲突，引起了对军事援助和经济援助的严重怀疑。在 1965 年秋，约翰逊的第一个行动是把对印度粮食援助从前些年的长期承诺改为短期，逐月地判断印度的需求。"我并不是希望在向饥饿的人们发送粮食问题上纠缠不休，而是我相信，除非印度改变其农业政策，否则在未来其人口会面临着更加严重的困难风险。……这种我们称为'勒紧绳拴'的政策在印度领导人中间很不受欢迎，特别是那些工业化的坚定倡导者。"[1] 1965 年 11 月，印度农业部部长与美国农业部部长在罗马会谈，并就印度农业达成新的谅解。11 月 25 日签署了协定，意味着印度政府政策的根本转变，在印度新的五年计划中更加重视农业。1965 年 12 月 7 日，印度政府接受罗马协定并宣布新的农业计划。约翰逊认为，这是美国新政策的第一次重要的直接影响。在 1966 年 3 月约翰逊访问印度期间，与英迪拉·甘地谈到印度的粮食问题，英迪拉·甘地表示完全理解和支持独立自主原则和以美国政策为基础的国际分担原则。1966 年季风雨比往年更少，干旱持续，粮食严重减产，1967 年印度需要 0.1 亿吨粮食，将花费约 7.25 亿美元，一年之中平均每天都需要有两艘装载粮食的船只到达印度，美国农民生产的小麦的 1/5 要绕半个世界运往印度。美国在危机的第一年向印度运送了 800 多万吨粮食，在第二年运送了 600 多万吨，这些数量足以养活 1965—1966 年危机中的 5000 万人和来年的 4000 万人。[2]

针对印度的粮食问题，美国国会对外援的态度，反对之声不断增加。印度在 1962 年与中国的战争中军事溃败，也标志着把印度作为替代

---

[1] Extracts from President Johnson's Memoirs, *The Vantage Point: Perspectives of the Presidency*, *1963-1969 Regarding the Indian Food Crisis of 1965-1967*, *US-South Asian Relations 1947-1982*, Vol. 1, pp. 323-325.

[2] Extracts from President Johnson's Memoirs, *The Vantage Point: Perspectives of the Presidency*, *1963-1969 Regarding the Indian Food Crisis of 1965-1967*, *US-South Asian Relations 1947-1982*, Vol. 1.

中国的发展模式的美好期望破灭。尽管提供经济援助和军事援助，但是，肯尼迪时代早期的坚定的乐观主义逐渐被冷静的实用主义所取代，关心美国能够帮助印度发展到何种程度。与日俱增的沉默后来发展成反对向任何公有部门提供援助，如印度的波卡罗钢厂。美国对印巴不能解决其争端不耐烦，这进一步加剧了美国不愿提供援助。1965 年印巴战争，导致美国对印度表示愤怒，暂停了所有外援。后来经济援助在 1966 年春恢复。尽管美国对巴基斯坦与北京亲近认识醒悟，但它也没有与印度走得更近。在一定程度上，约翰逊要为不断减少美国对印度援助负责。不像肯尼迪，约翰逊并未对援助印度特别热心，也没有对外援作用作出特别承诺。他对印度在 1965—1967 年糟糕形势下作出的粮食供应请求表示相当程度的保留。他认为，在美国援助之前，印度方面必须作出自我帮助努力。美国不能单方面承担起印度饥饿的负担，美国只是作为多边援助一揽子计划的一个成员国参与援助。后来，他把对印度粮食请求的回应称为"勒紧绳拴"战略。这包括有计划地延迟粮食移交的授权，直到情况紧急。约翰逊对印度在越南以及其他对外政策问题上的立场表示恼怒，把粮食援助作为美国对外政策一个工具。1965 年秋，约翰逊最初是要制定短期的对印度粮食援助方案，每月考虑印度的请求。①1966 年 2 月，粮食换自由，强调受援国自我努力作为争取美国粮食援助的条件。约翰逊政府对印度在一些像越南这样的全球问题上的立场有着敏感性。约翰逊对印度的粮食援助政策与肯尼迪相比有三个显著特点：短期化、"自我帮助"和"勒紧绳拴"。这种政策，一直被解释为约翰逊对印度领导人公开反对其越南政策而不悦的实证。但是，约翰逊否认了这种断言，并坚持认为其"勒紧绳拴"政策是真正努力要帮助和鼓励印度来取得自足。对于上述两种观点，见仁见智。总统国家安全特别助理罗斯托（Walt Rostow），支持约翰逊的观点；负责粮食政策的国务院官员桑德森（Fred Sanderson），认为约翰逊被印度在越南战争中的立场所激怒，而可能命令采取这种控制粮食直到最后一分钟的政策。② "勒紧绳拴"政策企图以粮食援助为工具，迫使印度在外交上赞同（或者至少是不批评、默认）美国的外交行为，特别是在东南亚和越南问题上。但

---

① Shivaji Ganguly, *U. S. Policy Toward South Asia*, Westview Press, 1990, pp. 167-168.

② B. J. B. Krupadanam, *Food Diplomacy: A Case Study of Indo-US Relations*, New Delhi: Lancers Book, 1985, p. 105.

是，印度强烈的民族主义、追求国家主权独立的敏感意识、奉行不结盟的外交政策，使印度与美国在一系列国际问题上意见相左，特别是在越南问题上印度更是坚持己见，批评美国对越南的轰炸。正如英迪拉·甘地在其自述中所言："我们得到许多友好国家的援助。但是我们竭力不依赖其中任何一个国家。我的政府不向任何压力屈服。……他们不能用威逼利诱或任何别的办法来使我们改变政策。……我们坚守自己的信念，全世界为此而尊重我们。当美国或苏联以财政贷款——被错误地称为'援助'——的方式帮助我们的时候，或者帮助我们生产工业产品和国防装备的时候，我们认为他们之所以这样做，是出自他们本国利益的考虑。但是，我们国家的利益也要求我们利用愿意帮助我们自力更生的任何力量来建设我们的经济和国防。因此，我们绝不能被反苏歇斯底里或反美歇斯底里冲昏头脑。"① 有学者指出，这反映了美印两国不同的世界秩序观。印度对美国在越南战争中的行为的批评，尽管部分是国内政治使然，但主要是受尼赫鲁反殖民主义遗产的驱动。在印度人看来，美国在越南的卷入是法国殖民遗产的继承。美国就此问题的观点显然不同，认为越南是全球遏制共产主义的主要实验场。② 另外，印度政府处在美国和本国国内"左"派的双重压力之下。在这种困境之下，印度政府每向美国所渴望的农业或工业改革迈进一步，就要在一些国际问题诸如越南和以色列问题上作出相应的象征性否定姿态。而约翰逊总统和美国政府内的许多人对印度的这种象征性的外部姿态非常在意，经常被印度政府的言论所激怒，认为印度人不领情、忘恩负义。约翰逊对印度政府所面临的困难的不敏感和对印度独立性的冷漠更加剧了印美关系的紧张。约翰逊对发展中的新兴国家的人民很少有感情。在援助印度粮食问题上，他至少有五次使印度政府和人民经受了不必要的折磨。在鲍尔斯大使第二次任职新德里的六年时间里，美国向印度运送了总数达 2600 万吨的小麦，几乎是美国全部平均年产量的 3/4；高峰时一年用万吨轮运送了将近 1000 次。12% 的印度人靠美国小麦过日子，拯救了成百万

---

① ［印］伊曼纽尔·波奇帕达斯笔录：《甘地夫人自述》，亚南译，时事出版社 1981 年版，第 145—147 页。

② Harold A. Gould and Sumit Ganguly，（eds.），*The Hope and the Reality：U. S. - Indian Relations from Roosevelt to Reagan*，San Francisco：Westview Press，1992，p. 88.

的印度人免于饥饿。① 在 1965—1967 年印度粮食危机期间，美国提供了约 1400 万吨粮食，这足以养活约 9000 万人民。② 此外，印度从加拿大、澳大利亚、苏联分别得到 18.5 万吨、15 万吨和 20 万吨的援助。但是，粮食援助的努力并未进一步提升美印两国关系。相反，因为援助国的附加条件和最后一刻的放行与慷慨产生了两国关系的紧张。③

印度并未因为粮食危机对美国粮食进口的依赖而改变其独立的外交政策。1966 年 7 月 13 日，英迪拉·甘地与柯西金就越南问题在莫斯科发表联合公报，号召美国结束对越南的轰炸，还含糊地提到"帝国主义国家"的非法行为。④ 联合公报明显破坏了约翰逊对印度所抱有的善意和同情。当 1966 年秋又一次严重干旱降临印度、印度政府请求追加两百万吨粮食时，约翰逊进一步耽搁了粮食船运，全面开始"勒紧绳拴"政策。但是，与通常的期望相反，这次援助的努力并没有改善印美两国关系；相反，因为援助所附加的条件、最后关头才放行，加上两国在一些对外政策问题上的差异，引起了两国关系的紧张。不管动机为何，约翰逊的这种政策引起了印度领导层和民众的愤恨，并且可能是 1967 年之后两国关系紧张的一个重要因素。事实上，印度政府被反对党指控为了得到粮食而软弱。随后，印度的一些做法，诸如向河内的胡志明祝寿，参加在莫斯科举行的俄国革命 50 周年庆典，都可以被解释为为平息国内反对以及向世界证明印度并未因粮食援助而屈服的一种象征性姿态。⑤

受到美国粮食援助"刁难"和刺激的印度政府此后大力推行绿色革命，提高农业技术，大面积地推广和种植经过改良的新型高产小麦和水稻品种，推广使用化肥、农药，大规模提高土地生产率以及较好的天气条件，使粮食产量比过去大幅度增加了，在 1967—1968 年获得创历史纪录的大丰收。良好的天气条件以及更好的收成，进一步减少了大量进口的需求，到 1968 年 1 月，印度政府需要进口小麦的数量大为减少，1969

---

①　[美] 切斯特·鲍尔斯：《鲍尔斯回忆录》，复旦大学集体编译，上海人民出版社 1974 年版，第 324—325 页。

②　Shivaji Ganguly, *U. S. Policy Toward South Asia*, Westview Press, 1990, pp. 181-184.

③　Shivaji Ganguly, *U. S. Policy Toward South Asia*, Westview Press, 1990, pp. 181-183.

④　Shivaji Ganguly, *U. S. Policy Toward South Asia*, Westview Press, 1990, p. 179.

⑤　B. J. B. Krupadanam, *Food Diplomacy: A Case Study of Indo-US Relations*, New Delhi: Lancers Book, 1985, p. 105.

年在 480 公法项目下只有 250 万吨，1971 年为 120 万吨，该项目下的优惠性进口 1971 年停止（此外，与印巴冲突有关的美印紧张关系也是在 1971 年之后印度决定不再从美国进口优惠性粮食的重要原因）。① 印度的农业发展逐步走上一条"自我帮助"、摆脱过分依赖外国的农业现代化道路。

1969 年 1 月，约翰逊就 1968 财年对外援助项目向国会报告。国际开发署 1968 财年向近东和南亚承担份额是 5.33 亿美元，比 1967 年减少了 0.4 亿美元。在过去六年间，对该地区的援助呈现下降趋势，并在 1968 财年达到新低。在上年接受援助的有五个国家在 1968 年什么也没有得到，像锡兰、塞浦路斯、以色列、阿拉伯联合共和国、也门。国际开发署对该地区承担份额的近 95% 给予了印度、巴基斯坦和土耳其。印度是 1968 财年该地区唯一的接受更多援助的国家，在巴基斯坦的援助计划比 1967 年略少。②

三　对巴基斯坦的军事援助

巴基斯坦一直反对美国向印度提供武器援助。1963 年 10 月 1 日，阿尤布·汗在讲话中提到，在外交事务中，巴基斯坦一直密切关注为印度提供武器的发展。战争武器由西方国家以及俄罗斯涌入印度，似乎大战一触即发。这些准备据说是用来针对中国的……印度与中国发生大战是不可能的……那么，他们为什么还要这样做呢？原因众所周知。但是巴基斯坦明白他们希望利用印度的反中情绪使它与西方结盟，或者至少使它保持在反对中国的范围之内。在这一点，他们就大错特错了。③ 1964 年 1 月，阿尤布·汗指出，在中国侵略威胁的借口下，印度以保障安全为由获得武器援助，这一年来使巴基斯坦极为焦虑。现在，大家普遍认识到，中国没有那种侵略意图，印度也不会与中国开战。因此，印度寻求与中国解决存在的问题只是时间问题。然而，这种情况在几个方面帮助印度目前的统治者。它巩固和加强了统治者对印度的虚弱的控制。它

---

① B. J. B. Krupadanam, *Food Diplomacy: A Case Study of Indo-US Relations*, New Delhi: Lancers Book, 1985, p. 106.

② President Johnson's Report to Congress on the Foreign Assistance Programme for FY 1968, January 1969, *US-South Asian Relations 1947-1982*, Vol. 1, p. 336.

③ Ayub Khan's First-of-the-month Broadcast to the Nation from Radio Pakistan, Rawalpindi, 1 October 1963, *US-South Asian Relations 1947-1982*, Vol. 2, p. 224.

帮助印度政府从西方国家甚至俄罗斯那里获得政治支持。它也帮助印度政府从西方国家以及俄罗斯那里获得巨大财政和军事援助。① 1963 年 12 月，参谋长联席会议主席泰勒访问次大陆。阿尤布·汗会见泰勒时指出，巴基斯坦面临着两难处境：忠于自己的国家与忠于自己的朋友存在日益增加冲突的尴尬处境。泰勒回答道，美国真正关心巴基斯坦的安全。阿尤布强调指出，正是美国对印度的武器援助增加了对巴基斯坦的威胁，巴基斯坦靠自己的力量能够阻止任何攻击而不是依赖别人。② 1964 年 1 月，阿尤布·汗在美国外交杂志撰文，就巴美联盟进行了分析。阿尤布·汗指出，巴基斯坦与美国签订了不是一个而是四个共同安全协定，在某种意义上，巴基斯坦被冠以"美国在亚洲最亲密的盟友"称号。巴基斯坦也是同时兼具东南亚条约组织和中央条约组织成员国的唯一亚洲国家。在这一点上，巴基斯坦的战略地位的重要性不言而喻。西巴与中东搭界，与苏联南部边界很近，与中国接壤。它扼守重要山隘，历史上所有陆路入侵者入侵次大陆的必要通道。东巴与缅甸接壤。西巴和东巴位于印度西北和东北侧翼。实际上，巴基斯坦构成了印度的防御屏障。它也是进入次大陆的门槛。因此，巴基斯坦保持强大和稳定，符合世界和平的利益，特别是印度安全的利益。在过去的十年里，美国政策经历了对其盟友巴基斯坦与中立主义的印度相比不利的变化。当巴基斯坦最初与美国结盟时，在美国人看来，像印度这样"不结盟"的中立主义，是"不道德"的，属于"骑墙派"。数年过去了，在美国人眼中，中立主义呈现出令人尊敬的样子。四年之前，它开始逐渐占据优势地位。在与苏联的竞争中，开始寻求投中立主义国家之所好。特别是，美国有影响的利益集团开始鼓吹对印度"大量援助"。同时，在美国盟国中，不仅仅在巴基斯坦，滋生一种情绪，即它们在各方面不断地被视为理所应当。逐渐地，作为美国想法变化的结果，中立的印度是目前美国经济援助的最大受援国。而印度可以继续在联合国内外只要一有机会就自由地抨击美国。巴基斯坦带着日益增长的困惑和沮丧注视着美国对外政策的这种转变。直到去年秋天，在直接的军事援助方面，美国政策在

---

① Ayub Khan's First-of-the-month Broadcast to the Nation, 1 January 1964, *US-South Asian Relations 1947-1982*, Vol. 2, p. 225.

② Dennis Kux, *The United States and Pakistan, 1947-2000: Disenchanted Allies*, Baltimore and London: The Johns Hopkins University Press, 2001, p. 149.

盟国与中立国家之间总体上继续保持着实质性的差异。盟国有资格得到军事援助，其程度由美国根据该国在联盟中所承担义务公正地予以考虑。中立国家，总体来说，无权得到相应的军事援助。然而，当 1962 年秋天印中边界争端发展成武装冲突后，这种保留下来的差别也消失了。1962 年秋天，巴基斯坦又有了对美国对外政策产生幻灭的新根据。随着印中边界冲突，美国着手向印度提供武器，其规模已经总体上超出了形势的需要，巴基斯坦认为这是不公平的。从那时起，武器援助大规模流入印度。这对巴基斯坦的安全造成了严重威胁。除了西方国家源源不断地向印度提供武器援助引起巴基斯坦的严重关注以及造成巴基斯坦与西方国家联盟关系的日益紧张之外，不会取得可以看得见的其他目标。因为如果以印度次大陆的安全与福祉为目标的话，那么需要的不是大量的对印度军事援助的涌入，而是印巴关系的和解。这种和解只有通过克什米尔问题公正而体面的解决才能达到，别无他途。另外，只要克什米尔争端继续，印巴紧张关系就会继续。在这种形势下，对印度的武器援助不会增强次大陆的防御态势。而且，它将使克什米尔问题的解决变得更加困难。军备竞赛将会不可避免，将会对两国人民造成沉重的经济负担。这将会使两国人民更易祈求于颠覆性的力量。这将会对次大陆人民的安全与福祉造成不利影响。大量的印度军事装备，也将危及该地区存在的危险的力量平衡。① 阿尤布·汗将印度与巴基斯坦进行对比，中立并且时常批评美国政策的印度成了美国经济援助的最大受援国，"美国在亚洲最亲密的盟友"反而受到冷落，甚为不悦。

1964 年 2 月，约翰逊批准了严格的最低限度的对印巴的五年军事援助计划，但是没有说明援助金额。他要求巴基斯坦首先做好自己的计划，该计划华盛顿可以进行评论，并希望武器援助与巴基斯坦所承担的联盟义务取得令人满意的成绩联系起来。约翰逊延迟对援助的讨论，直到对 1964 年 2 月 18 日周恩来总理访问巴基斯坦的评估作出来之后。周恩来总理访问期间，宣布了中国在克什米尔立场上的政策重大转变：支持巴基斯坦长期坚持的公民投票解决克什米尔问题的立场。并在 1964 年中期，宣布向巴提供一项 0.6 亿美元的无息贷款，进一步密切了双边关系。1964 年 3 月 19 日，约翰逊就对外援助致国会的特别咨文指出，提议

---

① "The Pakistan-American Alliance: Stresses and Strains", Article by President Ayub Khan in *Foreign Affairs*, January 1964, *US-South Asian Relations 1947-1982*, Vol. 2, pp. 225-227.

的军事援助，2/3 将会分配给中苏集团周边的 11 个国家。防御支持援助的需求将会继续削减，其资金主要被用在面临防御或安全紧急境况的国家。三年前接受防御支持援助的 14 个国家在 1965 财年将不会再得到援助。目前将会向作出请求的 5 个国家中的 4 个国家韩国、越南、老挝、约旦提供援助。提议的 1965 财年开发贷款中的 2/3，集中于 6 个国家：智利、哥伦比亚、尼日利亚、土耳其、巴基斯坦、印度。① 1964 年 3 月 24 日，前副总统尼克松在巴基斯坦国际事务研究所发表演说指出，美国已经拨付的对巴基斯坦的援助，大多数是用于军事目的，一部分用于经济目的。尼克松认为，根据对巴基斯坦援助项目进行投资是一个好的投资，因为近年来巴基斯坦一直在接受援助，经济上取得了很大进步。它保持独立，特别是在最近 5—6 年取得了显著的经济增长率。这在一定程度上是由于从美国以及其他国家得到经济援助的结果。② 1964 年 3 月 25 日，国防部部长麦克纳马拉在众议院对外事务委员会指出，美国对印度的军事援助，使巴基斯坦深陷烦恼之中。虽然如此，印度能够因此防御自己免受共产主义中国的侵略，对整个自由世界，包括巴基斯坦在内，都是重要的。美国极力向巴基斯坦政府保证，美国对印度的援助不会以巴基斯坦的安全为代价，在共同防御协定中美国对巴基斯坦的安全作出过承诺。③ 副国务卿鲍尔指出，"我们非常希望阿尤布与红色中国的关系不会发展到危及美巴关系的程度"。④ 1964 年 4 月，助理国务卿塔尔博特在众议院对外事务委员会指出，巴基斯坦政府对它的盟国向印度提供军事援助以应付共产主义中国的威胁作出了强烈的反应，如果美国此类援助有可能解决克什米尔问题。同时，巴基斯坦开始利用共产党，意欲孤立印度，通过与红色中国签订贸易、边界、民航协定以及扩大文化交流。美国的国家利益与巴基斯坦的国家利益一致，这一点也被巴基斯坦所认同。美国的援助项目是要平衡美国在南亚的关系的方方面面。"如果

---

① President Johnson's Special Message to the Congress on Foreign Aid, 19 March 1964, *US−South Asian Relations 1947−1982*, Vol. 2, p. 228.

② Address by Former Vice President Richard Nixon at the Pakistan Institute of International Affairs, 24 March 1964, *US−South Asian Relations 1947−1982*, Vol. 2, pp. 228−229.

③ Statement by Defence Secretary Robert S. McNamara in the House CFA, 25 March 1964, *US−South Asian Relations 1947−1982*, Vol. 2, p. 229.

④ Statement by Under Secretary of State George Ball, 1 March 1964, *US−South Asian Relations 1947−1982*, Vol. 2, p. 228.

克什米尔是美国在世界上的最重要的事情，那么我认为我们会负责任地说，在克什米尔问题没有解决之前，我们不会向任一国家提供更多援助。换句话说，在次大陆如果限制共产主义国家侵入的机会更重要的话，如果限制印巴两个国家内部的潜在分裂和混乱以便它们能够更好地发展、在世界上更有影响——更重要的话，那么我们应当竭尽所能积极帮助它们，在外交方面，努力帮助它们缓和在文化、宗教、社会、经济和政治等方面根深蒂固的争端。"①

1964 年 5 月，约翰逊最终批准了对印的一项长期军事援助计划，每年提供价值约 0.5 亿美元的赠予援助和同样价值的赊卖。这一计划并不包括印度最想得到的武器系统以及巴基斯坦已经得到的 F-104 超音速战斗机。尽管如此，这一消息在巴基斯坦还是引起了轩然大波，认为美国无视巴基斯坦的利益。1964 年 7 月 7 日，阿尤布·汗致函约翰逊，抱怨美国对印度的军事援助，强调美国此举扰乱了次大陆的力量平衡，削弱了巴基斯坦承担盟国义务的能力。而巴方的抱怨也深深刺痛了美国总统。约翰逊对巴基斯坦未能在越南战争中予以支持表示不满，并对"因为美国帮助了印度，巴基斯坦就应该忽视盟国义务"的观点不予苟同。②

1964—1965 年秋冬之际，美国和巴基斯坦举行总统选举期间，两国关系进一步恶化。在美国决定向印度提供军事援助之后，巴基斯坦民众强烈支持政府外交政策的转变。阿尤布·汗当选后希望在维持与美国良好关系的同时发展与中国和苏联的友好关系，希望在三者之间走钢丝。1965 年 3 月，阿尤布·汗重新当选总统后对中国进行国事访问受到热烈欢迎，在发表的联合公报中支持亚非国家争取民族独立运动和反对帝国主义以及各种形式的殖民主义的斗争。美巴关系进一步恶化。对于阿尤布·汗在中国一些讲话的反美腔调，美国人很不满意，约翰逊向巴驻美大使表示，"我不乐意看到我的朋友阿尤布受到我敌人的款待"。访华不久，阿尤布对苏联进行国事访问，为巴苏关系带来了根本性的变化。虽然双方在会谈中仍有分歧，苏联批评巴基斯坦与美国结盟，巴基斯坦批评苏联对印度军事援助以及在克什米尔问题上的立场，但是阿尤布·汗

---

① Statement by Assistant Secretary of State for NEA Phillips Talbot before the House CFA, April 1964, *US-South Asian Relations 1947-1982*, Vol. 2, pp. 229-230.

② Dennis Kux, *The United States and Pakistan*, *1947-2000*: *Disenchanted Allies*, Baltimore and London: The Johns Hopkins University Press, 2001, pp. 150-151.

向苏联领导人保证，巴基斯坦不会作为美国在南亚政策的工具。阿尤布表示在巴的美军通信基地租约将不再延期，苏联人允诺向巴提供实质性的军援。对此，约翰逊突然宣布推迟原定的 1965 年 4 月 15 日巴基斯坦总统对美国的访问作为回应。巴基斯坦发展同中国的友谊，同苏联关系正常化，是因为巴基斯坦认为，"万一印攻击我们，要美国履行其职责，支持我们是极不可能的"①。约翰逊也推迟了原定于 1965 年 6 月印度总理夏斯特里的访问。

到 1965 年春，约翰逊在向印巴提供大规模经济援助计划方面也日益刻薄。美国向南亚提供了其对外经济援助的近 1/3，但是并未达到其预期的目的，印度的经济依然贫穷。在美国的援助下，巴基斯坦的经济成效明显，国内生产总值从 1963 财年的 85 亿美元增长到 1965 财年的 101 亿美元。② 在政治方面，巴基斯坦与中国关系的日益密切令美国忧心忡忡。1965 年 3 月 22 日，美国国际开发署署长贝尔在参议院对外关系委员会指出，"仅仅在最近，阿尤布·汗在北京，当时他极力支持中国共产党在中印边界冲突中的观点，这令我们感到非常吃惊和遗憾。我们依然认为，尽管巴基斯坦与共产主义中国进行调情，但巴基斯坦政府依然是一个强大的政府，依然是一个强大的反共政府，对美国依然有价值"……③ 对于美国的担心，巴基斯坦表示坚持两条腿走路，同时发展巴美关系、巴中关系。1965 年 3 月 28 日，巴基斯坦外长布托在记者会上指出，通过向对巴基斯坦充满敌视的国家印度提供军事援助，美国不仅损坏了联盟的整个概念，而且破坏了联盟。美国政府根据其自身利益，通常被称为全球利益，来评断什么是最好。巴基斯坦把与美国的关系视为最重要的。"我们不会忘记美国向我们提供慷慨的援助以促进巴基斯坦经济发展和加强军事力量。我们与中国走得很近，增强中巴之间的相互理解，但是我们不以美国为代价，并且我们与中国的关系是与世界和平的目标相

---

① ［巴基斯坦］阿尔塔夫·高哈：《阿尤布·汗——巴基斯坦首位军人统治者》，邓俊秉译，世界知识出版社 2002 年版，第 39—40 页。

② Agency for International Development, *Statistical Fact Book*, *Pakistan*, 1968 （Washington, D. C. : U. S. AID, 1968）.

③ Statement by USAID Administrator David Bell before the Senate CFR, 22 March 1965, *US-South Asian Relations 1947-1982*, Vol. 2, p. 233.

一致的。我们与中国关系向前发展，但是不会使与美国的关系倒退。"①

1965年6月9日，约翰逊在与国务卿腊斯克、国防部长麦克纳马拉、国家安全事务助理邦迪等商议后，同意发放先前批准的贷款。约翰逊将于7月下旬召开的援巴财团会议向后推迟了两个月，希望以此为手段提醒巴基斯坦注意与中国的关系以及美巴出现的一些难题将会对其国家经济造成威胁。

1965年7月，世界银行财团会议原期望向巴提供5亿美元的贷款用于支持其第三个五年计划，在美国的建议下从1965年7月27日推迟到9月23日。美国官方建议推迟两个月，这段时间可以用来讨论"其他问题"。②《伦敦观察家报》评论，因巴基斯坦与中国友好，美国利用经济援助作为政治压力的一种手段。③《时代》杂志认为，巴基斯坦的中立政策、与中国的友好以及在越南问题上的立场，对约翰逊决定撤销阿尤布访问华盛顿产生了影响。④ 因为1965年9月印巴冲突，援巴财团会议进一步推迟。在1966年11月会议最终举行之前，布托被迫辞去外长职务。在世界银行财团会议上，美国宣布它将停止对巴基斯坦的0.8亿美元的项目援助，军事援助将会完全停止。⑤

1965年8月1日，阿尤布·汗向全国发表广播讲话，批评了美国的不讲信用以及在向印度和巴基斯坦提供援助方面的差异性对待。"当我们遵守对朋友的义务时，我们期望得到同样的结果。我们与美国的关系陷入困境，当没有事先与我们商量的前提下向印度提供武器援助。随后，美国与印度签订长期协定，根据协定大量军事援助涌入印度。尽管如此，我们继续规劝美国希望它重视由于它们向印度提供军事援助而使我们所遭受的危险。我们的担心并非毫无根据，在过去三个月沿着我国边界大量印度军队陈兵于此。遗憾的是，我们未能扭转美国的看法，因

---

① Statement by Foreign Minister Z. A. Bhutto at a Press Conference at His Clifton Residence in Karachi, 28 March 1965, *US-South Asian Relations 1947-1982*, Vol. 2, pp. 233-234.

② Sattar Baber, *U. S. Aid to Pakistan: A Case Study of the Influence of the Donor Country on the Domestic and Foreign Policies of the Recipient*, Karachi: Pakistan institute of international affairs, 1974, p. 107.

③ *The Observer*, London, 25 July 1965.

④ *Time*, 23 July 1965, p. 17.

⑤ Sattar Baber, *U. S. Aid to Pakistan: A Case Study of the Influence of the Donor Country on the Domestic and Foreign Policies of the Recipient*, Karachi: Pakistan institute of international affairs, 1974, p. 108.

为它们声称必须要根据其全球政策利益来开展行动。正是在这样的背景下，我收到美国总统的来信。信文指出，美国政府正要求世界银行推迟原定于 7 月 27 日举行的财团会议。表面原因是在美国向巴基斯坦'三五'计划提供资金方面的经济援助作出保证之前，一些国会方面的困难和程序必须要克服。然而，有意思的是，既没有国会的情绪也没有程序上的困难阻止美国在国会授权之前保证向印度提供援助。这种差别的不公平是显而易见的。"①

一份代表了美国政府的官方观点的资料分析认为，巴基斯坦对外关系的主要目标是需求外援以提高与印度关系中的军事和经济地位。从美国获得的经济和军事援助大大地提高了巴基斯坦的实力地位，使其国家领导人有一种安全感和自信。1960 年肯尼迪竞选总统胜利也使巴基斯坦人感到不安。他们担心新一届政府会倾向他们的敌人。美国政坛显要的一些主张，认为印度扮演着"亚洲领导者"角色的言论，更加激怒了巴基斯坦。1962 年 11 月以后，巴基斯坦政府在承担东南亚条约组织和中央条约组织规定义务的范围内，尽一切可能追求一种更加中立的对外政策。巴基斯坦指出，尽管阿尤布·汗在 U-2 事件后依然保持坚定的亲美立场，美国却未能在克什米尔争端问题上支持其盟友予以报答。巴基斯坦把美国的态度与苏联对印度在克什米尔以及对阿富汗在普什图尼斯坦的强有力支持进行对比。对于 1962 年 11 月美国和英国对印度的大量武器援助，政府发言人把巴基斯坦的反应描述为"极度痛苦地重新评估"了与西方的结盟政策。据报道，阿尤布·汗概述了中立的对外政策，意欲为了国家福祉之利益尽可能地寻求朋友。许多巴基斯坦知名人士公开批评美国背叛盟友。国会中主要的反对派议员，呼吁巴基斯坦立即从所有的防御联盟中退出。然而，负责任的政府领导人警惕可能会导致与西方关系断绝的任何鲁莽措施。无论如何，巴基斯坦对美国的明显的幻醒，使它采取了一些对美国全球利益可能会有害的政策。自 1961 年年初以来，由于地区联盟对来自印度侵略的所谓威胁不能提供充足的保护，巴基斯坦领导人公开地不断怀疑东南亚条约组织对它们国家的价值。早在 1958 年 2 月，巴基斯坦前总理侯赛因·沙希德·苏拉瓦底（Hussein Shaheed Suhrawardy）（1956 年 9 月 12 日—1957 年 10 月 17 日在位）断言，

---

① Ayub's First-of—the-month Broadcast to the Nation, 1 August 1965, *US-South Asian Relations 1947-1982*, Vol. 2, pp. 234-235.

巴基斯坦作为东南亚条约组织和巴格达条约的成员国的真正目的，是用于防御印度的目的得到美国的军事援助。巴基斯坦对中央条约组织的立场与对东南亚条约组织类似。据报道，美国对中央条约组织的立场是该组织仅仅用于反对共产主义，与之相反，巴基斯坦与其他成员国也在寻求保护免受非共产主义的邻居的侵害。这种基本的差异最终会减损条约的有效性和凝聚力。美国一直是最大的援助国。用于主要开发项目的经济援助形式占主要比例。其中大部分要么以赠予形式，要么以 40 年无息贷款形式（10 年宽限期）。基本上，经济援助构成了为巴基斯坦新开发项目提供必要外汇资金。美国还在巴基斯坦开创了日用品援助项目，提供所需日用品进口，而巴基斯坦政府没有必需的外汇。这些日用品后来被政府卖给私营部门。从 1955 年开始，直到 1961 年这种援助是以赠予形式提供的。1962 年以来，一直是以贷款形式提供的。仅仅在 1963 年，其总额即达到近 5 亿美元。在 480 公法项目下，美国向巴基斯坦提供剩余农产品，像小麦、大米、乳制品、冻禽，每年价值 1 亿—2 亿美元。救济援助是以食物、衣物、药品等形式被美国政府船运到巴基斯坦，以应对由于洪灾、干旱和飓风引起的紧急情况。①

1965 年 8 月，印巴克什米尔局势日益紧张。约翰逊在新闻发布会上指出，美国很关心印巴局势突然加剧。美国长期一贯的立场是克什米尔问题，必须是，也应该是以和平方式解决。总的来说，美国极其关注次大陆事务的发展。这一地区，美国提供了大量援助，并且与那里的人民密切相连。②

1965 年 9 月，国务院关于推迟世界银行援巴财团会议的声明指出，美国与其他成员国遵守世界银行的决定，一个有效的巴基斯坦财团认捐会议在目前不能举行。这应该是根据目前次大陆形势作出的唯一合理决定。敌对行为将会不可避免地影响经济资源和印巴计划，直到敌对行为结束之后，评估才可行。③

---

① *Area Handbook for Pakistan*, Prepared by the Foreign Areas Studies Division of the American University, October 1965, *US-South Asian Relations 1947-1982*, Vol. 2, pp. 235-238.

② Statement by President Johnson at a News Conference at Johnson City, Texas, 29 August 1965, *US-South Asian Relations 1947-1982*, Vol. 2, p. 245.

③ Announcement by the State Department Regarding Postponement of the Meeting of the Pakistan Consortium of the World Bank, 22 September 1965, *US - South Asian Relations 1947 - 1982*, Vol. 2, pp. 254-255.

从 1954 年到 1965 年，美国向巴基斯坦的军事援助是向印度军事援助的 20 多倍。美国向印度的军事援助，主要是通信装备、迫击炮、榴弹炮、冬衣和药物，这些都是为了提高印度山地师在喜马拉雅雪地的战斗力。1965 年之后不久，印度开始以自己的资源进行大量的军事建设，包括主要从苏联和英国购买，较少地从"非共产主义国家"（包括澳大利亚、比利时、加拿大、法国、日本）购买，美国提供的武器已经处于边缘的重要性。美国在这一时期向巴基斯坦提供的武器援助包括战斗机、轰炸机、现代运输机、几乎所有的作战坦克、大量的炮弹。美国对巴基斯坦的军事援助，从 1954 年到 1965 年（项目暂停的时候），美国按计划直接提供了 6.72 亿美元的军用物资与服务，提供了约 7 亿美元的安全支持援助以及与 480 公法第一条款有关的防御资助。同一时期，巴基斯坦通过对外军事销售项目购买了约 0.35 亿美元的军事物资。①

四　1965 年美国暂停援助

1965 年 9 月，随着印巴冲突的发生，对印度和巴基斯坦的所有的军事援助，包括赠予援助和售卖，都被暂停。当 1965 年 9 月暂停对两国的武器提供时，已经有价值 8300 万美元的装备提供给了印度，7.30 亿美元的装备提供给了巴基斯坦。②

印巴之间的争端从印巴分治之始就一直存在，特别是在两国敏感的克什米尔问题上。1965 年 8 月 24 日，印军在镇压和追剿穆斯林武装起义时，越过停火线，向巴控克什米尔的乌里地区发动进攻。巴军在抵抗印军的同时，又向乌里以南的印占查谟地区发动进攻，直逼查谟城下。印军为解查谟危机，便把战火引向争议地区以外，发展成两国之间的全面战争。9 月 6 日，印军对巴基斯坦的拉合尔和锡亚尔科特两个方向同时发动进攻。7 日，巴海军炮击了印度南部的两个港口。8 日，印军向巴南部的加德拉发动进攻。双方空军还袭击了对方的重要城镇和军事基地。③

美国对印巴战争表示了深切关心。战争爆发之后不久，国务卿腊斯

---

①　B. K. Mohapatra, *United States-Pakistan Military Alliance-A Study of Stresses and Strains*, Ajanta Publications, Delhi, 1998, p. 147.

②　B. K. Mohapatra, *United States-Pakistan Military Alliance-A Study of Stresses and Strains*, Ajanta Publications, Delhi, 1998, p. 147.

③　杨翠柏、刘成琼编著：《巴基斯坦》，社会科学文献出版社 2005 年，第 265—266 页。

克表达了美国的关心，向印巴大使要求各国尊重联合国秘书长的呼吁，退回到 1949 年停火线。约翰逊在 1965 年 9 月 8 日，极力支持联合国秘书长吴丹提出的和平努力。联合国秘书长呼吁，两国领导人对 1965 年 9 月 14 日的无条件停火施加影响，并向他们保证联合国安理会在监督停火和军队撤退方面会提供必要的帮助。巴基斯坦声称，它将会接受停火，条件是停火生效三个月后在克什米尔实行全民公决；印度反对全民公决，认为克什米尔是印度不可分割的一部分。美国不仅支持安理会的各种解决方案，而且支持联合国秘书长的和平努力，并暂停了对印巴两国的军事援助。9 月 8 日，国务卿腊斯克宣布，如果没有同适当的国会成员商量，美国将不会向印巴两国提供新的经济援助义务。① 1965 年 10 月 8 日，参议员莫尔斯（Wayne Morse）致信助理国务卿麦克阿瑟（Douglas MacArthur），谈到印巴在最近的冲突中可能误用了美国提供的军事装备。10 月 31 日，助理国务卿麦克阿瑟在回信中指出，确实有证据说明巴基斯坦在印巴敌对行动中使用了美国提供的装备。根据美巴军事援助协定，巴基斯坦当然可以自由地使用美国军事装备用于正当的自我防御。根据 1962 年美印协定向印度提供的装备，是为了防御来自北京的"公开的中国侵略"。根据情报，印度在与巴基斯坦的敌对行动中使用了一些美国提供的装备。但是，印度声称，在最近的冲突中中国与巴基斯坦串通合谋。尽管当前形势特殊，然而，当局认为继续向印度或者巴基斯坦提供军事装备是不合适的。因此，美国政府停止了对印度和巴基斯坦的军事援助和美国军事装备的销售交付。此外，国务卿同意在恢复军事援助和交付之前，就次大陆局势与国会商议，任何恢复军事援助的决定当然要考虑到对外援助立法的需要。②

美国和英国采取中立立场，美国全力支持联合国的停火建议，并对中国的动机表示严重关切。1965 年 9 月 13 日，腊斯克警告中国"不要浑水摸鱼"。中国认为印度是发动战争的侵略者，保证全力支持巴基斯坦，并且在 1965 年 9 月 16 日向印度发出最后通牒，要求在西藏锡金边境的一些军事哨所在 72 小时内被清除，否则印度将面临"严重的后果。"针对

---

① B. K. Mohapatra, *United States-Pakistan Military Alliance-A Study of Stresses and Strains*, Ajanta Publications, Delhi, 1998, p. 132.

② Letter of Douglas MacArthur, Assistant Secretary of State for Congressional Relations, to Senator Wayne Morse, 31 October 1965, *US-South Asian Relations 1947-1982*, Vol. 2, pp. 259-260.

中国的最后通牒，印度军事官员与美国伙伴商议，要求美国迅速干预以防中国的攻击。美国警告中国，如果中国攻击印度，美国将对中国进行大规模空袭。1965 年 9 月 23 日，双方停火。苏联调停，印巴双方在苏联城市塔什干进行了会谈。①

　　巴基斯坦外交部发表的关于查谟和克什米尔问题的白皮书，对 1965 年印巴战争期间的美巴关系作了较为详细的论述。白皮书指出，1965 年 9 月 6 日，美国大使会见阿尤布·汗总统。在会见中，在不少于三次场合，大使告诉总统，"印度要扼杀你们"。9 月 8 日，美国国务院宣布对印巴实行军需品禁运。这影响了巴基斯坦而不是印度，因为巴基斯坦主要依赖美国提供的军事装备。当日，巴基斯坦抗议这种"非常不平等地对待"，提醒美国时常对巴基斯坦作出的反对入侵的援助保证。美国回复道，"在这件事中，并不希望按比例分摊相应责任"，并且，并不认为"侵略仅仅是一方的责任"。9 月 9 日，美国大使会见了布托，并向他递交了一份包括美国对印巴军事援助禁运声明的备忘录。他解释，美国的决定"无论如何也不是一种惩罚性行为"，而是"仅仅借以支持"联合国秘书长的和平使团……大约与此同时，美国国务卿在公开声明中表达了对中国警告印度的关注，同时称赞了苏联在支持停火倡议中所起作用以及联合国秘书长吴丹的和平出使所发挥的作用。9 月 10 日，巴基斯坦正式求助于美国其所作出的反对入侵的援助保证。美国政府的回复是："根据我们对巴基斯坦的保证，美国通过全力支持联合国要求立即结束敌对的行动来迅速应对这种共同危险。联合国安理会的呼吁必须得到尊重。"对此，布托认为，"如果美国仅仅能够通过安理会才能采取行动的话，联盟的存在毫无必要"。美国驻卡拉奇大使对印巴从查谟和克什米尔完全撤军的提议作出反应，指出印度不会同意。布托外长回应，认为如果印度的态度成为"决定性因素"，那么将不会取得进展。同一天，一位总统助手警告一位在华盛顿的巴基斯坦大使馆外交官，约翰逊对巴基斯坦感到生气，并指出，美国"讲得十分清楚，万一与印度发生冲突，不要指望美国援助"。美方认为，在 1962 年与中国的战争中崩溃之后，印度军队如果再次被击败，那么对印度来说是不能容忍的。最后，他建议美国与巴基斯坦之间的信任应该恢复，通过尽可能早的机会举行两国总统会

---

　　①　B. K. Mohapatra, *United States—Pakistan Military Alliance—A Study of Stresses and Strains*, Ajanta Publications, Delhi, 1998, p. 134.

谈，因为他们是"好朋友"。9月12日，巴基斯坦官方发言人指出，巴基斯坦政府有意向包括中国在内的所有国家请求物资援助。9月13日，国务卿腊斯克公开谈到，美国认为公民投票是全面解决方案中的一部分。然而，在同一天与巴基斯坦大使的会谈中，他指出印度入侵问题不能与渗透问题分开。尽管这些都是令人沮丧的迹象，但阿尤布在公开声明中还是邀请美国"发挥建设性作用"。这并未引起美国的实质性回应。在各种力量允许印度继续对巴基斯坦进行武装攻击并且印度拒绝解决查谟和克什米尔问题的情况下，9月16日，中国向印度递交照会（中国因素的介入对大国转变外交政策产生了影响）。9月19日，副国务卿鲍尔告诉在华盛顿的巴基斯坦大使，"如果与中国结盟并不是巴基斯坦的目标这一点得到澄清"，那么就要尽早地安排阿尤布·汗与约翰逊的会谈事宜。否则，美国将会作出强烈反应。总统助手插话道，美国不会就这一问题的长期解决方案持任何立场，直到巴基斯坦在中国问题的立场态度明确。在战争行动期间，美国政府建议约翰逊与阿尤布·汗举行会谈。巴基斯坦民意反对阿尤布·汗与约翰逊会谈，除非美国承诺在解决克什米尔问题上有所进步。然而，阿尤布按照自己的想法，急于寻求修补巴美关系的可能。他准备让步，并改变那些让约翰逊政府不愉快的政策。因此，他决定访问美国。约翰逊极力恭维阿尤布·汗，指出巴美关系基础坚实尽管暂时有些紧张。鲍尔提到计划中的塔什干会议，并暗示美国会全力支持苏联动议。巴基斯坦在要求克什米尔问题全民公决上做了让步。布托后来谈到，他印象中巴基斯坦并没有放弃全民公决原则。美国官方对阿尤布·汗访问充满溢美之词。不久，约翰逊向阿尤布·汗传话，在五个重要的项目上恢复提供经济援助，以及向巴基斯坦乡村地区派遣美国医护人员……阿尤布·汗请求给予时间和机会来改变对中国的政策，并在克什米尔问题上与印度和解。塔什干宣言被巴基斯坦人民视为一种背叛。①

美国向印巴双方实行武器禁运。美国的武器禁运政策对印巴双方都产生了不利影响。印度对美国未能公开地谴责巴基斯坦使用美国提供的武器和飞机的这种行为表示了恼怒和愤恨。印度对美国卷入越南战争的不断批评也使美国很生气。此时，美国正为越南问题而犯愁，不愿因印

---

① Pakistan Ministry of Foreign Affairs' White Paper on the Jammu and Kashmir Dispute, 15 January 1977, *US-South Asian Relations 1947-1982*, Vol. 2, pp. 271-275.

巴战争而分心劳神。印度认为，战争是巴基斯坦挑起的，使用的是美国援助的武器，而美国对印巴同等的武器禁运显然是不公平的。而艾森豪威尔在向巴基斯坦出售武器时的保证言犹在耳。印度人对 1962 年中印战争时得到美国支持的一点好感随着 1965 年印巴战争和美国的表态而很快烟消云散。尽管驻印大使鲍尔斯极力抚慰印度总理夏斯特里及其内阁，但印度人的"受伤害的无辜者"的感觉几乎没有什么缓解。印度政府、报界和公众都批评巴基斯坦人使用美国装备。他们认为，印度方面的每一伤亡都是美国的子弹、炮弹或手榴弹所造成的。[1] 前任总统艾森豪威尔曾向尼赫鲁作出保证，如果巴对印使用任何美国武器进行侵略，他将"采取恰当的行动"。尼赫鲁对此曾表示怀疑，现在怀疑被证实了。

美国暂停对印度和巴基斯坦的所有军事援助，这种禁运对巴基斯坦的影响要比对印度的影响大得多。印度接受的武器来自苏联和许多别的国家。苏联向印度提供武器装备没有采取任何限制，而巴基斯坦几乎完全依赖美国武器装备、零部件以及其他军火。此外，印度本身也制造一些轻武器装备。暂停武器援助也使 1965 年之前就已经开始恶化的美巴关系进一步恶化。美国的武器禁运使巴基斯坦对美国的可信赖性表示怀疑。在他们看来，根据 1954 年美巴协定在巴基斯坦遭到外来侵略时美国有协防之责。尽管印度和巴基斯坦都被美国武器禁运，但是，印度还可以从英国、法国等国家得到，而巴基斯坦几乎完全依赖美国得到武器。美国向巴基斯坦提供武器，希望被用来反对共产主义入侵而不是反对印度。而巴基斯坦则不这样认为。1961 年阿尤布谈到，美国应该注意这样的事实：如果巴基斯坦的领土受到侵犯，巴基斯坦会尽力对付敌人而不是把美国的武器藏在棉花堆里。印度对巴基斯坦的动机非常警觉，警告美国运送给巴的武器非常有可能用来反对印度而不是反对苏联或中国。[2] 而 1962 年对印度的军事援助，美国也向巴基斯坦保证，如果对印度的援助被误用为反侵略别的国家，美国将会在联合国内外阻止由印度发动的这场侵略。由于在战争中美国保持中立，巴基斯坦认为，美国正在把它

---

① ［美］切斯特·鲍尔斯：《鲍尔斯回忆录》，复旦大学集体编译，上海人民出版社 1974 年版，第 284 页。

② B. K. Mohapatra, *United States-Pakistan Military Alliance-A Study of Stresses and Strains*, Ajanta Publications, Delhi, 1998, p. 148.

的盟国与中立主义的印度一样对待。① 巴基斯坦还认为，美国逃避了盟国的责任和义务。外长布托认为，尽管巴基斯坦是东南亚条约组织和中央条约组织的成员国，但它是个牺牲品，因为其主要盟友美国，更急切地寻求停火而不是进行营救。②

1965 年印巴战争也导致了美国取消了第六、第七次援巴财团会议。与 20 世纪 60 年代早期每年美援大约 4 亿美元相比，1965 年以后每年大概只有 1.5 亿美元。美援的减少也导致了外援在巴基斯坦 GNP 中的比例从 1965—1966 年的 6.6% 下降到 1971—1972 年的不足 1%。而 1965 年至 1971 年巴基斯坦国防开支增加了近两倍，导致了 20 世纪 60 年代初高增长率的下降，国际收支差额的恶化，外债的增加等。美国也终止了向次大陆的慷慨的长期粮食配送，修改了 480 公法。巴基斯坦认为，在其最需要的时候，盟友美国背叛了它。而美国副总统汉弗莱认为，只有巴基斯坦的外交政策完全与美国的希望相一致时，才能有望得到大量的美国援助。③

受禁运政策的影响，巴基斯坦终止了白沙瓦军事基地的租借合同，并寻求军事援助来源的多元化，希望从苏联获得军事援助，并进一步发展同中国的关系。1965 年武器禁运，使巴基斯坦意识到严重依赖某一个国家武器供应的危险性。随着传统供应来源的中断，巴基斯坦开始寻求新的武器采购来源，包括中国、法国、苏联（1968—1969 年）以及欧洲市场。④ 1966 年 3 月，巴基斯坦外长宣布，美国武器援助的暂停导致了它接受来自别国的武器。其中，从中国和印度尼西亚得到武器。中国 MIG-19 飞机和 T-29 坦克在 3 月 23 日的国庆阅兵式上，首次出现在巴基斯坦民众面前。此外，巴基斯坦也从苏联得到了武器援助的保证，前提是巴关闭在巴境内的巴达柏（Badaber）美军基地。⑤ 尽管禁运，实际上巴基斯坦也通过其他秘密途径得到了美国武器，如通过伊朗、加拿大、

① B. K. Mohapatra, *United States-Pakistan Military Alliance-A Study of Stresses and Strains*, Ajanta Publications, Delhi, 1998, p. 149.

② B. K. Mohapatra, *United States-Pakistan Military Alliance-A Study of Stresses and Strains*, Ajanta Publications, Delhi, 1998, p. 136.

③ Rashmi Jain, *US-Pak Relations, 1947-1983*, New Delhi, Radiant Publishers, 1983, p. 27.

④ Aftab Alam, *U. S. Military Aid to Pakistan and India's Security*, Delhi: Raj Publications, 2001, p. 57.

⑤ B. K. Mohapatra, *United States-Pakistan Military Alliance-A Study of Stresses and Strains*, Ajanta Publications, Delhi, 1998, p. 150.

联邦德国、意大利等国。① 1967 年 9 月 25 日至 10 月 4 日，阿尤布·汗访苏，商讨苏联向巴基斯坦提供武器协议的具体事宜。其间，阿尤布·汗向苏联领导人明确承诺在合适的时间将照会美国终止在白沙瓦附近军事基地的租期。这一基地一直是造成巴苏关系紧张和误解的主要原因。在访苏回国后 10 天，阿尤布·汗同中国签订正式协定，将在克什米尔这边修建一条沿印度河翻越喀喇昆仑山脉的长达 155 英里的公路。1968 年 4 月 6 日，阿尤布·汗发出撤销基地的通知，巴基斯坦通知美国政府，巴不再续订为期十年的将于 1969 年 7 月 1 日到期的在白沙瓦附近的巴达柏监听站的租赁合同。② 在这种情况下，约翰逊政府批准了通过意大利向巴基斯坦售卖 100 辆美国坦克（与禁运政策相矛盾），希望因此能够说服巴基斯坦续租白沙瓦基地，但遭到巴基斯坦的拒绝。美国对终止军事基地的做法"万分失望"，但也接受了结果，因为在 1960 年代中期，美国的空间卫星已经能够截获苏联的通信，巴达柏监听站的重要性下降。在这种情况下，1970 年 2 月，美国完成了从白沙瓦设施的人员和装备的撤离。并且巴基斯坦于 1972 年正式退出东南亚条约组织。③ 1968 年 4 月 17 日，苏联总理柯西金抵达巴基斯坦进行正式访问。18 日，阿尤布·汗和柯西金进行了长达三个多小时的会谈。双方签订协定，苏联将在西巴负责投资建设一个钢铁厂的项目，并对在东巴建立原子能发电厂也达成谅解，并首次提供一些军事装备。苏联提出为建立苏巴两国之间以及巴基斯坦同欧洲无线电转播联网提供援助。④

在 1965 财年，近东和南亚地区的 12 个国家接受了军事援助。这些国家被分配了 3.025 亿美元的军事赠予援助。其中，98% 被分配给了阿富汗、伊拉克、约旦、尼泊尔、黎巴嫩、沙特阿拉伯以及叙利亚的项目。可获得资金的最大份额分配给了希腊和土耳其。1965 财年对印度和巴基斯坦的军事援助分配，与之前年份的份额继续维持在约同一水平。（所有

---

① Aftab Alam, *U. S. Military Aid to Pakistan and India's Security*, Delhi: Raj Publications, 2001, p. 56.

② Rashmi Jain, *US−Pak Relations*, *1947−1983*, New Delhi, Radiant Publishers, 1983, pp. 28−29.

③ B. K. Mohapatra, *United States−Pakistan Military Alliance−A Study of Stresses and Strains*, Ajanta Publications, Delhi, 1998, p. 156.

④ ［巴基斯坦］阿尔塔夫·高哈：《阿尤布·汗——巴基斯坦首位军人统治者》，邓俊秉译，世界知识出版社 2002 年版，第 301—303 页。

的军事援助货物，包括那些赊销的货物，在 1965 年 9 月早期被暂停。1965 财年对印度和巴基斯坦项目中实际上交付的很少。）① 巴基斯坦经济深受战争的影响，巴一方面通过积极争取外援缓解外汇不足等问题，另一方面希望通过绿色革命（通过改良的种子、更好地使用化肥和水资源、农业市场化和政策改革等）实现经济的跨越式发展。

五　美国禁运政策的调整

1965 年 12 月 10—16 日，阿尤布·汗访美。访美前一天，国务卿腊斯克在新闻发布会上表示，对阿尤布·汗和约翰逊来说，举行对形势的个人回顾、讨论美巴关系以及将向何处去是重要的。美国对巴基斯坦有非常重要的共同利益，也对巴基斯坦的安全与繁荣深为关注。两位总统能够坐在一起回顾过去、谋划未来，将是非常有意义的。② 阿尤布·汗此次访美的主要目的是取得美国在克什米尔问题上对巴的坚定支持。在会谈中，约翰逊解释如果美国同某些国家发展友好关系，决不会排除它的传统盟友。他再次提到没有比阿尤布·汗关系更密切的其他国家领导人。阿尤布·汗希望"我们今后在同美国的结盟中得到更多的慰藉"。遗憾的是，美苏在对印度的政策上趋向一致，这就是苏联仍然帮助印度，美国也宁愿让印度人"欺诈钱财"。③ 12 月 15 日美巴联合公报指出，在过去的两天时间里，约翰逊与阿尤布·汗举行了坦率、范围广泛、富有成效的会谈。阿尤布·汗的访问，给两国总统重温良好的个人关系以及愉快地回忆 1961 年各自对巴基斯坦和美国的访问。两国总统详细地讨论了最近在南亚发生的事件，包括印巴之间悲剧性冲突。在这种背景下，他们重申双方政府支持联合国安理会 1965 年 9 月 20 日解决方案，以及 1965 年 9 月 27 日和 11 月 5 日通过的方案。约翰逊重申，美国认为维护巴基斯坦的独立和完整对于维护世界和平具有重要意义，并表示美国将会继续关注巴基斯坦的经济和社会发展。阿尤布·汗重申了巴基斯坦维持与美国密切合作关系的重要性，并表示将会继续为此目标而努力。两

---

①　President Johnson's Report to Congress on the Foreign Assistance Programme for FY 1965, January 1966, *US–South Asian Relations 1947–1982*, Vol. 2, p. 281.

②　Statement by Secretary of State Rusk at a News Conference, 9 December 1965, *US–South Asian Relations 1947–1982*, Vol. 2, p. 279.

③　[巴基斯坦] 阿尔塔夫·高哈：《阿尤布·汗——巴基斯坦首位军人统治者》，邓俊秉译，世界知识出版社 2002 年版，第 272—275 页。

国总统同意，需要和平的方案来解决印巴间的所有突出分歧。① 两国首脑的会晤结果更多的是礼节性的而不那么富有成果。双方在一些国际和地区问题上分歧依然，此行并未明显改善双边关系。《华盛顿邮报》评价阿尤布·汗的访问，遗憾联合公报没有提及越南以及巴基斯坦与中国的关系。然而，约翰逊重申，维护巴基斯坦的独立和完整对世界和平至关重要，美国继续关注巴基斯坦的经济和社会发展。② 1966 年 1 月 1 日，阿尤布·汗在向全国讲话中指出，"我对美国的访问，是为了理顺与美国的关系。这次访问提供了一次与约翰逊总统坦率讨论的机会，我对约翰逊总统非常敬仰。我认为，会谈的结果，在美国领导人中间会对我们的政策有更好的理解。我们的对外政策基本上是由地理位置的事实决定的，不能随着大国全球政策的转变而改变。巴基斯坦，不像别的国家，与三个大国搭界。我们的安全以及我们的利益要求我们与所有邻国保持最好关系。我们渴望与印度发展一种类似的关系，如果印度愿意的话……我认为，美国现在充分地认识到，如果他们的政策帮助提升印度的军事力量，那么一个继续对我们充满敌意的印度，我们的安全就会处于危险之中"。③

1966 年 2 月 1 日，约翰逊致国会的咨文指出，南亚大国的进步对全世界的重要性。1965 年印巴之间悲剧性对抗，这使美国暂停了除了食物之外的所有的新的援助。美国不允许美国的援助资助于这两个国家进行的军备竞赛。美国也不会恢复援助，直到确信战争行为不会再发生。④

1966 年 2 月 15 日，美国副总统汉弗莱亚洲之行途经巴基斯坦，向阿尤布·汗表示美国准备提供一项 0.5 亿美元的日用品贷款，开始粮食援助谈判，放松武器禁运等。在新德里，副总统汉弗莱宣布向印度提供 1 亿美元贷款。这些贷款用于供应品和现有工厂的零部件，许多工厂开工不足，而不是用于新项目。汉弗莱解释道，美国经济援助

---

① US-Pakistan Joint Communiqué, 15 December 1965, *US-South Asian Relations 1947-1982*, Vol. 2, pp. 279-280.

② B. K. Mohapatra, *United States-Pakistan Military Alliance-A Study of Stresses and Strains*, Ajanta Publications, Delhi, 1998, p. 150.

③ Ayub's First-of-the-month Broadcast to the Nation, 1 January 1966, *US-South Asian Relations 1947-1982*, Vol. 2, pp. 280-281.

④ President Johnson's Message to the Congress, 1 February 1966, *US-South Asian Relations 1947-1982*, Vol. 2, p. 264.

中的赠予成分，取决于印巴两国政府资助政策所作出的保证，取决于两国政府同意把目前的经济援助用于现有的非军事领域的工业开发，取决于两国政府对共产主义中国行为和意图的共识。① 但是美国对随后的 1966 年 3 月底中国国家主席刘少奇对巴基斯坦进行国事访问表示遗憾。

1966 年 2 月 19 日，美国新闻处关于对副总统汉弗莱访问印度和巴基斯坦的新闻报道了美国副总统汉弗莱在澳大利亚继续与亚太领导人谈论越南及其他问题。副总统汉弗莱对与印巴领导人的会谈深深鼓舞，认为印巴两国政府都在诚心诚意地努力执行塔什干协议条款。他们不仅渴望维持和平，而且渴望改善两国关系。两国都充分认识到共产主义中国的威胁，都尽力提高粮食产量，加大经济发展速度。② 对于美国新闻处的新闻报道，巴基斯坦外长予以纠正。巴基斯坦外长对报道中提到的美国副总统认为巴基斯坦"充分意识到共产主义中国的威胁"表示吃惊。巴基斯坦始终认为，中华人民共和国并没有对印度次大陆造成威胁，巴基斯坦将继续秉持这一立场。特别是自从印中边界冲突及随后的美国对印度武器援助以来，巴基斯坦多次重申这一立场。巴基斯坦总统和政府再次声明，对印度的军事援助是不公正的，因为在他们看来中国不会对印度造成威胁。此外，就"美国经济援助中的赠予成分……取决于（印巴）两国政府对共产主义中国行为和意图的共识"的报道，巴基斯坦外长认为，巴基斯坦与中国的关系、巴基斯坦反对美国向印度提供大量军事援助的鲜明立场，都不足以证明上述结论正确。当然，美国向发展中国家提供经济援助赠予附加任何条件，这一点是公开的。然而，就巴基斯坦而言，不会接受任何对与自身国家利益一致的对外政策的独立的限制。

禁运并未持续太久，1966 年 3 月 2 日，美国修改了其 1965 年的禁运条款，允许以现款或赊账方式购买非致命性物品。如医疗装备、交通通信装备、美国以前供应装备的零部件等。C-130 运输机的零部件被认为是非致命性的，可以得到。关于军事援助的禁运继续生效，如坦克、战

---

① Statement by the Foreign Minister of Pakistan on the USIS Press Release, 20 February 1966, *US-South Asian Relations 1947-1982*, Vol. 2, pp. 283-284.

② USIS Press Release Issued From Canberra on Vice President Hubert H. Humphrey's Visit to India and Pakistan, 19 February 1966, *US-South Asian Relations 1947-1982*, Vol. 2, pp. 282-283.

斗机、火炮等。4月20日，国防部部长麦克纳马拉谈到，对印度或巴基斯坦的军事援助计划在未来主要依赖于印巴之间冲突的和解，如果这种冲突得到解决，巴基斯坦也就没有理由保持与红色中国的紧密关系。①在禁运期间，中国向巴提供了大量的武器援助，成为对巴的主要武器供应国，提供了米格-19战斗机和T-54坦克等装备。美国逐渐恢复对巴武器援助有限制中国影响的考虑。

1966年3月17日，国务卿腊斯克就1967年外援计划在众议院对外事务委员会指出，愿意与印度和巴基斯坦就一定的经济开发贷款进行谈判。如果这两个国家宣布它们愿意在农业及其他优先发展领域采取必要的自我帮助措施，并找到一条彼此和平相处之道。美国对在联合国、塔什干所采取的和解进展以及宣布撤军表示振奋。②3月22日，助理国务卿黑尔（Raymond A. Hare）在众议院对外事务委员会就对近东和南亚援助进行阐述。他指出，南亚，位于非共产主义的亚洲大陆的心脏地区，该地区的人民，经受着共产主义中国的压力，肩负着遏制共产主义中国的重任。1965年秋天，印巴之间发生了战争。苏联在塔什干充当了调停者的角色。有必要对美国对次大陆的政策进行仔细考察。既然没有和平经济发展是不可能的，并且没有经济发展稳定是易变的，那么未来对印度和巴基斯坦的援助，必须相当直接地涉及保证它们之间的和平所取得的进步。1965年秋天战争爆发时，美国暂停了对两国的所有的军事援助和销售支付。尽管最近在销售有限选择的非致命性军品方面稍微放松了政策，但禁运依然有效。印度和巴基斯坦有许多重要资产，但是它们缺乏必要的资本。"我们希望，我们的帮助、友情和鼓励，可以有助于帮助它们促进经济自足和国内外稳定的目标。我们希望，这也会对有益于亚洲更加稳定的权力平衡。这是我们的目标。"③

1966年3月25日，腊斯克举行记者会。有记者问：国务卿先生，美

---

① US Senate，89th Cong.，2nd sess.，Committee on Foreign Relations，Hearings，Foreign Assistance 1966（Washington，1966），pp. 175–176. Rashmi Jain，*US–Pak Relations*，*1947–1983*，New Delhi，Radiant Publishers，1983，p. 28.

② Statement by Secretary of State Rusk in the House CFA on the Foreign Assistance Programme for 1967，17 March 1966，*US–South Asian Relations 1947–1982*，Vol. 2，p. 264.

③ Statement by Assistant Secretary of State for NEA Raymond A. Hare Before the House CFA on Aid to the Near East and South Asia，22 March 1966，*US–South Asian Relations 1947–1982*，Vol. 2，pp. 264–266.

国恢复此前对印度和巴基斯坦的军事援助存在问题。巴基斯坦这周展示了中国生产的一些武器。这对本届政府而言是不是在恢复对印巴两国的军事援助方面的前景更加复杂了？腊斯克回答道，"我们深切关注次大陆的和平前景。我们被塔什干协定所鼓舞。……确实，我们非常高兴地看到，许多塔什干协定所同意的事情正在被实施。我们将会继续密切关注形势发展，但是，坦率地说，我们尚未就军事援助这一特殊问题得出结论"①。

1966 年 3 月，美国国际开发署提议的 1967 财年经济援助计划提到，自 1959—1960 年之后，美巴关系开始紧张，主要是源于对印度和共产主义中国的不同看法。在 1962 年美国决定向印度提供军事援助之后，这种紧张关系变得更加严重。为了阻止巴基斯坦认为的对自身安全不断增加的威胁，巴基斯坦开始扩大与共产主义中国的关系。就印度而言，1965 年 9 月印巴发生冲突时美国暂停了对巴基斯坦的经济和军事援助。巴基斯坦认为此举使巴方比印方更加困难，美巴关系进一步紧张。尽管美巴之间存在实质性的政策差异，阿尤布·汗总依然于 1965 年 12 月访美，以改善两国关系相互理解的氛围。1966 年 2 月汉弗莱副总统对卡拉奇的访问进一步增进了这种趋势。计划中的 1967 财年国际开发署项目将会继续促进美巴关系，有利于次大陆和平并保证经济援助不会用于印巴之间的军备竞赛。塔什干协议两国承诺将会采取和平方式解决他们之间的政治差异。一项国际开发署支持的进口限制的放宽，可以使巴基斯坦私营企业获得更多的工业原料、装备、零部件。自这一政策变化开始以来，仅仅巴基斯坦卡拉奇地区工厂生产能力在 6 个月内就从 52% 提高到 83%。在国际开发署贷款的帮助下，通过扩大电力设施和基础通信设施，为巴基斯坦新工业和扩大的工业寻求出路。美国正在通过提供资金使巴基斯坦西部的公路系统得以重建和现代化，这将会使南部的卡拉奇港口与北部的开伯尔山口（中亚地区与南亚次大陆之间最大且最重要的山隘）穿越印度河盆地 1200 英里路程而联系起来。国际开发署将提供资金援助 200 英里地段，把木尔坦（巴基斯坦中东部城市）与工业城市拉合尔联系起来。在国际开发署援助下 Korangi 电站 1965 年开始运营，巴基斯坦的主要工业城市卡拉奇的工业电力供应翻

---

① Secretary of State Rusk's News Conference, 25 March 1966, *US-South Asian Relations 1947-1982*, Vol. 2, p. 266.

了一番。为了鼓励私人企业，美国继续支持投资顾问中心，该中心是在国际开发署援助下建立的，是为了确定和开发新的投资机会。1962 年 1 月以来，美国批准了约 0.177 亿美元的库利（Cooley）贷款，以刺激国内和美国私人资本在巴基斯坦的投资，这些贷款被用于修建轮胎、药物的生产设备，以及缝纫机、旅馆、黄麻厂等。计划中的对巴基斯坦 1967 财年的国际开发署项目取决于印巴关系的改善、巴基斯坦发展努力的完全恢复，以及扩大的巴基斯坦自助成绩。国际开发署开发贷款将会强调项目贷款，用以支持巴基斯坦的进口放宽项目，向美国原材料、装备、零部件、化肥、杀虫剂以及保持农业和工业发展的急需其他资源提供资金。项目贷款也会考虑用于扩大铁路、公路、电站、水资源，考虑支持东巴化肥生产。技术合作项目会继续强调农业进步。①

巴基斯坦并未放松争取美援的努力，1966 年 4 月，巴财政部部长访美，寻求美国恢复日用品信贷、粮食援助以及长期悬而未决的卡拉奇钢厂项目。在与国务卿腊斯克、国家安全顾问罗斯托商议后，约翰逊批准了 1.4 亿美元的日用品援助和粮食援助谈判计划。②

中央条约组织对巴基斯坦也没有予以充分支持。1966 年 4 月 20—21 日，在安卡拉召开中央条约组织第 14 届部长会议。会议发表公告，对印度和巴基斯坦之间战争的爆发表示遗憾。对作为"和平解决两国在克什米尔及其他相关问题上的明显分歧"的停火措施表示欢迎。③ 巴基斯坦认为，该组织没有履行应尽的责任，没有起到保护成员国安全的责任。

1966 年 6 月 15 日，美国国务院就恢复对印度和巴基斯坦的援助发表声明。国务院指出，在 1965 年印巴冲突之后，双方又集中精力于国家发展的急切任务，双方都根据经济计划作出了积极努力。与世界银行领导的援印援巴财团其他成员同心协力，美国希望自己分担南亚地区发展和相互合作的任务。在这种框架下，通过使用已经拨付的资金的形式，美国恢复对印度和巴基斯坦的经济援助。进一步的援助正在考虑，以国会

① USAID Proposed Economic Assistance Programmes for FY1967, March 1966, *US - South Asian Relations 1947 - 1982*, Vol. 2, pp. 285 - 287.

② Dennis Kux, *The United States and Pakistan*, *1947 - 2000*: *Disenchanted Allies*, Baltimore and London: The Johns Hopkins University Press, 2001, pp. 169 - 171.

③ Communique of the 14th Session of the CENTO Ministerial Council, 20 - 21 April 1966, *US - South Asian Relations 1947 - 1982*, Vol. 2, p. 267.

决议为准。①

1966 年 6 月 29 日，印度外长斯瓦兰·辛格（Swaran Singh）就美国轰炸越南河内和海防发表声明，印度政府深表关切和担忧，希望轰炸立即停止。② 印度在越南问题上的表态引起美国的不满。8 月 9 日，印度外长斯瓦兰·辛格就美国恢复对巴基斯坦军事援助发表声明指出，据报道，美国向巴基斯坦恢复军事供应，如坦克、喷气式飞机等零部件，美国政府不能没有意识到对印度继续好战的姿态，沿着停火线集结军队，获得大量米格飞机、轰炸机、坦克和来自中国的兵工厂等，这只会鼓励巴基斯坦对印度的攻击性意图。……巴基斯坦从美国获取武器的目的，毋庸置疑的是要用它们来对付印度，而不是中国、苏联或其他别国……将会对印度的安全带来严重威胁。到目前为止，美国政府向印度保证，他们还没有同意向巴基斯坦提供武器或军事供应。③

1967 年 1 月，约翰逊就 1966 财年对外援助计划致国会的报告指出，随着印巴两国之间武装冲突的爆发，1965 年 9 月以来美国暂停了对印巴两国所有的军事援助，包括赠予援助和售卖。目前，对赠予性军事援助的禁运继续。然而，根据两国在恢复和平方面采取了重要举措，美国恢复了向印巴销售数量有限的非致命性军事装备，如通信设备。④

有人指控外长布托导致巴基斯坦对外政策失衡，太偏向中国而导致巴美关系恶化。对此，布托外长认为，从巴基斯坦成为东南亚条约组织和中央条约组织成员国，以及与美国签订双边条约，一直到 1962 年，巴基斯坦的对外政策一直都是不平衡的，仅仅只有一个维度。巴基斯坦与苏联和中国没有关系。事实上，现在钟摆回到中间，而非对外政策的失衡。还有人指控外长布托忽视了美国。布托认为，"事实是在中印冲突之前，我们忘记了苏联和中国，并未认识到我们的地理地位。在中印冲突之后，形势发生了变化，美国也转变了其政策。是为了捍卫巴基斯坦的

---

① State Department Announcement on the Resumption of US Aid to India and Pakistan, 15 June 1966, *US-South Asian Relations 1947-1982*, Vol. 1, p. 317.

② Foreign Minister Swaran Singh's Statement on US Bombing of Hanoi-Haiphong, 29 June 1966, *US-South Asian Relations 1947-1982*, Vol. 1, p. 318.

③ Statement Foreign Minister Swaran Singh in Rajya Sabha Regarding the Resumption of US Arms Aid to Pakistan, 9 August 1966, *US-South Asian Relations 1947-1982*, Vol. 1, p. 319.

④ President Johnson's Report to the Congress on the Foreign Assistance Programme for FY 1966, January 1967, *US-South Asian Relations 1947-1982*, Vol. 2, p. 292.

国家利益，而采取这种平衡"①。

阿尤布在其自传《朋友，而非主人》中谈道：作为美国考虑改变的结果，中立的印度成为迄今为止美国经济援助最大的受援国。然而，直到1962年，美国的政策继续在不结盟的印度与盟友巴基斯坦之间有所区分。就直接军事援助而言，美国的政策继续总体上在盟友和中立国家之间保持实质性差别。然而，这种在巴基斯坦与不结盟的印度之间的差别在1962年印中边界爆发冲突之后消失了。巴基斯坦驻美大使于1962年10月2日与美国国务院官员举行了会谈。大使表达了美国在向印度提供援助之前应与巴基斯坦商议的希望。大使被告知，美国非常急切采取行动而没有任何时间可以耽搁。自朝鲜战争以来，美国把中国动机视为最大担忧。显而易见，除了提供紧急援助之外，美国决定向印度提供长期武器援助。尽管美国希望看到印巴之间克什米尔问题的友好解决，但是他们并不准备直接使用其全部影响力以免印度觉得遭到压力。事实上，美国的态度是，印度应该得到美国的全部同情和支持，巴基斯坦应接受建议不再惹出什么乱子。在向印度大规模提供武器之前，西方国家应该考虑巴基斯坦的观点，但是看起来他们要急切地帮助印度武器弹药，既不与巴基斯坦通融，也不从长远考虑此举将会给次大陆带来的严重失衡。根据1959年双边协议，如果巴基斯坦遭到来自任何一方的攻击，美国将会向巴基斯坦提供援助。"有好几次，美国建议向巴基斯坦派出特遣部队。我们想知道特遣部队要实施的应急计划，在这样计划中我们要扮演什么角色。美国不同意这样做。他们所想的一切是，向我们展示从遥远的基地向巴基斯坦派遣的能力。对此我们不感兴趣。……此时我们逐渐明白，万一印度攻击了我们，美国最可能做的就是兑现承诺，向我们提供援助。""我们加入这些条约（东南亚条约组织和中央条约组织）的原因，甚至在巴基斯坦，总是不被充分理解。从一开始，问题的关键是印度对我们敌视的态度，我们必须寻求盟友以保证我们的安全。我并不否认，西方国家所希望的巴格达条约的目标与我们所追求的目标是有相当差异的。但是我们从来不掩盖我们的意图和我们的利益。"② 东南亚

① Bhutto's Address to the Young Lawyer's Circle at Lahore, 25 February 1967, *US-South Asian Relations 1947-1982*, Vol. 2, p. 292.

② President Ayub Khan's Political Autobiography *Friends*, *Not Masters*, 28 February 1967, *US-South Asian Relations 1947-1982*, Vol. 2, pp. 292-296.

条约组织和中央条约组织都失去了其大部分价值。这些组织的唯一的真正价值是有些成员国觉得有责任对处于困难中的其他成员表示同情。但就其军事价值而言，它比起帮助而言更多的是刺激物。美国政府的整个考虑受对中国的担忧所支配，他们急切地坚持认为，印度的前途提供了解决中国"威胁"的一种答案。"我们劝说美国，但却没得到回应。我有一种感觉，美国军方更同情我们的观点，但他们不在其位，不能影响国务院的设计者。"发展中国家的人们寻求援助，但是是基于相互尊重的基础上；他们希望交朋友而非找主子。①

1967年4月12日，美国禁运政策进行了进一步地调整，出台新的武器供应政策。主要内容有：明确终止自1965年以来被暂停的赠予性的对印度和巴基斯坦的所有装备援助；从印巴两国撤回军事顾问团，可选择性的安排是计划提供有限的军事代表，更适合于处理和监督小规模的军事销售和训练；恢复小规模赠予性培训计划，向印巴两国官员提供在美国进行军事训练；愿意考虑个案基础上对以前提供的致命性装备的零部件进行现金售卖；致命性条款中的像战斗机、轰炸机、坦克、火炮等武器依然禁止售卖。② 其销售标准是：关键性的需求；有助于减少军事开支或军备限制；有助于次大陆内部合理的军事稳定。尽管美国自己仍不愿向巴基斯坦销售致命性最终产品，但是它同意经第三国销售美国所控制的装备。美国意识到，暂停武器供应使印巴两国从别的国家得到武器。这减少了美国的影响并产生了副作用。因此，通过新的军事供应政策实施一种可控性的影响。但是，这种新政策无论是印度还是巴基斯坦都不满意。印度政府对这种新政策表示吃惊和关心。因为，印度的武器主要来自英国和苏联，还有一部分是自己制造的。而巴基斯坦的武器主要来自美国，印度认为这种新政策对巴基斯坦更为有利。印度还认为，这样的决定会增加次大陆的紧张，危害次大陆的和平，正如过去一样，美国的武器最终会被巴基斯坦用来反对印度。1967年7月美国完成了关闭在巴基斯坦的军事顾问援助团和在印度的美国军事供应团的进程，取而代之的是在印巴的防务代表办公室（ORDP）。美国将继续维持其军事

---

① President Ayub Khan's Political Autobiography *Friends, Not Masters*, 28 February 1967, *US-South Asian Relations 1947-1982*, Vol. 2, pp. 292-296.

② B. K. Mohapatra, *United States-Pakistan Military Alliance-A Study of Stresses and Strains*, Ajanta Publications, Delhi, 1998, p. 152.

销售政策以保证不会促成印巴之间的军备竞赛。①

　　就美国禁运政策的调整，印巴各自从不同角度和自身利益出发进行了解读。1967 年 4 月 12 日，印度政府就美国恢复向巴基斯坦提供武器发表声明。印度政府对美国政府决定向巴基斯坦提供致命性武器零部件表示遗憾。美国的决定很有可能导致巴基斯坦战争机器的复活，这将会再次对印度产生威胁，将加强巴基斯坦的军事潜力，鼓励巴基斯坦对印度的好战姿态。美国的决定将会危及次大陆的和平，不但不会降低次大陆的紧张和减少军费开支，反而会导致产生新的紧张和军备竞赛，这将不利于印度和巴基斯坦，也不利于世界和平。美国提供的武器，过去被用来反对印度，将来有可能再次被用来反对印度。② 约翰逊政府的新武器政策也未能令巴基斯坦满意。巴基斯坦外长认为，近来美国决定停止军事供应对巴基斯坦的安全产生严重影响。众所周知，巴基斯坦大部分军事装备产自美国。与之相比，印度的军事装备来自不同的国家，并且国产化不断增加。很显然，美国禁止向巴基斯坦提供军事装备的决定，会使印度对巴基斯坦的态度更加顽固。巴基斯坦必须在目前的形势下尽其可能的维护自身安全。③ 阿尤布·汗认为，把巴基斯坦视为与印度同等地位，是对巴基斯坦的歧视，因为巴基斯坦对美国武器的依赖更深。因此，在巴基斯坦广泛要求寻求别的武器来源。美国的新政策也促使巴基斯坦外交部发言人声称，"我们不再是西方联盟阵营的跟屁虫。战争的经验告诉我们，我们必须准备自立"。④ 作为对新政策的抗议，巴基斯坦抵制了在华盛顿召开的东南亚条约组织军事顾问会议。阿尤布指出，近来美国宣布终止对巴基斯坦和印度的军事援助，全国各地对这份声明表示理所当然地关注和失望。"有人试图感情用事，要求我们应该放弃所有的条约。这种情绪化的反应与我们国家的尊严不符。我自己的感觉是，

---

① Department of State Statement on the Nonrenewal of Arms Aid to India and Pakistan, 12 April 1967, *US-South Asian Relations 1947-1982*, Vol. 2, p. 296.

② Statement of the Government of India on the Resumption of US Arms Supplies to Pakistan, 12 April 1967, *US-South Asian Relations 1947-1982*, Vol. 1, p. 325.

③ Statement by the Foreign Minister of Pakistan, 17 April 1967, *US-South Asian Relations 1947-1982*, Vol. 2, p. 297.

④ B. K. Mohapatra, *United States-Pakistan Military Alliance-A Study of Stresses and Strains*, Ajanta Publications, Delhi, 1998, p. 154

对此不必庸人自扰。在这样的限制下，至少我们知道要建立自己的国防。"①

为什么巴美关系出了问题？ 1967 年 5 月一篇关于巴美关系的文章指出，显而易见，因为华盛顿的亚洲政策发生了变化。在 20 世纪 50 年代，美国面临苏联的挑战，防御带战略就是其采取的对策之一，而巴基斯坦加入了中央条约组织和东南亚条约组织等。在 20 世纪 60 年代，根据和平共处，美国与苏联关系进行了重新调整，致力于遏制中国。因此，与北京冲突的印度似乎是比巴基斯坦更适合的盟友。②

1967 年 5 月，国际开发署提议的 1968 财年对外援助计划指出，美国对巴基斯坦的经济援助，大致开始于 1952 年，是为了达到美国的对巴基斯坦的以下目标：维持其政治独立和亲西方倾向，巴基斯坦与印度之间建立起和平关系，加强巴基斯坦东部与西部的统一。由于 1965 年与印度冲突、美国暂停新的经济援助以及因 1966 年不好的天气而造成的收成减产，巴基斯坦的经济进步放缓。目前正逐步恢复。由国际开发署倡导的、向美国关联海外私人企业提供的当地货币贷款〔被称为"库利贷款"，由国会议员库利（Cooley）倡议立法〕，帮助在巴基斯坦建立起了重要的制造业和服务业。如今，巴氏灭菌牛奶、抗生素、轮胎、罐装果汁、现代缝纫机等都可以以合适价格从当地生产商那里获得。在库利贷款资金的支持下，也能提供头等的宾馆住宿和银行设施。此外，1963 年 7 月至 1967 年 2 月，签署了 6 个新的库利贷款协议，用于支持牛奶、手术器械、缝纫机、旅馆经营以及制药等方面的公司。③

1967 年 7 月 14 日，国务卿腊斯克在参议院对外关系委员会就 1967 年对外援助法案举行的听证会上指出，除了越南之外，对印度的计划是美国最大的经济援助计划，尽管美国提供的援助占印度外援的不到一半。援印财团成员承诺在印度"三五"计划的五年以及"四五"计划的第一年共 6 年时间内，提供 60 多亿美元，美国分担其中 42%。印度的发

---

① Ayub's First-of-the-month Broadcast to the Nation, 1 May 1967, *US-South Asian Relations 1947-1982*, Vol. 2, p. 298.

② "Pak-American Relations", Article by Z. A. Suleri in *Morning News*, 7 May 1967, *US-South Asian Relations 1947-1982*, Vol. 2, pp. 298-299.

③ USAID Proposed Foreign Aid Programme for FY1968, May 1967, *US-South Asian Relations 1947-1982*, Vol. 2, pp. 299-300.

展努力主要集中在粮食和人口问题。提议的超过 40% 的国际开发署资金将被用于帮助印度提高粮食产量。继续在极其困难的日子里向印度提供帮助是必要的。①

1967 年 11 月 17 日，副国务卿尼古拉斯·卡岑巴赫（Nicholas deB Katzenbach）在斯坦福大学国际关系学院发表演说，谈及美国与印巴关系。他指出，美国对次大陆的军事援助可追溯到 20 世纪 50 年代中期。最初，局限于向巴基斯坦提供援助，作为支持苏联及中国大陆周边非共产主义国家的全球战略的一部分。1962 年后，当时印度受到红色中国的攻击，应印度请求，美国提供了有限的军事援助，限定这些援助用于其北方边境的防御。1965 年长期争执的克什米尔再次爆发战争时，美国暂停了对印巴双方军事装备的提供。美国还没有恢复对印巴任何一个国家的赠予性物资援助。事实上，美国暂停了对巴基斯坦的军事援助顾问团和对印度的军事供应团。美国没有出售，也不打算出售致命性的军事装备，比如战斗机、坦克、火炮等。而且，美国正努力劝导主要的武器供应商，如苏联、英国、法国、西德，也遵守类似的限制。另外，美国同意恢复由以前美国提供的装备的零部件的销售。实际上，美国阻止不了这些国家获取他们认为对其防御必需的装备。如果美国拒绝提供那些美国以前提供过的零部件装备，对他们而言，公开地有两种选择：从非官方的黑市获取，或者抛弃美国装备转而从欧洲、共产主义中国或者苏联那里购买新装备，这无论是哪一种方式，其花费都会是从美国购买的数倍。如果美国作为供应商完全退出，甚至拒绝提供他们认为对其安全至关重要的零部件装备，那么美国要实施限制的能力就会极大地削减。那么，印度次大陆达成限制武器协定的前景如何呢？尽管美国努力，但是达成协议的主要障碍依然存在。克什米尔紧张继续。1966 年 1 月塔什干宣言之后，印巴都宣布在未来交往中放弃使用武力，美国期望他们关系的改善和突出的政治分歧的解决。对双方的期望远未达到预期。印巴对彼此的可接受的军力水平存在巨大差异。印度认为自己必须足够强大以阻止来自共产主义中国的入侵和来自巴基斯坦的攻击。而巴基斯坦则并不把印度所声称的中国军事威胁当回事，因此不愿意看到在数量上已经占优的印度军事力量进一步增强。其他国家已经恢复了军事供应。苏联

---

① Statement by Secretary of State Rusk During the Hearings Before the Senate CFR on the Foreign Assistance Act of 1967, 14 July 1967, *US-South Asian Relations 1947-1982*, Vol. 1, pp. 328-329.

和英国向印度提供，中国和几个欧洲国家向巴基斯坦提供。在这种形势下，美国的政策也不是决定性因素。①

1967 年 11 月，巴基斯坦前外长阿里·布托在其著作《独立神话》中指出，印度的独立、中立主义政策根深蒂固，印度不愿与美国的亚洲政策进行合作。在美国得出这样的令人沮丧的结论后，开始寻求替代者。正如在中国共产主义取得胜利之后，日本取代中国成为美国亚洲战略的支柱之一那样，巴基斯坦取代了不愿支持美国全球目标的印度。然而，尽管觉得印度薄情寡义，美国依然期望，随着岁月流逝印度会改变初衷。到 1959 年之时，巴基斯坦已完全处在美国影响之下。或许美国对巴基斯坦军事援助在这些听证会上（在中印边界问题和西藏危机之后的 1959 年 5 月）第一次受到严厉批评，尽管作出了未来五年将会继续目前水平的结论，但重点放在了加强印度抵制中国的重要性上。作为不赞同巴基斯坦不断发展与中国关系的一个标志，美国政府延迟了拟于 1965 年 7 月召开的援助巴基斯坦财团会议。而与之相比，之前不久的援助印度财团会议获得批准。援助巴基斯坦财团会议突然推迟，向巴基斯坦公然施加了压力。美国驻巴基斯坦大使还提出，在财团开会考虑巴基斯坦的经济需求之前，还有很多事情需要讨论，这些事情包括：巴基斯坦与中华人民共和国的关系、与印度尼西亚苏加诺总统政权的关系、与越南的关系等。②

1967 年 12 月 22 日，约翰逊越南之行归国途中在卡拉奇机场短暂停留，与阿尤布·汗举行了会谈，约翰逊同意帮助巴基斯坦再次得到植物油和小麦，还将研究用更先进的巴顿坦克取代第二次世界大战期间的谢尔曼坦克的可能性。巴基斯坦外长认为美国新政策对巴基斯坦的安全产生严重影响，因为巴基斯坦的绝大多数装备是从美国进口。

1968 年 1 月，约翰逊在致国会的关于 1967 财年外援项目的报告中指出，1967 财年，对巴基斯坦借贷项目的水平有所下降，但借贷项目增加了对准备实施的一些项目的支持。1967 财年项目贷款的主要部分用于农业和对国民经济必不可少的经济基础设施。在近东和南亚，1967 财年印

---

① Address by Under Secretary of State Nicholas deB Katzenbach before the Institute of International Relations, Stanford University, California, 17 November 1967, *US-South Asian Relations 1947-1982*, Vol. 2, pp. 268-270.

② Extracts from Zulfikar Ali Bhutto's Book *The Myth of Independence*, November 1967, *US-South Asian Relations 1947-1982*, Vol. 2, pp. 300-301.

度和巴基斯坦没有收到军事援助。美国军事使团从两国撤出，并宣布未来的美国军事援助要限定于印巴两国少量人员在美国的培训。售卖政策扩大到产自美国的所有库存装备的零部件，但美国仍不愿向两国售卖致命性武器。① 1969 年 1 月，约翰逊在致国会的关于 1968 财年外援项目的报告，内容与 1967 财年报告基本上完全一致。②

　　1968 年 1 月，约翰逊就 1967 财年对外援助计划向国会作报告。对该地区的经济援助从 1966 财年的 6.63 亿美元下降到 1967 财年的 5.72 亿美元。这几乎完全是由于 1966 财年计划借给印度 3 亿美元下降到 1966 财年的 1.82 亿美元。随着 1966 年春天印巴恢复和平，印度能够最优先增加农业产量，发展农业计划，改进管理控制以更加便捷地进口原材料、化肥、工农业装备、零部件和杀虫剂等。③

　　1968 年 3 月，印度外交部 1967—1968 年度报告指出，美国取消对巴基斯坦武器禁运说明该新政策必定会重新激活巴基斯坦整个战争机器，因此有可能对该地区的和平造成严重威胁。由于连续干旱，印度必须从海外寻求粮食。在这方面，美国的反应最为慷慨。在 480 公法项目下运送的粮食，从 1967 年 1 月至 10 月，总数达 470 万吨，帮助印度度过了严重的粮食短缺。最近签署的协议（1967 年 12 月），规定在 1968 年上半年向印度提供 350 万吨粮食。此前的几个协议，1967 年 4 月 195 万吨，6 月 160 万吨，9 月 100 万吨。与这些粮食援助一起，美国还以经济援助和技术援助的形式继续为印度的发展作出贡献。④

　　1968 年 5 月 20 日，巴基斯坦外长侯赛因（Arshad Husain）宣布，根据协议建立的白沙瓦附近的美国通信基地，已经建成运行了 10 年。1968 年 4 月 6 日，巴基斯坦通知美国政府，不准备再续将于 1969 年到期的 1959 年签订的 Badaber 通信中心协定。采取这样措施在于使巴基斯坦与所有国家保持发展友好与相互理解的双边关系的政策得以维

---

① President Johnson's Report to Congress on the Foreign Assistance Programme for FY 1967, January 1968, *US—South Asian Relations 1947—1982*, Vol. 2, p. 302.

② President Johnson's Report to Congress on the Foreign Assistance Programme for FY 1968, January 1969, *US—South Asian Relations 1947—1982*, Vol. 2, pp. 307—308.

③ President Johnson's Report to the Congress on the Foreign Assistance Programme for FY 1967, January 1968, *US—South Asian Relations 1947—1982*, Vol. 1, p. 333.

④ Annual Report of the Ministry of External Affairs for the Year 1967—1968, March 1968, *US—South Asian Relations 1947—1982*, Vol. 1, p. 334.

持，可以与苏联、中国、美国等不以别国为代价而保持友好关系。①
1968 年 6 月 28 日，巴基斯坦外长侯赛因在国会指出，美巴两国之间存
在一些紧张和压力，是美国向印度提供大量武器援助的结果。这些联
盟，已没有了它原来所具有的价值，随着国际形势的变化，这些条约已
经失去了许多的重要性。巴基斯坦对条约已经有了完全清醒地认识，
"当 1965 年 9 月印度侵略我们时，我们的盟友未能提供援助。因此，我
们降低了参加东南亚条约组织和中央条约组织的级别。我们不再参加条
约的军事方面，我们仅仅对文化和经济行为感兴趣。我们的态度被理
解，并且这些条约不再是我们发展与苏联、中国关系的障碍"。巴基斯
坦与美国有许多共同利益。美国对巴基斯坦经济发展作出了很大贡献。
在粮食危机时美国慷慨援助帮助度过艰难。1968 财年（1967 年 10 月 1
日至 1968 年 9 月 30 日）快要结束，美国向巴基斯坦提供了 1.4 亿美元
物资援助。在粮食换和平项目下，船运了 200 多万吨粮食。它支持塔贝
拉大坝（Tarbela Dam）项目，并保证向该项目提供 0.5 亿美元建设
费用。②

小 结

肯尼迪政府吸收了查尔斯河学派的援助"哲学"，长期开发援助成为
援助的重点。肯尼迪把印度看作亚洲的关键地区，是与共产主义中国发
展道路的另一种发展模式选择，其在与中国的竞争中，对亚洲等发展中
国家具有示范性作用。因此，印度在美国长期开发援助名单中具有优先
性，美国向印度提供了大量经济援助，是美国援助最大的受援国。中印
边界战争期间，美国对印度的紧急军事援助，使美印关系进一步密切。
美国阻止印度购买米格飞机，积极寻求替代方案，以免苏联扩大在印度
的军事影响力。与美印关系密切发展以及美国对印度援助达到高潮相伴
随的，是美巴关系变冷以及巴基斯坦反美情绪的高涨。

约翰逊政府时期，美国深陷越南战争泥沼，对次大陆的关注下降。

---

① Statement by Foreign Minister Arshad Husain in the National Assembly of Pakistan, 20 May 1968, *US-South Asian Relations 1947-1982*, Vol. 2, pp. 302-303.

② Arshad Husain's Statement in the National Assembly of Pakistan, 28 June 1968, *US-South Asian Relations 1947-1982*, Vol. 2, pp. 303-304.

针对印度的粮食危机，约翰逊政府提供了大量粮食援助。"勒紧绳拴"的政策突出体现了把外援作为对外政策工具的理念，并未获得印度人民的好感。1965 年印巴战争期间，美国暂停对印巴的援助。作为美国盟友，巴基斯坦深感被抛弃。随后，禁运政策不断调整。印巴双方对美国禁运及其调整都不满意，美国经常陷于"南亚援助困境"，体现了美国与印巴在政策与利益等方面的结构性矛盾。

第四章　尼克松政府至卡特政府时期美国对南亚的援助

尼克松政府时期，美国在亚洲的战略重心转移，调整了其南亚政策，实行"重巴轻印"。福特政府基本上继承了前任政府的南亚政策。卡特政府推崇人权外交，关注核不扩散。苏联入侵阿富汗之后，巴基斯坦作为"前线国家"在美国全球战略中的地位上升。

第一节　尼克松政府时期美国对南亚的援助

一　美国全球战略的调整以及南亚局势的变化

尼克松上台时，美国深陷越南战争泥潭，霸权衰落。美国的核优势日渐式微，其经济独霸地位也受到蓬勃成长的欧洲和日本的挑战。共产主义阵营出现严重缝隙，中苏分裂，中苏关系严重恶化。尼克松和基辛格推动美国战略关系的重构，两极对峙的世界向战略性的中苏美三角关系转化，世界格局向新的均势转化。① 面对国内风起云涌的反战示威的和平运动，尼克松最终决定从越南撤军。在基辛格和尼克松的新的国际秩序观中，倡导新的均势，美国、西欧、日本、苏联和中国，保持竞争和相互依赖的平衡。在亚洲主要关注的是那些有支配权的国家，如中国（在政治和军事方面强大）和日本（在经济方面强大）。早在 1967 年 10 月，尼克松就谈到希望亚洲国家承担更多责任，表现出更多的"主动性"。尼克松指出，"其他国家必须认识到，将来美国作为世界警察的作

---

① ［美］亨利·基辛格：《大外交》，顾淑馨、林添贵译，海南出版社 1998 年版，第 680 页。

用很可能是有限的"，因而在向美国提出援助要求之前，必须由"地区国家自己作出集体努力来遏制威胁"，"在设计亚洲的未来时……需要微妙地鼓励某种在亚洲的主动性"，"未来美国与亚洲关系的中心模式必须是美国支持亚洲的主动性"①。1969 年 7 月，尼克松在关岛发表讲话，他强调美国在处理同"所有的亚洲朋友的关系方面"，必须注意两个问题："第一，我们一定要遵守条约义务，如根据东南亚条约组织对泰国承担的条约义务；第二，就内部安全问题而言，在军事防务方面，除拥有核武器大国的威胁外，美国要鼓励而且有权利期待，这个问题越来越多的由亚洲国家自己来处理，而且这样做的责任也由它们来承担。"② 尼克松在关岛的讲话是他执政后首次发表的有关外交政策的重要声明。这一声明宣布了尼克松政府的外交政策纲领。关岛讲话的要点如下：①美国将信守它的一切条约义务；②如果一个核国家威胁一个同美国结盟的国家的自由，或者威胁一个美国认为它的生存对美国的安全以及整个地区的安全至关重要的国家的自由，美国将提供援助；③如果发生其他类似的侵略，美国将在接到请求时，提供适当的军事援助和经济援助。但是美国将指望直接受到威胁的国家承担主要责任来提供其防务所需的人力。③尼克松的关岛声明几经补充，后来被正式称为"尼克松主义"。"尼克松主义"的中心思想在 1970 年 2 月尼克松致国会的外交政策报告中可见一斑，"美国仍将参与盟国与友邦的防卫和发展。但是……美国不能——也不会——为世界上所有自由国家设想和拟定全部计划，执行全部决策，承担全部防务责任。如果我们的援助能在某地显著生效，并且这样做对我们有利的话，我们将会提供援助"④。在 1971 年 2 月外交政策报告中，尼克松进一步强调，"尼克松主义"反映了以下的现实，即美国的重大作用仍然是必不可少的，其他国家也能够而且应当为他们同时也为美国承担更多的责任。对于尼克松和基辛格和大多数美国人来说，现实中

---

① 资中筠主编：《战后美国外交史——从杜鲁门到里根》（下册），世界知识出版社 1994 年版，第 606 页。

② ［美］亨利·基辛格：《白宫岁月》，第一册，中译本，世界知识出版社 1980 年版，第292 页。

③ ［美］亨利·基辛格：《白宫岁月》，第一册，中译本，世界知识出版社 1980 年版，第293 页。

④ 资中筠主编：《战后美国外交史——从杜鲁门到里根》（下册），世界知识出版社 1994 年版，第 606 页。

的"亚洲"代表着东亚。印度次大陆对美国人来说利益很少，很难将其与亚洲大陆的其他部分联系起来。①

南亚次大陆的局势由于1970年巴基斯坦大选而导致的东巴与西巴之间矛盾的激化而变得紧张。1969年尼克松上台，巴基斯坦阿尤布·汗政权日薄西山，叶海亚·汗上台。东巴爆发骚乱，巴基斯坦总统叶海亚·汗对东巴民众进行了军事镇压，大量难民涌入印度。1971年11月21日，印度派出大量军队入侵东巴，第三次印巴战争爆发。最终，巴基斯坦被肢解，东巴基斯坦独立，成立了孟加拉国。南亚政治版图发生了重要变化。西巴的战败，激起了西巴广大民众的强烈不满，叶海亚·汗于1971年12月30日辞去总统职务，人民党主席阿里·布托接任巴基斯坦总统和军法管制首席执行官，开始了对巴基斯坦5年7个月的统治。②

在尼克松时期，美印关系经历了更加严重的危机和考验。尼克松对印度并没有好感，偏爱巴基斯坦。这种态度来自个人和意识形态的偏好。尼克松是一位卓越的冷战斗士。当他还未入主白宫访问该地区时，曾经被尼赫鲁尖锐的批评怠慢而被巴基斯坦总统阿尤布·汗吹捧为英雄人物。尼克松于1953年作为副总统、1967年以私人和落魄政客的身份两次访问南亚。他在印度受到冷遇而在巴基斯坦被奉为上宾。1969年巴基斯坦正经历着国内混乱，其经济政策未能带给人们广泛的利益。在对外政策方面，巴基斯坦正在疏远与美国的关系，更加强调与中国的关系，寻求打开与苏联的关系。印度与美国的关系冷淡，苏联正日益被视为可信赖的朋友。美国正关注于越南战争，对南亚无暇顾及，1965年印巴战争之后美国愿意让苏联调停。塔什干会议，苏联在南亚地区问题上充当了调停者，占据了比较优先的地位。1965年印巴战争期间美国停止了对印巴两国的安全援助，并且很长时间没有恢复。但是，美国对印巴两国的经济援助不久就恢复了。巴基斯坦不再被视为一个密切盟友，白沙瓦空军基地在1969年没有续约尼克松政府关于南亚的目标就是避免出现给美国添乱，保持地区的稳定和发展。

---

① Harold A. Gould and Sumit Ganguly, eds., *The Hope and the Reality*: *U. S. -Indian Relations from Roosevelt to Reagan*, San Francisco: Westview Press, 1992, p. 93.

② 孙士海、江亦丽主编：《二战后南亚国家对外关系研究》，方志出版社2007年版，第365页。

二　1971 年南亚危机与美国援助

1962 年中印边界战争之后，巴基斯坦与中国发展了密切的合作关系。在约翰逊政府时期，因为美中关系敌对而把这视为不利于美国的利益。在约翰逊政府对巴基斯坦的政策中，中巴协定是刺激物，但在尼克松时期却是与北京建立高级别联系的重要工具。巴基斯坦成为美国与中国联系边界通道，其重要性上升。尼克松政府寻求外交突破，发现中巴友好不仅是可以接受的，而且为打开与中国对话提供了便利。此外，从严格意义上来说，巴基斯坦是美国的盟友。美中关系的解冻对印度有着直接关系。可能会影响苏联的全球政策，影响印苏关系、印中关系。

1965 年印巴战争之后，美国不再对巴基斯坦提供军援，严重影响了巴军的换装计划。而印度则继续扩充兵力更新装备。到 20 世纪 60 年代末，印度的军事力量已具有对巴基斯坦的压倒性优势，总兵力对比 4∶1，装甲车辆 2∶1，舰艇 5∶1，战斗机 8∶1，南亚军事力量对比严重向印度倾斜。①

1970 年 12 月，巴基斯坦首次举行民主、公开、多党大选。结果，东巴的人民同盟在选举中获得 169 个议席中的 167 席。但是，西巴的上层政治人物和军方不承认人民同盟在东巴选举中获胜的现实，迫使总统叶海亚·汗宣布人民同盟为非法政党，由此引发了东巴人民的武装反抗，巴民族矛盾演化为内乱，进而国内政治危机演变成地区冲突，结果数百万孟加拉难民涌入印度。1971 年 3 月 25 日，巴基斯坦军方开始残酷镇压人民同盟支持者，造成大量人员伤亡的流血事件。国际社会对东巴悲惨事件表示震惊，纷纷批评巴基斯坦。孟加拉于 1971 年 4 月 17 日宣布独立。

在印巴战争爆发之前，美国试图通过一些协调行动，包括实行一揽子援助、政治压力、限制武器供应等措施来平息危机。但是这些努力都失败了。部分原因是印度在莫斯科外交成功以及苏联拒绝就印苏条约进行妥协。在东巴危机过程中，美国的反应分为三个不同但互相联系的阶段。有计划的沉默、救济援助和减少武器援助、强烈干预。由于叶海亚·汗严厉镇压了东巴民众，导致了美国民众和国会的强烈批评，华盛

① 薛克翘、赵常庆主编:《简明南亚中亚百科全书》，中国社会科学出版社 2004 年版，第 44 页。

顿对巴基斯坦制定了新的武器禁运。关于向巴基斯坦提供军事武器方面，美国采取一些临时性措施。这些措施包括：停止放行来自国务院库存的对外军事销售款目；就军需品名单中的款目，暂停发行新出口许可证以及过期许可证的更新；中止以前的 1970 年 10 月宣布的提供武器的任何行动。而尼克松在此事表达观点上相当犹豫。尼克松不愿发表任何谴责声明，不愿以任何方式冒犯叶海亚·汗。尼克松政府在东巴危机问题上面临困境，一方面，美国不能宽恕残酷的军事镇压，另一方面，巴基斯坦是美国仅有的通往中国的通道，一旦关闭将花费数月作出另外安排。因此要保持低姿态。① 1971 年 4 月 5 日，在一份声明中，美国政府对据报道使用美国武器镇压自治要求表示深为关切。它并未对冲突的任何一方表示支持。4 月 7 日，国务院对死者表示关切，对牺牲者表示同情。1971 年 4 月，国务院暂停了签发新的军火销售许可证以及更新过期的许可证。结果，削减了约 0.35 亿美元的对巴武器，仅有约 0.05 亿美元的援助在途。1971 年内战爆发以来，美国政府就没有向巴基斯坦提供任何致命性军事装备②，导致了对巴新援助的进一步削减。1971 年 4 月 15 日，参议员凯斯（Clifford Case）和蒙代尔（Walter Mondale）提交了一份议案，受到了参议员马斯基（Edward Muskee）、麦戈文（George McGovern）和萨克斯比（William Saxbe）的支持。该议案主张政府断绝一切对巴基斯坦的军事援助和武器销售。尼克松支持采取一系列行动，包括使用经济援助作为诱饵引导叶海亚·汗作出政治妥协，同时在这个时候又不挤压叶海亚。白宫意识到，如果美国不表示对巴基斯坦的支持，那么"中国也将会失去"③。尼克松在致英迪拉·甘地和叶海亚·汗的信中，强调需要政治解决。

很多孟加拉国难民涌入印度，印度政府既想把难民送还给东巴，又希望保持与孟加拉国的友好关系，认为这又是一次难得的、一劳永逸地削弱敌对的巴基斯坦力量的机会。印度积极为自己寻找国际支持。1971年 4 月 23 日，印度向联合国请求立即进行国际援助，以应对难民持续涌入的负担。因为东巴形势政治方面的原因，美国政府排除了联合国干预。但同时，它呼吁联合国参与在印度和东巴人道主义救济方面的努

① Shivaji Ganguly, *U. S. Policy Toward South Asia*, Westview Press, 1990, p. 203.
② Shivaji Ganguly, *U. S. Policy Toward South Asia*, Westview Press, 1990, p. 208.
③ Shivaji Ganguly, *U. S. Policy Toward South Asia*, Westview Press, 1990, p. 211.

力，进而促进该地区的和平与和解。在东巴难民问题上，美国政策有以下几点：美国政府全力支持国际救济努力；因为形势存在着潜在冲突的可能性，"我们正依靠外交努力来缓解紧张"；应当通过"和平的政治和解"来恢复正常状态。① 4 月 23 日，联合国秘书长吴丹致信叶海亚·汗，提出联合国向巴基斯坦提供紧急援助。其目的是缓解东巴人民在最近事件中所遭受的苦难。吴丹提出，救济工作由联合国特别机构来进行。叶海亚·汗回复道，不必担心，对破坏情况的报道过分夸大。巴基斯坦正在对目前的以及未来的国际救济援助进行评估。并表明，国际救济援助，如果需要的话，将由巴基斯坦救济机构进行管理。直到 5 月 24 日，巴基斯坦没有作出特别的救济援助请求。美国国会对东巴人民的苦难以及难民逃往印度表示关心，认为需要采取必要的措施：①各国政府和联合国积极努力，鼓励并促使巴基斯坦政府与东巴相关力量进行政治和解。目的是阻止难民流入印度并保证那些离开家园的人们返回故土。②在东巴实行紧急救济工作，作为美国对巴基斯坦经济援助正常化的条件。③国会希望政府能够积极行动，降低印巴之间不断升级的紧张局面，并阻止大国在该地区的对抗。④希望政府对印度的难民救济援助请求作出回应。在 1971 年 6 月的一份报告中，世界银行也作出了类似的建议。建议国际援巴财团不再向巴基斯坦提供新的援助，直到东巴危机得到友好解决。② 美国救济援助的数量被攻击为"自私的公共关系努力"。据世界银行估计，对印度的难民救济总费用，到 1972 年 3 月约达 7 亿美元。其中，印度承担约每天 300 万美元，世界上其他国家约承担了总数的 30%（其中一半份额由美国承担）；也就是说，印度承担了救济工作 70% 的费用。至于美国对东巴救济工作的援助，授权额度约 2.767 亿美元，其中 73% 没有花费。③

尽管禁止向巴基斯坦提供致命性武器，但美国政府实际上通过技术上的漏洞提供。在军事镇压之前与巴基斯坦政府签订的任何军事供应合同，在削减声明发表之前都被视为要交付。1971 年 5 月初，参议院对外关系委员会开始就经济援助和军事援助巴基斯坦举行听证会，赞成暂停对巴基斯坦的武器销售，直到其内战结束。6 月中旬，民众知道巴基斯坦

①　Shivaji Ganguly, *U. S. Policy Toward South Asia*, Westview Press, 1990, pp. 206-207.

②　Shivaji Ganguly, *U. S. Policy Toward South Asia*, Westview Press, 1990, p. 206.

③　Shivaji Ganguly, *U. S. Policy Toward South Asia*, Westview Press, 1990, p. 207.

仍在接受来自美国的武器，美国没有能够终止或者不愿停止。因为基辛格即将经伊斯兰堡对北京进行秘密访问。如果此时尼克松真的决定要取消对巴基斯坦的武器供应，那么叶海亚·汗有可能通过泄密等方式危及基辛格出访任务。1971 年 6 月 21 日，《纽约时报》报道了一些飞机零部件正在运往巴基斯坦。国务卿特别助理弗兰克·凯洛格（Frank Kellogg）否认了上述报道。但大约同时，国防部发言人重申了武器正被合法地运往巴基斯坦。6 月 22 日，国务院承认美国军事装备正在被送往巴基斯坦，认为这种支持没有违背武器销售方面的官方禁运。《华盛顿邮报》评论说，美国对巴基斯坦的军事支持是一个不体面的记录，行政官员一直向巴基斯坦提供武器，而同时又一直公开告诉民众，此类武器支持已经被禁运。公众、媒体和许多国会议员对所揭露出来的美国向巴基斯坦出口武器甚为困扰，并表示了对继续支持叶海亚·汗政权的不满。参、众两院议员投票终止所有美国对巴基斯坦的援助。后来，6 月 24 日，国务院发言人表明了立场，并证实了在未来 1—2 个月内军货将被装在其他 4—5 个巴基斯坦船只上。美国在全面处理向巴基斯坦提供武器方面显得有些反常。

1971 年 7 月 15 日，参议院外事委员会投票以 17∶6 通过了暂停对巴基斯坦的经济援助和军事援助，直到东巴恢复正常化。1971 年 8 月，参议院通过了一项对外援助项目的修正案，禁止对巴基斯坦提供经济援助和军事援助，粮食和药品除外，直到所述问题得到政治上的解决。

到 8 月初，尼克松政府决定劝说叶海亚·汗恢复东巴正常情况。这一新政策需要大量的美国援助用于改善总体上的政治状况和经济状况。1971 年 8 月 4 日，尼克松在一次新闻发布会上指出，"我们并不赞成那种想法，即美国应当切断对巴基斯坦的经济援助……我们相信，我们所能扮演的最具建设性的角色是继续对西巴的经济援助，并从而以这种方式能够影响事情的进程，解决东巴人民饥饿问题……在将来期望予以可行的政治解决……我们并不会对西巴政府施加公开压力……"① 1971 年 10 月 5 日，参议院对外关系委员会通过了一项禁止对巴基斯坦所有经济援助和军事援助的议案。尽管如此，向巴基斯坦的军事运输还是没有

---

① Public Papers of the Presidents of the United States. Richard Nixon, p. 851. 转引自 Shivaji Ganguly, *U. S. Policy Toward South Asia*, Westview Press, 1990, p. 211。

减弱。① 直到 11 月 8 日，国务院才取消价值 360 万美元的武器许可证，从而结束了向巴基斯坦提供武器。②

在全面战争爆发之前，印度对战争做了周密部署，包括进行军事演习、制订作战计划、1971 年 8 月 9 日与苏联签订《和平友好合作条约》等。条约具有决定意义的第九条规定，缔约国不得援助参加了同另一缔约国发生的武装冲突的任何第三国，并保证在任何一方遭到进攻或进攻威胁时立即进行磋商，以便采取适当的、有效的措施。③ 该条约带有军事同盟性质，基辛格把该条约描述为一颗炸弹，犹如莫斯科向火药桶里扔进了一根点燃的火柴。接着，苏联向印度空运了许多导弹和武器，包括 250 辆坦克、40 门 120 毫米口径的火箭、大量的无线电台和其他军用装备。苏联在与印度签约之前，停止了对巴基斯坦的军事援助和经济援助。④ 10 月至 11 月，印度总理英迪拉·甘地对主要西方国家开展了为期三周的访问 11 月 8 日，英迪拉·甘地与尼克松进行会谈，美印双方相互立场有了更好的理解。同一天，美国宣布，美巴就取消价值 360 万美元的军事装备许可证达成协议。⑤ 但访美经历很不愉快，基辛格称那次会面是尼克松和外国领导人最不幸的会见，两人谁都听不进去对方的意见。会后，基辛格确信，印度的目标就是毁掉巴基斯坦。

1971 年 11 月，在巴基斯坦内部矛盾激化的情况下，印度出兵东巴基斯坦。12 月，战争进一步扩展到西巴基斯坦。战争在东巴基斯坦和西巴基斯坦两个战场展开。

作为对印度军事干预的反应，尼克松政府努力促使停火。12 月 6 日，国务院官方宣布，暂停对印度的价值 0.876 亿美元的经济援助。印度的介入使尼克松感到生气，他认为印度没有给他充分的时间来进行政治解决。12 月 4 日，应美国请求，联合国安理会召开紧急会议，以 11∶2 投票要求立即停火并且外国军队撤出。由于苏联的反对，美国的决议草

① B. K. Mohapatra, *United States-Pakistan Military Alliance-A Study of Stresses and Strains*, Ajanta Publications, Delhi, 1998, pp. 177-180.

② Shivaji Ganguly, *U. S. Policy Toward South Asia*, Westview Press, 1990, p. 209.

③ ［美］亨利·基辛格：《白宫岁月：基辛格回忆录》（第三卷），杨静予、吴继淦等译，上海译文出版社 2016 年版，第 1079 页。

④ 孙士海、江亦丽主编：《二战后南亚国家对外关系研究》，方志出版社 2007 年版，第 178 页。

⑤ Shivaji Ganguly, *U. S. Policy Toward South Asia*, Westview Press, 1990, p. 214.

案未能通过。第二次解决方案又被否决。12 月 7 日，联合国大会以 104：
11 通过了决议，要求印巴停火。

　　12 月 10 日，基辛格在与美国驻联合国大使布什和中国驻联合国代表
黄华的会谈中，明确表明美国要保证西巴基斯坦的独立和完整，绝不能
让印度彻底击败巴基斯坦。基辛格表示，美国将派遣军舰进入该地区，
并从约旦、土耳其、伊朗等地向巴基斯坦秘密转运军事援助物资。12 月
15 日，美国企业号核动力航母和 7 艘驱逐舰以及一艘核动力潜艇组成第
74 特遣编队，进入孟加拉湾。通过各方协调，在美国舰队进入孟加拉湾
的第二天，战争就结束了。美国的军事行动并没有起到作用。企业号航
母开往孟加拉湾，更多的是战略上而不是战术上的考虑。首先，它是要
向印度和苏联表明，美国不会允许盟友被摧毁。尼克松和基辛格等担
心，印度要有意使巴基斯坦瓦解。其次，是要向中国表明，美国有能力
采取措施反对受苏联支持的在中国周边进行的战略变化。再次，这次海
军方面的行动表明美国可以与苏联可能的在南亚的海军存在进行竞争。
最后，鉴于巴基斯坦在美国与中国之间的桥梁作用，尼克松试图向盟友
表示美国是值得信赖的，即使是象征性的。①

　　1971 年南亚危机期间，12 月 2 日，在叶海亚·汗致尼克松的一封信
中，援引 1959 年美巴双边协议第一条作为美国援助巴基斯坦的基础，从
而正式提出了美国对巴基斯坦承担的义务问题。关于在协议中美国应承
担的义务，国务院和白宫有不同的意见。国务院辩解根本不存在具有约
束力的义务，协议第一条按照美国宪法程序采取"适当行动"，并没有具
体说明要采取什么行动。而白宫的意见恰恰相反，白宫认为，如果美国
不向巴基斯坦提供援助，那么在苏联影响范围可及的伊朗等国家可能就
会怀疑美国支持的可信赖性。对此，总统国家安全事务助理基辛格在回
忆录中讽刺道，"一个伟大国家像钻法律空子的讼棍那样办事，这种形象
不大可能使同我们签有条约或相信我们说的话基本上是算数的、因而加
以信赖的其他盟国得到鼓舞。同巴基斯坦签订的条约是同另外好几个双
边和多边协议一模一样的——我们的声明似乎使所有这些协议都值得怀
疑了……我们现在发表这样的声明，如果有任何作用，那就是把事情搞
得更糟。似乎美国就是为了避免给一个盟国提供武器，所以起初答应在

---

① Shivaji Ganguly, *U. S. Policy Toward South Asia*, Westview Press, 1990, pp. 218-219.

将来威胁成为事实时提供支持，然后又绝顶聪明地抠法律字眼的办法避不实现诺言"①。而且，危急中美国的反应会被美国正欲寻求建立密切关系的中国仔细观察，白宫特别关心此事可能会对正在发展的中美关系的恢复造成不利影响。基辛格认为，中国因素是 1971 年危机中白宫作出反应的相当重要的因素。必须采取行动，阻止苏联和印度肢解巴基斯坦。为此，尼克松派出了包括企业号航母在内的特遣部队进入孟加拉湾，表面上是为了撤离美国居民，真正的目的是强调美国对印度进攻西巴的一种警告。尼克松政府也努力迫使印度同意停火，进行和谈，撤出军队。印度继续军事行动，直到 1971 年 12 月 16 日在东巴的巴基斯坦军队投降。尽管美国采取了高度冒险的决定，并明显地偏袒伊斯兰堡，美国也未能阻止巴基斯坦的分裂。② 12 月 17 日，印巴双方全线停火。 1972 年 7 月，双方签署《印度政府和巴基斯坦政府双边关系协定》。本次战争导致孟加拉脱离巴基斯坦独立。

1971 年印巴战争的直接后果是巴基斯坦被肢解，孟加拉国成立。美国虽然采取了偏袒巴基斯坦的政策，但对 1971 年南亚危机的影响极为有限，未能阻止巴基斯坦被肢解的命运。

虽然美国在 20 世纪 50、60 年代卷入南亚事务较深，但是到了 70 年代，美国在南亚的安全利益处于边缘的重要性。与中国和苏联的关系日益缓和，关岛主义的声明，逐渐从亚洲冲突中脱身，深陷越南战争的泥潭，美国决策者逐渐淡化了对遏制共产主义的重视，减少卷入那些他们认为是不太重要的国家和地区。并且，随着洲际弹道导弹和潜艇发射弹道导弹的出现，在外国领土上的基地也失去了其先前的重要性。结果，南亚在美国优先性名单中就相对靠后。美国对南亚政策的主要目标是促进该地区的稳定，阻止中苏以损害美国利益为代价取得在该地区的支配性影响。因此，美国提倡地区性和解，包括印巴关系正常化。

1971 年危机使巴认识到联盟作用的有限性。1972 年 11 月 8 日退出东南亚条约组织，1979 年退出中央条约组织。新的巴基斯坦政府采取了更加开放、灵活、务实的对外政策。巴基斯坦加强与伊斯兰国家的友好关

---

① ［美］亨利·基辛格：《白宫岁月：基辛格回忆录》（第三卷），杨静予、吴继淦等译，上海译文出版社 2016 年版，第 1111 页。

② Rashmi Jain, *US - Pak Relations*, *1947 - 1983*, New Delhi, Radiant Publishers, 1983, pp. 33 - 35.

系，寻求提升与苏联的关系，与印度和阿富汗的关系正常化，与中国和美国保持友好关系。

美国接受南亚次大陆新的现实，1972 年 4 月承认孟加拉国，承认印度在次大陆的支配性地位，对南亚国家采取更加平衡的方法，希望与印度建立一种平等、互惠互利的成熟关系。巴基斯坦因为扼波斯湾出入口之要地，对美国而言战略位置依然重要，继续对巴基斯坦予以支持。美国对巴基斯坦在政治上进行支持，在经济上进行帮助，修改关于经济援助和武器禁运方面的政策，帮助巴基斯坦恢复被战争破坏的经济。1972 年 1 月至 1973 年 5 月，美国提供了 3 亿多美元的援助用于帮助巴基斯坦恢复经济。其中，1.2 亿美元以新贷款形式用于巴基斯坦工农业发展；1.24 亿美元用于 480 公法项目下的粮食进口；0.14 亿美元用于在 1971 年战争中 120 万无家可归者提供粮食和日用品紧急救济；0.05 亿美元用于技术援助；0.45 亿美元用于印度河盆地开发项目。1972 年 5 月援巴财团达成的 2.34 亿美元紧急债务救济中，美国承担了 0.51 亿美元，占 22%，美国依然是援巴财团中最大的援助国。① 1973 年 3 月 14 日，美国决定履行 1971 年暂停的合同义务，同时向巴基斯坦出售了有限的非致命性军事装备。在恢复向巴基斯坦的 0.14 亿美元的军事援助的同时，美国也宣布将向印度提供以前暂停的价值 0.83 亿美元的经济援助。1973 年 9 月福特·布托访美之后，美国又承诺提供 0.77 亿美元的援助。巴基斯坦感谢美国提供经济援助的同时，对美国部分放松武器禁运感到不满意。②

美国是从全球视角来看待 1971 年印巴冲突的。尼克松和基辛格认为，在美中关系的紧要关头，一项有限度的支持巴基斯坦的政策是必要的，它可以向北京证明，美国是一位有价值的盟友。同时，在发展同苏联的一种新关系的复杂进程中，使莫斯科相信，如果苏联及其盟友诉诸侵略，会遭到美国的坚定反对。尼克松和基辛格的个人偏见在决定美国立场方面不是主要因素。当然，两人偏袒巴基斯坦和批评印度的观点与美国支持巴基斯坦的政策非常一致。全球的考虑与这种偏爱一致。仅

---

① Rashmi Jain, *US-Pak Relations*, *1947-1983*, New Delhi, Radiant Publishers, 1983, pp. 39-40.

② Rashmi Jain, *US-Pak Relations*, *1947-1983*, New Delhi, Radiant Publishers, 1983, pp. 40-42.

就南亚层面而言，在整个 1971 年事件的美国政策目标就是要在公平的条款下解决危机，使统一的巴基斯坦继续存在。官方和公众对这次危机的态度上相当的不一致。1971 年事件的重要性对美印关系而言象征意义大于实际意义。实际上，美国的行为对这次争端的影响甚微，而这次事件的结果对美国的重要利益的影响微不足道。为了表示对巴基斯坦这个盟国的支持，美国派遣企业号航母驶入孟加拉湾，这个姿态并未令巴基斯坦满意，被印度人视为一种威胁，对战局的发展影响甚微。这次战争的重要结果是印度不再把美国视为反对中国的潜在盟友而是视为潜在的军事敌人。实际上中国和美国在 1971 年对巴基斯坦的支持使印度担心中、美、巴三国正形成一种战略轴心威胁印度的安全。印苏关系密切发展，印苏和平友好条约签订。反过来在美国又引起对印度国际角色的进一步怀疑。印美关系持续走低。对美国来说，这次战争最明显的结果是美国政策在印度激起的反感。1971 年危机期间，美国以暂停经济援助为手段，促使印度停火。1971 年 12 月 6 日，国务院官员宣布暂停对印度的价值 0.876 亿美元的经济援助。与中国关系的正常化以及保持与巴基斯坦的友好决定了尼克松政府处理 1971 年次大陆冲突的方式。此外，也有一定的战略考虑以及个人因素。尼克松对英迪拉·甘地存在个人鄙视，他发现英迪拉·甘地冷酷并且不容易理解。相反，坦率、直接的巴基斯坦军方首领更适合尼克松。一位国务院前高级官员称，尼克松对南亚的反应很大程度上受其长期反感印度的影响，并对巴基斯坦温情脉脉，这些对比鲜明的感情毫无疑问会影响其在 1971 年的判断。① 改变亚洲力量平衡的观念似乎对美国的南亚政策有所影响。尼克松—基辛格认识到要通过用非正式的巴—中—美联合来还击"萌芽"的印—苏"联盟"，以确保美国在该地区的长期利益。其主要的关心，是如果巴基斯坦在印度的压力下瓦解，那么不仅意味着印度的地区优势，而且扩大苏联在该地区的影响，损害了战略平衡。② 尼克松对印度缺乏热情，与印度领导人英迪拉·甘地关系一般。1971 年 11 月，英迪拉·甘地访美，印美双方并未达成共识，基辛格把尼克松与英迪拉·甘地的会谈描述为经典的聋子对话。印度与苏联、巴基斯坦与中国的紧密关系也在一定程度上对美国与印巴两国关系产生了影响。实际上，尼克松以前

---

① Shivaji Ganguly, *U. S. Policy Toward South Asia*, Westview Press, 1990, p. 200.

② Shivaji Ganguly, *U. S. Policy Toward South Asia*, Westview Press, 1990, p. 201.

的总统都曾希望印度在南亚和东南亚扮演一个建设性的角色，或多或少作为制衡中国的一种力量。但是尼克松对提升印度在南亚地区或世界更大的领导地位并不感兴趣。美国认为，随着尼赫鲁的去世和印度政治、经济的不稳定，印度很难作为一种领导模式。由于印苏关系的日益密切，希望印度扮演一种支持美国在亚洲广泛利益的角色的可能性越来越小。总统国家安全事务助理亨利·基辛格认为国务院中存在着"亲印的偏见"，需要进行抵制。在 1971 年南亚危机期间，尼克松偏袒巴基斯坦是受其长期存在的嫌恶印度和印度人的影响。① 1971 年印巴战争为尼克松和基辛格充满他们文化和战略偏见的外交政策提供了机会。② 在处理 1971 年南亚危机过程中，白宫与国务院、总统国家安全事务助理（基辛格）与国务卿（罗杰斯）等存在官僚机构争斗、个人意见不一致等情况。与其说在危机过程中美国偏袒巴基斯坦，不如说美国为了维护其核心利益竭力阻止"苏印勾结所包含的对国际秩序的进攻"③，在孟加拉国独立大局已定的情况下，竭力维护西巴的独立与完整，维护盟友巴基斯坦的利益，保证通往中国的唯一通道的畅通。而把援助作为外交政策的一种工具，对印度的影响甚微，而对巴基斯坦的影响甚大，"印度的军事力量大大超过巴基斯坦，一部分原因是美国六年来禁止向双方出售军火，而这种禁令主要伤害了巴基斯坦。由于印度可以获得苏联武器，自己也有庞大的军火工业，它必然会摧毁巴基斯坦的武装部队。国务院的法律顾问可能找到办法说明我们对巴基斯坦并没有承担有约束力的义务，但地缘政治的影响并不会因此有所削弱"④。

白宫对印度很少关心并不仅是因为缺乏利益，而是因为其亚洲的日程表发生了新的引人注目的变化——关注打开中国的大门。巴基斯坦在这个过程中可以发挥"通往中国的走廊"的重要作用，而印度却不能。特别重要的是，对中国的关心意味着印度对美国利益而言重要性的降

---

① Christopher Van Hollen, "The Tilt Policy Revisited: Nixon-Kissinger Geopolitics and South Asia", *Asian Survey*, Vol. 20, No. 4. (Apr., 1980), pp. 339-361. http://links. jstor. org/sici? sici =0004-4687%28198004%2920%3A4%3C339%3ATTPRNG%3E2. 0. CO%3B2-3.

② Harold A. Gould and Sumit Ganguly, eds., *The Hope and the Reclity: U. S. -Indian Relations from Roosevelt to Reagan*, San Francisco: Westview Press, 1992, p. 10.

③ ［美］亨利·基辛格：《白宫岁月：基辛格回忆录》（第三卷），杨静予、吴继淦等译，上海译文出版社 2016 年版，第 1115 页。

④ ［美］亨利·基辛格：《白宫岁月：基辛格回忆录》（第三卷），杨静予、吴继淦等译，上海译文出版社 2016 年版，第 1115 页。

低，印度不再被视为对付中国"威胁"的一种潜在的民主平衡力量，中国成为最受关注的因素。有学者指出，美国曾经深深关注巴基斯坦而使印度在美国的优先性次序名单上位次降低；如今美国希望与中国的接近使印度受到次要的关注。①

三　对印度的援助

1968 年 6 月 26 日，美国国防部部长克拉克·克利福德（Clark Clifford），在众议院对外事务委员会上指出，"对外军事销售法案将会保持目前的控制管理。此外，要设立进一步限制，以确保军事销售项目继续是对外政策的一种可靠工具"②。国防部部长助理保尔·沃恩克（Paul Warnke）指出，"我们的任务是要利用军事销售和军事赠予项目来实现美国的对外政策"③。

1969 年 7 月 24 日，印度外长辛格就美国对巴基斯坦军事援助在人民院进行陈述。印度政府得知，美国政府还没有决定向巴基斯坦提供武器；美国没有计划通过土耳其向巴基斯坦提供 100 辆坦克。向巴基斯坦的武器援助将会增加印度的安全威胁，鼓励巴基斯坦对印度领土的野心和要求，并阻碍两国关系正常化的可能性。并且不利于亚洲经济合作的思想，将会增加地区局势紧张。④ 1969 年 8 月，印度政府注意到有关报刊对美国国会议员拉里·库格林（Larry Coughlin）的讲话，即美国政府卷入向巴基斯坦的武器装运，尽管由于 1965 年印巴冲突而实施了武器禁运。90 架过剩的 F-86 军刀战斗机在 1966 年年初从联邦德国经伊朗被送往巴基斯坦；大约 17 个月前翻新的谢尔曼坦克从联邦德国经意大利被送往巴基斯坦。辛格外长表示，印度政府强烈反对美国政府向巴基斯坦提供武器。但是根据了解到的情况，自 1965 年冲突以来，美国没有向巴基

---

①　Harold A. Gould and Sumit Ganguly, eds., *The Hope and the Reality: U.S.-Indian Relations from Roosevelt to Reagan*, San Francisco: Westview Press, 1992, p. 96.

②　Hearing Before the Committee on Foreign Affairs, House of Representatives, 19th Congress, Second Session *Proceedings*, N. HR 15681, June 26-27, 1968, p. 7. 转引自 Aftab Alam, *U. S. Military Aid to Pakistan and India's Security*, Delhi: Raj Publications, 2001, p. 21。

③　Hearing Before the Committee on Foreign Affairs, House of Representatives, 19th Congress, Second Session *Proceedings*, N. HR 15681, June 26-27, 1968, p. 7. 转引自 Aftab Alam, *U. S. Military Aid to Pakistan and India's Security*, Delhi: Raj Publications, 2001, p. 21。

④　Statement by Foreign Minister Dinesh Singh in Lok Sabha on US Military aid to Pakistan, 24 July 1969, *US-South Asian Relations 1947-1982*, Vol. 1, p. 336.

斯坦提供致命性武器，总体上也没有经第三国向巴基斯坦提供武器。①

应印度总统邀请，尼克松于 1969 年 7 月 31 日至 8 月 1 日对印度进行了访问。1969 年 7 月 31 日，尼克松到达新德里发表演说：印度和美国两国关系的基本原则是两国充分共享亚洲和平和世界和平的基本目标。美国对亚洲的稳定有着重要的利害关系，美国为通过经济援助在印度经济发展中所发挥的作用感到骄傲，美国对印度人民和领导人通过利用自身资源和辛勤努力所取得的成就表示尊敬。② 尼克松与英迪拉·甘地举行了会谈。英迪拉·甘地对美国的经济援助表示感谢。尼克松对印度近年来取得的经济进步表示高兴，并表示愿意在印度经济发展中继续提供帮助。③

1970 年 2 月 28 日，尼克松在致国会的报告中指出，美国长期关注着南亚的进步合作，印度和巴基斯坦人口占世界人口的 1/5，对亚洲的未来有着重要影响。④ 1970 年 3 月，尼克松就 1969 财年对外援助计划致国会的报告指出，1969 财年美国大幅削减对近东和南亚地区国家的援助。1969 财年承担份额 3.73 亿美元，与 1968 财年的 5.33 亿美元和 1967 年的 5.73 亿美元有很大削减。1969 年对印度、巴基斯坦和土耳其的援助计划要削减。这三个国家接受了美国对近东和南亚援助总量的 94%。仅印度就占了 1969 年援助削减 1.6 亿美元中的 1 亿美元。⑤ 1970 年 9 月 12 日，国务卿罗杰斯在参议院拨款委员会小组委员会上指出，在近东和南亚，美国援助的 95% 继续集中于人口超过 7 亿的印度、巴基斯坦和土耳其，美国的目标是，这些国家的农业取得永久的和自立的新发展。⑥

1970 年 11 月 9 日，印度外长辛格就美国和苏联向巴基斯坦提供武器

---

① Dinesh Singh's Statement in Lok Sabha on Reported US Military Shipments to Pakistan, 18 August 1969, *US-South Asian Relations 1947-1982*, Vol. 1, p. 339.

② Statement by President Nixon on Arrival in New Delhi, 31 July 1969, *US-South Asian Relations 1947-1982*, Vol. 1, pp. 336-337.

③ Dinesh Singh's Statement in Parliament on President Nixon's Visit to India, 13 August 1969, *US-South Asian Relations 1947-1982*, Vol. 1, p. 337.

④ "U. S. Foreign Policy for the 1970's: A New Strategy for Peace", President Nixon's Report to the Congress, 18 February 1970, *US-South Asian Relations 1947-1982*, Vol. 1, p. 341.

⑤ President Nixon's Report to the Congress on the Foreign Assistance Programme for FY1969, March 1970, *US-South Asian Relations 1947-1982*, Vol. 1, pp. 342-343.

⑥ Statement by Secretary of State William P. Rogers Before the Foreign Operations Subcommittee of the Senate Committee on Appropriations, 12 September 1970, *US-South Asian Relations 1947-1982*, Vol. 1, p. 344.

在人民院发表声明。1965 年美国政府禁止向印度和巴基斯坦提供致命性武器。1970 年 9 月 30 日,美国政府正式通知印度政府对 1966—1967 年政策作出了"一次例外",决定破例向巴基斯坦提供一些飞机和装甲车,以替代损耗和自然损耗。10 月,美国向巴基斯坦销售了 6 架 F-104 战斗机/300 辆 M-113AI 装甲运兵车/7 架 B-57 轰炸机、4 架巡逻机。印度认为,这些都是先进的进攻性军事装备。印度政府向美国政府提出抗议。美国政府保证并公开声明,这次销售只是一次破例,是为了满足巴基斯坦的防御需要。印度表示,这些理由难以接受,据可靠估计,1954—1965 年美国对巴基斯坦军事援助的订单达 15 亿—20 亿美元……由于美国对巴基斯坦武器援助,次大陆或许会引发不止一次的毁灭性战争。印度认为,过去美国作出的保证(美国向巴基斯坦提供的武器不会被用于反对印度)被证明一文不值。此举不仅增加次大陆紧张并导致军备竞赛,而且使巴基斯坦对印度更加不妥协,使印度与巴基斯坦关系正常化更加困难。当 1968—1969 年苏联向巴基斯坦提供武器的时候,印度提出抗议,认为苏联提供的武器会被用于反对印度。苏联政府几经考虑,决定不再向巴基斯坦提供武器装备。① 1971 年 4 月,国务院暂停了军火销售新许可证的发放以及过期许可证的更新,搁置了国防部库存产品的交付,并暂搁了 1970 年"一次例外"一揽子计划。结果,给巴基斯坦的约 0.35 亿美元被削减掉,剩下的约 0.05 亿美元正在酝酿中。1971 年 10 月 5 日,参议院对外关系委员会投票暂停了美国对巴基斯坦所有的经济和军事援助。1971 年 11 月,酝酿中的 0.05 亿美元中,给巴基斯坦的剩余下的 0.03 亿—0.04 亿美元被取消。1971 年 12 月 1 日,国务院宣布禁止颁发为印度的军事装备的新许可证。1971 年 12 月 3 日,国务院宣布减少剩下的对印度的武器许可证发放。

1971 年 2 月 25 日,尼克松向国会作了"20 世纪 70 年代美国对外政策:缔造和平"的报告。报告指出,南亚的进步对美国非常重要。"去年,我们继续开展双边的资金援助、技术援助和粮食援助计划。实际上,南亚是我们经济援助的最大受援地区。我们向印度的家庭攻坚计划提供大规模援助,通过项目、世界银行和亚洲开发银行等。……我们向巴基斯坦的武器禁运提供了一次破例。我们认为,适当的破例不会扰乱

---

① Foreign Minister Swaran Singh's Statement in Lok Sabba on Arms Supply to Pakistan by USA and USSR, 9 November 1970, *US-South Asian Relations 1947-1982*, Vol. 1, pp. 344-345.

该地区的军事平衡或加剧军备竞赛。"①

1971 年 3 月 26 日，国务卿罗杰斯向国会作了 1969—1970 年美国对外政策的年度报告。报告指出，美国在南亚次大陆主要关注的是鼓励其经济发展，保持和平、稳定和民主制度。……美国扮演了重要的支持角色。自 1953 年以来，美国向该地区提供了近 130 亿美元的经济援助。1967—1970 年，美国向印度、巴基斯坦、锡兰（今斯里兰卡）、阿富汗和尼泊尔五个国家提供了约 12 亿美元。近两年印度国内政治发生较大变化，国大党分裂为两个党派。印度正在开展绿色革命，也面临着外援减少外汇短缺问题。美国的政策一直是在保持其民主体制的独立情况下援助印度。到目前为止，印度是美国开发援助最大的受援国。1951 年以来，已经接受了 88 亿美元的经济援助，包括 43 亿美元的 480 公法粮食产品和 30 亿美元的低息贷款。1970 财年，美国向印度援助总额 5.2 亿美元，其中 2.63 亿美元进出口银行和 AID 贷款，2.46 亿美元 480 公法商品，0.084 亿美元赠予。②

1971 年印巴战争美国暂停对印度的经济援助使美印关系跌入新的低点。在 20 世纪 60 年代，印度接收到的所有援助的 48% 直接来自美国。在 20 世纪 70 年代，美国对印度的总援助份额不到 5%。和平队曾经在印度大量存在，其角色也逐渐下降，到 1973 年年底和平队志愿者从最高峰时的 1400 名减为 12 名③。印度对中美在官方会谈中公然提到南亚问题而愤慨。印度继续对美国在世界各地的政策提出批评，特别是在越南。在全球层面，美苏缓和减缓了美国与苏联在南亚竞争的压力。在地区层面上，美国外交在亚洲的重心转向中国；就南亚而言，1972 年巴基斯坦总统布托与印度总理英迪拉·甘地举行西姆拉会谈，双方签署了"西姆拉协议"，缓和了南亚地区的紧张局势。

1972 年 2 月 10 日，尼克松在记者会上表示，25 年来，美国支持对印度的每项援助计划。世界上最大的民主国家，与北方邻居、世界上最大的共产主义国家相比，在民主试验方面有机会取得成功，这一点非常重

---

① "U.S. Foreign Policy for the 1970's: Building for Peace", President Nixon's Report to the Congress, 25 February 1971, *US-South Asian Relations 1947-1982*, Vol. 1, pp. 347-348.

② Annual Report of Secretary of State Rogers to the Congress on US Foreign Policy for the Year 1969-1970, 26 March 1971, *US-South Asian Relations 1947-1982*, Vol. 1, pp. 349-351.

③ 赵蔚文：《印美关系爱恨录——半个多世纪的回顾与展望》，时事出版社 2003 年版，第 46 页。

要。"就被指责为反对印度而言，我只能说我是反战争的，我们所做的一切都是为了避免战争。"①

1973 年 3 月 15 日，负责亚洲事务局的国际开发署署长助理麦克唐纳在众议院对外事务委员会近东和南亚小组委员会听证会上指出：自 1971 年印巴战争以来，美国与印度的援助关系发生了变化。部分开发援助（0.876 亿美元）通道被暂停，并且这种暂停依然在生效。在 1972 财年没有进行开发贷款，1973 财年没有进行贷款和 480 公法第一条款销售。② 3 月 20 日，国防部部长副助理在听证会上指出：自 1951 年以来美国和印度签有共同防御援助协定。该协定允许定期少量地向印度销售军事装备。最为显著的交易是以优惠美元价格销售 55 架 C-119（1954 年 26 架，1960 年 29 架），以及 1956 年约 800 辆谢尔曼坦克。在 1962 年之前，没有赠予援助的物资可以提供。在 1962 年中印战争爆发之后，当局决定根据 1961 年对外援助法 614（a）节批准赠予性军事援助达 0.25 亿美元。最初交付的装备，主要是轻步兵武器，被立即空运到印度。1962 年 12 月的拿骚会谈，美国同意向印度提供 1.2 亿美元的紧急军事援助，其中美国承担 6000 万美元份额。这笔钱是要用来帮助印度把 6 个标准步兵师改编成山地步兵师，提高印度空军的运输能力，提高空军操作能力。根据拿骚协议，美国提供了赠予援助，以 C-119G 和 CV2B 运输机及零部件、轻型步兵武器、弹药以及用于山地师的装备。随着 1963 年 1 月一个美国军火商团队访问印度，美国决定向印度提供一条 7.62mm 轻武器弹药生产线。1965 年 9 月印巴战争的爆发，所有的美国对印巴军事援助暂停。随着 1966 年年初的停战协定，在军事供应方面决定允许印度以现款或信贷形式购买非致命性成品，这些硬件与武器没有直接关系。1967 年 4 月，美国政府进一步调整武器供应政策。主要包括：明确终止赠予形式的所有的装备援助，这些援助在 1965 年 9 月被暂停（唯一例外是同意向印度提供修建道路装备用于修建在尼泊尔贯穿东西的高速公路）；撤离军事供应团（USMSMI），以有限的军事代表代替；恢复小规模的赠予援助训练项目；愿意考虑逐步地现金售卖以前提供的致命性装备的零部

① President Nixon's press conference, 10 February 1972, *US-South Asian Relations 1947-1982*, Vol. 1, p. 354.

② Statement by Donald G. MacDonald, Assistant AID Administrator, Bureau for Asia, in the Hearings before the Subcommittee on the Near East and South Asia of the House CFA, 15 March 1973, *US-South Asian Relations 1947-1982*, Vol. 1, pp. 363-364.

件。1971 年 12 月印巴战争行动再次使美国置于尴尬境地，美国再次暂停对双方援助。① 1973 年，众议院近东和南亚小组委员会报告指出：美国在南亚的利益以及对南亚的政策。报告认为，第二次世界大战之前，美国与南亚联系有限。第二次世界大战后，由于来自中国和苏联的安全威胁，美国与南亚新独立国家的联系进一步加强。整个 20 世纪 50 年代，人道主义和安全关心构成了美国与印巴以及其他南亚国家的紧密关系。这种模式到 1962 年中印战争时得到加强，尽管在 20 世纪 60 年代中期整个地区的关系开始变化。1965 年克什米尔战争被证明是美国与南亚关系的重要节点。自那时以来，特别是自 1966 年年初印巴塔什干会议以来，有几种明显趋势。最重要的是认识到，美国在南亚的利益并不是像 1945 年之后冷战背景下那样。20 世纪 60 年代后期，美国与南亚国家（印巴）每一方关系都更加紧张。美国对东南亚和中东所承担的责任比起南亚更为引人关注。在人们看来，美国所发挥的作用在下降，自 20 世纪 60 年代中期以来美国对该地区的经济和军事援助水平也大幅削减。从 1965 年至 1972 年年末，美印关系误解不断，1971 年印巴战争更加剧了美印分歧。1972 年美印关系更是达到最低点。在战争中以及战后，比起印度的困境，美国似乎更同情和理解巴基斯坦面临的问题。在危机过程中，美国对巴基斯坦予以支持，巴基斯坦在美国发展与中国关系中发挥着重要作用。认识到美国在该地区有限的利益，美国应该寻求与南亚每个国家保持良好的合作关系，提供适量的援助。报告认为，在过去二十年，美国卷入南亚的最明显和最大的方面是经济援助。仅就印度而言，美国提供了近 100 亿美元援助。对印度和南亚其他国家的经济援助，其中大部分被用于帮助这些国家解决大量的农业、基础设施、健康和教育方面的问题，这些问题阻碍了经济发展。1971 年战争以来美国继续向巴基斯坦提供的经济援助近 3 亿美元。报告建议，美国不会像以前那样提供大量援助，该地区也不会像以前那样接受大量援助。但是在这些国家所缺乏的经验和技术方面以及急需方面需要美国继续提供援助。②

---

① Statement by James N. Noyes, Deputy Assistant Secretary of Defense (ISA) for NEA, in the Subcommittee of the Near East and South Asia of the House CFA, 20 March 1973, *US-South Asian Relations 1947-1982*, Vol. 1, pp. 364-367.

② "United States Interests in and Policies Toward South Asia", Report of the House Subcommittee of the Near East and South Asia, 1973, *US-South Asian Relations 1947-1982*, Vol. 1, pp. 369-374.

　　1973 年 4 月 19 日，国务卿罗杰斯就 1972 年美国对外政策向国会做年度报告。在 1971 年危机期间由于美印双方不同的政策，美印关系处于困扰之中。1972 年，双方都表示有意愿在相互考虑彼此利益的基础上推动深入理解。美印应为建设友好合作关系共同努力。希望在 1973 年年底取得具体进步。1972 年美国在有限的基础上对印度的援助继续。1971 年 12 月美国暂停了对印度的经济援助贷款。1973 年 3 月，对经济援助贷款的暂停取消。印度早些时候决定不再寻求根据 480 公法第一条款的粮食进口。美国继续技术援助计划并根据 480 公法第二条款通过美国志愿机构提供了价值 1.21 亿美元的粮食。1972 年 11 月，美国也同意加入在世界银行支持下的债务免除，美国的份额是 0.29 亿美元。①

　　美国通过粮食援助以及其他援助项目积累了大量的印度货币卢比。据美国会计总会统计，在 1969 年年中，美国所持有的印度卢比相当于 6.78 亿美元。② 参议员珀西（Percy）向参议院对外关系委员会提交的南亚政治形势的报告中提到，印度欠美国债务以不可自由兑换卢比形式共有 32 亿美元。大量卢比债务是美印两国政府非常关注的问题。③ 为此，双方成功地进行了多轮谈判来解决卢比债务问题，1973 年 12 月 13 日初步达成协议。1974 年 2 月 18 日，印美就 480 公法资金及其他资金达成协议。协议规定，为了促进印度农业及其他方面经济的发展，包括用以促进和提高粮食产量和相关活动的计划，因此美国政府向印度政府交付了 166.4 亿卢比的支票。除了相关条款的规定之外，向印度交付这张支票，将会终止美国政府拥有或以任何方式使用 480 公法卢比的所有权利。④ 卢比债务问题的解决，也是印美双边关系改善的重要体现。

　　随着印度进行核试验，核问题成为美印关系中一直关注的问题。印度的核工业及核武器计划起步较早。1948 年，印度成立了原子能委员会（AEC），1954 年成立原子能部。进入 20 世纪 60 年代以来，印度政府明

---

　　① Annual Report of Secretary of State Rogers to the Congress on US Foreign Policy for the Year 1972, 19 April 1973, *US-South Asian Relations 1947-1982*, Vol. 1, pp. 378-379.

　　② Report of the General Accounting Office to the Congress on the use of US-owned Excess Foreign Currency in India, 29 January 1971, *US-South Asian Relations 1947-1982*, Vol. 1, pp. 346-347.

　　③ Report on the Political Situation in South Submitted by Senator Charles H. Percy to the Senate CFR, on a Study Mission to South Asia in August 1973, 31 October 1973, *US-South Asian Relations 1947-1982*, Vol. 1, pp. 386-387.

　　④ Indo-US Agreement on PL480 and Other funds, 18 February 1974, *US-South Asian Relations 1947-1982*, Vol. 1, pp. 392-393.

确开始了它的核计划，并制定了一系列的核政策。印度的核武器研制工作主要是由著名的巴巴（Bhabha）原子研究中心（BARC）负责。印度1974 年进行首次地下核试验。印度的核计划得到了美国和加拿大的帮助和支持，但自从 1974 年印度进行了一次核试验之后，美国官方宣布停止对印度核电站提供核燃料，而加拿大也宣布停止与印度的一切核合作。但在此之后，苏联仍然保持了同印度的核合作，向印度提供重水。印度以往历届政府基本上都是主张"拥有核武器制造能力，但不拥有核武器""核选择"政策，而 1974 年的地下核爆炸，印度官方宣布是用于和平研究目的。① 在 1974 年 6 月 6 日的记者会上，记者问基辛格：印度的核爆炸是否会改变南亚力量平衡？你是否依然计划在晚些时候访问印度？基辛格回答道："我们认为，印度的核爆炸不会改变力量平衡，但是我们反对核扩散。我依然计划在不久的将来访问印度。"② 1974 年 9 月19 日，负责近东和南亚事务的国防部部长副助理诺伊斯（Noyes）指出，印度在南亚是主要力量。1974 年 5 月 18 日，印度核装置的爆炸增加了南亚新的因素。尽管一段时间以来美国相信印度有生产核装置的能力，但是对 5 月 18 日印度的核试验，美国以及世界其他国家还是感到吃惊。这个事件当然会引起新的问题并使一些国家特别是巴基斯坦感到惊恐。尽管印度反复强调其进行的是和平的核爆炸项目，但是其邻居们感到这将加剧该地区的军事不平衡。印度公开声称它仅仅对和平地核装置开发感兴趣，但是世界上几乎没有哪个国家能够在和平核爆炸和用于军事目的的核爆炸之间作出区别。美国的政策很清晰。"因为其对全球稳定的不利影响，我们反对核扩散。我们没有作出决定要改变我们目前的对印度和巴基斯坦的军事供应政策，我们的政策是限制向印度和巴基斯坦逐项地销售非致命性军事装备、以前提供过的装备的零部件以及军火。销售被进一步限制为现金，而非贷款。赠予援助被限制为每年向每个国家提供约 20 万美元，仅用于在美国的培训。"③ 而印度则直接或间接地，不断

---

① 《印度核试验的背景、武器化能力及发展趋势》，http：//autc. eastday. com/epublish/gb/pa-per264/11/class026400010/hwz960968. htm。

② News Conference of Secretary of State Kissinger，6 June 1974，*US-South Asian Relations 1947-1982*，Vol. 1，p. 396.

③ Statement by James H. Noyes，Deputy Assistant Secretary of Defense（ISA）for NEA，in the Hearings Before the Subcommittee on the Near East and South Asia of the House CFA，19 September 1974，*US-South Asian Relations 1947-1982*，Vol. 1，pp. 399-400.

强调美国向巴基斯坦提供武器将会妨碍次大陆的正常化进程。① 1974 年
6 月 16 日，英迪拉·甘地接受 ABC 记者采访。记者问道：美国这些年来
向印度提供了各种形式的贷款、援助和粮食，约 100 亿美元。但是现在
美国援助保持在很低的水平，甚至今年被德国所超过。您希望看到美国
帮助印度经济发展的计划有所增加吗？英迪拉·甘地回答道："如你所
知，许多援助停止了，有些恢复了。整个援助模式正在发生变化。以
前，我们希望在我们国家生活的各个方面得到帮助。随着我们有专门技
能，自然而然地我们希望在更复杂的领域得到帮助，这种帮助对我们的
进步非常重要。我们之间的关系并不取决于援助，我们之间的友谊，也
不依赖于我们是否得到援助。"② 1974 年 9 月 19 日，负责近东和南亚事
务的助理国务卿阿瑟顿（Atherton）指出，南亚是美国长期以来关心关注
的地区，尽管南亚不是美国全球战略关注的中心，但是从地理位置上临
近苏联和中国，它们的竞争对该地区有重要影响。从战略上美国的主要
利益是避免使南亚成为大国对抗或冲突的地区。③

　　美国国务卿基辛格 1974 年 10 月访问印度。基辛格在印度发表演说指
出：美国希望南亚政治稳定、经济成功……印度的规模和位置要求它在
南亚和世界事务中担负起特殊角色，同时也赋予了它特殊的责任。美国
认为，有能力出口核技术的国家应当在多边基础上达成共同约束，即促
进和平利用核能，限制军事利用核能。在联合公报中，美国表达了核扩
散对地区和全球稳定的影响的关心。印度重申了其一贯立场，即国际社
会最优先的努力应该是核裁军，为了取得国际和平与稳定，所有的核武
器扩散应当被中止。印度重申，其政策是不发展核武器，仅仅出于和平
目的来利用核技术。美国对印度政府在此问题上的主张表示欢迎。双方
共同认识到，需要建设性地利用核技术，特别是对发展中国家来说，保
证核能不会带来核武器扩散。④

---

①　Annual Report of the Ministry of External Affairs for the year 1973–1974, March 1974, *US–South Asian Relations 1947–1982*, Vol. 1, pp. 394–396.

②　Indira Gandhi's Interview with ABC Correspondent Chapman, Broadcast on 16 June 1974, *US–South Asian Relations 1947–1982*, Vol. 1, pp. 396–397.

③　Statement by Assistant Secretary of State for NEA, Alfred L. Atherton, Jr., before the Subcommittee on the Near East and South Asia of the House CFA, 19 September 1974, *US–South Asian Relations 1947–1982*, Vol. 1, pp. 397–399.

④　Kissinger's Address to the Indian Council of World Affairs, New Delhi, 28 October 1974, *US–South Asian Relations 1947–1982*, Vol. 1, p. 402.

四　对巴基斯坦的援助

美巴关系在肯尼迪和约翰逊政府时期不断恶化。 1965 年印巴战争期间，美国暂停了对印度和巴基斯坦的经济援助和军事援助。巴基斯坦对1965 年战争期间所受到的对待深感愤恨，并认为美国背叛了巴基斯坦。虽然武器禁运在 1965 年战争之后有所放松，但仅限于"非致命性"武器。东南亚条约组织和中央条约组织在很大程度上成为纸上联盟。①1969 年，巴基斯坦呼吁更多的武器得到美国新任总统尼克松的积极回应。尼克松是对巴基斯坦军事援助和与巴结盟的坚定支持者。尼克松政府不久就努力取消了 1965 年实行的对致命性武器的禁运。1970 年巴基斯坦以极低价格从美国得到 0. 154 亿美元的军事装备，市场价估计达到 1. 5亿美元。1971 年孟加拉危机期间实行禁运，但 1973 年 3 月又恢复到 1967年的政策。② 1974 年美国提供了价值 0. 3 亿美元的军事装备。1971 年战争之后至 1975 年，巴基斯坦又增加了两个师，其中包括一个独立的装甲旅。半数以上的巴基斯坦战斗中队装备有美国飞机。1971 年战争巴基斯坦失去了价值 2 亿美元的大部分军事装备。巴基斯坦努力从美国以及其他来源获得武器。随着禁运的取消，巴基斯坦能够自由地从美国得到除了核武器之外的致命性武器。③

在当选为总统之前，尼克松曾访问巴基斯坦和印度，在巴基斯坦受到热情接待而在印度受到冷遇。1968 年尼克松当选美国总统，巴基斯坦总统阿尤布·汗、巴基斯坦外长侯赛因纷纷表示祝贺。阿尤布·汗在贺信中指出，"我谨代表巴基斯坦政府和人民，并以我个人的名义，向阁下在选举中获胜表示诚挚的祝贺。我作为一个老朋友和仰慕者而为此感到高兴，并期望继续发展我们两国之间业已存在的友好关系"。④ 侯赛因的贺信表达了巴基斯坦人民对尼克松先生的当选感到高兴，"他在我国家

①　Dennis Kux, *The United States and Pakistan*, *1947 - 2000*: *Disenchanted Allies*, Baltimore and London: The Johns Hopkins University Press, 2001, p. 179.

②　Aftab Alam, *U. S. Military Aid to Pakistan and India's Security*, Delhi: Raj Publications, 2001, p. 57.

③　Aftab Alam, *U. S. Military Aid to Pakistan and India's Security*, Delhi: Raj Publications, 2001, p. 57.

④　Ayub's Message to President-elect Richard Nixon on His Victory in the Presidential Election, 6 November 1968, *US-South Asian Relations 1947-1982*, Vol. 2, p. 305.

喻户晓，是巴基斯坦的老朋友。他数次访问巴基斯坦，非常了解该地区存在的问题。我们期望继承巴美两国间业已存在的非常友好的关系，并祝新当选的总统健康幸福"①。

当选总统后，美国在亚洲的主要目标是从越南撤军。尼克松任命基辛格为总统国家安全顾问，威廉·罗杰斯（William Rogers）为国务卿。此时的巴基斯坦，内部矛盾重重。在对外关系上，巴希望改善肯尼迪政府以来不断恶化的双边关系，继续加强与中国和苏联的关系。而当时中苏分裂。1969 年 5 月，援巴财团会议在巴黎召开，美国代表团强烈支持巴基斯坦的援助请求。1969 年 6 月，叶海亚·汗对苏联进行国事访问，希望寻求更多的军事援助，苏联总理柯西金强调，如果巴基斯坦希望得到更多的苏联武器援助，那么就必须疏远与北京的关系。而叶海亚·汗不愿这样做。苏联采取了更加亲印的立场。

1969 年 8 月，尼克松亚洲之行访问了印度和巴基斯坦，到达巴基斯坦时受到了热情的接待。叶海亚·汗在欢迎词中对尼克松为美巴关系作出的贡献给予高度赞扬，"我们依然记得阁下 1953 年作为贵国副总统第一次来访时的情景。那次来访开启了两国合作与相互协作的新时代。……美国对巴基斯坦发展的贡献巨大，会一直被巴基斯坦感谢铭记"②。叶海亚·汗称赞尼克松为巴基斯坦的老朋友。尼克松在演讲中并没有回避两国关系存在的问题，将继续致力于恢复两国间的友好关系，"正如您所提到的，我知道近些年我们两国之间的关系有些紧张。所有的差异也并不是通过一次访问就能解决的。我们能做的以及我们想要做的，是通过这次访问恢复基于相互信任基础上的两国友好关系……需要强调的是，美国将继续巴基斯坦以及所有亚洲国家的发展"。③两国领导人讨论了美国提供武器的政策，认为将会在本年度晚些时候作出决定。在欢迎尼克松的宴会上，叶海亚·汗发表热情洋溢的讲话："我谨无比荣幸地代表巴基斯坦政府和人民，并以我个人名义，向受人爱戴的巴基斯坦老朋友表达最诚挚的欢迎。……多年来，您一直关注巴基斯坦，这反映在您数次访问对我

①　Statement by Foreign Minister Arshad Husain Issued to the Press on 6 November 1968，*US-South Asian Relations 1947-1982*，Vol. 2，p. 305.

②　Statement by President Yahya Khan Welcoming President Nixon at Lahore，1 August 1969，*US-South Asian Relations 1947-1982*，Vol. 2，p. 309.

③　Nixon's Statement at Lahore，1 August 1969，*US-South Asian Relations 1947-1982*，Vol. 2，pp. 309-310.

们的祝福，甚至在您不在位的时候。去年您当选为美国总统……今天，我们非常高兴地把您作为一位朋友、世界政治家、美国伟大领袖来欢迎。很自然，在我们的讨论过程中，将会谈到双边关系。我们非常重视与美国的继续友好关系，我们对贵国在过去对我们的慷慨援助表示感谢，并对您个人的亲自推动表示衷心感谢。我们希望，今后将会继续接受此类援助。我们现在处在一个关键的阶段，努力达到自立经济增长的起飞阶段。我们必须保证社会进步与经济增长能够齐头并进。"① 尼克松回应道，"我到这里来，作为巴基斯坦人民的一位老朋友。过去，作为副总统时为巴美友好关系发挥了一些作用。现在，我当了美国总统，会比我是副总统时多少更有影响力，我将会继续努力推动两国更加紧密的友好关系的发展"②。尼克松此行的最重要的目的是请求叶海亚·汗帮助打开中美关系，这也是尼克松建立新的全球均势战略中必不可少的一环。尼克松政府认识到南亚对美国而言具有次重要的战略位置，并且注意到苏联和中国在该地区的影响增长很快，尼克松政府考虑通过恢复军事援助作为唯一的重新获得在次大陆一定影响的方式。尼克松要求叶海亚·汗向中国领导人传达渴望中美关系正常化的口信。叶海亚·汗把这种姿势视为非常特别待遇和恢复美巴两国友好关系的非常好的机会。他向尼克松保证，他会在万无一失的情况下完成任务。作为报答，尼克松向叶海亚·汗保证支持巴基斯坦的善意。因此，在这种情况下，巴基斯坦与美国的关系迅速升温。1969 年 11 月 8 日，美国众议院外事委员会要求政府重新考虑对印巴的武器禁运，因为印巴两国通过与共产主义国家接近而获得军事需求，所以禁运效果甚微。③

1970 年 3 月，尼克松就 1969 财年的外援计划在致国会的报告中指出，美国关于印度和巴基斯坦的军事供应政策将会继续，基于美国不愿意向两国销售致命性武器，尽管一年来美国选择性销售了产自美国的一些装备的零部件。正如像过去一样，适量的赠予性项目在 1969 财年将会继续实施，这些项目是训练印度和巴基斯坦，以及少量来自南亚其他国

① Yahya Khan's Speech at the Banquet Given in Honor of President Nixon at Lahore, 1 August 1969, *US-South Asian Relations 1947-1982*, Vol. 2, pp. 310-311.

② Nixon's Statement at the Banquet, 1 August 1969, *US-South Asian Relations 1947-1982*, Vol. 2, p. 310.

③ B. K. Mohapatra, *United States-Pakistan Military Alliance——A Study of Stresses and Strains*, Ajanta Publications, Delhi, 1998, p. 174.

家的军事人员。①

1970 年 4 月 22 日，亚洲特别调查团报告肯定了美国援助对巴基斯坦经济发展的促进作用。调查团对巴基斯坦的经济增长留下了深刻印象，这种经济增长，部分是通过有效利用美国援助取得的。他们普遍认为，美国援助对巴基斯坦经济是一种临时性补充，而不是永久性支持。在巴基斯坦至少有一个地区，还不接受美国行动的有效性。1965 年印巴战争开始后，美国决定暂停对两国的军事援助。由于美国向亚洲及全世界其他国家提供类似援助，巴基斯坦对美国军事援助的缺乏甚为愤恨，视之为不公平。美国拥有价值 2 亿多美元的巴基斯坦卢比……调查团高兴地发现，巴基斯坦准备愿意把这些资金用于基本开发项目建设。②

为了感谢巴基斯坦在中美关系正常化中所发挥的重要作用，1970 年 10 月，美国政府决定对巴军事援助政策实行例外，并允许销售一定的致命性武器给巴基斯坦。尼克松批准向巴基斯坦提供价值 0.4 亿—0.5 亿美元的一揽子军事装备以取代以前提供的装备，其中包括 300 辆 M-113 AI 型装甲运送车、4 架巡逻机、7 架轰炸机、6 架 F-104 战斗机等。③ 然而，这类武器还没来得及交付，3 月 25 日东巴战争爆发，美国政府重新审视对南亚的武器援助政策。

对巴基斯坦武器援助的决定在印度和美国遭到严厉的批评。美国前驻印大使鲍尔斯，称为"昂贵的错误"；而《纽约时报》则认为，通过向巴基斯坦提供军事援助，美国正在南亚创建另一个潜在的爆炸性形势。印度总理英迪拉·甘地，当时在纽约参加联合国大会第 25 届年会，也强烈批评美国的决定。尼克松认为，像巴基斯坦这样的久经考验的老盟友被约翰逊政府非常不公正地对待，美国在巴基斯坦日益削弱的影响力可能会导致不可扭转。尼克松认为，为了阻止苏联在该地区的渗透，通过向巴基斯坦提供武器，可以维持巴基斯坦的友好支持。并且认为，这样的武器销售不会招致印度的严重抱怨，因为它没有扰乱已存在的印巴 4∶1

①　President Nixon's Report to the Congress on the Foreign Assistance Programme for FY 1969, March 1970, *US-South Asian Relations 1947-1982*, Vol. 2, p. 314.

②　Report of a Special Study Mission to Asia submitted by Lester L. Wolff and J. Herbert Burke to the House CFA, 22 April 1970, *US-South Asian Relations 1947-1982*, Vol. 2, p. 314.

③　Rashmi Jain, *US-Pak Relations*, *1947-1983*, New Delhi, Radiant Publishers, 1983, pp. 30-31.

的军事平衡。①

针对 1970 年 11 月由于暴风雪和洪水泛滥而导致的自然灾害， 1971 年 1 月，尼克松就对巴基斯坦的灾难救济作出指示：作为国际努力的一部分，本届政府致力于应对最初的紧急援助请求。到目前为止，美国提供了超过 900 万美元的紧急救济援助，包括食品、衣物、药品以及相关的交通运输设备。美国在东巴的直升机已经直接向灾区空运了 100 万磅的救济品。"作为对巴基斯坦政府和联合国秘书长呼吁的回应，今天我宣布美国增加 20 万吨对巴基斯坦的粮食赠予，作为主要国际努力的一部分。希望其他国家，特别是那些能够提供大米的国家，与我们一起向这些幸存者提供食物帮助，直到他们能够种植和收获另一茬庄稼。"②

1971 年，巴基斯坦财长在《巴基斯坦展望》上发表了《外援：原则、政策、问题》文章。文章指出，历史上谈起美国援助项目，要归功于人道主义和经济动机，而不是政治动机。像租借法案和马歇尔计划表明了这种人道主义方式……1957 年 5 月参议院特别委员会外援调查报告也强调了给予援助的经济动机。后来的总统肯尼迪认为，经济援助的动机，尤其是"为了阻止那些自由但欠发达国家的经济崩溃"。"相反的结果对我们国家的安全将是灾难性的，危及我们的小康水平，冒犯我们的良知"③。

1971 年 3 月 26 日，国务卿罗杰斯向国会作关于 1969—1970 年美国对外政策的年度报告。报告指出，1970 年 10 月，作为对巴基斯坦请求大量美国军事装备的回应，美国向巴基斯坦销售了有限的武器，主要是取代以前美国提供的装备，有一点，美国政策的一个例外就是不向南亚销售致命性装备。1970 年 11 月由于暴风雪和洪水泛滥而导致的自然灾害，东巴大量苍生死亡。美国迅速而广泛地提供食物和其他救济。美国派出直升机来帮助食物和救济的分配，并投放了价值超过 200 万美元的物资。1971 年美国继续提供援助，重点转向长期恢复和重建。美国继

---

① B. K. Mohapatra, *United States-Pakistan Military Alliance-A Study of Stresses and Strains*, Ajanta Publications, Delhi, 1998, p. 175.

② President Nixon's Statement on Disaster Relief to Pakistan, 4 January 1971, *US-South Asian Relations 1947-1982*, Vol. 2, p. 315.

③ "Foreign Aid: Principles, Policies, and Problems", Article by M. Haseen Khan, Assistant Economic Adviser, Pakistan Ministry of Finance, in *Pakistan Horizon*, No. 1, 1971, *US-South Asian Relations 1947-1982*, Vol. 2, p. 316.

续向巴基斯坦经济开发提供援助，通过 1969 财年 1.04 亿美元、1970 财年 1.24 亿美元国际开发署项目，通过 1970 年签署的两个 480 公法项目协定总 1.27 亿美元。美国也正需求提高双边的教育和文化交流联系。①

1972 年 2 月，尼克松在致国会的对外政策报告中指出，"1971 年危机改变了南亚，进入 1972 年我们敏锐地觉察到目前形势的变化。巴基斯坦依旧是美国的密友。巴基斯坦人民面临着破碎的国家经济和社会重建的痛苦。美国准备予以帮助。美国对巴基斯坦民众健康和安全的关注不会随着危机的结束而结束"。② 2 月 9 日，尼克松要求国务院解除美国对巴基斯坦援助的限制。1973 年 3 月 14 日，美国决定：放松对印度和巴基斯坦的禁运，放行属于巴基斯坦的、由巴基斯坦支付存放在美国的商用仓库的价值约 110 万美元的各种零部件、降落伞、飞机引擎，向巴基斯坦交付 300 辆 M-113AI 装甲运兵车，恢复了自 1971 年印巴战争以来暂时搁置的对印度的 0.87 亿美元经济援助。

1973 年 3 月 14 日，印度外长辛格在联邦院就有关报道美国决定恢复对巴基斯坦武器供应一事发表声明。美国有意恢复对巴基斯坦的武器供应将会危及次大陆关系正常化进程，对构建次大陆持久和平造成不利影响。根据过去巴基斯坦对印度侵犯记录，对该国的武器装运将会再次对印度的安全造成严重威胁。③

在 1973 年 3 月 15 日的记者招待会上，有人问到和平问题以及美国给予印度与巴基斯坦武器问题。尼克松总统答道，首先，美国不是给予他们，而是卖给他们。在约翰逊政府时期，在印巴战争开始之际，美国停止了对印度的经济援助和对巴基斯坦的军事援助。美国保持对印度和巴基斯坦的禁运。直到 1971 年 3 月 14 日，国务院宣布 1971 年 12 月美国将取消对印巴的军事装备的船运禁运。美国将向印度和巴基斯坦销售以前由美国提供的装备的零部件以及非致命性武器。这绝不会危及该地区的和平。"我们寻求与印巴两国保持良好关系，我们相信未来我们对两国的

---

① Annual Report of Secretary of State Rogers to the Congress on US Foreign Policy for the Year 1969–1970, 26 March 1971, *US–South Asian Relations 1947–1982*, Vol. 2, p. 317.

② *US Foreign Policy for the 1970's: The Emerging Structure of Peace*, President Nixon's Foreign Policy Report to Congress, 9 February 1972, *US–South Asian Relations 1947–1982*, Vol. 2, p. 318.

③ Swaran Singh's Statement in Rajya Sabha on Reported US Decision to Resume Arms Supplies to Pakistan, 14 March 1973, *US–South Asian Relations 1947–1982*, Vol. 1, p. 362.

援助会围绕和平而非战争。"①

1973 年 3 月 15 日，印度外长辛格在人民院就美国对巴基斯坦武器供应一事发表声明。3 月 14 日美国国务院正式宣布取消对巴基斯坦武器供应禁运限制并立即生效。结果是，巴基斯坦将会立即接收到据报道价值 0.13 亿美元的 300 辆 M-113AI 装甲运兵车以及价值 0.011 亿美元的飞机引擎、军事零部件和降落伞。从美国政府的声明中可知，将允许巴基斯坦获得非致命性军事装备和以前美国向巴基斯坦提供致命性武器的零部件。印度对此事深为关切，希望美国政府仔细考虑此事的影响并阻止此事。②

1973 年 3 月 15 日，国际开发署关于在众议院对外事务委员会近东和南亚小组委员会上就援助巴基斯坦进行说明。他指出，援助巴基斯坦财团成员 1972 年 5 月同意提供短期为期 26 个月将于 1973 年 6 月 30 日到期的 2.34 亿美元的债务减免。在这方面美国重新安排的是 0.51 亿美元，占总数的 22%。巴基斯坦是一个缺粮国家。需要 480 公法的帮助。国际开发署准备 1974 年与其他财团援助相结合，对巴基斯坦政府的贸易自由化项目予以必要的支持：用以促进粮食产量的必要农业进口，用以增加农业产量的农业部门贷款，用以促进粮食和食用油产量的深入研究的经费支持。③

1973 年 3 月 20 日，负责近东和南亚事务的国防部部长副助理诺伊斯在众议院对外事务委员会近东和南亚小组委员会上，就美国对南亚的军事援助进行了说明。美国对巴基斯坦的军事援助，根据 1954 年 5 月 19 日美巴共同防御援助协定的规定条款提供，1954 年、1960 年、1961 年、1962 年以备忘录形式予以增补。从 1954 年到 1965 年（项目暂停的时候），美国按计划直接提供了 6.72 亿美元的军用物资与服务，提供了约 7 亿美元的安全支持援助以及与 480 公法第一条款有关的防御资助。同一时期，巴基斯坦通过对外军事销售项目购买了约 0.35 亿美元的军事物

---

① President Nixon's News Conference, 15 March 1973, *US-South Asian Relations 1947-1982*, Vol. 2, pp. 321-322.

② Swaran Singh's Statement in Lok Sabha on US Arms Supplies to Pakistan, 15 March 1973, *US-South Asian Relations 1947-1982*, Vol. 1, p. 362.

③ Statement by Donald G. MacDonald, Assistant Administrator of the AID Bureau for Asia, in the Hearings before the Subcommittee on the Near East and South Asia of the House CFA, 15 March 1973, *US-South Asian Relations 1947-1982*, Vol. 2, p. 322.

资。最初，美国对巴基斯坦军事援助的目的是要在高度职业化但基本上没有能力进行国防建设的国家内部发展这种能力，意图对这个刚成为中央条约组织和东南亚条约组织成员的国家作点贡献。一般来说，美国是要寻求帮助巴基斯坦政府维持内部安全，对外部入侵提供有限的抵御，对在境外的集体安全行动提供象征性力量支持，保持亲西方立场。美国同意在以下方面提供援助：海军方面，最大舰只的驱逐舰；空军方面，战斗机中队、战术轰炸机中队以及运输机、直升机、侦察机等。除了物资方面的供应和支持之外，在军事援助项目支持下两大军营 ［木尔坦（Mul-tan）、卡里扬（Kharian）］ 建立、主要空军基地萨戈达（Sargodha）升级改造。针对 1965 年战争作出反应所进行的军事供应禁运之效果影响，对巴基斯坦的影响比印度更大。当时，巴基斯坦几乎全部依靠产自美国的军事装备。尽管在战前美国与巴基斯坦的关系依然亲切但是由于美国对印度提供军事援助，它们多少有些冷淡。甚至在交战之前，伊斯兰堡增加了与北京的交流沟通。并且作为美国禁运的结果，巴基斯坦加倍地求助于中国。随后，巴基斯坦明确表示，将于 1969 年到期的白沙瓦设施 10 年租借期不再续租，尽管在 20 世纪 60 年代后期美国与巴基斯坦的关系有回暖趋势，伊斯兰堡在 1968 年年初正式通知美国终止租借。美国 1970 年 2 月完成了人员与装备的撤离。在 1966 年和 1967 年早期与印度一起讨论了渐进放松禁运的影响，同样适用于巴基斯坦。在 1967 年 4 月宣布实施必要的非致命性销售政策之后不久，美国关闭了驻巴军事援助顾问团，取而代之的是驻巴基斯坦防御办事处（ODRP）。这项政策继续执行没有重大改变，直到 1971 年 3 月东巴危机的爆发。为了象征性地补偿巴基斯坦对中国武器日益增长的依赖，1970 年 10 月，美国决定作出 "一次例外"，对非致命性武器申请，准许伊斯兰堡付现交易，300 辆 M-113AI 装甲运兵车、4 架巡逻机、7 架 B-57 轰炸机、6 架 F-104 战斗机。……巴基斯坦也有选择权，退还库存中剩余的现役 F-104，而替代购买共 14 架 F-5A/B 战斗机。很显然，伊斯兰堡仅仅对装甲运兵车感兴趣，在美国对外军用品出售项目下支付了总价值 0.133 亿美元的 10% 定金。1971 年 3 月 25 日，巴基斯坦政府对东巴日益增长的自治情绪作出回应，粗暴地派正规部队进入达卡及其他东巴城市。几周之内，美国采取行动减少、后来取消了巴基斯坦正在从美国购买的军事装备的种类和数量的流动。在 1966—1971 年时间范围内美国对外军用品出售（方案）交付总额约不到 0.6 亿美元。就印度而言，危机发生后，美国恢复了 1967 年援助政策决定所批准的在美国的少量培训项目（这一财年为 28.3 万美元）。驻巴基斯坦防御办事处（ODRP）与美国在印度的办事处在规模与人员方面类似（10 人）。作为对该办事处面临禁运而职能日益弱化的反应，驻巴基斯坦防御办事处目前的规模被削减到 6 人，此外，在伊斯兰堡的大使馆人员，有一个由 10 人组成的国防武官办公室。近日，美国行政当局完成了其对印度和巴基斯坦军事供应政策的回顾。①

1973 年 3 月，国务院准备的一份关于美国对南亚政策的背景文件指出，美国与巴基斯坦有着密切友好的关系。美国重视这种关系并希望将会继续。去年，美国对巴基斯坦作出了大量的新的援助承诺。美国的援助将会帮助巴基斯坦克服由于 1971 年危机而引起的经济混乱。在政治方面，巴基斯坦试图建立一个新的民主的政治框架并取得国内均衡。巴基斯坦从 1971 年战争中摆脱出来，需要大量经济援助。短期的战争已经从物质上和心理上使巴基斯坦的社会和经济陷于混乱。超过 100 万的人们沿着巴印边境无家可归。针对 1971 年之后巴基斯坦的请求，美国提供了超过 3 亿美元的经济援助。这包括超过 1.2 亿美元的 480 公法项目下的小麦和植物油援助，1.2 亿美元的经济开发贷款，以及 400 万美元的技术援助。应联合国秘书长的请求，美国又另外提供了 0.2 亿美元用于巴基斯坦无家可归人员的救济和重建援助。②

1973 年，众议院近东和南亚小组委员会关于美国对南亚的利益和政策的报告，分析了美国对南亚军事援助的发展历程以及今后政策建议。报告指出，1965 年印巴克什米尔战争之前，美国在南亚有重要的军事政策，此后急剧缩小。在 20 世纪 50 年代中期，巴基斯坦加入了中央条约组织和东南亚条约组织。美巴签订了安全协定，在此协定下，巴基斯坦接受了大量军事援助，直到 1965 年，准许美国使用白沙瓦通信设施。伴随着 1962 年印中战争，美国与印度建立了类似的但规模较小的军事供应关系。从 1954 年到 1965 年，美国规划了超过 6.7 亿美元的防御物资的直接转让，约 7 亿美元的对巴基斯坦的安全支持援助，以及巴基斯坦通过对

---

① Statement by Deputy Assistant Secretary of Defence（ISA）for NEA，James H. Noyes，before the Subcommittee of the Near East and South Asia of the House CFA，20 March 1973，*US-South Asian Relations 1947-1982*，Vol. 2，pp. 323-328.

② "United States Policy Toward South Asia"，Background Paper Prepared by the Department of State，March 1973，*US-South Asian Relations 1947-1982*，Vol. 2，p. 328.

外军售项目购买的约 0.35 亿美元物资。另外，直到 1962 年印度才开始接受赠予性军事援助，到 1965 年时，仅仅给予了约 1 亿美元的军事援助。这些年间，印度也在对外军售项目下购买了一些装备。当 1965 年印度和巴基斯坦爆发战争时，美国对印巴两国实施禁运，停止提供所有的军事装备和所有的赠予性军事援助。此后，美国对该地区的军事政策，经历了复杂多变、不均衡的发展过程。1966 年，轻微修改了 1965 年禁运令，允许向印巴售卖"非致命性物资"，如医疗和运输装备以及通信设备。一年以后，1967 年 4 月，禁运再次调整。新的军事供应政策的主要成分是：①明确地终止在赠予基础上的所有装备援助；这已经在 1965 年 9 月被暂停（唯一的一次例外是，同意向印度提供修筑道路的装备，用于修建在尼泊尔的东西公路）。②撤回在印度的军事供应代表团，计划作一变通，提供有限的军事代表。③恢复小规模的赠予性援助训练项目。④愿意考虑基于个案的用于以前提供的致命性装备的零部件的现金销售，其标准是：关键性的需求；有助于减少军事开支或军备限制；有助于次大陆内部适当的军事稳定。可以对 1967 年政策进行相当明确表达的是，1970 年通过对致命性装备销售继续禁运的"一次例外"而进一步复杂化。通过"一次例外"，巴基斯坦购买了 300 辆装甲运兵车。然而，1971 年 3 月东巴战争的爆发，导致暂停了所有的美国援助，控制所有的武器出口，推迟上述的"一次例外"的致命性装备的行动。尽管这次冻结主要对巴基斯坦产生影响，但支持印度的一个连接 6 个雷达的通信设施安装项目同样被暂停。最终，1973 年 3 月，美国解冻了军事销售。决定要求：①放行属于巴基斯坦的、由巴基斯坦支付存放在美国的商用仓库的价值约 110 万美元的各种零部件、降落伞、飞机引擎。②废除对印巴的禁运以及 1967 年政策决定的重申，该政策对以前由美国提供的致命性装备的零部件和军火以及非致命性物质实行限制军售。③向巴基斯坦交付 300 辆装甲运兵车，上述的一次性例外授权所提到的，在 1971 年早期订约并交付了 10% 的分期付款的定金；一次性例外所包含的余项，主要是飞机，从未写入合同，因此，巴基斯坦也不再寻求得到。美国的军事供应政策现在是对以前由美国提供的致命性装备的零部件和军火以及非致命性物质实行限制军售。在 1971 年 7 月或者是 1972 年，国务院表达了美国对巴基斯坦的武器政策，这项对巴基斯坦的军事供应政策，是基于这样的判断：对美国而言，继续向巴基斯坦提供有限数量的军事物资从而使美巴能够保持一种建设性的政治关系，这是值得的。美国也要确保，巴基斯坦不能在被逼无奈之下完全依赖其他供应国。这种其他供应国包括中国和法国。美国的军事援助项目在南亚其他国家是微不足道的。美国确实培训了少数的阿富汗和尼泊尔官员，并且在 1971 年斯里兰卡暴乱期间，美国向其提供了有限的紧急援助。孟加拉国实际上没有军队，尽管就像所有国家一样，对孟加拉国而言，有必要发展一支有效的警察部队，孟加拉国明白，大量花费在军事建设上，几乎没有必要。在对美国在南亚的军事政策回顾中，近来的其他变化也应该完成。1970 年，美国撤出了在巴基斯坦白沙瓦的通信设施；在 1972 年巴基斯坦总统布托宣布退出东南亚条约组织，但是巴基斯坦依然与土耳其、伊朗、英格兰一起，是中央条约组织成员，美国是观察员国。尽管援助的规模、国家、部队和有效性等方面存在差异，印巴关系中的军事差距与以色列埃及关系类似，与颠倒的大国角色有关。以色列和印度都有能力制造和装配武器，尽管它们核武器能力的程度还不清楚。就以色列和印度而言，相对少量的军事援助有多重影响，因为它们有自己国内的技术和专家。苏联对埃及的支持、美国对巴基斯坦供应武器，采取了更为直接的援助来提高平衡作用。巴基斯坦在南亚依然处于明显的不利地位，只要苏联向印度提供武器，而中国及其盟友仅仅提供少量有限援助。尽管巴基斯坦处于不利地位，但是它仍可能具有战略上和心理上的作用。报告建议：美国政府在承担未来义务之前应当重新审查其对南亚的军事供应政策。如果巴基斯坦在南亚的不利地位是战略性的和心理性的，那么必须考虑每一个因素，来自他国（特别是印度）对巴基斯坦的威胁，不论是假设的还是真实的，也应当予以考虑。①

1973 年 4 月 19 日，美国国务卿向国会提交 1972 年美国对外政策的年度报告。报告指出，如果没有南亚国家的参与，美国所追求的大陆间的稳定与合作不可能是完整的。美国寻求与南亚每一个国家发展友好关系。巴基斯坦、孟加拉国和印度，对亚洲的稳定都有着重要的影响。美国将继续大力支持巴基斯坦的生存能力和凝聚力，因为美巴之间长期的关系以及其对整个地区稳定的重要性。美国支持孟加拉国新政府的努力。近几个月来，印度表达了提升与美国关系的愿望，美

---

① "United States Interests and Policies toward South Asia", Report of the House Subcommittee on the Near East and South Asia, 1973, *US-South Asian Relations 1947-1982*, Vol. 2, pp. 329-333.

国作出了回应。美国期望作为南亚最大国家的印度在建设南亚和平氛围方面扮演领导角色。1972 年美国恢复对巴基斯坦的经济援助，因为巴基斯坦在东巴丢失和其他战乱之后要建立充满活力的经济。这一年（1972 年）总的新资金承担达到了约 2.1 亿美元：价值 1.2 亿美元的 480 公法下的农产品；0.6 亿美元的商品贷款；0.3 亿美元的技术援助和债务延期。①

1973 年 4 月，国务院印发的关于印度、巴基斯坦和孟加拉国的美国对外政策中的系列问题宣传册子指出，1947 年美国与巴基斯坦建立外交关系。几年之后美国开始对巴基斯坦经济援助，到 1972 年总数达到约 45 亿美元。1962 年中印冲突发生之后，美国向印度提供日益增加的军事援助，巴基斯坦民意担心这些武器会被用来反对巴基斯坦，开始对密切的美巴关系日益批评。阿尤布·汗勾画了基于国家利益的中立的对外政策，开始发展与中华人民共和国的关系。1965 年克什米尔战争发生后，美国暂停了对印度和巴基斯坦的经济和军事援助，又激起了巴基斯坦对美国的愤恨。然而，美巴关系逐渐改善，随着经济援助的恢复，总统互访，以及修改武器禁运条款，允许销售某些军事装备，主要是零部件。1971 年南亚危机发生后，巴基斯坦对美国军事供应禁运表示失望，然而两国关系日益变暖。巴基斯坦欢迎美国 1971 年大量救济援助以及在 1971 年 12 月战争期间在联合国的支持。在 1972 年全年美国经济援助价值超过 2 亿美元。尼克松最近向布托表示"作为亲密盟友，我们准备继续帮助巴基斯坦完成被战争破坏的经济和社会的重建任务"②。

1973 年 5 月，尼克松就美国对外政策在致国会的报告中指出，1972 年巴基斯坦是一个深陷麻烦、士气低落的国家。1971 年的危机和战争撕裂了其政治结构，使人口减半，破坏了其已经建成的经济结构。然而，1971 年事件也恢复了自 1958 年巴基斯坦第一届民选政府的权力，产生了新的发展代议制政府的努力。1973 年 4 月国民大会采取了新的民主联邦宪法。布托采取了许多勇敢的政治经济社会改革行动，他在很大程度上恢复了国民的自信。巴基斯坦的团结和稳定，对于南亚的和平结构具有

---

① Annual Report by Secretary of State William P. Rogers to the Congress on US Foreign Policy for the Year 1972, 19 April 1973, *US-South Asian Relations 1947-1982*, Vol. 2, pp. 333-334.

② *India*, *Pakistan and Bangladesh*, Pamphlet Prepared in the "Issues in US Foreign Policy" Series of the Department of State, April 1973, *US-South Asian Relations 1947-1982*, Vol. 2, pp. 334-335.

重要意义……为了巴基斯坦的团结和稳定，自 1972 年 1 月以来，美国提供了超过 3 亿美元帮助巴基斯坦经济恢复项目。美国以新贷款方式提供的援助，以帮助进口对于巴基斯坦工农业增长所必需的物资，总价达 1.2 亿美元；美方与巴方以及联合国专家向因 1971 年战争而无家可归的约 120 万巴基斯坦难民提供了 0.14 亿美元的粮食和日用品紧急援助；在 480 公法第一条款下，美国提供了 1.24 亿美元（包括 1.3 百万吨小麦），以应对由于降雨不足和战乱导致的粮食短缺；美国提供了 500 万美元的技术援助；美国援助了约 0.45 亿美元，以支持印度河流域开发项目。此外，美国与其他成员一起加入了由世界银行领导的援助巴基斯坦财团，以提供紧急债务救济，美国在 1972 年和 1973 年承担的份额总数达到 0.5 亿美元。随着现在巴基斯坦又致力于长期经济和社会开发，美国再次准备与援巴财团和世界银行合作进行援助。美国认为，巴基斯坦，像其他国家一样，有权利去争取独立和安全。次大陆的和平与稳定不能建立在其他基础之上。……美国的目的没有变化，美国不能参与次大陆的军备竞赛。[1]

　　1973 年，巴基斯坦的旁遮普省和信德省发生了非常严重的洪灾。国务卿罗杰斯在记者会上表示，尼克松致函巴基斯坦总统，对洪灾牺牲者表示哀悼。美国于 1973 年 8 月 16 日捐款 100 万卢比给阿里·布托（1971 年 12 月 20 日—1973 年 8 月 13 日任巴基斯坦总统，1973 年 8 月 14 日—1977 年 7 月 5 日任巴基斯坦总理）的灾难救济基金。就这一关键阶段巴基斯坦的需求，美国一直与巴基斯坦政府、在伊斯兰堡的联合国代表以及其他国家密切协商。作为对巴基斯坦政府请求的反应，美国政府派遣了灾难援助救济小组，携带 10 艘摩托艇从日本冲绳出发前往巴基斯坦。还从韩国派遣了 6 架有机组人员的直升机。这些舰艇和直升机会在营救工作中提供援助，为那些被洪水所阻隔的村庄提供通信联系。[2] 1973 年 8 月 29 日，尼克松发表关于向巴基斯坦提供洪灾救济援助的声明。美国人民向巴基斯坦人民表示最深切的关心和同情，由于他们遭受 20 世纪最严重的、可怕洪灾，他们在阿里·布托的领导下英勇战斗。原来的巴基

---

①　*U. S. Foreign Policy for the 1970's*：*Shaping a Durable Peace*，Report of President Nixon to the Congress，3 May 1973，*US-South Asian Relations 1947-1982*，Vol. 2，pp. 335-336.

②　Secretary of State Rogers' News Conference，20 August 1973，*US-South Asian Relations 1947-1982*，Vol. 2，pp. 336-337.

斯坦发展的光明前景暂时黯淡下来。"……作为对更长远需求的反应，我命令在来年丰收之前向巴基斯坦提供 10 万吨美国小麦等紧急救济；美国现在就开始帮助巴基斯坦恢复重建，确保为紧急救济和为巴基斯坦更早地恢复作出努力而采取迅速和有效的行动。"①

1973 年 9 月 18—20 日，阿里·布托对美国进行了访问，与美国总统尼克松等进行了亲切而范围广泛的工作讨论。两人重新回顾了在过去的一年半里为了促进全世界的和平关系以及减少大国之间的紧张关系而取得的进展。重申了两国之间的友好关系。尼克松向阿里·布托保证，美国强力支持巴基斯坦独立和领土完整，这被认为是美国对外政策的指导原则。尼克松对巴基斯坦在过去二十个月里所取得的进步向阿里·布托表示祝贺。他指出，巴基斯坦总理成功地建立了代议制政府，最近这一民主体制被国民大会通过；恢复了被战争破坏的巴基斯坦经济，而巴基斯坦经济又不幸地遭受到史无前例的洪灾的严重破坏。阿里·布托对美国对巴基斯坦严重洪灾损失所慨然的作出反应表示衷心感谢。两国领导人还讨论了追加的需求及美国及国际社会作出反应的方式。尼克松保证可以提供追加的援助并积极支持国际救援努力。两国领导人讨论了巴基斯坦长期援助需求。他们回顾了美国向巴基斯坦提供的大量援助。尼克松强调了未来援助对维持巴基斯坦稳定发展的重要性。②

1973 年 12 月 17 日，巴基斯坦外长阿齐兹·艾哈迈德在巴基斯坦议会所作的陈述。巴基斯坦对外政策的基础，有三个方面：第一，帮助确保巴基斯坦的安全、独立和领土完整，达此目的的最好方法是增强保卫和平的力量。第二，帮助公正解决与邻国印度的分歧与争端，包括克什米尔争端。第三，因为巴基斯坦是一个发展中国家，要帮助从国外获得外援来支持巴基斯坦的经济发展。"……要达此目标，我们今天特别需要做的首先是与大国保持友好关系，美国、苏联以及正在崛起中的大国中国。"③

1964 年至 1973 年，美国分别向巴基斯坦提供 1.6 亿美元、向印度提

---

① President Nixon's Statement on Flood Relief Assistance to Pakistan, 29 August 1973, *US-South Asian Relations 1947-1982*, Vol. 2, p. 337.

② US-Pakistan Joint Statement, 20 September 1973, *US-South Asian Relations 1947-1982*, Vol. 2, pp. 337-339.

③ Statement by Foreign Minister Aziz Ahmed in the Pakistan Parliament, 17 December 1973, *US-South Asian Relations 1947-1982*, Vol. 2, p. 339.

供 0.88 亿美元军事物资,包括零部件和军火。1973 财年,美国恢复了对巴基斯坦和印度的培训项目。巴基斯坦 1973 财年培训项目是 28.3 万美元。

第二节　福特政府时期美国对南亚的援助

一　国际和地区形势的变化

水门事件导致尼克松被迫辞职。1974 年 8 月 9 日副总统福特接任美国总统。福特的政策是"没有尼克松的尼克松政策",正如尼克松在回忆录中写道:福特的"国内政策和外交政策的观点,都同我的观点极为接近"①。在国际上,20 世纪 70 年代,中苏仍然激烈对抗,美苏关系出现缓和,中美关系开始解冻。在中美苏三角关系中,美国处于"左右逢源"的有利地位。② 尽管缓和进程还在继续,但遭到美国内外日益增多的怀疑与批评。美国国内反对缓和势力的增长以及苏联的不妥协态度使战略武器谈判步履维艰。欧洲形势出现新的动荡,苏联加紧在第三世界的扩张,南越政府倒台,美国在东南亚严重受挫。③ 在国内,水门事件使美国政治机制内部关系紧张,总统与国会的斗争加剧,经济衰退,经济危机、能源危机困扰美国。在美国国家垄断资本主义危机加深和霸权相对衰落的历史条件下,福特政府疲于应付,左右为难,在国内政治上处境被动,在对外关系上少有建树。④ 南亚并不是福特政府全球关注的重要目标。

1971 年战争后,巴基斯坦建立了由阿里·布托总统领导的政府。印度和巴基斯坦都希望稳定局势,1972 年 6 月 28 日起英·甘地与阿里·布托在西姆拉举行和谈,7 月 3 日双方缔结"西姆拉协定",双方同意今后要以双边谈判和其他和平手段解决两国争端,避免使用武力或以武力相威胁破坏彼此的领土完整和独立。在战争后,印巴双方都面临着严重的

① 《尼克松回忆录》(中译本),下册,商务印书馆 1979 年版,第 217 页。
② 资中筠主编:《战后美国外交史——从杜鲁门到里根》(下册),世界知识出版社 1994 年版,第 756 页。
③ 资中筠主编:《战后美国外交史——从杜鲁门到里根》(下册),世界知识出版社 1994 年版,第 720 页。
④ 刘绪贻、杨生茂主编:《美国通史》(第 6 卷),人民出版社 2002 年版,第 428 页。

经济困难，都需要相对和平安定的局面来发展经济。① 巴基斯坦 1973 年宪法规定了被授权的总理领导下的议会制政府形式。总统领导国家，但只有仪式上的权力，如印度一样。在一个非直接的选举体制下，总统要受总理所提建议的约束。议会由上院（参议院）和下院（国民议会）组成。宪法颁布后，布托担任总理职务，直到 1977 年初。② 孟加拉国成立后最初一段时间与印度保持很亲密的关系，但到了 20 世纪 70 年代中期，两国间的一些历史遗留问题如恒河河水使用问题、领土争端问题开始暴露出来，两国关系一度十分紧张。③ 从 1974 年起，印度陷入政治、经济的双重危机。总统宣告印度进入紧急状态。紧急状态期间，英迪拉·甘地政府通过不断修改宪法条文和法令以及颁布新法令的手段，剥夺公民的基本权利，实行新闻检查，加强议会权力，削弱法院权力。英迪拉·甘地还亲自发布了"二十点（经济）纲领"，提出打击偷税和走私活动，平抑物价，实行农村土地最高限额等措施。这些措施的实行，改善了印度的经济情况。但英迪拉·甘地扼杀民主的行径则使她在政治上失去人心。加上强制绝育运动和用暴力拆毁贫民窟的做法，最终导致国大党在 1977 年大选中失败。1977 年 3 月 20 日，在英迪拉·甘地即将下台前夕，代总统宣布解除紧急状态，结束了历时 21 个月的紧急状态。

二　美国对印度的援助

随着 1974 年 10 月基辛格博士对印度的访问，标志着一种更加成熟的新关系的开始。这次访问有助于改善过去的一些误解，有助于双方在平等、互相尊重和互利的基础上达成成熟的、建设性的认识。基辛格重申，美国支持西姆拉协定，支持印度倡议在没有外部介入情况下次大陆的正常化与和解，美国无意鼓励次大陆军备竞赛，无意把巴基斯坦与印度等量齐观，认可印度作为亚洲和平、进步与稳定的主要因素所发挥的作用。美国也接受了印度的仅仅为了和平目的而使用核技术的意图。随着访问的进行，双方同意建立联合委员会，加强在经济、商业、科学、技术、教育和文化方面的合作（后来建立了联合商务委员会，并于 1976

---

① 林承节：《印度独立后的政治经济社会发展史》，昆仑出版社 2003 年版，第 388—389 页。
② ［巴基斯坦］伊夫提哈尔·H. 马里克：《巴基斯坦史》，张文涛译，中国出版集团、中国大百科全书出版社 2010 年版，第 173—174 页。
③ 林承节：《印度独立后的政治经济社会发展史》，昆仑出版社 2003 年版，第 389 页。

年 2 月在新德里举行第一次会议，探索进一步扩大两国间贸易，增进经济合作，促进相互依存）。由于这种印美关系改善的趋势大环境，所以印度对美国最近决定取消对巴基斯坦的武器禁运更加失望和遗憾。……1974 年印美关系的这种充满希望的趋势因为美国决定取消对次大陆十年之久的武器禁运而变得乌云密布。① 印美联合委员会的成立及其工作的积极开展，标志着美印援助关系发生了基本改变，印度不再过多依赖美国援助来取得经济发展，而是侧重于双方的经济贸易等各领域的交流与合作。

1976 年 3 月 1 日，参议院秘书长 Valeo 向参议院对外关系委员会提交关于孟加拉国、印度和巴基斯坦的报告。报告指出，印度是南亚未来形势的中心……印度政府不再希望根据 480 公法以卢比支付的方式从美国得到粮食。它现在提出在商业市场上购买。除了几个私人慈善机构外，美国的双边援助实际上已经结束。不仅粮食援助，其他项目也即将结束。例如，在印度的和平队，一度达到 1500 人，而当时不足 25 人。……美国恢复向巴基斯坦销售武器被认为是南亚不稳定进程的一个方面。美国在印度洋的迪戈加西亚岛发展海军遭到印度反对。②

1976 年 9 月 23 日，负责近东和南亚事务的副助理国务卿达布斯（Adolph Dubs）发表声明指出，"在南亚地区，我们主要关注的是促进该地区的稳定，该地区国家间关系的正常化，避免域外国家的介入。我们希望，南亚各国政府能够多关注人权和社会发展问题……多年来我们一直关注南亚国家的经济进步，并且向印度提供了大量经济援助。我们没有向印度提供安全援助，除了少量的军事援助训练计划。根据该计划，1975 财年有 6 名军官、1976 财年有 17 名军官参加了美国军事学校的培训"③。9 月 23 日，负责亚洲事务的国际开发署署长助理加德纳（Arthur Z. Gardiner）就印度人权问题发表意见，指出：尽管由于 1971 年 12 月印巴战争美国暂停了对印度的开发援助计划，但是 480 公法第二条款人道

---

① Annual Report of the Ministry of External Affairs for the Year 1974-1975, March-April 1975, *US-South Asian Relations 1947-1982*, Vol. 1, pp. 410-411.

② Report on Bangladesh, India, and Pakistan Transmitted to the Senate CFR by Francis R. Valeo, Secretary of the Senate, 1 March 1976, *US-South Asian Relations 1947-1982*, Vol. 1, pp. 420-422.

③ Statement of Adolph Dubs, Deputy Assistant Secretary of State of NEA, in the Hearings before the Subcommittee on International Organizations of the House CIR on Human Rights in India, 23 September 1976, *US-South Asian Relations 1947-1982*, Vol. 1, pp. 431-433.

主义计划没有中断得以继续。今天，美国政府正在赠予基础上向约 0.12亿印度人民提供价值约 1 亿美元的高营养食品。480 公法第一条款向印度优惠销售粮食在 1975 财年得以恢复。1975 财年，美国向印度提供贷款销售 80 万吨价值约 1.28 亿美元的小麦。1976 财年，480 公法第一条款同意提供 40 吨的小麦和 10 吨的大米，总价值约 0.85 亿美元。在这两年，印度从美国购买约 8 百万吨商业化的粮食，是美国最大的小麦商业化出口市场。1975 年秋天印度通过 AID 表示对恢复开发援助计划感兴趣，但是1976 年 1 月美国决定推迟在该问题上的会谈直到 1977 财年。从历史上来看，美国政府向印度提供的所有类型的援助，从 1946 年开始到 1975 年结束的 29 年，超过 90 亿美元。印度也是多边援助的主要受援国。美国也是多边援助主要参与者。①

1977 年 1 月 20 日，参谋长联席会议主席布朗（Brown），就 1978 财年美国的防御态势向国会发表演说。指出，考虑到世界上有超过半数的海上事由经过印度洋，该地区的重要性不言自明。苏联在南亚关注的重点依然是印度。自 1971 年 8 月《印苏和平友好合作条约》签署以来，苏联向印度提供了价值约 7 亿美元的武器。尽管目前印度拒绝为苏联船只和飞机提供基地或设施，但是苏联对印度的军事支持和经济援助继续，苏联希望通过努力得到在印度洋为苏军所用的海空设施……②3 月 22 日，负责近东和南亚事务的副助理国务卿达布斯（Adolph Dubs）指出，美国在南亚的目标依然是：促进地区稳定，提高该地区国家在没有外部介入情况下解决双边问题的能力，增强南亚国家的独立，支持其避免外国统治的决心，在其需要时提供经济援助和人道主义援助……阻止核扩散……核扩散是一个问题。印度 1974 年进行了核装置爆炸，巴基斯坦签订合同从法国购买核后处理工厂。③

---

① Statement of Arthur Z. Gardiner, Assistant AID Administrator for Asia, in the Hearings before the Subcommittee on International Organizations of the House CIR on Human Rights in India, 23 September 1976, *US-South Asian Relations 1947-1982*, Vol. 1, p. 433.

② Statement by General George S. Brown, Chairman of the JCS, to the Congress on the Defence Posture of the United States for FY 1978, 20 January 1977, *US-South Asian Relations 1947-1982*, Vol. 1, pp. 435-436.

③ Statement by Deputy Assistant Secretary of State for NEA Adolph Dubs before the Subcommittee on Asia and Pacific Affairs of the House CIR, 22 March 1977, *US-South Asian Relations 1947-1982*, Vol. 1, pp. 436-437.

三　对巴基斯坦的援助

1974 年 8 月 9 日，福特宣誓就任美国总统。10 日，美国总统福特致函阿里·布托，"我深信，我们两国之间多年形成的亲密务实关系对于我们两国人民所共享共担的世界和平目标作出了重要贡献。我知道，美国人民对巴基斯坦人民有特别的尊重，他们在 1971 年困难之后努力建立强大的社会。我们非常钦佩巴基斯坦政府和人民在建立新的南亚和平结构中所作出的重要贡献。……我们要告诉阁下，美国政府将会继续尽己所能，支持巴基斯坦"①。9 月，阿里·布托接受美国全国广播公司的采访，回答"新总统将会对巴基斯坦政策有什么新变化"时，阿里·布托认为，现任政府将会继续前任政府的对巴政策。②

美国对巴基斯坦的援助，主要在粮食生产和人口领域。主要援助也计划用于帮助控制疟疾和健康服务……一项 760 万美元的 AID 贷款和每年约 30 万美元的赠予将在未来五年用于开发一项全国农业研究网络系统，以采用新品种实践绿色革命。一项 1975 财年的 AID 贷款有望提供约 3000 万美元，用于一个尿素制造厂的建设，从巴基斯坦丰富的天然气中提供原料。在工厂建设期间，AID 贷款也将为化肥进口提供资金。巴基斯坦严重依赖植物油进口，1974 年将会进口价值 1 亿美元到 2 亿美元。AID 将会提供一项约 0.15 亿美元的贷款，改造棉籽油加工厂使其现代化，因为设备陈旧，目前每年还不能恢复到近 10 万吨；也将开展一项赠予项目，使畜力乡村压榨机现代化，生产芥末油和菜籽油用于当地消费。③

1974 年 10 月 9 日，阿里·布托接受纽约时报记者采访。美国恢复对巴基斯坦的武器运输将会消磨其渴望开发核设施的热情。像巴基斯坦这样的穷国不想"浪费有限的资源"开发核项目。但是，巴基斯坦对印度令人吃惊的 1974 年 5 月 18 日核爆炸表示不安。"如果我们在常规军备情

---

①　President Gerald Ford's Message to Prime Minister Bhutto, 10 August 1974, *US-South Asian Relations 1947-1982*, Vol. 2, p. 339.

②　Bhutto's Interview to National Broadcasting Corporation, September 1974, *US-South Asian Relations 1947-1982*, Vol. 2, pp. 340-341.

③　Statement by Alfred D. White, Acting USAID Assistant Administrator for Asia, in the Hearings before the Subcommittee on the Near East and South Asia of the House CFA, 24 September 1974, *US-South Asian Relations 1947-1982*, Vol. 2, p. 341.

况下对我们的安全需求表示满意的话，我们就不会通过转移大量资源用于开发核项目的方式而使我们的经济未来冒风险并导致经济和社会动乱。"阿里·布托认为，美国禁止向次大陆运送武器"并不符合该地区的基本的和平利益"。"这毫无疑问是在鼓励军备竞赛。我们并不是在竞赛。差异是如此之大以至于把它描述为竞赛是不精确的。""印度和巴基斯坦之间的军事地位存在巨大差异。为什么要把巴基斯坦挑出来进行禁运呢？印度接受来自全世界的援助，包括苏联的。它有自己的军工厂，自己的能力。仅仅是对巴基斯坦实行了禁运。使我们困惑的是为什么要把巴基斯坦挑出来？"当记者问道，如果禁运终止巴基斯坦是否会限制其核项目时，布托回答道："如果安全利益得到满足，如果人们感到安全并且他们感到不会遭受侵略，他们将不希望浪费有限的资源用于开发核问题方面。""如果像巴基斯坦这样的穷国能够免于核项目的巨大开支，并且同时感觉很安全，这将是完全可以理解的"……阿里·布托直率地说，武器销售禁运是对巴基斯坦的歧视。美国拒绝取消对次大陆的武器禁运因为它需要保持与印度的友好关系。对美国而言，向印度提供资源并保持印度经济运转、允许印度爆炸原子弹及核装置，实际上是一条单行道。在经济方面而言并不是互惠的。① 1975 年 2 月 1 日，阿里·布托指出，取消武器禁运不会对南亚的军事形势带来基本的改变。1971 年以来的权力平衡变得对印度极为有利，以至于巴基斯坦要改变它不可能取得成功。但是巴基斯坦希望从美国购买廉价的武器，然而如果禁运依然有效那么巴基斯坦不得不从别国寻求。当问到如何抵消美国公众和国会认为提供武器会点燃印巴之间第四次战争的担心时，阿里·布托回答道，西姆拉协定是通往和平以及关系更加正常化之路。②

在 1975 年 2 月 3 日，阿里·布托访问美国之前，美国国务卿基辛格对全国新闻俱乐部发表演说，呼吁在阿里·布托访问之前就美国禁运作出决定。③ 1975 年 2 月，阿里·布托访美，与美国总统福特举行了会谈。 2 月 5 日，美国总统福特举行欢迎宴会。在致辞中，对美巴关系的

① Bhutto's Interview with Bernard Weinraub, Correspondent of the *New York Times*, at Rawalpindi, 9 October 1974, *US-South Asian Relations 1947-1982*, Vol. 2, pp. 342-345.

② Bhutto's Statement in Rawalpindi, 1 February 1975, *US-South Asian Relations 1947-1982*, Vol. 2, p. 344.

③ Secretary of State Kissinger's Address to the National Press Club, Washington, D. C. , 3 February 1975, *US-South Asian Relations 1947-1982*, Vol. 2, p. 344.

发展，以及阿里·布托为促进地区及世界和平的努力盛赞有加。① 2 月 6 日，福特·布托在华盛顿会见记者时表示，如果美国满足巴基斯坦的常规武器的需求，他准备将巴方所有核反应堆置于国际监督之下，以防止秘密生产核武器……巴基斯坦的国防需求完全是为了防御目的。② 在巴基斯坦总理布托 1975 年 2 月 4 日至 7 日对华盛顿进行访问期间，福特与阿里·布托进行了坦诚而富有成效的会谈。他们欢迎在两国领导人之间传统上业已存在的合作与理解精神指导下，建立个人关系的机会。两国领导人强调，他们有责任加强两国间多年来一直存在的密切关系。两国领导人讨论了过去一年半以来重要的国际政治形势的发展，特别强调为国际缓和所采取的重要措施，为确保中东地区公正而持久和平所作出的积极努力，以及增加发展中国家与发达国家合作的倡议。他们也回顾了在南亚国家之间为了更加正常的关系而采取的重要措施。阿里·布托表示，巴基斯坦决定继续在寻求和平解决地区争端中发挥建设性作用，为了促进建立次大陆的持久和平。福特向布托保证，支持巴基斯坦的独立和领土完整依然是美国对外政策的持久原则。福特对近期在巴基斯坦北部发生大地震中遇难人员深表哀悼。阿里·布托对目前还正在开展的美国政府救济努力所作的贡献表示感谢。阿里·布托讨论了这些月来巴基斯坦人所遭受的严重的粮食产量短缺。他指出，他关注着持续在整个小麦产区的干旱形势，又由于塔贝拉水坝出人意料的耽搁未能服役而加重这一问题。就这一点而言，他感谢美国近年来在 480 公法项目下对巴基斯坦提供的大量援助。福特告诉阿里·布托，美国政府很高兴能够根据 480 公法第一条款提供 30 万吨小麦立即交付，此外在本财年已经交付了 10 万吨小麦。福特布托保证，在 1975 年和 1976 年，巴基斯坦的需要将会继续放在增拨优先考虑的地位。两国领导人还回顾了两国间的经济合作。阿里·布托描述了目前巴基斯坦正在进行的经济开发项目，包括给予高度优先的农业开发和人口计划领域，该领域得到美国及其他国家的援助，这些援助发挥了重要作用。福特许诺，将继续优先关注巴基斯坦的开发援助需求。阿里·布托再次邀请福特访问巴基斯坦。福特深表谢

---

① President Ford's Statement at the Banquet Given in Honour of Prime Minister Bhutto, 5 February 1975, *US-South Asian Relations 1947-1982*, Vol. 2, pp. 344-345.

② Bhutto's Statement to American Correspondents in Washington, 6 February 1975, *US-South Asian Relations 1947-1982*, Vol. 2, p. 345.

意，并重申希望在当年晚些时候访问成行。①

1975年2月18日，印度外长恰范在人民院就美国可能恢复对巴基斯坦的武器供应发表声明指出，美国决定把先进武器引入次大陆，此举不仅会造成印巴之间新的紧张，而且也会引起人们对美国在该地区所扮演角色的旧有疑虑，真诚希望美国仔细考虑此举的所有影响，包括对印美两国关系的影响。希望美国政府不使目前的不向次大陆引入武器的政策反转，因为这不符合美国、印度、巴基斯坦的利益，不利于该地区的和平。② 2月23日，副国务卿西斯可（Joseph Sisco）在会见新闻界朋友时指出，美国正在取消关于向巴基斯坦运送武器的武器禁运。存在着一种不恰当的状况，即印度一方可以从苏联得到武器并且它本身有生产武器的能力，而巴基斯坦一方却不能从美国得到武器。期望取消武器禁运不会对印美关系产生伤害。③ 2月24日，国务院发言人安德森（Robert Anderson）宣布，美国决定取消对巴基斯坦长达10年的武器禁运。美国政府通知印度政府和巴基斯坦政府于2月24日结束对这些国家的军事装备出口禁运，一种新的政策生效，即考虑逐项地现金付款的武器出口需要。美国以前的政策仅仅允许非致命性成品，以及美国以前提供的装备零部件和军火的出口。经过修改，美国的政策与像英国和法国这样的其他主要西方国家武器供应国相一致。这仅仅接受现金付款，计划不提供以赠予性军事援助和贷款为基础的装备。美国对恢复1965年之前作为一个对该地区的主要武器供应国而扰乱次大陆的战略平衡不感兴趣；"我们无意刺激该地区军备竞赛，我们极为重视印巴之间的持续和解，并将尽己所能鼓励这种进程"。1964年至1973年，印度从苏联得到12.73亿美元武器援助，而巴基斯坦仅仅从莫斯科得到0.24亿美元。同一时期，美国向巴基斯坦提供1.6亿美元的物资，包括巴基斯坦已经拥有的武器的零部件、弹药；而印度得到0.88亿美元。中华人民共和国向巴基斯坦提供了3.12亿美元，而没有向印度提供武器或装备。十年间，印度得到了16.97亿美元的武器交付，而巴基斯坦得到8.51亿美元。安德森强调指

①　US-Pakistan Joint Statement, 7 February 1975, *US-South Asian Relations 1947-1982*, Vol. 2, pp. 345-347.

②　Foreign Minister Chavan's Sstatement in Lok Sabha before Resumption of US Arms Supplies to Pakistan, 18 February 1975, *US-South Asian Relations 1947-1982*, Vol. 1, pp. 406-407.

③　Statement by Under Secretary of State Joseph Sisco at the NBC "Meet the Press" Programme, 23 February 1975, *US-South Asian Relations 1947-1982*, Vol. 2, p. 347.

出，这是一个"只收现金"的政策。美国不准备在赠予性军事援助或贷款的基础上提供任何装备。① 美国对南亚的总的政策，依然是如国务卿基辛格在去年秋南亚之行所阐释的：美国无意扰乱次大陆的战略平衡，无意恢复到 1965 年以前美国作为该地区主要武器供应者的角色。美国无意激起军备竞赛，美国最重视的是印巴之间的继续和解，美国所能做的一切是鼓励这种进程。② 2 月 24 日，阿里·布托在巴基斯坦信德省拉尔卡纳（Larkana）指出，印度根本不用担心美国对巴基斯坦取消武器禁运。禁运的取消仅仅是对过去的反常进行调整，过去作为美国的盟友没有权利去购买用于自身防御目的的美国武器。③ 3 月 10 日，阿里·布托在记者会上表示，取消禁运并非什么了不起的成就。首先，禁运意味着本身就是临时性、过渡性措施，不是永久性措施。其次，巴基斯坦与美国签订有 1954 年和 1959 年条约。这些是双边条约，在这些条约框架下，美国有法律上的义务向巴基斯坦提供武器。这些条约从来没有取消。条约依然有效，尽管其有效性的基础一直令人失望。但不能因此而得出条约不再存在的结论。再次，美国取消禁运，是对印度和巴基斯坦都取消的，不仅仅是对巴基斯坦取消。条约规定向巴基斯坦提供赠予性的（免费的）军事援助，而解除禁运仅仅是向巴基斯坦销售武器，并且是具体分析，"只收现金的政策"④。 2 月 25 日，印度外长恰范在议会就美国恢复对巴基斯坦武器供应指出，十年之久的对巴基斯坦武器供应的禁运被美国取消。美国政府此举是倒退，并且不能促进次大陆的和平因素。"我们对此决定表示严重失望和深深遗憾。"⑤ 2 月 25 日，国务卿基辛格在记者会上表示，"对一个与我们有结盟关系的国家（巴基斯坦）维持禁运，同时其邻国每年生产或获得价值近 10 亿美元的武器，这对我们而

---

① Statement by a Spokesman of the State Department, Robert Anderson, Announcing the US Decision to Lift the 10-year Old Arms Embargo on Pakistan, 24 February 1975, *US-South Asian Relations 1947-1982*, Vol. 2, pp. 347-348.

② Statement by Department of State Spokesman Robert Anderson on Modification of US Policy on Exports of Arms to India and Pakistan, 24 February 1975, *US-South Asian Relations 1947-1982*, Vol. 1, pp. 407-408.

③ Bhutto's Statement at Larkana, 24 February 1975, *US-South Asian Relations 1947-1982*, Vol. 2, p. 348.

④ Bhutto's Statement at A Press Conference, 10 March 1975, *US-South Asian Relations 1947-1982*, Vol. 2, pp. 348-350.

⑤ Chavan's Statement in Parliament on Resumption of US Arms Supplies to Pakistan, 25 February 1975, *US-South Asian Relations 1947-1982*, Vol. 1, pp. 408-409.

言，在道义上、政治上和象征意义上似乎是不合适的。我重申，决定取消武器禁运，并不意味着美国将会向巴基斯坦大规模提供武器，也不意味着美国提供武器会影响到根本的战略平衡。……此外，我们特别重视改善与印度的关系"①。2 月 26 日，英迪拉·甘地在联邦院发表声明指出，美国决定恢复向巴基斯坦提供武器，表明这个大国的政策决策者继续同意把巴基斯坦和印度等量齐观的谬误。"正是这种政策导致了次大陆的紧张，这种决定等同于重新打开了旧伤口，并阻碍了我们一直在开展的和解和正常化进程。"②

1975 年 5 月 26 日，国务卿基辛格在伦敦召开的中央条约组织部长会议上指出：在中央条约组织地区，去年发生了向更加和平的关系有希望的进展。我们对此努力表示喝彩。巴基斯坦令人难以想象地有效提升了与邻居的关系。我们对此表示欢迎。美国继续关心巴基斯坦的安全与领土完整，将继续强化与巴基斯坦在双边以及中央条约组织框架内的合作。同时，我们支持为该地区减少紧张、恢复常态、提高安全及和平经济发展的繁荣而作出的所有努力。③

1975 年 10 月 3 日，阿里·布托接受《法国世界报》采访，指出：1965 年，美国对巴基斯坦实施武器禁运。受这次禁运的影响，许多国家，或者说几乎所有的西方国家对巴基斯坦实施禁运。巴基斯坦从任何国家也得不到任何武器或军事装备。"这里，我不想强调一个国家的安全多么重要。对每一个国家来说，安全都是首要考虑……我们继续根据问题的实际情况来作出决定。我们在联合国所持立场，并不是因为一些大国持这种立场。在过去，我们与美国在东南亚越南战争问题上、中东政策上有不同见解，但我们依然是美国的好朋友和中央条约组织成员国，并将继续是这一组织成员国。因此，我们认为，我们可以与所有的三个超级大国或大国发展友好关系，只要我们诚实并有一个完整的政策。"④

---

① Secretary of State Kissinger's News Conference, 25 February 1975, *US-South Asian Relations 1947-1982*, Vol. 1, p. 409.

② Indira Gandhi's Statement in Rajya Sabha, 26 February 1975, *US-South Asian Relations 1947-1982*, Vol. 1, p. 409.

③ Kissinger's Statement before the Meeting of the CENTO Council of Ministers, London, 26 May 1975, *US-South Asian Relations 1947-1982*, Vol. 2, p. 351.

④ Bhutto's Interview to Le Monde (Paris), 3 October 1975, *US-South Asian Relations 1947-1982*, Vol. 2, pp. 351-352.

1975 年 10 月，福特会见巴基斯坦外长和国防部部长艾哈迈德（Aziz Ahmed），指出：美国继续关心巴基斯坦经济发展和人民幸福，继续支持巴基斯坦的独立和领土完整，支持巴基斯坦和其他南亚国家为南亚和平与稳定所做的努力。①

1976 年 2 月 23 日，美国军控与裁军局主任费雷德·伊克尔（Fred Ikle），在参议院对外关系委员会军控小组委员会上讲话指出，出于经济原因，巴基斯坦不应有这样一个再处理工厂。这没有经济上的正当理由。巴基斯坦对工厂感兴趣的原因是"印度开发了核爆炸"。美国劝阻巴基斯坦从法国购买核燃料再处理装备，这种装备可以被用于获取生产原子武器的能力。② 2 月 26 日，阿里·布托驳斥了伊克尔的上述言论，并指出，巴基斯坦自己能够决定它是否有经济上的正当理由，而且，此事涉及巴基斯坦主权问题。没有任何个人或国家有权命令像巴基斯坦这样的一个主权独立国家。③

巴基斯坦长期是外援的受援国。1952 年以来，巴基斯坦从各方接受了约 100 亿美元的援助。美国是主要援助国，约占援助总数的一半。1957 年，来自美国的贷款和赠予达到了约 2 亿美元。美国曾是对巴基斯坦军事援助的主要供应国。1965 年印巴战争爆发后，美国对次大陆实施武器禁运。巴基斯坦政府转向中国求助，几年来，从中华人民共和国和法国得到价值 5 亿多美元的武器。中华人民共和国的援助被认为是"慷慨的"但是有限。1975 年 2 月，美国取消了长达十年的武器禁运。但是，在允许这种改变的过程中，国会坚持与巴基斯坦的交易是现金交易，并在严格的法律监督下实施。在随后进行的沟通谈判中，把超过 0.25 亿美元的销售行为，作为一项强力制动，需要国会立法批准。同时，现金购买对巴基斯坦来说也是困难的，因为巴基斯坦依然现款短缺，除非从富有同情心的伊斯兰国家得到资金

---

① White House Announcement Regarding Talks Held Between President Gerald Ford and Pakistan Minister of State for Foreign and Defence Affairs Aziz Ahmed, 9 October 1975, *US-South Asian Relations 1947-1982*, Vol. 2, p. 352.

② Statement by Fred Ikle, Director of the US Arms Control and Disarmament Agency, before the Subcommittee on Arms Control of the Senate CFR, 23 February 1976, *US-South Asian Relations 1947-1982*, Vol. 2, p. 353.

③ Bhutto's Statement at A Press Conference at Ottawa, 26 February 1976, *US-South Asian Relations 1947-1982*, Vol. 2, p. 353.

支持。巴基斯坦目前对外政策中令人兴奋的一个方面是，一直与亲西方的、富产石油的伊斯兰国家保持"铁哥们"般的亲密关系，从伊朗到波斯湾酋长国。特别是 1971 年以来，伊斯兰堡更加重视这些关系，巴基斯坦向科威特、叙利亚、约旦、沙特阿拉伯、阿布扎比以及利比亚的空军提供了军事援助。此外，应该重视巴基斯坦在保卫波斯湾航线中所发挥的作用。①

1976 年 7 月 8 日，在记者会上，记者问：关于巴基斯坦与美国的关系，最近美国宣布将会向印度提供用于核反应堆的铀。请您评论一下这将会对巴基斯坦与华盛顿的关系产生怎样的影响？巴基斯坦是否会向华盛顿提出类似的援助需求？阿里·布托回答道：我们与华盛顿保持广泛的合作领域，但不包括核合作领域。长期以来，我们有一个小型的水池式反应堆，但除此之外我们与美国没有核合作。我们与美国的关系没有受此影响，因为美国必须按照自己的考虑来选择自己的政策。我们不能命令美国对别国应该采取什么政策，它应该怎样做或不应该怎样做，它要根据自己的智慧来作出选择。然而，在这样的情势下，我们希望美国不要并且不应该对我们从法国获得的（核燃料）后处理工厂提出异议，特别是后处理厂用于和平目的，把原子能用于燃料目的，并没有别的其他目的。我们认为，至少应该更加深入地考虑。②

1976 年 8 月 8—9 日，应阿里·布托之邀，美国国务卿基辛格对巴基斯坦进行了正式访问。其间，双方就共同关心的问题进行了讨论。美国重申，对巴基斯坦独立和领土完整的支持，依然是美国对外政策的持久原则。③ 在 8 月 9 日的记者招待会上，关于后处理工厂问题，记者们向基辛格抛出尖锐问题。记者问：您的访问以何种方式来改变巴基斯坦对后处理工厂的态度？基辛格回答道："后处理工厂的问题是一个非常复杂的问题。多年来，巴基斯坦就后处理工厂一直与

---

① Report on Bangladesh, India, and Pakistan to the Majority Leader Transmitted to the Committee on Foreign Relations by Francis R. Valeo, Secretary of the Senate, 1 March 1976, *US-South Asian Relations 1947-1982*, Vol. 2, pp. 353-354.

② Bhutto's Press Conference at Tehran, 8 July 1976, *US-South Asian Relations 1947-1982*, Vol. 2, p. 356.

③ US-Pakistan Joint Statement, 9 August 1976, *US-South Asian Relations 1947-1982*, Vol. 2, pp. 356-357.

法国进行谈判，并达成协议。……美国所关心的，是后处理工厂的扩散问题，但并没有针对巴基斯坦的意图，担心核武器的扩散对人类未来带来灾难性后果。阿里·布托与我都谈到这个问题，双方在近期将会继续商讨，但双方在该问题上将不会对抗。"记者问道：似乎美国在应对巴基斯坦与印度的核努力方面奉行二分法，你怎样解决这一问题？基辛格回答道："对印度和巴基斯坦不存在二分法问题。我们已经谴责、非常严厉地谴责印度核爆尝试，我们认为印度的做法不利于核不扩散进程，不利于世界和平。我们与理解巴基斯坦对此事的关心，但是我们认为核武器以及核爆技术的扩散是对人类生存的长期威胁……事实上我们并未就此问题达成一致。"记者问："国务卿先生，如果有的话，在购买后处理工厂与美国向巴基斯坦销售武器之间存在着怎样的联系？"基辛格回答道："后处理工厂的问题我已经做过说明，不想谈论更多。朋友之间会进行艰难的谈判，双方都会根据自己的考虑在没有胁迫或压力的情况下进行谈判。"记者问道："国务卿先生，美国现在会向巴基斯坦销售飞机吗？"基辛格回答："我不想卷入任何特殊的供给关系。我们的基本态度是关心巴基斯坦的领土完整，以此来看待巴基斯坦的请求的。只要他们根据自己的考虑提出来，我们会进行讨论的。"记者问："国务卿先生，在这个后处理工厂问题上，您需要更多的保护措施吗？或者，您的立场是，在任何情况下，巴基斯坦不应该拥有后处理工厂？"基辛格回答："后处理工厂的问题，不是一个国家针对任何别的国家的问题……美国将会努力详细制定关于后处理工厂的总体原则，不会歧视任何一个国家。"记者问道："如果巴基斯坦在后处理工厂问题上继续推进，那么是否意味着美国将会切断美国的经济和军事援助？"基辛格回答道："对我而言，现在推测未来要发生的事情，是不合适的。"①

1977年4月4日，印度外长瓦杰帕伊在联邦院就媒体报道的美国决定向巴基斯坦销售武器发表声明。印度政府看到了1977年3月29日华盛顿邮报所报道的美国总统同意向包括巴基斯坦在内的几个国家销售价值超过20亿美元的武器。在正式向国会提交批准之前，还不知道向各国销售的详细清单。"我们希望，美国政府的武器销售政策不会使正常化的趋

---

① News Conference of Secretary of State Kissinger at Lahore, 9 August 1976, *US-South Asian Relations 1947-1982*, Vol. 2, pp. 357-360.

势倒转，不会导致紧张局势再次出现，不会刺激军备竞赛，不会给次大陆人民带来更大的经济负担。"①

第三节　卡特政府时期美国对南亚的援助

一　国际和地区形势的变化

在 1976 年美国总统大选中，民主党候选人卡特击败福特，当选总统。卡特上台后，新政式国家垄断资本主义的危机进一步深化，美苏战略地位的对比继续向不利于美国的方向发展。卡特政府在社会经济政策上的一系列措施，如注重反膨胀问题、取消和减少联邦政府对企业活动的许多管制、削减社会保障开支等，未能为摆脱新政式国家垄断资本主义的危机找到新的出路，反而使经济形势更加恶化。在外交政策方面，卡特政府从最初强调"人权外交"，转向强调实力的卡特主义，在第三世界采取了防止苏联扩张对策，并实现了中美关系的正常化。在伊朗和波斯湾地区严重受挫，战略地位未能改观。②

就南亚地区而言，尽管印度次大陆具有连接中东和东南亚的重要地理位置，但它并不是美国首要的安全利益地区。在一定程度上，南亚是中苏这两个对手的舞台，但是，该地区的发展能够影响包括美国在内的更大的三极平衡。而且，该地区自 1947 年以来一直不稳定，使南亚成为超级大国冲突的潜在舞台。与印度相比，巴基斯坦是美国贸易和投资相对较小的领域。而且，巴基斯坦市场高度依赖由西方国家、欧佩克国家以及国际基金组织提供的外部资金。巴基斯坦进口美国商品，1975 年达3.72 亿美元，1976 年 3.94 亿美元，1977 年 2.93 亿美元。巴基斯坦对美国的出口， 1975 年仅 0.49 亿美元，1976 年 0.70 亿美元，1977 年 0.57亿美元。美国在巴基斯坦的净投资总数达 0.70 亿美元。巴基斯坦有沉重的外债，必不可少地要依赖对外经济援助来弥补贸易赤字。1971 年战争之后，美国与巴基斯坦的关系依然不明朗。尽管美国恢复了开发援助和粮食援助，但它拒绝为巴基斯坦军备改良提供极大便利。然而，在 1973

---

①　Statement by Foreign Minister Atal Behari Vajpayee in Rajya Sabha on the Reported US Decision to Sell Arms to Pakistan, 4 April 1977, *US–South Asian Relations 1947–1982*, Vol. 1, pp. 438–439.

②　刘绪贻、杨生茂主编：《美国通史》（第 6 卷），人民出版社 2002 年版，第 451 页。

年，取消了美国部分关于致命性军事装备的禁运。1975 年 2 月，取消了对南亚长达 10 年的致命性武器的禁运，但是仅仅允许基于个案的出口。①

1977 年 3 月到 1979 年 7 月 28 日，是印度人民党政权，它是印度历史上第一个非国大党的联邦政权，德赛任总理。1979 年 7 月 28 日到 1980 年 1 月是查兰·辛格执政，他原为人民党领导人之一，但在出任总理时已经退出人民党，作为新成立的人民党（世俗派）的领袖联合其他政党执政。1977 年 7 月，巴基斯坦齐亚·哈克将军发动军事政变，控制了国家政权。1977—1988 年齐亚·哈克统治的 11 年，是政府机构历史上最糟糕的时期，同时进一步朝着宗教不宽容和政治私利的方向发展。②

1979 年 12 月苏联入侵阿富汗，改变了美国对南亚的重视程度。巴基斯坦被视为"前线国家"。从 1972 年到 1979 年 12 月苏联入侵阿富汗，在全球战略问题上，南亚并不是美国政策的最主要的，从一定程度上来说，几乎被"遗忘"。基辛格在新德里的一次演说中，称美国接受印度在南亚超群的地位，甚至赞同印度的不结盟政策。美国对 1974 年印度核试验的最初反应是漠不关心。但是美国在这些问题上的政策很快反转，但也没有改变总体上对该地区的战略方法。卡特 1977 年称赞人民党政府恢复了民主，并于 1978 年进行备受瞩目的印度之旅。但是，核扩散问题，开始支配着美印、美巴关系，直到苏联入侵阿富汗。卡特不仅要求新德里签署核不扩散条约，而且国会通过新的核不扩散法案（1978 年）。总统向国会施加了大量压力，释放了两艘向印度运送浓缩铀的船只，以维持美国支持的塔拉普尔（Tarapur）原子能电站的运行。卡特时期，美巴关系进一步恶化。卡特政府中断了对巴基斯坦所有的军事援助以及几乎所有的经济援助。根据关于以色列占领位于耶路撒冷的大马士革这样的讹传，巴基斯坦暴民情绪被激怒，他们烧毁了在伊斯兰堡的美国大使馆，以及一些美国文化中心。具有讽刺意味的是在苏联入侵阿富汗之后，卡特政府的政策迅速发生了变化。其表现是，强制对苏联实施粮

---

① *The United States, India, and South Asia: Interests, Trends, and Issues for Congressional Concern*, a Report Prepared by Richard Cronin of the Congressional Research Service, 11 August 1978, *US-South Asian Relations 1947-1982*, Vol. 2, pp. 376-378.

② ［巴基斯坦］伊夫提哈尔·H. 马里克：《巴基斯坦史》，张文涛译，中国出版集团、中国大百科全书出版社 2010 年版，第 176 页。

食禁运，抵制莫斯科奥运会，组建快速反应部队，在 1980 年向巴基斯坦提供 4 亿美元的军事援助（随后被巴基斯坦拒绝），建立新的巴美关系。①

卡特政府在一片混乱中结束了其南亚政策，放弃了其所强调的核不扩散以及人权。

二　对印度的援助

1978 年 1 月，卡特总统访问印度。此前，卡特总统派遣由其母亲莉莲·卡特（Lillian Carter，曾经是一名赴印度的和平队志愿者）带领的特别代表团出席印度总统法赫鲁丁·阿里·艾哈迈德（Fakhruddin Ali Ahmed）的葬礼，向印度表达善意。② 在出访之前，卡特总统表示，印度是世界上最大的民主国家，有上亿人口。在英迪拉·甘地时期，它们主要是与苏联亲近。在新总理德赛的领导下，与美国又重归于好，保持中立。③ 在访问过程中，卡特总统承认美印之间存在分歧但也有追求民主尊重人权等共同价值观，期望加强政治和经济合作。④ 德赛总理在欢迎词中指出，"我们重申我们共同的信仰并重建我们两个民主国家之间已经存在着的信任……虽然我们之间存在分歧……但我确信印度和美国可以建立一种健全的、轻松的、合作的关系"⑤。印度总统尼兰·桑吉瓦·雷迪在欢迎词中指出，"我们的双边合作在广度和内容上是丰富的，我国政府要向美国深表感谢，美国向我们提供了急需的慷慨援助。你们的援助是我们经济多样化发展和进步的重要因素；印美联合委员会及其下属的三个小组委员会值得进一步鼓励和支持"⑥。双方于 1978 年 1 月 3 日发表了印美联合声明。

---

① Shivaji Ganguly, *U. S. Policy Toward South Asia*, Westview Press, 1990, pp. 236-237.

② Annual Report of the Minister of External Affairs for the Year 1976-1977, June 1977, *US-South Asian Relations 1947-1982*, Vol. 1, pp. 440-441.

③ President Carter's Interview with Tom Brokwa of NBC News and Other Reporters, 28 December 1977, *US-South Asian Relations 1947-1982*, Vol. 1, p. 456.

④ President Carter's Address to the Indian Parliament, 2 January 1977, *US-South Asian Relations 1947-1982*, Vol. 1, p. 456.

⑤ Prime Minister Morarji Desai's Speech at a Joint Session of Parliament Held in Honour of President Carter, 2 January 1978, *US-South Asian Relations 1947-1982*, Vol. 1, p. 456.

⑥ President N. Sanjiva Reddy's Speech at the Banquet Given in Honour of President Carter, 2 January 1978, *US-South Asian Relations 1947-1982*, Vol. 1, p. 458.

卡特总统访问印度，虽然双方观点不尽相同，但是两国在民主、人类发展、社会正义与和平等方面有着共同的努力目标，开展有意义的对话促进印美之间的理解。发表的印美联合声明，不仅是对这次访问的总结，而且确认了双方共同珍视的价值观和指导两国关系的基本准则。印度希望通过三个小组委员会（经济与商业委员会、教育与文化委员会、科学与技术委员会），为了共同利益进一步促进双边合作。①

印美双边关系通过贸易、文化交流、科学技术合作等方式继续发展。美国依然是印度最大的贸易伙伴。1976 年美国在印度市场的份额约 25%，1977 年可能只有 15% 左右。下降的主要原因是临时停止了商业船运美国粮食。根据美国商务部统计，到 1976 年年底美国直接在印度的投资达到 3.62 亿美元，比上年略有下降。大多数美国公司集中三个领域：化学及其相关产业（1.07 亿美元），机械（0.83 亿美元），石油（0.70亿美元）。② 印度是美国所需进口的铁矿石、锰矿石、钍矿石、铬铁矿石等重要生产国。由于印度向美国出口的稳定增长以及粮食进口几乎停滞，印度对美国的贸易赤字在 1977 年消失。印度与美国的双边贸易，是印度与苏联的两倍左右。从传统上来说，印度一直是美国小麦的大的进口国。1972 年以来，大量地购买美国粮食是商业行为，而不是优惠销售。由于三年的粮食丰收，印度粮食进口几乎停止。

美国也开始与印度讨论恢复双边开发援助。1971 年印巴战争，印度取得了军事上的成功，新的国家——孟加拉国成立，产生了由印度主导的新的区域体系。1973 年以来，美国更加坦率地承认了印度在该地区的主导地位。美印关系逐渐从 1971 年印巴战争的低谷中恢复过来。1971 年12 月美国结束了以不可兑换外币形式的农产品销售，从而结束了对印度和巴基斯坦粮食计划中的一个主要方面。美国对印度的开发援助计划，在 1971 年战争期间停止，直到 1977 年得以重建。期间美国参加了援助印度财团，延期印度外债；1974 年卢比问题得以解决，通过勾销对美国的约 22 亿美元的印度当地货币债务，有效地降低了长期以来的摩擦因素。1978 年 1 月 3 日的谅解备忘录，规定：位于海德拉巴的印度地球站，可

① Annual Report of the Ministry of External Affairs for the Year 1977－1978, March－April 1978, *US－South Asian Relations 1947－1982*, Vol. 1, pp. 472－474.

② "Foreign Economic Trends and Their Implications for the United States: India", Prepared by the US Embassy, New Delhi, November 1977, *US－South Asian Relations 1947－1982*, Vol. 1, pp. 453－455.

以直接接收来自美国地球资源卫星的各种自然资源资料。1978 年 1 月 3 日，举行了印美联合委员会第三次会议。印度外长瓦杰帕伊在印美联合委员会第三次会议上的发言指出，印美两国关系取得重大改善……资金援助和粮食提供不再是两国经济关系的中心。需要进一步开发的合作范围将会涵盖更为广泛的工业合作和更高层次的技术交流。① 会议批准了三个小组委员会的报告。在教育与文化小组委员会支持下，举行了 4 次联合研讨班，9 名来自各领域的研究员和访客进行了交流，1977 年 9 月在美国举行了印度电影节。像印度这样的国家，国民生产总值已经接近 1000 亿美元，很显然，美国的双边援助只能是产生有限的影响。② 1978 年 8 月 26 日，印度与美国签署了 3 个开发援助协议，美国向印度提供 0.6 亿美元。第一个协议是为未来 5 年建设新的中型灌区项目以及改建古吉拉特邦的已有的中型灌区项目提供 0.3 亿美元的贷款。第二个协议是美国提供一笔 0.28 亿美元的贷款，为进口抗疟疾杀虫剂提供资金。第三个协议是提供 0.02 亿美元的赠予，把科学技术运用于农村发展。贷款 40 年偿还（包括 10 年宽限期），宽限期利息 2%，之后利息 3%。这些协定的签署标志着美国 1971 年暂停的开发援助的恢复。这些开发援助是美国在 480 公法项目下多年来一直向印度政府提供的商品援助的补充。③ 1977 年，南亚国家从美国接收了近 5 亿美元的双边援助资金。④ 1979 年 8 月美国对亚洲的经济援助计划调查团对泰国、缅甸、斯里兰卡、印度的调查报告指出，到目前为止，印度发展预算最大的一部分，略少于 200 亿美元，从国内资源中筹措资金，有 15 亿美元的资金缺口需由外援来补充。其中美国双边供款，经济援助方面 0.55 亿美元，粮食援助方面 1.07 亿美元，占印度外援需求的很小比重，与国家发展预算

① Vajpayee's Speech at the Third Meeting of the Indo-US Joint Commission, 3 January 1978, *US-South Asian Relations 1947-1982*, Vol. 1, p. 460.

② "The United States, India and South Asia: Interests, Trends, and Issues for Congressional Concern", Report Prepared by Richard Cronin of the Congressional Research Service, 11 August 1978, *US-South Asian Relations 1947-1982*, Vol. 1, pp. 495-499.

③ Press Release on the Signing of Three Agreements for $60 Million Aid to India, 26 August 1978, *US-South Asian Relations 1947-1982*, Vol. 1, p. 499.

④ Address by David D. Newsom, Under Secretary of State for Political Affairs, before the Council for Foreign Relations, New York, 18 October 1978, *US-South Asian Relations 1947-1982*, Vol. 1, pp. 500-501.

相比更少。① 1980 年 3 月 20 日，负责近东和南亚事务的助理国务卿桑德斯（Harold H. Saunders），就 1981 财年对外援助立法在参议院对外关系委员会上指出，伊朗的持续动荡以及苏联入侵阿富汗是在新的环境下对该地区进行援助计划时必须要处理的主要因素。……提议的对南亚的开发援助计划，总额 3.02 亿美元；480 公法项目，总额 3.24 亿美元。这些是在印度和孟加拉最大的项目，以提高农业产量和粮食分配制度为中心。② 1981 年 3 月 23 日，负责近东和南亚事务的副助理国务卿库恩（Jane A. Coon）指出，提出的对印度的开发援助计划 1.10 亿美元，480 公法第二条款计划 1.48 亿美元，国际军事教育和培训资金 50 万美元。美国的开发援助目标是增加粮食产量，促进农村就业，提升健康和计划生育工作。480 公法第二条款计划主要是人道主义目的。……美国对印度的双边援助与印度的发展需求以及印度所接受的国际资金相比很少。尽管如此，这些计划在努力发展与印度的关系中发挥作用。提出的开发援助数量，可以与以前的水平相比较，并且代表着在印度需求、美国对该需求所作出反应的愿望以及美国的资源约束之间作出合理的妥协。③

核问题一直是印美关系中的一个值得关注的问题。由于印度批评美国在印度支那的政策，以及批评美国决定在印度洋的迪戈加西亚开发海军军港，美印关系依然冷淡。这种关系由于印度于 1974 年 5 月爆炸核装置而更加恶化（使用了根据 1959 年协议购自美国的重水）。这导致了美国暂停向由美国援建的印度塔拉普尔核反应堆运送浓缩铀和重水。对美印关系造成不利影响的还有：1974 年 7 月的国际开发协会法案修正案，要求美国驻国际开发署代表投票反对向那些爆炸核装置但没有签署核不扩散条约的国家提供贷款，而印度是唯一这样的国家。还有，英迪拉·甘地不断利用反美话题来吸引国内左派以及共产党等政治盟友的注意力，包括中央情报局被用来破坏政权稳定，美国不支持 1975 年以来的紧

① "U. S. Economic Assistance Programs in Asia", Report of a Study Mission to Thailand, Burma, Sri Lanka, and India to the House CFA, 3–23 August 1979, *US–South Asian Relations 1947–1982*, Vol. 1, pp. 510–511.

② Statement by Harold H. Saunders, Assistant Secretary of State for NEA, in Hearings before the Senate CFR on FY 1981 Foreign Assistance Legislation, 20 March 1980, *US–South Asian Relations 1947–1982*, Vol. 1, pp. 521–522.

③ Statement by Deputy Assistant Secretary of State for NEA Jane A. Coon before a Subcommittee of the House CFA, 23 March 1981, *US–South Asian Relations 1947–1982*, Vol. 1, p. 541.

急状态等。1977 年 3 月大选，人民党取得胜利，为改善美印关系提供了契机。卡特与德赛互通信息，德赛表示印度将坚持严格的不结盟，将自觉节制更多的核爆炸，并无意掌握核军事能力。1977 年 5 月，美国核能管理委员会批准了临时向塔拉普尔核反应堆运送燃料，卡特总统在 1978 年 1 月访问新德里时又对燃料运送作出承诺。1978 年 6 月，印美发表联合公报，指出德赛和卡特特别关注世界和平。双方认为，世界和平只有通过采取有效的措施阻止军备竞赛才能有保证，特别是在核领域，包括阻止核武器扩散以及最终消除。双方就核合作问题进行了深入讨论，表示要加强对话交流。在一份关于印度等国的核能力的报告中，指出：印度在其核能项目上接受了大量外部援助，美国为印度塔拉普尔核反应堆提供浓缩铀燃料等，尽管印度比其他国家更倾向于核独立，但是它继续接受来自苏联、一些欧洲国家、美国的核材料以及援助。美国帮助训练印度的工程师和物理学家。根据美国国家科学基金会提供的资料，1958—1976 年，有 2492 名印度国民在美国被授予工程学方面的博士学位，652 人被授予物理学方面博士学位。仅 1976 年，被美国机构授予博士学位的印度国民，工程学方面有 214 人，物理学方面有 43 人。[①] 因为印度拒绝同意 1978 年《核不扩散法》所要求的国际原子能机构的全面保障监督，美国暂停了与印度的核能合作。

苏联入侵阿富汗，引起美国对南亚国家，特别是对巴基斯坦的更加重视。但是，美国向巴基斯坦提供武器或进行军事援助，会遭到印度的抱怨或反对。早在 1977 年 11 月 30 日，印度国防部部长拉姆（Shri Jagjivan Ram）表示，1975 年 2 月美国宣布决定取消禁运并向巴基斯坦提供武器。巴基斯坦从美国获得武器和军火毫无疑问将会提高巴基斯坦的军事潜力，注定会对印度的安全造成影响。[②] 1980 年 1 月 24 日，英迪拉·甘地接受德国《亮点》杂志采访。记者问：美国对苏联入侵阿富汗作出了立即回应，包括向巴基斯坦提供大量军事和资金支持。英迪拉·甘地答道：美国所采取的这种措施，一点也没有帮助，印度希望与巴基斯坦保持友好关系。但是，如果巴基斯坦现在得到大量武器的话——也

① Report on Nuclear Capabilities of India, Iraq, Libya, and Pakistan Prepared by the Congressional Research Service for the Subcommittee on Arms Control, Oceans, International Operations and Environment of the Senate CFR, 15 January 1982, *US-South Asian Relations 1947-1982*, Vol. 1, pp. 554-555.

② Press Release on US Arms Supply to Pakistan, 30 November 1977, *US-South Asian Relations 1947-1982*, Vol. 1, p. 455.

有可能被用于攻击印度以及对付叛乱的俾路支省的它自己的民众，这将特别不利于维持和平。① 1980 年 1 月 24 日，印度外长拉奥在联邦院发表声明。美国政府决定加快已经在进行现金销售的向巴基斯坦提供的价值 1.5 亿美元的军事供应。美国政府进一步宣称，要在未来 20 个月提供 4 亿美元的一揽子援助，其中经济援助 2 亿美元，军事援助 2 亿美元。据报道，中国也准备考虑向巴基斯坦提供军事装备。拉奥认为，印度的理解是，把武器提供给巴基斯坦会将南亚地区改变成大国对抗和冲突的舞台，威胁到印度的安全，还会减缓该地区的正常化进程。②

三　对巴基斯坦的援助

1975 年 2 月 24 日，美国宣布取消了 1965 年对销售致命性成品装备的禁运。新政策是"只收现金的政策"（a cash only policy），在这种政策下，对武器出口的请求视个别情况而定。③ 1976 年，在取消禁运后不久，美国国防部批准了 110 架 A-7 轻型轰炸机的销售，并且与巴基斯坦签订了价值 7 亿美元的军事援助合同。④ 1977 年，美国国会通过了安全援助法案的赛明顿—格伦（Symington-Glenn）修正案，规定，禁止向那些接受核浓缩设备的任何国家提供军事援助和经济援助。巴基斯坦被列入禁运名单，在 1979 年 4 月所有的美国援助被终止。 1977 年 6 月，鉴于巴基斯坦努力从法国获取后处理工厂，卡特政府决定不再进行 A-7 销售。⑤ 但是，随着 1979 年伊朗伊斯兰革命和苏联入侵阿富汗，美国恢复了与巴基斯坦的安全合作。

苏联入侵阿富汗之前，卡特政府并未重视南亚地区，美国在该地区利益有限，对南亚国家的关注聚焦于人权与核不扩散。阿富汗局势的突

---

① Indira Gandhi's Interview with *Stern*, 24 January 1980, *US-South Asian Relations 1947-1982*, Vol. 1, p. 516.

② Foreign Minister Narasimha Rao's Statement in Rajya Sabha, 24 January 1980, *US-South Asian Relations 1947-1982*, Vol. 1, p. 517.

③ Statement by a Spokesman of the State Department, Robert Anderson, Announcing the US Decision to Lift the 10-year Old Arms Embargo on Pakistan, 24 February 1975, *US-South Asian Relations 1947-1982*, Vol. 2, pp. 347-348.

④ Aftab Alam, *U. S. Military Aid to Pakistan and India's Security*, Delhi: Raj Publications, 2001, p. 57.

⑤ The United States, India, and South Asia: Interests, Trends, and Issues for Congressional Concern, A Report Prepared by Richard Cronin of the Congressional Research Service, 11 August 1978, *US-South Asian Relations 1947-1982*, Vol. 2, pp. 376-378.

变凸显了巴基斯坦的关键地位。1977 年 7 月 5 日，巴基斯坦武装部队接管政权，全国实行军法管制时，齐亚·哈克出任军法管制首席执行官，1978 年 9 月 16 日任总统，1978—1988 年执掌巴基斯坦政权。齐亚·哈克充分认识到巴基斯坦是唯一能服务于美国利益的国家。卡特总统在苏军入侵的第二天就给齐亚·哈克打电话，提出援助巴基斯坦。①

在军事援助与核不扩散问题上，1977 年 3 月 22 日，负责近东、南亚、非洲事务的副助理国务卿达布斯，在亚洲对外事务小组委员会上指出，美国在南亚的直接安全利益是有限的。美国在次大陆没有军事基地，也不寻求军事基地。美国一直遵循着限制军事装备销售的政策，这种政策符合美国利益。除了适度的军事训练项目之外，美国向南亚提供非赠予性军事援助……1974 年印度进行了核试验，巴基斯坦也签约从法国购买核后处理工厂。两国都要在该领域对自己的行为负责，符合美国的基本利益。美国反复强调，反对敏感的核技术的转让。美国与巴基斯坦政府通过外交途径谈论这个问题。希望通过讨论，达成美巴双方尽可能满意的共识。② 1977 年 4 月 29 日，国务卿万斯致函阿里·布托：尽管在一些特别问题上偶尔有一些不同见解，但是美国与巴基斯坦在很多问题上进行合作。经济援助将会继续，军事装备销售和运输从来不会受中断。③ 1977 年 8 月 10 日，巴基斯坦外交部发言人就核后处理工厂问题进行了说明，指出：临时政府决定与法国兑现关于提供核后处理工厂的协定，这一决定已经传达给了包括美国在内的所有感兴趣的政府。1977 年 7 月 29—31 日，代理副国务卿约瑟夫·奈（Joseph Nye），负责安全、科学与技术事务，访问巴基斯坦，会见外交部的高级官员，讨论了两国在后处理工厂问题上的差异。他说，美国与巴基斯坦的立场分歧如初。巴方重申，临时政府决定执行与法国的协定，并表明巴基斯坦将不赞同该项目在执行过程中出现的任何耽搁。④

---

① 曾祥裕：《巴基斯坦对外政策研究：1980—1992》，四川出版集团巴蜀书社 2010 年版，第 84—85 页。

② Statement by Deputy Assistant Secretary of State for NEA, Adolph Dubs, before the Subcommittee on Asian Foreign Affairs, 22 March 1977, *US-South Asian Relations 1947-1982*, Vol. 2, p. 366.

③ Letter of Secretary of State Cyrus Vance to Prime Minister Bhutto, 29 April 1977, *US-South Asian Relations 1947-1982*, Vol. 2, p. 368.

④ Statement by the Spokesman of the Pakistan Foreign Office on the Nuclear Reprocessing Plant, 10 August 1977, *US-South Asian Relations 1947-1982*, Vol. 2, p. 369.

1977 年 9 月 1 日，巴基斯坦陆军参谋长、军法管制首席执行官齐亚·哈克将军，回答记者会上关于巴基斯坦依然处于美国压力之下是否要放弃已经订约从法国获得的核后处理工厂的提问时指出："巴基斯坦今天没有处于任何人的压力之下。事实上，今天，所有的国家对巴基斯坦印象较好，这也包括两个超级大国。后处理工厂也不再是政治的或国家的问题。前任政府开启这笔交易，我早已说过将会遵守它。以前的反对党领导人也分别表态支持。我也毫不怀疑法国将会信守承诺。"①

1978 年，卡特向国会作关于美国参加 1977 年联合国的报告，指出：1974 年首次提出南亚建立无核武器区问题。巴基斯坦与印度之间就南亚无核武器区存在一些争议。巴基斯坦主张该区域应总体上局限于次大陆，不包括中国；印度主张应建立包括中国在内的更广泛意义上的无核区。1976 年 11 月 2 日，巴基斯坦提出了解决方案草案，主张：①重申联合国大会原则上认可的南亚无核武器区的概念；②要求南亚国家尽最大努力建立起这样的无核区；③号召有核国家积极响应该提议。1976 年 11 月 11 日，联合国大会第一委员会（负责处理裁军和国际安全事务）批准通过了该项方案，以 71 : 0（美国）赞成，28 票弃权，通过；1976 年 12 月 12 日，联合国大会以 105 : 0（中、巴、英、美）赞成，28 票弃权（法国、印度、苏联），通过。这是美国首次投票赞同南亚无核武器区。谈到投票赞成，驻联合国大使费希尔（Fisher）认为，有效的无核武器区能够增强各国安全并且能强化该地区核不扩散。②

1977—1978 年，在经受了前政权指控美国干预巴基斯坦内政的紧张之后，美巴关系趋于平稳。随着现政权 1977 年 7 月掌权，在一些国家重要性问题上诸如后处理工厂不妥协的情况下，双方都努力地消除双边关系中不必要的恶语相向。结果是两国关系的氛围逐渐改善，两国关系恢复到令人满意的水平。然而，后处理工厂问题依然是两国关系中的主要分歧点。巴基斯坦强调只想出于和平目的利用后处理工厂，并无意取得核武器。但是，美国方面，特别是卡特，更为关心的是核不扩散问题。尽管双方在后处理工厂问题上有分歧，并且美国暂停了项目援助，但巴

---

① Press Conference of General Mohammad Zia-ul-Haq, Chief of Army Staff and Chief Martial Law Administrator（CMLA），1 September 1977, *US-South Asian Relations 1947-1982*, Vol. 2, p. 370.

② Report by US President to the Congress on US Participation in the United Nations for the Year 1977, 1978, *US-South Asian Relations 1947-1982*, Vol. 2, pp. 370-371.

基斯坦依然珍惜与美国的关系。① 1978 年 3 月 11 日，巴基斯坦陆军参谋长、军法管制首席执行官齐亚·哈克将军接受华盛顿邮报记者采访时指出，西方以及东方有不少国家拥有核工厂，但是巴基斯坦却被排除在外，剥夺了其发展急需的核工厂，特别是巴基斯坦还是一个发展中国家，能源资源非常短缺。仅仅多了一个核后处理工厂就会导致核扩散吗？②

美国与巴基斯坦还就在麻醉品管制问题开展了合作。1978 年 3 月 21 日，国务院国际麻醉品管制问题的主管以及高级顾问玛西娅·法尔科（Mathea Falco），在参议院委员会海外业务拨款小组委员会上进行说明。在 1977 年，巴基斯坦估计生产出了 200 吨鸦片，其中 120 吨本地消费。剩余的 80 吨流入伊朗、土耳其、西欧，波斯湾地区。就像在阿富汗一样，巴基斯坦的鸦片罂粟田集中于遥远的边界地区，中央政府鞭长莫及，很少能够管理到。生产集中于与阿富汗接壤的西北边界省偏远山区，那里的罂粟种植者以鸦片为唯一的经济作物，生活在贫困线上。美国在巴基斯坦的麻醉品管制援助是用于帮助开发当地能力，以阻止巴基斯坦鸦片及其衍生品进入国际市场，帮助开发替代性经济作物以取代鸦片。法尔科指出："我们正在请求在 1979 财年拨给 85 万美元用于 Swabi 区项目，这个项目将会使西北边省地区的替代性的经济作物与种植鸦片一样。该项目反过来会作为大规模农村开发事业的一个基础，寻求其他主要援助国的支持。去年，政治上的不稳定导致了布托政府被军方推翻。随着该国情况的稳定，军方领导人把注意力投到麻醉品控制问题上来，希望对非法交易和生产实施更有效地控制。请求在 1979 财年拨给 15 万美元配备车辆和巡逻艇用于巴基斯坦海关服务，以阻止毒品通过卡拉奇港及其附近沿海离开巴基斯坦。"③

美国关于主要武器系统的政策在 1977 年逐渐具体化。1976 年年末，国防部建议同意巴基斯坦购买 110 架 A-7 轻型攻击机。然而，国务院仔

---

① Extract from *Pakistan*, 1977-1978: *An Official Handbook*, 1978, *US-South Asian Relations 1947-1982*, Vol. 2, pp. 371-372.

② Zia-ul-Haq's Interview with the Correspondent of the *Washington Post*, 11 March 1978, *US-South Asian Relations 1947-1982*, Vol. 2, p. 373.

③ Statement by K. Mathea Falco, Senior Adviser and Director for International Narcotics Control Matters, Department of State, before the Subcommittee on Foreign Operations of the Senate Committee on Appropriations, 21 March 1978, *US-South Asian Relations 1947-1982*, Vol. 2, pp. 374-375.

细权衡，认为此事不急需，并且，A-7 轻型攻击机问题不久就与美国对巴基斯坦从法国购买核后处理设备的不愉快一致起来。不仅是 A-7 销售搁置起来，而且据报道福特政府也威胁巴基斯坦，如果与法国完成协议，那么巴基斯坦将会失去美国的经济援助。1977 年 6 月，卡特政府决定，不再进行 A-7 销售。然而，卡特政府不是把这个决定与法国核反应堆问题联系起来，而是强调"把一个重要的复杂的武器系统引入南亚"的有害前景，把这个决定置于其更为广阔的全球武器交易限制目标背景之下。巴基斯坦没有寻求任何的重新开始 A-7 问题，也不要求购买任何替代飞机。在近年来对巴基斯坦武器销售进行限制的同时，美国也销售了一些相对复杂的防御性武器，诸如线导向的反坦克武器。就巴基斯坦而言，武器销售问题不可分地融入国家安全问题。巴基斯坦依然是，通过中央条约组织，西方联盟体系的一部分。①

对外援助法 669 款也被称为赛明顿修正案（Symington Amendment）。1977 年 8 月 4 日的国际安全援助法案（美国 95-52 公法）赛明顿修正案，修正了 1961 年对外援助法，停止向有些国家提供用于经济、军事或安全支持援助方面的资金，这些国家运送或接收用于浓缩的装备、材料或技术，除非运送的物品处于多方支持和有效管理之下，并处于全面国际保障监督协议之下。修正案也停止向那些运送或接受核后处理装备、材料或技术的国家提供此类资金，停止向那些进行核爆的无核国家提供此类资金。如果总统接收到争议中的国家将不会获得或开发核武器的"可靠的保证"，这项法律也允许提供援助。而巴基斯坦属于"运送或接收用于浓缩的装备、材料或技术的国家"，以及"运送或接受核后处理装备、材料或技术的国家"，被列入"黑名单"。美巴关系经历了严重的倒退。

1978 年 8 月 15 日，（巴基斯坦）对外事务办公室发言人，被问到关于华盛顿报道的阻止向巴基斯坦提供新的美国开发援助时，表示新的开发援助实际上于 1977 年 4 月已经被美国政府暂停了。发言人指出，这种行为很显然与美国新的关于后处理工厂的法律是一致的，但是这是不公正的，因为巴基斯坦从未违反任何美国法律。很显然，美国的行为是由

---

① *The United States, India, and South Asia: Interests, Trends, and Issues for Congressional Concern*, A Report Prepared by Richard Cronin of the Congressional Research Service, 11 August 1978, *US-South Asian Relations 1947-1982*, Vol. 2, pp. 376-378.

巴基斯坦的坚定立场所引起的，即巴方认为与法国的关于后处理工厂的合同必须按照实际情况受到尊重。① 1978 年 12 月 6 日，美国驻巴大使赫梅尔（Arthur W. Hummel）在卡拉奇的一次会议上发表演说，指出：美国不赞同巴基斯坦发展核后处理设施的计划。然而，这次不同意，并不是特别针对美国与巴基斯坦的关系……它是基于针对核不扩散的世界性政策……美国反对巴基斯坦获得核后处理能力，通常被误解为美国的政策剥夺了该国利用核技术。真相并非如此……巴基斯坦以及其他许多国家需要通过核反应堆扩大电力产量，美国也并未寻求剥夺这些国家引进核反应堆的权利。但是，能够生产钚的这种后处理工厂，从长远来看，构成了核扩散的不必要的冒险。并且，当可替代的燃料循环技术正在抓紧研究之时，此时他们寻求核燃料没有必要。1952 年以来，美国向巴基斯坦提供了约 50 亿美元的经济援助，大部分用于看得见的巴基斯坦的基础设施建设。"我们经常被问到，为什么在巴基斯坦正急切需要的时候美国切断了援助？这里存在着一个基本的误解。实际上，我们没有切断援助。当然，1977 年 4 月以后我们暂停了新项目合同承诺，以强调美国对巴基斯坦政府决定获得核后处理工厂的关心。尽管新的开发援助暂停了一段时间（在 1978 年 8 月法国宣布取消核后处理工厂的销售之后，1978年 10 月项目援助恢复），美国继续提供相当大的经济援助：1977 年签署协议，根据 480 公法向巴基斯坦提供超过 0.57 亿美元的商品。授权商品信贷公司向巴基斯坦提供 0.58 亿美元的信贷， 1978 年早些时候，用于购买小麦，并且刚刚又授权了一项 0.28 亿美元的信贷用于购买更多的小麦。最近证实，提供一项 0.4 亿美元的贷款用于帮助巴基斯坦修建一个化肥厂。仅仅几个星期前，与巴基斯坦签署了一项 0.25 亿美元的协议用于进口化肥，并且还正要签署几个协议，关于控制疟疾和农村道路的协议。1977 年在农业研究、公共健康、水资源管理、疟疾控制、旱地农业等领域的一系列项目中，继续援助巴基斯坦。"②

1979 年 3 月 7 日，副国务卿克里斯托弗（Warren Christopher），在众议院对外事务委员会亚太事务小组委员会上谈道：由于阿富汗出

---

① Statement by the Spokesman of the Pakistan Foreign Office on the with Holding of US Development aid, 15 August 1978, *US-South Asian Relations 1947-1982*, Vol. 2, p. 378.

② Address by US Ambassador to Pakistan, Arthur W. Hummel, Jr., at a Meeting of the English Speaking Union of Pakistan, Karachi, 6 December 1978, *US-South Asian Relations 1947-1982*, Vol. 2, pp. 379-380.

现了亲苏政府以及苏联在该地区影响的增长，巴基斯坦以及其他国家
深受关注。但是，巴基斯坦的主要关心，并不是反复考虑其邻居的意
识形态，而是阿富汗对巴基斯坦边界地区再次作出声明，并且阿富汗
对巴基斯坦俾路支省以及西北边省民族运动的支持的可能性。在美国
关于在该地区进行武器限制的总政策之内，将对他们加强国防的合理
需求作出反应。这样的需求与不干涉他们内部发展的基本任务相一
致，与不导致南亚军备竞赛相一致。因此，美国准备在非歧视性基础
上向巴基斯坦和印度销售军事装备，并且在一定程度上不会导致地区
紧张。美国将会继续遵循限制性政策，在数量上以及复杂性方面，希
望其他国家也这样。①

1979 年 3 月，巴基斯坦外长夏希宣布，因中央条约组织不再能起到
保护成员国安全的作用，决定退出。接着，土耳其也宣布退出。同年 4
月 30 日，该组织举行会议，与会的英、美、巴、土四国代表决定，该组
织于 1979 年 9 月 28 日不复存在。②

1979 年 4 月 1 日，巴基斯坦对外事务办公室发言人就美国决定暂停
目前的和下一财年的开发援助表示遗憾，认为此举是针对巴基斯坦的歧
视性行为。发言人重申，巴基斯坦准备接受充分的安全保护措施，包括
核研究的和平项目，如果这些安全保护措施在非歧视性基础上实施，如
果美国愿意确保没有偏好和排斥地对那些已经获得或者在获得核武器能
力门槛的其他国家的核项目予以实施。发言人指出，美国的政策是全球
性的，不是局限于巴基斯坦的……③1979 年 4 月 7 日，根据赛明顿修正
案，美国暂停了对巴基斯坦的开发援助和国际军事教育和培训项目。
1979 年 4 月 21 日，巴基斯坦原子能委员会主席在电台采访时表示：关于
美国停止对巴基斯坦的经济援助，这仅仅是向巴基斯坦施压使其放弃和
平利用核电项目的一种新形式。他把美国停止援助描述为一种针对巴基

---

① Statement by Deputy Secretary of State Warren Christopher before the Subcommittee on Asian and Pacific Affairs of the House CFA, 7 March 1979, *US-South Asian Relations 1947-1982*, Vol. 2, pp. 383-384.

② Statement Released to the Press by Foreign Minister Agha Shahi Announcing Pakistan's Decision to with Draw from CENTO, 12 March 1979, *US-South Asian Relations 1947-1982*, Vol. 2, pp. 384-385.

③ Statement by the Spokesman of the Pakistan Foreign Office on the US Decision to Suspend Development Aid for the Current and Next Fiscal Years, 7 April 1979, *US-South Asian Relations 1947-1982*, Vol. 2, p. 385.

斯坦的歧视性行为，而印度依然被提供浓缩铀，尽管事实上印度与核不扩散条约相违背并且已经爆炸了核装置。[①]

1979 年 5 月 1 日，助理国务卿皮克林（Thomas R. Pickering）在参议院小组委员会上表示：核装备供应商取消向巴基斯坦提供组件有些太迟了。他们进行了拖延，但并不能阻止巴基斯坦在未来几年在离心机的帮助下通过使用浓缩铀获得制造原子弹的能力。巴基斯坦也依然对获得后处理厂来生产钚感兴趣。我们担心，巴基斯坦的项目不是用于和平，而是涉及努力开发核爆炸能力。在未来几年内，如果巴基斯坦有此意图的话，它也不会爆炸核爆装置。目前巴基斯坦的行为对该地区的稳定有严重而深远的影响。此外，他们对美国帮助其应对巨大的安全和经济需求的能力表示严重怀疑……"我们继续与巴基斯坦讨论在更广范围我们的关系，包括核问题。我们希望这些讨论会导致问题的解决。我们强力支持巴基斯坦的关于南亚无核区的思想。近几年来，我们在联合国支持由巴基斯坦提出的建立南亚无核区的解决方案。"助理国务卿皮克林指出，一旦离心机在巴基斯坦建成，即便是国际原子能机构的保护措施也不能保证巴基斯坦不会制造原子弹。[②]

1979 年 5 月 15 日，副助理国务卿米克洛斯（Jack C. Miklos）在众议院对外事务委员会亚太事务小组委员会上谈道，美国目前放缓了对巴基斯坦的开发援助项目。但是，希望以 480 公法粮食援助形式的人道主义援助能够继续得到国会的支持。大量 480 公法项目一直是必需的，去年由于小麦丰收而比预期有大量减少。歉收主要是自然原因，特别是叶秆锈病。然而，坏收成迫使巴基斯坦政府急切地要增加产量以达到自给自足。在美国的鼓励下，巴政府采取措施修改政策，推动增加小麦产量的项目。480 公法援助意图是要帮助巴基斯坦政府进行粮食政策改革，制定走向自给自足的综合性农业生产战略。存在如下问题。①麻醉毒品控制：据美国缉毒局估计，阿富汗和巴基斯坦在 1978—1979 年生长期将会生产 800 吨的鸦片，使该地区成为世界上单一的最大非法鸦片来源地。尽管目前来自该地区的海洛因仅仅构成了进入美国的总的海洛因百分比

---

① Statement by the Chairman of the Pakistan Atomic Energy Commission, Munir Ahmed Khan, In A Radio Interview Broadcast on 21 April 1979, *US-South Asian Relations 1947-1982*, Vol. 2, pp. 385-386.

② Statement by Assistant Secretary of State Thomas R. Pickering before a Senate Subcommittee, 1 May 1979, *US-South Asian Relations 1947-1982*, Vol. 2, pp. 386-387.

的很小的一部分，但是它流入欧洲的数量开始增长，并且驻扎在德国以及其他欧洲国家的美国军队可以得到。阿富汗和巴基斯坦的政治环境允许极少或没有直接的美国双边援助用于这两个国家的麻醉毒品控制。但是，美国正努力寻求得到工业化国家基于双边和多边基础上的对全球国际性麻醉毒品控制努力的支持。在巴基斯坦，从 1972—1978 财年，花费了 94.4 万美元国际麻醉毒品控制基金用于支持执法工作。在 1979 财年又有 1 万美元被用于同一目的。此外，联合国药物滥用控制基金在巴基斯坦布内尔县（Buner District）正在进行试点性的农村开发项目。为了在试点阶段结束后继续推进该项目，还需要额外的资金。西德政府对该项目表示有兴趣但没有承诺提供资金。②巴基斯坦的核活动：美国应该对该地区有连贯一致的政策，不会使美国与某个特定国家的双边关注相冲突。美国对核不扩散政策的全球关注导致了与巴基斯坦和印度关系的严重困难。巴基斯坦在核领域的活动已经向美国展示了非常真实的政策困境。巴基斯坦对美国以及对该地区是重要的，特别是考虑到伊朗的混乱局势以及苏联在阿富汗的行动。从政治上来说，巴基斯坦是美国的传统朋友，作为第三世界中更温和的国家之一可以对该地区稳定作出贡献。但是，巴基斯坦目前的核活动，限制了美国援助它满足其巨大的安全和经济需求的能力。有可靠信息表明，巴基斯坦一直努力从国外获得铀浓缩设施组件；根据赛明顿修正案（Symington Amendment），美国要终止原有的援助项目。如果在次大陆发生了核爆能力的扩散，那么对全球安全以及美国遏制这种令人恐惧的破坏性力量的努力产生非常严重的后果。许多能源资源有限的国家希望能够和平开发原子能。美国愿意在非歧视性和一视同仁的条件下，在核不扩散条约下进行合作，将继续努力阻止核爆能力的扩散，但面临着政策困境。①

1979 年 5 月 15 日，副助理国务卿米克洛斯回答国会议员索拉兹（Stephen Solarz）书面咨询。议员问：考虑到巴基斯坦的战略重要性，很显然对巴基斯坦维持援助禁运不符合美国的安全利益。此外，停止援助将会有效地影响巴基斯坦的核政策，这也是不可能的。有些分析人士甚至提出，军事援助的停止将会使巴基斯坦寻求核武器能力更为可能。根

---

① Statement by Deputy Assistant Secretary of State for NEA, Jack C. Miklos, before the Subcommittee on Asian and Pacific Affairs of the House CFA, 15 May 1979, *US-South Asian Relations 1947–1982*, Vol. 2, p. 387.

据这些考虑，很显然美国应该努力解决该问题并恢复与巴基斯坦的正常关系。米克洛斯答道：从政府收到巴基斯坦正在建核浓缩设施开始，就与巴基斯坦总统齐亚以及其他巴基斯坦官员开始讨论，劝阻他们。该主题在去年副国务卿克里斯托弗访问伊斯兰堡时被详细讨论。美国依然在与巴基斯坦政府以及感兴趣的其他国家政府致力于谈判解决这一问题。此外，美国与巴基斯坦继续讨论更广范围内的关系。议员问：政府支持巴基斯坦关于南亚无核区的建议吗？米克洛斯答道：政府支持无核区的概念。去年的两次联合国大会，美国政府都投票支持巴基斯坦提出的南亚无核区建议。①

1979 年 5 月 15 日，国际开发署署长助理沙利文（John H. Sullivan），在众议院亚太事务小组委员会上言道，作为巴基斯坦违反对外援助法 669 款的结果，国际开发署不能向巴基斯坦提供原计划 1980 财年 0.15 亿美元的开发援助。同样，巴基斯坦将不能接受原计划 1979 财年 0.40 亿美元中的大部分。国际开发署有意调整对巴基斯坦在美学习的培训生的资金。② 可见，美国试图以援助作为一种工具和手段，向巴基斯坦施压，迫使其在核能开发等方面作出让步。

1979 年 6 月 6 日，巴基斯坦外长夏希（Agha Shahi）接受《印度快报》记者采访时表示：自从正式退出中央条约组织以来，巴基斯坦不再与美国有关的安全协定发生联系。1954 年协定影响着美国对巴基斯坦的军事援助。但 1965 年以来，美国暂停了所有的此类援助。因此，在过去的 15 年，协定没有发挥作用。当问到为什么巴基斯坦没有正式宣布终止协定时，巴基斯坦外长夏希表示，由于这些日子巴基斯坦与美国的关系不太好，终止这个长期的协定只会使事情更加恶化。③

1979 年 6 月至 8 月，围绕着美国媒体关于巴基斯坦核问题的报道，形成了"核舆论危机"，导致美巴关系紧张。6 月 12 日哥伦比亚广播公司的宣传报道，煽动以色列、印度甚至苏联破坏巴基斯坦处于萌芽状态

---

① Miklos' Replies to Written Questions Submitted to the Department of State by Congressman Stephen Solarz, 15 May 1979, *US–South Asian Relations 1947–1982*, Vol. 2, pp. 392–394.

② Statement by AID Assistant Administrator for Asia, John H. Sullivan, before the House Subcommittee on Asian and Pacific Affairs, 15 May 1979, *US–South Asian Relations 1947–1982*, Vol. 2, pp. 394–395.

③ Statement by Foreign Minister Agha Shahi in an Interview with the Correspondent of the *Indian Express* at Colombo, 6 June 1979, *US–South Asian Relations 1947–1982*, Vol. 2, p. 396.

的核设施。6 月 16 日，巴基斯坦驻美国大使馆发言人驳斥哥伦比亚广播公司关于巴基斯坦的特别报道（巴基斯坦的核武器经常被形容成"伊斯兰炸弹"）。该报道完全误导地描绘了巴基斯坦的核意图和核项目。巴基斯坦的核项目完全用于和平目的，并且巴基斯坦无意获取或开发核炸弹。巴基斯坦不仅宣布放弃获得核武器，而且也准备与南亚邻国签署放弃核武器的协议。同时，接受对卡拉奇核电厂，以及被国际原子能机构所批准的提议中的后处理工厂进行最严厉的保护措施。巴基斯坦也将接受包括对和平的核研究项目的全方位的保护措施，如果此类保护措施基于非歧视性实施。一些谣言称巴基斯坦正利用利比亚的资金援助建设自己的核力量，与这些含沙射影的谣言相反，发言人强调，巴基斯坦从未寻求或接受任何来自利比亚的资金援助用于开发和平的核项目。所有的这些假设和谣传，完全是毫无根据的无稽之谈。①

1979 年 8 月 11 日，《纽约时报》刊登伯特（Richard Burt）的文章。文章建议对巴基斯坦核设施采取准军事行动，由此引发轩然大波。文章指出，美国正在考虑对巴基斯坦的铀浓缩中心采取秘密破坏活动，以减缓其发展核弹……这只是卡特政府的三个可选项之一。另外两个是，向巴基斯坦销售像 F-5 以及 F-16 这样的先进的美国飞机来恢复印度次大陆的力量平衡、对巴基斯坦实施经济制裁……除了美国政府暂停援助之外，建议当局限制通过国际租借援助而进行的美国私人投资和赠予。关于秘密行动，建议一旦大量先进装备聚集在巴基斯坦核工厂之时，就进行无可挽回的破坏活动，这样巴基斯坦的制造核弹的项目就会无限期推迟。建议建立由国务院史密斯（Gerard Smith）领导的美国跨部门特别小组，为对巴基斯坦采取遏制行动负责，包括由一支美国准军事力量组成的突击队行动，以破坏巴基斯坦的核设施。对于这篇文章，官方人员表示，任何一个可选项都是充满争议，并怀疑是否能够得到批准。除了令巴基斯坦沮丧之外，这些或许会强化巴基斯坦制造核武的决心。美国驻巴基斯坦大使近期曾公开声称，巴基斯坦生产核弹或许几乎不可避免。美国政府收到的情报信息显示，巴基斯坦比美国专家预测得更接近于爆炸核装置。情报认

---

① Rejoinder by the Spokesman of the Pakistan Embassy in the US to the CBS Special Report on Pakistan, 16 June 1979, *US–South Asian Relations 1947–1982*, Vol. 2, pp. 396–397.

为，巴基斯坦有可能在年底之前爆炸核装置。①

1979 年 8 月 14 日，巴基斯坦对美国反对其和平核项目的运动进行说明。巴基斯坦对美国反对巴基斯坦核项目的运动不断升级深表遗憾。 8 月 14 日美国驻巴基斯坦大使赫梅尔被召集到外交部，通知他巴基斯坦政府对威胁到巴基斯坦和平核项目运动不断升级的严重关切。提醒大使注意，1979 年 8 月 11 日纽约时报刊登伯特的文章，主张建立由国务院史密斯领导的美国跨部门特别小组，对巴基斯坦采取遏制行动负责，包括由一支美国准军事力量组成的突击队行动，以破坏巴基斯坦的核设施。大使被告知，这样的美国政府特别小组的建立，构成了反对巴基斯坦核项目的不断升级，该项运动开始于 6 月 12 日哥伦比亚广播公司的宣传报道，煽动以色列、印度甚至苏联破坏巴基斯坦处于萌芽状态的核设施。哥伦比亚广播公司报道之后，紧接着一位不愿透露姓名的美国官员对印度斯坦时报记者建议，如果印度能够在 14 天之内除掉东巴，那么为什么不在 14 分钟之内除掉巴基斯坦的核设施呢？ 最近的 8 月 10 日，参议员珀西（Percy）在加尔各答宣称，巴基斯坦正在继续进行核弹（开发），德里、孟买、加尔各答都在核弹范围之内。参议员珀西的言论是对印度的煽动。大使被告知，巴基斯坦对作为盟友和传统朋友的此举深表遗憾，如果由美国直接煽动侵略的威胁行为继续的话，巴基斯坦将别无选择只有把这种对其安全的威胁公之于国际论坛。国务院发言人对《纽约时报》报道的简短否认仅仅提到秘密行动。它并没有排除准军事力量行动的可能性。这种准军事力量行动，一直包括在特别小组的可选项之中，将构成公然侵犯。②

1979 年 8 月 15 日，国务院发言人莱斯顿（Thomas Reston）就伯特在《纽约时报》的文章进行说明，指出："我们无意使用武力或法律以外的方式破坏巴基斯坦的铀浓缩设施。我们对巴基斯坦核项目的关心是有记录可查的，案例不断在审查中。在巴基斯坦一直对美国的立场有一些误解。"③

---

① Article by Richard Burt in *New York Times*, 11 August 1979, *US-South Asian Relations 1947-1982*, Vol. 2, pp. 398-399.

② Pakistan's Statement on the US Campaign Against Its Peaceful Nuclear Programme, 14 August 1979, *US-South Asian Relations 1947-1982*, Vol. 2, pp. 399-400.

③ Statement by the Spokesman of the State Department, Thomas Reston, Regarding Richard Burt's report in the *New York Times*, 15 August 1979, *US-South Asian Relations 1947-1982*, Vol. 2, p. 400.

1979 年 8 月，巴基斯坦驻美大使馆媒体顾问阿里（Khalid Ali），就《纽约时报》伯特文章致一些报社的信函指出：这种姿态与时代精神很难一致，只能解释为对维系主权国家间关系所有原则的粗野违背。以核扩散的名义，激起了一种恐惧精神病，反对巴基斯坦的做法以及和平核项目。不是赞同巴基斯坦的和平核项目，而是不公平地粗野指责巴基斯坦的项目将会事实上把世界带到核灾难的边缘。这样的一种有选择性的和歧视性的措施，并不能代表（防止）核扩散的一种有原则的方法。①

1979 年 8 月 16 日，美国驻巴基斯坦大使赫梅尔，就纽约时报伯特文章指出，美国政府对在美国和巴基斯坦报刊上出现的煽情和不真实故事表示关心，这些故事正在对巴美关系造成破坏。美国无意在巴基斯坦使用武力或其他任何非法方式（如准军事干预），美国政府也无意鼓励别的任何人这样做。赫梅尔建议在美国政府内部就巴基斯坦核问题进行讨论，找到双方都能接受的解决分歧的方法。②

1979 年 9 月 22 日，国务卿万斯（Cyrus Vance）致函众议院对外事务委员会主席扎布洛茨基（E. Zablocki），就巴基斯坦的安全问题提出自己的见解。万斯指出：对巴基斯坦核项目深表关注，关注其对地区和全球努力控制核武器能力持续扩散的威胁的影响。迄今为止，美国一直在与巴基斯坦政府讨论，努力寻找一条双方都能接受的解决方案。美国所实施的与巴基斯坦秘密从海外获取浓缩设备元件有关的制裁，并未取得预期的效果。同时，为了阻挠巴基斯坦的项目，美国与其他潜在的与这种设备有关的装备和原料供应商加强了出口控制。……尽管出口控制能够减缓巴基斯坦的项目，但是认为不能有效地阻止它。……在明显的驱动获取核爆破能力过程中，巴基斯坦的安全问题是一个关键因素。该地区最近的事件增加了巴基斯坦的不安全感，也引起了美国政府的更大的关注。在解决巴基斯坦核问题的过程中，一个必要的因素是，要使巴基斯坦相信，通过可靠的和真正的和平核开发项目，其国家安全得到了提高，而不是降低。应该清楚，美巴双边关系，在过去一直是巴基斯坦国家安全的重要因素，应该通过一个双方都能够接受的核问题解决方案来

---

① Letter of Press Counsellor of the Embassy of Pakistan in US, Khalid Ali, to Certain Newspapers Regarding Richard Burt's News Item in the *New York Times*, August 1979, *US-South Asian Relations 1947 -1982*, Vol. 2, pp. 400-401.

② Statement by Arthur W. Hummel, Jr., US Ambassador to Pakistan, 16 August 1979, *US-South Asian Relations 1947-1982*, Vol. 2, p. 401.

得到极大的提升。因此，"我们认识到，我们的任何有效的战略需要我们考虑巴基斯坦自身的安全关切，我们欢迎你对这种努力进行支持"。①

国务卿万斯和巴基斯坦外长夏希，在美国进行了两天的讨论，于1979年10月17日，发表美巴联合公报。双方就相互关心的问题进行了广泛交流。双方依然在核问题上存在明显分歧。夏希向万斯保证，巴基斯坦不会制造核武器。② 1979年12月1日，近东、南亚和非洲事务局地区总监谢弗（Howard B. Schaffer），在纽约市立大学亨特学院发表演说，谈及美国与巴基斯坦关系。美国传统上与巴基斯坦保持密切关系……希望向巴基斯坦提供支持的能力受到巴基斯坦核行为的限制。美国的法律要求削减对一个国家的大部分的开发援助和军事援助，只要这个国家进口一些敏感的核装备材料和技术，包括那些用于铀浓缩的设备。巴基斯坦一直在开发铀浓缩项目，这与它的发电或研究需要不一致，这一事实已经引起了美国的高度关注。美国削减了进一步的经济开发援助，约每年0.4亿美元，同时也中止了适度的军事训练项目。这些行为，是按照美国法律要求进行的。美国向巴基斯坦表达过对它们的核行为的关注，并要求它们不要去开发核爆能力。开发这样的能力，将会加重而不是减轻它们的安全问题，并且将会是南亚地区不稳定的主要来源。③ 美国在巴核计划上强硬态度，与美国向印度塔拉普尔核反应堆继续提供核燃料相对比，使巴基斯坦感到困扰，认为美国在对印巴核问题上采取双重标准。

在经过美巴两国多次沟通交流、"核舆论危机"暂告平息之际，又发生了暴民袭击美国使馆事件。

1979年11月21日，暴民袭击了伊斯兰堡美国使馆，造成财产损失和人员伤亡。齐亚·哈克对一些反叛者企图亵渎圣石深表悲痛……当巴基斯坦人民听到这个消息时，一股悲愤浪潮自然地席卷全国。在一些地

---

① Letter of Secretary of State Cyrus Vance to the Chairman of the House CFA, E. Zablocki, Regarding Pakistan's Security Concerns, 22 September 1979, *US–South Asian Relations 1947–1982*, Vol. 2, pp. 402–403.

② US–Pakistan Joint Statement, 17 October 1979, *US–South Asian Relations 1947–1982*, Vol. 2, p. 403.

③ "Review of U. S. Policy in the 1980s", Address by Howard B. Schaffer, Country Director for India, Nepal and Sri Lanka Affairs, Burea of NEA, before the Foreign Policy Conference for Asian–Americans at Hunter College, New York City, 1 December 1979, *US – South Asian Relations 1947 – 1982*, Vol. 2, pp. 405–406.

方，情绪失控，愤怒的暴民烧毁了在伊斯兰堡的美国大使馆的一部分，在拉合尔的美国总领馆办公室，在拉瓦尔品第包括美国中心在内的一些建筑物、汽车以及其他财产。对此，齐亚·哈克深表遗憾。11 月 27 日，巴基斯坦信息（情报）部长拉赫曼（Mujib-ur-Rehman）少将，就暴民攻击在伊斯兰堡的美国使馆发表意见。巴基斯坦政府对两位美国人和四位巴基斯坦人在 11 月 21 日伊斯兰堡事件中丧生深表遗憾。巴基斯坦总统和政府强烈谴责根据不正确的报道而针对在巴美国使团的暴民行为。此时是由于未经辨别的外国广播报道暗示美国卷入了伊斯兰最神圣的地方——克尔白的占领而激发。亵渎神圣的消息引起了愤怒的浪潮……它是一个孤立的事件，并不能反映在巴基斯坦存在根深蒂固的反美情绪……①

1979 年 12 月 19 日和 1980 年 12 月 18 日，美国在外交照会中提交了对损坏赔偿的要求。在是以美元偿还还是以巴基斯坦卢比偿还问题上没有达成一致。这个问题后来得到了解决。巴基斯坦后来向美国支付了 0.1394 亿美元，用于美国大使馆和美国中心的重修重建费用。要求补偿 0.07245 亿美元，用于家具、交通工具、装备、个人财产，目前双方正在讨论。②

暴民袭击事件虽未对美巴关系造成多大影响，但也反映了巴基斯坦民众中压抑已久的反美情绪。

1979 年伊朗伊斯兰革命爆发，巴列维领导的伊朗君主立宪政体被推翻，霍梅尼成立了政教合一的伊斯兰共和国。霍梅尼政权提出"既不要东方，又不要西方"的对外政策，并且 1979 年 11 月又发生了伊朗人质事件。美国的全球战略在中东的一个重要支点垮塌，美伊关系严重恶化。1979 年 12 月 27 日，苏联入侵阿富汗。美国总统卡特 1980 年 1 月在国情咨文中，提出的一项对海湾地区的政策声明，警告苏联不要利用伊朗和阿富汗的动乱作为借口，谋求实现苏联长期以来企图获得一个温水港的目标，卡特主义出台。巴基斯坦在美国全球战略的重要性上升。

阿富汗危机成为美巴联盟关系的转折点。过去因为巴基斯坦核项目

---

① Statement by Information Secretary Major-General Mujib-ur-Rehman on the Mob Attack on the US Embassy in Islamabad, 27 November 1979, *US-South Asian Relations 1947-1982*, Vol. 2, pp. 404-405.

② Zia-ul-Haq's Address to the Nation, 21 November 1979, *US-South Asian Relations 1947-1982*, Vol. 2, p. 404.

而造成的两国关系恶化得到重新评估。1979 年苏联入侵阿富汗造成了形势的急剧变化，导致美国决策者"重新发现"巴基斯坦的战略重要性。美国重新对巴基斯坦产生了兴趣，巴被视为"前线国家"，与巴基斯坦政府努力重建密切的军事安全关系。美国对巴基斯坦安全援助的禁令被取消，以便阿富汗内部反对派能够得到帮助。加上 1979 年伊朗革命，美国认为其在中东的利益受到了威胁。美国 33% 的石油进口来自中东地区，西欧和日本分别是 66% 和 75%。① 1980 年 1 月 23 日，卡特在国会两院联合会议上指出，因苏联军队占领阿富汗而受威胁的这一地区，在战略上极具重要性。苏联主宰阿富汗的努力导致了苏联军队可以影响印度洋 300 英里以内范围，并且邻近霍尔木兹海峡（从波斯湾通往世界各地海上运输的"咽喉"，是大量油气和其他资源海上运输的必经之处，因此，又被称为海上运输的"生命线"）。苏联正努力巩固这第一次世界大战略地位，因此，这对中东原油的自由运输构成了严重威胁。② 为了遏制苏联扩张主义，卡特发表政策声明，警告苏联不要利用伊朗和阿富汗的动乱作为借口，谋求实现苏联长期以来企图获得一个温水港的目标。宣布中东、波斯湾地区是美国必须保卫的"切身利益"地区，与欧洲、远东一起构成美国全球战略中三大"相互依靠"的地区；必须提高美国整个军事力量，应着重加强在中东、波斯湾地区应付紧急事变的能力；要求西欧、日本分别对本地区的防御承担更多的责任，向受苏联严重威胁的国家提供力所能及的援助，加强盟国和友邦的联合，共同组成抵御苏联南下的防线。巴基斯坦与阿富汗有 2400 公里的漫长边界线，面临着苏联的军事压力，以及分裂主义势力和阿富汗难民等一系列安全威胁。因此，巴基斯坦领导人也努力改善与美国的关系。

美巴共同利益促使双方走得更近。卡特在 1980 年 1 月一次电视采访中指出，美国将会在必要情况下使用武力来保卫巴基斯坦免受苏联攻击。1 月 31 日，卡特政府通知国会主要领导人，准备开始考虑与巴基斯坦建立长期军事支持关系。起初美国政府仅仅寻求紧急情况下的一次性法律豁免，因为巴基斯坦核武器项目而禁止巴基斯坦获得美国援助。但

---

① Aftab Alam, *U. S. Military Aid to Pakistan and India's Security*, Delhi：Raj Publications，2001，p. 65.

② The transcript of President Carter's State of the Union Message to the United States Congress on January 23，1980 in *New York Times*，January 24，1980，p. 12. 转引自 Aftab Alam, *U. S. Military Aid to Pakistan and India's Security*，Delhi：Raj Publications，2001，p. 66。

是，最终美国政府计划没有任何时间限制地废除对巴基斯坦的援助禁止。① 美国对巴基斯坦的重燃兴趣，反映在它提供 4 亿美元的援助。随着 1979 年 12 月苏联入侵阿富汗，1980 年 1 月，卡特政府提出要提供 4 亿美元的援助，经济援助和军事援助各 2 亿美元。美国还对阿富汗抵抗组织进行尽可能地援助。

巴基斯坦领导人对美国支持的可靠性有所保留。因为在 1965 年和 1971 年美国有两次令盟友失望，巴基斯坦认为美国防核扩散政策也具有虚伪性。为了平息巴基斯坦对美国意图的严重怀疑，开始制定军火名单。草拟的武器名单包括红眼便携式红外制导导弹，改进的鹰式防空导弹，陶式反坦克导弹等。这份名单准备在 1980 年 2 月初提交给巴基斯坦政府，以表明美国下决心解决苏联挑战。同时，美国也认识到印度的敏感性，寻求与印巴双方发展友好关系，表示对一方的援助不针对另一方。② 但是，令华盛顿吃惊的是，1980 年 1 月 17 日，齐亚·哈克不理会美国提供的 4 亿美元的援助，并嘲弄该援助"微不足道"。他认为该一揽子援助太令人失望，并不能买到巴基斯坦的安全，太少而不能发挥作用但是足以招致苏联更大的敌意。齐亚·哈克认为，在苏联军事介入阿富汗之后美国领导人处于恐慌状态，有机会从他们那里得到最大承诺。与巴基斯坦观点相反，白宫认为援助数量巨大，是对巴基斯坦需求的回应，并且巴基斯坦要接受这样的现实：仅凭美国一己之力不可能满足巴基斯坦的所有需求。③

1980 年 1 月 6 日，副国务卿克里斯托弗接受 CBS 节目采访时表示，针对苏联对巴基斯坦的威胁，美国依然对巴基斯坦发展核武器表示关心。核不扩散政策是美国重要的政策之一。另外，它仅仅是美国对外政策的一项原则。现在，存在着异常情况，在这种异常情况下如果巴基斯坦确实渴望得到，美国准备帮助它……美巴保持沟通，下一周或两周，将有机会表明美国怎样以及在多大程度上对巴基斯坦进行帮助。美国决定保持与印度的关系，但是印度应该看到苏联的行为，作为对印度的一

---

① Aftab Alam, *U. S. Military Aid to Pakistan and India's Security*, Delhi：Raj Publications，2001，p. 69.

② Aftab Alam, *U. S. Military Aid to Pakistan and India's Security*, Delhi：Raj Publications，2001，p. 71.

③ Aftab Alam, *U. S. Military Aid to Pakistan and India's Security*, Delhi：Raj Publications，2001，p. 72.

种威胁以及对该地区其他国家的威胁……"我注意到政府选举中的一些信号，他们正在进行竞选，我认为在他们竞选之后我们会有一个更加全面的反应。"①

1980 年 1 月 7 日，卡特在总统办公室接受 NBC 新闻采访。卡特表示："我们已经向巴基斯坦领导人、齐亚总统作出保证，在入侵发生之后不久当天我马上通过电话联系，此后通过信使，表示我们愿意加入其他国家向巴基斯坦提供必要的保护并满足其正当的防御性军事需求。这不是对邻国印度的一个威胁，而是支持巴基斯坦抵抗发生入侵的一种能力，特别是让巴基斯坦作为能够自我保护的一个强国为人所知，以便可能发生的入侵就会被阻止。"在援助的数量以及怎样提供援助、提供什么援助方面，必须要考虑三方面的因素：一是与美国一起参加的其他国家提供经济和军事援助的程度；二是巴基斯坦所需要的援助数量以及援助的特别方式；三是必须得到国会授权。②

对于美国的友好与善意表态，巴基斯坦反应谨慎。1980 年 1 月，巴美双方开始认真协商对巴安全援助事宜。巴基斯坦外长夏希表示，希望美巴签署一份正式条约来代替法律效力较低的 1959 年行政协定，以此向巴提供可靠的安全保证，还希望美国提供大量军事援助和经济援助。国务卿万斯提议在两年内向巴提供 4 亿美元经济与军事援助，以便巴应对自身安全可能遭受的威胁。军事援助将仅限于防御性武器，并且拒绝向巴销售喷气式飞机，还要求巴将部队从印巴边界调到西部边界，以便削减其援助需求。在安全保障问题上，美国提议重申 1959 年美巴行政协定，不同意签署新的条约。1 月 14 日，媒体公开披露美国援助金额为 4 亿美元，是美国推动的国际援助计划的一部分。巴基斯坦对媒体突然披露会谈细节极为不满。齐亚·哈克希望美国援助不应与对巴内政或核计划的任何要求相联系，并极为冷淡地将 4 亿美元援助视为微不足道，失望地表示 4 亿美元并不能令巴基斯坦获得安全，反而会招致苏联更大的敌意，因为苏联在本地区的影响力已经比美国大出很多。外长夏希表

---

① Statement by Deputy Secretary of State Warren Christopher During His Interview on the CBS "Face the Nation" Programme, 6 Janauary 1980, *US-South Asian Relations 1947-1982*, Vol. 2, p. 407.

② Statement by President Carter in an Interview Held in the Oval Office with John Chancellor of NBC News, 7 January 1980, *US-South Asian Relations 1947-1982*, Vol. 2, pp. 407-408.

示，援助必须与威胁相称。①

1980 年 1 月 18 日，国务院发言人强调指出，希望加快援助以帮助满足巴基斯坦的需求……美国的计划是帮助巴基斯坦摆脱由于苏联入侵阿富汗它所面临的严峻形势和挑战。②

1980 年 1 月 21 日，卡特致国会的国情咨文，对苏联入侵阿富汗导致地区战略形势的变化及其可能产生的后果进行了深入的分析。阿富汗政府的独立遭到破坏并且被苏联占领，这是以一种非常不祥的方式改变了该地区的战略形势。这使印度洋、甚至波斯湾进入了苏联的攻击范围。它消除了苏联和巴基斯坦之间的缓冲，并对伊朗产生了新的威胁。这两个国家现在更易于遭到苏联的政治威胁。如果这种威胁证明产生了效果，那么苏联有可能控制这一具有重要战略和经济意义的地区，该地区关乎西欧、远东甚至美国的生死存亡。很明显的是，整个亚洲次大陆特别是巴基斯坦受到了威胁。因此，请求国会通过一项经济和军事援助巴基斯坦一揽子方案，以帮助巴基斯坦保卫自己。③ 1 月 23 日，总统卡特在国会发表国情咨文演说："我们增加和强化了在印度洋的海军力量……我们再次证实，我们同意帮助巴基斯坦维护其独立和完整。美国将依照自己的法律，采取行动帮助巴基斯坦抵御任何外来入侵。我也会与其他国家领导人一道，再次向巴基斯坦提供军事援助。未来数周，我们会进一步加强与该地区其他国家的政治和军事联系。我们认为，在我们与任何伊斯兰国家之间，不存在不可调和的矛盾。我们尊重伊斯兰信仰，我们准备与所有伊斯兰国家合作。最终，我们准备与该地区其他国家一道共筑尊重不同价值观和政治信仰的合作安全框架。"④ 1 月 24 日，国务院苏联问题特别顾问舒尔曼，在众议院小组听证会上针对有关对巴基斯坦援助会造成美印关系困难的质疑回答道："任何对巴基斯坦的援助，对我们而言，都必然会造成一些我们与印度关系的困难。它取

---

① 曾祥裕：《巴基斯坦对外政策研究：1980—1992》，四川出版集团、巴蜀书社 2010 年版，第 86—88 页。

② Statement by the Spokesman of the State Department, Hodding Carter, 18 January 1980, *US-South Asian Relations 1947-1982*, Vol. 2, pp. 409-410.

③ President Carter's State of the Union Message to the Congress, 21 January 1980, *US-South Asian Relations 1947-1982*, Vol. 2, p. 410.

④ President Carter's State of the Union Address Before the Joint Session of the Congress, 23 January 1980, *US-South Asian Relations 1947-1982*, Vol. 2, pp. 410-411.

决于那是何种援助。要确信这种援助直接涉及巴基斯坦在阿富汗边界的问题，并且要让印度理解这种目的，并努力保持我们与印度关系的发展。"①

　　1980年2月1日，国务卿万斯在参议院拨款委员会上表示：苏联的行为要求美国作出坚定、持续而有效的反应。美国的目标是要使苏联在阿富汗的行动付出代价，从更广泛意义上而言，使它明白不论发生在何地的这样一种入侵行为，都将遭到坚定的抵抗。美国也在寻求强化在该地区的地位，通过这种方式来保护美国的利益，使美国的朋友安心，认清当地的现实。美国正与盟国以及其他国家一起努力，他们正采取各自的措施反对侵略……总统也采取行动来阻止该地区进一步的侵略。美国已经向巴基斯坦保证予以支持。苏联接到了通知，任何控制至关重要的波斯湾地区的企图都将遭到包括军事力量在内的一切必要方式的击退。为了加强对该地区所提出的军事需要作出灵活而有效反应的能力，美国增加了在印度洋的兵力存在。提高该地区的安全必须大家协同努力，为此，有五项重要因素。①努力提高该地区自我防御能力和政治经济稳定。通过美国的经济和安全援助项目，包括那些在埃及和以色列的项目，这一目标取得进展。为了处理巴基斯坦面临的紧急危险，要求现有的立法限制作出例外，以便美国能够与其他国家一起对巴基斯坦的安全需求作出灵活反应。这并不意味着减少了美国对核不扩散的承诺，这一点美国已经向巴基斯坦表明。这只是意味着美国决定帮助一个面对苏联军队威胁并在其边境作战的国家。②如果当地争端能够得到解决，那么地区安全的目标将会尽力而为。美国必须坚持不懈地支持解决印巴分歧的努力，避免在次大陆出现核竞争。③美国寻求改善与整个该地区国家的关系。当美国寻求帮助巴基斯坦满足其正当的防御要求时，美国依然与印度保持强烈的利益合作。④美国寻求与域外国家协同努力。美国对巴基斯坦的援助是更广泛的国际努力的整体的一部分。⑤需要向美国和西方解释对伊斯兰的理解。②

---

　　① Statement by the Special Adviser to the Secretary of State on Soviet Affairs, Marshall D. Shulman, During the Hearings before the Subcommittee on Europe and the Middle East of the House CFA on East-West Relations in the Aftermath of the Soviet Invasion of Afghanistan, 24 January 1980, *US-South Asian Relations 1947-1982*, Vol. 2, pp. 412-414.

　　② Statement by Secretary of State Cyrus R. Vance before the Senate Appropriations Committee, 1 February 1980, *US-South Asian Relations 1947-1982*, Vol. 2, pp. 415-416.

为了军事援助问题上与巴基斯坦达成妥协，并且商讨军事援助项目等，美国国家安全顾问布热津斯基和副国务卿克里斯托弗于 1980 年 2 月访问巴基斯坦。2 月 2 日，巴基斯坦总统齐亚·哈克对布热津斯基一行访问巴基斯坦表示热烈欢迎。布热津斯基在欢迎宴会上致辞，"在你们家门口存在着威胁，我们来这里就是要应对这种威胁，美国认识到，这个地区非常重要，我们要帮助该地区的国家维持其特性、完整和独立，我们来这里不是为了增加紧张而是为了促进安全。"① 2 月 2—3 日，布热津斯基一行与巴基斯坦官方举行了会谈，并发表了联合声明。声明指出，两国一致认为，苏联武装干涉阿富汗并对该国伊斯兰民众进行侵害，是对国际公约和规范的公然侵犯，严重威胁到巴基斯坦、该地区以及世界的和平与安全。美国重申根据 1959 年协定它对巴基斯坦的独立与安全所做的承诺是坚定而持久的。巴基斯坦重申，正如在 1959 年协定中所述，决定抵制侵略。② 布热津斯基向巴保证，在威胁巴独立与安全的任何大规模苏联进攻面前，美军会进行援助。但是，布热津斯基此行并未改变巴基斯坦的失望态度，齐亚·哈克在第一天的会谈后就直接给卡特打电话，告知会谈未能弥合双方分歧。齐亚·哈克认为，美国希望给予一点点援助，而使巴基斯坦永远断绝与苏联的后路，然后弃之于困境而不顾。布热津斯基的访问增进了双方进一步理解彼此看法，但并未取得非常成功，在美国对巴基斯坦援助问题上几乎没有取得什么进展。这种局面的原因除了巴基斯坦对美国有不信任心理外，美国自相矛盾的做法也加剧了巴基斯坦的疑虑。美国总统特使克利福德 1980 年 1 月底访问印度时表示，美国的对巴援助并非为另一个大得多的军事援助项目开道。这显然与布热津斯基的保证相矛盾，必然引起巴基斯坦的激烈反应。③ 在布热津斯基访问即将结束之时，一个由国防部部长助理麦吉弗特（David McGiffert）率领的军事代表团访问巴基斯坦，其主要任务是制定巴基斯坦需求武器名单。由于双方观点差异，该代表团也没有取得多大进展。美国草拟的名单中，有些巴基斯坦认为是

---

① Brezezinski's Speech at the Banquet, 2 February 1980, *US-South Asian Relations 1947-1982*, Vol. 2, p. 417.

② US-Pakistan Joint Statement on the Conclusion of Talks Between Zia-ul-Haq and Zbigniew Brezezinski, 3 February 1980, *US-South Asian Relations 1947-1982*, Vol. 2, pp. 417-418.

③ 曾祥裕：《巴基斯坦对外政策研究：1980—1992》，四川出版集团、巴蜀书社 2010 年版，第 89—90 页。

不需要的。而巴基斯坦最后提出自己的名单价值 110 亿美元，包括雷达、飞机、反坦克导弹、武装直升机、坦克、轻型野炮和自行火炮等，被一位美国官员称为"一厢情愿的采购清单"。这种僵局一直持续到卡特任期结束。①

1980 年 2 月 5 日，国务卿万斯在众议院对外事务委员会就 1981 财年对外援助项目发表讲话，"我们已经同意继续与巴基斯坦官方讨论巴基斯坦的军事和经济需求。我们已经表明，我们无意超出我们已经讨论过的 1980 财年和 1981 财年的水平。我们也会继续与其他计划援助巴基斯坦的政府一起讨论。在举行进一步的讨论之前，我们将推迟向国会请求此时的对巴援助。"②

1980 年 2 月 7 日，负责政治事务的前副国务卿西斯科（Joseph J. Sisco），在参议院对外关系委员会关于美国在近东和南亚的安全利益与政策的听证会上认为，苏联对阿富汗的直接侵略，是勃列日涅夫主义在东欧轨道之外首次明确实施，是对美国在波斯湾的地位的潜在威胁，是对西欧民主国家、伊斯兰国家地位的潜在威胁，是对第三世界的潜在威胁。阿富汗最终是否被苏联用作威胁波斯湾原油生命线的一个跳板，依赖于最初美国作出怎样的反应和引导，这反过来会对在中东、波斯湾以及阿拉伯半岛的美国盟友和朋友的行动产生决定性的影响。因此，建议采取以下政策行动：美国对巴基斯坦长期的军事和经济援助承诺的支持主要是加强巴沿阿富汗—巴基斯坦边界一线的能力。美国对巴基斯坦的承诺应当维持，其中包括 1959 年条约中主张如果发生共产主义入侵可以依据法律程序采取适当措施。同时，该国内部复杂的形势不能熟视无睹，美国应当向领导层施压，以更有效地处理其内部政治和经济问题以及分裂主义运动。而且，美国应当继续向印度再次保证，将仔细监督美国的援助使不损害其安全利益。③

1980 年 2 月 7 日，美国副国务卿克里斯托弗在参议院对外关系委员

①　Aftab Alam，*U. S. Military Aid to Pakistan and India's Security*，Delhi：Raj Publications，2001，pp. 74–75.

②　Statement by Secretary of State Cyrus Vance on the FY 1981 Foreign Assistance Programme before the House CFA，5 February 1980，*US–South Asian Relations 1947–1982*，Vol. 2，p. 419.

③　Statement by Joseph J. Sisco，former Under Secretary of State for Political Affairs，in the Hearings before the Senate CFR on US Security Interests and Politicies in the Near East and South Asia，7 February 1980，*US–South Asian Relations 1947–1982*，Vol. 2，pp. 419–420.

会上表示，自从苏联入侵阿富汗以来的一段时间，美国强烈支持巴基斯坦政府在国际和地区舞台上形成有效的政治反应。美国与巴基斯坦保持沟通、讨论。美国重申对巴基斯坦核行动的深切关注。美国向巴基斯坦表明在目前南亚不稳定的国际环境下进行核爆，将会特别危险，甚至比以前更加不明智。巴基斯坦核实验将严重改变美巴之间的关系，是拿美巴之间的进一步合作冒险。① 1980 年 2 月 11 日，主管近东、南亚和非洲事务的副助理国务卿库恩在众议院对外事务委员会上作了 2 月 7 日美国副国务卿克里斯托弗在参议院对外关系委员会上的类似陈述。②

1980 年 3 月 5 日，外长夏希就巴基斯坦对外政策发表演说指出，巴基斯坦与美国有着长期的和富有成效的关系。尽管时有起伏，但这种联系依然是看得见的、重要的。随着巴基斯坦一年多前退出中央条约组织，巴基斯坦仅有的与美国的正式联系是通过 1959 年双边协议，尽管这种协议在过去 20 年里或多或少处于休眠状态。由于（苏联入侵）阿富汗问题而引起的对巴基斯坦日益增长的威胁，美国恢复了对这个协议的兴趣，也向巴基斯坦提供了军事和经济援助。美国通过组织友邦论坛等向巴基斯坦提供额外的援助……这种一揽子援助包括 2 亿美元赊购的军事装备和 2 亿美元的长达 18 个月的经济援助……考虑到这些援助需要美国国会批准，以及接受这种一揽子援助将可能会影响巴基斯坦追求核研究和开发项目等因素，巴基斯坦正式向美国政府提出，对计划中的一揽子援助不感兴趣。③

1980 年 3 月 7 日，国务院发言人卡特（Hodding Carter）宣布，决定放弃计划中的法律批准的 4 亿美元的一揽子援助。美国提供 4 亿美元的一揽子援助仅仅是为了加强巴基斯坦的经济以及与阿富汗边界的防御。但是，也应该尊重巴基斯坦领导人在公开场合所采取的立场，即对计划中的一揽子援助不感兴趣。美国将继续与巴基斯坦及其他国家讨论巴基斯坦所需援助的种类。但是，不准备在 1980 年和 1981 年超出 4 亿美元（经

---

① Statement by Deputy Secretary of State Warren Christopher before the Senate CFR, 7 February 1980, *US-South Asian Relations 1947-1982*, Vol. 2, 421-423.

② Statement by Deputy Assistant Secretary of State for NEA Jane A. Coon before the House CFA, 11 February 1980, *US-South Asian Relations 1947-1982*, Vol. 2, pp. 423-425.

③ Speech by Foreign Affairs Adviser Agha Shahi on Pakistan's Foreign Policy at the Two-day All-Pakistan Local Bodies Convention, 5 March 1980, *US - South Asian Relations 1947 - 1982*, Vol. 2, pp. 426-428.

济援助 2 亿美元，军事援助 2 亿美元）的数目。①

1980 年 3 月 20 日，国务院负责近东、南亚和非洲事务的一名官员表示，苏联入侵阿富汗对美国利益施加了巨大挑战，并最直接影响巴基斯坦。巴基斯坦的经济发展对于维持其独立和领土完整至关重要。美国将继续与巴基斯坦一起探索，以友好的方式来帮助巴基斯坦满足其安全和发展需求。②

1980 年 4 月 25 日，巴基斯坦对外办公室发言人就美国开展的营救在伊朗的人质行动发表声明（针对 4 月 24 日发生的解救人质行动）。表达了巴基斯坦政府对美国军事特遣队公然违反国际惯例和法律冒险营救在伊朗的美国人质（以失败结束）行动表示震惊和失望。发言人表示，这项不被许可的行动严重侵犯了伊朗主权。这种通过使用武力的失败的营救人质行动也将会对该地区的和平与安全产生深远的影响。③

1980 年 4 月，国务院的有关苏联干涉阿富汗以及美国政策的文件指出，美国在西南亚和波斯湾有重要的利益。美国现在的原油进口每年大约 25% 依赖波斯湾。美国的盟国以及其他国家，诸如发展中国家和工业国家，甚至更加依赖该地区的原油。约 66% 的西欧原油进口和 75% 的日本原油进口来自波斯湾。美国在该地区的利益超出了经济方面。该地区的和平与稳定也对该地区国家的未来至关重要。美国及其他国家在支持其独立中显示的力量和能力也向他们及其他国家表明我们的意志坚定不移。美国还不能确定苏联在该地区的意图，他们的目的是仅仅局限于阿富汗，还是整个更大的战略的一部分。现在的事实是，有数以万计的苏联部队在阿富汗。苏联的行动已经增加了对该地区国家的安全的潜在威胁，对世界通往重要资源和航道的潜在威胁。……美国要对苏联的侵略作出反应，包括帮助西南亚国家加强地区安全、稳定和独立，强化其防

---

① Statement by State Department Spokesman Hodding Carter, Announcing the Decision to Waive the Proposed Legislation Authorizing $ 400 Million Aid Package, 7 March 1980, *US-South Asian Relations 1947-1982*, Vol. 2, p. 428.

② Statement by Harold H. Saunders, Assistant Secretary of the Bureau of NEA, Department of State, in the Hearings before the Senate CFR on FY 1981 Foreign Assistance Legislation, 20 March 1980, *US-South Asian Relations 1947-1982*, Vol. 2, p. 430.

③ Statement by the Spokesman of the Pakistan Foreign Office on the US Operation to Rescue Hostages in Iran, 25 April 1980, *US-South Asian Relations 1947-1982*, Vol. 2, pp. 430-431.

御能力和政治经济稳定等。①

1980 年 6 月 18 日，巴基斯坦外长夏希接受 BBC 采访时表示，美国单方面决定停止援助……因为它指控巴基斯坦想制造核武器，因为巴基斯坦与法国签署了获取核再处理工厂的协议。巴基斯坦与法国的关于获取再处理工厂的协议没有任何秘密可言。用所有可以想象得到的防范措施来向巴基斯坦施压，并且巴基斯坦已经作出保证，不会使用从再处理工厂分离出的钚生产爆炸物……巴基斯坦甚至要把从工厂中分离出的所有的钚交给国际监管……尽管如此，巴基斯坦还被指控接受了来自利比亚以及其他国家的金钱……②表达了对美国种种限制巴基斯坦发展核能的不满。1980 年 6 月 25 日，外长夏希在联合国记者会上指出，在巴基斯坦和平利用核能这个议题上，巴基斯坦与美国有不同见解。由于在这个问题上美巴没能达到意见一致，所以自 1976 年年底以来，美巴关系一直紧张。巴基斯坦的立场很简单，即美国对巴基斯坦的要求或期望，必须是以非歧视性为基础。"我们认为，美国的方法是有差别的。关于在和平利用核能问题上美国与印度的关系，我不想就最近的决定做评论。不过根据过去我们一直所言，美国在条件、监督和防卫措施等方面不准备要求中国而要求巴基斯坦，这是招人反感、不公平和高度歧视性的。"③

1980 年 10 月 3 日，卡特就与齐亚·哈克的会谈评论道，"在今年我致国会两院的咨文中指出，巴基斯坦的独立、自由与安全对我们的国家安全非常重要。我们认为，在共同的基础上，我们之间的关系是最重要的。我们承诺与巴基斯坦进行密切商讨在 1959 年签署的协议中予以表达。如果巴基斯坦处于危险，我们今天要作出的承诺与 1959 年以及在今年 1 月我向国会两院提交的咨文中一样"④。齐亚·哈克评论道，"如果巴美关系继续像我们所期望的那样有意义和有目的，如果作为一个发展

---

① Paper on Soviet Intervention in Afghanistan and US Policy Prepared by the Department of State, April 1980, *US–South Asian Relations 1947–1982*, Vol. 2, pp. 431–432.

② Interview of Foreign Minister Agha Shahi with BBC World Service, 18 June 1980, *US–South Asian Relations 1947–1982*, Vol. 2, p. 433.

③ Agha Shahi's Press Conference at the United Nations, 25 June 1980, *US–South Asian Relations 1947–1982*, Vol. 2, pp. 433–435.

④ President Carter's Remarks to Reporters on the Conclusion of His Meeting with Zis–ul–Haq, 3 October 1980, *US–South Asian Relations 1947–1982*, Vol. 2, p. 442.

中国家的巴基斯坦不仅仅在经济领域得到帮助，如果我们正在承受的来自邻国阿富汗超过百万难民的基于人道主义的负担得到分享，正如美国所正在做的那样，那么我认为我们将要为人类做些什么"。① 可见，会谈并未减少美巴在有关问题上的分歧。

在苏联入侵阿富汗之前，阿国内局势动荡之际，就存在难民逃往巴基斯坦问题。苏联入侵进一步加剧了难民问题。1979 年 5 月 15 日，助理国务卿桑德斯在众议院亚太事务小组委员会上指出：据了解有近 20 万阿富汗人在去年流入巴基斯坦，一些世界团体竭尽全力帮助巴基斯坦政府照顾这些阿富汗难民……巴基斯坦在过去数月内向这些数以千计阿富汗难民提供食物、衣服和避难所，其人道主义行为受到称赞。这些难民中的大多数，与巴基斯坦部族有种族和亲缘关系。但是，很显然，把这种慷慨的资金上的责任施加在巴基斯坦有限的资源上是不公平地，国际社会应当提供帮助。美国的重要利益受喀布尔发展的影响。由于阿富汗的内部混乱和阿富汗大批难民的离去，使美国鼓励该地区和平稳定的努力变得更加困难。阿富汗对外政策的重新是位偏离了其传统的真正的不结盟。美国特别被苏联在阿富汗事务中的日益增长的投资所困扰。阿富汗和苏联，作为邻居，经常保持亲密的关系。然而，在当代之前，苏联的军事和政治影响从未这样广泛。任何国家，包括苏联，在阿富汗的干涉，都会威胁到该国的完整和该地区的和平，会引起美国的高度关注。美国不断地向苏联政府表达更直接卷入阿富汗战争的危险。② 难民数量与日俱增，难民问题给巴基斯坦造成了沉重负担。1980 年 12 月，国务院情报研究局关于阿富汗被占一周年的一份文件指出，在巴基斯坦存在超过 120 万难民（一年前有 40 万难民），并且与日俱增（从 1980 年 1 月到 10 月中旬，平均每月流入 8 万人），对巴基斯坦形成了巨大的负担，并且向全世界提出了人道主义责任。在 6 月，联合国负责难民的高级委员会被迫将 1980 年预算从 0.55 亿美元翻升到 1 亿美元（美国在 1980 年的份额是 0.44 亿美元，占总数的近一半）。明年在巴基斯坦的难民人数或许会是世界上单个国家中最大的……在 1981 年 1 月会有超过

---

① Zis-ul-Haq's Remarks to Reporters on the Conclusion of His Meeting with President Carter, 3 October 1980, *US-South Asian Relations 1947-1982*, Vol. 2, pp. 442-443.

② Statement by Harold H. Saunders, Assistant Secretary, State Department Bureau of NEA, before the House Subcommittee on Asian and Pacific Affairs, 15 May 1979, *US-South Asian Relations 1947-1982*, Vol. 2, pp. 395-396.

14.3 万难民进入巴基斯坦，到那时单月最大流量，是在巴基斯坦的难民总数达到超 150 万人。[①]

小 结

尼克松政府时期，美国调整其全球战略，尼克松主义出台。在中美关系正常化的过程中，巴基斯坦是通向中国的走廊，美国决策者从全球战略出发，加上领导人的个人偏好，对南亚实行"重巴轻印"的偏袒巴基斯坦的政策。1971 年印巴战争，美国以暂停援助为手段，迫使印巴停火，并派遣"企业号"航母驶入孟加拉湾声援巴基斯坦。但美国的支持和援助对1971 年印巴战争影响甚微，并未能阻止巴基斯坦被肢解。暂停援助使印巴双方（特别是巴基斯坦）颇有怨言，美国与印度、巴基斯坦的关系也跌入新的低点。福特政府基本上继承了尼克松政府的南亚政策。

阿富汗危机急剧改变了美国对巴基斯坦的政策，巴基斯坦突然成为该地区遏制苏联的最重要的国家，被视为"前线国家"。在冷战背景下，军事援助作为美国对外政策的一种工具，特别是在苏联入侵阿富汗之后，美国对巴基斯坦的军事援助大增。巴基斯坦领导人也成功地利用该国的战略重要性影响美国决策者，争取军事援助和经济援助。但是，美国在发展核能方面对印巴的不同政策，使巴基斯坦觉得受到歧视性待遇，并且美国试图以援助为手段诱压巴基斯坦在核问题上让步，最终遭到巴基斯坦的拒绝，巴基斯坦也没有同意卡特政府的 4 亿美元的一揽子援助计划。

---

① "Afghanistan: A Year of Occupation", a Paper Prepared by Eliza Van Hollen of the Bureau of Intelligence and Research, Department of State, December 1980 (updated), *US - South Asian Relations 1947 - 1982*, Vol. 2, p. 448.

第五章　里根政府时期美国对南亚的援助

苏联入侵阿富汗，使南亚成为美苏角力的重要舞台。巴基斯坦成为"前线国家"，美国通过援助巴基斯坦和阿富汗游击队，遏制苏联在南亚的扩张。

一　国际和地区形势的变化

1981 年 1 月 20 日，美国共和党保守派代表罗纳德·里根入主白宫。里根上台时，美国经济低迷滞胀。国际上，苏联攻势咄咄逼人，伊朗和尼加拉瓜的亲美政权相继垮台，发生伊朗人质事件，1979 年苏军入侵阿富汗。里根要"振兴经济、重振国威"。里根当政八年，对内实现了在低通胀率下 75 个月（1982 年 10 月—1988 年 12 月）的经济持续增长，对外取得了同苏联争霸的有利态势，加强了它在西方世界的领导地位，扩大了美国在全世界的影响。① 而苏联，在三位年迈的最高领导人相继去世后，年轻的戈尔巴乔夫开启了"新思维"的时期。里根时期，美国加强了与苏联的抗衡，同时采取了不放弃与苏联的谈判与合作的灵活政策，在第三世界实行"有限制推回战略"，在与苏联的全球争霸中逐渐占据主动和有利地位。

在外援政策方面，总的来说，里根政府在紧缩经济的政策下大量削减了对发展中国家的经济援助，强调依靠私人投资和双边贸易等"市场经济力量"而不是靠大量官方经济援助来促进美国与这些国家的关系。与此同时，重点突出，对"最需要和能最好利用的国家"集中给予高额援助，其依据标准主要是受援国对苏联的态度以及对美国的战略重要

---

① 资中筠主编：《战后美国外交史——从杜鲁门到里根》（下册），世界知识出版社 1994 年版，第 850—851 页。

性。例如，里根政府取消了卡特政府对"前线国家"巴基斯坦提供军援和武器的禁令，几乎在五年内向巴基斯坦提供 32 亿美元的军事和经济援助，而把卡特时期准备在 1982 财年给予印度的援助从 1.93 亿美元削减为 1.11 亿美元，减少了 45%。① 里根对阿富汗游击队进行援助，把性能先进的毒刺导弹提供给游击队，对苏军造成了极大杀伤力。里根政府的南亚政策有三个目标：遏制苏联势力在南亚的扩张；减轻印度在战略上对苏联的依赖；防止核扩散。②

二 对印度的援助

在里根政府时期，不断改进南亚政策，在继续对巴基斯坦武器援助的同时，对印度采取拉拢与安抚的政策，力求建立一种不稳固但可能较为持久的关系。在人民党下台、英迪拉·甘地再次执政之后，美国利用印度经济改革对美国资金技术的强烈需求，大力施展经济援助和投资。1981 年，援印财团的援助资金增至 34.5 亿美元，并在 1982 年和 1983 年又提供了 37 亿美元的援助。1983 年起，美国超过苏联成为印度的最大贸易伙伴。1984 年 11 月，美印双方达成关于美国向印度转让高新技术的谅解备忘录协议。1987 年，援印财团决定 1987—1988 年援印 54 亿美元，比上年度增长近 23%。③ 印度对美国奉行的在新德里和伊斯兰堡之间维持"均势"的行为非常不满。几十年来，除了在 1962 年中印战争期间美印短暂的蜜月期之外，美国维持对新德里的开发援助，但两国关系是不稳定的。印度拒绝加入就阿富汗问题反对苏联的讨伐阵营，美国政府成功地向巴基斯坦提供一揽子经济和军事援助计划。自 1982 年以来，美印关系在一定程度上逐渐稳定。双方在反毒反恐方面加强合作，还有高科技经济领域合作。1982 年英迪拉·甘地访美， 1985 年 6 月拉·甘地成功访美。但里根八年没有访问过南亚地区。

美国为抵制苏联在阿富汗的侵略，加大对巴基斯坦的军事援助和经济援助，引起印度的强烈不满。围绕美国准备向巴基斯坦提供先进的 F-16 飞机，印度展开外交攻势。

---

① 资中筠主编：《战后美国外交史——从杜鲁门到里根》（下册），世界知识出版社 1994 年版，第 950—951 页。

② 孙士海、江亦丽主编： 《二战后南亚国家对外关系研究》，方志出版社 2007 年版，第 69 页。

③ 赵蔚文：《印美关系爱恨录》，时事出版社 2003 年版，第 93—94 页。

1981 年 3 月 25 日，印度外长拉奥就美国向巴基斯坦提供武器在人民院发表声明指出，印度政府认识到，新的美国政府正在寻求强化在印度洋地区和波斯湾地区的军事地位。为了解除障碍，美国政府提出修订法案，因为目前巴基斯坦的核活动而阻碍了对其军事供应。上述行为的目的，据说是为了阻止苏联冒险主义，保护西方国家在海湾地区至关重要的利益。拉奥就海湾地区进一步军事化和大量武器提供给巴基斯坦向美国政府表达了印度的严重关切。①

1981 年 4 月 27 日，副国务卿巴克利（Buckley）在众议院对外事务委员会小组委员会上就对巴基斯坦的安全和经济援助指出，"印度一直是直言不讳地反对我们今天在这里所要讨论的军事计划。……印度拥有非常先进的飞机，以及我们所提出的正在运输中的其他高端军事装备。在现代战机上他们对巴基斯坦有 6:1 的优势"②。

1981 年 6 月，美联社记者问道，新德里曾说过，美国向巴基斯坦提供武器会把超级大国竞争引入该地区。但是，苏联也以非常优惠条款向印度提供了数以百计的米格飞机、坦克以及导弹。那么，如果苏联的做法没有把超级大国竞争引入该地区的话，那么为什么美国的做法会是呢？印度外长拉奥答道，这两种情况，是无法比较的。印度从苏联进口军事装备已经很长时间了，也从其他国家购买了武器。……苏联供应品的费用，与供应给其他国家的装备的市场价格不相上下。印度从苏联购买这些装备，不是依据苏联的目标，而是为了满足印度的需要。因此，看不出是怎样把超级大国竞争引入该地区。实际上，当另外一个超级大国公然打着保卫"安全共识"的目的，开始大量把武器提供给该地区的一个国家的时候——巴基斯坦或其他国家，竞争就被引入了。③

1981 年 6 月，印度外交部发言人就美国向巴基斯坦销售 F-16 飞机发表声明。声明指出，印度政府承认每个国家都有权利获取武器用于自我防御。尽管在过去的十年巴基斯坦不断增强军事力量和使军事力量现代

---

①　P. V. Narasimha Rao's Statement in Lok Sabha on Supply of US Arms to Pakistan, 25 March 1981, *US-South Asian Relations 1947-1982*, Vol. 1, pp. 542-543.

②　Statement by Under Secretary of State Buckley in the Hearings before the Subcommittee of the House CFA on Security and Economic Assistance to Pakistan, 27 April 1981, *US-South Asian Relations 1947-1982*, Vol. 1, p. 544.

③　P. V. Narasimha Rao's Interview with Hafeez-ur-Rahman of the Associated Press of Pakistan, 6 June 1981, *US-South Asian Relations 1947-1982*, Vol. 1, pp. 547-548.

化，但是这次的协议在定性和定量上都是有差别的。它能使该地区的武器先进性达到一个新水准，将会影响目前的平衡。印度政府重申继续寻求与巴基斯坦友好关系的愿望，印度在任何情况下都不会向巴基斯坦施加威胁。美国政府的决定，会对正在进行的加强印巴之间关系正常化进程的努力产生严重影响。①

1981 年 7 月，英迪拉·甘地指出，每个国家都应该能够保卫自己，但是，印度举国上下都十分关注巴基斯坦即将获得这种先进飞机。F－16 飞机代表了把高出该地区正在服役的其他飞机一代水平的飞机引入次大陆。其他飞机都是 20 世纪 60 年代晚期或 70 年代早期的技术，但是 F－16 是具有 1970 年代晚期技术和操作能力的先进飞机。就攻击能力而言，它可以飞得更高更远，携带更大的载弹量，是米格－21 的至少三倍。巴基斯坦空军，即使没有 F－16，多年来一直是并且将会继续是印度打击力量的三倍。因此，次大陆将被迫进行军备竞赛，这将增加人民的财政负担。英迪拉·甘地认为，这些 F－16 不可能被用来反对苏联，也不会用来反对阿富汗政府和人民。② 英迪拉·甘地的话语中含蓄隐喻，F－16 只是用来反对印度的。

1981 年 8 月，印度国防部部长帕蒂尔（Shivraj V. Patil）在联邦院指出，他与各位议员一样注意到美国政府决定向巴基斯坦提供大量军事援助。根据报告，美国的军事供应品包括尖端武器系统，如 F－16 飞机、现代化的先进坦克、装甲运兵车、枪支、空军和海军导弹、雷达、驱逐舰和军舰，以及其他进攻性和防御性装备。要提供的供应品的先进性和数量远远超出巴基斯坦合理的防御需求。巴基斯坦空军，即使没有 F－16，也具有强大的打击力量。有了 F－16，巴基斯坦空军的操作能力将会得到极大地提高。在有限的时间内，大量先进武器系统引入巴基斯坦，必定会使军事平衡向着有利于巴基斯坦的方向倾斜。在此问题上，印度通过外长访问和外交渠道毫不含糊地向巴基斯坦明确表达了自己的观点。虽然获取武器是每个国家的主权，但是巴基斯坦获得这么多先进的武器系

---

① Statement by the Spokesman of the Ministry of External Affairs on Sale of F–16 Aircraft to Pakistan, 16 June 1981, *US–South Asian Relations 1947–1982*, Vol. 1, pp. 548–549.

② Indira Gandhi's Press Conference, 10 July 1981, *US–South Asian Relations 1947–1982*, Vol. 1, p. 549.

统会威胁到次大陆的和平，引起军备竞赛，把冷战的紧张引进次大陆。①

1981 年 8 月，美国驻联合国代表柯克帕特里克（Jeane Kirkpatrick）指出，美国政府没有从事任何被视为威胁印度的政策。美国与巴基斯坦的武器协定不会威胁到印度这样一个强国的安全。②

1982 年 2 月，英迪拉·甘地接受美国新闻与世界报道记者采访。在回答为什么反对美国向巴基斯坦提供军事援助，特别是 F-16 战斗机时，英迪拉·甘地指出：巴基斯坦攻击印度有 4—5 次，因此印度不会忘记此事。1954 年巴基斯坦向艾森豪威尔保证，它们不会使用美国提供的武器反对印度。但是它们这样做了。如今，这一次印度被告知枪可以面对任何方向。还有人说巴基斯坦面临着来自印度的威胁——甚至面临着印度联合苏联的威胁……因为印度爆炸了完全和平目的的核装置，印度受到谴责，有许多反对印度的宣传。但是为了向巴基斯坦提供这些 F-16 战斗机，美国愿意绕过赛明顿修正案，尽管巴基斯坦可能不会将这些武器用于和平目的。赛明顿修正案规定，如果一个国家正在掌握或发展核武器，美国将不会援助它们。现在看来，这些规定适用于印度，而不适用于中国和巴基斯坦等国。③

印度外长在 1981—1982 年年度报告中指出，美国决定向巴基斯坦提供尖端武器，表面上是作为对苏联干预阿富汗的反应，但激起了印度的忧惧。过去，印度不止一次成为巴基斯坦侵略的牺牲品。新一代武器引入次大陆，可能会增加基于过去经历的恐惧。印度政府通过各种途径向美国政府表达了对这一决定的关心，但遗憾的是没有什么结果。尽管印度不反对巴基斯坦拥有防御性武器，但美国要向巴基斯坦提供的武器种类实质上是进攻性的。印度与美国的另一个矛盾性问题是美国决定暂停向塔拉普尔原子能电站运送燃料。④

① Statement by Minister of State for Defence Shivraj V. Patil in Rajya Sabha, 19 August 1981, *US-South Asian Relations 1947-1982*, Vol. 1, pp. 550-551.

② Statement by US Representative to the UN Jeane Kirkpatrick at a Press Conference, Colombo, 28 August 1981, *US-South Asian Relations 1947-1982*, Vol. 1, p. 551.

③ Indira Gandhi's Interview with Steve Patton of *U. S. News & World Report*, 15 February 1982, *US-South Asian Relations 1947-1982*, Vol. 1, p. 555-557.

④ Annual Report of the Minister of External Affairs for the Year 1981-1982, 17 March 1982, *US-South Asian Relations 1947-1982*, Vol. 1, pp. 559-561.

　　1982 年 3 月，参议院对外关系委员会成员加尔布雷思在一份美国与印度关系的报告中指出：美国应当在海湾和苏联扩张的背景下而不是在次大陆的背景下来审视巴基斯坦的安全，这一点在新德里看来是不可思议的。因此，对许多印度人来说，F-16 交易是美国寻求破坏印度在次大陆的霸权的一个简单明了的例子。美印关系也因为印度与苏联的关系而更加复杂化。最终，美印关系也因为印度人认为里根政府特别敌视印度而受损。在新德里看来，里根政府把世界分为东西阵营，而印度属于苏联阵营。印度人认为，提供给巴基斯坦的装备，像 F-16 战机等，属于尖端武器，并且数量上远远超出巴基斯坦合理的防御需求。印度官员指出，印度一些敏感设施很容易处于 F-16 的攻击范围之内。多数印度人认同 F-16 不会改变次大陆的军事平衡。但是，在新的印巴战争的起始阶段，在印度优势施加影响之前，F-16 会产生巨大破坏。印度人认为，巴基斯坦实际使用 F-16 是用来反对印度的。他们认为，40 架 F-16 不足以反击苏联入侵，在镇压国内叛乱方面，飞机实际上派不上用场。印度是世界上最大的外部援助接受国，但援助只占印度投资（资本开发）预算的 10%。美国援助，仅占印度总的外部援助的 8%。因此，印度官方并不十分担心双边计划的减少。①

　　美国一直是对外经济援助的重要来源国。在 1962 年中印战争爆发后，美国也向印度提供了大量军事装备。整个 1981 年的大部分时间，美国与印度关系紧张，主要是因为美国向巴基斯坦提供了大量的安全与经济援助项目。双边问题，比如美印核燃料供应关系前景，也导致美印关系的停滞低迷。②

　　1982 年 7 月底 8 月初，英迪拉·甘地访美。里根在欢迎英迪拉·甘地时指出，"我们认识到我们两国之间有差异，但这并不能掩盖我们有共同之处。……美国和印度是世界上两个最大的民主国家，有着共同的理想和价值，两国之间有许多需要相互学习的地方，两国都希望印度洋地区稳定，苏联对阿富汗的占领早日结束，实现中东公正的和平，体面地

---

　　① *United States-Indian Relations*，A Report Prepared by Peter Galbraith of the Staff of the CFR to the Senate CFR，March 1982，*US-South Asian Relations 1947-1982*，Vol. 1，pp. 561-563.

　　② Background Note on India Prepared by the Department of State，June 1982，*US-South Asian Relations 1947-1982*，Vol. 1，pp. 566-567.

结束两伊战争"。① 8 月 2 日，英迪拉·甘地在纽约的外交政策协会和亚
洲协会发表演讲指出：我们需要外部援助来支持我们的发展计划。这个
观点在国际上被接受并在过去三十年得以接受和执行。现在，私人外来
资本和商业贷款可以弥补大部分资源缺口。援助以及官方信贷的作用，
无论是双边的还是通过多边机构，急剧地缩减。……我们的进步，证明
我们很好地利用来自像世界银行和国际开发署这样的国际机构的援助，
以及来自几个国家的双边援助，其中美国是最大的援助国。我们也希望
外国投资能够带来我们能够吸纳采用的技术以促进出口、提高支付平
衡、强化自力更生。1957—1980 年共签署了 6232 项工业合作协议，约
20% 是与美国公司签署的。……我们依然需要官方援助，特别是来自国际
开发署的援助将会继续若干年。对于美国在国际开发署承担份额的减
少，我不得不表示遗憾，这反过来又影响其他一些国家也相应地减少份
额。国际开发署贷款是专门针对低收入国家的。如果这些资金停止提供
了，我们的发展将会遭到沉重打击，我们的反贫穷的计划也会耽搁……
我们地区因为新的尖端武器的引入而正陷入危险，印度洋也由于紧张的
海军行动而陷入骚动……冷战正离我们越来越近……②

　　英迪拉·甘地对美国的访问加深了印美两国对彼此的重新认识。针
对印度反对美国对巴军事援助（特别是提供先进武器和 F-16 战机），
美国反复表示对巴军售绝不会威胁印度，如果印度需要，美国也可向印
度提供 F-16 战机。据报道，美国还表示愿意向印度销售 C-130 运输
机，而印度正予以考虑。而之前印度已经采购了价值 1.23 亿美元的美
国武器，正在与麦克劳林-约克（McLaughlin-York）公司协商采购价值
两亿美元武器事宜。上述种种动向，说明美国的确非常热切地希望消除
印度的疑虑。③

　　英迪拉·甘地访美促进美印关系的改善，引起了巴基斯坦的担忧。
1982 年 9 月，美国驻巴基斯坦大使斯皮尔斯（Ronald Spiers）在接受采访
时谈到，"我认为巴基斯坦不应对提升的印美关系感到担忧……我认为

---

　　① President Reagan's Remark Welcoming Indira Gandhi at the White House, 29 July 1982, *US-South Asian Relations 1947-1982*, Vol. 1, pp. 567-568.

　　② Indira Gandhi's Address to the Foreign Policy Association and the Asia Society, New York, 2 August 1982, *US-South Asian Relations 1947-1982*, Vol. 1, pp. 569-570.

　　③ 曾祥裕：《巴基斯坦对外政策研究：1980—1992》，四川出版集团、巴蜀书社 2010 年版，第 111 页。

英·甘地在其美国之行中一定认识到我们不会仅仅因为印度的反对而改变对巴基斯坦的援助计划。美国特别重视与巴基斯坦的关系，不会在印度的影响下减少对伊斯兰堡的支持"①。

助理国务卿维利奥特斯（Nicholas A. Veliotes）在谈到向印度塔拉普尔电站提供燃料时指出，在英迪拉·甘地访问的背景下，印度政府与美国政府友好关系得到重大提升，两国同意解决向印度塔拉普尔原子能电站提供低浓缩铀事宜。两国政府，经过与法国政府协商，达成一项解决方案，即设想在塔拉普尔使用法国提供的低浓缩铀，同时维持1963年关于和平核合作的协定在所有其他方面继续有效，包括国际原子能机构的保护监督条款。这个解决方案，符合核不扩散利益，也满足了印度关于为塔拉普尔电站提供核燃料的需求。② 1982年11月27日，印法就向塔拉普尔提供浓缩铀达成协议。在1963年印美合作协议的框架内，法国同意代替美国为塔拉普尔电站提供浓缩铀。印度将使用由法国提供的特殊核材料或来源于法国的副产品，仅用于和平目的、研究和发电。③

1982年12月，英迪拉·甘地接受采访时指出，美国向巴基斯坦销售F-16战斗机，使印度的大部分地区处于它们的攻击范围之内。美国的军事一揽子计划也威胁到把巴基斯坦拖入大国冲突与竞争的境地。④

1984年10月31日，印度总理英迪拉·甘地遇刺身亡。她继承了其父尼赫鲁的外交思想，并对印度的外交实践有深刻影响。英迪拉·甘地坦承，外交政策必须以一个国家的历史和地理背景为基础，"换句话说，我们是从自己所居住的地方去观察世界的。每个国家都是从它所处的位置去观察世界的。因此，各国不可能从完全相同的角度去看问题"⑤。英迪拉·甘地认为，在面临极端困难的经济和政治局势之时，有两种道路

① Interview of US Ambassador to Pakistan, Ronald Spiers, with *Nawa-i-Waqt*, September 1982, *US-South Asian Relations 1947-1982*, Vol. 1, p. 573.

② Statement by Assistant Secretary of State for NEA Nicholas A. Veliotes on Indo-US Accord on the Supply of Fuel for Tarapur, 30 July 1982, *US-South Asian Relations 1947-1982*, Vol. 1, pp. 568-569.

③ Indo-France Agreement for the Supply of Enriched Uranium to Tarapur, 27 November 1982, *US-South Asian Relations 1947-1982*, Vol. 1, p. 578.

④ Indira Gandhi's Written Interview to Indiana University Newspaper, Penn, December 1982, *US-South Asian Relations 1947-1982*, Vol. 1, pp. 578-579.

⑤ ［印］伊曼纽尔·波奇帕达斯笔录：《甘地夫人自述》，亚南译，时事出版社1981年版，第142页。

可以选择：要么坚定自己的信念并作出巨大的努力来加强自己；要么通过结盟来寻求力量。"有些人相信，通过结盟可以获得较大的安全。依我看，这种借用的力量不能持久，这样的安全感是很不可靠的。它开始会使我们扬扬自得，但其后又会把我们引入危险的境地。唯一真正的安全就是加强我们人民的力量，相信我们自己的力量。"① "我们是美国和苏联以及其他许多国家的朋友。我们得到许多友好国家的援助。但是我们竭力不依赖其中任何一个国家。"② 英迪拉·甘地对世界的认识极为深刻，甚至可以说，她在大国间纵横捭阖的能力可以比肩其父尼赫鲁。在对待外援问题上，英迪拉·甘地强调依靠自己的力量，同时吸纳来自各国的援助。英迪拉·甘地再次执政时期，印度认为美国支持印度锡克人的卡利斯坦分离主义运动和恐怖分子，怀疑美国中情局从中插手。而美国也一直认为印度在苏联入侵阿富汗问题上偏袒苏联，双方互不满意，因而美印关系并未得到实质改善。③

子承母业。在英迪拉·甘地被刺杀后仅数小时内，拉·甘地就被印度国民大会党推举为新总理（1984年10月31日至1989年12月2日在任）。拉·甘地执政后，奉行睦邻友好政策，采取灵活和平衡策略，在保持同苏联的特殊关系的同时，积极改善与美国、中国和巴基斯坦的关系。④ 1985年6月11—16日，拉·甘地访美。里根表示，美国承认印度在南亚的重要地位和作用。拉·甘地重申了印度对阿富汗战争的立场，声称反对任何超级大国干扰南亚，主张以政治手段解决阿富汗问题以保证其主权、领土完整、独立和不结盟地位等。拉·甘地的访问促进了印美关系的发展。美国国防部部长随后访问印度。美国还批准向印度出售4900万美元的高科技技术。⑤ 此次美国之行还为印度争取到了所需的帮助。在印度承诺不将技术泄露给第三国的前提下，美国原则上同意向印度出售可用于设计核武器的超级计算机，并允许印度购买先进

① ［印］伊曼纽尔·波奇帕达斯笔录：《甘地夫人自述》，亚南译，时事出版社1981年版，第143页。

② ［印］伊曼纽尔·波奇帕达斯笔录：《甘地夫人自述》，亚南译，时事出版社1981年版，第145页。

③ 孙士海、江亦丽主编：《二战后南亚国家对外关系研究》，方志出版社2007年版，第69页。

④ 薛克翘、赵常庆主编：《简明南亚中亚百科全书》，中国社会科学出版社2004年版，第50页。

⑤ 孙士海、江亦丽主编：《二战后南亚国家对外关系研究》，方志出版社2007年版，第70页。

的喷气式发动机，使其有可能自己制造战斗机，以改变单纯依靠苏联米格飞机的局面。① 但是，总体来看，受苏联入侵阿富汗以及巴基斯坦在美国全球战略中地位提升的影响，此一时期印美关系的发展并不和谐。

三 对巴基斯坦的援助

卡特时期的美巴关系一直摇摆不定，最典型的表现是在巴最需要美国援助的时候，卡特政府依据赛明顿修正案以巴基斯坦核开发问题为由中止了对巴援助；苏联入侵阿富汗后，卡特政府提出了 4 亿美元的援助巴基斯坦一揽子计划，但被巴拒绝。里根当选总统后，对苏采取更严厉的政策。对巴关系上，认为卡特未全力援助巴基斯坦是错误的，愿意加以修正。核不扩散问题与增强巴军事能力的重要性相比，要低得多。② 里根政府采取更加强硬的政策，在全球遏制苏联的扩张和影响。里根政府认为，那些处于重要战略地位的国家需要予以军事和经济援助支持，以遏制苏联的侵略扩张。因此，里根政府抛弃了卡特政府的武器限制、核不扩散政策和人权政策。与这种新的宽容的政策框架相一致，巴基斯坦作为一个战略上非常重要的国家出现。里根希望巴基斯坦可以替代伊朗的"丢失"，把巴基斯坦转变为美国的波斯湾地区防线的前哨。所以，在 20 世纪 80 年代，美国大量增加对巴基斯坦的军事援助和经济援助。美国对南亚政策以全球战略利益的观念为主导。巴基斯坦被视为"前线国家"，向巴提供了一项综合性的 32 亿美元的为期 6 年的一揽子军事和经济援助计划。里根政府也同意巴基斯坦 40 架 F-16 战斗机的请求。这个一揽子计划在 1987 年进行了更新，有少量增加。③ 这些援助对于巴基斯坦防御来自苏联及其阿富汗伙伴的压力是必要的。这些援助也能够使巴基斯坦让圣战者组织继续使用其边界并向这些组织输送武器。从这个意义上说，这些援助是 19 世纪 50 年代至 60 年代反对"共产主义"的援助项目的复活。美国政府向国会施加重大压力，以批准援助一揽子计划，认为巴基斯坦的战略需求是如此重要以

---

① 马孆：《当代印度外交》，上海世纪出版集团、上海人民出版社 2007 年版，第 56 页。

② 曾祥裕：《巴基斯坦对外政策研究：1980—1992》，四川出版集团、巴蜀书社 2010 年版，第 107—108 页。

③ Shivaji Ganguly, *U. S. Policy Toward South Asia*, Westview Press, 1990, pp. 238-239.

至于其核武器行为以及令人怀疑的人权记录必须得到赦免。国会赞同对巴基斯坦从 1981 年到 1988 年进行年度拨款，也就是说，只要伊斯兰堡处于直接的苏联压力之下。①

1981 年 1 月 21 日，美国驻巴基斯坦大使赫梅尔（Arthur W. Hummel）对巴基斯坦国际事务（研究）所发表演说，指出：美国认识到巴基斯坦的安全和独立受到威胁，因为苏联占领阿富汗以及大量阿富汗难民。美国对国际难民救济的援助去年在食物和现金方面总额达到了 0.45 亿美元。美国还继续向巴基斯坦提供大量的 480 公法粮食援助，还同意巴基斯坦延期支付一些债务，在麻醉品控制领域继续密切合作。美国每年继续销售价值 0.3 亿—0.4 亿美元的军事装备。根据 20 世纪 80 年代国际环境事实，美国寻求扩大巴美友好合作。巴基斯坦现在是一个不结盟国家，并在重要的国际组织中扮演重要角色。②

1981 年 3 月，齐亚·哈克接受洛杉矶时报采访时指出，苏联入侵阿富汗使巴基斯坦成为遏制苏联扩张的"前线国家"。齐亚·哈克把巴基斯坦描述成进入波斯湾的"后门"，"如果后门不安全，波斯湾就不安全"。阿富汗抵抗力量需要帮助，特别是用于抵抗直升机的地对空导弹。齐亚·哈克认为，美国援助很久之前就应该开始。但是，用于此类援助的必不可少的通道必须是巴基斯坦。齐亚·哈克承认巴基斯坦需要美国的援助，主要在经济领域，同时也使空军现代化以及沿着与阿富汗交界的西线修建道路和基地。造成美巴关系融洽的三个障碍：①美国反对巴基斯坦用于和平目的的开发核能计划，在这方面齐亚哈克将军与卡特总统有很大分歧，希望与里根政府有更少的麻烦。②目前的巴基斯坦政体的政治特征是第二个障碍。齐亚·哈克将军承认，他不会领导一个"代议制政府"，他领导一个"军事政体"。③与印度的关系构成了第三个也是最重要的障碍。他认为，美国对巴基斯坦的军事援助是基于"案情"而不是像美印关系那样作为一样职能。③

1981 年 3 月 23 日，负责近东、南亚和非洲事务的副助理国务卿库恩，在众议院对外事务委员会小组委员会上，强调了巴基斯坦作为

① Shivaji Ganguly, *U. S. Policy Toward South Asia*, Westview Press, 1990, p. 239.

② Address by US Ambassador to Pakistan, Arthur W. Hummel, Jr. , to the Pakistan Institute of International Affairs, 21 January 1981, *US-South Asian Relations 1947-1982*, Vol. 2, pp. 449-450.

③ Zia-ul-Haq's Interview with Joseph Kraft of the *Los Angeles Times*, March 1981, *US-South Asian Relations 1947-1982*, Vol. 2, pp. 450-451.

"前线国家"对美国的重要性。在计划一个地区的援助项目时，混合了政治的、发展的、人道主义的目标。美国对巴基斯坦的安全深为关注。巴基斯坦现在是一个前线国家，面临着 8.5 万进入阿富汗境内的苏联士兵。巴基斯坦的战略位置，位于波斯湾的东翼，这对于美国及盟友努力帮助巴基斯坦抵抗来自苏联的压力以及使巴基斯坦变得更强大更自信非常重要。在目前的预算请求中，对这个关键国家的援助被限定为 0.5 亿美元的 480 公法以及用于在巴基斯坦避难的 170 万阿富汗难民的援助。①

1981 年 4 月 17 日，巴基斯坦外长夏希（Agha Shahi）在记者会上谈到，巴基斯坦会对与美国达成购买军事装备感兴趣，其条款应与苏联向印度提供的军事装备条款类似。② 印苏武器协定，苏联向印度提供价值 60 亿美元的武器，实际价格仅仅 16 亿美元。③ 4 月 21 日，巴基斯坦外长夏希在与美国国务卿黑格会谈后会见新闻记者，当记者问道：卡特政府提供的 4 亿美元（被巴基斯坦所拒绝）与里根政府许诺的 5 亿美元，有什么区别呢？外长夏希回答道：卡特政府的提供物，并没有为美巴关系带来可信度，并且一揽子援助也与威胁程度不相当。里根政府提出了一个五年计划，这就是不同之处。"我们相信新政府强力支持巴基斯坦独立的决定。"④

1981 年 4 月 27 日，负责近东、南亚和非洲事务的副助理国务卿库恩，在众议院对外事务委员会小组委员会一系列听证会上，谈到苏联入侵阿富汗带来地区局势的变化以及巴基斯坦作为前线国家的重要性。他谈到，随着伊朗的崩溃和苏联入侵阿富汗，在过去两年这个地区发生了太大的变化。面临着来自苏联对这一至关重要地区的日益增加的威胁，美国应该灵活地建立与巴基斯坦的合作关系。巴基斯坦是一个前线国家。苏联对巴基斯坦的压力是客观存在的，并且在整个南亚和西南亚的

---

① Statement by Deputy Assistant Secretary of State for NEA Jane A. Coon before a Subcomittee of the House CFA, 23 March 1981, *US–South Asian Relations 1947–1982*, Vol. 2, p. 452.

② Statement by Foreign Minister Agha Shahi at a Press Conference in Islamabad, 17 April 1981, *US–South Asian Relations 1947–1982*, Vol. 2, p. 453.

③ Agha Shahi's Interview with the Washington Post, 23 March 1981, *US–South Asian Relations 1947–1982*, Vol. 2, p. 452.

④ Agha Shahi's Remarks to Newsmen After Talks with Secretary of State Haig, 21 April 1981, *US–South Asian Relations 1947–1982*, Vol. 2, p. 454.

影响深远。巴基斯坦，位于波斯湾东翼，具有重要的战略地位，受到最直接的威胁。一个更加强大的、更加自信的能够抵御通过阿富汗的直接或间接苏联威胁的巴基斯坦对于保卫该地区自由世界利益至关重要。巴基斯坦值得美国支持，美巴正在建立更加密切更加合作的双边关系。"作为最近与巴基斯坦外长夏希商讨的一种结果，我们正在寻求在 1982 财年在经济支持基金下（ESF）的 1 亿美元的授权。我们还计划与巴基斯坦讨论更大的长期项目。对巴基斯坦经济援助的恢复也将允许我们对为了巴基斯坦利益而进行的集体努力，美国作出更有意义的贡献。援助巴基斯坦财团保证，去年增加了 40%，达到了 10.2 亿美元。我们在 480 公法援助中有 0.5 亿美元。"①

美国国务卿黑格呼吁国会积极支持对巴基斯坦的援助。1981 年 4 月 28 日，在众议院听证会上，黑格指出：这个问题（核问题）是怎样最佳地追求美国的防止核扩散的利益以及美国的地区安全利益。针对巴基斯坦的制裁一直是不成功的。通过向巴基斯坦提供核扩散的替代方案，解决巴基斯坦的基本安全关心并建立一种信任关系，从长远来说对于影响巴基斯坦的核项目提供最好的机会。在与巴基斯坦讨论过程中，美国政府表明，巴基斯坦追求核爆能力会使美国很难支持巴基斯坦。美国现在向在巴基斯坦的阿富汗难民提供了重要援助，在 1980 财年，美国的援助总数达到约 0.44 亿美元，主要是以 480 公法粮食和日用品；1981 年，到目前为止，在粮食方面已经保证提供 0.28 亿美元，通过联合国难民署（UNHCR）提供 0.18 亿美元。美国政府认为，一个强大的、更加自信的、能够抵抗经由阿富汗的苏联压力的巴基斯坦，符合美国的国家利益。美国正在一直与巴基斯坦对话寻求与这个位于波斯湾东翼的关键国家建立一种新的持久的关系。计划（以国会批准为准） 1982 财年在经济支持基金方面 1 亿美元，在国际军事教育和培训方面 60 万美元。但是巴基斯坦在经济和军事方面的需求是巨大的，相信经过若干年会得到解决。美国的盟友也作出了重要贡献，部分是通过国际复兴开发银行发起

---

① Statement by Deputy Assistant Secretary of State for NEA, Jane A. Coon, in the Hearings before the Subcommittees on International Security and Scientific Affairs, International Economic Policy and Trade, and on Asian and Pacific Affairs of the House CFA on Security and Economic Assistance to Pakistan, 27 April 1981, *US-South Asian Relations 1947-1982*, Vol. 2, pp. 454-455.

的援助财团。① 1981 年 4 月 30 日，国务卿黑格致函参议院议长乔治·布什强调：巴基斯坦是这一地区的前线国家，因为美国对波斯湾原油的依赖，其安全对美国自身的安全以及北约和东北亚的安全密不可分。一个更加强大的、更加自力更生的巴基斯坦有能力继续抵御经由阿富汗的苏联压力，符合其自身利益，也符合美国利益。美国正在寻求与巴基斯坦建立一种基于相互理解相互信任基础上的新的持久的关系。通过过去两个月期间在巴基斯坦和华盛顿的讨论为这种关系建立了坚实的基础。巴基斯坦，一个穷国，由于 180 万阿富汗难民流入现在承受着巨大的负担。提供援助用于帮助支撑其经济，是美国所追求的新型关系的一个完整的组成部分。在这个过程中，美国所提出的支持巴基斯坦的 1 亿美元的经济支持基金作为具体的第一步是非常必要的。②

负责安全援助、科学和技术的副国务卿巴克利（James L. Buckley）在众议院听证会上指出，"我们为什么首先要谈论对巴基斯坦的军事援助？因为它符合我们的利益"③。在出席航空航天工业协会会议时，副国务卿巴克利谈及卡特政府与里根政府就人权或核扩散问题所采取的不同政策、效果以及美国的安全利益。他指出，当苏联在非洲和中东建立战略据点时，卡特政府采取了向朋友和盟国转让武器的政策，代替了一种健全的自我保护意识理论。国会对那些在人权问题或核扩散问题上美国不赞成的国家采取了一系列限制销售措施。这些善意的努力针对诸如此类的行为或意图几乎没有产生什么可以觉察的影响，同时在当时产生了削弱这些战略地位国家的能力的尴尬后果。在这方面巴基斯坦就是一个惊人的例子。里根政府认为，强化那些与美国有共同安全利益的国家，是美国恢复有效遏制侵略的总体努力的一个必不可少的组成部分。通过帮助遏制侵略行为，通过提高那些与美国有密切安全联系的国家的自我防

---

① Statement by Secretary of State Alexander Haig in the Hearings before the Subcommittee of Foreign Operations and Related Agencies of the House Committee on Appropriations on Foreign Assistance and Related Programmes and Appropriations for 1982, 28 April 1981, *US-South Asian Relations 1947-1982*, Vol. 2, pp. 456-457.

② Letter of Secretary of State Haig to George Bush, President of the Senate, 30 April 1981, *US-South Asian Relations 1947-1982*, Vol. 2, pp. 457-458.

③ Statement by James L. Buckley, Under Secretary of State for Security Assistance, Science and Technology, in the Hearings before the Subcommittee on Foreign Operations and Related Agencies of the House Committee on Appropriations on Foreign Assistance and Related Programmes and Appropriations for 1982, 28 April 1981, *US-South Asian Relations 1947-1982*, Vol. 2, p. 457.

御能力，通过为美军提供海外军事设施通道等，武器转让可以作为对美国自身安全的一种重要而有益的附件。①

1981 年 5 月 11 日，巴基斯坦外长夏希接受美国新闻周刊记者采访。记者问道：为什么巴基斯坦藐视卡特政府提供的 4 亿美元，而对里根政府提供的 5 亿美元作出积极反应？夏希回答道：卡特政府所提供的被拒绝，是因为从这 4 亿美元中我们能够购买价值 2 亿美元的军事装备，所提供的这些物品对于提高我们的防御能力并不具有重要意义。目前所提供的更具有意义。"我们所设想的是一种军事销售关系和一种经济销售关系，而不是一种军事援助关系。而且，我们想在我们的不结盟政策的框架内加强我们与美国的联系。"记者问道：里根政府把巴基斯坦视为遏制苏联在波斯湾冒险主义的关键盟友，您是怎样看巴基斯坦的角色的？夏希回答道："我们并不希望成为任何超级大国的什么主义或战略。巴基斯坦的整体利益是要保持其自身的独立。全世界都认识到巴基斯坦的独立对整个地区的稳定与和平至关重要。"② 巴基斯坦外长的言论，表明巴基斯坦在接受美国援助的同时，希望保持自身的不结盟地位。

1981 年 6 月 15 日，美巴联合声明指出，应巴基斯坦政府的邀请，美国副国务卿巴克利的访问是美巴政府在最近 4 个月中建立起来的继续对话的一部分，目的是为美国帮助巴基斯坦应对其所面临的前所未有的独立和主权威胁找到办法。在 4 月，由巴基斯坦外长夏希带领的一个巴方高级代表团与美国国务卿黑格和国防部部长温伯格（Weinberger）在华盛顿举行了会谈。美国副国务卿巴克利于 6 月 13—14 日在伊斯兰堡举行官方会谈，集中于美国建议向巴基斯坦提供经济援助以及为军事装备销售提供便利，副国务卿巴克利提出要在经济援助和军事销售方面提供 30 亿美元（因而上是在原来的 25 亿美元一揽子计划上有所增加）。会谈中，双方讨论了由于外国军队在邻国阿富汗驻扎而对该地区产生的严重威胁。双方一致认为，一个强大的、独立的巴基斯坦符合美巴双方的共同利益，以及全世界的利益。巴克利坚称美国决定援助巴基斯坦并支持巴

---

① "Arms Transfers and the National Interest", Address by James L. Buckley before the Meeting of the Board of Governors, Aerospace Industries Association, Williamsburg, Virginia, 21 May 1981, *US-South Asian Relations 1947-1982*, Vol. 2, p. 462.

② Agha Shahi's Interview with Debra Bennet of *Newsweek*, 11 May 1981, *US-South Asian Relations 1947-1982*, Vol. 2, pp. 459-460.

基斯坦的主权和领土完整。巴方解释了巴基斯坦的政策，特别是巴基斯坦对不结盟运动和伊斯兰会议组织的原则和目的所作的承诺。双方同意，美国提出的援助与这些原则以及巴基斯坦的不结盟地位相一致。美国同意向巴基斯坦销售 F-16 战斗机以帮助巴基斯坦提升其防空能力。美国还同意向巴基斯坦尽早交付其国防力量所急需的精选国防装备以应对其所面临的威胁。①

1981 年 6 月 15 日，美巴签署援助协议。美国提供为期六年 16.25 亿美元的经济援助，总额达 15 亿美元的以商业条件（利率约 14%）销售给巴基斯坦的各种武器，需用硬通货交易。援助协议有效期六年，每年都要经国会批准。美国政府面临着如何绕过赛明顿修正案处理好巴基斯坦核问题。实际上，美巴在核问题上的分歧并未解决，但两国都采取了规避矛盾的实用主义做法。巴基斯坦一直在继续核开发活动，但强调和平利用核能，坚决否认有任何军事目的。美国政府不断提醒巴基斯坦政府绝不能从事军用核开发，但却一直坚持向国会保证巴并未从事军用核开发活动。② 同日，巴基斯坦外长夏希发表书面声明指出，接受美国的一揽子援助，巴基斯坦并不会背离其对外政策的概念框架，包括其在海湾的政策，"关于波斯湾，巴基斯坦所想象的是消除超级大国的军事存在并承认滨海国家对波斯湾安全的特殊职责"③。援助协议并非美巴结盟，巴基斯坦坚持不结盟的外交政策。

美巴援助协议并未消除媒体对巴基斯坦核问题的关注。1981 年 6 月 16 日，里根在记者会上，有记者问道：您早些时候说过，您强烈反对核武器扩散。然而，同时，您正在寻求国会放弃美国法律，以便巴基斯坦这个拒绝签署核不扩散条约的国家能够接受 30 亿美元的美国援助。美国从巴基斯坦得到他们不会寻求制造原子弹的保证了吗？里根总统回答道："在共同援助协定方面，我们与巴基斯坦有着长期条约。但是，鉴于在阿富汗所发生的事情，巴基斯坦现在具有非常的战略地位。我认为，

---

① US-Pakistan Joint Statement, 15 June 1981, *US-South Asian Relations 1947-1982*, Vol. 2, pp. 463-464.

② 曾祥裕：《巴基斯坦对外政策研究：1980—1992》，四川出版集团、巴蜀书社 2010 年版，第 108—109 页。

③ Agha Shahi's Written Statement at a Press Conference, 15 June 1981, *US-South Asian Relations 1947-1982*, Vol. 2, pp. 464-466.

支持巴基斯坦符合我们的最大利益。"① 6 月 28 日，国务卿黑格参加哥伦比亚广播公司节目时，记者问道：你的观点认为巴基斯坦正在向核能力方面努力吗？黑格回答道："这一问题我们密切关注并且非常敏感。副国务卿巴克利刚从巴基斯坦访问归来，他同总统齐亚进行了漫长的讨论，总统齐亚向他保证他们不会寻求开发核武器。"②

就难民问题，美国国务院 1981 年 7 月 9 日发表声明，美国对国际救济组织和巴基斯坦政府关于对在巴基斯坦的阿富汗难民追加 0.21 亿美元投资的请求作出回应。巴基斯坦政府和人民慷慨地接受和援助了阿富汗难民。一项正在开展的国际救济项目支持巴基斯坦的努力，在援助世界上增长最快的阿富汗难民方面，其人数现在估计达到 200 万人。在 1981 财年，美国政府对阿富汗人的救济供款总额预计达到 0.93 亿美元。在 1980 财年，美国政府给予 0.44 亿美元以帮助阿富汗难民。这项新的承诺，其中 0.12 亿美元用于联合国难民署的项目，0.01 亿美元用于国际红十字会的医疗项目，0.08 亿美元用于巴基斯坦政府向位于巴基斯坦西北边境和俾路支省的难民运送粮食和其他救济品的交通运输。③

国务卿黑格要求国会放松对有些热衷于取得核技术的国家援助禁令，帮助遭受苏联压力的重要战略地位国家符合更大利益。为此，1981 年 3 月 19 日，美国政府向国会建议，巴基斯坦应当从赛明顿修正案中受到豁免，该修正案禁止美国向那些追求核浓缩技术但又拒绝作出保证不开发核武器的国家提供援助。1981 年 5 月 14 日，参议院对外关系委员会以 10:7 投票赞同取消对巴基斯坦的援助限制，并同意政府请求的 1982 财年 1 亿美元经济支持基金和 60 万美元国际军事培训和教育项目用于巴基斯坦。④ 在 1981 年 9 月 15 日巴基斯坦正式接受美国一揽子经济和军事援助计划之前，巴基斯坦和美国官方进行了数轮的长达 6 个月磋

---

① Statement by President Ronald Reagan at a Press Conference, 16 June 1981, *US-South Asian Relations 1947-1982*, Vol. 2, pp. 466-467.

② Statement by Secretary of State Haig on the CBS "Face the Nation" Programme, 28 June 1981, *US-South Asian Relations 1947-1982*, Vol. 2, p. 467.

③ Department of Statement Announcement, 9 July 1981, *US-South Asian Relations 1947-1982*, Vol. 2, pp. 472-473.

④ Aftab Alam, *U. S. Military Aid to Pakistan and India's Security*, Delhi: Raj Publications, 2001, p. 76.

商。之前美国向巴基斯坦提供一项为期五年的 25 亿美元的一揽子计划，后来在 1983 财年之始增加到 32 亿美元。新的一揽子计划，特别是包括了一项追加的价值 5 亿美元的商品援助。① 32 亿美元的一揽子援助计划被平分为经济援助和军事援助两部分。在 16 亿美元的经济援助计划中，其中 10 亿美元是赠予形式；另外的 6 亿美元，有 10 年的宽限期和 20 年的还款期，分别以 2% 和 3% 的利息。16 亿美元的军事销售信用担保计划，14% 的利息，30 年偿还期，原则上 7—10 年宽限期。其中很大一部分（约 10 亿美元）是满足巴基斯坦的防空需要。巴基斯坦对美国的 F-16 飞机非常感兴趣，希望得到 40 架。美国同意，到 1982 年 12 月从欧洲生产线交付首批 6 架 F-16，剩下的 34 架在 1984 年 4 月开始交付。② 此外，在巴基斯坦陆军和海军方面，也需要现代化。在美国承诺的商品中，有 100 辆 M48A5 坦克，35 辆 M88AI 救险车，64 架 M109 式 A2 型自行榴弹炮，75 架 M198 牵引榴弹炮，10 架 AH-IS 武装直升机，等等。③ 从五角大楼的观点来看，与巴基斯坦的这份协议是对苏联入侵阿富汗的合乎逻辑并且必要的反应。在要求国会批准这项为期 5 年的经济和军事援助一揽子计划的同时，里根总统致函国会，指出如果在这个危急关头不向巴基斯坦的援助需求作出反应，那么将会危及美国重要的安全利益。④

1981 年 9 月 15 日，巴基斯坦宣布正式接受 32 亿美元的经济援助和军事销售一揽子计划，从 1983 财年开始为期五年。1981 年 9 月 15 日，巴基斯坦政府发言人就接受美国一揽子援助计划发表声明。在美国副国务卿巴克利访问巴基斯坦之后不久，一个巴基斯坦军事代表团访问了华盛顿，讨论对巴基斯坦军事销售项目的细节（7 月 13 日至 16 日，巴基斯坦军事代表团访问美国，双方举行了深入的会谈和交流。同时，一个巴基斯坦空军代表队也访问了美国空军基地，用以详细了解美国已经同意

---

① Aftab Alam, *U. S. Military Aid to Pakistan and India's Security*, Delhi：Raj Publications, 2001, p. 77.

② Aftab Alam, *U. S. Military Aid to Pakistan and India's Security*, Delhi：Raj Publications, 2001, p. 77.

③ Aftab Alam, *U. S. Military Aid to Pakistan and India's Security*, Delhi：Raj Publications, 2001, p. 78.

④ Aftab Alam, *U. S. Military Aid to Pakistan and India's Security*, Delhi：Raj Publications, 2001, p. 78.

向巴基斯坦销售的美国最先进的战斗机之一 F-16①）。在这些会谈中，关于一些关键性的国防项目的交货时间表等这些问题还没有解决。1981 年 9 月 8—9 日，副国务卿巴克利再次访问巴基斯坦，"阐明"了那些尚未解决的问题，达到巴基斯坦的满意。巴基斯坦表示正式接受美国一揽子援助计划。"我们希望重申，我们接受美国一揽子援助计划，在任何情况下也不会影响我们作为一个伊斯兰会议成员国以及不结盟运动成员国所尽的义务。同样，我们与美国双边关系的发展，也不会影响我们与任何第三国的关系。我们也不会与印度进行军备竞赛。在未来五年期间，我们可以获得的适量武器仅仅意味着取得了部分替代我们过时的国防装备。我们计划所做的一切，是要取得最小的防御能力来确保巴基斯坦的安全……"②

1981 年 9 月 16 日，副国务卿巴克利在众议院对外事务委员会小组委员会上就美国对巴基斯坦的安全以及经济援助进行了说明。巴克利指出：一个强大的、稳定的、独立的巴基斯坦，是整个西南亚地区的必要支柱。巴基斯坦有 43 万人的高度职业化的军队。如果有适当的装备，他们有纪律和毅力来保卫巴基斯坦的独立和领土完整。遗憾的是，它没有那些所需的武器……在评估巴基斯坦的需求时，要对经济方面和军事方面同等考虑。……我们的立即请求申请是寻求在 1982 财年在经济支持基金方面拨款 1 亿美元，此外还有 0.5 亿美元用于 480 公法援助。明年开始我们将寻求一系列年度拨款，以支持一项总数 30 亿美元为期 5 年的项目。这将大致被平分，在经济援助和对外军事销售信用担保方面。我们的经济援助项目的目标是为双方提供短期国际收支平衡支持，这对巴基斯坦目前经济稳定以及促进更长期自立增长是必要的。考虑到巴基斯坦生存面临的直接威胁，巴基斯坦关键的军事现代化项目不能等到 1982 年 10 月我们的第一批对外军贸变得可用时。巴基斯坦今天面临着与苏联在该地区意图相适应的直接的军事和外交压力。我们同意向巴基斯坦销售 40 架 F-16 飞机。我要指出的是，这些销售，并不会对美

① US-Pakistan Joint Statement on the Visit of a Pakistani Military Delegation Led by Secretary General of Defence M. Rahim Khan, 17 July 1981, *US-South Asian Relations 1947-1982*, Vol. 2, pp. 476-477.

② Statement by the Spokesman of the Government of Pakistan on the Acceptance of the US Aid Package, 15 September 1981, *US-South Asian Relations 1947-1982*, Vol. 2, pp. 483-484.

国的能力产生严重负面影响。首批 6 架，将会以现款支付，在签订了交货验收单之后（报价单以及购买首批 6 架飞机的协议于 1981 年 12 月 5 日在华盛顿签署）的不晚于 12 个月交货。余下的飞机将会在随后的一年半内加快提供。我们相信，巴基斯坦不会怀有任何的侵略邻国的意图。而且，我们批准销售给巴基斯坦的装备的数量和种类是适度的，不会对任何邻国造成冒犯性威胁。我们期望在未来几周就向巴基斯坦销售提议的其他军事装备开始国会告知程序。我们期望会包括诸如以下物品：新式坦克、自行榴弹炮、装甲运兵车、武装直升机等。……巴基斯坦所购买的武器装备相对适中，不会引发次大陆军备竞赛。并且印度拥有大量的、装备良好的、训练有素的军事力量，对巴基斯坦有决定性的优势。当然，我们寻求的对巴基斯坦援助，取决于国会决议修改赛明顿修正案之豁免条款。政府准备接受参议院对外关系委员会为此目的提出的修正案。我再次强调，本届政府坚定支持通过立法以及被历届政府所坚持的核不扩散的长期目标。我们深信，无核国家掌握了核爆，将会对美国国家利益产生不利影响。在构建与巴基斯坦新型关系时，我们把这种关键的国家利益直接考虑进去。巴基斯坦政府毫无疑问会明白我们对此问题的关心以及如果巴基斯坦发生核爆会产生的严重后果。我们可能认为，像巴基斯坦这样的国家努力寻求掌握核武器能力是因为它意识到其国家安全所面临的威胁无法通过传统的和政治的方式予以解决。很显然，像赛明顿修正案，不能阻止巴基斯坦追求核项目。另外，我们不帮助该国升级常规防御，在一定程度上，或许增加了该国的不安全感，这种不安全感只会增加该国去努力取得发展核武器能力的压力。我们要求委员会与我们一起尝试一种不同的、更加积极的方法。……我们希望，随着时间推移，我们能够说服巴基斯坦，寻求核武器能力既对其自身安全没有必要，也对其作为国际社会的一名重要成员的更广泛利益没有必要。……不像苏联，我们并不寻求在西南亚的统治地位。我们所寻求的，在公认的追求我们自己的自我利益的过程中，去阻止苏联实现其目的。我们可以做的，就是通过帮助该地区的国家为地区防御作出贡献，使它们有更好的能力照顾自己。我们认为，这种方法不仅是最有可能成功，而且与我们国家的不干涉他国事务的原则最一致的方法。巴基斯坦就是这种对地区安全方法的试验田。我们提议一项经济援助与军事销售和信用平衡的计划，以帮助巴基斯坦完成其重要角色。这与巴基斯坦的需求相适应，也与美国在该地区的利益相适应。① 副国务卿巴克利的阐述，一方面强调了巴基斯坦在地区防御以及美国安全中的重要性，另一方面试图说明美国军事援助巴基斯坦并不是用于反对印度，以免引起印度的激烈反应和重大争议。 1981 年 10 月 22 日，参议院以口头表决形式通过了针对巴基斯坦的赛明顿修正案的为期六年的豁免条款。

1981 年 9 月 16 日，美国国际开发署署长麦克弗森（Peter McPherson）在众议院对外事务委员会小组委员会上就美国对巴基斯坦的安全以及经济援助进行了说明。麦克弗森回顾了巴基斯坦自独立以来美国对巴基斯坦的经济援助，指出：在 1951—1981 年，美国对巴基斯坦的经济援助总额达到了 50 多亿美元。项目开始时是适度的，但是在 20 世纪 60 年代早期达到了每年承担约 4 亿美元。在 50 年代，美国对巴援助总额达到约 9.6 亿美元，占整个对巴援助的 80%；在 60 年代，美国对巴援助总额达到约 28 亿美元，占整个对巴援助的 55%；在 70 年代，美国对巴援助达到 15 亿美元，占整个对巴援助不到 20%。1978 年以来，美国的援助受到限制不断下降。随着对该地区以及对巴基斯坦不断增加的外部压力，出现了使这种历史上的关系更加有意义的机会。如果美国能够帮助巴基斯坦加强其经济、加速其发展进程，把随之而来的好处更加公平地分配，巴基斯坦将会能够保持其国家独立并经受住潜在的外部威胁。②

1981 年 11 月 12 日，国务卿黑格在众议院对外事务委员会上指出，对巴基斯坦这个位于苏联与波斯湾之间的国家进行安全援助，也是非常重要的。苏联入侵阿富汗，把巴基斯坦置于抵御苏联入侵的前线。巴基斯坦不仅为 200 万阿富汗难民提供避难所，而且不断遭受苏联支持的阿富汗武装的袭击。这些压力并没有阻止巴基斯坦勇敢地通过联合国、不结盟运动和伊斯兰世界来谴责入侵。这些也没有阻止巴基斯坦同意与美

①　Statement by Under Secretary of State Buckley in the Hearings before the Subcommittees on International Security and Scientific Affairs, International Economic Policy and Trade, and Asian and Pacific Affairs of the House CFA on Security and Economic Assistance to Pakistan, 16 September 1981, *US-South Asian Relations 1947-1982*, Vol. 2, pp. 484-491.

②　Statement by USAID Administrator M. Peter McPherson in the Hearings before the Subcommittees of the House CFA on Security and Economic Assistance to Pakistan, 16 September 1981, *US-South Asian Relations 1947-1982*, Vol. 2, pp. 491-495.

国建立新的关系。① 11 月 17 日，副国务卿巴克利在众议院对外事务委员会关于对巴基斯坦安全与经济援助的小组委员会上指出，参议院已经修订了赛明顿修正案，为了允许对巴基斯坦的援助以及批准 1982 财年 1 亿美元的经济支持基金以及 60 万美元的国际军事和教育培训项目的请求。总之，该地区的独立和稳定处于危急关头……美国已经同意向巴基斯坦销售总数 40 架的 F-16 飞机……巴基斯坦向美国保证它将使用必要的资源来满足 1982 财年 F-16 项目以及其他急需的军事项目。②

美国国内反对向巴基斯坦提供援助的声音并未平息。1981 年 11 月 18 日，参议院对外关系委员会以 10∶7 投票否决了一项提案。该决议不赞同向巴基斯坦销售包括 F-16 在内的价值 11 亿美元的军事装备。这些装备包括：相关弹药、支持设备、训练设备、技术援助以及 40 架 F-16 飞机。③ 11 月 20 日，众议院对外事务委员会以 13∶13 势均力敌的投票否决了类似的提案（不同意向巴基斯坦销售军事装备）。④ 1981 年 12 月 5 日，美巴在华盛顿签署了关于购买第一批 6 架 F-16 飞机的报价与协议。

众议院对外事务委员会赴南亚调研团于 1981 年 9 月 30 日至 10 月 17 日访问了巴基斯坦，11 月 20 日提交调研报告。报告指出，在大多数巴基斯坦人的心目中，印度依然是主要的和历史性的威胁，他们也意识到苏联通过阿富汗的日益增加的威胁。这种新的威胁也加重了巴基斯坦对苏印勾结的最坏担心以及苏印在两条战线同时入侵巴基斯坦的可能性的担心。考虑到印巴之间高度充满情感的仇恨以及其他政治因素，提议的对巴基斯坦的一揽子援助表明美国此决定并没有多少回旋余地以及艰难的困境。巴基斯坦政府展现出真诚地致力于解决非法毒品问题。一项成功的解决方案需要长期的努力，因为非法毒品行为有着深厚的历史、文化和经济根源。在最受影响的边远地区，政府当局的控制程度是极为有限

① Statement by Secretary of State Haig before the House CFA, 12 November 1981, *US-South Asian Relations 1947-1982*, Vol. 2, p. 498.

② Statement by Under Secretary of State for Security Assistance, Science and Technology Buckley in the Hearings before the Subcommittees of the House CFA on Security and Economic Assistance to Pakistan, 17 November 1981, *US-South Asian Relations 1947-1982*, Vol. 2, pp. 499-501.

③ U. S. Senate, 97th Cong. , 1st sess. , Committee on Foreign Relations, Report No. 91-276, *Consideration of Resolution of Disapproval of the Sale to Pakistan of 40 F-16 Aircraft* (Washington, 1982) 1, 4, *US-South Asian Relations 1947-1982*, Vol. 2, p. 501.

④ *The Tribune* (Chandigarh), 21 November 1981, *US-South Asian Relations 1947-1982*, Vol. 2, p. 501.

的。巴基斯坦对美国信任和可靠性的概念，主要取决于 F-16。任何削减
40 架飞机数量的步骤或者是修改一揽子援助计划的步骤，都有可能引起
巴基斯坦反省其与美国的整个关系，包括取消整个一揽子计划的可能
性。没有证据证明印度认为的美国武器一揽子计划实际上是为美国在巴
基斯坦建立军事基地的第一步这一看法。巴基斯坦政府官员也直截了当
地否认了提供这样的基地。实际上，所有的巴基斯坦人普遍认为，1959
年协议表明美国更广义地承诺援助巴基斯坦反对来自任何一方的威胁，
包括他们所认为的过去的印度的侵略。正如巴基斯坦人所看到的那样，
在 1965 年和 1971 年巴基斯坦与印度的冲突中，美国缺乏对巴基斯坦的支
持，被巴基斯坦认为美国未能履行 1959 年协议的义务。巴基斯坦对美国
不信任感，这是一个基本因素。而美国对 1959 年协议的意图和理解是，
美国的承诺仅仅涉及苏联或者由苏联直接支持的威胁。① 此外，报告指
出，美国对巴基斯坦的军事援助一揽子计划，特别是 F-16 飞机，在可预
见的将来，严重危害到印巴友好的最初努力。但这一看法并未给美国政
府决策产生多大影响。

1981 年 12 月 1 日，负责海洋、环境和科学事务的助理国务卿马龙
（Malone），在原子工业论坛年会上，谈到因阿富汗局势的变化美国在巴
基斯坦核问题政策的变化。助理国务卿马龙认为，巴基斯坦与美国的核
不扩散政策关系密切，尽管美国并未与之进行核合作。由于巴基斯坦有
意发展核爆项目，美国对这个长期的盟友终止了所有援助，包括军事的
和经济的。根据赛明顿修正案终止了援助，但并没有达到预期的劝阻巴
基斯坦追求核武选择权的目的。要不是苏联对阿富汗的无端入侵，事情
或许会像原来那样继续，巴基斯坦继续追求核实验装置，美国继续在此
问题上纠缠。然而两年前发生的苏联入侵，立刻认识到形势发生了基本
的改变。美国必须努力处理巴基斯坦的合理而急切的安全关心，大多数
情况下是通过援助来提高其常规军事能力。出于这种考虑，里根政府果
断地制订了对巴基斯坦政府的一揽子援助计划。这种援助，符合美国的
战略利益，将会对巴基斯坦的幸福和安全作出重要贡献。因此，"我们也

---

① "Proposed US Assistance and Arms Transfers to Pakistan: An Assessment", a Report Prepared
by the Staff Study Mission to Paksitan and India for the House CFA, 20 November 1981, *US-South Asian
Relations 1947-1982*, Vol. 2, pp. 501-504.

认为，这也提供了阻止巴基斯坦进行核爆实验或掌握核爆的最好前景"①。印度、巴基斯坦等国的核能力报告指出，在巴基斯坦核项目的早些年期间，美国和加拿大是其主要供应国……在 1953 年艾森豪威尔的原子能用于和平的演说之后，虽然美国现在不是巴基斯坦核项目的显要供应商，但是有美国的核合作。1955 年期间与巴基斯坦的一份协议，包括交换在研究核用反应堆的设计、建造以及操作方面不保密的信息。这份协议在 1960 年到期。在早些年，一个美国公司设计了位于新首都伊斯兰堡附近的核科学研究所。另一个美国公司提供了一个 5MWt 池式反应堆，其中一部分由美国原子能委员会在外国研究反应堆拨款项目下出资 35 万美元。1961 年，两个美国公司被留下来研究在巴基斯坦建造一个或更多核电厂的经济可行性。在 20 世纪 70 年代，美国向巴基斯坦出口少量的核材料，包括少量的铀、钍、钚，以及约 22 公斤的重水。而且，在 60 年代和 70 年代，许多巴基斯坦人在美国特殊项目里和美国大学里接受核培训。在最近三年期间仅有的美国对巴基斯坦核出口，包括在 1978 年的不足 1 克的钚。巴基斯坦努力获取再处理和浓缩设施使其与美国关系产生了紧张。因为巴基斯坦进口再处理部件，一些美国的军事和经济援助被中断。这些援助后来又得以恢复。而且近来， 1979 年，这种援助因为巴基斯坦进口装备修建浓缩设施又被中断。② 副助理国务卿康斯特布尔（Peter Constable）认为，巴基斯坦的核项目是美国的关心之一。"我们希望通过解决巴基斯坦的基本安全需求，我们可以在两国政府间发展一种信任关系并降低巴基斯坦生产核武器的动力。但是，我们已经明确表态，如果巴基斯坦要爆炸核装置，我们的关系将会受到严重危害。"③ 1982 年 12 月 5 日，巴基斯坦总统齐亚·哈克接受美国新闻与世界报道采访。被问及巴基斯坦核项目的目标是什么时，他答道：巴基斯坦并没有制造任何核武器。巴基斯坦的努力，意图是为了非常适度的研究项目以

---

① Address by James L. Malone, Assistant Secretary for Oceans, Environmental and Scientific Affairs, to the Annual Conference of the Atomic Industrial Forum, San Francisco, 1 December 1981, *US-South Asian Relations 1947-1982*, Vol. 2, pp. 505-506.

② Report on Nuclear Capabilities of India, Iraq, Libya, and Pakistan Prepared by the Congressional Research Service for the Subcommittee on Arms Control, Oceans, International Operations and Environment of the Senate CFR, 15 January 1982, *US-South Asian Relations 1947-1982*, Vol. 2, pp. 506-507.

③ Statement by Peter Constable, Deputy Assistant Secretary of State for NEA, at a State Department briefing, 10 March 1982, *US-South Asian Relations 1947-1982*, Vol. 2, pp. 508-509.

掌握用于和平目的的核技术。①

1982 年 2 月，里根致函国会。里根认为，在苏联入侵阿富汗之后，巴基斯坦一直遭受巨大的军事和政治压力。为期 6 年的经济援助和军事赊销一揽子计划打算是支持巴基斯坦的防御能力，这不仅对巴基斯坦重要，而且对整个西南亚地区的安全与稳定很重要。里根总统指出，如果在这危急时刻不能对巴基斯坦对外援的明确需求作出回应，将会危及美国重要的安全利益。美国对朋友和盟国的合理的安全担心作出响应有助于消除某些获取核武器能力的动力。②

1982 年 3 月 4 日，国务卿黑格在众议院拨款委员会对外工作小组委员会上，谈到援助巴基斯坦对美国战略目标的重要性。黑格指出：我们不可以鼓励由苏联及其代理人发起的颠覆性工作。我们的援助对那些对西方友好的国家非常重要，诸如巴基斯坦、苏丹、也门、摩洛哥、突尼斯、索马里、阿曼等，这些国家正经受来自苏联代理人的日益增长的压力。我们在西南亚的政策是争取确保来自波斯湾原油的西部通道。从巴基斯坦延伸到摩洛哥的这一地区的几乎所有国家，经济陷入困境。此外，这些国家面临着潜在的颠覆或地区威胁，在很多情况下是受到苏联或者苏联代理人的支持。我们为期 5 年的军事现代化和经济援助项目将会帮助巴基斯坦应对来自阿富汗的苏联威胁，并帮助其发展，这对其内部稳定非常重要。我们对必要的战略和发展目标的新的重视，将不会掩盖那些我们引以为傲对传统的人道主义目标的继续承诺。我们依然是对非洲、巴基斯坦、东南亚、中东难民的主要援助国。③ 3 月 10 日，副助理国务卿康斯特布尔（Peter Constable）认为，巴基斯坦已经成为易受苏联威胁和压力的前线国家。美国没有在巴基斯坦寻求基地，美国尊重巴基斯坦的不结盟以及在伊斯兰世界的地位。但是现在一个更强大、更自信的巴基斯坦符合自由世界的利益。康斯特布尔提到 1981 年 6 月协议，提倡美巴双方共同努力来支持巴基斯坦的军事立场和经济生活。"项目是要用来提高巴基斯坦的军事能力和经济稳定，因为适当的经济增长对于

① President Zia-ul-Haq's Interview with *U. S. News & World Report*, 5 December 1982, *US-South Asian Relations 1947-1982*, Vol. 2, pp. 514-515.

② President Reagan's Letter to Congress, February 1982, *US-South Asian Relations 1947-1982*, Vol. 2, pp. 507-508.

③ Statement by Secretary of State Haig before the Subcommittee on Foreign Operations of the House Appropriations Committee, 4 March 1982, *US-South Asian Relations 1947-1982*, Vol. 2, p. 508.

稳定是必不可少的。对巴基斯坦的武器援助并不会改变印度这个世界上最大的民主国家的压倒性的军事优势。"尽管印度政府认为对巴基斯坦的军事装备销售对印度造成了严重威胁,但是"美国珍视与印度的长期友好关系并且认识到印度的战略重要性和军事能力……"①

1982年3月16日,难民署署长瓦因(Richard D. Vine)在众议院对外事务委员会上谈到,就难民人口而言,在巴基斯坦的阿富汗难民项目是世界上最大的。更重要的是,该项目发生在与美国有着非常重要的战略重要性的国家,把难民援助与更广泛的美国对外援助动机联系起来。目前有200万—250万阿富汗难民被巴基斯坦收容,是由于苏联意欲在阿富汗安排共产主义的傀儡政权造成的。自从1980年1月在巴基斯坦的救济项目开始以来,美国提供了超过2亿美元的救济援助。②

1982年3月31日,负责近东、南亚和非洲事务的助理国务卿Nicholas A. Veliotes,在众议院拨款委员会的国外业务小组委员会就1983财年援助请求进行说明。他指出,巴基斯坦是一个关键性的前线国家,它在阿富汗的苏联人的巨大压力面前依然坚定不移。1983财年提议的在对外军贸贷款中的2.75亿美元,是为期5年的23亿美元援助一揽子计划的第一次增加。这有助于为1982财年订购的F-16飞机、装甲车、火炮以及其他相关装备提供资金。美国对巴基斯坦的援助,绝不是意图反对印度,与之保持友好互利的关系依然是美国的优先目标。③ 1982年4月14日,副国务卿巴克利在参议院对外关系委员会就1983财年安全援助请求方面指出,从东部的巴基斯坦延伸到西部的摩洛哥,该地区的几乎所有国家都面临着严重的经济问题和潜在的颠覆威胁,在很多情况下,这些地区威胁受到苏联或其代理人的支持。支持其军事现代化和经济援助的提案,将会帮助巴基斯坦阻止来自阿富汗的攻击并且在对其内部稳定必不可少的经济发展方面提供便利。④

---

① Statement by Peter Constable, Deputy Assistant Secretary of State for NEA, at a State Department Briefing, 10 March 1982, *US-South Asian Relations 1947-1982*, Vol. 2, pp. 508-509.

② Statement by Richard D. Vine, Director of the Bureau for Refugee Programmes before the House CFA, 16 March 1982, *US-South Asian Relations 1947-1982*, Vol. 2, pp. 509-510.

③ Statement by Nicholas A. Veliotes, Assistant Secretary of State for NEA, before the Subcommittee on Foreign Operations of the House Appropriations Committee on FY 1983 Assistance Requests, 31 March 1982, *US-South Asian Relations 1947-1982*, Vol. 2, p. 510.

④ Statement by Under Secretary of State Buckley before the Senate CFR on FY 1983 Security Assistance Requests, 14 April 1982, *US-South Asian Relations 1947-1982*, Vol. 2, p. 511.

1982 年 4 月 20 日，美国驻巴基斯坦大使施皮尔斯（Ronald I. Spiers）在卡拉奇对外关系研究所发表演说。他认为，从美国立场出发，两个基本的利益支配着美国与巴基斯坦关系。第一个，也是最重要的利益在于巴基斯坦作为一个友好的发展中国家。自 1947 年以来，美国向巴基斯坦援助超过 50 亿美元。援助是美国与巴基斯坦关系的一个持久性因素。随着对巴基斯坦的安全威胁的减弱，希望最终美国的经济援助能够增加而军事援助能够减少。第二个，重要的安全联系。中央条约组织以及美国目前的军事援助，都无意产生反对另一友好国家印度的联盟。"我们目前共同关注的是，向巴基斯坦提供道义的和物资的支持以阻止入侵，并帮助它抵御从目前阿富汗形势引发的加剧的政治压力。"美国提供的武器仅仅是用来自我防御。"……我们相信，巴基斯坦无意攻击印度，印度也无意攻击巴基斯坦……是苏联入侵阿富汗扰乱了该地区的权力平衡。"而且，印度在南亚具有压倒性的军事优势，美国对巴基斯坦的武器援助不会显著改变这种形势。尽管有着共同的利益，但是，美巴关系也存在脆弱性。在美国主张与巴基斯坦发展积极关系的关心会被误解为反对印度。还有人权问题、毒品问题、核问题。在美国街头，70% 的海洛因是来自西南亚国家，其中大部分来自或通过巴基斯坦。① 1982 年 12 月 6 日，美巴同意建立一个涉及经济、商业、科学、技术以及教育方面合作的联合委员会，加强双方合作。

1982 年 12 月 7 日至 14 日，巴基斯坦总统齐亚·哈克对美国进行了访问。7 日，里根在白宫发表了热情洋溢的欢迎词，"总统阁下本周对美国的访问，象征着以及强化着两国间的密切关系。随着阁下到访，全世界，特别是南亚地区，正经历着关键阶段。……巴基斯坦目前正站在肩负更伟大的人类责任的国家前列……在为数百万阿富汗难民提供庇护方面，阁下的勇敢和慈悲为美国人民所周知并将长期铭记。我们认为，我们去年开始的经济和安全援助项目，将有助于整个地区的安宁与进步"②。齐亚·哈克在致辞中谈到，巴基斯坦一直致力于为麻烦不断的该地区的和平与稳定作出有效贡献。"……我们共同关心的一个结果是，两

---

① Address by US Ambassador to Pakistan, Ronald I. Spiers, to the Karachi Institute of Foreign Relations, 20 April 1982, *US-South Asian Relations 1947-1982*, Vol. 2, p. 511-514.

② President Reagan's Speech Welcoming President Zia at the White House, 7 December 1982, *US-South Asian Relations 1947-1982*, Vol. 2, pp. 518-519.

国政府决定进行一个项目以提高巴基斯坦抵御外部力量破坏的潜力并继续在该地区扮演稳定性的角色。"① 里根在欢迎宴会上谈到，美国与巴基斯坦的这种深厚关系，不仅建立在共同的利益上，而且建立在共同的价值观和"我们周围的世界"的共同目标上。……两国正在一些领域开展合作，诸如教育、旅游、经济、农业、科学技术等。② 齐亚·哈克在为期一周（7 日至 14 日）的访美中，行程紧密，与美国国防部部长温伯格（Casper Weinberger）讨论了南亚以及西南亚地区的安全问题（12 月 7日），召开新闻发布会（8 日），向美国全国新闻俱乐部发表演说（8日），向美国外交政策协会发表演说（9 日），在由纽约商会、美国联邦商会、美巴经济委员会以及远东商会发表演说（10 日），接受美国全国广播公司采访（12 日），接受《时代》杂志新德里分局主编采访（13日）。国防部部长温伯格与巴基斯坦总统谈论了在南亚和西南亚地区的安全形势背景下的军事问题。当问及巴美之间出现的提供 F-16 飞机问题时，也就是 12 月晚些时候要向巴基斯坦交付，包括一套特殊的电子系统，国防部部长温伯格表示，该问题已经被美巴双方愉快地解决了（雷达预警系统 ALR69）。③ 据报道，里根向齐亚·哈克保证，将会利用其影响力说服国会通过对外援助拨款方案，在军事销售信贷方面提供 2.75亿美元，在经济援助方面提供 2.5 亿美元。④

在 8 日的新闻发布会上，齐亚·哈克表示，非常感谢美国总统在一个半小时的会谈中对巴基斯坦观点的理解和包容。⑤ 在美国全国新闻俱乐部演讲中，他谴责了针对巴基斯坦核项目的"精心策划的运动"，并宣称巴基斯坦并未开发核武器……巴基斯坦坚持核不扩散目标，巴基斯坦

---

① Zia's Speech on the Occasion, 7 December 1982, *US - South Asian Relations 1947 - 1982*, Vol. 2, p. 519.

② President Reagan's Speech at the Banquet Given in Honour of President Zia, 7 December 1982, *US-South Asian Relations 1947-1982*, Vol. 2, p. 520.

③ Secretary of Defence Casper Weinberger's Discussion with Correspondent of Associated Press of Paksitan at a White House Function, 7 December 1982, *US-South Asian Relations 1947-1982*, Vol. 2, p. 520.

④ Interview of Congressman Zablocki, Chairman of the House CFA, with Dawn's Special Correspondent, Ghani Erabi, 7 December 1982, *US - South Asian Relations 1947 - 1982*, Vol. 2, pp. 520 - 521.

⑤ Zia's Press Conference, 8 December 1982, *US - South Asian Relations 1947 - 1982*, Vol. 2, p. 521.

提议在南亚建立无核区，并与印度联合监视彼此的核设施。① 齐亚·哈克向美国外交政策协会发表演说，指出里根政府在主权平等和共同利益尊重的基础上同意了一项富有意义的经济援助和军事销售一揽子计划。这为两国间可靠而持久的关系打下了基础。……与美国的协议，不仅仅帮助强化巴基斯坦的经济而且使它能够保卫国家的完整以及经受住对其安全的潜在威胁。……位于这个极度不稳定的地区的外围，巴基斯坦作为一个稳定的堡垒，并且提供了恢复宁静措施的最大希望。② 齐亚·哈克向由纽约商会、美国联邦商会、美巴经济委员会，以及远东商会发表演说，呼吁美国支持巴基斯坦所需的关键领域，像重型机器制造业和农基工业。"我们需要帮助来实现自立，但我们还没有市场化的知识和技术。"③ 在 13 日接受《时代》杂志新德里分局主编采访时表示，巴基斯坦的军事装备还是过时的朝鲜战争时期的。"我们不是武器装备的制造者，我们也不能每 2—3 年更新装备。我们落后了 20 年。我们非常感谢里根总统。当我们得到 F-16 合同报价时，我们高兴得手舞足蹈。当然，40架飞机不会产生多大影响，但是先进飞机的存在至少给你精神上的以及军事上的优势。我愿再次明确表示：巴基斯坦没有原子弹。巴基斯坦也无意拥有军事意义的核能力。我们有适当的核能力，为此我们努力掌握一点用于和平目的的技术。"④ 在齐亚·哈克离开美国时，致函里根，"我们在华盛顿的会晤以及彼此交流观点不仅强化了巴美传统的友好合作关系，而且强调了两国间在一些共同关心的问题上趋同的认识"。⑤ 12月 15 日，《黎明报》记者对齐亚·哈克访问美国进行了报道，认为巴基斯坦达到了下列目的：①里根政府能够理解和认同巴基斯坦在双边、地区和国际问题上的大多数观点。②最终被证明是一项技术性障碍的移交

---

①　Zia's Address to the National Press Club, Washington, D. C. , 8 December 1982, *US-South Asian Relations 1947-1982*, Vol. 2, pp. 521-522.

②　Zia's Address to the Foreign Policy Association, New York, 9 December 1982, *US-South Asian Relations 1947-1982*, Vol. 2, pp. 521-522.

③　Zia's Address at a Ainner Hosted by the New York Chamber of Commerce, the US Federal Chamber of Commerce, the US-Paksitan Economic Council and the Far East Chamber of Commerce, New York, 10 December 1982, *US-South Asian Relations 1947-1982*, Vol. 2, pp. 525-526.

④　President Zia's Interview with Dean Brelis, New Delhi Bureau Chief of *Time*, 13 December 1982, *US-South Asian Relations 1947-1982*, Vol. 2, pp. 527-528.

⑤　Zia's Message to President Reagan on His Department from the United States, 14 December 1982, *US-South Asian Relations 1947-1982*, Vol. 2, p. 528.

第一批 F-16 飞机问题得到解决。③美国媒体，尽管其典型的挑衅性立场，有大量机会报道了巴基斯坦政策的基本思想、决定性现实，以及关于国内国际问题的运行战略。总的来说，齐亚·哈克的访问是一次巨大的成功，并且访问目的完全实现。①1983 年 1 月 15 日，首批 3 架 F-16 飞机抵达巴基斯坦。另外 3 架未来几日内抵达。

里根政府提出，1984 财年向巴基斯坦提供 7.45 亿美元，其中经济援助 2.25 亿美元，军事援助 5.2 亿美元。此外，还提出以 480 公法形式提供 0.574 亿美元。预算拨款 80 万美元用于在美国训练巴基斯坦军官。②据报道，1984 年 12 月巴基斯坦要求美国允许巴基斯坦获得 E-2C 机载预警系统，也就是鹰眼，来引导 F-16 战斗机。到 1984 年 11 月中旬，已经有共 25 架 F-16 飞机交付巴基斯坦。之前美国对巴基斯坦的请求报以同情。但是，1985 年，根据一个五角大楼专门小组的建议，里根政府拒绝了巴基斯坦的这一请求。该小组访问了伊斯兰堡对巴基斯坦是否适宜这种飞机进行了评估。该小组的意见是，装有鹰眼 E-2C 预警边界监视的飞机不适合巴基斯坦。

除了正在进行的援助之外，里根政府数次向巴基斯坦提供大量援助。1985 年 10 月，里根要求国会批准一项 1.03 亿美元的一揽子援助计划，作为正在进行的 30.2 亿美元的一揽子援助计划和 0.5 亿美元的导弹销售的补充。③

1986 年 3 月 24 日，美国最终同意向巴基斯坦提供一项 40.2 亿美元的军事和经济援助一揽子计划，用于 1987—1993 财年。这比现有的一揽子计划增加了 35%，但比巴基斯坦请求的 65 亿美元要少得多。正在进行的 32 亿美元的军事和经济援助一揽子计划（1981—1987 年）于 1987 年到期。④

为了答谢美国的援助，1986 年 7 月巴基斯坦总理居内久（M. K.

---

① *Dawn* Correspondent M. Fazal Imam's Report on President Zia's US Visit, 15 December 1982, *US-South Asian Relations 1947-1982*, Vol. 2, pp. 528-529.

② Aftab Alam, *U. S. Military Aid to Pakistan and India's Security*, Delhi：Raj Publications, 2001, p. 79.

③ Aftab Alam, *U. S. Military Aid to Pakistan and India's Security*, Delhi：Raj Publications, 2001, p. 80.

④ Aftab Alam, *U. S. Military Aid to Pakistan and India's Security*, Delhi：Raj Publications, 2001, p. 80.

Junejo）访问美国。访问期间，美国总统重申了美国对巴基斯坦的独立、安全和领土完整承担义务。两国领导人对 1986 年早些时候进行的成功的谈判结果（达成了 1987 年年初向巴基斯坦后续提供为期 6 年的 40.2 亿美元一揽子援助计划）表示满意。里根强调，这个唯一的多年计划表明，在面临来自阿富汗的苏联压力时，美国对强化巴基斯坦防御能力的承担责任的持久性和连续性。他钦佩巴基斯坦抵御苏联压力的勇气，以及对在过去 7 年间流入巴基斯坦的近 300 万阿富汗难民巴基斯坦提供了无私的人道主义救济。

1986 年 10 月，国防部部长温伯格到访伊斯兰堡。重申了美国采取新的为期 6 年的一揽子计划加强巴基斯坦防御能力以应对边界威胁的决心。访问期间，巴基斯坦再次请求获得机载预警系统。

1987 年 1 月 6 日，里根政府提出 1988 财年向巴基斯坦提供 6.78 亿美元用于经济援助和军事销售一揽子计划，这比 1987 财年增加了 0.12 亿美元；其中军事援助 2.9092 亿美元，经济援助 3.8695 亿美元，机载预警系统、先进坦克和额外的 F-16 战斗机在考虑之中。1986 财年期间，美国政府提出向巴基斯坦提供 6.66 亿美元援助，但由于国会参众两院掌控在民主党手中，国会仅仅批准了 6.38 亿美元。①

1987 年 5 月的国家安全委员会报告显示，继续支持巴基斯坦对美国非常重要。装备良好的巴基斯坦可以制衡苏联在该地区的扩张主义。通过巴基斯坦，美国可以打击苏联在阿富汗的侵略并支持阿富汗反抗武装与苏军作斗争。

1987 年 8 月，美巴联盟关系遭遇挫折。当年 7 月 10 日，美国当局在费城逮捕了一名在巴基斯坦出生的加拿大籍居民帕尔韦兹（Arshad Parvez），指控他试图向巴基斯坦出口特殊的合金钢，这种钢能够在武器级的铀浓缩中使用。但是，巴基斯坦否认与该案嫌犯有任何联系。在之前的 1984 年 6 月，另一位巴基斯坦人艾哈迈德（Nazir Ahmad）在休斯敦被捕，试图向巴基斯坦走私一种特殊的可以引爆核弹的电子开关。

美国对巴基斯坦核问题表示严重关切，要求巴基斯坦作出不发展核武器的保证。1985 年 8 月，美国国会通过普莱斯勒修正案（Pressler A-

---

① Aftab Alam, *U. S. Military Aid to Pakistan and India's Security*, Delhi：Raj Publications, 2001, p. 81.

mendment），禁止美国向拥有核武器的国家提供援助。众议院对外事务委员会亚洲小组委员会主席索拉兹（Stephen J. Solarz）认为，"巴基斯坦公然无视美国法律，如果我们不实行法律将会让别人嘲笑我们的核不扩散政策"。并要求里根采取措施阻止向巴基斯坦提供援助。

美国对巴基斯坦核项目的关注发生严重转折。美国令人吃惊地停止了所有对巴基斯坦的援助，直到 1988 年 1 月 15 日。因为在美国看来巴基斯坦试图走私生产核武器的材料并且拒绝对其 Kahuta 核工厂进行监督。两个援助项目被推迟，一个是 5. 4 亿美元的军事和经济援助，另一个是计划于 10 月 1 日开始的 40. 2 亿美元的援助。这是自 1979 年以来第一次针对巴基斯坦的具体行动。

但是在 1987 年 12 月 4 日，之前的行动发生了完全逆转。美国国会通过了对巴基斯坦的 40. 2 亿美元的军事和经济援助。参众两院批准了恢复自 1987 年 10 月以来停止了三个半月的对巴基斯坦的未来六年的援助。随着美国对巴一揽子计划的通过，巴基斯坦准备继续购买 100 多架 F-16 飞机。在 1988 年 1 月美国国防部部长助理阿米蒂奇（Richard Armitage）访问伊斯兰堡时，美巴之间就购买 F-16 协议进行过讨论。在这笔交易中，重要的是新的价格，每架 F-16 报价 0. 105 亿美元，远低于 1987 年 9 月达成的首笔 32 亿美元军事和经济一揽子援助计划中的每架 0. 25 亿美元。在首笔一揽子援助计划期间，将向巴基斯坦提供 40 架 F-16。① 美国国会批准 1989 财年向巴基斯坦提供 4. 45 亿美元的军事和经济援助。其中军事援助 2. 3 亿美元，经济援助 2. 15 亿美元。1988 财年美国向巴基斯坦提供了 4. 8 亿美元援助，其中军事方面 2. 6 亿美元。 1989 财年援助的减少是由于美国预算限制影响了各受援国。②

1988 年 8 月，齐亚·哈克去世。随后贝·布托当选巴基斯坦总理。在经历了 12 年的戒严之后，军方允许进行选举，阿里·布托作为民选领导人掌权。这引起美国对巴基斯坦更大的兴趣。新当选共和党人乔治·布什也对民主的巴基斯坦感兴趣。华盛顿认为，暂停对巴援助甚至有可能促使军方在国家安全名义下接管权力。美国提出在 1990 财年向巴基斯

---

① Aftab Alam, *U. S. Military Aid to Pakistan and India's Security*, Delhi: Raj Publications, 2001, p. 83.

② Aftab Alam, *U. S. Military Aid to Pakistan and India's Security*, Delhi: Raj Publications, 2001, p. 83.

坦提供 6.267 亿美元的大量军事和经济援助。①

由于美国法律把援助与核不扩散联系在一起，所以巴基斯坦的核项目一直是美巴关系中引起紧张和争论的一个问题。过去，巴基斯坦官方保证不发展核武器，里根政府也坚定地免除援助限制。但是，在 1990 年 10 月 1 日，由于倍加担心巴基斯坦开发核武器，美国政府决定暂停所有的对巴基斯坦军事和经济援助。这个由布什政府作出的决定，是由于未能得到巴基斯坦核项目仅仅用于和平目的的保证的结果。

根据 1985 年的对外援助法普莱斯勒修正案（Pressler Amendment），明确规定，不应向巴基斯坦提供援助，也不应向巴基斯坦销售或转让军事装备或技术，除非总统向众议院主席和参议院对外事务委员会主席写信证明巴基斯坦没有拥有核爆装置。1990 年 10 月 9 日，美国国务卿贝克告知巴基斯坦外长雅各布·汗（Sahibzada Yaqub Khan），除非新的证据证明不存在核爆装备，否则未来的援助是不可能的。美国有着严厉的法律禁止向那些被怀疑从事核武器项目的国家进行援助，但是这些法律从属于国家利益。自 1986 年秋天以来，美国政府了解到，巴基斯坦在 Kahuta 生产武器级的铀。华盛顿邮报报道，1986 年 9 月 18—21 日，巴基斯坦引爆了高爆炸药装置。而且，1988 年里根和 1989 年布什个人宣称，伊斯兰堡继续追求（核）武器的迹象，使总统每年提供巴基斯坦没有拥有核爆装置的证明更加困难。里根和布什每年均要向国会证明巴基斯坦并未发展用于军事目的的核技术。美国政府有各种借口来规避美国法律禁止向那些拥有或试图掌握核武器的国家提供援助。其中包括通过援助巴基斯坦来抵抗苏联在阿富汗的势力以及对阿富汗抵抗组织予以支持。1988 年 5 月 15 日，苏联和阿富汗发表联合声明，宣布苏军即日起撤离阿富汗，9 个月内完成。随着苏军要撤离阿富汗，这一借口不复存在。1988 年 11 月，巴基斯坦大选，贝·布托当选为巴基斯坦总理。美国表示有必要继续援助以支持巴基斯坦的民主。应贝·布托的请求向巴基斯坦销售 F-16 据说是为了帮助贝·布托巩固民主秩序，满足国内合理的安全需要。②

---

① Aftab Alam, *U. S. Military Aid to Pakistan and India's Security*, Delhi：Raj Publications, 2001, p. 84.

② Aftab Alam, *U. S. Military Aid to Pakistan and India's Security*, Delhi：Raj Publications, 2001, pp. 85-87.

　　在当选为巴基斯坦总理后，贝·布托向国会和白宫保证，不拥有或有意制造核装置。但是，在随后几个月，中央情报局掌握了充分的证据，表明巴基斯坦依然在制作核弹。有报道称，巴基斯坦改造美国提供的 F-16 以便能够携带核武器。还有报道称，巴基斯坦偷偷摸摸地购买新泽西一家公司的高温炉，这种炉能够生产用于制造核武器系统的合金。1989 年 2 月，苏军根据《日内瓦条约》全部撤离阿富汗。随着战争的结束，美国对巴基斯坦的战略需求迅速下降，美国总统布什不再向国会证实巴基斯坦未研发核武器。[①] 1990 年 9 月，有新的证据被证实。根据普莱斯勒修正案，由于担心巴基斯坦发展核武器，1990 年 10 月 1 日，美国暂停了对巴基斯坦所有的军事和经济援助并拒绝交付巴出资购买的数十架 F-16 战机。普莱斯勒修正案在通过五年之后第一次被实施。冷战即将结束，在巴基斯坦核问题上，美国也不再睁一只眼闭一只眼。实际上，对第三世界国家来说，冷战的结束使他们更难以在莫斯科和华盛顿之间左右逢源。[②]

　　暂停援助对巴基斯坦经济和军事有严重影响。巴基斯坦努力摆脱严格的普莱斯勒修正案的限制。1991 年 6 月，巴基斯坦参议院主席萨贾德（Waseem Sajjad）访问华盛顿，在南亚核问题上，他表示巴基斯坦对核不扩散感兴趣，给美国决策者留下深刻印象。他与美国官员密集讨论并积极游说，布什政府最终同意依据商业原则向巴基斯坦提供一些军事零部件和装备，以满足自我服务的需要。1993 年 8 月，巴基斯坦外长沙赫亚尔·汗（Shahryar Khan）访问华盛顿，与美方就双方共同关心的问题广泛交流意见，并希望两国发展一种新的、更加成熟和持久的关系。[③]

　　在巴基斯坦外长沙赫亚尔·汗访问华盛顿之后不到一个月，美国参议院发送给克林顿一份需签署的法案，该法案出于某种特殊目的将伊斯兰堡从普莱斯勒修正案进行豁免，授权向巴基斯坦销售 0.4 亿美元的小麦和大豆。其他一些得以豁免的项目，以非政府组织的名义进行资助，包括人口计划、儿童福利以及扫盲项目。几乎与巴基斯坦外长沙赫亚尔

---

　　① 王文凯：《"9·11"后美国与巴基斯坦关系探究》，外交学院，硕士学位论文，第 7 页。

　　② Aftab Alam, *U. S. Military Aid to Pakistan and India's Security*, Delhi：Raj Publications, 2001, p. 87.

　　③ Aftab Alam, *U. S. Military Aid to Pakistan and India's Security*, Delhi：Raj Publications, 2001, p. 96.

·汗访问华盛顿同时，1993 年 8 月，美国对巴基斯坦实施新的制裁，原因怀疑是中国公司向巴基斯坦转让 M-11 导弹技术，但该制裁对巴基斯坦影响不大。1994 年，美国政府进行了一次不成功的努力，希望能够在普莱斯勒修正案一次例外，向巴基斯坦交付 F-16 并恢复对巴的军事和经济援助。美国外交政策制定者中不少人，受巴基斯坦观点的影响，认为在核不扩散问题上普莱斯勒修正案仅仅惩罚巴基斯坦而没有把印度包括进去是不公平的。①

自 1992 年 2 月以来，巴基斯坦正式宣布最终冻结核项目。1994 年美国列出了取消针对巴基斯坦的普莱斯勒修正案的三个条件：停止生产武器级的铀；停止生产追加的核武器核芯；熔化掉现有的核芯。1994 年，贝·布托总理宣布巴基斯坦不会重新运行核项目。1995 年 4 月，贝·布托总理访问美国（3 月，两名美国驻卡拉奇总领馆的工作人员上班途中被杀身亡，一名受伤）。贝·布托总理向美国当局表示慰问并要追查凶手。但是，这件事很显然对美巴关系造成了不利影响。9 名国会议员要求国务卿克里斯托弗将巴基斯坦列为恐怖主义观察名单。

巴基斯坦努力摆脱普莱斯勒修正案的限制。最终在 1995 年 10 月，根据汉克·布朗修正案条款（Hank Brown Amendment），美国国会宣布恢复对巴基斯坦的武器供应，并提供价值 3.7 亿美元的一揽子武器援助计划，包括向巴基斯坦提供 3 架 P-3C 猎户座飞机、反舰导弹、M-198 榴弹炮、眼镜蛇直升机、TPQ-36 系统雷达、托式导弹发射器，以及 F-16 零部件等。②

小结

里根政府时期，为了遏制苏联在阿富汗的扩张，美国向"前线国家"巴基斯坦提供了大量军事援助。巴基斯坦总统虽然拒绝了卡特政府提供的 4 亿美元的援助，但是与里根政府建立了新的安全关系，美国向巴基斯坦提供 32 亿美元的一揽子军事和经济援助，时间跨度是 1981—1987 年。此外，美国国会宣称，再向巴基斯坦提供 40.2 亿美元的军事和

---

① Aftab Alam, *U. S. Military Aid to Pakistan and India's Security*, Delhi：Raj Publications, 2001, p. 100.

② Aftab Alam, *U. S. Military Aid to Pakistan and India's Security*, Delhi：Raj Publications, 2001, pp. 108-109.

经济援助，时间跨度 1987—1992 年的 6 年。根据这些军事和经济援助项目，巴基斯坦从美国得到了许多先进的尖端武器，包括 F-16 战斗机。核不扩散问题也服从于外援需要，尽管国会以巴基斯坦发展核武器为由通过了赛明顿修正案，总统还是技术性地绕过法律限制，推动向巴基斯坦提供援助。印度对美国向巴基斯坦提供大量军事援助表示不满。美国对印巴援助始终难以平衡"南亚援助困境"的结构性矛盾。

结　　论

一　冷战时期美国对南亚援助的发展历程

冷战时期，作为对外政策的一种工具，美国对南亚的援助始终服务于其全球战略和国家利益。

战后初期，美国的战略重点是欧洲，南亚在美国的对外政策优先性名单中并不具有优先性。尽管英国已经从南亚撤退，但是美国依然把南亚作为英国的势力范围，希望英国承担应有的义务。美国认为，从全球视角来看，英国继续承担维护南亚地区国家和平与安全的极为重要的责任，符合美国的利益。战后初期，美国通过杜鲁门主义援助希腊和土耳其，遏制共产主义；通过马歇尔计划，扶植和重建欧洲经济；通过"第四点计划"，向发展中国家提供经济和技术援助。美国于1950—1951年开始了对印巴等南亚国家的援助，主要是根据"第四点计划"提供技术援助以及具有人道主义性质的紧急粮食援助。

杜鲁门政府时期，是战后美国对南亚援助的开启时期。在杜鲁门任期内，美国对南亚的援助进展缓慢。朝鲜战争爆发后，美国援助的项目重点由原来的强调经济发展转向强调共同安全。从NSC48/1号文件到NSC98/1号文件，充分说明了美国从全球冷战的视角来制定对南亚的政策。美国逐渐认识到南亚在遏制共产主义的亚洲链条中的重要性。随着新中国的成立和朝鲜战争的发生和扩大，南亚的战略地位在一定程度上得以提升。美国希望经济援助和技术援助可以作为促进南亚"自由、稳定和亲西方倾向"的重要工具。尽管美国开启了战后对南亚的援助，但援助是有限的。在美国援助的全球战略棋盘上，此时的南亚并不具有优先性，其重要性也是边缘的。

艾森豪威尔时期，美国对南亚的援助政策并未发生根本性的变化。军事援助优先于经济援助，对西欧和东南亚的重视优先于对南亚的关心。艾森豪威尔第一任期美国对外援助的指导思想是"贸易而非援助"。为了遏制共产主义，美国极力构建军事联盟体系，希望印度和巴基斯坦加入美国主导的集体安全体系。而印度坚持不结盟的外交政策，巴基斯坦由于国家安全的需要寻求与西方国家结盟。美巴结盟、美国向巴基斯坦提供军事援助、巴基斯坦加入东南亚条约组织和巴格达条约组织，美国与巴基斯坦的关系密切发展。同时，美巴结盟和美国对巴基斯坦的军事援助对美印关系的发展带来一定的不利影响，美国始终无法在援助问题上找到一个令印巴双方都满意的平衡点。艾森豪威尔第二任期，美国对外援助"哲学"从"贸易而非援助"转变为"贸易与援助"并举。美国对外援助逐渐从短期的、国家安全的考虑向长期开发援助转变，更加关注发展中国家的经济发展。在增强巴基斯坦的国家安全的同时，艾森豪威尔第二任期重视支持印度的经济发展。

肯尼迪政府时期，美国对外援助的地域重点和项目重点发生了重大变化。从地域上而言，南亚（特别是印度）成为美国援助优先考虑的对象。从项目上而言，长期的开发援助成为援助的重点。肯尼迪希望印度经济发展与民主政治齐头并进，在与共产主义中国的竞争中胜出并为广大发展中国家树立"典范"，对印度的开发援助达到高潮。印度成为美国援助的最大受援国。同时，受中印边界战争的影响，美英等国向印度提供紧急军事援助。在军事援助的背后折射着美英等国全球利益和南亚地区利益的纵横交织。虽然美国继续对巴基斯坦进行援助，但在规模和数量上较之印度相形见绌。对"中立主义"的印度重视与对"盟友"巴基斯坦的疏远，使巴基斯坦对美国甚为失望。

约翰逊政府时期，美国深陷越南泥沼，主要精力用于处理越南问题。1965 年第二次印巴战争，美国暂停了对印巴两国的军事和经济援助，结果使得印巴两国对美国都颇有怨言。苏联充当南亚安全的调停者，主持了塔什干会谈。美国与巴基斯坦的联盟关系几乎名存实亡。巴基斯坦发展与中国的密切关系，援助来源多元化。美国希望印巴在越南问题上支持（或者是默认，至少是不反对）美国的越南政策。但是，印度坚持独立的外交政策和对美国越南政策的批评。约翰逊"勒紧绳拴"的对印粮食援助政策并未能使印度追随美国的越南政策，也未获得印度人民的好感，相反在一定程度上刺激了印度大力发展农业，实行"绿色革命"，改变过分依赖外援的情况，并且使印度进一步加强了同苏联的关系。

尼克松政府时期，美国调整其全球战略，尼克松主义出台。在中美关系正常化的过程中，巴基斯坦是通向中国的走廊，美国决策者从全球战略出发，加上领导人的个人偏好，对南亚实行"重巴轻印"的偏袒巴基斯坦的政策。1971年印巴战争，美国以暂停对援助为手段，迫使印巴停火，并派遣"企业号"航母驶入孟加拉湾声援巴基斯坦。但美国的支持和援助对1971年印巴战争影响甚微，并未能阻止巴基斯坦被肢解。暂停援助使印巴双方（特别是巴基斯坦）颇有怨言，美国与印度、巴基斯坦的关系也跌入低点。福特政府基本上继承了尼克松政府的南亚政策。

卡特政府时期，美国把核不扩散、人权等问题与对外援助挂钩，美国与印巴关系的发展并不顺利。阿富汗危机急剧改变了美国对巴基斯坦的政策，巴基斯坦成为该地区遏制苏联的最重要的国家，被视为"前线国家"。在冷战背景下，军事援助作为美国对外政策的一种工具，特别是在苏联入侵阿富汗之后，美国对巴基斯坦的军事援助大增。巴基斯坦领导人也成功地利用该国的战略重要性影响美国决策者，争取军事援助和经济援助。但是，美国在发展核能方面对印巴的不同政策，使巴基斯坦觉得受到歧视性待遇，并且美国试图以援助为手段诱压巴基斯坦在核问题上让步（1977年国会通过赛明顿修正案），最终遭到巴基斯坦的拒绝，巴基斯坦也没有同意卡特政府的4亿美元的一揽子援助计划。

里根政府时期，为了遏制苏联在阿富汗的扩张，美国向"前线国家"巴基斯坦提供了大量军事援助。核不扩散问题也服从于外援需要，尽管国会以巴基斯坦发展核武器为由通过了普莱斯勒修正案，总统还是技术性的绕过法律限制，推动向巴基斯坦提供援助。印度对美国向巴基斯坦提供大量军事援助表示不满。美国对印巴援助始终难以平衡"南亚援助困境"的结构性矛盾。1990年10月，布什政府以巴基斯坦发展核武器为由，引用普莱斯勒修正案，对巴进行经济和军事制裁，停止了每年向其提供近6亿美元的军事和经济援助等。美巴关系跌入低谷，并在此后一个较长时期处于停滞不前状态。

随着冷战的结束和两极格局的终结，基于国际战略格局的变化和地区战略现实的双重考虑，美国调整其南亚政策，逐渐向印度倾斜。1995

年9月，美国国会通过了对普莱斯勒修正案的修正案，即布朗修正案，巴美关系出现转机。根据布朗修正案，取消了对巴基斯坦的经济制裁，加强双方在贸易、投资、维和、反恐、缉毒等领域的合作；同时恢复向巴基斯坦提供已付款的价值3.68亿美元的军事装备，但军事制裁依然有效。1998年5月，印巴进行了核试验，美国等西方国家对印巴实行经济制裁，美国与印巴关系再度降温。[①] 2001年"9·11"事件之后，反对恐怖主义等非传统安全因素成为国际社会共同面对的问题。巴基斯坦积极配合美国发动的阿富汗反恐战争，在打击恐怖主义问题上与美国密切合作，逐渐打破了1998年核试验后西方国家对巴的制裁。同时，美国和国际金融机构向巴提供了30亿美元的援助和贷款。美巴关系迅速升温。

随着国际和地区局势的变化，美国的外援政策、援助重点等不断调整。

二 影响美国对南亚援助的因素

美国对南亚的援助，在不同的时期不同的背景之下影响因素不尽相同。援助的动机和目的也是多重的，主要有人道主义、经济利益和国家安全等方面。概括起来，影响美国对南亚援助的因素主要有以下几点：

1. 全球战略和国家利益因素

美国对南亚的援助服从于其全球战略和国家利益。在第二次世界大战后至肯尼迪上台之前，从全球战略的角度来看，在美国外援名单中，南亚并不具有优先性。但是，对印度和巴基斯坦的援助依然符合美国国家利益。20世纪50年代早期，遏制共产主义是美国的主要对外政策目标。在南亚，一个稳定的印度有助于促进国际稳定，并且对印度的援助可以使美国对手的影响最小化。杜勒斯的陈述可以代表这种想法：美国援助"在帮助印度赢得与共产主义的这场特殊竞争中构成了一个特别重要的因素，从我们的观点来看，印度胜出非常重要"。[②] 在南亚区域层面，美国起初更看重印度的角色和作用，希望印度加入其军事联盟体

---

① 孙士海、江亦丽主编：《二战后南亚国家对外关系研究》，方志出版社2007年版，第386—388页。

② B. J. B. Krupadanam, *Food Diplomacy: A Case Study of Indo-US Relations*, New Delhi: Lancers Book, 1985, p. 93.

系，充当反对共产主义的堡垒作用。然而，印度继续坚持其不结盟外交政策，美国只好退而求其次，与巴基斯坦结盟，对巴基斯坦提供大量军事援助和经济援助，希望巴担负起反共重任。而巴基斯坦以灵活的外交策略，以反共之名得到美国的援助和支持，实则借重美国之力防范印度觊觎之心，提升自己的国家安全。肯尼迪政府时期，美苏进一步加剧在第三世界的争夺，长期开发援助成为援助的项目重点。肯尼迪希望，在发展中国家有着广泛影响的印度，其经济发展和民主政治可以齐头并进，在与共产主义中国的竞争中占得先机，并成为其他发展中国家效仿的"典范"。美国对印度的援助达到高潮，印度成为美国援助的最大受援国。并且，受中印边界战争的影响，美英等国向印度提供了紧急军事援助。约翰逊政府时期，美国深陷越南战争泥淖，无暇顾及南亚事务，苏联充当了南亚事务的调停者。在 1965 年第二次印巴战争期间暂停对印巴双方的经济援助和军事援助，并实行"勒紧绳拴"的粮食援助政策，试图使印度追随其越南战争政策。尼克松政府对美国的全球战略进行调整，在南亚区域层面"重巴轻印"。1971 年印巴战争期间，对巴基斯坦提供支持，尽管并未能挽救巴被肢解的命运。1979 年苏联入侵阿富汗之后，巴基斯坦作为"前线国家"的作用凸显，美国向巴提供大量军事和经济援助。冷战结束后，美国再次调整其南亚政策，更加看重印度的作用。围绕南亚核问题，美国试图以援助为手段，迫使印巴听命于己，导致与印巴关系的紧张。阿富汗反恐战争再次将巴基斯坦推向"前线国家"位置，巴积极配合，美国向巴提供了大量援助。纵向来看，在不同的时期，南亚在美国外援中的地位不尽相同；而印度和巴基斯坦，作为南亚的两个区域性大国，美国在不同时期对它们的重视程度也不一样，美国只是把印巴视为其全球战略布局中的两个棋子而已。

从国家利益层面来看，南亚不仅有广阔的市场、丰富的资源等，而且从地缘政治的角度来看，南亚连接石油资源丰富的中东和橡胶等资源丰富的东南亚，战略位置非常重要。此外，南亚毗邻中国和苏联，控制了南亚可以遏制苏联势力南下以及制衡中国。因此，从长远来看，以援助为手段维护南亚的和平与稳定，符合美国的根本国家利益。

2. 决策层个人因素以及历史文化和价值观的差异

政策决策者鲜明的个性特征，会对政策的制定与执行打上烙印，而在这些人物形象的背后是历史文化和价值观的差异。印度总理尼赫鲁个性孤傲，对国家主权极为敏感。尼赫鲁认为，"我们不能对损害我们基本政策的事作出任何承诺，印度不能成为乞讨者，宁可挨饿也比乞讨和依附他人要好"①。尼赫鲁强调，"印度在接受经济援助或政治援助时，把所有的鸡蛋放在一个篮子里是不明智的选择。我们不应该以牺牲自尊的代价获得援助，否则任何一方都不会尊敬你；我们也许会得到某些小的利益，但最终我们因此会遭别人的唾弃"②。英迪拉·甘地总理认为，"我们得到许多友好国家的援助。但是我们竭力不依赖其中任何一个国家"③。而美国国务卿艾奇逊认为，尼赫鲁是他所遇到过的最难打交道的人物之一。④ 巴基斯坦决策层积极推动美巴结盟，争取美国军事援助。艾森豪威尔时期，国务卿杜勒斯关于中立主义是"目光短浅的、不道德的"认识，肯尼迪在任参议员时就对援助印度积极努力，提出"肯尼迪—库珀"议案；肯尼迪任总统期间，对第三世界的发展充满热情，提出"发展的十年"的概念，美国对外援助也达到战后新的高潮。而约翰逊的"勒紧绳拴"以及尼克松对印度的嫌恶、里根的对苏强硬，都反映了决策人物鲜明的个性，虽然不是援助的决定性因素，但还是对援助有一定的影响。

印度在独立之前，长期处于英国的殖民统治之下。在独立之后初期，美国依然把南亚视为英国的势力范围。美国对印度缺乏了解，许多美国人则把印度看成婴儿、母牛和猴子、饥荒、大君、马球队员和眼镜蛇充斥，经济和政治问题都大得可怕。而印度也对美国了解不深，许多印度人把美国看成骑马牧童、歹徒、中央情报局特工人员、百万富翁和电影明星的国土。⑤ 两国人民都严重曲解了对方的见解。肯尼迪时期美印之间虽然有了进一步的了解，但深入研究印度的专家屈指可数，来印

---

① Sarvepalli Gopal, *Jawaharlal Nehru: A Biography*, Delhi: Oxford Universigy. Press., 1993, pp. 60–61.

② The Prime Minister on the Raison Détre of an Indepandent Foreign Policy, 8 March 1948. A. Appadorai, *Select Documents on India's Foreign Policy and Relations, 1947–1972*, Vol. 1, New Delhi, 1982, pp. 19–20.

③ ［印］伊曼纽尔·波奇帕达斯笔录：《甘地夫人自述》，亚南译，时事出版社1981年版，第145页。

④ Dean Acheson, *Present at the Creation: My Years in the State Department*, New York: W. W. Norton & Co., 1969, p. 336.

⑤ ［美］切斯特·鲍尔斯：《鲍尔斯回忆录》，复旦大学集体编译，上海人民出版社1974年版，第235页。

度的参众两院议员平均每年不过八人，其中多数人只逗留三四天。美国
与印度在对共产主义、民族主义、殖民主义等问题的看法上有着不同的
世界观，美国对印度外交政策的误读，以及双方在一些国际事务（如朝
鲜战争、越南战争）立场的不同，在很大程度上影响着美国对印度援助
的进程和立场。在果阿问题上，美国决策者没有充分认识到印度人对葡
萄牙在次大陆存在的敏感性，没有认识到亚洲崛起的力量不是资本主义
或共产主义而是民族主义。许多美国官员认为印度领导人自以为是，缺
乏灵活性。而许多印度人认为美国在一些问题上侵犯了印度的主权和自
治。因历史文化的差异而引起的彼此对对方外交政策的误读或认识错位
或期望过高，在一定程度上影响着美印关系的发展，影响着美国对印度
的援助。美国对南亚（主要是印度和巴基斯坦）地区政治形势的复杂性
缺乏足够的认识，企图以援助为交换手段换取克什米尔问题的解决。这
些都影响着援助的进程和效果。

3. 大国因素、印巴矛盾和南亚援助困境

苏联在斯大林去世后对不结盟国家的政策进行调整，改善与不结盟
国家的关系，向印度等不结盟国家提供经济和技术援助。苏联的"经济
攻势"在一定程度上影响着美国改变对不结盟国家的偏见，美国通过援
助等手段与苏联在第三世界展开争夺。为了阻止印度购买"米格-21"战
斗机，防止苏联军事力量在南亚的深远影响，肯尼迪政府费尽心机。而
中印边界战争为美印关系的蜜月和美国向印度紧急军事援助提供了契
机。尼克松时期美国全球战略调整，改善与中国的关系，印度的战略重
要性下降。作为美国的盟友、东南亚条约组织和巴格达条约组织的成
员，巴基斯坦是美国遏制共产主义、连接东南亚和中东军事防御链条中
的重要一环。美国对巴基斯坦的军事援助，引起印度的担忧。印度认为
巴基斯坦与美国结盟、获得美国军事援助的目的不是为了遏制共产主义
而是针对印度，并且这种担心在 1965 年印巴战争中得到印证。而美国对
印度的紧急军事援助也引起巴基斯坦的担忧。美国在对印度军事援助时
在一定程度上顾及巴基斯坦的反应，考虑保持美国在巴基斯坦的白沙瓦
军事基地。苏联入侵阿富汗，美国把巴基斯坦视为"前线国家"，提供了
大量军事援助，印度一直向巴基斯坦争取援助的意图表示疑虑和担忧。
在援助问题上，美国对印度和巴基斯坦的援助往往顾此失彼，不能令印
巴双方同时满意。美国和印巴从不同的战略层面来看待援助问题，存在

着结构性矛盾，往往陷入"南亚援助困境"。

4. 国会立法程序

重大的对印巴援助，要经过国会立法。由于印度在一些国际问题上与美国立场迥异，参众两院的辩论会往往成为批判印度外交政策的论坛。援助立法繁烦冗长，拖拖拉拉，表现最为突出的是 1951 年对印度紧急小麦援助法案。美国把核不扩散问题与对外援助挂钩，国会通过了赛明顿修正案、普莱斯勒修正案等。

此外，大众媒体和民意、援外利益集团都对美国的对外援助有一定的影响。例如，卡特政府时期，美巴之间发生了"核舆论危机"。

当然，美国对印度的援助进程和政策，其核心是从国家利益、全球战略和南亚地区安全的视角出发，同时受到上述诸多因素的影响。

三 对美国援助南亚的评价

美国对外援助，体现了美国外交政策传统中的理想主义、现实主义以及人道主义的糅合。在全球冷战背景之下，作为外交政策的一种工具，美国对外援助始终以美国国家利益为最高目标。

美国认为，一个强大的印度比一个虚弱的印度更符合美国的利益，尽管印度在一些国际问题上并不能与美国保持一致的立场。美国从全球战略出发，期望把印度作为"民主的橱窗"在与共产主义中国的竞争中占得先机，并对亚洲以及其他的新兴国家发挥示范效应。为此，美国最大限度地支持印度完成五年计划的目标，向印度提供资金和技术援助，弥补印度经济发展过程中出现的"外汇缺口"。美国希望，巴基斯坦能够在其集体安全防御链中发挥积极作用，遏制共产主义的"扩张"。而巴基斯坦则希望借美国之力防御印度的入侵。美巴可谓是在"两相情愿"的前提下，"同床异梦"。

美国对南亚的援助，具有主观上的利己之私和客观上的利他性和进步性。美国在向印度、巴基斯坦提供援助的同时，希望获得它们的战略资源、稀缺原料和军事基地。美国对印度、巴基斯坦的紧急粮食援助，希望稳定民主的、符合美国价值观的印巴政治和经济秩序，缓解饥荒带来的粮食短缺。480 公法援助，首先考虑的是美国剩余品储存和销售问题，其次才是满足受援国的粮食需求，并且带动了美国远洋运输等行业的发展，为其他相关行业带来就业机会和利润。在南亚的和平队志愿者，在工作条件艰苦的农村与当地人民同甘共苦，以实际行动悄悄地改变着当地人民对美国的偏见，拉近了彼此心里的距离，促进了不同文化之间的了解和交流。① 美国在基础设施、教育、医疗卫生、交通通信等方面的援助，对于改变印度、巴基斯坦的落后面貌，改善当地人民生活条件，具有重要意义。美国在农业、工业方面的援助，促进了印度、巴基斯坦经济的发展和现代化的进程。

虽然美国的援助在促进印巴社会进步方面发挥了重要作用，但是美国援助有时并未能达到美国所期望的效果。1951 年对印紧急小麦援助，虽然缓解了印度饥荒，但因为拖拖拉拉长达几个月之久，并未增加印度对美国的好感。约翰逊政府的"勒紧绳拴"政策，使印度饱受心理和精神上的考验和折磨，并未能使印度追随美国的东南亚政策。美国企图以援助为条件，促使印巴双方解决克什米尔问题，结果也未能如愿。美国援助的一些束缚性条款，如贷款必须用于在美国购买，运输要用美国船只等，过于苛刻，也不利于发挥援助的最大效用。美国不愿援助波卡罗钢厂，被一些印度人认为是不支持印度的工业化。与美国相比，苏联对印援助资金比例小，束缚性条款少，不对印度经济发展指手画脚，援助主要集中在重工业和国防工业等部门。苏联对比莱钢铁厂、波卡罗钢厂的援助以及米格飞机的援助，被印度视为印苏友谊的象征，赢得了印度人民的尊敬和好感。印度从美苏双方争取援助，在大国博弈中左右逢源，实现自己利益的最大化。美国的援助虽然涉及领域众多，但没有"美印友谊"的标志性援助成果，更多的是以一种"润物细无声"的方式发生作用。对巴基斯坦的军事援助，巴基斯坦认为美国在关键时候没有发挥盟友的作用，并且在 1965 年、1971 年两次印巴战争中，美国暂停了对印巴的军事援助，对巴基斯坦影响甚大，巴基斯坦深感被抛弃。

四　启示

（1）援助方与受援方应彼此尊重，平等互利，合作共赢。

（2）受援方在引进外资和外援方面应量力而行，做好引进、消化和吸收之间的关系，发挥外资和外援的最大效用，避免因引进不当而造成债务负担和债务危机；注重技术援助的引进、吸收和创新。

---

① Fritz Fischer, *Making Them Like Us*: *Peace Corps Volunteers in the 1960s*, Washington and London: Smithsonian Institution Press, 1998, p. 192.

（3）援助方应对受援方的国情、历史文化等充分了解和尊重，不附加任何政治条件，对援助项目做到制度化、透明化。

（4）如何充分利用援助为援助方和受援方服务，使援助成为双方友谊的桥梁、交流和信任的纽带；如何在经济全球化的背景下，利用援助关系建设和谐的国际新秩序；如何使援助发挥其"润滑剂""营养剂"而不是"紧箍咒"的作用，是援助方和受援方需要认真面对和思考的共同问题。

当前，中国既是受援国又是援助国。作为受援国，中国与南亚国家印度和巴基斯坦有着类似的历史背景，面临着许多相同或相似的发展问题。吸取它们接受援助进程中的经验教训，对中国经济的发展具有重要的现实意义。作为援助国，美国在援助进程中无疑积累了丰富的援助组织管理经验，也留下一些发人深思的教训。借鉴美国援助进程中的组织管理经验，吸取前车之鉴，避免重蹈他人覆辙，对于充分发挥中国对外援助的效能无疑具有重要的指导意义。

附　录

附录 A　印美贸易

表 A-1　独立以前的印美贸易（单位：百万美元）

年代	印度出口	印度进口	平衡
1901	47	5	+42
1911	47	11	+36
1921	78	56	+22
1931	58	36	+22
1941	131	98	+33

资料来源：M. L. Gujral, US Global Involvement, p. 258, 转引自 Sadhan Mukherji, *India's Economic Relations with USA and USSR: A Comparative Study*, New Delhi: Sterling Publishers (P) Ltd. , 1978, p. 97。

表 A-2　印美贸易，1946—1947 年至 1980—1981 年（单位：百万卢比）

年代	印度进口	印度出口
1946—1947	545. 5	676. 4
1947—1948	—	—
1948—1949	1087. 42	700. 7
1949—1950	879. 0	797. 7
1950—1951	1191. 6	1158. 8

续表

年代	印度进口	印度出口
1952	2726.6	1257.6
1953	895.2	950.3
1954	738.5	855.5
1955	887.4	924.2
1956	942.1	898.0
1957	1703.2	1313.9
1958	1614.6	925.6
1959	1954.3	951.2
1960	2920.5	986.3
1961	2400.0	1144.3
1960—1961	2171.5	998.3
1961—1962	2555.4	1150.5
1962—1963	3468.4	1138.1
1963—1964	4499.7	1295.3
1964—1965	5104.8	1464.2
1965—1966	5348.3	1469.8
1966—1967	7829.1	2199.9
1967—1968	7766.4	2074.3
1968—1969	5723.9	2343.6
1969—1970	4672.2	2379.7
1970—1971	4529.5	2073.4
1971—1972	4186.9	2630.8

年代	印度进口	印度出口
1972—1973	2348.7	2757.4
1973—1974	4984.3	3459.2
1974—1975	7367.8	3749.3
1975—1976	12，852.2	5199.8
1976—1977	10，530.1	5690.6
1977—1978	7558.7	6770.2
1978—1979	7619.1	7716.2
1979—1980	9260.7	8169.9
1980—1981	15108.8	8522.3

资料来源：Statesman's Yearbook, 1949, 51, 53; India Reference Annual, 1952 – 1981; India, Economic Survey 1981-1982（New Delhi, n. d.）, pp. 134-135. 转引自 Rajendra Kumar Jain,（ed.）, *US-South Asian Relations, 1947-1982*, Vol. I, New Delhi: Radiant Publishers, 1983, pp. 673-674。

附录 B　关于援助印度的民意测验，1955—1957 年

表 B-1　问题："我们也向印度这样的国家进行经济援助，该国没有像盟国那样与我们一道反对共产主义分子，你认为我们应该继续向这些国家提供经济援助吗?"

日期	应当继续（%）	不应当继续（%）	不知道（%）
1/1955	47	41	12
1/1956	53	40	7
4/1956	43	50	7
6/1956	48	48	5
9/1956	43	50	8
11/1956	46	47	6

续表

日期	应当继续（%）	不应当继续（%）	不知道（%）
12/1956	52	43	5
4/1957	40	54	6

资料：National Opinion Research Center Surveys. 转引自 Harold A. Gould and Sumit Ganguly, (eds.), *The Hope and the Reality：U. S. -Indian Relations from Roosevelt to Reagan*, San Francisco：Westview Press, 1992, pp. 183-184。

附录 C 480 公法

表 C-1 对印度的库利贷款（Cooley Loans），1960—1972 年

协议日期	借　方	数　额	
		以百万卢比计	以千美元计
1960. 9. 22	印度斯坦铝业有限公司，Mirzapur	50. 00	8953. 0
1960. 9. 22	Mysore 水泥有限公司，Tumkur	34. 25	5625. 8
1960. 10. 3	Seshasayee 纸板公司，Erode	20. 00	3581. 2
1960. 11. 1	Otis 电梯印度有限公司，孟买	7. 00	1016. 1
1960. 11. 17	Ex-Cel-O 印度有限公司，孟买	2. 00	358. 1
1960. 12. 30	Goodyear 印度有限公司，Faridabad	37. 50	6002. 5
1961. 4. 7	Preimer 轮胎有限公司，Kalamaseri	3. 00	537. 2
1961. 5. 2	Gabriel 印度有限公司，孟买	1. 90	340. 2
1961. 7. 20	合成化学有限公司，Bareilli	65. 00	11638. 8
1961. 7. 21	Cynaimid 印度有限公司，孟买	2. 50	447. 6
1961. 12. 4	Wyeth 实验室有限公司，孟买	1. 70	304. 4
1962. 2. 19	东印度旅馆（Oberoi Intercontinental），德里	7. 62	1364. 2
1962. 5. 23	马德拉斯橡胶厂	25. 00	3631. 4

协议日期	借方	数额	
		以百万卢比计	以千美元计
1962. 12. 4	McNally-Bird 引擎公司，Kumardhubi	10. 00	1790. 6
1962. 12. 6	Victor 束帆索印度有限公司，孟买	0. 75	134. 3
1962. 12. 6	Harig-Malik 制造公司，Ghaziabad	1. 49	208. 9
1963. 2. 5	Wyman Gordon 印度有限公司，孟买	2. 50	447. 6.
1963. 2. 5	精密滚柱轴承有限公司，Baroda	4. 50	805. 8
1963. 7. 31	Napco Beval 齿轮印度有限公司，Faridabad	8. 00	1432. 4
1963. 8. 2	Mandya 国有造纸厂有限公司，Belagula	11. 70	2095. 0
1963. 8. 8	Arbor 农场印度有限公司，Poona	1. 25	223. 8
1963. 8. 16	Union Carbide 印度有限公司，加尔各答	21. 60	3867. 7
1963. 8. 16	Kirloskar 枯茗有限公司，Poona	12. 50	2238. 2
1964. 2. 4	Frick 印度有限公司，Faridabad	4. 50	710. 8
1964. 2. 7	Elpro 国际有限公司，孟买	4. 00	716. 2
1964. 4. 16	Coromandal 化肥有限公司，Vizag	122. 93	22011. 1
1964. 5. 27	Borosil 玻璃加工有限公司，孟买	7. 14	1282. 7
1964. 5. 29	IA&IC 有限公司，孟买	0. 50	89. 5
1964. 7. 2	Synbiotics 有限公司，Ahmedabad	13. 40	2406. 5
1964. 8. 10	美国通用电力有限公司，Faridabad	2. 10	376. 0
1964. 8. 11	Sylvania Laxman 有限公司，新德里	5. 00	895. 3
1964. 8. 24	Everest 制冷有限公司，孟买	6. 00	1074. 4
1964. 8. 24	Graphite 印度有限公司，Durgapur	10. 00	1790. 6
1964. 9. 24	Bharat 钢管有限公司，Ganaur	2. 50	447. 6

续表

协议日期	借方	数额	
		以百万卢比计	以千美元计
1964. 10. 12	Indabrator 有限公司，孟买	1.43	255.7
1964. 10. 28	Shama 铸造有限公司，Bhopal	4.75	850.5
1964. 12. 30	Indofil 化学有限公司，孟买	2.98	532.7
1965. 1. 28	Rallis 机械公司，Surat	1.69	302.6
1965. 2. 25	化学和塑料有限公司，马德拉斯	3.26	583.8
1965. 4. 9	United Carbon 印度有限公司，孟买	20.10	3599.3
1965. 5. 5	Raymon 引擎制造有限公司，加尔各答	15.80	2829.1
1965. 6. 4	Renusagar 电力有限公司，Mirzapur	45.00	8194.3
1965. 7. 28	Ri chardson 印度斯坦有限公司，孟买	6.25	1119.1
1965. 11. 24	半导体有限公司，孟买	1.35	241.7
1965. 11. 30	拖拉机技师有限公司，孟买	6.00	1074.4
1966. 5. 11	Herdillia 化学有限公司，孟买	26.48	4742.2
1966. 7. 22	谷物生产有限公司，孟买	2.39	427.6
1966. 9. 15	Lal-Roe 测量工具有限公司，孟买	1.30	232.8
1966. 11. 17	Ferris 衣料和色彩有限公司，加尔各答	2.50	328.9
1966. 12. 2	York 印度有限公司，Faridabad	1.50	268.6
1967. 4. 21	刀锤印度有限公司，加尔各答	3.00	537.2
1967. 5. 23	Modipon 有限公司，Modinaegr	18.20	3258.9
1967. 6. 1	Shavo Norgren 印度有限公司，孟买	0.80	139.9
1967. 7. 13	Taylor 工具公司，Ballabgarh	1.50	268.6
1967. 12. 27	农业协会有限公司，新德里	1.00	169.6

续表

协议日期	借方	数额	
		以百万卢比计	以千美元计
1968. 4. 3	PIBCO 有限公司，Durgapur	4. 00	526. 3
1968. 4. 18	Warner 印度斯坦有限公司，孟买	8. 75	1424. 3
1968. 9. 17	Mysore 灯具有限公司，班加罗尔	3. 00	394. 7
1968. 11. 6	Vazir 玻璃加工有限公司，孟买	2. 50	328. 9
1968. 11. 13	润滑油印度有限公司，孟买	64. 35	8466. 4
1969. 1. 8	Wyman-Gordon 印度有限公司，孟买	3. 00	394. 7
1969. 1. 21	Searle 印度有限公司，孟买	8. 00	1052. 6
1969. 3. 28	Zuari Agro 化学有限公司，果阿	216. 60	28606. 8
1969. 6. 4	美国快递国际银行，加尔各答	60. 00	7967. 4
1969. 7. 15	美国银行，孟买	59. 80	7857. 8
1969. 9. 8	第一城市银行，孟买	59. 99	7936. 1
1969. 12. 19	Kumardhubi Fireday & Silica，Kumardhubi	6. 00	789. 5
1970. 5. 15	Vickers Sperry India Ltd.	1. 82	239. 2
1970. 11. 3	东印度旅馆有限公司（Oberoi Sheraton），孟买	43. 50	5688. 7
1970. 12. 28	搪瓷铸件喷洗器合金铸造有限公司，孟买	6. 56	866. 5
1972. 2. 14	Shree 人工合成材料有限公司，Ujjain	10. 00	1240. 7
1972. 5. 4	Escorts Tractors 有限公司，Faridabad	9. 00	1172. 0
总数		1236. 36（百万卢比）	154151. 6（千美元）

资料来源：USAID, Office of Finance Management, Status of Loan Agreements as of June 30, 1982 （W-224）, pp. 67-79. 转引自 Rajendra Kumar Jain, （ed.）, *US-South Asian Relations, 1947 - 1982*, Vol. I, New Delhi: Radiant Publishers, 1983, pp. 665-666。

附录 D　农产品援助、技术合作署援助、进出口银行援助、开发贷款基金援助

表 D-1　与印度达成协议的美国农产品构成，1951—1961 年[a]

商品	单位	协议规定的数量	到 1961 年 6 月印度进口的数量
小麦和面粉			
1951 年小麦贷款	吨	2000000	2000000
共同安全法 Section 402	吨	636000	636000
480 公法，Title Ⅰ，五个协议	吨	26400000	13230000
480 公法，Title Ⅱ	吨	10000	10000
小麦和面粉总数	吨	29046000	15876000
大米			
480 公法，Title Ⅰ	吨	1580000	639000
480 公法，Title Ⅱ	吨	10000	10000
大米总数	吨	1590000	649000
玉米和高粱	吨		
480 公法，Title Ⅰ	吨	832000	832000
粮食总数	吨	31468000	17357000
棉花			
共同安全法 Section 402	包，捆	86000	86000
480 公法，Title Ⅰ	包，捆	1150000	1150000
棉花总数	包，捆	1236000	1236000
烟草			

商品	单位	协议规定的数量	到 1961 年 6 月印度进口的数量
480 公法，Title I	吨	4000	4000
脱脂奶粉			
480 公法，Title I	吨	24000	24000
480 公法，Title II	吨	4000	4000
脱脂奶粉总数	吨	28000	28000
大豆油			
480 公法，Title I	吨	3000	3000

注：a 此表不包括在 480 公法，Title III 下进口的商品以及在 1951 年给予印度的各种救济赠予。

资料来源：*Food for Peace*（Madras：USIS，1963）. 转引自 S. Chandrasekhar, *American Aid and India's Economic Development*, New York：Frederick A. Praeger, Inc., Publishers, 1965, p. 86。

表 D-2　与印度达成协议的美国农产品价值，1951—1961 年

项　目	数额（百万美元）
1951 年印度小麦贷款	189. 7
480 公法，Title I	
第一笔协议，1956 年 8 月 29 日	354. 5
第二笔协议，1958 年 6 月 23 日	55. 3
第三笔协议，1958 年 9 月 26 日	259. 8
第四笔协议，1959 年 11 月 13 日	297. 9
第五笔协议，1960 年 5 月 4 日	1369. 8
第六笔协议，1962 年 5 月 1 日	39. 3
第七笔协议，1962 年 11 月 26 日	46. 6

续表

项　　目	数额（百万美元）
第八笔协议，1962 年 11 月 30 日	5. 1
480 公法，TitleⅡ	4. 9
各种救济赠予	5. 5
480 公法，TitleⅢ	116. 8
共同安全法（PL665）Section 402	67. 8
总数	2813. 0

资料来源：*Food for Peace*（Madras：USIS，1962）. 转引自 S. Chandrasekhar，*American Aid and India's Economic Development*，New York：Frederick A. Praeger，Inc.，Publishers，1965，p. 85，经整理而成。

表 D-3　在 TCM 下的美国开发援助贷款，1955—1958 年（单位：百万美元）

协议日期	扣除取消部分后的协议贷款净额	每年利率（%）	宽限期（年）	不包括宽限期的偿还期	到 1981 年 3 月 31 日利用数量	到 1981 年 3 月 31 日支付的利息	到 1981 年 3 月 31 日偿还的量	目　　的
可以卢比偿还的贷款								
1955 年 3 月 22 日	30. 725	4	4	36	45. 00	27. 49	45. 00	用于社区开发项目、控制疟疾、修复铁路、增加钢和化肥的提供、控制丝虫病、农村电气化、竖井工程、德里热电厂等
1956 年 7 月 10 日	25. 980	4	4	36	37. 30	18. 85	37. 30	商品援助
1957 年 6 月 28 日	31. 980	4	4	36	47. 50	23. 80	47. 50	商品援助和项目援助

协议日期	扣除取消部分后的协议贷款净额	每年利率（%）	宽限期（年）	不包括宽限期的偿还期	到1981年3月31日利用数量	到1981年3月31日支付的利息	到1981年3月31日偿还的量	目　的
1958年6月30日	18.320	3.5	3	15.5	18.32	5.34	18.32	来自亚洲经济发展基金的贷款用于Orissa铁矿石项目
总数	148.12				148.12	75.48	148.12	

资料来源：India, Ministry of Finance, Department of Economic Affairs, External Assistance, 1980-1981（n.p., n.d.）, 192-193. 转引自 Rajendra Kumar Jain, ed., *US-South Asian Relations, 1947-1982*, Vol.I, New Delhi: Radiant Publishers, 1983, pp. 630-631, 经整理而成。

表 D-4　进出口银行对印度的总贷款，1957—1961 年

	数量（美元）	授权日期
Sundatta 棉种利用有限公司	60000	1957.3.29
人造丝国有公司	1800000	1957.10.4
对印度政府的第一笔信贷额度	150000000	1958.2.27
印度斯坦铝业有限公司	13650000	1960.1
印度国际航空（第一笔贷款）	4100000	1960.9.8
对印度政府的第二笔信贷额度	50000000	1960.12.23
东方造纸有限公司	18500000	1961.1.6
印度国际航空（第二笔贷款）	8100000	1961.1.19
东印度旅馆	717000	1961.1.27

续表

	数量（美元）	授权日期
对印度政府的第三笔信贷额度	25000000	1962
总额	271927000	

资料来源：*Fact Sheet on U. S. Economic Assistance to India*，New Delhi：USIS，1962，p. 16. 转引自 S. Chandrasekhar，*American Aid and India's Economic Development*，New York：Frederick A. Praeger，Inc.，Publishers，1965，p. 120。

表 D-5 援助

序号	协议日期	扣除取消部分后的协议贷款净额	每年利率%	宽限期（年）	不包括宽限期的偿还期（年）	到1981年3月31日要支付的利息	目的
				可以卢比支付的贷款			
				"二五"计划			
1	1958. 6. 23	29.97	3.5	1	20	8.09	第一笔铁路贷款
2	1958. 6. 23	34.91	5.25	1	15	11.82	用于私人企业（道路运输：2500万美元；水泥工业：500万美元；黄麻工业：500万美元）
3	1958. 12. 24	34.99	3.5	10个月	20	12.75	第二笔铁路贷款
4	1958. 12. 24	9.55	3.5	1	20	3.07	用于电力项目的装备
5	1958. 12. 24	14.90	5.75	1	10	4.63	用于私有工业的资本装备（第一笔贷款）
6	1958. 12. 24	17.65	3.5	1	14	4.74	用于公有部门 I 的 NPL 钢进口
7	1958. 12. 24	21.68	5.5	1	15	9.78	用于私有部门的 NPL 钢进口
8	1959. 7. 27	19.49	5.75	1	15	9.79	用于公有和私有部门项目的 NPL 钢进口（第二笔贷款）

序号	协议日期	扣除取消部分后的协议贷款净额	每年利率%	宽限期（年）	不包括宽限期的偿还期（年）	到1981年3月31日要支付的利息	目　　的
9	1960.6.30	6.90	3.5	1	19	1.80	Mysore 的 Sharavathy 水电项目（第一笔贷款）
10	1960.6.30	3.72	3.5	3	11.5	1.13	Gujarat 的 Ahmedabad 电气公司
11	1960.6.30	3.51	3.5	1	19	1.13	Bihar 的 Barauni 热电项目
12	1960.6.30	27.82	3.5	1	19	8.17	Bihar 的 Chandrapura 热电站
13	1960.6.30	18.44	3.5	1	19	5.33	West Bengal 的 Durgapur 热电站
14	1960.6.30	13.00	5.75	1	4.5	1.94	NPL 道路运输组成部分
15	1960.12.5	1.53	3.5	1	14	0.21	Uttar Pradesh 的 Kanpur 热电站
16	1960.12.5	1.73	3.5	1	14	0.36	Assam 的 Barapani 水电项目
17	1960.12.5	49.59	3.5	1	19	15.60	第三笔铁路贷款
18	1960.12.5	24.60	5.75	1	9	6.48	用于私有工业的资本装备
19	1960.12.5	24.99	5.75	1	14	11.66	用于公有和私有部门项目的 NPL 钢进口（第三笔贷款）
20	1960.12.7	9.49	5.00	1	14	3.12	工业资金公司（第一笔贷款）
21	1960.12.29	29.35	5.75	1	14	13.34	Maharashtrad 的 Trobay 化肥厂

"二五"计划总数　397.81　　　　　　　　　　134.94

续表

序号	协议日期	扣除取消部分后的协议贷款净额	每年利率%	宽限期（年）	不包括宽限期的偿还期（年）	到1981年3月31日要支付的利息	目 的
					"三五"计划		
22	1961. 3. 23	4. 48	5. 00	1	14	1. 28	印度的工业信贷和投资公司
23	1961. 4. 10	8. 54	3. 5	1	9	2. 10	国家小工业有限公司
24	1961. 8. 16	28. 43	3. 5	1	19	6. 86	Talcher 热电项目
25	1961. 8. 16	7. 59	3. 5	1	19	1. 89	中央邦 Birsinghpur 的 Amarkantak （Amlai） 热电站
26	1961. 8. 16	14. 01	3. 5	1	19	3. 49	Mysore 的 Sharavathy 水电项目（第二笔贷款）
27	1961. 10. 21	7. 05	5. 75	2	13	3. 66	Premier 有限汽车
28	1961. 10. 26	19. 99	3. 5	1	14	5. 75	NPL 用于进口不含铁的金属

"三五"计划总数 90. 09　　　　　　　　　　　25. 03

					1966—1967 年		
29	1966. 6. 16	14. 44	3. 5	10	20	2. 41	用于灌溉和发电的 Beas 坝

总数 502. 34　　　　　　　　　　　162. 38

（相当于 3767. 55 百万卢比）（相当于 982. 64 百万卢比）

资料来源：*India*, Ministry of Finance, Department of Economic Affairs, External Assistance, 1980 - 1981（n. p. , n. d. ）, pp. 192 - 197, 转引自 Rajendra Kumar Jain, （ed. ）, *US－South Asian Relations*, *1947－1982*, Vol. I, New Delhi：Radiant Publishers, 1983, pp. 632－634。

附录 E　军事援助

表 E-1　美国向印度提供的武器（1954—1971 年）

交付年份	交付数量(架)	武器名称	武器种类	备注
飞机				
1954	6	Sikorsky S-55	直升机	
1954	26	Fairchild C-199G（定期）		
1956	30	NAT-6G Texan		
1957—1958	6	Bell47G-3B		
1960	2	Sikorsky S-62		费用 0.54 百万美元，按提供时估算
1961	29	Fairchild C-119G（定期）		
1961	6	Bell47G-3B		
1962	2	DHC-4 Caribou		MAP（军事援助计划）
(1962)	(23)	Fairchild C-119G（定期）		
1962—1964	12	Lockheed C-130 Hercules		
1963	24	Fairchild C-119G（定期）		MAP
(1971)	10	Hughes 300	用于海军	
武装战斗车辆				
1953	180	M-4Sherman		

资料来源：SIPRI, *Arms Trade Registers*: *The Arms Trade with the Third World*（Stockholm, 1975）, pp. 33 - 36; *SIPRI Yearbook*, *1979*: *World Armaments and Disarmament*（London, 1979）, pp. 214 - 215; 1980, p. 144; 1982, p. 214. 转引自 Rajendra Kumar Jain, （ed.）, *US-South Asian Relations*, *1947-1982*, Vol. I, New Delhi: Radiant Publishers, 1983, pp. 679-680, 经整理而成。

表 E-2　美国向巴基斯坦提供的武器（1954—1971 年）

交付年份	订购时间	订购数量（架）	交付数量（架）	武器名称	武器种类	备注
飞机						
1956			10	Lockheed T-33A	训练机	
1956—1958			120	NA F-86F Sabre	战斗机	MAP
（1957）			6	Lockheed RT-33A	侦察机	
1958			26	Martin B-57B Canberra	远程轰炸机	MAP
（1958）			（6）	Martin RB-57B Canberra	训练机	
1958—1962			（75）	Cessna 0-1 Birddog	轻型飞机	
（1960—1961）			（15）	Bell 47	直升机	
（1960—1962）			（15）	Sikorsky S-55	直升机	
1962			（2）	Lockheed F-104B Starfighter	战斗机	可能要装修
1962			12	Lockheed F-104A Starfighter	战斗机	可能要装修
（1962）			4	Grumman HU-16A Albatross	每上侦察	
1963			4	Lockheed C-130E Hercules	运输机	
1963			4	Kaman HH-43B Huskie	直升机	
1963			25	Cessna T-37B	喷气式训练机	
1966—1967			2	Lockheed C-130E Hercules	运输机	

续表

交付年份	订购时间	订购数量（架）	交付数量（架）	武器名称	武器种类	备注
	1970 年 10 月	7		Martin B-57 Canberra	轰炸机	MAP：1971 年 11 月被取消
	1970 年 10 月	12		Northrop F-5 Freedom Fighter	战斗机	
	1970 年 10 月	6		Lockheed F-104	战斗机	
1971	1969	4		Cessana T-37	COIN 训练机	

导弹

交付年份	订购时间	订购数量（架）	交付数量（架）	武器名称	武器种类	备注
（1958—1964）			（400）	NWC Sidewinder	空对空导弹	用来装备 F-104、MIG-19 以及幻影

海船

交付年份	订购时间	订购数量（架）	交付数量（架）	武器名称	武器种类	备注
1955			1		沿海扫雷艇	
1956			1		沿海扫雷艇	
1957			2		沿海扫雷艇	
1958			2		驱逐舰"CH"级	
1959			2		沿海扫雷艇	
1959			1		拖船	
（1959）			1		Water Carrier	
1960			2		拖船	
1960			1		油船	
1962			1		沿海扫雷艇	

续表

交付年份	订购时间	订购数量（架）	交付数量（架）	武器名称	武器种类	备注
1963			1		油船	
1964			1	"Thench"级	潜水艇	

武装战斗车辆

交付年份	订购时间	订购数量（架）	交付数量（架）	武器名称	武器种类	备注
1954—1955			50	M-41 Bulldog	坦克，25.4吨	
（1954—1955）			（150）	M-24 Chaffee	轻型坦克，18吨	
（1954—1955）			200	M-4Sherman	主战坦克，34吨	
1955—1960			400	M-47和M-48 Patton	主战坦克，44和45吨	
1955—1965			300	M-113	装甲运兵车，10—11吨	
（1958）			（20）	M-36	反坦克装甲车，30吨	
	1970年10月	300		M-113	MAP；1971年11月取消	

资料来源：SIPRI, *Arms Trade Registers：The Arms Trade with the Third World*（Stockholm, 1975）, pp. 37–40. 转引自 Rajendra Kumar Jain,（ed.）, *US–South Asian Relations, 1947–1982*, Vol. II, New Delhi：Radiant Publishers, 1983, pp. 622–629，经整理而成。

表 E-3　美国对巴基斯坦的援助，1952—1981 财年（单位：百万美元）

财年	开发援助	480 公法	总数
1952	9.0	—	9.0
1953	25.6	73.7	99.3
1954	25.2	4.0	29.2
1955	63.1	37.2	100.3

财年	开发援助	480 公法	总数
1956	105. 3	46. 6	151. 9
1957	83. 0	73. 1	156. 1
1958	80. 5	67. 5	148. 0
1959	175. 6	85. 9	261. 5
1960	149. 0	134. 2	283. 2
1961	189. 1	48. 0	237. 1
1962	85. 3	160. 2	245. 5
1963	199. 1	187. 5	386. 6
1964	118. 0	170. 7	288. 7
1965	351. 6	142. 3	493. 9
1966	77. 8	27. 3	105. 1
1967	160. 2	114. 6	274. 8
1968	191. 4	175. 9	367. 3
1969	91. 8	2. 6	94. 4
1970	111. 7	85. 8	197. 4
1971	28. 4	105. 6	134. 0
1972	34. 6	51. 7	86. 3
1973	152. 8	72. 8	225. 6
1974	46. 7	34. 3	81. 0
1975	96. 0	83. 6	179. 6
1976	84. 2	112. 3	196. 5
1977	45. 7	51. 6	97. 3
1978	0. 7	60. 1	60. 8

续表

财年	开发援助	480 公法	总数
1979	3.9	40.0	43.0
1980	—	50.0	50.0
1981	—	50.0	50.0
总数	2784.4	2349.1	5133.5

注：此表不包括印度河盆地援助，日用品信贷公司，进出口银行，以及多边资金。

资料来源："Program Operation Status Report", Office of the Controller, of USAID/Pakistan. Rashmi Jain, *US - Pak Relations*, *1947 - 1983*, New Delhi, Radiant Publishers, 1983, p.157。

附录 F　国际开发署对印度的援助

表 F-1　美国国际开发署及其前任机构许诺给印度经济发展的赠予和贷款总额

财政年度	总贷款和赠予数（百万美元）	美国人均总贷款和赠予数（美元）	印度人均总贷款和赠予数（美元）
1950	0.0	0.0	0.0
1951	4.5	0.0	0.0
1952	52.8	0.3	0.1
1953	44.3	0.3	0.1
1954	87.2	0.5	0.2
1955	85.7	0.5	0.2
1956	60.0	0.4	0.2
1957	65.3	0.4	0.2
1958	89.8	0.5	0.2
1959	137.0	0.8	0.3
1960	194.6	1.1	0.5
1961	200.8	1.1	0.5

财政年度	总贷款和赠予数 （百万美元）	美国人均总贷款和 赠予数（美元）	印度人均总贷款和 赠予数（美元）
1962	465.5	2.5	1.0
1963	397.2	2.1	0.9
1964	336.5	1.8	0.7
1965	264.6	1.4	0.6
1966	308.8	1.6	0.6
1967	202.5	1.0	0.4
1968	241.5	1.2	0.5
1969	167.2	0.8	0.3
1970	159.0	0.8	0.3
1971	202.1	1.0	0.4
1972	2.5	0.0	0.0
1973	-12.0	-0.1	0.0
1974	13.6	0.1	0.0
1975	19.7	0.1	0.0
1976	-1.5	0.0	0.0
总计	3789.2		

资料来源：1971 年以前，美国国际开发署，分析和报道办公室，《由国际开发署及其前任机构负责的美国经济援助计划》，1948.4.3—1971.6.30；1971 年之后，美国国际开发署，分析和报道部，财务管理办公室，《来自国际组织的美国海外贷款、赠予及援助》，1945.7.1—1973.6.30 以及后来的几年。人均数量来自联合国《人口统计年鉴》。此表根据 Dennis Merrill，*Bread and the Ballot*：*The United States and India's Economic Development*，*1947-1963*，The University of North Carolina Press，1990，p.4 和 Robert C. Johnsen，*United States Foreign Aid to India*：*a Case of the Impact of U.S. Foreign Policy on the Prospects for World Order Reform*，PrincetonUniversity：Center of International Studies，1975，p.5 整理而成。

表 F-2　美国国际开发署及其前任机构许诺给印度经济发展的赠予总额

财政年度	每年赠予数额 （百万美元）	每年美国人均赠予 数额（美元）	每年印度人均赠予 数额（美元）
1950	0.0	0.0	0.0
1951	4.5	0.0	0.0
1952	52.8	0.3	0.1
1953	44.3	0.3	0.1
1954	87.2	0.5	0.2
1955	40.7	0.3	0.1
1956	22.5	0.1	0.1
1957	17.8	0.1	0.0
1958	14.8	0.1	0.0
1959	17.0	0.1	0.0
1960	23.3	0.1	0.1
1961	20.7	0.1	0.1
1962	19.6	0.1	0.0
1963	4.9	0.0	0.0
1964	5.9	0.0	0.0
1965	8.8	0.1	0.0
1966	9.5	0.1	0.0
1967	7.7	0.0	0.0
1968	12.8	0.1	0.0
1969	8.6	0.0	0.0
1970	27.6	0.1	0.1
1971	9.5	0.1	0.0
1972	4.2	0.0	0.0

财政年度	每年赠予数额（百万美元）	每年美国人均赠予数额（美元）	每年印度人均赠予数额（美元）
1973	-3.2	0.0	0.0
总数	461.5		

资料来源：1971 年以前，美国国际开发署，分析和报道办公室，《由国际开发署及其前任机构负责的美国经济援助计划》，1948.4.3—1971.6.30；1971 年之后，美国国际开发署，分析和报道部，财务管理办公室，《来自国际组织的美国海外贷款、赠予及援助》，1945.7.1—1973.6.30 以及后来的几年。人均数量来自联合国《人口统计年鉴》。根据 Robert C. Johnsen，*United States Foreign Aid to India*：*a Case of the Impact of U. S. Foreign Policy on the Prospects for World Order Reform*，PrincetonUniversity：Center of International Studies，1975，p. 11 整理。

表 F-3　接受来自美国国际开发署及其前任机构赠予援助的
20 个主要受援国或地区（1949—1973 年）

顺序	国家或地区	赠予数额（百万美元）
1	南越	4930.1
2	英国	3450.1
3	法国	2964.7
4	韩国	2556.6
5	意大利	1554.7
6	联邦德国	1255.5
7	中国台湾	1154.8
8	土耳其	984.9
9	希腊	962.3
10	荷兰	839.1
11	老挝	827.1
12	奥地利	726.0
13	巴基斯坦	685.4
14	约旦	585.2

续表

顺序	国家或地区	赠予数额（百万美元）
15	泰国	517.4
16	比利时—卢森堡	492.0
17	西班牙	480.6
18	印度	461.3
19	柬埔寨	426.0
20	南斯拉夫	386.3

资料来源：U. S. Agency for International Development，Statistics and Reports Division，Office of Financial Management，*U. S. Overseas Loans and Grants and Assistance From International Organization*，Washington：AID，1974. 根据 Robert C. Johnsen，*United States Foreign Aid to India：a Case of the Impact of U. S. Foreign Policy on the Prospects for World Order Reform*，Princeton University：Center of International Studies，1975，p. 18 整理。

表 F-4　国际开发署及其前任机构对一些亚洲国家或地区的每年人均经济援助

国家或地区	年度	贷款和赠予援助（美元）	赠予援助（美元）
老挝	1955—1973	19.74	19.74
南越	1955—1973	16.83	16.52
中国台湾	1949—1963	10.67	9.19
韩国	1952—1973	5.61	4.91
柬埔寨	1955—1973	4.05	4.05
土耳其	1949—1973	3.1	1.53
伊朗	1952—1966	2.08	1.34
巴基斯坦	1952—1973	1.19	0.35
泰国	1951—1973	0.93	0.82
印度	1951—1973	0.35	0.05

资料来源：Robert C. Johnsen，*United States Foreign Aid to India：a Case of the Impact of U. S. Foreign Policy on the Prospects for World Order Reform*，Princeton University：Center of International Studies，1975，p. 58.

表 F-5　由国际开发署及其前任机构对所有国家作出的
援助负担指数*（1949—1974 年）

财政年度	援助负担指数	美国 GNP（百万美元）	贷款（百万美元）	赠予（百万美元）
1949	3.2	256500	1165	4352
1950	1.9	284800	163	3451
1951	1.2	328400	45	2577
1952	0.9	345500	201	1784
1953	0.9	364600	26	1934
1954	1.0	364800	114	2114
1955	0.8	398000	197	1624
1956	0.6	419200	208	1298
1957	0.6	441100	322	1305
1958	0.6	447300	417	1202
1959	0.7	483700	626	1291
1960	0.7	503700	564	1302
1961	0.7	520100	707	1315
1962	0.8	560300	1330	1180
1963	0.7	590500	1346	954
1964	0.7	632400	1333	808
1965	0.6	684900	1129	904
1966	0.7	749900	1228	1326
1967	0.6	793900	1091	1162
1968	0.4	864200	929	963
1969	0.3	930300	570	879
1970	0.4	977100	680	988

续表

财政年度	援助负担 指数	美国 GNP （百万美元）	贷款 （百万美元）	赠予 （百万美元）
1971	0.3	1055500	608	1091
1972	0.4	1155200	625	1446
1973	0.3	1294900	664	1338
1974	0.3	1397400	497	1288

注：＊援助负担指数＝由国际开发署及其前任机构对所有国家作出的每年的赠予和贷款总承诺/美国人均 GNP

资料来源：Robert C. Johnsen，*United States Foreign Aid to India：a Case of the Impact of U. S. Foreign Policy on the Prospects for World Order Reform*，Princeton University：Center of International Studies，1975，p. 71.

表 F-6　国际开发署对印度的贷款，1962—1974 年（单位：百万美元）

协议日期	协议金额	用　　途
		"三五"计划，贷款以美元偿还
1962. 2. 26	33.09	Dhuvaran 热电站（第一笔贷款）
1962. 6. 21	37.39	Bandel 热电项目
1962. 6. 21	3.97	印度斯坦钢有限公司，支持比哈尔的 Patherdih 的洗煤
1962. 6. 21	42.94	第四笔铁路贷款
1962. 6. 21	199.73	NPL 用于进口，第一笔贷款
1962. 6. 28	18.04	喀拉拉邦 Pambakakki 的 Sabarigiri 水电项目
1962. 6. 28	17.16	工业资金公司（不被印度政府担保），第二笔贷款
1962. 8. 11	8.01	Delhi Cloth Mills for rayon tyrecord plant，Kota，Rajasthan
1962. 8. 11	2.87	Premier 汽车有限公司，第二笔贷款
1962. 8. 11	17.72	马哈拉施特拉邦 Trombay 电厂（Tatas）
1962. 9. 25	13.62	比哈尔 Jamshedpur 第一 TELCO
1962. 11. 8 1963. 1. 16	15.58	加尔各答印度斯坦摩托有限公司，第一笔贷款

协议日期	协议金额	用　途
1963. 1. 16	2. 30	Haryana Faridabad Napco Bevel 印度齿轮有限公司（精密齿轮厂）
1963. 2. 25	238. 40	NPL 用于进口，第二笔贷款
1963. 3. 8	13. 81	Indraprastha Delhi "C" 热电站
1963. 3. 8	19. 11	Madhya Pradesh Satpura 热电站
1963. 5. 21	7. 61	Andhra Pradesh Ramagundam 热电站
1963. 10. 21	11. 88	比哈尔 Chandrapur 热电项目二期
1963. 10. 21	15. 72	第五笔铁路贷款用于 54 辆狄塞尔机车
1963. 10. 21	7. 43	比哈尔 Jharia 中央索道 "F"
1963. 11. 29	5. 00	比哈尔 Dugda 洗煤扩展
1963. 12. 7	71. 77	马哈拉施特拉 Tarapur 核电站
1964. 2. 24	224. 46	NPL 用于进口（日用品），第三笔贷款
1964. 6. 19	6. 83	马哈拉施特拉邦 Trombay 化肥厂，第二笔贷款
1964. 7. 21 1965. 5. 29	4. 25	拉贾斯坦斋浦尔全国英国工业有限公司
1964. 11. 30	7. 13	第六笔铁路贷款
1964. 11. 30	1. 82	Mysore Sheravathy 水电项目，第三笔贷款
1964. 11. 30	49. 04	NPL 用于进口，第四笔贷款
1964. 12. 31 1965. 4. 7	11. 76	Jamshedpur TELCO，第二笔贷款
1965. 3. 31	0. 51	美国咨询服务
1965. 5. 29	22. 02	加尔各答印度斯坦摩托有限公司，用于扩大汽车产量，第二笔贷款
1965. 5. 29	2. 77	加尔各答印度斯坦摩托有限公司，用于机铲生产，第三笔贷款

续表

协议日期	协议金额	用　途
1965.6.17	3.80	第七笔铁路贷款用于 21 辆狄塞尔机车
1965.6.17	188.78	NPL 用于进口（日用品），第五笔贷款
1966.1.4	49.97	NPL 用于化肥进口，第一笔贷款
"三五" 计划总额	1376.29	
1966—1967		
1966.5.13	96.70	NPL 用于进口，第六笔贷款
1966.5.25	3.33	"Operation Hardrock" 调查非铁金属的储量
1966.6.1	17.47	古吉拉特 Dhuvaran 热电站，第二笔贷款
1966.7.8	149.43	NPL 用于商品进口，第七笔贷款
1966—1967 总额	266.93	
1967—1968		
1967.6.2	7.30	高等教育
1967.5.10	131.46	NPL 用于继续进口，第八笔贷款
1967.10.20	49.89	NPL 用于继续进口，第九笔贷款
1967—1968 总额	188.65	
1968—1969		
1968.5.12	223.72	1968 年生产贷款；NPL 用于继续进口，第十笔贷款
1968.6.29	1.95	NPL 日用品援助，用于印度家庭计划项目（交通工具）
1968.7.19	23.00	NPL 化肥商品贷款，1968—1969，第二笔贷款
1968.12.26	193.28	NPL 用于继续进口，第十一笔贷款
1968—1969 总额	441.95	
"四五" 计划		
1969.10.16	19.37	1970 年私有部门资本装备贷款

续表

协议日期	协议金额	用　　途
1970.6.23	156.38	1970年生产贷款：NPL用于继续进口，第十二笔贷款
1971.3.13	173.74	1971年生产贷款：NPL用于继续进口，第十三笔贷款
1971.6.18	19.68	印度农民化肥合作有限公司
1973.3.30	23.59	NPL用于1972—1973年债务救济
1974.6.7	29.34	NPL用于1973—1974年债务救济
"四五"计划总额	422.10	

资料来源：Rajendra Kumar Jain，（ed.），*US-South Asian Relations*，*1947-1982*，Vol. I，New Delhi：Radiant Publishers，1983，pp.635-640.

附录G　各类援助

表 G-1　根据计划类型，美国在印度的经济和技术援助

计划概要（单位：百万美元）

	1951—1956	1957	1958	1959	1960	1961	1962	1963	1964	总数
开发赠予	47.5	6.2	6.3	7.4	8.7	8.0	8.6	4.9	7.1	104.7
疟疾控制与根除	21.1	6.5	12.0	10.2	15.6	13.5	11.0	0.1	0.1	90.1
开发资金										
1957年6月30日之前	259.1	47.5	—	—	—	—	—	—	—	306.6
DLF贷款	—	—	64.9	100.0	98.7	159.1	320.6	—	—	743.3
AID贷款	—	—	—	—	—	—	156.1	321.3	399.4	876.8
Beas大坝工程	—	—	—	—	—	—	33.0	—	—	33.0
Orissa铁矿石工程	—	—	18.4	—	—	—	—	—	—	18.4
进出口银行贷款	—	—	151.9	—	13.6	79.5	25.7	40.3	32.2	343.2

续表

	1951—1956	1957	1958	1959	1960	1961	1962	1963	1964	总数
粮食换和平										
1951年小麦贷款	189.7	—	—	—	—	—	—	—	—	189.7
480公法销售协议										
Title I	—	354.5	55.3	259.8	1667.7	—	39.3	103.1	5.1	2484.8
480公法 TitleII	3.5	1.4				0.3	3.3			8.5
480公法 TitleIII	60.4	17.8	17.6	19.4	10.0	18.4	22.8	13.6	8.7	188.7
各种救济赠予	5.5	—	—	—	—	—	—	—	—	5.5
多边贸易	—	—	—	4.0	1.8	—	—	—	—	5.8
总数	586.8	433.9	326.4	400.8	1816.1	278.8	620.4	483.3	452.6	5399.1

资料来源：*Fact Sheet on U. S. Economic Assistance to India*（New Delhi：USIS，1965）. 转引自 S. Chandrasekhar，*American Aid and India's Economic Development*，New York：Frederick A. Praeger，Inc.，Publishers，1965，pp. 149–151.

表 G-2　美国对印度的经济援助（1951 年 6 月—1971 年 4 月）

	（百万美元）	以当前汇率的卢比等价物（千万）
1. USAID 使团技术合作计划 a. 开发赠予（不必偿还） b. 贷款（以卢比或美元偿还）	450.1 154.1	337.58 115.58
2. USAID 发展贷款 a. 以美元偿还 b. 以卢比偿还	2633.4 505.8	1975.05 379.35
3. 480 号公法，Title I（以卢比偿还的赠予和贷款）	4787.0	—*
4. 480 号公法，Title II（捐赠品：不需要偿还）	649.1	487.05
5. 紧急洪涝和饥荒救济赠予（不需要偿还）	5.5	4.13

	（百万美元）	以当前汇率的卢比等价物（千万）
6. 美国进出口银行贷款（以美元偿还）	521. 3	390. 97
7. 1951 年小麦贷款（以美元偿还）	189. 7	148. 28
总数	9896. 3	7422. 23
援助类别	（百万美元）	占总数百分比（%）
1. 赠予（不需要偿还）	1943. 9	19. 6
2. 以美元偿还的贷款	3，344. 4	33. 8
3. 美国政府有权选择卢比自由兑换成美元偿还的贷款	432. 2	4. 4
4. 当地货币偿还（印度政府有权选择以卢比或美元偿还的贷款；向私营企业的 Cooley 基金贷款；等等）	4，175. 8	42. 2
总数	9896. 3	100. 0

注：＊估计 480 公法存款总数达到约 2660 千万卢比。

资料来源：Fact Sheet No. 22, June 1951—April 1971, USIS, New Delhi. 转引自 Dilip H. Mohite, *Indo-US Relations*：*Issues in Conflict and Cooperation*, New Delhi：South Asian Publisher, 1995, p. 12。

表 G-3　对印度的双边和多边援助（单位：千万卢比）

时期	双边	多边	总数
到"三五"计划结束	4987. 0（87. 3）	724. 6（12. 7）	5711. 6
1966—1967	1275. 7（84. 7）	230. 8（16. 3）	1506. 5
1967—1968	688. 7（95. 8）	30. 0（4. 2）	718. 8
1968—1969	841. 7（88. 9）	105. 1（11. 1）	946. 8
1969—1970	504. 6（79. 6）	129. 7（20. 4）	634. 3
1970—1971	594. 7（78. 1）	167. 2（21. 9）	761. 9
1971—1972	549. 7（59. 2）	379. 5（40. 8）	929. 2

续表

时期	双边	多边	总数
1972—1973	476.7（70.6）	199.5（29.4）	676.2
1973—1974	679.3（58.1）	491.3（41.9）	1170.6
1974—1975	959.9（57.2）	711.3（42.8）	1671.2
总数	12558.1（85.4）	2169.0（14.6）	14727.1

资料来源：Compiled from Govt. of India, *Economic Survey, 1975-1976*, pp.112-113. 转引自 R. K. Sharma, *Foreign aid to India：an economic study*, New Delhi：Marwah Publications, 1977, p.15。

表 G-4　美国对印度的双边援助和 480 公法援助支出，
1962—1979 财年（单位：百万美元）

年份	双边	480 公法
1962	467	252
1963	402	251
1964	344	268
1965	265	391
1966	310	567
1967	212	360
1968	301	325
1969	203	269
1970	224	222
1971	206	235
1972	6	105
1973	17	64
1974	15	71
1975	20	228

年份	双边	480 公法
1976	—	181
TQ*	—	22
1977	—	126
1978	60	136
1979	91	138
总数	3143	4211

注：*TQ：Transitional Quarter（1 Jul to 30 Sep 1976）.

资料来源：USAID, *U. S. Overseas Loans and Gtants*, *1945－1971* and*1945－1978*, in US Cong., Congressional Budget Office, *Background Paper*, *Assisting the Developing Countries: Foreign Aid and Trade Policies of the United States*, *September* 1980（Washington, n. d.）, Appendix Ⅱ A and Ⅱ C, pp. 98－101. 转引自 Rajendra Kumar Jain,（ed.）, *US-South Asian Relations*, *1947－1982*, Vol. I, New Delhi：Radiant Publishers, 1983, p. 623, 经整理而成。

表 G-5　授权和利用的总外援数量（单位：千万卢比）

时间段	到 1975 年 3 月授权的援助			到 1975 年 3 月利用的援助		
	贷款*	赠予	总数	贷款*	赠予	总数
到"三五"计划结束	5315.6	392.0	5711.6	4171.9	336.9	4508.8
1966—1967	1426.8	79.7	1506.5	1034.3	97.1	1131.4
1967—1968	702.0	16.8	718.8	1134.9	60.7	1195.6
1968—1969	878.4	68.4	946.8	837.4	65.2	902.6
1969—1970	608.3	26.0	643.3	830.2	26.1	856.3
1970—1971	705.4	56.5	761.9	747.9	43.5	791.4
1971—1972	893.2	36.0	929.2	783.6	50.5	834.1
1972—1973	639.6	36.6	676.2	654.2	12.0	666.2
1973—1974	1129.2	41.1	1170.6	978.6	20.7	999.3
1974—1975	1481.4	189.8	1671.2	1243.5	93.9	1337.4

续表

时间段	到 1975 年 3 月授权的援助			到 1975 年 3 月利用的援助		
	贷款*	赠予	总数	贷款	赠予	总数
总数	13784.2	942.9	14727.1	12416.5	806.6	13223.1

注：*包括 480 公法等援助。

资料来源：Compiled from Govt. of India, *Economic Survey*, 1975-1976, p. 110. 转引自 R. K. Sharma, *Foreign aid to India: an economic study*, New Delhi: Marwah Publications, 1977, p. 10。

表 G-6　印度各部门利用外援情况（单位：千万卢比）

	到"二五"计划结束	"三五"计划	1966—1967 年至 1969—1970 年	1970—1971 年至 1974—1975 年	总数	%
交通和通信	174.8	291.4	187.7	438.2	1092.1	12.0
电力项目	41.3	152.6	176.9	90.7	461.5	5.1
钢铁和钢铁工程	256.7	94.2	169.7	61.0	581.6	6.5
铁矿石工程	—	10.4	1.3	—	11.7	0.1
工业开发	257.7	1270.4	1951.8	2189.6	5669.5	62.8
农业开发	3.4	22.5	100.1	148.0	274.0	3.1
粮食援助	106.0	—	172.2	148.0	426.2	4.8
其他	11.2	66.8	120.4	302.6	501.0	5.6
总数	851.1	1908.3	2880.1	3377.1	9017.6	100.0

资料来源：Compiled from Reserve Bank of India, Report on Currency and Finance, 1969-1970 and 1974-1975. 转引自 R. K. Sharma, *Foreign Aid to India: An Economic Study*, New Delhi: Marwah Publications, 1977, p. 16。

表 G-7　美国对印援助的用途性分配

用途	数量（千万卢比）	占总量的百分比（%）	部门所占份额百分比（%）		
			公有部门	私有部门	公私混合
交通和通信	244.1	4.7	100.0	0	0

用途	数量 （千万卢比）	占总量的 百分比 （%）	部门所占份额百分比（%）		
			公有部门	私有部门	公私混合
电力部门	192.9	3.7	94.7	5.3	0
工业开发	1689.8	32.7	6.6	8.5	84.9
农业	56.8	1.1	100.0	0	0
小麦贷款	420.7	8.1	100.0	0	0
480公法等粮食和商品援助	2306.9	44.4	100.0	0	0
混杂项	227.5	4.4	大部分给了公有部门		

资料来源：Reserve Bank of India, *Report on Currency and Finance*, *1971-1972*. 转引自 R. K. Sharma, *Foreign Aid to India*: *An Economic Study*, New Delhi: Marwah Publications, 1977, p. 18。

表 G-8　苏联对印度援助的用途性分配

用途	数量（千万卢比）	占总数的百分比（%）	部门
钢铁	539	52.3	公有
石油	167	16.2	公有
电力	151	14.6	公有
采煤	24	2.3	公有
工业	124	12.0	公有
药品	15	1.5	公有
其他	11	1.1	公有
总数	1031	100.0	

资料来源：1. Reserve Bank of India, Report on Currency and Finance, 1971-1972.

2. Govt. ofIndia, Ministry of Finance, External Assistance, 1967-1968.

转引自 R. K. Sharma, *Foreign Aid to India*: *An Economic Study*, New Delhi: Marwah Publications, 1977, p. 17。

表 G-9 美国对印度工业发展的援助，1951—1961 年 * （单位：百万美元）

目　　的	数额
对诸如黄麻、水泥、汽车、人造纤维、纸张等工业的资本设备	298.2
矿业开发	21.2
金融机构	25.0
工业研究组织	12.3
核工程研究	1.4
电力开发	162.1
农村电气化和电力分配体系	3.4
钢的供应	145.8
总量	669.4

注：* 仅指外汇成分。

资料来源：*Fact Sheet on U. S. Economic Assistance to India*，New Delhi：USIS，1961.
转引自 S. Chandrasekhar，*American Aid and India's Economic Development*，New York：
Frederick A. Praeger，Inc.，Publishers，1965，p.123。

表 G-10 美国对印度的私有工业的援助，1951—1963 年 （单位：千万卢比）

Otis Elevator of India，Ltd.	0.10
Good-Year Tyre&Rubber Co. of India，Ltd.	2.25
Mysore Cements Limited （M/s. Birla/Kaiser，Inc.）	0.55
Hindustan Aluminium Limited （M/s. Kilachand/Firestone，Inc.）	1.00
Synthetics & Chemicals，Ltd.（M/s. Kilachand/Firestone，Inc.）	5.42
Merck，Share & Dohme Private，Ltd.	0.50
Ex-Cell-O （India） Private，Ltd.（M/s. Amerind Engineering Co./Ex-Cell-O，Inc.）	0.20
Premier Tyres，Ltd.（Joint enterprise with Dayton Rubber，INC.）	0.30
Seshasayee Paper & Board，Ltd.（M/s. Seshasayee/Parsons & Whitemore，Inc.）	2.00
Lederle Laboratories （India），Private，Limited	0.25

续表

Gabriel India Private, Limited (M/s. D. C. Anand/Gabriel ofDetroit)	0.05
Carrier Air Conditioning & Refrigeration Private, Limited (M/s. Voltas/Carrier Air Conditioning, Inc.)	0.37
Madras Rubber Factory, Ltd. (Factory is being set up in collaboration with Mansfield Rubber Co. of Ohio.)	0.25
Wyeth Laboratories Private, Limited (American Home Products Corporation)	0.17
East India Hotels, Ltd. (M/s. Oberoi/Intercontinental Hotel Corporation, Inc.)	0.77
Total	14.18

资料来源："Cooley Fund Loans", in *U. S. Economic Assistance to India*, New Delhi: USIS, 1964. 转引自 S. Chandrasekhar, *American Aid and India's Economic Development*, New York: Frederick A. Praeger, Inc., Publishers, 1965, p. 123。

表 G-11　印度外援的利用情况（1951—1952 年至 1990—1991 年）（单位：亿卢比）

	"四五"计划末	"五五"计划（1974—1978 年）	1978—1979 年至 1979—1980 年	"六五"计划	"七五"计划	1950—1951 年至 1987—1988 年	1990—1991 年
援助印度财团成员国	1091.8 (92.0)	446.9 (74.0)	228.1 (89.0)	989.3 (91.0)	1043.7 (90.0)	3799.8 (88.0)	579.7 (86.0)
苏联和东欧国家	86.7 (7.0)	34.9 (6.0)	5.7 (2.0)	27.8 (2.0)	55.9 (5.0)	211.2 (5.0)	31.3 (5.0)
其他国家	13.5 (1.0)	122.6 (20.0)	23.1 (9.0)	73.2 (7.0)	57.0 (5.0)	289.4 (7.0)	59.5 (9.0)
总计	1192.2 (100.0)	604.4 (100.0)	256.9 (100.0)	1090.3 (100.0)	1156.6 (100.0)	4300.4 (100.0)	670.4 (100.0)
主要援助国							
美国	532.1 (45.0)	29.2 (5.0)	6.4 (3.0)	30.9 (3.0)	32.0 (3.0)	630.6 (15.0)	5.7 (1.0)
英国	103.4 (9.0)	56.8 (9.0)	42.2 (16.0)	86.9 (8.0)	52.6 (5.0)	341.9 (8.0)	18.2 (3.0)
联邦德国	90.9 (8.0)	47.0 (8.0)	25.1 (10.0)	65.0 (6.0)	66.4 (6.0)	294.4 (4.0)	42.2 (6.0)

续表

	"四五"计划末	"五五"计划（1974—1978 年）	1978—1979 年至1979—1980 年	"六五"计划	"七五"计划	1950—1951 年至1987—1988 年	1990—1991 年
苏联	70.3 (6.0)	22.8 (4.0)	5.6 (2.0)	27.8 (3.0)	55.9 (5.0)	182.4 (4.0)	29.5 (4.0)
日本	53.9 (5.0)	39.1 (7.0)	16.2 (6.0)	46.2 (4.0)	121.3 (11.0)	276.7 (6.0)	89.5 (13.0)
国际复兴开发银行	178.6 (15.0)	178.6 (30.0)	27.1 (11.0)	163.2 (15.0)	285.4 (25.0)	—	218.5 (33.0)
国际开发协会	—	—	71.6 (28.0)	418.0 (38.0)	341.6 (30.0)	1664.2 (39.0)	138.9 (21.0)
国际货币基金组织	—	—	—	53.8 (5.0)	—	53.8 (1.0)	—

注：括号里的数字为占总数的百分比。

援印财团成员包括澳大利亚、比利时、加拿大、丹麦、法国、西德、意大利、日本、荷兰、瑞典、英国、美国、国际复兴开发银行和国际开发协会。

苏联和东欧国家包括保加利亚、捷克斯洛伐克、匈牙利、波兰、苏联和南斯拉夫。

其他国家包括澳大利亚、新西兰、西班牙、瑞士、伊拉克、欧洲经济共同体、欧佩克基金会、国际货币基金、亚洲开发银行等。

资料来源：[印度]鲁达尔·达特、K.P.M.桑达拉姆：《印度经济》（上册），雷启淮等译，四川大学出版社1994年版，第591页。

表 G-12　1946—1968 财年美国许诺的经济和军事援助

义务的累计数额（单位：百万美元）

受援国	国际开发署[a]	粮食用于和平计划	进出口银行[b]	其他经济援助[c]	经济援助总计	军援	经济援助和军事援助总计
不发达国家近东和南亚[d]	10178.5	7455.9	1093.8	982.9	19711.1	7379.6[e]	27090.7
拉丁美洲	4673.8	1722.7	4302.2	2389.1	13087.8	1118.0	14205.8
远东[f]	10586.9	2396.2	553.3	2689.7	16226.1	9789.3	26015.4
非洲[g]	2158.5	1235.0	312.0	217.9	3923.4	274.9	4198.3

受援国	国际开发署[a]	粮食用于和平计划	进出口银行[b]	其他经济援助[c]	经济援助总计	军援	经济援助和军事援助总计
非地区援助[h]	2966.2	501.5	0.0	1835.2	5302.9	705.4	6008.3
小计	30563.9	13311.3	6261.3	8114.8	58251.3	19267.2	77518.5
非不发达国家[i]	16182.1	3095.7	4438.7	12758.2	36474.7	19510.8	55985.5
总计	46746.0	16407.0	10700.0	20873.0	94726.0	38778.0	133504.0

注：a. 指国际开发署及其前身。

b. 只包括进出口银行提供的长期贷款。

c. 指二三十起赠予和贷款，其中包括和平队的活动经费，对某些国际组织所承担的捐助，以及第二次世界大战后的救济和善后经费等。

d. 不包括以色列。

e. 对以色列的军事援助只包括 1968 财年。

f. 不包括日本。

g. 不包括南非共和国。

h. 对非地区性的多边援助计划的捐款，包括联合国系统的多边计划及对不发达国家提供援助的行政开支在内。

i. 包括不发达国家以外的所有其他国家的援助。

资料来源：摘自国际开发署 1969 年 5 月为众议院外交委员会提供的专门报告《美国海外贷款和赠予以及国际组织的援助》。转引自［美］罗伯特·沃尔特斯《美苏援助：对比分析》，陈源、范坝译，商务印书馆 1974 年版，第 75 页。

表 G-13　美国许诺不发达国家的经济援助的地理分布趋势（单位：百万美元）

财政年度	近东和南亚		拉丁美洲		远东		非洲		总计[b]
	数额	占总额（%）[a]	数额	占总额（%）	数额	占总额（%）	数额	占总额（%）	
1953—1957	2710	30	1775	19	4393	48	226	2	9104
1958	878	41	354	17	794	37	100	5	2126
1959	1040	39	576	21	887	33	185	7	2688

续表

财政年度	近东和南亚		拉丁美洲		远东		非洲		总计b
	数额	占总额（%）a	数额	占总额（%）	数额	占总额（%）	数额	占总额（%）	
1960	1427	53	341	13	707	26	208	8	2683
1961	1378	40	851	25	719	21	460	13	3408
1962	1826	47	1016	26	590	15	487	12	3919
1963	1594	43	979	26	699	19	469	13	3741
1964	1539	42	1190	33	567	16	356	10	3652
1965	1555	42	1161	32	636	17	324	9	3676
1966	1429	34	1227	29	1240	29	366	9	4262
1967	1222	30	1404	35	1031	26	381	9	4038
1968	1202	32	1362	36	905	24	337	9	3806
1946—1968累计	19711	37	13088	25	16226	31	3923	7	52948

注：a. 由于尾数的取舍总数相加可能不等于100。

b. 包括在地区数字和总数中的援助计划有：国际开发署及其前任机构、粮食用于和平计划、进出口银行的长期贷款以及美国其他的经济援助计划。

资料来源：1953年到1961年资料摘自国际开发署对众议院外交委员会的专题报告《美国海外贷款和赠予以及国际组织的援助》，1968年。1962年到1968年资料摘自该报告1969年版本。转引自［美］罗伯特·沃尔特斯《美苏援助：对比分析》，陈源、范坝译，商务印书馆1974年版，第80页。

参考文献

一 英文参考文献

（一）原始文献

Appadoral，A.，（ed.），*Select Documents on India's Foreign Policy and Relations（1947 - 1972）*，Vol. I，Vol. II，Oxford University Press，1982，1985.

Foreign Relations of the United States（FRUS），Diplomatic Papers，United States Government Printing Office（GPO），1947，Vol. III，The British Commonwealth; Europe，Washington: 1972.

1949，Vol. I，National Security Affairs; Foreign Economic Policy，Washington: 1976.

1949，Vol. VI，The Near East，South Asia，and Africa，Washington: 1977.

1949，Vol. VII，The Far East and Australasia，（in two parts）Part 2，Washington: 1977.

1950，Vol. I，National Security Affairs; Foreign Economic Policy，Washington: 1977.

1950，Vol. V，The Near East，South Asia，and Africa，Washington: 1978.

1951，Vol. I，National Security Affairs; Foreign Economic Policy，Washington: 1979.

1951，Vol. VI，Asia and the Pacific，（in two parts）Part 1，Washington: 1977.

1952–1954，Vol. I，General and Political Matters，Washington: 1984.

1952–1954，Vol. XI，Africa and South Asia，（in two parts）Part 2，Washington: 1983.

1955–1957，Vol. VIII，South Asia，Washington: 1987.

1958-1960，Vol. XV，South and Southeast Asia，Washington: 1992.

1961-1963，Vol. XIX，South Asia，Washington: 1996.

1964-1968，Vol. XXV，South Asia，Washington: 2000.

Jain，Rajendra K.，（ed.），*US-South Asian Relations（1947-1982）*，Vol. I，Vol. II，Vol. III，Radiant Publishers，1983.

Jawaharlal Nehru's Speeches，Vol. I，Vol. II，Vol. III，Vol. IV，The Publications Division，1949，1954，1958，1964.

（二）著作类

Acheson，Dean.，*Present at the Creation: My Years in the State Department*，New York: W. W. Norton & Co.，1969.

Asher，Robert E.，*Development Assistance in the Seventies: Alternatives for the United States*，Washington，D. C. : The Brookings Institution，1970.

Bannerjee，Jyotirmaya.，*India in Soviet Global Strategy*，Calcutta: Minerva Associates（Publications），1977.

Bhattacharya，Sauripada.，*Pursuit of National Interests Through Neutralism: India's Foreign Policy in the Nehru Era*，Calcutta: Firma KLM Private Limited，1978.

Brands，H. W.，*India and the United States: The Cold Peace*，Boston: Twayne Publishers，1990.

Chandrasekhar，S.，*American Aid and India's Economic Development*，New York: Frederick A. Praeger，Inc.，1965.

Chary，M. Srinivas.，*The Eagle and the Peacock: U. S. Foreign Policy Toward India Since Independence*，Connecticut: Greenwood Press，1995.

Clarke，Duncan L.，O'Connor，Daniel B.，and Ellis，Jason D.，*Send Guns and Money: Security Assistance and U. S. Foreign Policy*，Westport: Praeger Publishers，1997.

Coffin，Frank M.，*Witness for AID*，Boston: Houghton Mifflin Company，1964.

Cupitt，Richard T.，*Reluctant Champions: U. S. Presidential Policy and Strategic Export Controls*，New York: Routledge，2000.

Destler，I. M.，*Making Foreign Economic Policy*，Washington，D. C. : The Brookings Institution，1980.

Eldridge，P. J. ，*The Politics of Foreign Aid in India*，London: LondonSchool of Economics and Political Science，1969.

Freeman，Orville L. ，*World Without Hunger*，New York: Frederick A. Praeger，1968.

Fischer，Fritz. ，*Making Them Like Us: Peace Corps Volunteers in the 1960s*，Washington and London: Smithsonian Institution Press，1998.

Galbraith，John Kenneth，*Ambassador's Journal*，Boston: Houghton Mifflin Company，1970.

Ganguly，Shivaji，*U. S. Policy Toward South Asia*，Oxford: Westview Press，1990.

Ghosh，Pradip K. ，*Foreign Aid and Third World Development*，Connecticut: Greenwood Press，1984.

Goldwin，Robert A. ，（ed. ），*Why Foreign Aid?*，New York: Books for Libraries Press，1962.

Gopal，Sarvepalli. ，（ed. ），*Jawaharlal Nehru: An Anthology*，Delhi: OxfordUniversity Press，1980.

Gould，Harold A. and Ganguly，Sumit. ，（eds. ），*The Hope and the Reality: U. S. −Indian Relations from Roosevelt to Reagan*，San Francisco: Westview Press，1992.

Hook，Steven W. ，*National Interest and Foreign Aid*，Colorado: Lynne Rienner Publishers，Inc. ，1995.

Jain，B. M. ，*India and the United States*，*1961−1963*，Delhi: Radiant，1987.

Johansen，Robert C. ，*United States Foreign Aid to India: A Case Study of the Impact of U. S. Foreign Policy on the Prospects for World Order Reform*，Princeton: Princeton University，1975.

Kaufman，Burton I. ，*Trade and Aid: Eisenhower's Foreign Economic Policy*，*1953 − 1961*，Baltimore and London: The Johns Hopkins University Press，1982.

Kunz，Diane B. ，*Butter and Guns: America's Cold War Economic Diplomacy*，New York: The Free Press，1997.

Kux，Dennis，*India and the US: Estranged Democracies*，*1941−1991*，Washington D. C. ，1992.

Latham, Michael E. , *Modernization as Ideology: American Social Science and "NationBuilding" in the Kennedy Era*, Chapel Hill and London: The University of North CarolinaPress, 2000.

Lewis, John P. , *Quiet Crisis in India: Economic Development and American Policy*, Washington, D. C. : The Brookings Institution, 1962.

Limaye, Satu P. , *U. S. − Indian Relations: The Pursuit of Accommodation*, Oxford: Westview Press, 1993.

Mason, Edward S. , *Foreign Aid and Foreign Policy*, New York: Harper & Row, Publishers, 1964.

Merrill, Dennis. , *Bread and the Ballot: the United States and India's Economic Development, 1947−1963*, The University of North Carolina Press, 1990.

Mikesell, Raymond F. , *The Economics of Foreign Aid*, Chicago: Aldine Publishing Company, 1968.

Mohite, Dilip H. , *Indo − US Relations: Issues in Conflict and Cooperation*, New Delhi: South Asian Publishers Pvt. Ltd. , 1995.

Morss, Elliott R. , and Morss, VictoriaA. , *U. S. Foreign Aid: An Assessment of New and Traditional Development Strategies*, Colorado: Westview Press, 1982.

Mukherji, Sadhan. , *India's Economic Relations with USA and USSR: A Comparative Study*, New Delhi: Sterling Publishers(P)Ltd. , 1978.

Nanda, B. R. , (ed.), *Indian Foreign Policy: The Nehru Years*, London: Sangam Books, 1990.

Naya, Seiji. , *The Role of U. S. Economic Aid in Promoting Development*, Hawaii: East−WestCenter, 1988.

Packenham, Robert A. , *Liberal America and the Third World: Political−Development Ideas in Foreign Aid and Social Science*, Princeton, N. J. : Princeton University Press, 1973.

Paterson, Thomas G. , (ed.), *Kennedy's Quest for Victory: American Foreign Policy, 1961−1963*, Oxford: Oxford University Press, 1989.

Raffer, Kunibert. , and Singer, H. W. , *The Foreign Aid Business: Economic Assistance and Development Co−operation*, Brookfield: Edward Elgar, 1996.

Rostow, W. W. , *Eisenhower, Kennedy, and Foreign Aid*, Austin: University of Texas Press, 1985.

Rostow, W. W. , *Europe after Stalin: Eisenhower's Three Decisions of March 11, 1953.* , Austin: University of Texas Press, 1982.

Rudolph, Lloyd. , and Rudolph, Susanne Hoecher. , *The Regional Imperative: The Administration of US Foreign Policy Towards South Asian States Under Presidents Johnson and Nixon*, New Delhi: Concept Pub. Co. , 1980.

Ruttan, Vernon W. , *United States Development Assistance Policy: The Domestic Politics of Foreign Economic Aid*, Baltimore and London: The Johns Hopkins University Press, 1996.

Sharma, R. K. , *Foreign aid to India: An Economic Study*, New Delhi: Marwah Publications, 1977.

Sogge, David. , *Give and Take: What's the Matter With Foreign Aid?*, Dhaka: University Press Ltd. , 2002.

Tendler, Judith. , *Inside Foreign Aid*, Baltimore & London: The Johns Hopkins University Press, 1975.

Tewari, Madan Mohan. , *External Resources & Economic Development in India*, Delhi: B. R. Publishing Corporation, 1982.

Tewari, Suresh C. , *Indo－US Relations, 1947－1976*, New Delhi: Radiant Publishers, 1977.

Tripathi, Lilawati. , *Soviet Aid and India's Economic Development*, Aligarh: Mnjushri Publications, 1981.

Venkataramani, M. S. , *The American Role in Pakistan, 1947－1958*, New Delhi: Radiant, 1982.

White, John. , *The Politics of Foreign Aid*, London: The Bodley Head Ltd. , 1974.

Wolf, Charles. , *Foreign Aid: Theory and Practice in Southern Asia*, Princeton: Princeton University Press, 1960.

Wood, Robert E. , *From Marshall Plan to Debt Crisis: Foreign Aid and Development Choices in the World Economy*, California: University of California Press, 1986.

（三）期刊类

As her, Robert E. , "Multilateral Versus Bilateral Aid: An Old Controversy Revisited", *International Organization*, Vol. 16, No. 4. (Autumn, 1962), pp. 679-719.

Bachman, Kenneth L. , "Agricultural Economics and Technical Aid in Foreign Development", *Journal of Farm Economics*, Vol. 47, No. 5, Proceedings Number. (Dec. 1965), pp. 1079-1090.

Baldwin, David A. , "Analytical Notes on Foreign Aid and Politics", *Background*, Vol. 10, No. 1. (May, 1966), pp. 66-90.

Baldwin, David A. , "Foreign Aid, Intervention, and Influence", *World Politics*, Vol. 21, No. 3. (Apr. , 1969), pp. 425-447.

Banerjee, Sanjoy. , "Explaining the American 'Tilt' in the 1971 Bangladesh Crisis: A Late Dependency Approach", *International Studies Quarterly*, Vol. 31, No. 2. (Jun. , 1987), pp. 201-216.

Bareau, Paul. , and Bird, Roland. , (etc.), "India's Second Five-Year Plan, " *International Affairs*, Vol. 33, No. 3. (Jul. , 1957), pp. 301-309.

Barnds, William J. , "India and America at Odds", *Intenational Affairs*, Vol. 49, No. 3. (Jul. , 1973), pp. 371-384.

Behrman, J. N. , "Aid for Economic Development and the Objectives of United States Foreign Economic Policy", *Economic Development and Cultural Change*, Vol. 4, No. 1, Part 1. (Oct. 1955), pp. 55-67.

Black, Eugene R. , "The Age of Economic Development, " *The Economic Journal*, Vol. 70, No. 278. (Jun. , 1960), pp. 266-276.

Blaisdell, Thomas C. , "The Foreign Aid Program and United States Commercial Policy", *Proceedings of the Academy of Political Science*, Vol. 23, No. 4, The American Foreign Aid Program. (Jan. , 1950), pp. 53-63.

Boyle, Peter G. , "Britain, American and the Transition from Economic to Military Assistance, 1948-1951", *Journal of Contemporary History*, Vol. 22, No. 3. (Jul. , 1987), pp. 521-538.

Bowels, Chester. , "America and Russia in India, " *Foreign Affairs* (Jul. , 1971), p. 639.

Brecher, Michael. , "Elite Images and Foreign Policy Choices: Krishna

Menon's View of the World", *Pacific Affairs*, Vol. 40, No. 1/2. (Spring-Summer, 1967), pp. 60-92.

Brecher, Michael. , "Non-Alignment Under Stress: The West and the India-China Border War", *Pacific Affairs*, Vol. 52, No. 4. (Winter, 1979-1980), pp. 612-630.

Burnside, Craig. , and Dollar, David. , "Aid, Policies, and Growth, " *The American Economic Review*, Vol. 90, No. 4. (Sep. , 2000), pp. 847-868.

Chenery, Hollis B. , and Carter, Nicholas G. , "Foreign Assistance and Development Performance, 1960-1970", *The American Economic Review*, Vol. 63, No. 2, Papers and Proceedings of the Eighty-fifth Annual Meeting of the American Economic Association. (May, 1973), pp. 459-468.

Chenery Hollis B. , and Strout, Alan M. , "Foreign Assistance and Economic Development", *The American Economic Review*, Vol. 56, No. 4, Part 1. (Sep. , 1968), pp. 679-733.

Cleveland, H. VanBuren. , "Purposes of International Aid Programs, " *The Scientific Monthly*, Vol. 85, No. 2. (Aug. , 1957), pp. 77-81.

Cohen, Jerome B. , "India's Foreign Economic Policies, " *World Politics*, Vol. 7, No. 4. (Jul. , 1955), pp. 546-571.

Dasgupta, Jyotirindra. , "Development and Poverty Reduction in South Asia—A Review Article", *The Journal of Asian Studies*, Vol. 42, No. 1. (Nov. , 1982), pp. 105-117.

Falcon, Walter P. , "Aid Food Policy Reform, and U. S. Agricultural Interests in the Third World, " *American Journal of Agricultural Economics*, Vol. 69, No. 5, Proceedings Issue. (Dec. 1987), pp. 929-935.

Friedman, Edward. , "Some Political Constraints on a Political Science: Quantitative Content Analysis and the Indo-Chinese Border Crisis of 1962, " *The China Quarterly*, No. 63. (Sep. , 1975), pp. 528-538.

Gary, Howard C. , "The Question of Grain for India, " *Far Eastern Suvey*, Vol. 20, No. 6. (Mar. 21, 1951), pp. 57-60.

Gaud, William S. , "The Current Effect of the American Aid Program, " *Annals of the American Academy of Political and Social Science*, Vol. 384,

America's Changing Role as a World Leader. (Jul. , 1969), pp. 73−84.

Graber, Doris A. , "Are Foreign Aid Objectives Attainable? ", *The Western Political Quarterly*, Vol. 19, No. 19, No. 1. (Mar. , 1966), pp. 68−84.

Grant, James P. , "Perspectives on Development Aid: World War II to Today and beyond, " *Annals of the American Academy of Political and Social Science*, Vol. 442, The Human Dimension of Foreign Policy: An American Perspective. (Mar. , 1979), pp. 1−12.

Griffin, K. B. , and Enos, J. L. , "Foreign Assistance: Objectives and Consequences, " *Economic Development and Cultural Change*, Vol. 18, No. 3. (Apr. , 1970), pp. 313−327.

Hashmi, Bilal. , "The Beginnings of U. S. −Pakistan Alliance, " *Pakistan Forum*, Vol. 3, No. 6/7. (Mar. −Apr. , 1973), pp. 3−9, 32.

Hause, E. Malcolm. , "India: Noncommitted and Nonaligned, " *The Western Political Quarterly*, Vol. 13, No. 1. (Mar. , 1960), pp. 70−82.

Haviland, H. Field. , "Foreign Aid and the Policy Process: 1957, " *The American Political Science Review*, Vol. 52, No. 3. (Sep. , 1958), pp. 689−724.

Heymann, Hans. , "Soviet Foreign Aid as A Problem for U. S. Policy, " *World Politics*, Vol. 12, No. 4. (Jul. , 1960), pp. 525−540.

Hollen, Christopher Van. , "The Tilt Policy Revisited: Nixon−Kissinger Geopolitics and South Asia", *Asian Survey*, Vol. 20, No. 4. (Apr. , 1980), pp. 339−361.

Horvath, Janos. , "Economic Aid Flow from the USSR: A Recount of the First Fifteen Years", *Slavic Review*, Vol. 29, No. 4. (Dec. , 1970), pp. 613−632.

Huntington, Samuel P. , "Foreign Aid for What and for Whom(I), " *Foreign Policy*, No. 1. (Winter, 1970−1971), pp. 161−189.

Huntington, Samuel P. , "Foreign Aid for What and for Whom(II), " *Foreign Policy*, No. 2. (Spring, 1971), pp. 114−134.

Ilchman, Warren F. , "A Political Economy of Foreign Aid: The Case of India", *Asian Survey*, Vol. 7, No. 10. (Oct. , 1967), pp. 667−688.

Jackson, Robert. , "The gareat Powers and the Indian Sub−continent, " *Inter-*

national Affairs, Vol. 49, No. 1. (Jan., 1973), pp. 35-50.

Kapur, Ashok., "Indo-Soviet Treaty and the Emerging Asian Balance," *Asian Survey*, Vol. 12, No. 6. (Jun., 1972), pp. 463-474.

Kellman, Mitchell., and Rottenberg, Simon., (etc.), "Foreign Assistance: Objectives and Consequences: Comments", *Economic Development and Cultural Change*, Vol. 20, No. 1. (Oct., 1971), pp. 142-154.

Lattimore, Owen., "Point Four and the Third Countries", *Annals of the AmericanAcademy of Political and Social Science*, Vol. 270, Formulating a Point Four Program. (Jul., 1950), pp. 1-7.

Loomba, Joanne F., "The Relationship of Political Affiliations to Orientations Toward Foreign Aid for India," *International Studies Quarterly*, Vol. 16, No. 3. (Sep., 1972), pp. 351-371.

Mahajani, Usha., "Kennedy and the Strategy of AID: The Clay Report and after", *The Western Political Quarterly*, Vol. 18, No. 3. (Sep., 1965), pp. 656-668.

Malenhaum, Wilfred., "Grants and Loans in U. S. Foreign Assistance," *World Politics*, Vol. 6, No. 3. (Apr., 1954), pp. 338-357.

Marwah, Onkar., "India's Military Intervention in East Pakistan, *1971-1972*", *Modern Asian Studies*, Vol. 13, No. 4. (1979), pp. 549-580.

McMahon, Robert J., "Food as a Diplomatic Weapon: The India Wheat Loan of 1951", *The Pacific Historical Review*, Vol. 56, No. 3. (Aug., 1987), pp. 349-377.

Mehta, Gaganvihari L., "India and the United States: Democracy East and West", *Annals of the American Academy of Political and Social Science*, Vol. 294, America and a New Asia. (Jul., 1954), pp. 124-130.

Millikan, Max., "Economic Thought and Its Application and Methodology in India", *The American Economic Review*, Vol. 46, No. 2, Papers and Proceedings of the Sixty-eighth Annual Meeting of the American Economic Association. (May, 1956), pp. 399-407.

Millikan, Max F., "New and Old Criteria for Aid", *Proceedings of the Academy of Political Science*, Vol. 27, No. 2, The New Look in Foreign Aid. (Jan., 1962), pp. 28-40.

Morgenthau, Hans. , "A Political Theory of Foreign Aid", *The American Political Review*, Vol. 56, No. 2. (Jun. , 1962), pp. 301-309.

Murphey, Rhoads. , "Economic Conflicts in South Asia", *The Journal of Conflict Resolution*, Vol. 4, No. 1, The Geography of Conflict. (Mar. , 1960), pp. 83-95.

Myint, Hla. , "Economic Theory and the Underdeveloped Countries", *The Journal of Political Economy*, Vol. 73, No. 5. (Oct. , 1965), pp. 477-491.

Packenham, Robert A. , "Political – Development Doctrines in the American Foreign Aid Program", *World Politics*, Vol. 18, No. 2. (Jan. , 1966), pp. 194-235.

Peselj, Branko M. , "Communist Economic Offensive, Soviet Foreign Aid: Means and Effects", *Law and Contemporary Problems*, Vol. 29, No. 4. The Soviet Impact on International Law. (Autumn, 1964), pp. 983-999.

Poe, Steven C. , "Human Rights and Economic Aid Allocation under Ronald Reagan and Jimmy Carter", *American Journal of Political Science*, Vol. 36, No. 1. (Feb. , 1992), pp. 147-167.

Power, Paul F. , "Indian Foreign Policy: The Age of Nehru", *The Review of Politics*, Vol. 26, No. 2. (Apr. , 1964), pp. 257-286.

Pringsheim, Klaus H. , "China, India, and Their Himalayan Border(1961 – 1963)", *Asian Survey*, Vol. 3, No. 10. (Oct. , 1963), pp. 474-495.

Reubens, Edwin P. , "Economic Aid to Asia: Progress Report", *Far Eastern Survey*, Vol. 20, No. 1. (Jan. , 10, 1951), pp. 6-12.

Reuss, Henry S. , "The United States Foreign Aid Program: An Appraisal", *Annals of the American Academy of Political and Social Science*, Vol. 336, (Jul. , 1961), pp. 23-29.

Rosenstein-Rodan, P. N. , "International Aid for Undeveloped Countries", *The Review of Economics and Statistics*, Vol. 43, No. 2. (May, 1961), pp. 107-138.

Rostow, W. W. , "The Stages of Economic Growth", *The Economic History Review*, New Series, Vol. 12, No. 1. (1959), pp. 1-16.

Rostow, W. W. , "The Take−off Into Self−Sustained Growth", *The Economic Journal*, Vol. 66, No. 261. (Mar. , 1956), pp. 25−48.

Simon, Sheldon W. , "China, the Soviet Union, and the Subcontinental Balance", *Asian Survey*, Vol. 13, No. 7. (Jul. , 1973), pp. 647−658.

Sharma, Surya P. , "The India−China Border Dispute: An Indian Perspective", *The American Journal of International Law*, Vol. 59, No. 1. (Jan. , 1965), pp. 16−47.

Stein, Arthur. , "India and the USSR: The Post−Nehru Period", *Asian Survey*, Vol. 7, No. 3. (Mar. , 1967), pp. 165−175.

Strange, Susan. , "A New Look at Trade and Aid", *International Affairs*, Vol. 42, No. 1. (Jan. , 1966), pp. 61−73.

Shumian, Tatyana L. , "India's Foreign Policy: Interaction of Global and Regional Aspects", *Asian Survey*, Vol. 28, No. 11. (Nov. , 1988), pp. 1161−1169.

Spain, James W. , "Military Assistance for Pakistan", *The American Political Science Review*, Vol. 48, No. 3. (Sep. , 1954), pp. 738−751.

Spencer, Daniel L. , "India's Planning and Foreign Aid", *Pacific Affairs*, Vol. 34, No. 1. (Spring, 1961), pp. 28−37.

Spencer, Daniel L. , "New Sources of Industrial Finance in India", *Pacific Affairs*, Vol. 31, No. 3. (Sep. , 1958), pp. 261−274.

Staley, Eugene. , "Technical and Economic Assistance under Point Four", *Proceedings of the Academy of Political Science*, Vol. 25, No. 1, The Election Issues of 1952. (May, 1952), pp. 23−32.

Talbot, Phillips. , "The American Posture toward India and Pakistan", *Annals of the American Academy of Political and Social Science*, Vol. 390, A New American Posture toward Asia. (Jul. , 1970), pp. 87−97.

Thorner, Daniel. , "Problems of Economic Development in India", *Annals of the American Academy of Political and Social Science*, Vol. 268, Aiding Underdeveloped Areas Abroad. (Mar. , 1950), pp. 96−103.

Thomas, Raju G. C. , "Security Relationships in Southern Asia: Differences in the Indian and American Perspectives", *Asian Survey*, Vol. 21, No. 7. (Jul. , 1981), pp. 689−709.

Tinker, Hugh., "The Name and Nature of Foreign Aid", *International Affairs*, Vol. 35, No. 1. (Jan., 1959), pp. 43-52.

Uvin, Peter., "Regime, Surplus, and Self-Interest: The International Politics of Food Aid", *International Studies Quarterly*, Vol. 36, No. 3. (Sep., 1992), pp. 293-312.

Viner, Jacob., and Meany, George., (etc.), "The Report of the Clay Committee on Foreign Aid: A Symposium", *Political Science Quarterly*, Vol. 78, No. 3. (Sep., 1963), pp. 321-361.

Winham, Gilbert R., "Developing Theories of Foreign Policy Making: A Case Study of Foreign Aid", *The Journal of Politics*, Vol. 32, No. 1. (Feb., 1970), pp. 41-70.

二 中文参考资料

（一）著作类（含译著）

译著

[美] 艾森豪威尔：《缔造和平》，静海译，生活·读书·新知三联书店 1977 年版。

[美] 戴维·伯纳：《约翰·F. 肯尼迪和新的一代》，上海译文出版社 1992 年版。

[美] 亨利·基辛格：《白宫岁月》，第 3 卷，杨静予、吴继淦等译，上海译文出版社 2016 年版。

[美] 吉拉德·M. 米耶、都德莱·西尔斯编：《经济发展理论的十位大师》，刘鹤等译，中国工人出版社 1990 年版。

[印度] 贾瓦哈拉尔·尼赫鲁：《印度的发现》，齐文译，世界知识出版社 1956 年版。

[加拿大] 莱斯特·B. 皮尔逊等：《开发援助中的伙伴关系》，厦门大学南洋研究所编译组译，商务印书馆 1975 年版。

[印度] 鲁达尔·达特、K. P. M. 桑达拉姆著：《印度经济》（上册），雷启淮等译，四川大学出版社 1994 年版，第 589—590 页。

[美] 罗伯特·沃尔特斯：《美苏援助：对比分析》，陈源、范坝译，商务印书馆 1974 年版。

[美] 罗斯托：《经济成长的阶段——非共产党宣言》，国际关系研究所

编译室译，商务印书馆 1962 年版。

［澳大利亚］内维尔·马克斯韦尔：《印度对华战争》（中译本），生活·读书·新知三联书店 1971 年版。

［美］切斯特·鲍尔斯：《鲍尔斯回忆录》，复旦大学集体编译，上海人民出版社 1974 年版。

［美］威廉·曼彻斯特：《光荣与梦想》（上卷），朱协译，海南出版社、三环出版社 2004 年版。

［美］西奥多·索伦森：《肯尼迪》，复旦大学世界经济研究所译，上海译文出版社 1981 年版。

［美］小阿瑟·M. 施莱辛格：《一千天：约翰·菲·肯尼迪在白宫》，仲宜译，生活·读书·新知三联书店 1981 年版。

［美］约翰·H. 戴维斯：《肯尼迪家族》，谷辛亥等译，上海人民出版社 1987 年版。

［美］约翰·肯尼迪：《扭转颓势》，沙地译，生活·读书·新知三联书店 1976 年版。

［美］约翰·肯尼思·加尔布雷思：《我们时代的生活》，祈阿红等译，江苏人民出版社 1999 年版。

国内著作

陈家佶主编：《美国总统就职演说全集》，罗显华审校，四川人民出版社 1996 年版。

高岱、郑家馨：《殖民主义史·总论卷》，北京大学出版社 2003 年版。

刘大军主编：《现代西方经济思潮评介》，解放军出版社 1986 年版。

刘国柱：《美国文化的新边疆——冷战时期的和平队研究》，中国社会科学出版社 2005 年版。

刘绪贻、杨生茂总主编：《美国通史》，人民出版社 2005 年版。

林承节：《独立后的印度史》，北京大学出版社 2005 年版。

林承节：《印度独立后的政治经济发展史》，昆仑出版社 2003 年版。

四川大学南亚研究所：《印度经济》，人民出版社 1982 年版。

孙培均、张敏秋、于海莲：《印度：从"半管制"走向市场化》，武汉出版社 1994 年版。

谭崇台主编：《发展经济学》，上海人民出版社 1989 年版。

王琛：《美国外交政策与南亚均势（1947—1963）》，香港社会科学出版社 2004 年版。

王绳祖主编：《国际关系史》，世界知识出版社 1995 年版。

王晓德：《美国文化与外交》，世界知识出版社 2000 年版。

吴永年等：《21 世纪印度外交新论》，上海译文出版社 2004 年版。

吴于廑、齐世荣主编：《世界史·现代史编》，高等教育出版社 1994 年版。

杨光斌、赵少钦：《大器早陨肯尼迪》，学苑出版社 1996 年版。

薛克翘主编：《简明南亚中亚百科全书》，中国社会科学出版社 2004 年版。

杨生茂主编：《美国外交政策史 1775—1989》，人民出版社 1991 年版。

殷永林：《独立以来的印度经济》，云南大学出版社 2001 年版。

赵伯乐主编：《当代南亚国际关系》，中国社会科学出版社 2003 年版。

赵蔚文：《印美关系爱恨录》，时事出版社 2003 年版。

张忠祥：《尼赫鲁外交研究》，中国社会科学出版社 2002 年版。

周弘主编：《对外援助与国际关系》，中国社会科学出版社 2002 年版。

资中筠主编：《战后美国外交史》，世界知识出版社 1994 年版。

未 出 版 物

王慧英：《肯尼迪当政时期美国的对外经济援助政策》，南开大学 2003 届博士学位论文。

张彩梅：《杜鲁门时期美国对外援助政策研究》，南开大学 2003 届博士学位论文。

（二）期刊类

蔡佳禾：《肯尼迪政府与 1962 年的中印边界冲突》，《中国社会科学》2001 年第 6 期。

陈力：《国际发展援助的趋势及特点》，《国际经济合作》1998 年第 4 期。

迟萍萍、李海龙：《近年来我国史学界关于"马歇尔计划"研究综述》，《历史教学》2003 年第 8 期。

戴超武：《肯尼迪—约翰逊时期的外交政策与第三世界》，《美国研究》2006 年第 2 期。

郭尚鑫：《1962 年中印边界冲突与美国的反应》，《江西师范大学学报》（哲学社会科学版）2001 年第 1 期。

贺光辉：《第三世界发展理论与援助功能的演进（1950—2000 年）》，《世界经济研究》2003 年第 1 期。

兰江、毛德金：《1954—1965 年美国对巴基斯坦的军事援助及其影响》，《南亚研究季刊》2004 年第 2 期。

梁励译：《外国援助与经济增长的关系》，《中国集体经济》1999 年第 4 期。

刘国柱：《从"第四点计划"到和平队：美国对发展中国家援助理论与实践的转变》，《史学月刊》2005 年第 8 期。

刘会清：《美国对外援助政策及其价值取向》，《内蒙古民族大学学报》（社会科学版）2003 年第 6 期。

刘会清、王晖：《美国对外经济援助的价值取向因素》，《内蒙古民族大学学报》（社会科学版）2005 年第 1 期。

刘会清：《战后美国对外援助政策的历史考察》，《内蒙古民族大学学报》（社会科学版）2002 年第 3 期。

刘丽云：《国际政治学理论视角下的对外援助》，《教学与研究》2005 年第 10 期。

邱永辉：《美国的南亚政策试析》，《南亚研究季刊》2000 年第 2 期。

邱永辉：《美国全球战略与早期印美关系》，《四川大学学报》2000 年第 2 期。

孙士海：《印度对外战略思想及核政策》，《当代亚太》1999 年第 10 期。

田运康：《二战后初期美国大规模对外经济援助之原因》，《青海师范大学学报》（哲学社会科学版）2002 年第 3 期。

王琛：《美国对 1962 年中印边界冲突的反应》，《史学月刊》2002 年第 1 期。

王琛：《1949 年尼赫鲁访美的背景及失败原因》，《史学月刊》2004 年第 11 期。

王慧英：《冷战与美国发展援助政策的缘起》，《湛江师范学院学报》2002 年第 4 期。

王慧英：《评述美国和平队计划的建立》，《南华大学学报》（社会科学版）2003 年第 4 期。

王慧英:《"剩余品"时代美国的对外粮食援助政策》,《世界历史》2006年第2期。

王慧英:《试论战后初期美国发展援助政策的实质》,《西南师范大学学报》(人文社会科学版)2003年第2期。

王孔祥:《西方国家的对外援助:理论与实践的分析》,《教学与研究》2004年第11期。

许国林:《论二战后初期美国对外经济援助》,《河南科技大学学报》(社会科学版)2004年第3期。

薛宏:《西方国家对外发展援助的现状和特点》,《国际经济合作》1994年第5期。

张彩梅:《试论冷战初期美国对欠发达地区的援助政策》,《科学·经济·社会》2002年第2期。

张文木:《印度的大国战略与南亚地缘政治格局》,《战略与管理》2002年第4期。

周桂银:《冷战时期中国周边安全环境的特征与启示》,《当代中国史研究》2002年第6期。

周弘:《对外援助与现代国际关系》,《欧洲》2002年第3期。

周弘:《战略工具——美国的对外援助政策》,《国际贸易》2002年第1期。

三　数据库/网络资源

http://www. usaid. gov

http://www. state. gov

http://www. baidu. com

http://www. google. cn/intl/zh-CN/

http://proquest. umi. com/login

中国学术期刊全文数据库

中国优秀博硕士学位论文库

JSTOR 数据库

EBSCO 数据库